刑事訴訟法
第3版

酒巻 匡

Criminal Procedure

有斐閣

第3版はしがき

　第2版刊行後4年を経過する間に大規模な法律改正が行われ（公判期日への出頭と裁判の執行を確保するための法整備，犯罪被害者等の情報を保護するための法整備［令和5年法律第28号］，及び性犯罪に係る刑法改正に合わせて性犯罪の公訴時効を延長し，司法面接的手法を用いた聴取結果の録音・録画記録媒体の証拠能力を定める法改正［令和5年法律第66号］），また情報通信技術の進展等に対応する法整備（いわゆる「刑事手続のIT化」）の要綱（2024［令和6］年2月15日法制審議会答申）が示されたので，改正法律については未施行の部分も含めてその解説を加筆し，近い将来立法化が見込まれるIT化の要綱（骨子）についても，その内容を関係箇所に付記・言及して関心ある読者の参考に供することとした。この間，筆者は，新たな法改正のうち公判期日への出頭確保等の法整備と，刑事手続のIT化に係る要綱案を準備した法制審議会刑事法部会の部会長を務める機会を得たので，加筆に際しては公開されている審議過程の議論と見聞を踏まえ，立法内容と趣旨を明らかにすることに注力した。また，旧版の説明叙述の全体を再点検すると共に，刑事手続法の理解・学習にとって重要と思われる最高裁判例の解説を追補した。

　前記法改正の結果，刑事訴訟法と刑事訴訟規則の条文数は著しく増加して法文の全体構成が複雑化し，初学者にとっては条文自体の読解が難儀となったきらいがあるが，法律学の出発点は条文の読解とその言語テキストにより表現構築されている法制度の趣旨の理解である。本書の叙述が，そのような理解を導き深化・定着するための一助となることを念じて，第3版を刊行する。

　このたびの改訂に際しても，ゆきとどいた法条・判例の点検と字句校正などについて，書肆有斐閣編集者の藤木雄氏にお世話になった。記して感謝申し上げる。

　2024年　夏　祇園祭宵山

酒　巻　匡

第 2 版はしがき

　初版刊行後，大規模な改正法律（平成 28 年法律 54 号）が全面的に施行され，また，刑事司法の運用全般に影響を及ぼしつつある裁判員制度が施行後 10 年の節目を迎えるなどの変化が生じた。そこで，刑事訴訟法に係る体系的学識の修得や刑事司法の現状の理解に資する説明を補充し，新判例に係る記述を付加して，本書第 2 版を刊行する次第である。

　初版同様，関連条文の熟読と本文記述の精読によって刑事手続を造型する諸制度の趣旨とその作動過程の理解・把握ができるよう注力した。加えて，編や章の末尾に本書の読解に資すると思われる若干の参考文献を掲記した。

　このたびの改訂に際しても，引用法条・判例の精密な点検やゆきとどいた字句校正などについて，書肆有斐閣の皆様，とりわけ法律編集局の藤木雄氏にお世話になった。記して感謝申し上げる。

　　2020 年　紺碧の空　新緑の候

　　　　　　　　　　　　　　　　　　　　　　　　　　　　　酒　巻　匡

初版はしがき

　本書は、『法学教室』（有斐閣）誌に連載した「刑事手続法を学ぶ」（法教355号〜394号〔2010年〜2013年〕）を加筆補正し、学習用教科書の形式で一書に纏めたものである。この連載は、法学部や法科大学院で法律専門科目「刑事訴訟法」を学習する読者を想定し、この法分野の理解・修得にとって肝要な基本的事項を体系的に解説することを目的として執筆された。本書が教科書として読者の学習・理解に資すれば幸いである。

　筆者がとくに教えを受け執筆の参考とした体系書は、後掲のとおりである。教科書としての本書の叙述は、すべてが先学・学兄の学問的業績に依拠する。本書の性質上、論文等文献の個別引用はないが、刑事手続法の理解や制度運用について筆者の蒙を啓いていただいた先学と実務法律家の諸兄に深く感謝する次第である。とりわけ、恩師松尾浩也先生と井上正仁先生から受けた学恩に対しては、ここに、謹んで謝意を記したい。

　執筆にあたり、刑事手続を造型している諸制度の趣旨・目的とそこから導かれる法解釈論の筋道、法律家により運用されている刑事手続という法制度の全体構造と作動過程を、できる限り明晰に言語化して説明することを試みたが、力及ばず。刑事訴訟法の講義を始めて以来30余年を経るも、なお不十分な所は少なくない。これまで筆者の講義を熱心に聴講してくれたすべての学生諸君に深く感謝すると共に、今後も、一層明瞭な説明を目指して精進を続けたく念じている。

　本書の刊行に至るまでには、『法学教室』歴代編集長と担当者にご苦労をおかけした上、書肆有斐閣の土肥賢氏、藤木雄氏にお世話になった。記して感謝する。

　かつて旧刑事訴訟法について精緻な体系書を刊行された小野清一郎博士は、その「序」において次のように記されている。

初版はしがき

「所詮，認識の道の無限であるからには，ここにかりそめの宿りをして，明日の旅を準備することを，あながちに咎める人ばかりでもあるまい」(『刑事訴訟法講義（全訂第 3 版）』〔有斐閣，1933 年〕)。

僭越ながら，筆者も同じ心持ちで，本書を世に送る。

　2015 年　秋気清爽の洛中

酒　巻　匡

■文献案内

○本書執筆にあたり直接の参考とした体系書は，下記のとおりである。いずれも古典というべき作品であり，志ある読者には，これらの書物の精読を勧める。
　　団藤重光・新刑事訴訟法綱要［7訂版］（創文社，1967年）
　　平野龍一・刑事訴訟法（有斐閣法律学全集，1958年）
　　鈴木茂嗣・刑事訴訟法［改訂版］（青林書院，1990年）
　　田宮裕・刑事訴訟法［新版］（有斐閣，1996年）
　　松尾浩也・刑事訴訟法上［新版］，下［新版補正第2版］（弘文堂，1999年）

○刑事手続の全体像を把握するための入門書として
　　三井誠＝酒巻匡・入門刑事手続法［第9版］（有斐閣，2023年）
　　池田公博＝笹倉宏紀・刑事訴訟法（有斐閣ストゥディア，2022年）

○筆者が作成に関与した学修の指針として
　　共通的な到達目標モデル　刑事訴訟法（法科大学院協会，http://www.lskyokai.jp/wp-content/uploads/2018/09/9.pdf）

○最高裁判所の判例を読解するための教材として
　　中野次雄編・判例とその読み方［三訂版］（有斐閣，2009年）
　　井上正仁ほか編・ケースブック刑事訴訟法［第5版］（有斐閣，2018年）
　　大澤裕＝川出敏裕編・刑事訴訟法判例百選［第11版］（有斐閣，2024年）
　　川出敏裕・判例講座　刑事訴訟法〔捜査・証拠篇〕［第2版］（立花書房，2021年）
　　川出敏裕・判例講座　刑事訴訟法〔公訴提起・公判・裁判・上訴篇〕［第2版］（立花書房，2023年）

○個別問題の整理・理解のための教材として
　　井上正仁＝酒巻匡編・刑事訴訟法の争点（有斐閣，2013年）

○注釈書として
　　松尾浩也監修，松本時夫ほか編・条解刑事訴訟法［第5版増補版］（弘文堂，2024年）

○刑事手続法を深く学ぶ志ある読者のための作品として
　　井上正仁「連載／刑事訴訟法 1 捜査」有斐閣 Online ロージャーナル（2023 年〜〔連載中〕）

○このほか，編や章の末尾に，本書の読解に有用と思われる若干の文献を掲記した。

■**対象法文**

　本書（第 3 版）は，2024 年の刊行時点において公布（未施行の条項も含む）されていた「刑事訴訟法」及び「刑事訴訟規則」の条文を対象とする。

目　次

序　刑事手続の目的と基本設計図　1

I　刑事手続の目的―――――――――――――――――――――――――1
　1　「刑事手続」の意義　1
　2　適正な手続の保障　2
　3　事案の真相の解明　4
II　刑事手続の基本設計図―――――――――――――――――――――5
　1　正確な事実の認定――「事案の真相」の意味　6
　2　証拠法（法317条～328条）の機能　7
　3　証拠法則と捜査手続との関連　8
　4　正確な事実の認定を目標とした刑事裁判手続の構成――当事者追行主義　9
　5　当事者の訴訟活動とその準備　14
【付記】いわゆる「刑事手続のIT化」について――――――――――――17

第1編　捜査手続　21

第1章　総　説　23

I　捜査の意義と捜査に対する法的規律の趣旨・目的――――――――23
　1　捜査の意義　23
　2　捜査機関　24
　3　捜査に対する法的規律の構造と機能　25
II　任意捜査と強制捜査――――――――――――――――――――――33
　1　任意捜査と強制捜査の区別　33
　2　強制捜査の適否の判断方法　37
　3　任意捜査の適否の判断方法　40

第2章　捜査の端緒　44

I　意義と種類―――――――――――――――――――――――――――44

- II 職務質問と所持品検査 ―――――――――――――――― 45
  - 1 職務質問の意義と要件　45
  - 2 「停止」及び「同行」の許容限度　48
  - 3 職務質問に伴う所持品検査　50
- III 検　　問 ―――――――――――――――――――――― 55
  - 1 検問の意義と法的根拠　55
  - 2 自動車検問　55
- IV 告訴・告発・請求・自首 ―――――――――――――――― 56
- V 現行犯人の発見 ――――――――――――――――――― 58
- VI 検　　視 ―――――――――――――――――――――― 58

第3章　被疑者の身体拘束　60

- I 身体拘束処分に対する法的規律の趣旨・目的 ――――――― 60
- II 逮　　捕 ―――――――――――――――――――――― 61
  - 1 通 常 逮 捕　61
  - 2 緊 急 逮 捕　66
  - 3 現 行 犯 逮 捕　67
  - 4 逮捕後の手続　69
- III 勾　　留 ―――――――――――――――――――――― 72
  - 1 実 体 的 要 件　72
  - 2 手 続 的 要 件　74
  - 3 勾留の裁判及び執行　77
  - 4 勾 留 の 期 間　79
  - 5 勾留に関する不服申立て等　80
- IV 身体拘束処分に関する諸問題 ――――――――――――― 83
  - 1 逮捕と勾留との関係　83
  - 2 身体拘束処分と被疑事実との関係　85
  - 3 再度の逮捕・勾留の可否　87

第4章　供述証拠の収集・保全　91

- I 供述証拠の収集・保全に関する法的規律の趣旨・目的と課題 ―― 91

Ⅱ　取調べの手続──────────────────────────94
　　1　被疑者の取調べ　94
　　2　参考人の取調べ　98
　　3　証人尋問の請求　99
　Ⅲ　任意出頭・任意同行と取調べの適否──────────101
　　1　任意同行の適否　101
　　2　任意取調べの適否　104
　Ⅳ　身体拘束処分を受けている被疑者の取調べ──────107
　　1　身体拘束中の取調べ　107
　　2　身体拘束中の余罪取調べと別件逮捕・勾留　108

第5章　捜索・押収　112

　Ⅰ　捜索・押収の意義と対象────────────────112
　　1　捜索・押収の意義　112
　　2　捜索・押収の対象　114
　Ⅱ　捜索・差押えと令状主義────────────────117
　　1　令状主義の趣旨と機能　117
　　2　令状主義の例外　120
　Ⅲ　令状による捜索・差押え────────────────122
　　1　令状発付の手続　122
　　2　捜索・差押えの実行に伴う手続　127
　　3　捜索・差押え実行の範囲　131
　Ⅳ　令状によらない捜索・差押え──────────────136
　　1　令状を必要としない捜索・差押えの制度趣旨と要件　136
　　2　無令状捜索・差押え実行の範囲　140
　Ⅴ　電磁的記録の取得・保全────────────────141
　　1　電気通信回線で接続している記録媒体からの複写　142
　　2　記録命令付差押え　143
　　3　電磁的記録に係る記録媒体の差押えの執行方法　144
　　4　処分を受ける者に対する協力要請　144
　　5　通信履歴の保全要請　145

第6章 検証・鑑定　148

I 検　　証 ―――――――――――――――――――148
1 検証の意義　148
2 身体検査　151
3 令状によらない検証　154

II 鑑　　定 ―――――――――――――――――――155
1 鑑定の意義　155
2 鑑定留置　156
3 鑑定処分　157

第7章　その他の捜査手段　161

I 体液の採取 ―――――――――――――――――161
1 強制採尿の許容性と法形式　161
2 強制採尿令状の射程　165
3 採尿のための強制連行等　167

II 写真撮影・ビデオ撮影 ――――――――――――170
1 法的性質　170
2 任意捜査としての撮影の規律　175

III 通信・会話の傍受 ―――――――――――――――178
1 法的性質及び合憲性　178
2 既存の強制処分との関係　180
3 「通信傍受法」の規律　184
4 会話の一方当事者による同意・秘密録音　188

IV おとり捜査 ――――――――――――――――――189
1 法的性質　189
2 任意捜査としての適否　191
3 違法なおとり捜査の効果　192

V 証拠収集等への協力及び訴追に関する合意 ――――193

第8章 捜査の終結 196

- I 警察における捜査の終結 ———196
  - 1 検察官への事件送致 196
  - 2 警察における微罪処分 197
- II 公訴提起後における捜査 ———197

第9章 被疑者の権利 200

- I 総 説 ———200
- II 黙秘権（自己負罪拒否特権）———201
  - 1 意義と趣旨 201
  - 2 権利保障の対象・範囲 204
  - 3 権利保障の効果 206
  - 4 刑事免責 210
- III 弁護人の援助を受ける権利 ———213
  - 1 被疑者の弁護人選任権 213
  - 2 被疑者国選弁護制度 217
  - 3 接見交通権 221
- IV 証拠保全 ———230
- V 違法捜査に対する措置 ———231

第2編 公 訴 235

第1章 公訴権の運用とその規制 237

- I 検察官の事件処理 ———237
- II 公訴提起に関する基本原則 ———239
  - 1 国家訴追主義・起訴独占主義 239
  - 2 起訴便宜主義 240
- III 公訴権の運用とその規制 ———242
  - 1 公訴権の運用 242
  - 2 処分の通知等 244

3　付審判請求手続　246
4　検察審査会　248
5　起訴処分に対する規制　251

第2章　公訴提起の要件と手続　256

- I　公訴提起の要件────256
  1　公訴提起の要件の意義と種類　256
  2　公訴の時効　262
  3　親告罪における告訴　269
- II　公訴提起の手続────273
  1　公訴提起の手続　273
  2　被告人の特定　278
  3　起訴状一本主義と予断の防止　281
  4　受訴裁判所の選定──裁判所の管轄　285

第3章　審理・判決の対象　290

- I　総説──刑事訴訟における審理・判決の対象────290
- II　検察官の訴因設定権限と裁判所の審判の範囲────293
- III　訴因の明示──「罪となるべき事実」の特定────297
- IV　訴因の変更────309
  1　制度趣旨　309
  2　訴因変更の手続と時機　312
  3　訴因と異なる事実認定の限界──訴因変更の要否　314
  4　訴因変更の限界（可否）──公訴事実の同一性　322
  5　訴因変更命令　331
- V　罰条の変更────335
- VI　罪数判断の変化と訴因────336
- VII　公訴提起の要件と訴因────340

目次

第3編　公判手続　345

第1章　総　説　347

- I　公判手続の意義 ──────────── 347
- II　公判手続の諸原則 ────────── 352
  1. 裁判の公開　352
  2. 口頭主義及び直接主義　353
  3. 迅速な裁判　356

第2章　公判手続の関与者　360

- I　裁　判　所 ─────────────── 360
  1. 裁判所の意義　360
  2. 裁判所の構成　361
  3. 公平な裁判所　363
  4. 訴訟指揮及び法廷警察　367
- II　検　察　官 ─────────────── 371
  1. 検察機構　371
  2. 公判手続における検察官の役割　374
- III　被　告　人 ────────────── 376
  1. 被告人の意義と訴訟法上の地位　376
  2. 被告人の出頭確保──召喚・勾引・勾留　378
  3. 被告人の保釈及び勾留の執行停止　385
  4. 勾留に関する処分の権限の所在　393
- IV　弁　護　人 ────────────── 395
  1. 弁護人の地位・役割　395
  2. 弁護人の選任　398
- V　犯罪の被害者 ──────────── 405

xiii

第3章 公判の準備　407

- I　第1回公判期日前の公判準備　——————————————408
  - 1　起訴状謄本の送達　408
  - 2　弁護人選任権等の告知と弁護人の選任　408
  - 3　訴訟関係人の事前準備　409
  - 4　第1回公判期日の指定，通知，変更，被告人の召喚　411
- II　公判前整理手続　——————————————————412
  - 1　公判前整理手続の意義と制度趣旨　412
  - 2　手続の関与者　413
  - 3　手続の開始・方法・内容　415
  - 4　手続の進行　417
  - 5　公判審理における特例等　428
- III　第1回公判期日後の公判準備　—————————————430
  - 1　公判期日の指定，通知，変更，被告人等の召喚　430
  - 2　公判期日外の証拠調べ等　430
  - 3　期日間整理手続　431

第4章　公判期日の手続　433

- I　冒頭手続　——————————————————————433
- II　公判期日における証拠調べ——総説　———————————435
  - 1　冒頭陳述　435
  - 2　証拠調べの請求　436
  - 3　証拠決定　439
  - 4　証拠調べの順序等　441
  - 5　証拠の証明力を争う機会　443
  - 6　証拠調べに関する異議等　443
  - 7　証拠調べを終わった証拠の処置　445
- III　証拠調べの実施（その1）——証人尋問　————————————445
  - 1　証人の意義　445
  - 2　証人適格　447
  - 3　証人の権利義務　448

4　証人の取調べの方式　451
　　5　証人に対する配慮・保護措置　455
　Ⅳ　証拠調べの実施（その2）──鑑定・通訳・翻訳──462
　　1　鑑　　定　462
　　2　通訳・翻訳　464
　Ⅴ　証拠調べの実施（その3）──証拠書類・証拠物の取調べ・検証──465
　　1　証拠書類の取調べ　465
　　2　証拠物の取調べ　467
　　3　検　　証　467
　Ⅵ　証拠調べの実施（その4）──被告人質問──468
　Ⅶ　被害者等による意見陳述及び被害者参加等──469
　　1　被害者等による意見の陳述　469
　　2　公判手続における被害者特定事項の秘匿措置　470
　　3　被害者参加制度　472
　Ⅷ　公判期日外の証拠調べ──475
　Ⅸ　論告・弁論・結審・判決の宣告──477
　　1　論　　告　477
　　2　弁護人及び被告人の弁論・陳述　478
　　3　結　　審　479
　　4　判　決　の　宣　告　480
　Ⅹ　公　判　調　書──480
　　1　公判調書の作成・整理　480
　　2　正確性に対する異議及び公判調書の証明力　481

第5章　特別の手続　483

　Ⅰ　簡易公判手続──483
　Ⅱ　即決裁判手続──485
　　1　制　度　趣　旨　485
　　2　手　　続　485
　Ⅲ　弁論の分離・併合・再開──487
　Ⅳ　公判手続の停止──488
　Ⅴ　公判手続の更新──489

第6章　裁判員の参加する公判手続　491

1　裁判員制度の基本構造　492
2　裁判員の選任　495
3　裁判員の参加する裁判の手続　498

第4編　証　拠　法　503

第1章　証拠法・総説　505

Ⅰ　証拠法の意義と基本原則 ─────────────── 505
　1　証拠法の内容と規律の趣旨　505
　2　証拠裁判主義　506
　3　自由心証主義　507
　4　直　接　主　義　509

Ⅱ　証拠の意義と分類 ───────────────── 511
　1　証　拠　の　意　義　511
　2　証　拠　の　分　類　512

Ⅲ　証明の対象と方法 ───────────────── 514
　1　証明の対象となる事実及び証明の方式　514
　2　証明を要しない事実　516

Ⅳ　証明の水準及び挙証責任 ─────────────── 517
　1　証明とその水準　517
　2　挙　証　責　任　522
　3　証拠提出責任・争点形成の責任　523
　4　当事者の証明活動と裁判所の職権証拠調べとの関係　525
　5　推定規定及び挙証責任の転換　526

第2章　証拠能力・総説　529

Ⅰ　証拠能力の意義と趣旨 ───────────────── 529
Ⅱ　証拠の関連性 ────────────────── 531
　1　関連性の意義　531

2　悪性格・類似行為の立証　535
　　3　科　学　的　証　拠　538

第3章　違法収集証拠排除法則　541

　I　意　義　と　趣　旨————————————————541
　　1　違法収集証拠排除法則の意義　541
　　2　違法収集証拠排除法則の根拠・趣旨　545
　II　証拠排除の基準—————————————————548

第4章　被告人の供述　555

　I　被告人の供述に関する法規定と自白の意義——————555
　II　自白の証拠能力———————————————556
　　1　自　白　法　則　556
　　2　違法収集証拠排除法則の適用　559
　　3　基本権侵害による自白の使用禁止　560
　　4　派生証拠の証拠能力　561
　III　自白の証明力————————————————562
　　1　補強法則の意義と趣旨　562
　　2　補強の範囲及び程度　565
　IV　公判期日における被告人の供述————————————567
　　1　供述の機会及び内容　567
　　2　被告人質問における供述　568
　V　公判期日外における被告人の供述—————————569
　　1　供述の機会及び内容　569
　　2　証　拠　能　力　570

第5章　被告人以外の者の供述　574

　I　被告人以外の者の供述に関する法規定と証拠能力—————574
　II　証人及び証人となり得る者の供述（その1）──公判期日における供述
　　　————————————————————————575

- Ⅲ 証人及び証人となり得る者の供述（その2）――公判期日外における供述と伝聞法則―――――――――――――――――――――――――578
  - 1 伝聞法則　578
  - 2 非伝聞　580
  - 3 心理状態を述べる発言その他　582
- Ⅳ 証人及び証人となり得る者の供述（その3）――伝聞例外―――――587
  - 1 伝聞例外・総説　587
  - 2 供述書及び供述録取書一般　592
  - 3 検察官面前調書　594
  - 4 裁判官面前調書　601
  - 5 公判準備または公判期日の供述録取書　602
  - 6 「特に信用すべき情況」のもとに作成された書面　602
  - 7 伝聞証人　606
  - 8 供述の任意性の調査　609
  - 9 当事者の同意　611
  - 10 合意書面　613
  - 11 証明力を争う証拠　614
- Ⅴ 共同被告人及び共犯者の供述―――――――――――――――――617
  - 1 総説　617
  - 2 共同被告人・共犯者の供述の証拠能力　618
  - 3 共同被告人・共犯者の供述の証明力　620
  - 4 共同被告人と証拠調べ　621
- Ⅵ 検証した裁判官等――――――――――――――――――――――624
  - 1 裁判所・裁判官の検証調書　624
  - 2 捜査機関の検証調書　626
- Ⅶ 鑑定人―――――――――――――――――――――――――――631
  - 1 鑑定書　631
  - 2 嘱託に基づく鑑定書等　632

第5編 裁　　判　635

第1章　裁判の意義と種類　637

Ⅰ　裁 判 の 意 義 ──────────────────────637
Ⅱ　裁判の形式・種類及び裁判の理由 ────────────638
Ⅲ　裁 判 の 成 立 ──────────────────────640

第2章　実 体 裁 判　643

Ⅰ　有 罪 判 決 ──────────────────────643
　1　有罪判決の構成　643
　2　主　　　文　643
　3　理　　　由　648
　4　有罪判決の宣告とその効果　651
Ⅱ　無 罪 判 決 ──────────────────────652

第3章　形 式 裁 判　654

Ⅰ　管 轄 違 い ──────────────────────654
Ⅱ　公訴棄却（その1）──判決による場合────────────655
Ⅲ　公訴棄却（その2）──決定による場合────────────657
Ⅳ　免　　　訴 ──────────────────────658

第4章　裁判の確定とその効力　659

Ⅰ　裁判の確定に伴う効果（その1）──拘束力──────────659
　1　拘束力の意義と根拠　659
　2　拘束力の及ぶ範囲　661
Ⅱ　裁判の確定に伴う効果（その2）──一事不再理の効力──────663
　1　一事不再理の効力の意義　663
　2　一事不再理の効力の根拠と範囲　664

第6編 上　訴　673

　上訴の意義 ────────────────────── 675
　　Ⅰ　控　訴 ────────────────────── 675
　　　1　控訴の意義　675
　　　2　手　続　675
　　　3　控訴審の法的性質と運用の実際　679
　　　4　控訴理由　680
　　　5　控訴審における審理　682
　　　6　控訴審における裁判　684
　　Ⅱ　上　告 ────────────────────── 688
　　　1　上告の意義及び上告理由　688
　　　2　上告申立手続及び上告審における審理　689
　　　3　上告審の裁判　690
　　Ⅲ　抗　告 ────────────────────── 691
　　　1　抗告の意義及び手続　691
　　　2　通常抗告　692
　　　3　即時抗告　693
　　　4　特別抗告　693
　　Ⅳ　高等裁判所のした決定に対する異議申立て ───── 694
　　Ⅴ　準　抗　告 ──────────────────── 694

第7編 非常救済手続　697

　非常救済手続の意義 ──────────────── 699
　　Ⅰ　再　審 ────────────────────── 699
　　　1　再審の意義及び再審請求　699
　　　2　再審事由　700
　　　3　再審請求事件の審理等　701
　　Ⅱ　非常上告 ────────────────────── 703

事項索引　705
判例索引　716

凡　例

■ **法令名の略記**

● 「刑事訴訟法」（昭和23年7月10日法律第131号）は，原則として，本文では「刑訴法」とし，カッコ内で引用する場合は「（法○条）」と略記した。

● 「刑事訴訟規則」（昭和23年12月1日最高裁判所規則第32号）は，原則として，本文では「刑訴規則」とし，カッコ内で引用する場合は「（規則○条）」と略記した。

● その他の法令については，以下の略記によった。

議院証言法	議院における証人の宣誓及び証言等に関する法律
警職法	警察官職務執行法
刑事収容施設法	刑事収容施設及び被収容者等の処遇に関する法律
公害罪処罰法	人の健康に係る公害犯罪の処罰に関する法律
国賠法	国家賠償法
裁判員法	裁判員の参加する刑事裁判に関する法律
裁判員規則	裁判員の参加する刑事裁判に関する規則
通信傍受法	犯罪捜査のための通信傍受に関する法律
道交法	道路交通法
盗犯等防止法	盗犯等ノ防止及処分ニ関スル法律
独禁法	私的独占の禁止及び公正取引の確保に関する法律
日米地位協定	日本国とアメリカ合衆国との間の相互協力及び安全保障条約第6条に基づく施設及び区域並びに日本国における合衆国軍隊の地位に関する協定
破防法	破壊活動防止法
犯罪被害者保護法	犯罪被害者等の権利利益の保護を図るための刑事手続に付随する措置に関する法律
法廷秩序法	法廷等の秩序維持に関する法律
麻薬特例法	国際的な協力の下に規制薬物に係る不正行為を助長する行為等の防止を図るための麻薬及び向精神薬取締法等の特例等に関する法律

凡　例

民訴法　　　　　　民事訴訟法
無差別殺人団体規制法　　無差別大量殺人行為を行った団体の規制に関する法律

■判例，判例集の略記

●判　例

最決昭和 59・2・29 刑集 38 巻 3 号 479 頁
　＝最高裁判所昭和 59 年 2 月 29 日決定，最高裁判所刑事判例集 38 巻 3 号 479 頁

最大判（決）	最高裁判所大法廷判決（決定）
最判（決）	最高裁判所判決（決定）
大判（決）	大審院判決（決定）
高判（決）	高等裁判所判決（決定）
地判（決）	地方裁判所判決（決定）

●判例集

刑　集	最高裁判所刑事判例集，大審院刑事判例集
民　集	最高裁判所民事判例集，大審院民事判例集
集　刑	最高裁判所裁判集刑事
集　民	最高裁判所裁判集民事
高刑集	高等裁判所刑事判例集
高刑特	高等裁判所刑事裁判特報
東高刑時報	東京高等裁判所刑事判決時報
下刑集	下級裁判所刑事裁判例集
刑　月	刑事裁判月報
一審刑集	第一刑事裁判例集
判　時	判例時報
判　タ	判例タイムズ

序 刑事手続の目的と基本設計図

I 刑事手続の目的

1 「刑事手続」の意義

　刑事手続とは，「刑罰法令」を具体的事件に対して「適用実現」することを目的として設計された法制度である（刑事訴訟法［以下「法」と記す］1条）。「刑罰法令」すなわち刑事実体法は，「犯罪」を構成する要件要素と，これが成立する場合に犯人に科すべき刑罰の種類・範囲（「法定刑」）を記述・明定しているが，個別具体的事件にこれを適用し，特定人に刑罰を科すことができるかを判定し，また，宣告刑をいかに決定するかという国家の刑事司法作用を実現行使するためには，「刑事手続」という固有の法制度を作動させることが不可欠の前提となる（憲法31条「法定手続の保障」，これを標語的に表現すれば「手続なければ刑罰なし」）。

　この刑事手続は，その主要部分が「法律」（昭和23年法律131号「刑事訴訟法」）によって記述・明定され，主として法解釈・適用の専門家（警察官，検察官，弁護士，裁判官）によって取り扱われることを予定した「法制度」である。手続を造型する条文群の多くは，手続に関与する専門家の権限や義務の要件と範囲を記述している。また，最高裁判所が規則制定権（憲法77条）に基づいて制定した「刑事訴訟規則」の条文も，手続関与者に向けた運用細目を定めて，手続を造型する重要な法源である。

　刑事手続という法制度の目的が，公権力の発動とりわけ刑罰法令の適用実現という国家刑罰権力の実現行使であることから，手続の対象となる国民（「犯

人」[法189条2項，248条]と疑われた被疑者・被告人やその関係者等）の基本的な権利・自由に対して，国家による様々な侵害・制約作用が及ぶという性格が，他の法領域に比して顕著である。とくに物理力の行使等「強制」（法197条1項但書）手段が用いられる場面のある捜査手続においては，刑事手続の作動過程は，「人権侵害のおそれがある」などというなまやさしいものではない。それは個人の基本的人権に対する直接侵害・制約そのものにほかならない。また，刑罰自体が峻厳な権力作用であることは論を俟たない。刑事手続法を学び，また，これに則って権限を行使する者は，国民の基本的権利・自由に対する「危険物」を扱っているという畏れの心持ちを常に忘れてはならない。

* 一例を挙げれば，刑事裁判で用いる証拠を収集・保全するため，警察等国家機関である捜査機関は，国家機関である裁判官の発付する令状に基づき，対象者に有無を言わさずその意思を制圧して，人の家宅に立ち入り，住居の平穏を直接侵害・制約してその場を捜索し，証拠物と思われる物品を差し押えることができる。これは憲法の保障する最も基本的な権利（住居・所持品等に対する保障，憲法35条）の直接的侵害行為であるから，そのような官憲による基本権侵害を正当な活動として許容する権限の要件と範囲は，令状の請求手続（法218条，刑事訴訟規則［以下「規則」と記す］155条・156条），令状発付に関する裁判官の事前審査（憲法35条，法218条），裁判官の発付する令状の記載事項（法219条），発付された令状に基づく処分の実行過程の手続（法222条1項で準用される102条～105条・110条～112条・114条・115条等，222条3項・6項）を通じ，厳格な法的規律で明定されている。こうして刑事手続法規は，制度の目的達成（証拠の収集・保全）に必要な基本権侵害という国家行為について，一方で，その法的正当性すなわち権限根拠を付与すると共に，他方で，これに伴う国民の権利・自由に対する侵害・制約を正当で必要かつ合理的な範囲に限定する作用を同時に営むのである。

2　適正な手続の保障

法1条が「公共の福祉の維持と個人の基本的人権の保障とを全うしつつ」と述べるのは，刑罰法令の「適正」な適用実現という表現と相俟って，公共の利益である刑罰法令の適用実現過程が，基本的な正義・公正の観念にかなったものであり，不当・不合理な基本的権利・自由の侵害・制約になってはならぬという大原則を表明したものである。憲法31条は，単なる手続の法定のみなら

ず，法の定める「適正」な手続を保障しているのであり，「法の適正な過程 (due process of law)」の観念は，まさに憲法の明記する個々の刑事手続関連条項（憲法31条〜39条）と刑事訴訟法の条文群に具現されている。

以下に詳述する刑事手続の目的は，それ自体，国家の役割として極めて重要な事柄ではあるが，目的は必ずしも手段を正当化しない。目的達成のために国家権力が手段を選ばず暴走すれば悲惨な事態を生じることは，歴史の教えるところである。手段である「刑事手続」がそれ自体として「適正な作動過程」でなければならぬこと，それが憲法と刑事訴訟法の最も基本的な「精神」である。刑事手続法とは，その「精神」が，法技術的諸制度として具体的に造型・体現されたものにほかならない。

なお，最高裁判所も，違法に収集された証拠物の証拠能力に関する判断に際して，「事案の真相の究明も，個人の基本的人権の保障を全うしつつ，適正な手続のもとでされなければならないものであり，……憲法31条が法の適正な手続を保障していること等にかんがみると」と説示して，同条項が「法の適正な手続」を意味することを明示している（最判昭和53・9・7刑集32巻6号1672頁）。

* 憲法31条の要請する「適正」ないし「基本的正義・公正」の観念は，さらに，実定刑事訴訟法の個別的適用過程に対して，司法的統制のための具体的な裁判規範としても機能し得る。文面上合理的に設計された強制処分の個別事案における発動過程が，憲法上最高の価値である個人の尊厳（憲法13条）を著しく侵害する場合には，裁判所は，基本権の擁護者として，憲法31条違反を理由にそのような法適用を阻止すべきである（憲法81条）。刑事訴訟法の定める人の身体を対象とする捜索や身体検査と証拠物の差押え（法218条）は，法制度として一般的に不合理なものではないが，個別事案におけるその発動が，対象となる人の生命・身体に著しい危険を及ぼしたり，個人の尊厳に係わる人格的法益を著しく侵害することが見込まれる場合がその例である。

 なお，立法府が判断を誤り，憲法の刑事手続関連条項の保障を侵害することが文面上も明らかな手続を内容とする「法律」を制定した場合には，個別事件におけるその具体的適用場面において，裁判所が当該立法の違憲無効（個別の憲法条項違反及び憲法31条違反）を宣言できるのは当然である（憲法81条）。

 「法の適正な手続」の観念はこのように具体的な裁判規範としても機能し得るのであるが，他方で，その具体的な意味内容は必ずしも明瞭でないところがある。例えば，不利益を被る対象者に対して告知と聴聞（notice and hearing）の機会を与え

ることは,「適正手続」の内容として比較的具体的で明瞭なものであろう。しかし,「基本的な正義・公正（fundamental fairness）」の観念に至ると,何がそれに反するかは,これを判定する裁判官の主観的信念に委ねられてしまうおそれもある。したがって,適正手続の内容を成すことが明らかなより具体的な憲法の基本権条項（憲法33条以下等）ないしその意味内容の趣旨に即した文言の拡張解釈によって憲法判断が可能である場合には,できるだけ具体的な基本権の内容を明示・特定して議論を進めるのが望ましいと思われる。

3 事案の真相の解明

　刑罰法令の具体的な適用実現が,できる限り正確な事実の認定に基づいて行われるべきことは当然である。法1条が刑事手続の目的として「事案の真相を明らかにし」と定めるのは,このことを意味する。刑事手続の過程を通じて「事案の真相」すなわち刑罰法令適用の対象となるべき犯罪事実及び重要な量刑に関する事実を,できる限り正確に解明しようとする考え方を「実体的真実主義」という。

　前記のとおり刑事手続の目標が国家刑罰権の実現行使という極めて峻厳な権力作用であることから,誤った事実認定に基づいて無実の者を処罰してしまう危険は全力で防止する必要がある。他方で,刑罰権発動の前提となる犯罪事実を十分に解明できず刑事司法制度が機能不全となれば,刑罰法令を定め刑事手続という制度を設営する国家の社会統制・秩序維持機能が衰弱して,一般国民の安全平穏な社会生活の基盤が失われるであろう。無実の被疑者・被告人を手続から解放しまた無罪判決を与えること（消極的実体的真実主義）と犯人必罰（積極的実体的真実主義）とのふたつの要請は,いずれも事案の真相解明の重要な要素である。両者を合理的に調整実現可能な法制度が理想型であることは疑いない。また,被害者のある犯罪については,その心情に対する配慮という観点からも事案の真相解明が要請される。

　しかし,前記のとおり適正手続の保障が刑事手続法の第一原理であることから,犯人必罰の要請を譲歩させるべき場面が生じることはあり得る（例えば,違法に収集された証拠物が証拠排除された結果としての真犯人に対する無罪判決）。また,刑事手続が適正に作動する過程自体が,積極的実体的真実の追求を犠牲に

してもやむを得ないという事態を導く場面もある（例えば，被疑者の勾留期間満了による釈放と証拠不十分による不起訴処分）。さらに刑事手続が適正・正常に作動しその本来的目的を達成した結果として，無罪判決で終局することも当然あり得る。「10人の罪ある者を免れさせても，1人の罪のない者を罰してはならない」という法諺に示されているとおり，犯人必罰の要請に譲歩を求めることは，刑事手続が「危険物」であり，また，全能でない「人」が運用する法制度であることからくる限界を踏まえた，尊重すべき思考方法というべきであろう。

II　刑事手続の基本設計図

　刑事手続は，捜査→公訴提起（起訴）→公判前手続→公判手続→判決宣告という順に進行する。この手続に取り込まれる被疑者・被告人，犯罪被害者，犯行目撃者等や，裁判員を引にすれば，前記のとおり，手続を使い動かす関与者の多くは，法の解釈・適用の専門技術者である。刑事手続は，このような専門技術者によって取り扱われることを想定し，明瞭な目的をもって人為的に造型された個別の手続過程の連鎖集合体である。

　このような制度目的と運用上の技術的目的——すなわち制度趣旨——を超え，これとは次元を異にする抽象的一般的な説明概念やいわゆる「基礎理論」は，手続の基本的な構成原理（例えば，後記の「当事者追行主義」）を別にすれば，あまり意味がない。抽象的一般的理論ではなく，むしろ，端的に個別の手続や制度が設計されている趣旨・目的をできる限り具体的かつ明瞭に意識し理解しておくことが肝要である。個別事案の処理に際しては，常に制度の趣旨・目的に立ち返りつつ，具体的事案において解決を求められている法律問題をできる限り具体的で明晰な記述に言語化し，これに対する法解釈・適用を考案することが要請される。

　以下では，刑事手続の目的である刑罰法令の具体的適用実現との関係に留意しながら，刑事手続という法制度の基本設計図（grand design）と各部分の相互関係について説明する（叙述は，必ずしも手続の進行順序に従わない）。

序　刑事手続の目的と基本設計図

1　正確な事実の認定——「事案の真相」の意味

　前記のとおり個別具体的な事件に対する刑罰権の実現行使は，正確な事実の認定とこれに対する実体法の適用に基づいて行われなければならない。刑事手続が刑事実体法の適用実現を目的としていることから，そこで「真相の解明」が求められる「事実」とは，第一に，実体法が記述・明定している犯罪の要件要素を構成しこれに該当する具体的事実（例えば，被告人が犯人であるか否か，殺害行為の態様・結果，殺意の有無，正当防衛の成否が争点となった場合における急迫不正の侵害等正当防衛状況に当たる事実の存否等，責任能力が争点となった場合における責任能力の有無を基礎づける精神の障害の存否等），第二に，犯罪成立の要件要素が認定され被告人が有罪と認められる場合に，その者に対し的確な量刑を行うため必要不可欠な，量刑判断にとって重要な事実（そこには，被告人の年齢・境遇・被害弁償の有無等の純粋な情状事実と共に，犯罪事実に属しあるいはこれと密接に関連する犯行の手段方法，動機・目的等いわゆる「犯情」に係る事実が含まれる）である。法１条にいう「事案の真相」とはこのような内容を意味する。

　他方，これを超えた「真相」を解明することは，刑事手続の目的ではない。犯罪被害者の心情に配慮すべき要請や，一般国民の犯罪事象に対する真相解明要請も，刑事手続の目的の範囲内でのみ実現されるべきものである。特定の明瞭な目的に向けて造型された法制度に対して，目的を超えた機能を期待するのは賢明でない。

　裁判所は，公判手続において取り調べられた「証拠」のみに基づいて，犯罪の要件要素に該当する事実の存否及び量刑に関係する重要な事実の存否を認定し，これに法令を解釈・適用して，有罪・無罪の「判決」をする。その正当性を支えるのは，何よりも法令適用の前提となる事実認定の正確性である。判決に対する上訴理由や破棄理由にも「事実の誤認」（法382条・411条3号）が挙げられているとおり，刑事手続の全過程において，このような事実認定の正確性の確保は，刑事手続の最も基本的な到達目標である。

　　＊　「事案の真相」が正確に解明された上で，認定された事実に対する実体法の正しい適用と的確な量刑が要請される。刑罰法令の正当な「適用実現」を担保するため，判決に対する上訴理由や破棄理由には，「法令適用の誤り」（法380条・405条・411

条1号),「量刑不当」(法381条・411条2号)等が定められている。

2 証拠法(法317条〜328条)の機能

　このような「事実」は「証拠」によって認定される(法317条,「証拠裁判主義」)。民事裁判とは異なり,犯罪事実の認定に用いることのできる証拠は,その資格(証拠能力・証拠の許容性)が,厳格に規律されている(条文はこれを「証拠とすることができない」「証拠とすることができる」と表現している)。例えば,強制・拷問・脅迫等による自白やその他任意にされたものでない疑いのある自白は証拠とすることができない(法319条1項,いわゆる「自白法則」)。また例えば,公判期日における供述に代えて書面を証拠とすることはできず,また,公判期日外でなされた他の者の供述を内容とする供述を証拠とすることができないのが原則である(法320条1項,いわゆる「伝聞法則」。なお,法321条以下はその例外に当たる準則である)。

　これらの「証拠法則」は,正確な事実の認定を確保し,誤った判決をできる限り避けるため,主に類型的に信用性の乏しい資料を犯罪事実認定の素材から除去する趣旨で設計・導入された準則である。任意性に疑いのある自白は,対象者の供述に係る意思決定の自由を奪うような取調べにより獲得されたものであるから,類型的に虚偽であるおそれが高く事実の認定を誤らせる危険がある。また,「公判期日外の供述」(例えば犯行目撃者が目撃状況を警察官に対して供述した内容)を録取した書面は,それが公判期日に提出されても,事実を認定する裁判所が当該供述者の供述態度等を直接観察することができず,供述内容の真実性・信用性に関し当人の知覚・記憶・表現等に誤りがないか反対尋問によって吟味することができないうえ,公判期日におけるような宣誓証言としての信用性の担保も欠落していることから,類型的に信用性が乏しく証拠能力を認めないというのが,伝聞法則の採用されている趣旨である。

　このような証拠法則に基づき証拠能力の認められた「証拠」のみが,犯罪事実の認定に供される。その「証明力」(証拠価値及び信用性)の評価は,論理則・経験則に従った裁判所の合理的な判断作用に委ねられる(法318条,自由心証主義)。

なお，犯罪を構成する要件要素に該当する事実の存否を認定するには，高度の「確信」が要請される。「合理的な疑いを超える証明（proof beyond a reasonable doubt）」という心証の水準は，このような「確信」と同義であり，合理的な疑いが払拭できない場合には，裁判所は無罪の判決をしなければならない。このような準則は，文明諸国の刑事裁判でも共通に認められるところである。このような不文の準則が共通に認められる趣意は，犯罪事実の認定が刑罰という峻厳な作用を発動する前提であることから，できる限り誤りを避け正確を期するという安全弁である。それは消極的実体的真実主義の発現であると共に，刑事被告人に対する「適正な手続」保障（憲法31条）の一内容でもある。

3 証拠法則と捜査手続との関連

　公判手続において取り調べられる「証拠」の主要部分は，捜査手続において収集・保全される。「捜査」とは，将来の公判手続に備えて，犯人と疑われ将来公判手続の一方当事者（被告人）となり得る者を発見・掌握する手続過程であると共に，証拠を収集・保全しておく手続過程である（法189条2項）。したがって，捜査手続は，捜査活動の対象となった者に対する法益侵害・制約の合理的調整・規律という捜査法独自の観点と共に，正確な事実の認定のための素材である「証拠」収集の過程であるという観点から，証拠に関する法的規律と密接に関連するのである。このような視点は，捜査法を学習する際にも常に意識しておくことが有用であろう。

　　＊　証拠法則が捜査に及ぼす影響として，例えば，任意にされたものでない疑いのある自白は証拠とすることができないという証拠法則（法319条1項）は，前記のとおり類型的に虚偽のおそれのある自白を事実認定の素材とすることを封じて，誤った事実認定を防止しようとする目的の準則であるが，同時に，対象者の供述に係る意思決定の自由を奪うような取調べにより獲得された自白は，結局公判手続において「証拠」に採用されないことから，そのような対象者の基本的自由を侵害する不適切な捜査手段を抑止する機能も果たす。
　　　また，被告人以外の者の捜査段階における供述を録取した書面については，法321条1項各号に，書面の性質により異なった証拠能力獲得要件が定められているが，伝聞法則という証拠法則固有の原則（法320条1項）に対する例外要件は，そ

れ自体，正確な事実認定という目的との関連で意味があると共に，捜査機関ないし証拠に基づき有罪判決を求めて立証活動をする検察官の立場からは，将来の公判立証を見込んで，どのような供述代用書面を捜査段階で作成・保全しておくことが適切かという行動指針の決定に影響するという側面がある。例えば，重要な犯行目撃者や犯罪被害者，あるいは，共謀関係の立証に決定的に重要な共犯者の供述内容については，公判期日における証人尋問が予期に反した場合に備え，法321条1項1号または2号の要件立証により証拠能力獲得の可能性が比較的高い供述録取書面を，捜査段階において作成しておくことが，将来の有罪立証にとって極めて重要との判断がなされるであろう。

　なお，いわゆる「違法収集証拠排除法則」の，証拠物や任意性のある自白に対する適用は，将来の違法捜査の抑制という政策目的に基づき，事案の真相解明という要請を犠牲にしてでも，証拠法則を通じて直接捜査を規律統制しようとの趣意に基づくものである。

4 正確な事実の認定を目標とした刑事裁判手続の構成
　——当事者追行主義

(1)　以上のように証拠に基づく正確な事実の認定は，刑事手続の全体を通じた到達目標であるが，この目標を達成するために，どのような方式・形態の刑事裁判手続を設計するかについては，唯一絶対の正しい在り方が決まっているわけではない。歴史的にもまた現代文明諸国の刑事裁判手続を比較しても，正確な事実の認定という共通の目的に向けて設計された刑事裁判制度は多様である。

　わが国の現行刑事訴訟法の刑事裁判手続は，「当事者追行主義」という手続の基本的構成原理（訴訟の「基本的構造」と称される。この用語は最高裁判所が法解釈を説示する際に用いたものである。例えば，訴因変更命令の効力に関する最大判昭和40・4・28刑集19巻3号270頁）に基づいて造型されている。裁判手続は，事実を認定し判決をする裁判所と当事者との活動によって進行してゆく。刑事裁判手続の当事者は，検察官と被告人である。なお被告人の補助者として弁護人が活動する。当事者追行主義とは，裁判手続の進行について，裁判所と当事者との関係に着目したとき，裁判所ではなく当事者が手続遂行の主導権を持つ方式

のことを意味する。これに対して，裁判所が主導権を持つ方式を「職権（審理）主義」という。例えば，現在のヨーロッパ大陸法圏諸国（ドイツ，フランス等）や，かつてドイツ法の強い影響のもとに制定されたわが国の旧刑事訴訟法（1922［大正11］年制定）は，職権主義の方式を採用している。これに対し，現行刑事訴訟法や現在のアングロ＝アメリカ法圏に属する諸国の刑事裁判手続は，当事者追行主義の方式を採る。

(2) 当事者追行主義方式の具体的内容，すなわち裁判所ではなく当事者が手続遂行の主導権を持つというのは，大要，次のようなことを意味している。

第一，刑事裁判における審理・判決の対象を設定する権限は，裁判所ではなく当事者として刑事訴追を遂行する検察官にあること。したがって，裁判所は，原則として，当事者たる検察官が起訴状に具体的に記載して主張する罪となるべき事実（これを「公訴事実」すなわち「訴因」という。法256条2項・3項）についてのみ，審理し判決する権限と義務を有する。裁判所は検察官の主張していない事実について審理・判決することはできない。すなわち審理の過程で，検察官の主張とは異なった事実が認定されると見込まれる場合であっても，裁判所は，検察官が自ら審理・判決の対象を当初の設定から変更して主張しない限り（これを「訴因の変更」という。法312条1項），それについて審理・判決することはできない。そして審理・判決の対象の変更は，当事者たる検察官の権限であり，裁判所は，原則として，これに介入しない。

第二，公判手続の中心をなす証拠調べを請求する権限は，原則として，当事者たる検察官，被告人または弁護人にあること（法298条1項）。したがって，裁判所は，原則として，当事者が取調べを請求しない証拠について自ら積極的に証拠調べを行う訴訟法上の義務を負うことはない。

例えば，検察官が起訴状に記載して有罪判決を求める公訴事実が，「被告人Ｘは○月○日京都市左京区吉田町3番地のＶ宅に侵入しＶ所有のダイヤモンド指輪1個を窃取したものである」という住居侵入・窃盗罪を構成する事実であったとき，裁判所はこのような事実が当事者の取調べ請求する証拠から認定できるかどうかについてのみ審理し判決することができる。仮に，審理の結果，ＸがＶの指輪を直接窃取したのではなく，同日頃Ｖ宅付近の路上でＹから盗品であると知りながらその指輪を買い受けたという事実が明らかになった場合

を想定すると，裁判所は，検察官が起訴状の公訴事実の記載をこのような事実の記載に変更しない限り，盗品関与の罪で有罪判決をすることはできず，もし検察官の主張が住居侵入・窃盗のままであれば，そのような事実は認められないのであるから無罪の判決をしなければならないのである。

また，裁判所が審理の過程で，XがV宅に侵入したという検察官の主張を裏付ける証拠が不十分であると考えても，自らすすんで侵入の事実を裏付ける可能性のある証拠をさらに取り調べる義務はない。その結果，住居侵入・窃盗について無罪判決をしたとしても，上訴審で第1審裁判所が証拠を取り調べる訴訟法上の義務を尽くさなかったから不当であるとされることは，原則としてないのである。

* これに対して，職権審理主義の方式においては，当事者ではなく裁判所が手続遂行の主導権を持ち，次のような職務権限と責務を果たすことになる。

    第一，裁判所は，当事者たる検察官の主張にかかわらず，これと同一性が認められる審理・判決の対象を自ら設定することができ，証拠により証明された事実に基づいて，審理・判決する権限と義務を有する。

    第二，裁判所は，当事者が取調べを請求しない証拠についても，自ら証拠調べを行う権限と義務を有する。

(3) このような，当事者追行主義方式の背後にある目標は，裁判所を公平中立の判断者に純化することにある。第一の審理・判決の対象設定に関する検察官の権限は，裁判所の活動を，当事者たる検察官の主張内容である「公訴事実」が証拠により証明されているかという判断作用に限定することによって，裁判所の活動がそれ以外の「事実」探究に向かうことを鋭く制限する。また，第二の当事者による証拠調べ請求を原則とする方式も，裁判所が積極的に事案解明を試みる指向を限定する。こうして，裁判所の仕事は，当事者が取調べを請求した証拠に基づき，両者の攻撃防禦活動を踏まえて，検察官の主張する事実が，合理的な疑いを超えて証明できているかという，中立的判断者としての活動に集中することができるのである。これは，「公平な裁判所」による刑事裁判を保障した憲法の趣旨（憲法37条）に良くかなった訴訟進行方式であるといえよう。

* これに対して，職権審理主義の方式は，裁判所がその職務として，自ら事実の究明を行う権限と責務を果たすものであり，当事者の請求しない証拠でも必要がある

と認めれば自ら取り調べ，証人尋問・被告人質問を主導し，検察官の主張する事実とは異なる犯罪事実が証明されると考えれば，そちらについて有罪判決をすることもできる。「事案の真相」解明という法目的との関係では，これは，十分合理的な方式である。このような裁判所主導の訴訟進行を実現する前提として，訴訟を主宰する裁判長は，あらかじめ，捜査段階で集積された事件に関する証拠を精査検討して準備し，これに基づいて公判手続を進めることになろうが，そうだからといって，直ちに不公平な裁判であるとまではいえない。公平中立に判断することを専門職業とする裁判官が，あくまで訴訟進行準備のために証拠に接しただけであり，そこから心証を得ているわけではないからである。ちなみに職権審理主義方式を採用するドイツやフランスの刑事裁判について，彼地でそれが「不公平」な裁判であると論難する議論はない。

　もっとも，公平中立の「外観」という観点から，とくに被告人の側から見た場合，このような方式は，検察官と裁判所が，いずれも国家機関として一体となり，被告人の有罪を追求しているように見えないわけではない。また，裁判所が自ら公平中立であろうとしつつ，積極的に事案解明に務める方式は，事実の判断者と探究者とが同一であるだけに，ひとたび探究が誤った方向に向かったときの安全装置が不十分という見方もあり得よう。

(4)　また，当事者追行主義の背後には，事案の真相解明に関する次のような考え方ないし精神があるように思われる。すなわち，裁判所が自ら真相を解明しようと積極的に動くよりも，利害を異にしむしろ敵対的関係にある当事者が，自己に有利と考える証拠をおのおの提出し，それらを突き合わせ，中立的立場の判断者がこれを検討した方が，多角的な視点を踏まえ，一層正確な事実の認定に資することになるという発想である。

　もっとも，このような理想型を実際に実現するためには，公判手続における両当事者の訴訟法上の権限が対等に設定されていなければならない。現行法はこの点については十分な配慮がなされているといってよい。

　また，証拠調べ請求の前提となる素材・資料があらかじめ両当事者に適切に配分されていなければならない。しかしこの点については，最近まで現行法には重大な欠陥があったといわなければならない。前記のとおり公判で取り調べられる証拠のほとんどは，捜査手続において収集・保全され，事件を起訴する検察官の手元に集積されるものの（これを「一件記録」という），第1回公判期日前には，裁判所にも，被告人側にも提出されることはなかった。その結果，被告人側には，検察官側が取調べ請求する証拠の信用性を争うのに役に立つ証拠

や，被告人側に有利に働き得る証拠の存在をあらかじめ知って，公判前に十分な防禦活動の準備をすることが困難だったのである。2004（平成16）年の法改正により導入された「公判前整理手続」（法316条の2以下）の中に設定されている「証拠開示制度」は，このような欠陥を解消し，第1回公判期日前に，被告人側が，検察官の主張事実を争うため公判で取調べ請求する証拠を選定する等の十分な防禦準備を可能とするため，検察官の手中にある一定範囲の証拠を被告人側に配分する目的で設計されたものである。

　＊　刑事手続の目的である正確な事実の認定すなわち事案の真相の解明という観点から見て，以上のような当事者追行主義の方式を徹底すると不都合と考えられるごく例外的・限定的場面がないわけではない。現行法はそのような場面に備えて，審理・判決の対象及び証拠調べについて裁判所が自ら積極的に介入する権限を定めた規定を設けている。審理・判決の対象についての裁判所の「訴因変更命令」の制度（法312条2項），及び「職権証拠調べ」の権限（法298条2項）である。

　訴因変更命令は，条文の文言上は，「裁判所は，審理の経過に鑑み適当と認めるとき」発することができる権限である。検察官が主張する事実については無罪判決をするほかないが，検察官が訴因を変更すれば証拠上有罪判決ができるにもかかわらず，何らかの理由で検察官が自ら訴因を変更しないという場面について，事案の真相解明の観点から——言い換えれば，裁判所が事案の真相にかなった有罪判決をするのが適切と考える場面において——発動されることが想定される制度である。これは，有罪判決獲得の方向で，裁判所が当事者たる検察官の審判対象の設定・変更権限に直接介入するという意味で，職権主義の顕著な発現である。

　現在確立している法解釈は，現行法の基本的構造が当事者追行主義であるという理解に立って，このような訴因変更命令権限の行使が裁判所の訴訟法上の義務となるのはごく例外的な場合にとどまるというものである。また，運用上は裁判所がいきなり訴因変更を命令することはなく，まず検察官に対して，いわゆる「求釈明」権限（規則208条）を用い，訴因変更を示唆・勧告することにより，検察官の自発的な訴因変更を促すのが一般である。これも，当事者の主導的活動を旨とする当事者追行主義を尊重しようという指向の現れといえよう。

　これに対して「職権証拠調べ」の権限は，両当事者のどちらに有利な証拠に対しても発動することができる。条文は，「裁判所は，必要と認めるときは，職権で証拠調をすることができる」と規定しており，訴因変更命令と同様に，裁判所の権限行使に対する特段の文言上の制約は記述されていない。しかし，現在確立している運用は，現行法の基本的構造たる当事者追行主義をできるだけ尊重し，このような権限行使が裁判所の訴訟法上の義務とされることは原則としてない。また，裁判所は，やはり当事者に対する「求釈明」権限ないし，当事者に対し立証を促す権限

（規則208条）を用いて，当事者自身による証拠調べ請求を促すことにより職権証拠調べを行うのと同様の結果を実現しようとするのが一般である。

　このような裁判所の当事者に対する求釈明権限は，当事者追行主義の手続を円滑・的確に進行させる責務を負った裁判所の訴訟指揮権限の一形態であって，当事者が主導的に訴訟活動を展開する基盤を整えるものである。それは当事者追行主義と矛盾するものではなく，むしろ不可欠の前提というべきであろう。

5　当事者の訴訟活動とその準備

　前記のとおり，当事者追行主義の審理方式が，正確な事実の認定とこれに基づく判決に向けて正常に作動するためには，手続を主導する当事者の十分な準備活動が不可欠である。

　検察官は，刑事訴追を行う権限を独占した国家機関であり（法247条），個別事件について，刑罰権の具体的実現を求め，公判手続においては有罪判決を獲得するための主張・立証活動を行う。これに対して起訴された被告人は，補助者である弁護人の援助を受けて，防禦活動を行う。

　検察官の犯罪事実及び重要な量刑に関する事実の主張の素材となる証拠は，前記のとおり捜査手続において収集・保全され，それは捜査手続の過程を通じて事件について起訴・不起訴の決定（これを検察官の「事件処理」という。法248条）権限を有している検察官のもとに集積される（法246条）。検察官は，法律家としてこれらの証拠を精査・検討し，起訴する場合には，将来の公判で主張すべき具体的事実を整理・画定し，裁判所の審理・判決の対象となるべき「公訴事実」を起訴状に記載・明示して公訴提起を行うのである（法256条）。

　他方，被告人側は，公訴提起後第1回公判期日までの間に，検察官が公判で主張・立証する予定の事実の具体的内容とこれを証明するための証拠や，一定範囲の防禦準備にとって重要な証拠等の開示を受けた上で，公判期日において，検察官の主張する事実に対してどのような法律上・事実上の主張や反証活動を行うか，どのような証拠を取調べ請求するか等の方針を策定する。

　このような両当事者の主張を第1回公判期日前に突き合わせて，公判手続における争点と証拠をあらかじめ整理することにより，迅速かつ充実した公判審理を実現しようとするのが，「公判前整理手続」である（法316条の2以下）。こ

の手続は常に用いられるわけではないが，裁判員裁判対象事件では必要的に（裁判員法49条），またそれ以外の事件でも，争点が複雑な事件等で用いられている。

両当事者の準備活動においては，検察官と弁護人に法律家としての専門的技量が強く要請される。すなわち，多様な証拠・資料を精査・分析し，当事者として主張すべき「事実」を整理・明晰化して記述し，その証明に必要不可欠で意味のある証拠を選定し，そのうえで，事実認定者である裁判所に対してする法律上・事実上の主張の組み立てを構成し，公判期日において行う証人尋問等の証拠調べの準備を行う。

このような当事者による事前の周到徹底した準備なくして，現行法の当事者追行主義訴訟手続が，正確な事実の認定に向けてその真価を発揮することはできない。公判前の準備段階における両当事者の努力が弛緩・衰弱すれば，結局，捜査段階で集積された証拠を未整理のまま多量に公判に顕出し，あとは裁判所の事案解明活動にすべてを委ねざるを得ないといった運用が生じるおそれがある。従前の刑事裁判には，多分にそのような傾向が見受けられたことは否定できない。それは，現行法の基本精神に反する不健全な事態であったといわなければならない。

* 「裁判員」の参加する刑事裁判制度の導入は，従前，専門家のみによって運用されてきた刑事手続の様相に顕著な変化をもたらしたが，裁判員制度導入を見込んで行われた大規模な法改正は，充実した公判審理を継続的，計画的かつ迅速に行うため，事件の争点及び証拠を整理することを目的とした「公判前整理手続」の設計導入にとどまる。それ以外の変化は主として公判における証拠調べの運用，これを担う法律専門家（検察官及び弁護人）の活動の在り方の変化，ならびに当事者追行主義における裁判所の役割すなわち判断者としての立場の再認識という形で現れることになった。このような運用上の変化に通底するのは，現行刑事訴訟法の制定当初からそこに埋め込まれていた当事者追行主義に由来する諸制度の的確な作動を徹底し，各専門家が法律家としての本来の役割を十全に発揮すること，また，各専門家が，これまで日々使い動かしてきた刑事手続の目的と意味を明瞭に意識して運用するよう務めることであった。この意味で裁判員制度の導入は，現行刑事訴訟法に内在していたその本来の設計思想を顕在化させ，充実した公判審理という刑事裁判の本来的目的を達成するための強力な触媒になったといえよう。なお，同じ刑事手続法規が適用される裁判員裁判対象事件とそれ以外の事件で，手続の運用を異にする

序　刑事手続の目的と基本設計図

理由はないはずである。裁判員法は裁判所法の特別法であるが，刑事訴訟法の裁判手続に対する特別法ではない。

〈序　参考文献〉
　長谷部恭男編・注釈日本国憲法(3)（有斐閣，2020年）
　　　§31【法定手続の保障】〔土井真一〕

【付記】いわゆる「刑事手続のIT化」について

2024（令和6）年2月15日の法制審議会総会において，法務大臣諮問第122号に対する答申として，いわゆる「刑事手続のIT化」に関する法改正の要綱が示されている。この諮問は，

「近年における情報通信技術の進展及び普及の状況等に鑑み，［下記］……の事項に関して刑事法の見直しをする必要があると思われるので，その法整備の在り方について，御意見を承りたい。……

　一　刑事手続において取り扱う書類について，電子的方法により作成・管理・利用するとともに，オンラインにより発受すること。

　二　刑事手続において対面で行われる捜査・公判等の手続について，映像・音声の送受信により行うこと。

　三　一及び二の実施を妨げる行為その他情報通信技術の進展等に伴って生じる事象に対処できるようにすること。」というものであった。

　情報通信技術の進展及び普及は刑事手続に関する様々な局面で，手続関与者間のコミュニケイションに多くの利便性・効率性をもたらすものであるが，他方，刑事手続においては，関与者特に被疑者・被告人の基本的な権利や，手続運用を支える前記の基本理念との関係で，利便性・効率性を追求するあまり犠牲にしてはならない基本的価値がある。法制審議会答申を準備した刑事法（情報通信技術関係）部会においては，このような視点も踏まえて活発な議論が行われた。法制審議会答申「要綱（骨子）」の概要は次のとおりで，要綱は第1，第2，第3から成る。なお，将来法改正が見込まれる制度の具体的内容や議論された課題については，本書の関係箇所でも適宜説明を加える。

　要綱（骨子）「第1-1」は，訴訟に関する書類の電子化に関して所要の規定を設けるもので，①電磁的記録による公判調書の作成等について〔第3編公判手続第4章X*2*〕，②電磁的記録である訴訟に関する書類等の閲覧・謄写について〔第3編公判手続第4章X*2*，第5編裁判第1章Ⅲ(2)*〕，③申立て等及びその記録の電子化について，④電磁的方法による告訴・告発等について，⑤電磁的記録の送達について，⑥公判廷における電磁的記録の取調べ等について，⑦供述の内容を記録した電磁的記録等の作成及び取扱い〔第1編捜査手続第4章Ⅱ*3*(2)*〕について，それぞれ，訴訟に関する書類の電子化に係る規定を整備す

るとしている。これらの規定が整備されることにより，裁判所に提出される証拠書類や手続書類が電子データとして作成され，書面のやり取りによってなされている手続が電子データのやり取りにより行われ，裁判所においても，訴訟に関する書類が電子データとして作成・管理・利用されることとなり，刑事手続の円滑化・迅速化に資すると考えられる。

「第1-2」は，電磁的記録による令状の発付・執行等に関する規定を整備するもので，逮捕状，勾留状及び鑑定留置状といった裁判所・裁判官の発する令状は，いずれも，書面によるほか，電磁的記録によっても発付することができるとするとともに，紙の令状と同様の内容が表示されるように同様の事項を記録することとし，電磁的記録による令状は，電子計算機の映像面等に表示して被処分者に示して執行することができるとするものである〔第1編捜査手続第1章Ⅰ*3*(4)＊＊，同第3章Ⅱ*1*(3)＊＊，Ⅲ*3*(3)＊，同第5章Ⅲ*3*(3)＊〕。

「第1-3」は，電磁的記録を提供させる強制処分を創設するもので，これに伴い，現行法に規定されている記録命令付差押えを廃止する〔第1編捜査手続第5章Ⅰ*1*(2)＊＊，Ⅴ＊〕。

「第1-4」は，電磁的記録である証拠の開示等についての規定を整備するもので，現行の証拠開示に関する規定に関して，証拠書類または証拠物の全部または一部が電磁的記録であるときの閲覧・謄写の機会の付与の方法等を明確化する規律を設けるとともに，電磁的記録をもって作成された証拠の一覧表の提供等についての規定を整備する〔第3編公判手続第3章Ⅱ*4*(h)＊〕。

要綱（骨子）「第2-1」は，刑事施設等との間における映像と音声の送受信による勾留質問・弁解録取の手続を行うための規定を創設するもので，その要件や，その場合に被告人・被疑者に告げるべき内容などを規定している〔第1編捜査手続第3章Ⅲ*2*(3)＊＊〕。

「第2-2」は，映像と音声の送受信による裁判所の手続への出席・出頭を可能とする制度を創設するもので，具体的には①検察官，弁護人，裁判長ではない裁判官，被告人が，ビデオリンク方式で公判前整理手続期日等に出席・出頭することについて〔第3編公判手続第3章Ⅱ*2*(1)＊〕，②被告人，弁護人，被害者参加人等が，ビデオリンク方式で公判期日に出席・出頭することについて〔第3編公判手続第1章Ⅰ(6)＊〕，③裁判員候補者や被告人が，ビデオリンク方式で裁

判員等選任手続期日に出席・出頭することについて〔第3編公判手続第6章 *2*(3)＊〕，それぞれ，手続の性質に即して，一定の要件の下で行うことができるとしている。

「第2-3」は，証人尋問等を映像と音声の送受信により実施する制度を拡充するもので，具体的には，証人尋問をビデオリンク方式で実施することができる場合として，新たに，専門家である証人に鑑定に属する供述を求める場合や，証人が傷病等のために出頭困難である場合，刑事施設等に収容中の証人であって出頭困難な状況にある場合，検察官及び被告人に異議がなく裁判所が相当と認める場合などを加え，鑑定を命ずる手続や通訳について，裁判所が相当と認める場合にビデオリンク方式によることができるとする〔第3編公判手続第4章Ⅲ*5*(4)＊＊，Ⅳ*1*(4)＊，*2*＊〕。

なお，映像と音声の送受信により手続を行うことに関しては，これらのほかに，被疑者・被告人と弁護人等との接見について，これをオンラインで行うことを被疑者・被告人の権利として位置付ける規定を設けるべきとの意見が述べられ，部会においては，この点についても議論が重ねられたが，「要綱（骨子）」に記載されるに至らなかった。その経緯の詳細については〔第1編捜査手続第9章Ⅲ*3*(5)＊＊＊〕。また，被害者がオンラインにより公判を傍聴できるようにすべきであるとの意見も述べられたが，これに対しては，刑事手続にとどまらず民事訴訟などを含めた裁判制度全体に関わる問題であり，慎重な検討を要する，といった意見が述べられ，同様に，「要綱（骨子）」に記載されるには至らなかった。

要綱（骨子）「第3-1」は，電磁的記録をもって作成される文書の信頼を害する行為を処罰するための罰則を創設するもので，文書や図画として表示されて行使されることとなる電磁的記録を，行使の目的で偽造する行為などを，文書偽造と同様に処罰する。

「第3-2」は，電子計算機損壊等による公務執行妨害の罪を創設するもので，公務員が職務を執行するに当たり，その職務に使用する電子計算機やその用に供する電磁的記録を損壊したり，その電子計算機に虚偽の情報や不正の指令を与えるなどすることにより，その電子計算機に使用目的に沿った動作をさせない行為を現行刑法の暴行・脅迫による公務執行妨害罪と同様に処罰する。

「第3-3」は，新たな犯罪収益の没収の裁判の執行及び没収保全等の手続を導入するもので，暗号資産など，その移転について登記等の制度がなく，債務者やこれに準ずるものが存在せず，物体性もない財産権について，その没収の裁判の執行及び没収保全等の手続を設けるものである。

「第3-4」は，通信傍受の対象犯罪を追加するもので，犯罪捜査のための通信傍受に関する法律別表第2に掲げる対象犯罪に刑法236条2項（利益強盗），246条2項（利益詐欺）及び249条2項（利益恐喝）の罪を加えるとしている〔第1編捜査手続第7章Ⅲ*3*(2)＊＊〕。

第1編

捜査手続

第1章

総　説

I　捜査の意義と捜査に対する法的規律の趣旨・目的

1　捜査の意義

(1)　「捜査」とは，「捜査機関」が「犯罪があると思料するとき」，①「犯人」と疑われる者を発見・掌握する手続過程と，②犯罪事実に関する「証拠」を収集・保全する手続過程の複合である（法189条2項）。当該犯人と犯罪事実について，検察官による公訴提起と公判手続の遂行を目的として行われるのが原則形態である。

* 捜査機関が「犯罪がある」と思料する対象は，捜査開始以前に発生した事象である場合が通例である。もっとも，反復・継続的に実行される形態の犯罪や，いわゆる「おとり捜査」については，発生の蓋然性が高度に認められる事象である場合もある（例えば，現行犯逮捕を見込んで，常習的にスリを反復・継続している疑いのある者を尾行監視する活動や，捜査機関が禁制薬物の売人に譲渡行為を実行するよう働き掛ける活動）。これらは，実行の蓋然性が高度に見込まれる犯罪について公訴提起と公判手続の遂行を目的とする活動である点において，過去に実行された犯罪を対象とする場合と異なるところはないから，「捜査」として，刑事訴訟法による規律を及ぼすべきである。判例は，捜査機関による「おとり捜査」の働き掛け行為を法197条1項に基づく任意捜査と位置付けているので（最決平成16・7・12刑集58巻5号333頁），このような考えに立つとみることができる〔第7章Ⅳ〕。

(2)　法は，具体的に特定された被告人に対して公訴提起を行うことを想定し（法249条・256条2項1号），被告人が公判期日に出頭しなければ公判手続を行うことができないのを原則としているので（法286条），将来の公訴提起と公判

手続遂行のために，被告人となる可能性のある者を発見・掌握し，必要があればその身体・行動の自由を剝奪して逃亡や罪証隠滅活動を防止するのである。

また，刑事手続の目的は，公判手続において刑罰法令の適用実現の前提となる具体的事実を認定することにあるから，そのための「証拠」を的確に収集・保全しておくことが不可欠の前提となる。

 ＊ 公訴提起前に犯人が死亡した場合（例えば，犯行直後に犯人が自殺した場合），公訴提起はあり得ない（明文はないが，検察官は被疑者死亡を理由に不起訴処分を行う。なお公訴提起後被告人が死亡した場合には，法339条1項4号により公訴棄却の決定で手続が終了する）。しかし検察官が事件処理を行うのに必要な範囲で事案を解明するため，証拠の収集・保全等の活動が行われる。これは，例外的に公訴提起・公判遂行を直接目的としない捜査と位置付けられよう。

  これに対し犯人が刑事未成年であることが明瞭である場合，公訴提起の対象となる「犯罪がある」とはいえないので（刑法41条），刑事訴訟法上の「捜査」はできない。しかし，このような「触法少年」（「14歳に満たないで刑罰法令に触れる行為をした少年」をいう。少年法3条1項2号）については，家庭裁判所が，非行事実の存否等を認定する少年審判を行うことがあるので（同法3条），そのための証拠を収集・保全する必要から，警察官による「調査」が行われる（同法6条の2）。警察官の調査については，刑事訴訟法の定める強制処分の規定が「準用」される（同法6条の5）。

2　捜査機関

「捜査機関」とは，捜査を担当する国家機関をいい，司法警察職員，検察官，検察事務官がこれに当たる。第1次的な捜査機関は「警察官」である。警察官は「（一般）司法警察職員」として捜査を行う（法189条）。このほか，別に法律で定めるところにより，特別の事項について司法警察職員としての職務を行うべき者を「特別司法警察職員」という（法190条。例，麻薬取締官，海上保安官，労働基準監督官等）。

「司法警察職員」は，刑事訴訟法上の機関名であり，「司法警察員」と「司法巡査」からなる（法39条3項参照）。両者の権限には令状の請求権限の有無等について差異があるので，注意を要する（法199条2項・218条4項・203条・224条・225条等）。警察官のうち，いずれを司法警察員とするかは，各公安委員会

の定めるところによる。

　事件処理と公判遂行を独占的に担当する「検察官」も（法247条・248条），必要と認めるときは，自ら犯罪を捜査することができる（法191条1項）。「検察事務官」は，検察官の補佐機関として検察官の指揮を受け，捜査を行う（法191条2項）。

　旧法では，捜査の主宰者は検察官であり，警察官はその補佐機関という位置付けであったが，現行法はこのような検察と警察との関係に根本的な変更を加えた。両者は各々独立の機関として「相互協力」の関係にある（法192条）。警察官は検察官の補佐機関ではない。もっとも，前記のとおり捜査は検察官による公訴提起と公判手続の遂行を目的とすることから，これに備えて検察官には，第1次的捜査機関である警察官に対して，捜査に関し，指示または指揮をする権限が付与されている。

　検察官は，捜査の適正その他公訴の遂行に必要な事項に関する一般的準則を定めることにより，警察官に対し一般的な指示をすることができる（一般的指示権，法193条1項。例，「司法警察職員捜査書類基本書式例」）。また，検察官は，その管轄区域により，捜査の協力を求めるため，警察官一般に対して，必要な一般的指揮をすることができる（一般的指揮権，法193条2項。例，数個の警察署にまたがる関連事件の捜査に関し，統一的捜査方針・計画を立てこれに基づく捜査の協力を求めるための一般的指揮）。さらに，検察官は，自ら具体的事件の捜査をする場合に必要があるときに，警察官を指揮して捜査の補助をさせることができる（具体的指揮権，法193条3項）。警察官はこれらの指示または指揮に従わなければならない（法193条4項・194条）。

3 捜査に対する法的規律の構造と機能

(1)　捜査手続については，捜査機関の権限発動の要件・範囲等を定めた法的規律や制度が設けられている（法第2編第1章捜査［法189条～246条］。なお，法207条1項・222条等を通じて法第1編総則の条文が準用されるので注意を要する）。法は，捜査目的達成のために，対象者の意思を制圧してでも重要な権利・自由を侵害・制約する「強制の処分」に関し多数の規定を設けて，このような捜査活

動に対し厳格な統制を図ろうとしている。それ以外の捜査手段については，一般的根拠規定を置く（法197条1項本文）ほか，手続を明確にするための若干の条文を設けるにとどまる（例えば，供述証拠の収集・保全に関する法198条・223条等）。

　捜査機関は，犯罪があると思料するとき，事案解明を第1次的な目標として活動する。国民の基本的権利・自由の侵害・制約を伴う可能性のあるこのような捜査機関の活動を，いかにして正当かつ合理的な範囲に統制・制禦するかが，捜査手続法の最も重要な課題である。その基本枠組ないし「適正手続の保障」という基本的価値判断は，憲法とこれを受けた刑事手続法規に具現されているが，具体的法律問題の解決に際しては，そのような枠組の下で，個別の法制度の趣旨・目的を踏まえ，考慮勘案すべき要因をできる限り具体的に析出し，対象者の被る法益侵害と当該捜査手段の必要性との間の合理的調整を検討すべき局面も多い。

　(2)　捜査に対する法的規律の基本的な枠組は次のとおりである。

　第一，「強制の処分」は，刑事訴訟法に特別の根拠規定のある場合でなければ実行することができない（法197条1項但書）。これを「強制処分法定主義」という。強制の処分の具体的内容とその要件は国会制定法律の形式であらかじめ一般的に定められていなければならないのであり，これは，手続法定原則（憲法31条）の要請である。

　第二，法定された「強制の処分」権限の個別具体的事案における発動に際しては，原則として，裁判官が処分の正当な理由と必要性を事前審査して発付する「令状」が要求される。これを「令状主義」という。身体拘束処分については憲法33条，住居等私的領域への侵入や証拠物等の捜索・押収については憲法35条に基本的な定めがある。令状主義の原則は，前記第一の要請に従い，各強制処分の要件・手続として刑事訴訟法に具体的に法定・明示されている（例えば，逮捕について法199条，捜索・差押え・記録命令付差押え・検証について法218条，通信傍受について法222条の2及び「犯罪捜査のための通信傍受に関する法律」）。

　第三，立法府による一般的な要件の法定・明示と司法権による個別具体的事案における事前審査によって統制・制禦される「強制の処分」に該当しない捜

査活動については，捜査機関の判断と裁量で「その目的を達するため必要」と認められる場合に実行することができる（法197条1項本文。この条項にいう「取調」は，捜査活動一般を意味する）。

「強制の処分」を用いる捜査を「強制捜査」と称するのに対して，これに当たらない捜査を「任意捜査」と称するのが一般である。もっともここでいう「任意」とは，「強制」手段を用いないという意味に留まり，後記のとおり，対象者の完全に自由な意思決定に基づく同意・承諾を得て実行される場合（いわば「純粋任意」の場合）に限定されるわけではない。言い換えれば，対象者の意思に一定の働き掛けを及ぼし，また，対象者に対してある程度の法益侵害を生じさせる手段も含まれ得る（例えば，警察官が対象者の意に反して腕を摑む程度の有形力の行使。最決昭和51・3・16刑集30巻2号187頁参照）。

このような法益侵害を伴う可能性がある以上，任意捜査については，「強制の処分」には当たらないというだけで直ちに正当化され許容されることはあり得ない。その適法性・許容性は，事後的にではあれ，裁判所の統制に服する。司法判断の根拠規定は法197条1項本文にいう「その目的を達するため必要」な手段であったかどうかであり，裁判所の事後的・客観的な法的判断に拠って制禦される。

なお，捜査機関が，人の身体拘束や証拠の収集・保全の手続過程において，以上の法的規律に反する違法な活動を行った場合には，これに接着接続する手続も違法性を帯び，裁判所の判断でその効力が否定されたり（例えば，違法な逮捕手続に引き続く勾留請求の無効判断），あるいは公判手続において違法な捜査により獲得された証拠の証拠能力が否定されることがあり得る（最判昭和53・9・7刑集32巻6号1672頁）。これは，捜査に対する法的規律の実効性を確保し，将来における違法な捜査を抑制する機能を果たすものである。

以上が，捜査に対する法的規律の基本的構造である。次に，その趣旨・目的と機能を具体的に説明する。

(3) 「強制処分法定主義」は，国民代表たる立法府による事前の一般的な統制である。人の意思を制圧し重要な権利・自由を侵害・制約する国家権力の発動について，いかなる内容・形態の処分類型をどのような要件と手続により正当な捜査手段として設定するかは，国民代表による国会制定法律の形式であら

かじめ定め告知することにより，国民の行動の自由を民主的に担保しようという考えに基づく。この統制の名宛人は，立法府以外の国家機関である。行政機関たる捜査機関はもとより，法の解釈適用を担う司法権・裁判所も，このような立法府の判断に服さなければならない。捜査機関が実定刑事訴訟法の条項にあらかじめ明記されていない「強制の処分」を実行することはもとより，裁判所が明文の根拠規定のない「強制の処分」を法解釈の形式を用いて創出・追認することも許されないというべきである。

　　＊　例えば，現行法の明定する「通信傍受」（法222条の2・通信傍受法）に該当しないが類似した態様の室内会話傍受について，捜査機関がこれを実行すれば，法197条1項但書に反するので直ちに違法である。また，最高裁判所が，法定されている「検証」処分の解釈や通信傍受処分に関する条項の類推解釈や準用の形式を用いて，室内会話傍受を許容する判断を示すことにより，立法府の判断を経ることなく実質的に新たな強制処分を創出したとみるべき場合には，そのような裁判所の判断は，法197条1項但書を基礎付けている憲法31条の手続法定原則に抵触するというべきである。この場合，司法権の賢明でない判断を変更・制禦できるのは立法府である。

　強制処分法定主義の眼目は，第一に，捜査機関に向けられた「行為規範」としてその活動の事前統制を行うことにあるが，第二に，実定刑事訴訟法が想定していない強制処分（例えば，電気通信を介さない室内会話の傍受，通信傍受処分の対象犯罪の拡大，車両に使用者らの承諾なく秘かにGPS端末を取り付けて位置情報を検索し把握する捜査［いわゆる「GPS捜査」］等）が刑事手続の目的達成に必要と考えられる事態が生じた場合に，裁判所ではなく，立法府が，その処分の具体的内容，犯罪捜査にとっての必要性と侵害される対象者の権利・自由の内容・程度，処分発動の要件・手続等について熟議検討したうえ，これを実定法規として創設するかどうか，またどのような具体的処分類型を造型するかの立法的決断を要するとすることにある。こうすることで，国民の基本的権利・自由に対する「危険物」であると共に法目的達成に必要な国家権力発動に，民主的正当性と予測可能性が付与されるのである。これに対し司法権は，このような立法的決断の合憲性を審査することにより，基本権の擁護者として，立法府の賢明でない活動を制禦する役割を果たすべきものである。

　　＊＊　このような強制処分法定主義の趣旨・目的からすれば，法定されている強制処

分の行為類型やその要件・手続について，類推解釈や準用の形式でその内容を対象者の権利・自由の侵害・制約を増大させる方向に解釈適用することは許されないと解すべきである。例えば，逮捕に伴う無令状の捜索・差押えに関する条文（法220条）を類推解釈して，被疑者を「逮捕する場合において」の要件に該当しなくとも，逮捕の実体的要件が認められる場合には，被疑者が不在で逮捕の現実的可能性がない時点であっても被疑者居宅の無令状捜索に着手できるとする解釈は不当である。

　これに対し，法定された強制処分の個別具体的事案における発動場面について，裁判所が対象者の被る権利・自由の侵害・制約の範囲・程度を減縮する方向で強制処分関連規定の解釈適用を行うことは，それが実質的に別個固有の強制処分を創設するのでない限り，許容されよう。最高裁判所は，令状における条件の附加について，次のような法解釈を示している。「身体検査令状に関する［刑訴］法218条5項［現6項］は，その規定する条件の付加が強制処分の範囲，程度を減縮させる方向に作用する点において，身体検査令状以外の検証許可状にもその準用を肯定し得ると解されるから，裁判官は，［検証としての］電話傍受の実施に関し適当と認める条件，例えば，捜査機関以外の第三者を立ち会わせて，対象外と思料される通話内容の傍受を速やかに遮断する措置を採らせなければならない旨を検証の条件として付することができる」（最決平成11・12・16刑集53巻9号1327頁）。もっとも，この事案における「準用」は，法定された「検証」に条件を附加することにより，実質的には事件当時法定されていなかった通信傍受処分を創設・追認したともみられるものであり，疑問であろう。

　その後，最高裁判所は，いわゆるGPS捜査に関し次のように説示して，令状における条件の附加と強制処分法定主義との関係について，まことに賢明な見識を示している（後記最大判平成29・3・15〔Ⅱ2(3)＊〕）。「［対象範囲の限定明示，事前の令状呈示に代わる公正担保手段の確保等］の問題を解消するための手段として，一般的には，実施可能期間の限定，第三者の立会い，事後の通知等様々なものが考えられるところ，捜査の実効性にも配慮しつつどのような手段を選択するかは，刑訴法197条1項ただし書の趣旨に照らし，第一次的には立法府に委ねられていると解される。仮に法解釈により刑訴法上の強制の処分として許容するのであれば，以上のような問題を解消するため，裁判官が発する令状に様々な条件を付す必要が生じるが，事案ごとに，令状請求の審査を担当する裁判官の判断により，多様な選択肢の中から的確な条件の選択が行われない限り是認できないような強制の処分を認めることは，『強制の処分は，この法律に特別の定のある場合でなければ，これをすることができない』と規定する同項ただし書の趣旨に沿うものとはいえない。

　以上のとおり，GPS捜査について，刑訴法197条1項ただし書の『この法律に特別の定のある場合』に当たるとして同法が規定する令状を発付することには疑義がある。GPS捜査が今後も広く用いられ得る有力な捜査手法であるとすれば，そ

の特質に着目して憲法，刑訴法の諸原則に適合する立法的な措置が講じられることが望ましい。」

⑷　「令状主義」は，一般的な形式で法定明示された強制の処分が個別具体的事案において発動される場面で（例えば，個別事件の捜査に際し被疑者を逮捕する場合，被疑者の居宅内を捜索して証拠物を差し押える場合），司法権がその処分発動の正当な理由と必要性を個別具体的に事前審査する仕組である。捜査に対する「司法的抑制」とも称される。その眼目は，人の身体・行動の自由や住居・所持品に対する権利等重要な権利・自由の侵害・制約を伴う「強制の処分」権限発動を，捜査機関限りの判断と裁量に委ねない点にある。侵害の程度が大きな権限の発動を事案解明を第1次的目標として追求する当の捜査機関の判断のみに委ねることは，極めて危険だからである。

憲法は，このような事前審査を「権限を有する司法官憲」すなわち裁判官（「令状裁判官」と称する）に委ねている（憲法33条・35条2項）。捜査から中立的な立場にある裁判官が，処分発動の正当な理由とその必要性の有無を，一定の資料に基づき客観的に判断し処分の許否を決することにより，捜査機関の権限行使を合理的な範囲に統制・制禦して不当な権利・自由の侵害・制約が生じるのを防止する趣意である。各強制処分における令状主義の具体的機能については，後に個別的に説明する。

　　＊　このような令状主義の趣旨・目的から，裁判官の事前審査がなくとも対象者の権利・自由の侵害・制約が合理的かつ正当と認め得る事情があり，また緊急に必要と認められる類型的状況においては，無令状の強制処分を例外的に認めることができる。現行法は，現行犯逮捕（憲法33条，法212条・213条）と適法な逮捕に伴う無令状の捜索・差押え・検証（憲法35条1項，法220条）について，それが可能な場合を類型的に「法定」している。このような令状を必要としない「強制の処分」も，実定刑事訴訟法に「法定」された要件に該当する場合にのみ許容されるのは，当然である。憲法の枠内で，刑事手続法にこのような令状主義の例外要件を設定するのは立法府の役割であり，裁判所の仕事ではない。

　　＊＊　前記〔序【付記】〕のとおり，2024（令和6）年の法制審議会答申により，電磁的記録による令状の発付・執行等に関する法改正要綱が示されている（要綱（骨子）「第1-2」）。
　　　現行法上，被告人を召喚・勾引・勾留する場合や，捜査機関が逮捕・捜索・差押えを行う場合には，裁判長・裁判官が発する令状を要するとされており（法62

条・106条・167条2項・168条2項・199条1項・225条3項・218条等)、令状は紙媒体で発付され、処分を受ける者に示さなければならない (法73条・110条・201条1項・222条1項等)。そのため、令状を執行する者の所在場所や処分が行われる場所が裁判所等の令状を発する者の所在地から遠く離れている場合、令状を発する者による処分の要否・許否についての判断・審査それ自体に要する時間とは別に、令状を裁判所まで受け取りに行き、処分を行う場所まで運ぶという令状の物理的な運搬等に長時間を費やすことがあり、処分の迅速な実行に支障を来す一因にもなっていた。法改正要綱は、召喚状、勾引状、勾留状、鑑定留置状、差押状、逮捕状といった令状は、電磁的記録によることができるとし、電磁的記録による令状をオンラインにより執行の現場で直ちに利用することができるようにし、令状に記録されるべき事項について規定を整備するものである。なお、現在令状の請求は、刑事訴訟規則により、「書面」でこれをしなければならないとされており (規則139条1項)、これを改正して、令状の請求も、オンラインで可能とすることが想定されている。

憲法33条・35条が定める「令状主義」の趣旨は、前記のとおり、処分の対象となる人や場所、目的物について、逮捕や捜索等を行う正当な理由が存在することをあらかじめ裁判官に確認させ、対象となる人や場所・目的物を令状に明示させて、その範囲でのみ捜査機関等に処分の実施を許すことにより、捜査機関等の恣意や裁量の濫用・逸脱等による不当な権利侵害の余地を封じるところにある。電磁的記録により令状が作成・発付される場合でも、書面による場合と同様に、処分の対象について、逮捕や捜索等を行う正当な理由が存在することをあらかじめ裁判官に確認させ、電磁的記録による令状に罪名や差し押さえるべき物等の処分の対象となる物や場所が記録され、その内容が捜査機関等に対して表示されることにより、逮捕の理由となる犯罪や捜索等の処分の対象となる人や場所、目的物が明示されかつ、捜査機関等がその内容を変更できないことが確保されるのであれば、令状主義の趣旨を十分に満たし、憲法33条・35条に反することにはならないと解される。

なお、書面による令状と電磁的記録による令状の関係について要綱は、現行法の書面による令状と電磁的記録による令状を並列の関係に立つものと位置付け、裁判所はそのいずれも選択できるとしている。電磁的記録による令状を原則とし、書面は一定の要件を満たす場合に限ると、裁判所は令状発付の際にその要件に該当するかの判断も行わなければならず、令状発付をいたずらに遅延させる結果にもなりかねないと考えられたことによる。捜査機関側に書面の令状を必要とする事情が存する場合には、令状請求の際にその旨を裁判所に伝え、それを踏まえて令状の形式が適切に選択される仕組みとすれば足りるであろう。

(5) これに対して「任意捜査」は、捜査機関限りの判断と裁量でまず実行できる点に眼目がある。すなわち、ある捜査手段が刑事訴訟法中に類型的に法定されている「強制の処分」に該当しない場合、又は「強制の処分」の実質を有

する重要な権利・自由を侵害・制約するような手段とはいえない場合には，特別の根拠規定がなくとも，裁判官の事前審査という令状主義の規律なしに，捜査機関独自の判断で，対象者への様々な働き掛けが可能である。捜査過程に生起する多様な状況に臨機応変に対応し的確な捜査手段を随時選択行使できる柔軟性がその特色である。

　しかし，任意捜査であっても前記のとおり対象者の法益を侵害する可能性があるので，そのような法益侵害と手段の必要性との間の合理的権衡が要請される。すなわち捜査「目的を達するため必要」な限度でのみ許容されるという，国家権力行使についての「比例原則（権衡原則）」の考え方が働くのは当然である（法197条1項本文。後記Ⅱ3のとおり判例はこれを「具体的状況のもとで相当と認められる限度において許容されるもの」と表現している。前掲最決昭和51・3・16）。

　もっとも任意捜査がこのような許容限度を逸脱し違法というべきであったかどうかは，当該手段が用いられた事案が何らかの形で刑事事件等の裁判手続に進み，その過程で当該捜査手段の適否が争点とされた場合に初めて，裁判所の事後的な審査に付されるにとどまる（例，警察官の用いた捜査手段に抵抗して加えられた暴行の事実で現行犯逮捕され起訴された公務執行妨害被告事件の裁判で，捜査目的達成のため用いられた被告人に対する警察官の有形力の行使の適否が争点とされる場合等）。事前の法的統制・制禦は存在しない点に注意を要する。

　(6)　以上の法的規律を踏まえ，任意捜査と強制捜査の手段選択の在り方を捜査機関側から見た場合，対象者に対する侵害が小さく個別具体的事案の諸状況に臨機の対応が容易なのは任意捜査である。特定の捜査目的を強制捜査ではなく任意捜査で達成することが可能であると見込まれる場合には，対象者の法益を侵害する程度の小さい任意捜査を選択するのが一般的には望ましいといえよう。これを「任意捜査の原則」という（警察官に対する「犯罪捜査規範」［昭和32年国家公安委員会規則2号］99条は，「捜査は，なるべく任意捜査の方法によって行わなければならない」との行動指針を定めている）。他方，対象者の自由な意思決定に基づく同意・承諾があったとしても（このような「純粋任意」の場合，対象者の法益は放棄されているから法益侵害はないというべきである），事後的に同意・承諾の有無に争いが生じるおそれが見込まれるときには，厳格な法的規律で統制され令状裁判官の関与する強制処分の法形式を用いるのが適切と考えられる場合

もあり得よう（例えば，犯罪捜査規範108条が「人の住居又は人の看守する邸宅，建造物若しくは船舶につき捜索をする必要があるときは，住居主又は看守者の任意の承諾が得られると認められる場合においても，捜索許可状の発付を受けて捜索をしなければならない」と定めているのは，このような趣意であろう）。したがって，前記のような状況でも一律に任意捜査を選択すべきであるとまではいいきれない。

前記のとおり，特定の捜査手段が，法定されている「強制の処分」に類型的に該当する場合又は実質的にこれと同様の「強制の処分」と評価される場合であるか，それとも任意手段であるかどうかの区別は，特別の根拠規定と令状主義の事前統制を受けることなく捜査機関独自の判断と裁量で実行できるかどうかという捜査機関の行為規範を明瞭にするという点において，決定的に重要である。その区別をどのような基準で判断すべきかについては，次にあらためて検討する。

II 任意捜査と強制捜査

1 任意捜査と強制捜査の区別

(1) 任意捜査と強制捜査の区別は，法197条1項但書にいう「強制の処分」の意味内容をどのように解釈するかによって決まる。その包摂範囲が広ければそれだけ，捜査機関独自の判断と裁量で臨機に実行可能な任意捜査の範囲は減縮する。他方，ある捜査手段を「強制の処分」と評価することは，国会制定法律による特別の根拠規定と個別具体的場面における裁判官の事前審査という厳格な統制・制禦を及ぼすことを意味するから，過度に捜査機関の活動を制約して捜査目的達成を著しく困難にするものとなれば，現実的でない。

捜査は事案解明のために対象者に働き掛けて犯罪と犯人に係る様々な情報を取得する活動であるから，対象者の完全に自由な意思に基づく同意・承諾を得て行われる場合はむしろ稀である。前記のとおり，ある程度対象者の法益を侵害・制約する可能性のある手段であっても，そのような法益侵害を伴う故に，無制約に許容されるわけではなく，「比例原則」に基づく事後的な司法的制禦

に服すべきものであることに鑑みれば，純粋任意の場合のみを任意捜査とし，何らかの法益侵害を伴う手段をすべて「強制の処分」と解して，令状主義による事前統制を及ぼすのは，適切でなかろう。

他方で，有形力・物理的実力の行使という要素は，客観的に明瞭である上，現に刑事訴訟法に法定されている「強制の処分」の多くに共通する要素であることから（身体拘束を伴う逮捕，証拠物の捜索・差押え等），重要な指標になることは確かであるものの，①有形力行使の態様とこれによる権利・自由の侵害・制約の程度には様々な段階があり得ること，②現行法は，通信傍受処分（法222条の2）のように有形力行使を伴わずに憲法の保障する重要な法益を侵害・制約する「強制の処分」類型をも想定しており，整合的説明の観点からも，有形力行使の有無のみを決定的な基準とするのは適切でない。

(2) 出発点となるのは，実定刑事訴訟法の個別条文が法定している各「強制の処分」の「行為類型」というべきである。そこに共通するのは，価値の高い重要な法益すなわち対象者の重要な権利・自由を侵害・制約する「類型的特徴」を有する手段という点にある。例えば逮捕・勾留は憲法33条・34条の保障する人の身体・行動の自由を剥奪し一定期間拘束するという重要な法益の侵害を伴う。また捜索・差押え・検証・通信傍受は，憲法35条の保障する私的領域に侵入し住居・所持品等に対する個人の私生活上の権利・自由や通信の秘密（憲法21条2項）等価値の高い重要な法益を侵害・制約する。このような高度の法益侵害を伴う行為類型であるからこそ，立法府による特別の根拠規定と個別的令状審査を要求してでも厳格慎重に制禦することが要請されるのである。

判例も，警察官が対象者の腕を摑んで引き留めた行為の適否を扱った事案において，捜査における有形力の行使と「強制」との関係，及び「強制」手段の意義について次のように説示している。

「捜査において強制手段を用いることは，法律の根拠規定がある場合に限り許容されるものである。しかしながら，ここにいう強制手段とは，有形力の行使を伴う手段を意味するものではなく，個人の意思を制圧し，身体，住居，財産等に制約を加えて強制的に捜査目的を実現する行為など，特別の根拠規定がなければ許容することが相当でない手段を意味するものであって，右の程度に至らない有形力の行使は，任意捜査においても許容される場合があるといわな

ければならない」（前掲最決昭和51・3・16刑集30巻2号187頁）。

　ここに適切に指摘されているとおり，有形力行使の有無は，「強制捜査」か「任意捜査」かの決定的な区別基準ではない。強制の程度に至らず任意捜査と位置付けられる有形力行使が想定されている。むしろ，この判例が「強制」手段に該当するかどうかの中核的基準としているのは，対象者の「意思を制圧し，身体，住居，財産等に制約を加えて」捜査目的を達成実現するという類型的特徴を有する行為という点であることは明瞭である。ここに例示されている身体，住居，財産等は，憲法33条及び35条が具体的に明示列挙し基本権として保障するような重要で価値の高い法益を意味しているとみることができる。この判例は，捜査の法的規律について，現実の事案処理に操作可能であり，かつ合理的に説明可能な判断枠組を示したものであり，「強制」手段の意味内容ひいては任意捜査との区別について，実定刑事訴訟法の法定・明示する各種強制処分類型の内容と併せて，基本的な指針とされるべきものである。

　(3)　判例が指摘するとおり，有形力の行使は，それだけで直ちに「強制」を意味するものではない。しかし，ある捜査手段が，法定された逮捕・捜索・差押え等の処分類型に該当すると評価し得る程度の有形力行使を伴う行為態様であれば，それを法定されている「強制の処分」の類型的特徴を有する手段と評価・判定すべきことは当然である。例えば，対象者の抵抗を制圧して警察署に連行し一定時間そこに留め置く行為や，対象者の承諾がないのにその所持品を無理やり取り上げて内容物を逐一点検する行為等がその例である。これらはいかなる名目で実行されようとも，逮捕や所持品の捜索以外の何物でもない。

　(4)　他方，前記判例には明示されていないものの，対象者への直接的な有形力行使を伴わなくとも，重要で価値の高い法益を侵害・制約する「類型的」行為態様を有する捜査手段は，「強制の処分」に該当し得る。例えば，対象者の推定的意思に反し，「通信の当事者のいずれの同意も得ないで電気通信の傍受を行う」捜査手段は，対象者に直接有形力を行使するものではないが，法はこれを明文で「強制の処分」と位置付けている（法222条の2）。法が通信傍受処分の内容について特別の根拠規定を設け，令状主義の厳格な規律を及ぼすべき「強制の処分」とした趣意は，それが，通信の秘密（憲法21条2項）及びみだりに私的領域における通話を聴取・録音されない自由・期待（憲法13条・35

条)という極めて重要な法益を併せ侵害する行為態様だからである。したがって例えば、同様の類型的行為態様すなわち会話当事者の「いずれの同意も得ないで」室内会話の内容を聴取・録音する捜査手段もまた「強制の処分」と評価されよう（前記のとおりこのような処分について特別の根拠規定はないから、敢えて捜査機関がこれを実行すれば直ちに違法である）。

　これに対して、例えば、会話・通信の一方当事者が捜査機関の協力者として傍受・録音に同意している場合には、前記法定の処分類型には該当しない。そして、侵害される法益の観点からは、「当事者のいずれの同意も得ない」場合に侵害される通話内容の秘密性という法益は、一方当事者の同意により失われており、私的な会話をみだりに第三者に聴取されないであろうという期待が侵害されるにとどまるので、法はこのような態様の会話傍受を強制捜査ではなく任意捜査と位置付けているものと解される。

　　＊　対象者に対して直接有形力を行使しない捜査手段として「写真・ビデオ撮影」等がある。その態様と侵害される可能性のある法益が、法定された「強制の処分」に類型的に該当する場合には、当然ながら法定の要件・手続に拠らない限り違法である。例えば、運送過程にある宅配便の内容物を調べる目的でエックス線撮影を行うのは、私的領域への「侵入」であり「所持品」に対する個人の重要な法益を侵害・制約する行為類型であるから（憲法35条）、現行法の定める「検証」処分に該当するのは当然である（このような事案について「本件エックス線検査は、荷送人の依頼に基づき宅配便業者の運送過程下にある荷物について、捜査機関が、捜査目的を達成するため、荷送人や荷受人の承諾を得ることなく、これに外部からエックス線を照射して内容物の射影を観察したものであるが、その射影によって荷物の内容物の形状や材質をうかがい知ることができる上、内容物によってはその品目等を相当程度具体的に特定することも可能であって、荷送人や荷受人の内容物に対するプライバシー等を大きく侵害するものであるから、検証としての性質を有する強制処分に当たるものと解される。……検証許可状によることなくこれを行った本件エックス線検査は、違法である」と説示した判例として、最決平成21・9・28刑集63巻7号868頁）。なお、エックス線撮影を行った結果として、内容物が明瞭に認知できず個別具体的事案において対象者の現に被った法益侵害の程度がそれほど大きくなかったとしても、そのことは、当該処分の類型的な性質決定に影響するものではない。

　　　同様に、個人の私生活領域である家宅内に居る人物の容貌等を写真・ビデオ撮影することは、みだりに撮影されない個人の自由という法益（憲法13条）を侵害することに加えて、私的領域への「侵入」であり、住居の平穏とこれに対する期待という法益（憲法35条）をも併せ侵害する類型的行為態様であることから、「強制の

処分」に該当するというべきである。なお，最高裁判所は，近時，憲法 35 条について，次のような解釈を明言している（後記最大判平成 29・3・15〔2(3)*〕）。「憲法 35 条は，『住居，書類及び所持品について，侵入，捜索及び押収を受けることのない権利』を規定しているところ，この規定の保障対象には，『住居，書類及び所持品』に限らずこれらに準ずる私的領域に『侵入』されることのない権利が含まれるものと解するのが相当である。」

これに対して，撮影の方法・態様が私的領域への「侵入」を伴わないものであり，対象者の被る法益侵害が，みだりに撮影されない自由の侵害・制約にとどまる手段である場合には，「強制の処分」には該当しないと解される。例えば，公道上を歩行する者，私的領域とはいえない場所に居る者の容貌等を撮影することは，任意捜査と評価されよう。判例は，捜査目的で公道上を歩いている人物の容貌等を撮影し，あるいは不特定多数の客が集まるパチンコ店内において容貌等をビデオ撮影した事案について，「いずれも，通常，人が他人から容ぼう等を観察されること自体は受忍せざるを得ない場所におけるものである」ことを指摘して，これを令状が必要な「強制の処分」ではなく任意捜査であると位置付けている（最決平成 20・4・15 刑集 62 巻 5 号 1398 頁。なお　公道上をデモ行進する者の容貌等の写真撮影を扱った最大判昭和 44・12・24 刑集 23 巻 12 号 1625 頁も同様の枠組に立つものと解される）。前記のとおり，捜査手段の類型的行為態様と侵害される可能性のある法益の内容のいずれの側面からも，その結論を正当と説明することができる。

2　強制捜査の適否の判断方法

(1)　以上のような区別基準により，特定の捜査手段は，それが「強制の処分」を用いた「強制捜査」か，そうでない「任意捜査」かのいずれかに区分される。捜査機関の活動を事後的に評価する適否判断の第一段階は，このような処分の性質決定である。法的判断である性質決定に中間的領域はない。

ある特定の捜査手段が，類型的に法定された「強制の処分」に該当することが明瞭な場合には，それが法定の要件・手続（例えば裁判官の審査を経た令状の発付）を充足すれば適法であり，法定要件を欠くときは，それだけで直ちに違法である。

このような法的判断は類型的該当性判断であり，個別事案の具体的状況・場面における当該捜査手段を用いることの必要性・緊急性等の要素は無関係である点に注意を要する。立法府が一般的に法定・明示した捜査機関の強制権限発

動要件を，個別事案の具体的状況により弛緩させることが許されないのは当然である。例えば，対象者を制圧してその身体を拘束する逮捕行為の類型的特徴を有する手段が法定の要件（裁判官の令状，緊急逮捕の要件，現行犯逮捕の要件）を欠いたまま実行された場合には，当該個別事案において対象者の身体を拘束する必要性・緊急性がいかに認められたとしても，それ故に，要件の欠如した「強制の処分」が適法と評価されることはあり得ない。

　(2)　特定の捜査手段の行為態様が，類型的に法定された「強制の処分」と同内容であることが明瞭であり，特別の根拠規定によりその要件・手続が法定・明示されていない場合には，そのような捜査手段を行使することは許されない。もし実行すれば強制処分法定主義に反し直ちに違法である。ここでも，前記のとおり個別事案の具体的状況（当該手段の必要性・緊急性等）によってその適否が左右されることはない。例えば，対象者を適法に逮捕する場合でないのに，令状なくして人の住居や身体・所持品について捜索・差押えを行うことは，いかに緊急の必要性が認められても，直ちに違法である（現行法にはこのような緊急捜索・差押えの要件を定めた根拠規定は存在しない）。また例えば，通信傍受法の定める対象犯罪には該当しない犯罪の捜査のため，通信傍受法の要件・手続を類推適用して電気通信の傍受を行うことは，違法である。

　(3)　特定の捜査手段が，類型的に法定された「強制の処分」に該当するといえるかどうか直ちに明瞭とはいえない場合（例えば前記写真・ビデオ撮影等）においては，「強制の処分」の意味内容の解釈を通じて性質決定を行うことになるが，その判断を支える基本的な指標は，強制処分法定主義と令状主義の趣旨でなければならない。まず，当該捜査手段が対象者に及ぼし得る法益侵害の内容をできる限り具体的に析出し，それが，現行刑訴法において既に特別の根拠規定により法定され，原則として事前の令状審査により統制されている「強制の処分」の行為態様及びそこで想定されている法益侵害の内容と同等であるか，又は機能的に同価値であるかを，「類型的」に判断すべきである。ここでも，前記のとおり，個別具体的事案における当該捜査手段の必要性・緊急性や，個別事案において実際に対象者の被った法益侵害の程度は無関係であり，このような類型的判断においては考慮されるべきでない。

　例えば，前記のとおり，捜査目的で，家宅内に居る対象者の容貌等を写真撮

第 1 章　総　説

影する捜査手段は，その行為態様及び想定される法益侵害の内容において，対象者のみだりに撮影されない自由に加え憲法 35 条が保障する法益をも併せ侵害し得る処分類型といえるから「強制の処分」である「検証」に該当し得る（もっとも，現行法の想定する「検証」として実行できるか疑問がある〔第 7 章 II 1 (2) ＊＊〕）。したがって，個別事案においていかにそのような捜査手段の必要性・緊急性が認められても，「検証」令状なくして行われた場合には，直ちに違法である。また，このような捜査手段を用いたものの，個別事案において対象者の容貌等が鮮明に撮影できず，結果として対象者の被った具体的法益侵害の程度が大きくなかったとしても，そのことは，処分の性質決定に影響しない。これが任意捜査ではなく，法定の要件を欠いた違法な強制捜査であることに変わりはない。

　＊　最高裁判所は，いわゆる GPS 捜査が，令状がなければ行うことのできない「強制の処分」に該当すると判断している（最大判平成 29・3・15 刑集 71 巻 3 号 13 頁）。性質決定に係る説示は次のとおりである。

　　「GPS 捜査は，対象車両の時々刻々の位置情報を検索し，把握すべく行われるものであるが，その性質上，公道上のもののみならず，個人のプライバシーが強く保護されるべき場所や空間に関わるものも含めて，対象車両及びその使用者の所在と移動状況を逐一把握することを可能にする。このような捜査手法は，個人の行動を継続的，網羅的に把握することを必然的に伴うから，個人のプライバシーを侵害し得るものであり，また，そのような侵害を可能とする機器を個人の所持品に秘かに装着することによって行う点において，公道上の所在を肉眼で把握したりカメラで撮影したりするような手法とは異なり，公権力による私的領域への侵入を伴うものというべきである。

　　憲法 35 条……の規定の保障対象には，『住居，書類及び所持品』に限らずこれらに準ずる私的領域に『侵入』されることのない権利が含まれるものと解するのが相当である。そうすると，前記のとおり，個人のプライバシーの侵害を可能とする機器をその所持品に秘かに装着することによって，合理的に推認される個人の意思に反してその私的領域に侵入する捜査手法である GPS 捜査は，個人の意思を制圧して憲法の保障する重要な法的利益を侵害するものとして，刑訴法上，特別の根拠規定がなければ許容されない強制の処分に当たる（最高裁昭和……51 年 3 月 16 日第三小法廷決定・刑集 30 巻 2 号 187 頁参照）とともに，一般的には，現行犯人逮捕等の令状を要しないものとされている処分と同視すべき事情があると認めるのも困難であるから，令状がなければ行うことのできない処分と解すべきである。」

　　前記昭和 51 年判例〔1〕を参照しつつ，本件のように対象者に秘して実行される

処分（私的領域内の秘密撮影や録音・録画も同様であろう）について，「合理的に推認される個人の意思に反してその私的領域に侵入する捜査手法」が，昭和51年判例にいう「個人の意思を制圧」することになる旨を明らかにした点が注目される。他方，記述されているGPS捜査の類型的特徴のいかなる点が強制処分該当の判断を導いたのかは必ずしも判然としない。公道上の所在の肉眼把握や撮影が，従前の判例に即して任意捜査と判定されるとすれば〔第7章Ⅱ〕，ほとんどは公道上の位置情報把握である車両に対するGPS捜査との決定的な相違点をどこに見出すかが，本判決の射程と将来の立法の設計にとって重要となろう。

3 任意捜査の適否の判断方法

(1) 任意捜査は，捜査機関の判断と裁量で実行することができる。その一般的根拠条文は法197条1項本文である。捜査機関は，捜査「目的を達するため必要な」捜査手段を用いることができ，特別の根拠規定や令状主義の規律なしに，対象者に対して臨機応変の多様な働き掛けが可能である。

しかし，このような働き掛けの結果，対象者の法益を侵害する可能性のある場合も想定されるので，「強制の処分」に該当しないからといって，当然に適法とされるわけではなく，法の明記するとおり「目的を達するため必要な」限度においてのみ許される。すなわち，個別具体的事案において特定の捜査手段により対象者に生じる法益侵害の内容・程度と，特定の捜査目的を達成するため当該捜査手段を用いる「必要」との間の合理的権衡が求められる（いわゆる「比例原則（権衡原則）」）。それは，裁判所による適否の判断を通じて事後的な統制・制裁の対象となり得る。

なお，対象者の完全に自由な意思決定に基づく同意・承諾があると認められる場合には，その限度で対象者の法益が放棄されているとみることができるから法益侵害はない。したがってこのようないわば純粋任意の同意・承諾・協力に基づく捜査は当然適法である（例えば，法221条のうち「所有者，所持者若しくは保管者が任意に提出した物」の「領置」）。

(2) 判例は，有形力の行使という法益侵害を伴う任意捜査の適否の判断基準について次のように説示している（前記昭和51年判例〔*1*〕）。

「［強制］の程度に至らない有形力の行使は，任意捜査においても許容される

場合があるといわなければならない。ただ，強制手段にあたらない有形力の行使であっても，何らかの法益を侵害し又は侵害するおそれがあるのであるから，状況のいかんを問わず常に許容されるものと解するのは相当でなく，必要性，緊急性なども考慮したうえ，具体的状況のもとで相当と認められる限度において許容されるものと解すべきである」。

　これは，法197条1項本文の意味内容についての法解釈を示したものであり，前記「比例原則」の表明そのものである。「具体的状況のもとで相当と認められる限度」とは，当該個別具体的事案における捜査手段により生じた法益侵害の内容・程度と，捜査目的達成のために当該捜査手段を用いる「（広い意味での）必要性」の程度との合理的権衡状態をいうものと解される。「具体的状況のもとで相当と認められる限度」を超えた捜査手段は，許容されない違法な任意捜査であったと評価されることになる。

　　＊　判例は，「相当と認められる」という表現を様々の異なった文脈で用いているが，有形力行使の態様・程度に対する法的評価が問題とされたこの事案では，法益侵害の内容・程度と「必要性，緊急性など」とを「考慮した」結果，合理的権衡が認められるという結論を「相当」と表示しているに留まり，任意捜査の適否に関して独立の意味内容を伴う基準や要件を示すものではないと解しておくのが適切であろう。裁判所による事後的・客観的評価の局面において，客観的ないし量的な言語化が困難で不明瞭な「相当性」ないし「社会通念上相当」といった言葉を独立の評価基準として用いることは，裁判官の判断過程を曖昧化するおそれがあり妥当とは思われないからである。捜査機関に対する行為規範ないし行動準則を設定しようとする局面においては別論であるが，それがどの程度行動準則として現実に機能するかは不明である。

(3)　以上の判断枠組を個別具体的事案に適用する際には，次のような点をできる限り具体的に析出して考慮勘案しなければならない。

　第一，用いられた捜査手段の目的の内容。捜査目的が，当該具体的事案において著しく合理性を欠く場合には，そのような不当目的による捜査手段はもとより違法というべきである。

　第二，当該捜査手段を用いる広義の「必要性」。判例は当該手段を用いる「必要性，緊急性なども考慮したうえ」と説示する。個別具体的事案において，当該手段を用いる必要性がどの程度あったのか，またそのような手段を用いる

ことが緊急やむを得なかったのか等が具体的に検討されなければならない。また，より侵害的でない他の捜査手段を容易に採り得た可能性も併せ考慮されるべきであろう。このほか，問題とされるのが犯罪捜査目的の手段であることから，当該具体的事案において捜査の対象となり事案解明を要請されていた「犯罪」の重大性や罪質も考慮要素になろう。犯罪の重大性については，法定刑のみならず保護法益の質（例えば交通事犯か財産犯か生命・身体犯か等）も考慮されるべきである。

　なお，以上のような当該手段の「必要性」は，第一段階の性質決定において，「強制の処分」には該当しない「任意捜査」と判定された捜査手段の適否基準である。前記のとおり，個別具体的状況における当該手段の必要性・緊急性等の要素は，強制捜査の適否の一般的判断基準ではない。

　第三，当該捜査手段により対象者が現に被った法益侵害の内容・程度。当該捜査手段が「強制の処分」に該当するかどうかの性質決定の局面とは異なり，事後的・客観的に見て，どのような性質・内容の法益がどの程度侵害・制約されているのかを，できる限り個別具体的かつ明瞭に析出して考慮勘案すべきである。例えば，単なる「プライヴァシイの侵害」といった程度の言語化では用をなさない。なお，前記判例は，有形力の行使を扱った事案であるが，それに限らず，法益侵害の「程度」を具体的に想定し得る任意手段については，同様の枠組でその適否を判定するのが整合的である。

　(4)　捜査目的達成のため必要であったか否かという比例原則の適用である以上，用いられた捜査手段に伴う法益侵害の内容・程度が全く同様の行為態様であっても，当該具体的状況のもとでその手段を用いる必要性・緊急性等の程度が異なれば，任意捜査としての適否の結論が変動し得る。また必要性・緊急性の程度が同様であっても，生じた法益侵害の内容・程度が異なれば，同様に適否の結論は変わり得る。

　(5)　「具体的状況のもとで相当」とは認められない合理的権衡状態からの逸脱，すなわち捜査手段の違法性には，「程度」が想定できるから，それが任意捜査権限の重大明白な逸脱と認められる場合には，違法な強制処分が行われた場合と同様に，これを「重大な違法」と評価すべきである（例えば，違法収集証拠排除法則の適用場面）。

第 1 章　総　　説

〈第 1 編第 1 章　参考文献〉
　　井上正仁・強制捜査と任意捜査［新版］（有斐閣，2014 年）
　　酒巻匡「『捜査』の定義について」研修 674 号（2004 年）
　　酒巻匡「令状における条件の付加について」研修 658 号（2003 年）
　　酒巻匡「刑事手続における任意手段の規律について」法学論叢 162 巻 1～6 号
　　　（2008 年）
　　酒巻匡「GPS 捜査は令状がなければ行うことができない強制の処分か」論究ジ
　　　ュリスト 30 号（2019 年）
　　大澤裕「強制捜査と任意捜査」法学教室 439 号（2017 年）

第2章

捜査の端緒

I 意義と種類

　捜査機関が「犯罪があると思料する」きっかけとなる事由を「捜査の端緒」という（法189条2項，犯罪捜査規範59条参照）。法はその一部につき法的効果や手続を定めるにとどまり（例，告訴・告発・自首），特にこれを制限してはいない（捜査の端緒に係る法規定の多くは，警察捜査に始まりその後検察へ「事件」が送致される通常の捜査手続の流れに対して，例外的に検察官の関与を早期化する機能を果たす点に意味がある。法246条参照）。

　警察官は，捜査活動のほか，防犯・交通取締等の行政警察活動（警察法2条）の過程で，現行犯や他の犯罪の証拠を発見したり，犯人，犯罪の被害者，またはその他の第三者から犯罪についての申告や届出を受ける場合がある。警察官から積極的に働き掛けを行い，歩行中の者に「停止」を求め「質問」を実施するいわゆる「職務質問」については，このような権限行使の根拠を付与する規定が「警察官職務執行法」に設けられている。

　また，犯罪予防その他の行政警察目的を達成するため，一定の業務者や特定の身分を有する者等に対して，警察官に対する特定事項の報告や届出が法律で義務付けられている場合があり，これが捜査の端緒になることもある（例，質屋営業法，火薬類取締法，医師法，道路交通法等）。

　　＊　報告義務者自身の犯罪事実に密接に関連する事項について報告・届出を義務付け，義務違反に対する制裁でこれを担保している法の規定と自己負罪拒否特権（憲法38条1項「何人も，自己に不利益な供述を強要されない」）との関係については，議論がある（例えば，交通事故を起こした者に対する事故内容の報告義務付け［道交法72条］

や，医療過誤に起因する患者の死亡に関与した医師に対する異状死体の届出義務付け［医師法21条］等）。合理的な行政目的達成のために設けられている当該法令の文面上の合憲性は認められるとしても（合憲性について，最大判昭和37・5・2刑集16巻5号495頁［道交法］，最判平成16・4・13刑集58巻4号247頁［医師法］），個別事案における適用にはなお違憲の疑いがあろう。

　特に検察官の権限として法定されているのは後記「検視」（法229条）である。このほか，「職務質問」のように警察官固有の権限とされている事項以外は，検察官も同様に様々な形で捜査の端緒を得る場合がある。法定されている告訴・告発等は直接検察官に対してなされる場合も多い（「直受」と称する）。

　以下では，法に規定のある捜査の端緒について，個別に説明する。

II　職務質問と所持品検査

1　職務質問の意義と要件

　(1)　「職務質問」とは，警察官が，いわゆる挙動不審者等を「停止させて」「質問する」活動をいう。「警察官職務執行法」にその要件が具体的に明記され，警察官に権限行使の具体的な根拠が付与されている。すなわち，警察官は，異常な挙動その他周囲の事情から合理的に判断して，①何らかの犯罪を犯したと疑うに足りる相当な理由のある者，②何らかの犯罪を犯そうとしていると疑うに足りる相当な理由のある者，または③既に行われた犯罪について知っていると認められる者，④犯罪が行われようとしていることについて知っていると認められる者を，その場に停止させて質問することができる（警職法2条1項）。その場で質問することが本人に対して不利であり，または交通の妨害になると認められる場合には，質問するため，付近の警察署，派出所または駐在所に同行することを求めることができる（同条2項。警職法上の「任意同行」）。

　この要件に現れているとおり，職務質問は，特定の具体的な犯人と犯罪事実について公訴提起と公判遂行を直接の目的とした「捜査」ではない。未だ犯罪が行われていない段階でも，また犯罪が不特定の段階でも，その予防・鎮圧等

を目的として実行される警察活動である。警察官の一般的責務（警察法2条）の範囲内の活動のうち，犯罪捜査すなわち司法警察職員としての「司法警察」以外の「行政警察」という範疇に属する（警職法1条1項）。判例もこの区分に拠り，職務質問を「犯罪の予防，鎮圧等を目的とする行政警察上の作用」と位置付けている（後掲最判昭和53・6・20［米子銀行強盗事件］）。

　もっとも，質問することができる対象者を定めたいずれの要件も「犯罪」に密接に関連することから，警察官が職務質問を行った結果，対象者について特定の具体的な「犯罪があると思料」すれば（法189条2項），警察官の活動は，その時点から直ちに当該犯罪と犯人に対する「捜査」に転化・移行することになる（例えば，質問対象者前記①について法定の要件が認められれば「被疑者」,「犯人」の現行犯逮捕，緊急逮捕，あるいは任意捜査としての有形力の行使等に至り得る）。

　　＊　司法警察と行政警察は，その目的の内容によって区別される。組織規範である「警察法」は，警察の責務を「個人の生命，身体及び財産の保護に任じ，犯罪の予防，鎮圧及び捜査，被疑者の逮捕，交通の取締その他公共の安全と秩序の維持に当ることをもってその責務とする」旨定めて警察官の一般的職責の範囲を画定しており（警察法2条1項），このうち，警察官が司法警察職員として捜査する場合を司法警察と呼び，これ以外の警察目的達成のため活動する場合を行政警察と称する。活動目的の内容が犯罪の予防・鎮圧等ではなく，特定の具体的犯罪の公訴提起と公判遂行である場合には，当該犯罪が未だ実行されていないものであっても「捜査」すなわち司法警察活動であって，刑訴法の適用がある。

　　　前記のとおり，行政警察活動としての職務質問と司法警察活動としての捜査は密接に関連し容易に移行可能であるため，職務質問として開始された警察官の一連の活動の適否を事後的・客観的に評価する際には，ある時点で警察官の用いた具体的手段は，当該警察官の主観にかかわらず，捜査でもあると見ることができる場合がある。このような場合には，刑訴法の規定も適用すべきである。また，行政警察活動としての職務質問の過程に違法があった場合，これを前提に接着して実行された捜査手続も違法性を帯びると解されている（例えば，警職法の解釈上許容限度を超え違法と評価される所持品検査の結果発見された覚醒剤の所持を理由とする現行犯逮捕と覚醒剤の差押えが行われた場合，捜査手続である逮捕や差押えも違法性を帯びる。最判昭和53・9・7刑集32巻6号1672頁等参照）。

(2)　警職法が警察官に付与する権限の中核は，要件が具体的に明示限定された対象者に「質問すること」であり，このために必要な手段として，対象者を「停止」させること，及び「同行」を求めることができる。他方で，これらの

権限行使の対象者については，刑事訴訟に関する法律の規定（例えば適法な逮捕手続）によらない限り，身柄を拘束され，またはその意に反して警察署，派出所もしくは駐在所に連行され，もしくは答弁を強要されることはないと定められている（警職法2条3項）。ここに禁じられているのは，身体拘束や連行のように人の意思を制圧して身体・行動の自由を剝奪する行為や，供述するかどうかの意思決定の自由侵害行為という明白な「強制」手段であるから，質問の前提となる「停止」や「同行」を求める際に用いることができるのは，非「強制」すなわち「任意手段」でなければならないのは明瞭である。

また，警職法は，法定された警察権限・手段は，法の目的のため必要な最小の限度において用いるべきであるとの厳格な比例原則を明記している（同法1条2項）。

　＊　「質問」対象者について，警察官が犯罪があると思料し，対象者を特定の具体的な犯罪事実に関する犯人または参考人と考えるに至った場合には，その質問はもはや被疑者または参考人の「取調べ」という「任意捜査」と見るべきである。対象者が「被疑者」と認められれば，質問を続行する際に供述拒否権の告知手続が必要となろう（法198条2項）。

(3)　以上のような警職法の定めとその背後に想定される法理論的枠組から，職務質問に関する法的規律の構造は次のように理解することができる。

第一，警察官は，警察の一般的責務として示された目的（警察法2条1項）の範囲内でのみ警察活動を行うことができる（同条2項）。職務質問は，警察の責務である犯罪の予防・鎮圧等を目的とした行政警察活動である。警察の一般的責務の範囲外の目的で行われる警察官の行為は，もとより違法である。

第二，一般的な責務の範囲内の警察活動であっても，それが国民の権利・自由を一定程度侵害・制約する作用である場合には，個別的に警察官の権限行使の要件と範囲を定めた法律の根拠（いわゆる「根拠規範」）が必要である（「侵害留保」の考え方）。職務質問の要件・手段を具体的に定めた警職法2条1項・2項は，そのような「根拠規範」にほかならない。

第三，国民の身体・行動の自由をある程度侵害・制約し得る「停止させ」る行為，「同行することを求める」行為は，身体拘束や意に反する連行という「強制」手段に至ってはならない（警職法2条3項）。したがって，「停止」，「同

行」の方法は「任意（非強制）手段」に限定される。そして、当該手段は、対象者の法益をある程度侵害・制約するものであるから、目的達成のため必要最小限度に留めなければならない（同法1条2項。厳格な「比例原則」）。

　第四、対象者が自由な意思で任意に協力し質問に応じる場合には、その身体・行動の自由や応答の自由に関する法益は放棄され、またはその制約は極めて微少なものであるから、第二の侵害留保原則の反面として、元来、法律の具体的根拠規定は不要である。質問の目的が第一の警察の責務の範囲内の正当なものであれば、警職法2条1項の要件に該当しない者に対しても任意の協力を求めることは許される。他方、警察官は、警職法2条1項・2項の特別に規定された要件に該当する場合に限り、この「根拠規範」に基づいて対象者の法益をある程度侵害・制約する「任意手段」を行使することができる。

2　「停止」及び「同行」の許容限度

(1)　職務質問の本来的目的である「質問」を実施・継続するため必要不可欠な、歩行中の人をその場に「停止」させる行為には、様々な態様が想定される。ここで問題となる対象者の法益は身体・行動・移動の自由であるから、原則形態は有形力を用いない口頭の呼びかけで承諾を求める方法であろう。これが法益侵害のない「最小限度」である。他方で、法は「身柄拘束」に該当する手段を禁じているから、「逮捕」と同一視できる対象者の意思を制圧し身体・行動の自由を剝奪する有形力の行使があった場合や、有形力を行使しなくとも長時間対象者の移動の自由を侵害・制約する状態にあったと認められる場合は、「身柄拘束」に当たり違法である（職務質問を端緒とし、約6時間半以上も対象者を路上に留め置いて任意同行を求める説得行為を継続した事案に関する判例は、「移動の自由を長時間にわたり奪った点において、任意捜査として許容される範囲を逸脱したものとして違法」と評価しているが［最決平成6・9・16刑集48巻6号420頁］、端的に違法な強制処分である身体拘束状態であったというべきである）。

　前記のとおり、警職法が一定の要件を明示して具体的な手段を採る権限根拠を付与していることから、停止させる手段として強制の程度に至らない有形力の行使、すなわち「任意手段」としての有形力行使も許容される場合があり得

ると考えられる。しかし，あくまで対象者の承諾を得るのを原則とすべきであり，有形力の行使は，限定的な場合に留めるべきである。警職法 1 条が厳格な比例原則を求めていることに鑑み，身体・行動の自由に加えられた侵害・制約の程度と手段の「必要最小」との権衡の判定に際しては，特に他のより侵害的でない手段が容易に可能であったかどうかに留意すべきであろう。

* 停止させる手段の限界について，具体的な基準を示した判例はない。しかし，職務質問に伴う所持品検査の許否につき説示した判例は，その論理に拠れば「任意手段である職務質問の附随行為」である所持品検査について，原則として対象者の承諾を得ること，承諾なき場合，すなわち対象者の意思に反しその法益を侵害する場合については，「限定的な場合において……[そ]の必要性，緊急性，これによって害される個人の法益と保護されるべき公共の利益との権衡などを考慮し，具体的状況のもとで相当と認められる限度においてのみ，許容されるものと解すべきである」と説示しているので（後掲最判昭和 53・6・20，前掲最判昭和 53・9・7），「質問」実施の前提として不可欠な「停止」手段についても，この説示と同様の「比例原則（権衡原則）」が適用されることを前提にしているはずである。なお，この基準は，任意捜査における有形力行使の適否判断基準〔第 1 章Ⅱ3〕と実質的に同じものと見ることができる。有形力行使を伴う「任意手段」という点で共通する警察活動について，大枠として別異の法的基準を立てる積極的理由は見出し難い。
** いったん停止させた自動車利用者について，警察官がエンジンキーを回転してスイッチを切ったり，キーを一時的に確保するのは，質問対象者が高速で移動可能な自動車を利用していきなり立ち去るおそれを減じ，その場に「停止させ」る状況を確保して「質問」を継続するための合理的な措置として具体的状況のもとで相当な手段と認められる場合もあろう（職務質問を行うため停止させる方法として必要かつ相当な行為とした判例として，前掲最決平成 6・9・16，最決昭和 53・9・22 刑集 32 巻 6 号 1774 頁。ただし，いずれも交通危険防止のため必要な応急措置〔道交法 67 条〕にも当たるとされている点に留意すべきである）。
*** 警職法の明記する「停止させ」にはおよそ該当しない態様の行為であっても，法の本来的目的である「質問」を実施・継続し得る状況を確保するのに必要不可欠と認められる手段は，警職法 2 条 1 項により「職務質問の附随行為」として併せ許容されていると解することができる（例えば，ホテル室内に居る対象者に対して職務質問を継続し得る状況を確保するため，部屋の内ドアを押し開け，足を踏み入れて内ドアが閉められるのを防止した警察官の行為を，職務質問に附随するものとして適法とした判例として，最決平成 15・5・26 刑集 57 巻 5 号 620 頁）。明文のある「質問」の附随行為として警職法 2 条 1 項に「根拠規範」を見出すことができよう。ただし，本来的目的である「質問」との密接関連性・手段としての必要不可欠性は厳格に解さ

なければならない。この点で，この判例の事案処理は説得的であるが，後記のとおり，「所持品検査」を「職務質問の附随行為」と位置付けて正当化する判例には疑問がある。

(2) 「同行」を求める方法についても，停止させる行為と基本的に同様に考えることができる。ただし，単なる「その場で」の「停止」とは異なり，対象者の場所的移動，しかも警察署等への移動を伴うから，対象者の行動・移動の自由という法益を侵害・制約する程度は一般に停止より大きい。したがって，同行を求めるための任意手段については，一層厳格な権衡に留意しなければならない。意に反する「連行」状態になっていたかどうかの判断においては，同行を求める際の警察官の態度・人数，それらが「同行」に係る対象者の意思決定に対して及ぼした影響，警察署等への到着後の警察官の対応状況，警察署等における滞留時間等を総合考慮して，対象者の意思を制圧し，身体・行動の自由を侵害・制約する身体拘束すなわち違法な強制手段になっていなかったかどうか，また，そのような程度・態様には至っていなくとも，同行の方法・態様が必要最小限度の合理的権衡を欠いた違法な任意手段となっていなかったかを順次検討しなければならない。

3 職務質問に伴う所持品検査

(1) 停止させた質問対象者の所持品について，その外表を目視観察することや，所持品の内容等について「質問」することは，当然許容される。また，所持品の内容物を開示・提示するよう求めこれを点検することも，対象者の任意の承諾や協力を得て承諾の範囲内で行われる限り，法益の侵害はないから法的問題は生じない。

(2) これに対して，警察官が職務質問の過程で，対象者の承諾がないのにその所持品を開披し内容物を点検・検査する態様の行為（検索型の所持品検査）を現行法の下で適法と見ることは，極めて困難である。その理由は次のとおり。

第一，警察官が対象者の意思に反して所持品の開披や内容物を点検・検査する所持品検査は，その行為態様として憲法35条の保障する重要な法益を侵害・制約する「捜索」または「検証」に類型的に該当する「強制」手段という

ほかないように思われる。例えば、警察官が配送過程にある宅配便の内容物を点検・検査する目的で荷送人・荷受人の承諾がないのにこれをエックス線撮影する行為は、荷物の内容物に対するプライヴァシィを大きく侵害するものであり強制処分たる「検証」に該当するというのが判例である（最決平成21・9・28刑集63巻7号868頁。この判例が所持品検査に関する後掲最判昭和53・6・20［米子銀行強盗事件］、最判昭和53・9・7を黙示的に変更したのかどうかは今のところ不明である）。そうであれば、承諾がないのに警察官が配送過程にある無施錠のバッグを開披して内容物を点検・検査する行為も同様にバッグを対象とした「捜索」または内容物の「検証」というほかないであろう。特別の根拠規定に基づき原則として裁判官の令状を要するはずである（憲法35条、法218条）。職務質問の過程で行われる同様の態様の行為を別異に扱う一般的理由は見出し難い（ただし質問者等の生命・身体の安全確保の必要等特段の事由が想定される場合は、後記のとおり別論である）。

　第二、犯罪捜査の段階に至らない職務質問の過程でこのような重大な法益侵害を伴う警察活動を許容する明示的な具体的根拠規範を警職法中に見出すことはできない。このような態様の「所持品検査」によって侵害される法益は、憲法が明文で保障している「所持品」に対するプライヴァシィの利益（自己の所持品の内容について意に反してみだりに他人に見られたり知られないという利益・自由）である（憲法35条）。これは職務質問関連規定が想定している対象者の身体・行動・移動の自由や答弁・応答の自由（警職法2条3項参照）とは性質を異にする別個固有の価値の高い重要な法益であるから、警職法2条1項による「職務質問の附随行為」としてその制約が一般的に併せ許容されていると解するのは困難である。所持品検査は、警職法2条1項の本来的目的である「質問」を実施・継続する状況を確保するため必要不可欠な手段ではない。

　(3)　しかし最高裁判所は、次のような法解釈により、警職法に明示的な根拠規定のない「所持品検査」が許される場合があるとしている。事案は、警察官が職務質問対象者の承諾なしにその所持する施錠されていないバッグのチャックを開披し内容物を一瞥した行為に係る。

　「警職法は、その2条1項において同項所定の者を停止させて質問することができると規定するのみで、所持品の検査については明文の規定を設けていな

いが，所持品の検査は，口頭による質問と密接に関連し，かつ，職務質問の効果をあげるうえで必要性，有効性の認められる行為であるから，同条項による職務質問に附随してこれを行うことができる場合があると解するのが，相当である。所持品検査は，任意手段である職務質問の附随行為として許容されるのであるから，所持人の承諾を得て，その限度においてこれを行うのが原則であることはいうまでもない。しかしながら，職務質問ないし所持品検査は，犯罪の予防，鎮圧等を目的とする行政警察上の作用であって，流動する各般の警察事象に対応して迅速適正にこれを処理すべき行政警察の責務にかんがみるときは，所持人の承諾のない限り所持品検査は一切許容されないと解するのは相当でなく，捜索に至らない程度の行為は，強制にわたらない限り，所持品検査においても許容される場合があると解すべきである」。

「所持品について捜索及び押収を受けることのない権利は憲法35条の保障するところであり，捜索に至らない程度の行為であってもこれを受ける者の権利を害するものであるから，状況のいかんを問わず常にかかる行為が許容されるものと解すべきでないことはもちろんであって，かかる行為は，限定的な場合において，所持品検査の必要性，緊急性，これによって害される個人の法益と保護されるべき公共の利益との権衡などを考慮し，具体的状況のもとで相当と認められる限度においてのみ，許容されるものと解すべきである」（最判昭和53・6・20刑集32巻4号670頁［米子銀行強盗事件］。同旨前掲最判昭和53・9・7刑集32巻6号1672頁）。

第一に，この判例は，所持人の承諾のない所持品検査が対象者の法益を侵害することを前提にしているから，確立した法理論である侵害留保原則に拠れば，そのような法益侵害を正当化し得る具体的な根拠規範が必要となるはずである。そこで判例は，これを警職法2条1項の職務質問規定に求めて，その「附随行為」と説明する。しかし，「質問」と「所持品検査」との間の「密接関連」性やその「必要性，有効性」は，そのような場合や事案があり得るという程度にとどまり，例えば法が明記する「停止」と「質問」との間の密接関連性や論理的必要不可欠性とは次元を異にする。前記のとおり，警職法には，判例自ら言及する憲法35条に係る基本権侵害を許容する具体的根拠規範はどこにも存在しないというべきである。

第二に，この判例は「捜索に至らない程度の行為」としての所持品検査，すなわち「任意手段」としての所持品検査が存在することを前提としているが，前記のとおり，対象者の意に反してその所持品を開披したり，その内容を点検・検査する行為態様の検索型所持品検査であって「捜索」または「検証」に至らない程度の行為などあり得るとは思われない。

以上の理由で，この最高裁判所の法解釈は，本来立法府の検討すべき事項（職務質問に伴う所持品検査の法的必要性の有無や必要であるとしてその具体的要件と用いることのできる手段・方法等について検討し，根拠規範となる条文を設計・明記すること）について，法解釈の外形を用いて警職法に所持品検査に関する新たな根拠規範を創設したに等しく，賢明であったとは思われない。

＊　判例は前記「米子銀行強盗事件」の事案について，所持品検査の緊急性，必要性が強かった反面，所持品検査の態様は携行中の所持品であるバッグの施錠されていないチャックを開披し内部を一瞥したにすぎないものであるから，これによる法益侵害はさほど大きいものではなく，相当と認められる行為とする。仮にこの結論を正当化できる要素があるとすれば，対象者が猟銃とナイフを所持した銀行強盗事件の犯人である疑いが濃厚であった事情，すなわち質問を実施する警察官の生命・身体の安全確保の強い要請が認められる事情が重視されるべきであろう。

これに対して，前掲最判昭和53・9・7は，警察官が質問対象者に上衣内ポケットの所持品提示を要求した段階で，対象者に覚醒剤の使用ないし所持の嫌疑がかなり濃厚であり，また，職務質問に対する妨害が入りかねない状況もあったから，所持品検査の必要性，緊急性は認められるが，「承諾がないのに，その上衣左側内ポケットに手を差し入れて所持品を取り出したうえ検査した……行為は，一般にプライバシイ侵害の程度の高い行為であり，かつ，その態様において捜索に類するものであるから，……本件の具体的な状況のもとにおいては，相当な行為とは認めがたいところであって，職務質問に附随する所持品検査の許容限度を逸脱したものと解するのが相当である」と説示する。しかし，これを「捜索」そのものと言わず，「その態様において捜索に類する」「捜索に至らない程度の行為」とする説示は，詭弁というほかないであろう。

また，最決平成7・5・30刑集49巻5号703頁は，質問対象者の乗車していた自動車について，警察官4名が懐中電灯を用い，座席の背もたれを前に倒し，シートを前後に動かすなどして，自動車内部を丹念に調べた行為を「被告人の承諾がない限り，職務質問に付随して行う所持品検査として許容される限度を超えたもの」と説示し違法と評価している。判例がこのような警察官の検索行為を承諾のない違法な「捜索」と見ているのであれば了解可能であるが（原審は「その態様，実質等に

おいてまさに捜索に等しいものである」とする），万一「捜索に至らない程度の行為」であるが，具体的状況のもとで許容限度を超えた相当でない所持品検査であったという意味であるとすれば，到底理解し難い。

（4） 以上のとおり，所持人の承諾のない検索型の所持品検査を職務質問の附随行為として許容することには疑問がある。立法府による明示的な根拠規範の制定が要請される事項というべきである（もっとも，基本権保障の対象として「所持品」を明記している憲法35条との関係をどのように整理できるかが，さらに問題である）。前記理論的疑問に加えて，判例の説示する一般的判断基準は，「捜索」に当たる行為と「捜索に至らない程度の行為」との区別が何人にも困難であるため，警察官に向けられた「行為規範」としても，ほとんど用を成さない。

現行警職法の解釈論の範囲内で，質問対象者の承諾がなくとも，その所持品に対して有形力を及ぼすことができる場合があるとすれば，対象者が人の生命・身体を加害し得る凶器等を所持している疑いが濃厚である場合に，対象者の身体や所持品の外表に触れてこれを確認する行為であろう。このような外表検査の結果凶器等危険物所持の疑いが高度化した場合には，生命・身体の安全確保のため必要性・緊急性が認められる具体的状況により，凶器の存否確認のため所持品の開披と点検に及ぶことができると解される。

質問を実施する警察官に対する加害や質問対象者の自害等を防止し，人の生命・身体の安全を確保することは，警察官の一般的責務の範囲内の行為である上（警察法2条），警職法が明示的に根拠規範を付与した職務質問権限の行使に対する妨害を予防・排除しこれを安全・的確に実施するための大前提であるから，職務質問の目的達成に必要な附随行為として警職法2条1項により併せ許容されていると解することができる。そして，このような外表検査型の所持品検査は，所持品に対するプライヴァシイの利益侵害の程度が低く，かつ行為態様としても「捜索」と明瞭に区別可能であるから，警察官の「行為規範」としても有用であろう。

第2章 捜査の端緒

III 検　問

1　検問の意義と法的根拠

　職務質問の一形態として，複数の警察官が一定の場所で通行者一般を対象に質問する場合を「検問」という。対象者が警職法2条1項の要件に該当する場合は前記IIのとおり所定の権限行使が可能である。これに対し，警職法の要件に該当しない通行者一般に対して，質問したり所持品の開示・提示を求めることは，①その目的が，警察の一般的責務（警察法2条1項）の範囲内であること（同条2項）を前提に，②相手方の自由な意思に基づく任意の承諾・協力を得て，その承諾・協力の範囲内で行われる限り，法益侵害がないので，特段の根拠規範がなくとも許される。しかし，この範囲を超えて対象者の意思に反しその法益を侵害する行為は，根拠規範がないので違法である。なお，相手方の自由な意思に委ねられるべき承諾・協力に応じないからといって，それだけで警職法2条1項の「異常な挙動」に当たるとすることは不当である。

2　自動車検問

　走行中の自動車を対象とする検問を「自動車検問」と称する。走行中の自動車内に居る運転者等に質問するためには，自動車に停止を求めることが必要となる。法的枠組は基本的に前記通行者に対する検問の場合と同様であり，車体や走行の外観から異常や不審が認められる場合には，警職法2条1項の要件該当や道交法上の停止権限に根拠規範を求めることができる。警職法上の職務質問実施のため自動車を停止させる手段・方法は「任意手段」に限られるが，走行中の自動車を「停止させる」のに必要な限度の働き掛けが可能であろう。

　これに対し，車体や走行の外観に異常・不審が認められない自動車に対して，警察の責務（警察法2条1項）の範囲内の合理的な目的達成のため検問を行う場合は（例，交通の取締目的，犯罪の予防目的），無差別に一時停車を求めて質問を行う形態になる。この場合は，根拠規範を要しない限度，すなわち，相手方の

55

自由な意思に基づく任意の承諾・協力を求めて停車してもらい，その承諾・協力の範囲内で質問を行う場合に限り許容される。

判例は交通取締目的の自動車一斉検問（いわゆる「交通検問」）について，「交通の取締」が，警察法2条1項の定める責務の範囲内の警察活動であることを確認した上，「警察官が，交通取締の一環として交通違反の多発する地域等の適当な場所において，交通違反の予防，検挙のための自動車検問を実施し，同所を通過する自動車に対して走行の外観上の不審な点の有無にかかわりなく短時分の停止を求めて，運転者などに対し必要な事項についての質問などをすることは，それが相手方の任意の協力を求める形で行われ，自動車の利用者の自由を不当に制約することにならない方法，態様で行われる限り，適法なものと解すべきである」と説示している（最決昭和55・9・22刑集34巻5号272頁）。他の警察目的達成のための自動車一斉検問も同様の限度で許容されよう。

「相手方の任意の協力を求める」限度を超え，相手方の意思に反し，走行・移動の自由を侵害・制約する方法・態様の検問は，このような法益侵害を伴う警察権限行使の根拠規範がないので，違法である。念の為付言するが，組織規範である警察法2条1項が検問の根拠規範になり得ないのは当然である。むしろ検問を同条項の画定する警察の責務の範囲に規制・限定するものである（警察法2条2項）。

Ⅳ　告訴・告発・請求・自首

(1)　「犯罪により害を被った者」すなわち「被害者」が，捜査機関に対しその事実を申告し，かつ犯人の処罰を求める意思表示を「告訴」という（法230条）。犯罪による被害の事実を申告するに留まり，処罰を求める意思表示を伴わないのは「被害届」であり，告訴に関する法定の効果（親告罪の場合の公訴提起の条件，検察官の事件処理に係る通知・告知を受ける権利［法260条・261条］等）は生じない。しかし，いずれも捜査機関が犯罪を認知する端緒になる点にかわりはない（また虚偽であれば虚偽告訴等の罪［刑法172条］となる）。

告訴を受理できるのは，検察官または司法警察員である。その方式は書面で

も口頭でもよい。口頭の場合は，告訴調書を作成しなければならない（法241条）。代理人による告訴も許される（法240条）。なお，告訴は，公訴の提起があるまで取り消すことができる（法237条）。方式は告訴の場合と同様である（法243条）。もっとも，親告罪に当たらない罪については，告訴の取消しに特段の法的意味はない。親告罪に関する事項については，公訴提起の条件として，別に説明する〔第2編公訴第2章Ⅰ*3*〕。このほか，法は，被害者以外の者であっても，被害者と特定の関係にある者が，独立して告訴できる場合等を規定している（「告訴権者」法231条・232条）。

(2) 被害者その他の告訴権者または犯人以外の第三者が，捜査機関に対し犯罪事実を申告し，かつ犯人の処罰を求める意思表示を「告発」という（法239条）。告発の受理権者及び方式等は，告訴の場合と同様である（法241条・243条）。

告発は一般には捜査の端緒にとどまるが，一定の犯罪については，告発が公訴提起の条件とされている場合がある（例，独禁法89条～91条違反の罪について公正取引委員会の告発〔独禁法96条〕）。

(3) 「請求」とは，一定の機関が，捜査機関に対して犯罪事実を申告しその訴追・処罰を求める意思表示である。親告罪における告訴と同様，請求が公訴提起の条件とされる（例，外国国章損壊罪について外国政府の請求〔刑法92条〕。なお法244条参照）。

(4) 犯人が捜査機関に対し自己の犯罪事実を申告しその処分に服する意思表示を「自首」という。「自首」は「捜査機関に発覚する前」に申告することを要し，刑法上は刑の減免事由とされている（刑法42条・80条等）。刑事手続法上は捜査の端緒になる。法は自首の方式について，告訴・告発に関する規定を準用して手続を慎重に進めることにしている（法245条）。

(5) 司法警察員が告訴・告発・自首を受けたときは，速やかにこれに関する書類及び証拠物を検察官に「送付」しなければならない（法242条・245条）。「事件」の送致という表現ではないが，前記のとおり当該事件につき検察官に捜査の初期段階から関与させて適切な措置を採らせようとの趣意である。法246条の事件送致に関する「特別の定」に当たる。

第1編　捜査手続

V　現行犯人の発見

　捜査機関の面前で犯罪が実行された場合には，通常，これを端緒に直ちに捜査が開始される。法は「現に罪を行い，又は現に罪を行い終った者」を「現行犯人」と規定し（法212条1項），そのほか，罪を行い終わってから間がないと明らかに認められる者について，一定の場合にこれを現行犯人とみなしている（同条2項）。現行犯人逮捕の手続については，後に説明する〔第3章Ⅱ*3*〕。

VI　検　　視

　「変死者又は変死の疑のある死体」（「変死体」という）があるとき，検察官は「検視」をしなければならない（法229条1項）。死亡が犯罪に起因するものかどうかを判断するために死体の状況等を外表検査・見分する活動である。その結果犯罪に起因することが判明すれば，捜査が開始される。捜査そのものではなく，その端緒のひとつである。
　検視の対象となる「変死体」とは，不自然死で犯罪に起因する死亡か不明のもの，または不自然死の疑いがありかつ犯罪に起因する死亡か不明のものをいう。自然死（病死，老衰死等）であることが明白な死体，及び不自然死であるが犯罪に起因しないことが明白な死体（明白な自殺，水泳中の溺死等）はこれに当たらない。
　犯罪に起因する死亡が明白な場合は，直ちに捜査が開始されるので，検視の対象にはならない。例えば当該死体について，刑訴法の規定に従い検証や，鑑定処分として解剖等が行われることになろう。他方，不自然死のうち犯罪に起因しないことが明白な死体については，いわゆる「行政検視」の対象になるにとどまり（このような場合の警察官の手続について「警察等が取り扱う死体の死因又は身元の調査等に関する法律」〔平成24年法律34号〕及び「死体取扱規則」〔平成25年国家公安委員会規則4号〕がある），刑訴法上の検視（「司法検視」）の対象ではない。

実際には，検視の対象となる可能性のある死体が発見されると警察官に届出がなされるのが大部分であろう。この場合，警察官は前記「警察等が取り扱う死体の死因又は身元の調査等に関する法律」に基づき，当該死体を取り扱うことが適当と認められる警察署長にその旨を報告し，警察署長はその死体（犯罪捜査の対象となる死体を除く）の死因を明らかにするため必要があると認めるときは，医師等をして，体液等を採取して行う薬毒物検査，死亡時画像診断等の検査を行わせることになる。しかし，当該死体が「変死体」であるときは，司法検視が行われることになるので，後記「検視規則」に基づき，警察署長から検察官に通知をし，検察官が司法検視の要否を判断することになる。

　検察官は，検察事務官または司法警察員に検視をさせることができる（法229条2項。「代行検視」という）。なお，警察官が変死体がある旨検察官に対して通知する場合や検察官の命を受けて代行検視する場合の手続について「検視規則」（昭和33年国家公安委員会規則3号）がある。

　検視を行うについては，変死体の存在とその見分の必要性・緊急性を理由に，住居主または看守者の承諾がなくとも令状なしに変死体の存在する場所に立ち入ることができるという見解が有力である。しかし，捜査そのものでなくとも，私的領域への侵入に対する憲法35条の保障は及ぶはずであるから，疑問であろう。

〈第1編第2章　参考文献〉

　塩野宏・行政法Ⅰ行政法総論［第6版］（有斐閣，2015年）
　　第1編　行政法の基礎　第4章　日本行政法の基本原理
　　第2編　行政過程論　第2部　行政上の一般的制度　第3章　行政調査
　酒巻匡「憲法38条1項と行政上の供述義務」松尾浩也先生古稀祝賀論文集下巻
　　（有斐閣，1998年）
　酒巻匡「行政警察活動と捜査(1)(2)」法学教室285号・286号（2004年）
　大澤裕「職務質問とその付随措置(1)(2)」法学教室440号・441号（2017年）

第3章

被疑者の身体拘束

I 身体拘束処分に対する法的規律の趣旨・目的

(1) 人の身体・行動の自由は，基本的人権の中でも最も根源的な自由である。しかし，犯罪捜査においては，身体・行動の自由を強制的に剥奪してでも被疑者の逃亡や罪証隠滅行為を防止しつつ捜査を続行することが必要な場合がある。そこで，憲法は，司法官憲が被疑者の身体を拘束する正当な理由を認めた「令状」に基づいて，このような処分を行うことを原則としている（「逮捕」についての「令状主義」。憲法33条）。また，憲法は，身体拘束を継続する「抑留」「拘禁」について，「理由」の告知や「正当な理由」を要請している（憲法34条）。

これを受けて刑事訴訟法は，被疑者の「逮捕」（法199条～206条・209条～217条）と「勾留」（法207条～208条の2）の制度を設け，裁判官による「正当な理由」の審査という統制・制禦を及ぼすことにより，身体拘束という極めて重大な基本権侵害処分を正当かつ合理的に必要な限度に留め，その適正を図ろうとしている。

「逮捕」とは，被疑者の身体の自由を剥奪し，引き続き短時間拘束の状態を続ける強制処分である。憲法33条にいう逮捕は，拘束の着手段階であり，拘束状態の継続は，憲法34条にいう抑留に当たる。法は，逮捕を原則として裁判官の許可を受けて捜査機関が実行するものとし，憲法33条の令状主義の要請に対応している。

「勾留」とは，被疑者または被告人の身体を拘束する裁判及びその執行をいう。憲法34条にいう拘禁に当たる。本章ではこのうち被疑者の勾留を扱う。逮捕された被疑者について，検察官の請求により，裁判官が行う強制処分であ

る。裁判官が法定の要件を審査して発する勾留状という令状に基づき身体拘束処分が執行される。逮捕のように捜査機関の処分を裁判官が許可するのではない。

(2) 以上のような裁判官の関与は，重大な基本権侵害である身体拘束処分の「理由（狭義）」すなわち犯罪の嫌疑の存在と，身体拘束の「必要性」を，捜査から中立の立場にある司法権が審査することにより，「正当な理由」のない身体拘束が行われるのを防止する趣旨である。裁判官はこのような審査を通じて，一面で捜査機関の行動を抑制し，他面でこれを正当化する。また，身体拘束処分は性質上一定時間継続するものであるが，いかに捜査のためとはいえ，人の身体・行動の自由を剥奪した状態を無制限に続けることは，それ自体が適正な手続（憲法31条）とは言い難い。そこで法は，逮捕と勾留について，それぞれ時間・期間の制限に関する規定を設け，被疑者の身体拘束により逃亡と罪証隠滅を防止しつつ捜査を続行できる時間・期間を規律限定することによって，基本権侵害と捜査目的達成の必要との合理的調整を図っている。

このような身体拘束処分に係る法制度の趣旨・目的に鑑み，その核心たる裁判官による「正当な理由」の審査及び身体拘束の時間・期間に関する法的規律の趣意に反する違法状態が生じるのをできる限り防止することが，身体拘束処分に関する法解釈・適用の基本的な要請である。

II　逮　捕

法は，身体拘束開始の手続を異にする3種類の逮捕を定めている。通常逮捕，緊急逮捕，現行犯逮捕である。通常逮捕と緊急逮捕は逮捕状という裁判官の令状によることを要する。ただし，令状発付の時期が異なる。これに対し現行犯逮捕は令状を要しない。以上3種類の逮捕について逮捕後の手続は共通である。

1 通常逮捕

(1) 逮捕の原則形態は，裁判官があらかじめ発する「逮捕状」による逮捕で

ある。これを「通常逮捕」という。検察官または司法警察員は，罪を犯したことを疑うに足りる相当な理由のある被疑者について，裁判官（原則として，地方裁判所または簡易裁判所の裁判官。規則299条）に対し，逮捕状の発付を請求することができる。なお，警察官である司法警察員については，公安委員会が指定する警部以上の者に限る（法199条2項）。検察事務官と司法巡査には請求権がない。逮捕状の請求をするには逮捕状請求書という書面によらなければならない（規則139条・142条）。また，逮捕の要件である逮捕の理由及び逮捕の必要があることを認めるべき資料を提供しなければならない（「疎明資料」という。規則143条）。

　　＊　同一の犯罪事実について，当該被疑者に対し，前に逮捕状の請求またはその発付があったときは，その旨を裁判所に通知しなければならない（法199条3項）。現に捜査中である他の犯罪事実について前に逮捕状の請求またはその発付があったときも同様の通知を要する（規則142条1項8号）。これらの通知は，令状裁判官に再度の逮捕状請求である事実等を認識させて，請求に対する審査を慎重ならしめようとする趣意であり，令状主義の中核に係る手続であるから，この通知を欠いた請求手続は，令状主義の精神を没却する重大な違法になり得る。

(2)　逮捕状の請求を受けた裁判官は，逮捕状請求書及び疎明資料に基づき逮捕の要件の存否を審査する。必要があると認めるときは，逮捕状請求者の出頭を求めてその陳述を聴き，書類その他の物の提示を求めることができる（規則143条の2）。裁判官は，審査の結果，逮捕の理由があると認めた場合には，明らかに逮捕の必要がないと認めるときを除き，逮捕状を発する。

「逮捕の理由」とは，「被疑者が罪を犯したことを疑うに足りる相当な理由がある」ことである（法199条2項本文）。「逮捕の必要がない」とは，「被疑者の年齢及び境遇並びに犯罪の軽重及び態様その他諸般の事情に照らし，被疑者が逃亡する虞がなく，かつ，罪証を隠滅する虞がない等」のことをいう（規則143条の3）。裁判官は「明らかに逮捕の必要がないと認めるときは」請求を却下しなければならない（法199条2項但書）。

令状主義の趣意には，理由のない身体拘束を防ぐのみならず，必要のない身体拘束を抑制することも含まれるというべきであるから，法は，逮捕の理由すなわち犯罪の嫌疑があったとしても，身体拘束の必要がない場合には，裁判官の判断により逮捕を認めないこととしている。もっとも，急速を要する逮捕状

発付の審査において，必要性の積極的な認定まで求めると適時の逮捕の実行を阻害するおそれがあるから，明らかに必要がないとき請求を却下すれば足りるとしたのである。この点は，勾留の要件構成と異なっている〔後記Ⅲ1(1)〕。

一定の軽微な犯罪については，被疑者が定まった住居を有しないか，正当な理由なく捜査機関の出頭要求に応じない場合に限り逮捕することができるとされている（法199条1項但書）。これは，逮捕の必要性の徴表を積極要件として逮捕要件を加重したものであり，ここから，法は軽微な犯罪については，原則として逮捕の必要がないとみていると理解できよう。

「逮捕の必要」の核心は被疑者の逃亡の防止と罪証隠滅の防止であり，これが，法的意味での身体拘束処分の目的である。被疑者の意思を制圧し身体・行動の自由を剥奪する逮捕や勾留を，任意捜査である被疑者取調べを直接の目的とした法制度と解することは到底できない。

(3) 裁判官の発付する逮捕状については，被疑者の氏名・住居，罪名，被疑事実の要旨等一定の記載事項が法定されている（法200条）。罪名及び被疑事実の要旨の記載は，逮捕される被疑者に対し身体拘束の理由を告知する機能を果たすと共に，裁判官が審査対象とした「罪」すなわち具体的被疑事実を手続上明示顕在化する機能を果たす。

逮捕状によって逮捕を行うことができるのは，逮捕状請求権のある検察官・司法警察員に限られず，検察事務官・司法巡査も含まれる（法199条1項）。逮捕するには，逮捕状を被疑者に示さなければならない（法201条1項）。捜査機関が，あらかじめ発付された逮捕状を所持しないためこれを被疑者に示すことができない場合において，急速を要するときは，被疑者に対し，被疑事実の要旨及び逮捕状が発せられている旨を告げて逮捕し，その後できる限り速やかに逮捕状を示すという手続をとることができる。これを逮捕状の緊急執行という（法201条2項・73条3項）。逮捕状の有効期間内に逮捕の必要がなくなったとき及び有効期間を経過したときは，逮捕状を返還しなければならない（法200条，規則157条の2）。

＊ 2023（令和5）年に，犯罪被害者等の情報を保護するための規定の整備についての法務大臣諮問第115号に係る法制審議会答申に基づいた法改正が行われ（令和5年法律28号），性犯罪の被害者等の個人特定事項（氏名及び住所その他の個人を特定

させることとなる事項をいう）について，後記の起訴状の公訴事実の記載等に係る規定〔第2編公訴第2章Ⅱ*1*(2)＊＊〕と併せて，逮捕状や勾留状の被疑事実の要旨の記載についてもこれを秘匿する措置に関する規定が設けられた。

　従来も公開法廷における被害者特定事項の秘匿措置はあったが（法290条の2,291条2項・305条3項・295条3項），被告人に送達される起訴状謄本の公訴事実の記載や，捜査段階で被疑者に呈示される逮捕状・勾留状等の被疑事実の要旨の記載については，被害者等の個人特定事項を秘匿することができるとする明文の規定がなかった。このため，特定事項が記載されたままの起訴状謄本の送達や逮捕状・勾留状の呈示により，被疑者・被告人に被害者の氏名等が知られてその名誉やプライヴァシイが害されるのみならず，逆恨みした被疑者・被告人から報復される可能性もあり，被害者等がそれを恐れて被害申告を控えたりこれを取り下げるといった事例もあった。このような事態に対処するため明確な秘匿措置を明文化したのがこの改正である。このような制度趣旨から，後記のとおり対象者は性犯罪被害者には限られない。

　秘匿措置の対象となるのは，①性犯罪（刑法犯では刑法176条・177条・179条・181条・182条・225条・226条の2第3項・227条1項3項・241条1項3項）に係る事件の被害者，このほか犯行の態様，被害の状況その他の事情により，被害者の個人特定事項が被疑者に知られることにより被害者等（被害者または一定の場合におけるその配偶者，直系親族・兄弟姉妹）の名誉または社会生活の平穏が著しく害されるおそれがあると認められる事件，被害者またはその親族の身体もしくは財産に害を加えまたはこれらの者を畏怖させもしくは困惑させる行為がなされるおそれがあると認められる事件の被害者。②①に掲げる者のほか，個人特定事項が被疑者に知られることにより名誉または社会生活の平穏が著しく害されるおそれがあると認められる者，その者またはその親族の身体もしくは財産に害を加えまたはこれらの者を畏怖させもしくは困惑させる行為がなされるおそれがあると認められる者である。これらの者について，個人特定事項の記載がない逮捕状の抄本その他「逮捕状に代わるもの」を被疑者に示す措置を採ることができる場合が定められた（法201条の2）。

　これと同じ対象者の個人特定事項について，その記載がない勾留状〔後記Ⅲ*3*(1)〕の抄本その他「勾留状に代わるもの」を被疑者に示す措置をとることができる場合の規定も設けられた（法207条の2）。この場合に，裁判官は，被疑者の防御に実質的な不利益を生ずるおそれがあると認めるときは，被疑者または弁護人の請求により，秘匿されていた個人特定事項の全部または一部を被疑者に通知する旨の裁判をしなければならない（法207条の3）。

＊＊　電磁的記録による逮捕状の発付・執行に関する法改正要綱（骨子）「第1-2・5」によれば，(1)逮捕状は，書面によるほか，裁判所の規則の定めるところにより，

第3章　被疑者の身体拘束

電磁的記録によることができるものとし，(2) 電磁的記録による逮捕状には，被疑者の氏名及び住居，罪名，被疑事実の要旨，引致すべき官公署その他の場所，有効期間並びにその期間経過後は逮捕をすることができず令状は検察官，検察事務官または司法警察職員の使月に係る電子計算機から消去することその他の裁判所の規則で定める措置をとり，かつ，当該措置をとった旨を記録した電磁的記録を裁判官に提出しなければならない旨並びに発付の年月日その他裁判所の規則で定める事項を記録し，裁判官が，これに裁判所の規則で定める記名押印に代わる措置（令状に記録された事項を電子計算機の映像面，書面その他のものに表示したときに，併せて当該裁判官の氏名が表示されることとなるものに限る。）をとらなければならないこと。(3) ア）電磁的記録による逮捕状により被疑者を逮捕するには，裁判所の規則の定めるところにより(2)の事項及び(2)の記名押印に代わる措置に係る裁判官の氏名を電子計算機の映像面，書面その他のものに表示して被疑者に示さなければならないとし，イ）勾引状の緊急執行に関する手続は，電磁的記録による逮捕状により被疑者を逮捕する場合についても同様とするとされている（要綱（骨子）「第1-2・1(4)ウ」参照）。

(4)　逮捕は，被疑者の意思を制圧してでもその身体・行動の自由を剥奪し拘束する「強制の処分」の典型であり，その目的達成に必要な範囲で被疑者の抵抗を制圧するに足りる有形力を用いることができる。被疑者が抵抗し・逃亡しようとするとき，または被疑者以外の第三者が逮捕行為を妨害しようとするときは，逮捕完遂に対する妨害を排除するために必要かつ相当な措置をとることができる。法定の要件を充足し適法と認められる強制処分の個別具体的場面での発動過程において，対象者の被る法益侵害がその目的達成のため必要かつ相当な範囲及び限度に留められるべきことは当然である（強制処分実行に際しての比例原則）。

警察官の武器使用については警職法に定めがある（警職法7条）。なお，警察官は，逮捕された被疑者について，その身体に凶器を所持しているかどうかを調べることができる（同法2条4項）。

　　＊　逮捕を実行・完遂するまでの過程で，被疑者の身体・所持品を検索し，逮捕完遂目的を阻害する凶器・逃走具を発見したときは，これを剥奪することができると解される。これは，法220条の規定に拠る証拠物等の無令状捜索・差押えではなく，むしろ逮捕手続が法定され適法に許可されていることから，その本来的目的達成に必要な附随措置ないし逮捕行為に対する妨害排除措置として，逮捕に関する法の規定と裁判官の許可により併せ許容されているものと位置付けられよう。このように

解した場合，逮捕された被疑者の身体や所持品について凶器等を検索する場所は，「逮捕の現場」（法220条1項2号参照）に限定されない。

2 緊急逮捕

(1) 憲法は文面上「現行犯」だけを令状主義の例外としている（憲法33条）。これに対して刑訴法は，通常逮捕と現行犯逮捕以外に，緊急逮捕の制度を設けている（法210条）。

要件は，①法定刑の比較的重い犯罪について（「死刑又は無期若しくは長期3年以上の拘禁刑に当たる罪」），②その犯罪の嫌疑の程度が「罪を犯したことを疑うに足りる十分な理由がある場合で」，③急速を要し，あらかじめ裁判官の逮捕状を求めることができないときである。この場合，捜査機関は被疑者に「その理由を告げて」（前記①②③をいう。②のみではない）逮捕することができる（法210条1項前段）。逮捕後，直ちに裁判官の逮捕状を請求する手続をしなければならない（迅速な令状請求が要請されるので，通常逮捕のような請求権者の制限はない）。請求を受けた裁判官の事後審査の結果，逮捕状が発せられないときは，直ちに被疑者を釈放しなければならない（法210条1項後段）。

(2) 判例は，特に理由を説示せず事前の令状審査がない緊急逮捕制度を合憲とする（最大判昭和30・12・14刑集9巻13号2760頁）。令状主義の原則形態が，個別事案における強制処分の発動に際しあらかじめ裁判官がその正当な理由を審査することからすれば，現行法の設計導入した緊急逮捕制度は変則である。しかし勾留請求段階まで裁判官の関与が予定されない現行犯逮捕とは異なり，事後ではあれ「直ちに」逮捕状請求がなされることで裁判官による逮捕の正当な理由の審査が行われるから，憲法にいう令状による逮捕の一種と位置付けられよう。

身体拘束処分の設計として，仮に現行犯逮捕と事前の令状による通常逮捕の制度しかなければ，高度の嫌疑は認められるものの現行犯には該当しない重大事犯の被疑者が面前に居るが，裁判官の令状発付を得る暇がなく，令状を得ても被疑者の逃走等により逮捕が著しく困難になるのが見込まれる緊急の局面においては，おそらく「現行犯」の法解釈・運用が著しく弛緩して勾留請求まで

裁判官の審査機会がない現行犯逮捕が実行されるか，任意同行等の名目による実質上の身体拘束が誘発されるであろう。いずれも不健全な違法手続である。法はむしろ正面からこのような法的必要に対し，身体拘束の正当理由に関するできる限り迅速な裁判官の事後審査を介在させて，逮捕の必要性・緊急性との合理的調整を図ったものと理解できよう。

(3) 以上のような緊急逮捕制度の趣旨と憲法の令状審査の要請から，逮捕後の令状請求はできる限り迅速に行われなければならない。裁判官による迅速な事後審査は，緊急逮捕制度の合憲性を支える基本要素である。請求を受けた裁判官は，①逮捕実行の時点での緊急逮捕要件の充足，②令状請求時に被疑者の身体拘束を継続する理由と必要の両者を審査する。

①について，犯罪の嫌疑は通常逮捕の要件である「相当な理由」（法199条）よりも高度な「十分な理由」（法210条）が要求されている点に注意を要する。また，逮捕実行時において明らかに逃亡や罪証隠滅のおそれがなかったと認められるときは，逮捕の必要性がなかったとして請求を却下すべきである。①の審査に用いることができるのは，逮捕実行の時点における疎明資料に限られる。逮捕後に得られた被疑者の弁解や供述等の証拠を用いることができないのは当然である。

①で緊急逮捕行為が適法であったと認められるときは，裁判官は次いで②の審査を行い，拘束の理由と必要を認めるときは逮捕状を発する。②の審査では逮捕後令状請求時点までに収集された証拠も疎明資料になる。もっとも，「直ちに」行うべき令状請求を遅延させるような逮捕後の捜査は相当でない。

* 緊急逮捕後，逮捕状請求前に，捜査機関が留置の必要がないと思料して被疑者を釈放した場合であっても，既に実行された身体拘束処分の適法性を裁判官の審査に付すという令状主義の趣意から，逮捕状請求を行うべきである（犯罪捜査規範120条3項参照）。令状裁判官は，①の緊急逮捕時の要件充足の有無を審査判断した上で令状請求を却下すべきである。

3 現行犯逮捕

(1) 現行犯逮捕は，憲法33条の明記する令状主義の例外であり，身体拘束

の開始から勾留請求までの間に裁判官による審査手続が介在することはない。「現行犯人」については，類型的に，裁判官による審査・判断を経るまでもなく被疑者の身体を拘束する正当な理由が明白であり，不当不合理な基本権侵害の危険が乏しいからである。

　(2)　「現行犯人」とは「現に罪を行い，又は現に罪を行い終った者」をいう（法212条1項）。このような要件に当たる被疑者を直接認識した者にとっては，犯人であることが明白である上，直ちに身体を拘束する高度の必要性・緊急性が認められるので，裁判官の審査を不要としたのである。「現に罪を行い終った者」については，犯行から時間が経過し，また場所的移動があると，犯人であることの明白性が急速に減退するので，時間的・場所的近接性は厳格に解しなければならない。

　　　＊　犯人であることの明白性は，犯罪の明白性を前提とする。逮捕を行う者にとって犯罪が行われたことを直接知り得ない場合には，現行犯逮捕はできない。もっとも，隠密に行われる犯罪について，一般人には判断できなくとも警察官が内偵等によって得た客観的資料に基づく知識により犯罪の存在を知り得る場合には（例えば，賄賂罪における金銭の授受や梱包された禁制薬物の取引），そのような警察官が現行犯逮捕することはできる。

　(3)　法は，前記現行犯人には該当しないが，次の要件に該当する者が「罪を行い終ってから間がないと明らかに認められるとき」，これを現行犯人とみなすとしている。①犯人として追呼されているとき，②贓物または明らかに犯罪の用に供したと思われる凶器その他の物を所持しているとき，③身体または被服に犯罪の顕著な証跡があるとき，④誰何されて逃走しようとするとき（準現行犯人。法212条2項）。

　「罪を行い終ってから間がないと明らかに認められる」という犯行との時間的近接性を前提として，犯人であることの明白性を支える類型的事情を付加したものである。現行犯人とは異なり犯行自体の現認がなく，また犯行場所からの移動が伴っている場合があるので，「間がない」との時間的近接性要件は厳格に解さなければならない。とりわけ④は，犯人であることの明白性を示す程度が強力とはいえないので，①②③に比して，犯罪との時間的・場所的近接性が高度に要求されるというべきである。

　各号に重複して該当する場合には，犯人であることの明白性が強化されるの

で，時間的・場所的近接性の程度は緩和されることがあり得よう（法212条2項2号ないし4号に当たるとされた事例として，最決平成8・1・29刑集50巻1号1頁）。

(4) 「現行犯人」は，捜査機関であると私人であるとを問わず，何人でも逮捕状なしに逮捕することができる（法213条）。私人が現行犯人を逮捕したときは，直ちにこれを捜査機関に引き渡さなければならない（法214条）。司法巡査が現行犯人を受け取ったときは，速やかにこれを司法警察員に引致しなければならない。司法巡査は，逮捕者の氏名，住居及び逮捕の事由を聴取し，必要があれば逮捕者に対しともに官公署に行くことを求めることができる（法215条）。

一定の軽微な犯罪については，犯人の住居もしくは氏名が明らかでない場合か，または犯人が逃亡するおそれがある場合に限り，現行犯逮捕ができる（法217条）。軽微犯罪について，逮捕の必要性である逃亡のおそれ等を積極要件とし現行犯逮捕の要件を厳格化したものである。

なお明文はないが，現行犯であっても，身元が確実で明らかに逃亡のおそれがなく，かつ罪証隠滅の可能性もないと明らかに認められる場合はあり得るから，このような「逮捕の必要」は現行犯逮捕においても要件であると解すべきである。

4 逮捕後の手続

(1) 以下のとおり，法は，逮捕の効力として被疑者を一定時間留置することができるとしており，その間，捜査機関は被疑者の逃亡と罪証隠滅を防止した状態で捜査を続行することができる。憲法34条はこのような「抑留」について，理由の告知と弁護人に依頼する権利を保障している。法はこれを受け，憲法上の権利保障と留置時間の制限規律を設けて，身体拘束された被疑者保護のための手続を設定している。このような逮捕後の手続については，通常逮捕に関する法202条から209条までの規定が法211条及び法216条に拠り準用されるので，緊急逮捕後及び現行犯逮捕後の手続は通常逮捕後の場合と共通である。

＊ 逮捕された被疑者を留置する場所について，刑事訴訟法上特段の制限はない。警察官が逮捕した被疑者については，警察署の留置施設（刑事収容施設法14条2項1

号）に留置されるのが通常である。なお，刑事施設に留置することもできる（法209条）。勾留の場合〔Ⅲ3(2)〕とは異なり，逮捕された被疑者の留置場所について裁判官による統制権限はない。

(2) 警察官による逮捕が行われた場合の手続は次のように進行する。

司法巡査が被疑者を逮捕したときは，直ちに，これを司法警察員に引致しなければならない（法202条）。司法警察員が自ら被疑者を逮捕したとき，または逮捕された被疑者を受け取ったときは，①被疑者に対し直ちに犯罪事実の要旨を告げ，②弁護人を選任することができる旨を告げた上，③被疑者に弁解の機会を与えなければならない（法203条1項）。

前記のとおり①②は憲法上の要請である。②について，被疑者に弁護人の有無を尋ね，弁護人があるときは告知を要しない（法203条2項）。身体拘束された被疑者の弁護人選任権とその実効性を担保促進するための法制度，とくに被疑者と弁護人との接見交通及び身体拘束された被疑者に対する国選弁護の制度等については，別途説明する〔第9章Ⅲ1，2〕。法は②の告知に際して，弁護人選任申出に関する教示及び国選弁護人選任請求権がある旨とその請求手続について教示することを義務付けている（法203条3項・4項）。

③の弁解の機会を与えるのは，身体拘束された被疑者に対する聴問の機会付与（憲法31条）であるとともに，被疑者の言い分を聴いた上でその後留置を継続する必要性を判断するためであり，被疑者の供述を得るための取調べではないから，供述拒否権の告知（法198条2項）は要しないと解されている。しかし，弁解の機会に質問して供述を得る場合は「被疑者の取調べ」（法198条1項）というべきであるから告知を要する。弁解の内容を録取した書面（弁解録取書）は証拠となり得るので（法322条1項「被告人の供述を録取した書面」に当たる），その旨を告知するのが公正であろう。

被疑者の弁解を聴いた結果，司法警察員が留置の必要がないと判断したときは直ちに被疑者を釈放しなければならない（法203条1項）。後記のとおり，ここに逮捕後，捜査機関限りの判断で被疑者の釈放を認める余地・機会が設定されている点が重要である。

留置の必要があると判断したときは，被疑者が身体を拘束された時（引致の時ではない）から48時間以内に，書類及び証拠物と共に被疑者を検察官に送致

する手続をしなければならない（時間制限内に検察官のところに到達する必要はない。法203条1項）。これを「身柄送致」という。警察から検察への事件送致手続に関する特則である（法246条）。この時間制限内に身柄送致の手続をしないときは，直ちに被疑者を釈放しなければならない（法203条5項）。

司法警察員から身柄送致された被疑者を受け取った検察官は，弁解の機会を与え，留置の必要がないと判断するときは，直ちに被疑者を釈放しなければならない。留置を継続する必要があると判断したときは，被疑者を受け取った時から24時間以内で，かつ，被疑者が身体の拘束を受けた時から72時間以内に，裁判官に勾留の請求をしなければならない（法205条1項・2項）。この制限時間内に公訴を提起したときは，勾留請求の必要はない（同条3項。必要があれば裁判官の職権による「被告人」の勾留が行われる。法280条2項参照）。

検察官が勾留請求も公訴提起も行わないときは，直ちに被疑者を釈放しなければならない（法205条4項）。

＊被疑者に犯罪事実の要旨を告げることについて，秘匿に関する特段の法整備は行われていない。これは，運用上，個人特定事項の秘匿が可能と考えられたことによるものであり，法201条の2第1項に掲げる者〔前記Ⅱ1(3)＊参照〕の個人特定事項を被疑者に対し秘匿する必要があると認めるときは，告知の際に留意を要する。

(3) 検察官または検察事務官による逮捕が行われた場合の手続は次のように進行する。

検察事務官が被疑者を逮捕したときは，直ちにこれを検察官に引致しなければならない（法202条）。検察官が自ら被疑者を逮捕したとき，または検察事務官に逮捕された被疑者を受け取ったときは，直ちに犯罪事実の要旨を告げ，弁護人の有無を尋ねて弁護人がないときはこれを選任できる旨を告げた上，弁解の機会を与えなければならない（法204条1項・5項。なお，弁護人選任申出に関する教示及び国選弁護人選任請求権と手続の教示も行う。同条2項・3項）。

被疑者の弁解を聴いた結果，検察官が留置の必要がないと判断したときは直ちに被疑者を釈放しなければならない。留置の必要があると判断したときは，被疑者が身体を拘束された時から48時間以内に，裁判官に勾留の請求をしなければならない。ただし，この時間制限内に公訴を提起したときは，勾留の請求を要しない（同条1項）。

検察官が勾留請求も公訴提起も行わないときは，直ちに被疑者を釈放しなければならない（同条4項）。

III　勾　　留

　以上のとおり，逮捕された被疑者について検察官が留置の必要を認めた場合，裁判官に勾留の請求が行われる。被疑者の勾留は，身体を拘束する裁判官の裁判及びその執行であり，法は被疑者の勾留について，被告人の勾留を定める総則の規定を準用してその要件・手続を示し，逮捕に比して長期間に及ぶ身体拘束について厳格な規律を行っている（法207条1項「勾留の請求を受けた裁判官は，その処分に関し裁判所又は裁判長と同一の権限を有する。但し，保釈については，この限りでない」との条項は，保釈に関する規定を除き，総則の定める裁判所が行う被告人の勾留に関する規定を，裁判官の行う被疑者の勾留に準用することを意味する。以下III及びIVにおける条文の引用に際しては，法207条1項は略す）。

　後記のとおり，裁判官によって勾留がなされた場合，検察官は，法定の期間内に公訴を提起しないときは，被疑者を釈放しなければならない（法208条・208条の2）。このように，被疑者の勾留は，逮捕された被疑者について，身体拘束処分によりその逃亡と罪証隠滅を防止しつつ，検察官による起訴・不起訴の決定に向けた捜査を続行することを目的とした制度と理解することができる。法定の拘束期間制限内に起訴・不起訴の決定ができなかった場合，捜査機関は被疑者を釈放して，身体拘束なしに捜査を続行することはできる。

1　実体的要件

　(1)　勾留の要件は，①被疑者が罪を犯したことを疑うに足りる相当な理由があること，及び，②(i)被疑者が定まった住居を有しないとき，(ii)被疑者が罪証を隠滅すると疑うに足りる相当な理由があるとき，(iii)被疑者が逃亡しまたは逃亡すると疑うに足りる相当な理由があるとき，の一つに当たることである（法60条1項。ただし軽微な犯罪については，(i)に限られる。同条3項）。逮捕の要件と

対比すれば，①が狭義の勾留理由すなわち嫌疑の存在，②が勾留の必要である。両者を併せて「勾留の理由（広義）」というのが一般である（法87条1項等）。逮捕の場合と異なり，②で逃亡のおそれと罪証隠滅のおそれが身体拘束を行うための積極要件とされ，裁判官による慎重な認定が要請されている。

(2) ①の犯罪の嫌疑の文言は通常逮捕と同じであるが，逮捕段階より捜査が進展していること，拘束期間が長いこと，直接被疑者の陳述を聴いた上で判断する〔2(3)〕ことから，通常逮捕の「相当な理由」より高度の嫌疑が必要である。

②(ii)「罪証を隠滅すると疑うに足りる相当な理由」については，その具体性をどの程度要求するかが勾留の可否に決定的な影響を及ぼし得る。捜査段階は起訴後に比して流動的な状況が大きいが，もとより一般的抽象的な可能性では足りず，被疑者の身体拘束を行わなければ，勾留請求の対象となった被疑事実に関する証拠を隠滅する活動が相当程度に見込まれることをいい，起訴・不起訴の決定に向けた捜査の続行に支障が生じる具体的根拠が必要というべきである。

②(iii)「逃亡し又は逃亡すると疑うに足りる相当な理由」は，被疑者を釈放すると所在不明となる可能性が相当程度見込まれることをいう。なお，逃亡のおそれの一類型である②(i)「住居不定」には住居「不明」は含まれないと解すべきである。

* 最高裁判所は，60条1項各号の事由の程度を，資料に基づいて具体的，実質的に検討して判断することを要請している。例えば，罪証隠滅・逃亡の現実的可能性の程度が高いとはいえないと判断して勾留請求を却下した原々裁判を取り消して勾留を認めた原決定を取り消した最決平成27・10・22集刑318号11頁参照。また，罪証隠滅の現実的可能性の程度について言及したものとして，朝の通勤通学時間帯に電車内で発生した痴漢の否認事件被疑者の勾留請求を却下した裁判に対し準抗告がなされた事案において，被疑者が前科前歴のない会社員であり，逃亡のおそれも認められないとすれば，勾留の判断を左右する要素は罪証隠滅の現実的可能性の程度であるところ，被疑者が被害者に接触する可能性が高いことを示すような具体的事情がうかがわれないことからすると，準抗告審が，被害者に対する現実的な働き掛けの可能性もあるとするのみで，その可能性の程度について勾留裁判官と異なる判断をした理由を何ら示さずに勾留を認めたことには違法があるとした最決平成26・11・17判時2245号129頁参照。

(3) 法60条1項が明記する「勾留の理由」に加えて,「勾留の必要性・相当性」が独立の要件となると解されている。法は,既に開始された勾留について,裁判官は「勾留の理由又は勾留の必要がなくなったとき」勾留を取り消さなければならないとしているから(法87条1項),勾留の開始時点においても,裁判官は「勾留の必要」の有無についても審査できるとみるべきである。

　実質的に見ても,法60条1項に該当する場合でも諸般の事情を考慮勘案して長期間の拘束を行うのが相当でないと認められる場合が想定できる(例,事案軽微で起訴の可能性が乏しいと見込まれる場合,さらに身体拘束を継続しなくとも直ちに起訴することが可能と認められる場合,住居不定であるが身元が明らかで確実な連絡先があり明らかに逃亡のおそれがないと認められる場合,高齢・病気等で拘束が相当でないと認められる場合等)。このような場合には,裁判官は勾留の要件を欠くとして請求を却下すべきである。

2　手続的要件

(1)　被疑者の勾留は,逮捕された被疑者の身柄送致を受けまたは被疑者を逮捕した検察官の請求による(法205条1項・204条1項)。検察官以外の捜査機関に請求権はない。勾留の請求をするには勾留請求書という書面によらなければならない(規則139条1項・147条)。また,勾留の理由が存在することを認めるべき疎明資料等を提供しなければならない(規則148条)。

(2)　勾留請求は,法定の時間制限内に行われなければならない。やむを得ない事由に基づく正当なものと認められない勾留請求の遅延は身体拘束に関する重大な手続違反であり,裁判官は勾留状を発することはできず,請求を却下し直ちに被疑者を釈放しなければならない(法207条5項但書・206条2項)。

　なお,法206条2項にいう「やむを得ない事由」は,事案の性質や捜査の必要を含まず,天災による交通・通信の途絶・混乱等客観的に見てやむを得ないものであったことが必要と解されている。

　法定の制限時間違反以外の違法手続に引き続く勾留請求の効力については,Ⅳ1(3)で説明する。

(3)　勾留の請求を受けた裁判官は,被疑者に対し被疑事件を告げ,これに関

する陳述を聴く。これを「勾留質問」という（法61条）。勾留質問は，通常，裁判所庁舎内の勾留質問室で行われ，逮捕され勾留請求された被疑者は，裁判官の面前に引致され，この段階で初めて，裁判官に直接被疑事実に対する弁解・陳述をする機会が与えられる（なお，法定の時間制限内に適法な勾留請求があれば，請求を受けた裁判官による勾留の可否の判断があるまでは逮捕による拘束の効力が継続するので，勾留質問や勾留状発付の時期が逮捕時点からの制限時間を超えても拘束は適法である）。

被疑事件の告知と被疑者の陳述の聴取は，身体拘束処分の継続という基本権侵害を受ける被疑者に対し適正・公正な手続保障を行う（告知と聴聞の機会付与。憲法31条）と共に，裁判官が勾留要件の存否を判断するために行われるのであるから，被疑事件は被疑者が弁解意見を陳述できる程度に具体的に告知すべきである。勾留質問において被疑者が供述した内容は調書に録取される（規則39条）。被疑者の供述を録取した書面は証拠になり得るから，明文はないが，勾留質問に際して，供述拒否権の告知を行うのが公正である。

また，勾留請求段階で被疑者には国選弁護人の選任請求権が生じるので（法37条の2第2項），裁判官は，勾留質問の際に，被疑者国選弁護人選任請求権の告知と，選任請求の手続に関する教示を行う（法207条2項・3項・4項）。被疑者国選弁護人の選任手続については，別に説明する〔第9章Ⅲ*2*〕。

  ＊ なお，検察官は，一定の者の個人特定事項について，勾留請求と同時に，裁判官に対し，勾留質問において，当該個人特定事項を明らかにしない方法により被疑者に被疑事件を告げることを請求することができる（法207条の2）。その趣意は，逮捕状・勾留状の被疑事実の要旨の記載についての秘匿措置〔前記Ⅱ*1*(3)＊参照〕と同じである。

  ＊＊ 法制審議会は刑事施設等との間における映像と音声の送受信による勾留質問・弁解録取の手続規定の整備について次のとおり答申している（要綱（骨子）「第2-1」）。

    1 裁判所と刑事施設等との間における映像と音声の送受信による勾留質問の手続 裁判所は，刑事施設または少年鑑別所にいる被告人に対し法61条の規定による手続を行う場合において，被告人を裁判所に在席させてこれを行うことが困難な事情があるときは，被告人を当該刑事施設または少年鑑別所に在席させ，映像と音声の送受信により相手の状態を相互に認識しながら通話をすることができる方法によって，これを行うことができるものとし，この場合においては，被告人に対し，

あらかじめ，裁判所が同条の規定による手続を行うものである旨を告げなければならないものとすること。

2　検察庁と刑事施設との間における映像と音声の送受信による弁解録取の手続
　検察官は，被疑者をその留置されている刑事施設に在席させ，映像と音声の送受信により相手の状態を相互に認識しながら通話をすることができる方法によって法205条1項の規定による弁解の機会の付与を行うときは，被疑者に対し，あらかじめ，検察官が同項の規定による弁解の機会の付与を行うものである旨を告げなければならない。

　勾留質問について「被告人を裁判所に在席させてこれを行うことが困難な事情があるとき」との特別な事情が要件とされているのは，対象者を刑事施設等の外に出し，捜査機関の元から裁判所の庁舎内という別の場に移し，かつ，捜査機関ではない中立の判断者たる裁判官と直接対面して実施するのが元来の形態であり，そのこと自体が対象者に対する公正と重要な権利保障でもあると考えられたことから，裁判所に移動せずかつ非対面の形態を例外的な場合にとどめる趣旨である。例えば，質問対象者が感染力の高い感染症に罹患している場合や，災害等により対象者の収容場所と裁判所との間の交通が一時的に途絶した場合等やむを得ない場合に限られると解すべきであろう。また，裁判官（裁判所）と質問対象者との間を映像と音声の送受信による方法で結んで陳述の聴取を行う場合には，裁判官（裁判所）との対面が画面越しになることで，質問対象者にとって，画面越しに映し出された人物が裁判官（裁判所）であって中立的な立場で陳述を聴取するものであることを認識することが相対的に困難となる状況が生じ，そのことが被疑事件・被告事件に関する陳述に影響する余地が生じ得る。そこで，前記のとおり，要綱（骨子）「第2-1・1」は，後段において，裁判所は，被告人に対し，あらかじめ，「裁判所が同条の規定による手続を行うものである旨」を告げなければならないものとしている。具体的には，質問対象者に対して，例えば「私は裁判官であり，あなたが起訴された事件の裁判を担当する裁判所として，当該事件について勾留の裁判をするかどうか判断するに当たり，これから，あなたに被告事件を告げ，その事実に関するあなたの陳述を聴きます。」などと告げることが考えられよう。

　これに対して，2　検察庁と刑事施設との間における映像と音声の送受信による弁解録取の手続については，確かに検察官が裁判所とは異なり捜査機関であるものの，第一次的捜査機関の活動に対して，法律家としてその適法性維持のための重要かつ独立の責務があることから，明文は設けられていないが，やはり場所的移動を原則とする運用に努めるべきであろう。被疑者を刑事施設に在席させたままであることに加え，被疑者と検察官との間を映像と音声の送受信による方法で結んで弁解録取を行う場合には，被疑者と検察官の対面が画面越しになることで，被疑者にとって，画面越しに映し出された人物が検察官であって警察関係者とは別の立場の者である

ことを認識することが相対的に困難となりやすくなると考えられる。そこで，要綱（骨子）「第2-1・2」は，被疑者をその留置されている刑事施設に在席させ，映像と音声の送受信により相手の状態を相互に認識しながら通話をすることができる方法によって法205条1項の規定による弁解の機会の付与を行うときは，検察官が被疑者に対し，あらかじめ，「検察官が同項の規定による弁解の機会の付与を行うものである旨」を告げなければならないものとしている。被疑者に対して，例えば，「私は検察官であり，あなたは逮捕され警察官から検察官に送致されたので，これから，検察官として，あなたに，弁解をする機会を与える手続を行います。」と告げることが考えられよう。

3 勾留の裁判及び執行

(1) 裁判官は，勾留質問の結果及び疎明資料等に基づき勾留の理由があると判断するときは，速やかに「勾留状」を発しなければならない（勾留は裁判官の裁判［命令］であるから，速やかな判断を要請されている点を念頭におきつつ，「事実の取調」をすることができる。法43条3項，規則33条3項）。勾留状については，被疑者の氏名及び住居（不明の場合について法64条2項・3項参照），罪名，被疑事実の要旨，法60条1項各号に定める事由，勾留すべき刑事施設，その他一定の記載事項が定められている（法64条1項，規則70条）。罪名及び被疑事実の要旨の記載は，逮捕状の場合と同様に，裁判官が身体拘束の正当な理由を認めた「罪」，すなわち対象事件を手続上明示顕在化する機能を果たす。

勾留状が発せられたときは，検察官の指揮により，検察事務官，司法警察職員，又は刑事施設職員がこれを執行する（法70条）。勾留状を執行するには，これを被疑者に示した上（なお，被疑者は勾留状の謄本の交付を請求することができる。その弁護人への交付請求等について規則の定めがある。規則150条の4〜150条の8），できる限り速やかに，直接，勾留状に指定された刑事施設に引致しなければならない（法73条2項）。

(2) 勾留の場所は，刑事施設及びこれに代わる留置施設（刑事収容施設）である（刑事収容施設法3条・14条・15条）。被疑者を勾留状に記載されている刑事施設から別の刑事施設に移すこと（移送）もできるが，そのためには裁判官の同意が必要である（規則80条1項）。勾留の場所は勾留裁判の内容として定

められるものであるから，勾留裁判官が職権で移送命令を発することもできる（最決平成7・4・12刑集49巻4号609頁）。

(3)　長期間身体を拘束されることになる被疑者にとって，勾留される旨やその所在を外部に知らせておくことは，極めて重要である。また，身体を拘束されて自ら防禦活動をすることができない被疑者にとっては，弁護人の援助を受ける権利の保障が特に重要である。そこで法は，被疑者を勾留したときは，裁判官は直ちに弁護人にその旨を通知しなければならず，弁護人がないときは，被疑者の法定代理人，保佐人，配偶者，直系親族及び兄弟姉妹のうち被疑者の指定する者一人にその旨を通知しなければならないとしている（法79条）。これは被疑者のため独立して弁護人を選任できる者であり（法30条2項参照），法的援助に結びつくことを期したものであろう。法定代理人等がないときは，被疑者の申出により，その指定する者一人にその旨を通知する（規則79条）。実務では，裁判官は，被疑者に弁護人がないときは，勾留質問の際に通知先に関する被疑者の意向を確認している。勾留場所の変更（移送）をした場合も通知を要する（規則80条2項・3項）。なお，逮捕段階については，このような外部への通知制度はない。

　　＊　法制審議会は，電磁的記録による勾留状等の発付・執行に関する法改正要綱を答申しており（要綱（骨子）「第1-2・1」），その大要は次のとおりである。
　　　(1) 召喚状，勾引状，勾留状及び鑑定留置状は，書面によるほか，電磁的記録によることができるものとする。(2)（略）(3) 電磁的記録による勾引状または勾留状には，被告人の氏名及び住居，罪名，公訴事実の要旨，引致すべき場所または勾留すべき刑事施設，有効期間並びにその期間経過後は執行に着手することができず令状は検察官及び検察事務官または司法警察職員（法70条2項の規定により刑事施設職員が執行することとなる場合には，検察官及び刑事施設職員）の使用に係る電子計算機から消去することその他の裁判所の規則で定める措置をとり，かつ，当該措置をとった旨を記録した電磁的記録を裁判長または受命裁判官に提出しなければならない旨並びに発付の年月日その他裁判所の規則で定める事項を記録し，裁判長または受命裁判官が，これに裁判所の規則で定める記名押印に代わる措置（令状に記録された事項を電子計算機の映像面，書面その他のものに表示したときに，併せて当該裁判長または受命裁判官の氏名が表示されることとなるものに限る。）をとらなければならないものとする。(4) ア（略）イ　電磁的記録による勾留状を執行するには，裁判所の規則の定めるところにより(3)の事項及び(3)の記名押印に代わる措置に係る裁判長または受命裁判官の氏名を電子計算機の映像面，書面その他のものに表示して被

告人に示した上，できる限り速やかに，かつ，直接，指定された刑事施設に引致しなければならないものとすること。ウ　電磁的記録による勾引状または勾留状について，……イによる表示をすることができない場合において，急速を要するときは，被告人に対し公訴事実の要旨及び令状が発せられている旨を告げて，その執行をすることができるものとし，ただし，令状は，できる限り速やかにこれを示さなければならないものとする。

4　勾留の期間

(1)　勾留の法定期間は，検察官が「勾留の請求をした日」（勾留状発付の日や執行日ではない）から10日間である（法208条1項）。この法定期間中は，捜査機関は被疑者の逃亡及び罪証隠滅を阻止した状態で起訴・不起訴の決定に向けた捜査を続行することができる。身体拘束は重大な基本権侵害処分であるから，期間は被疑者に利益に計算され，通則である初日不算入，休日除外等は適用されないと解釈運用されている。すなわち，勾留請求の日は，時間を問わず1日とし，曜日にかかわらず10日の期間は終了する（公訴時効期間の計算と同じ。法55条参照）。検察官は，この期間内に公訴を提起しないときは，直ちに被疑者を釈放しなければならない。

* 　10日は法208条1項の文言上法定期間であり，裁判官が10日未満の勾留期間を設定して勾留することはできないと解される。立法論としても10日より短期間の勾留を可能とする法制度が相当か疑問がある。しかし，裁判官は職権で勾留の理由または必要がなくなったと認めるときは期間満了前に勾留を取り消すことができる（法87条）。また，1人の被疑者に複数の勾留が行われる場合や，同一事実による再勾留の場合に，先行する身体拘束期間とその間の捜査状況等を勘案して，裁判官が，勾留の残存期間を示すことは可能であろう。
** 　検察官も，起訴・不起訴の決定に向けて捜査する勾留請求権者として，被疑者の身体拘束を継続する正当な理由が維持されているか常に配慮すべき責務を負うというべきであるから，勾留の理由または必要がなくなったと判断すれば，裁判官に対し勾留の取消しを請求することができるほか（法87条），取消しの裁判なしに自らの判断で期間満了前に被疑者を釈放することができると解され，そのように運用されている。法208条1項の文言からもこのような検察官の措置は支持されよう。

(2)　前記勾留期間は，検察官の請求により，裁判官が「やむを得ない事由があると認めるとき」は，延長することができる。期間の延長は，通じて10日

を超えることはできない（法208条2項。なお，208条の2参照）。延長請求手続は書面により，やむを得ない事由があることを認めるべき資料の提供が必要である（規則151条・152条）。前記法定期間とは異なり，検察官が10日の範囲内で延長を請求し裁判官は裁量で必要と認める日数だけ延長することができる。検察官は通算して10日を超えない限り，やむを得ない事由を疎明して再度延長請求を行うことが可能である。

「やむを得ない事由がある」の判断に際しては，事案の複雑・困難，証拠収集の困難，法定期間満了時における起訴・不起訴決定の困難等が考慮される。被疑者の身体拘束を継続した捜査をしなければ起訴・不起訴の決定が困難であり，10日の法定期間では捜査が尽くせないと認められ，勾留期間を延長すれば捜査の障害が除かれる見込みがあることが示されなければならない。

5 勾留に関する不服申立て等

(1) 勾留の請求を却下する裁判に対しては検察官から，勾留状を発する裁判に対しては被疑者・弁護人から，それぞれ簡裁の裁判官が行った場合は管轄地裁に，他の裁判官が行った場合はその裁判官所属の裁判所に，その取消しを請求することができる。このような勾留に関する裁判に対する不服申立てを，勾留に関する「準抗告」と称する（法429条1項2号）。請求を受けた裁判所は合議体で不服申立てに関する裁判を行う（法429条4項）。勾留期間延長に関する裁判に対しても同様に準抗告をすることができる。

* 被疑者側から勾留の裁判に対する準抗告を行うに際して「犯罪の嫌疑がないこと」を理由にすることができるかについて，法420条3項が準用されているため（法429条2項）形式的には否定的に読めるが，これは嫌疑の有無自体を審判する公判手続の対象とされた「被告人」の勾留を想定したものとみられるので，事情を異にする被疑者勾留理由の核心部分たる嫌疑の存在についても審査できると解すべきである。
** 勾留請求却下の裁判があれば，その時点で，それまで勾留請求の効果として持続していた逮捕による被疑者の身体拘束の継続状態は目的を達して法的根拠を失い，当然に被疑者は釈放されなければならない。法207条5項にいう被疑者の「釈放命令」はこれを確認し手続的に明らかにするものであり，裁判官の命令によってはじ

めて釈放の効果が生じるのではないと解すべきである。しかし、実務では法432条が法424条の裁判の執行停止に関する条文を準用していることから、勾留請求却下の裁判があると、検察官は準抗告を申し立てると共に釈放命令の執行停止を求め、これにより被疑者の身体拘束状態を維持したまま準抗告裁判所の判断を待つとの解釈運用が行われている。しかし、かりにこの見解に拠っても、勾留請求却下の裁判があった時点から準抗告申立てまでの身体拘束を続ける法的根拠を見出すことはできない。

(2) 勾留された被疑者は、裁判官に対して勾留理由の開示を請求することができる（法82条1項）。憲法34条後段の「何人も、正当な理由がなければ、拘禁されず、要求があれば、その理由は、直ちに本人及びその弁護人の出席する公開の法廷で示されなければならない」に基づく。これを「勾留理由開示」という。請求権者は被疑者に加え、その弁護人、法定代理人、保佐人、配偶者、直系親族、兄弟姉妹その他利害関係人（法82条2項）と、勾留取消請求権者より広い（検察官は除かれる）。

勾留理由の開示は、公開の法廷で行われる（憲法34条、法83条1項）。法廷には裁判官及び裁判所書記官が列席し、被疑者及び弁護人が出頭しないときは原則として開廷することができない（法83条2項・3項。検察官の出席は要件でない）。請求があると、裁判官は開示期日を定める。原則として期日と請求日との間に5日以上をおくことはできない。開示期日は、検察官、被疑者、弁護人及び補佐人ならびに請求者に通知される（規則82条～84条）。

裁判官は、法廷で勾留の理由を告げなければならない。検察官、被疑者、弁護人、その他の請求者は意見を述べることができる（法84条）。なお、口頭による意見陳述の時間は一人10分を超えることはできない（規則85条の3第1項）。また裁判官が相当と認めるときは、意見陳述に代えて、意見を記載した書面の提出を命ずることができる（法84条2項）。

開示すべき「勾留の理由」とは、身体拘束の基礎とされた被疑事実と法60条1項各号所定の事由をいうと解される。これを具体的に告げることを要するが、証拠資料の存否内容まで示すことはこの制度の目的の範囲外である。また、被害者等の個人特定事項の秘匿措置がとられ、勾留状に代わるものが発せられた事案では、その趣旨に従い特定事項の記載のない被疑事実を開示すべきである。

勾留理由開示手続の結果，勾留の要件の消滅が判明することはあり得る。その場合には，勾留の取消しに結びつくであろう。

(3) 開始された勾留からの解放を求める手続として，「勾留の取消」請求がある。被疑者は，勾留の理由または必要がなくなったことを主張して，裁判官に対し，勾留の取消しを請求することができる。請求権者は，このほか検察官，被疑者の弁護人，法定代理人，保佐人，配偶者，直系親族，兄弟姉妹である（法87条）。裁判官は，勾留の理由または必要が消滅したと認めれば，勾留取消しの裁判をする。裁判官が職権で取り消すこともできる。勾留取消しの裁判をするには，原則として，検察官の意見を聴かなければならない（法92条2項）。勾留取消請求に関する裁判に対しては，さらに準抗告をすることができる（法429条1項2号）。

なお，勾留の理由または必要があっても，勾留による拘禁が不当に長くなったときは，裁判官は勾留を取り消さなければならない。請求により，または職権によるが，請求権者に検察官は含まれない（法91条）。

(4) 前記のとおり，被疑者の勾留について保釈の制度は適用されない（法207条1項但書）。身体拘束からの一時的解放として，「勾留の執行停止」がある。裁判官は，適当と認めるときは，勾留されている被疑者を親族等に委託し，または住居制限を付して，勾留の執行を停止することができる。被告人の保釈と異なり保証金は不要である。勾留の取消しとは異なり被疑者，弁護人等の請求権はなく，職権によってのみ認められる。実務上，病気治療のための入院，近親者の葬儀等の場合に認められている。執行停止の期間や旅行制限等の条件が付加されることもある（法95条）。

法定された執行停止の取消事由が生じた場合には，裁判官は，検察官の請求により，または職権で，勾留の執行停止を取り消すことができる（法96条1項）。取り消されると被疑者は刑事施設に収容され再び拘束される。取消事由や手続は，被告人の保釈の場合と同じである（法98条）。

* 2023（令和5）年の法改正により保釈中の被告人の出頭確保と併せて勾留執行停止中の被疑者・被告人の出頭確保のための措置が整備された。その詳細については〔第3編第2章Ⅲ*3*(5)*〕参照。被疑者につき，法208条の3～208条の5参照。

Ⅳ 身体拘束処分に関する諸問題

　以上が、身体拘束処分の要件と手続及び正常な作動過程である。以下では、そこに生起する法解釈・適用上の諸問題について、制度の趣旨・目的に即した基本的な考え方の筋道を示す。

1 逮捕と勾留との関係

　(1)　被疑者の勾留には、逮捕手続が先行する。法207条1項は勾留請求を「前三条の規定」すなわち被疑者の逮捕及び逮捕後の諸手続を経ることによってのみ認めている。このような制度設計を「逮捕前置（逮捕先行）主義」と称する。逮捕は一定時間の身体拘束継続（留置）を伴うので、法制度として逮捕なしの勾留があった方が身体拘束期間を短縮でき被疑者に利益であるようにも見える。それにもかかわらず現行法が逮捕前置の制度を採る実質的な理由として考えられるのは、次の2点であろう。

　第一、身体拘束という重大な基本権侵害処分を二段階に分け、各段階に裁判官の審査を介在させることにより、慎重を期すこと（ただし現行犯逮捕は例外）。

　第二、比較的短時間の拘束である逮捕段階において、被疑事実を告知しこれに対する弁解を聴取した上で、捜査機関限りの判断と裁量により被疑者を釈放する余地を認めることにより（法203条1項・205条1項、204条1項）、いきなり長期間の身体拘束に及ぶのを回避する途を設定しておくこと。

　(2)　このような逮捕前置の趣意に鑑みると、被疑事実Aで逮捕された被疑者について、勾留請求段階までにA事実の嫌疑が薄らぎこの事実に関しては釈放できる状態であるが、逮捕中に別の被疑事実Bの嫌疑が生じて、これについて身体拘束処分を行う理由と必要があるときは、そのままB事実で勾留すべきではない。改めてB事実について逮捕の手続を踏むべきである。B事実について第一段階の裁判官による審査を省略するのは適切でなく、また、B事実について逮捕段階で釈放され勾留されないで済む可能性を奪うことになるからである。

これに対して，A事実につき勾留理由が認められる場合に，B事実を追加して勾留請求されるときは，形式的にはB事実に関する逮捕手続が省略され第一段階の裁判官による審査を欠くが，A事実については逮捕前置の要請が満たされている上，被疑者がA事実で勾留されることが動かない以上，釈放される余地がない。他方，B事実による逮捕を略すのは拘束時間が短くなる点で被疑者に利益であるから，このような勾留は許容されると解される。

　(3)　逮捕手続が勾留請求に先行・接着していることから，逮捕段階に違法があった場合，これを前提に引き続き行われる勾留請求の効力に影響が及ぶことが考えられる。法は，勾留の理由があっても，正当事由なく法定の時間制限を超えてなされた勾留請求を却下し被疑者を釈放しなければならないとしているが（法207条5項但書・206条2項），これは時間制限を超えた身体拘束の継続が法的根拠を欠く重大な違法状態であり，引き続く勾留請求はこの重大違法の影響を受け無効であることを理由とするものと解される。そうだとすれば，勾留請求に至るまでの手続段階で法に明記された時間制限超過に匹敵する重大な違法があった場合には，同様に，これに引き続く勾留請求も違法性を帯びた無効な手続であると見て，これを却下すべきである。

　このような法解釈を支える実質的な理由は次のとおり。

　①現行法は逮捕手続自体の適法性を裁判官が再審査する途を用意していない（逮捕に関する準抗告の制度はない。法429条参照。最決昭和57・8・27刑集36巻6号726頁）。他方で，逮捕前置主義の趣旨・目的が裁判官に身体拘束処分の正当性について慎重な審査点検を行わせることにあるとすれば，勾留請求段階において，裁判官が勾留の実体的要件の存否に加え，これに先行する逮捕手続の適否や被疑者の身体・行動の自由に係る状況の適法性を審査する機会が必要と見るのが合理的である。勾留裁判官が先行する逮捕留置時間制限超過の有無を点検できる法規定は，その典型的一場合と見られる。

　②先行する手続に重大な違法があるにもかかわらず，これを全く顧慮することなく勾留を認めることができるとすれば，違法な手続を行ってでも勾留の実体的要件さえ整えばよいという法軽視的運用を誘発するおそれがある。このような違法捜査を抑制するという政策的見地から，勾留請求に先行する手続過程の重大な違法については，勾留請求却下という形で裁判官がその違法性を明示

顕在化して対処するのが相当である。

　以上の実質的理由から，逮捕の基本的な要件・手続を潜脱するような重大明白な違法があれば，これに引き続く勾留請求は却下されるべきである。例えば，拘束時間制限超過と同様におよそ正当な根拠のない身体拘束状態が生じていたと認められる場合（身体拘束の実体的要件がないのに実質上身体拘束状態にした場合。実質逮捕の時点から勾留請求までが時間制限内であるか否かを問わない），逮捕状の基本部分に重大明白な瑕疵があった場合等がその例である。なお，身体拘束の実体的要件はあったが手続の選択を誤った場合（例えば緊急逮捕すべきところ誤って要件の充足していない準現行犯逮捕をした場合）も，法定要件の充足しない身体拘束処分を行ったという意味で明白な手続違反である。

　　＊　警察の違法な身体拘束処分を法律家として初めに認知し得るのは，身柄送致を受ける検察官である。勾留請求の権限を有する検察官は，勾留裁判官と同様に，先行する身体拘束過程の適法性を点検しその適正を担保すべき責務を負う。検察官は，先行する身体拘束過程に違法を認知した場合には，そのような違法状態を解消するため被疑者を釈放すべきであり，そのまま勾留請求すべきではない。勾留裁判官による請求却下が見込まれる前記のような場合，検察官はいったん被疑者を釈放すべきである。その上で同一被疑事実について再度の逮捕とこれに引き続く勾留請求が可能であるかは，別途検討される事柄である〔後記 *3*(2)〕。

2　身体拘束処分と被疑事実との関係

(1)　身体拘束処分の要件に共通するのは，特定の具体的な被疑事実について一定の嫌疑が認められることである。裁判官によって通常逮捕や勾留の要件たる「被疑者が罪を犯したことを疑うに足りる相当な理由」（法199条・60条1項）の存否が審査され，審査対象とされた「罪」の内容は令状に「被疑事実の要旨」として具体的に明示記載される（逮捕状について法200条，勾留状について64条1項）。これは，令状に明示記載された具体的事実について裁判官が身体拘束の正当な理由を認めたことを手続上明確にすると共に，そのような被疑事実について被疑者の身体拘束処分を許容していることを意味する。言い換えれば，手続上明示顕在化されていない被疑事実については，裁判官の審査を経ていないのであるから身体拘束処分の効力は及ばないと解される。

(2) このように，身体拘束処分の効力は，裁判官の審査を経て手続上明示顕在化されている被疑事実についてのみ及ぶという考え方を「事件（被疑事実）単位原則」という。身体拘束処分は被疑者に対して実行されるものであり，ひとたび拘束された被疑者に複数の被疑事実が競合する場合（例えば，死体遺棄被疑事実で逮捕・勾留されている被疑者について，密接に関連する殺人被疑事実についても身体拘束処分の下で捜査をする必要が認められる場合），既に実行されている身体拘束処分を別の被疑事実に関する捜査目的に流用することにより，全体としての拘束期間を短縮できる可能性はあり得るが（例えば，死体遺棄による勾留期間の延長に際して殺人に関する捜査の必要性をも併せ考慮する），このような方法は基本的に妥当とはいえない。

ここでの問題は，1人の被疑者に複数の被疑事実が現に競合する局面において，裁判官による身体拘束の正当な理由の審査を被疑事実ごとに明示顕在化して行うのと，潜在的な状態のまま考慮勘案するのとで，いずれが適切かである。身体拘束処分に対する裁判官の関与の趣旨・目的からして答えは自ずと明らかであろう。複数の被疑事実について身体拘束処分の理由と必要が認められる場合には，それぞれの被疑事実について逮捕・勾留を行うべきである。この結果，1人の被疑者に複数の身体拘束処分が競合することになるが（例えば死体遺棄被疑事実で勾留中に殺人被疑事実で逮捕・勾留される場合），それが実態に即し手続上も明示顕在化された競合である点で何ら問題はない。複数の被疑事実について身体拘束処分が順次実行されると，拘束期間が長期に及ぶ可能性が生じるが，その点は別途期間設定について解釈運用上の調整があり得よう。

(3) 以上のとおり，身体拘束処分の効力はその正当な理由を裁判官が審査し令状に明示記載された被疑事実についてのみ及ぶ。したがって，勾留延長（法208条）や勾留取消し（法87条）の要否の判断，接見・授受の制限（法81条）についても，競合するいまだ逮捕・勾留されていない他の被疑事実を考慮すべきではない。身体拘束処分の根拠とされ勾留状に記載された被疑事実のみを対象として検討されるべきである。

* 既に行われた身体拘束処分が，その根拠とされた事実以外の犯罪事実の捜査に現に利用されていた場合において，事後的にこのような事情を身体拘束された者の利益に考慮勘案することは，潜在的被疑事実について身体拘束処分の効果を流用する

場面とは異なるから，別論である。例えば，無罪とされた事実による勾留日数を勾留されていなかった有罪とされた事実の刑期に算入することを認めた事案（最判昭和30・12・26刑集9巻14号2996頁）や，逮捕・勾留された事実は不起訴となり，その拘束期間を利用して捜査が実施され起訴された事実が無罪とされた場合に，不起訴となった事実についての身体拘束を刑事補償の対象とした事案（最大決昭和31・12・24刑集10巻12号1692頁）は，いずれも既に行われた身体拘束処分の果たしていた機能を拘束されていた者の利益方向に考慮勘案したものである。

3 再度の逮捕・勾留の可否

(1) 法は身体拘束時間・期間を厳格に規律して，重大な基本権侵害である身体拘束処分の無制約な継続を認めていないから，同一の被疑事実について，特段の理由もないのに，身体拘束処分を繰り返すことが原則として許されないのは当然である。ひとたび釈放された被疑者について，同一被疑事実について再度逮捕や勾留を行う合理的理由のある場合が想定できるか，できるとしてそれはいかなる場合であるかが問題である。

(2) 逮捕については，II *1*(1)のとおり前に逮捕状の請求または発付があった後に，同一の犯罪事実について再度逮捕状が請求される場合があることを想定した条項があるが（法199条3項），この条項が，逮捕後釈放された被疑者を再び同一被疑事実で逮捕することを許容する直接の根拠になるとまではいえない。

先行する第1次逮捕手続が適法である場合，同一被疑事実で被疑者を再逮捕するのが合理的と考えられるのは，逮捕後留置中に被疑者が逃亡した場合や，留置の必要がないとして釈放された被疑者について身体拘束の理由や必要性が新たに認められた場合のように特段の事情変更が認められる場合（例えば，釈放後に逃亡・罪証隠滅のおそれがあることが新たに判明した場合）であろう。このような釈放後の特段の事情変更による再逮捕まで一切許されないとすれば，法が予定した逮捕段階での捜査機関限りの判断による釈放（法203条1項・205条1項・204条1項）の運用が過度に厳格化することが見込まれ，適切とは思われないからである。

これに対して，先行する逮捕手続に違法があるため，検察官がそのまま勾留請求せず一度被疑者を釈放した場合〔前記*1*(3)*〕についてはどうか。この場

合，前記のような特段の事情変更がない上，適法な逮捕後の再逮捕でさえ例外的な場合に限られることとの関係で，先行する第1次逮捕手続に違法があるとかえって無条件に再逮捕が許されるとするのは適切でない。他方，被疑者の釈放により先行する手続の違法状態が解消されたと見れば，釈放時点で逮捕の要件があり，かつ最初の身体拘束時点からの時間制限内に勾留請求されることが見込まれるならば，法の時間制限の趣意には反しないから再逮捕を許容できる場合もあり得よう（例えば，警察官が緊急逮捕すべきところ手続の選択を誤り準現行犯逮捕を行った場合に，この違法手続を認知した検察官が一度被疑者を釈放した後，その時点で緊急逮捕の要件があり逮捕の必要性の認められる被疑者を再逮捕する場合）。ただし，先行する逮捕手続の違法が極めて重大である場合（例えば，およそ逮捕の要件が欠如しているのに実質的な身体拘束を行った場合等）には，再逮捕を認めるべきでない。そうでないとこのような違法手続が利用されるおそれがあるからである。

(3) 勾留については，逮捕と異なり，同一被疑事実について再度の勾留（再逮捕後の再勾留）に係る明文規定はない。逮捕に比べ勾留の拘束期間は長期に及ぶ。これは，逮捕より被疑者に対する基本権侵害の程度が大きいことを意味するから，再度の勾留が許される場合があるとしても，それは極めて例外的な場面に限られると解すべきである。なお，法が逮捕前置の制度を設けていることは，その制度趣旨から，再度の勾留という拘束状態の負荷を許容する根拠にはなり得ない。

例外を認める実質的理由があるとすれば，勾留期間満了前の検察官の判断による釈放や裁判官の勾留取消しの判断が過度に厳格化することを避ける点に求めることができる。法定された拘束期間制限の趣意を潜脱することを防止するという観点から，特段の事情変更があり，かつ総じた身体拘束期間が，法定の拘束期間の趣意に反しない合理的な限度に留まるものでなければならない。以上の点に鑑みれば，先行する第1次勾留期間が満了して釈放された場合の再勾留は許すべきでない。また，第1次勾留期間満了前に釈放された被疑者を再勾留する場合には，再勾留の期間について勾留裁判官が第1次勾留における拘束期間を勘案し，残存期間を指定することができると解すべきである。

(4) 前記 *2* のとおり，身体拘束処分は被疑事実を単位に行われるから，被

疑事実が1個であるときはこれに基づく逮捕・勾留の個数も1個であるのが原則である。実体法上1個の犯罪に対する1個の刑罰権を実現することを目的として作動する刑事手続の個数も，これに対応して1個であるべきであり，一罪を恣意的に分割して各別の事実について逮捕・勾留を複数回行うことは許されない。これを「一罪一逮捕一勾留の原則（分割禁止の原則）」という。

(5) 被疑者が実行した時と場所を異にする複数の可罰的行為が実体法上一罪とされる犯罪（例．常習一罪，包括的一罪）について，そのうちのひとつの可罰的行為に基づいて身体拘束処分を受けた場合，これと一罪の関係にある別の事実について身体拘束処分を行う必要が認められるとき，この原則の例外を認めることができるか。できるとしてそれはどのような場合であるか。

一罪一逮捕一勾留の原則の基本的な考え方は，捜査機関の恣意的判断を抑制し手続を明確化する観点からできるだけ維持すべきである。第1次拘束の時点以前に実行されていた可罰的行為が拘束前から捜査機関に判明していた場合や，釈放後に判明した場合については，原則としてこのような事実に基づく再度の身体拘束は許されないと解すべきである。他方で，第1次拘束からの釈放後に再び一罪の関係にある可罰的行為が実行された場合には，捜査機関がこのような事実を前の身体拘束処分のもとで同時に捜査・処理する論理的・現実的可能性がなかったのであるから，必要があれば再度の身体拘束を認めても不合理ではない。

なお，釈放後に新たに判明した第1次拘束前の可罰的行為が，同時処理する現実的可能性がなかったのもやむを得ないと認められ，それが特段の事情の変更により判明した場合であれば，再逮捕・再勾留の場合同様，再度の身体拘束を認める余地があろう。

〈第1編第3章　参考文献〉

　　大澤裕「被疑者の身体拘束――概説(1)〜(5)」法学教室443号〜447号（2017年）

　　酒巻匡「身柄拘束処分に伴う諸問題」法学教室291号（2004年）

　　大澤裕「被疑者の身体拘束――逮捕・勾留に伴う諸問題(1)〜(4)」法学教室450

第 1 編　捜査手続

号・452 号・453 号・456 号（2018 年）

第4章

供述証拠の収集・保全

I 供述証拠の収集・保全に関する法的規律の趣旨・目的と課題

(1) 人の供述（特定の事実の存否・事象に関する言語的表現）は、様々な形式で刑事裁判の証拠として用いられる。公判期日において事実を認定する裁判所の面前で供述がなされる場合には、その内容がそのまま証拠になる（例、証人の証言、被告人の公判期日における供述）。これに対して、公判期日外においてなされた供述は、その内容を記録した書面等の記録媒体（例、犯行目撃者の警察官に対する供述を録取した書面、被疑者が犯行を認める供述を録音・録画したディスク）、あるいは、第三者の公判期日における供述（例、犯行直後の犯罪被害者の発言内容を聞いた友人の証言、被告人の発言内容を聞いた友人の証言）を通じて公判期日に導入される。

このような公判期日外の供述は、犯罪事実を認定するための証拠とすることはできないのが原則であるが（「伝聞法則」法320条1項）、法定の例外要件（法321条以下）に該当すれば、証拠とすることができる。そこで捜査機関は、将来の公判期日における犯罪事実や量刑に関する事実の立証の素材として、また、検察官が的確な事件処理を行うために事案を解明する素材として、被疑者及び被疑者以外の者の供述を収集し保全する捜査活動を行うのが通例である。

供述証拠を獲得する捜査のうち、捜査機関が対象者に問いを発し、これに応答する供述を得て、その内容を記録・保全する活動を「取調べ」という。これは発問を通じ対象者の意思に働き掛けて自発的な供述を求めるものであるから、捜査機関側の行為態様に対象者の供述をするかどうかの意思決定の自由を阻害

する要因があれば，獲得された供述の信用性・内容の真実性に疑義が生じて証拠としての価値を損ねる。それ故，取調べは，このような活動の性質上当然に，対象者の任意の協力に基づくものでなければならない「任意捜査」である。

 * 取調べは任意捜査であるから法197条1項本文の規律が及ぶ。もっとも取調べという捜査手法の性質上，有形力の行使に伴い身体・行動の自由や住居・所持品等に関するプライヴァシイの利益等の法益の侵害・制約が生じ得る場合とは異なり，取調べによる法益侵害の質や程度を想定することはできない。取調べが対象者の意思に対する働き掛けにより任意の協力を求める性質の活動である以上，意思決定の自由に対する侵害・制約が認められるにもかかわらず，意思の自由侵害が取調べの必要性との権衡で正当化されるとは考え難い。供述をするかどうかの意思決定の自由に対する侵害・制約が認められる以上，これを適法な任意捜査と評価する余地はないというべきである。

(2) 法は，このような「取調べ」の性質に鑑み，虚偽である場合に事実認定を誤導する危険の高い被疑者の自白や不利益な事実の承認については，「任意にされたものでない疑のある」場合，これを証拠とすることができないと定めて，供述獲得過程の「任意性」を担保しようとしている（法319条1項・322条1項但書）。なお，虚偽供述を導く危険が高く，それ自体が重大な法益侵害行為でもある強制・拷問・脅迫等を用いた取調べが許されないのは当然である（憲法38条2項・36条）。また，その他の公判期日外の供述についても，「任意にされたものかどうかを調査した後でなければ，これを証拠とすることができない」（法325条）。

このような証拠法による事後的規律に加えて，法は，任意捜査である取調べの手続についてとくに具体的な規律を設けて，捜査機関による供述獲得過程の適正を担保しようとしている（法198条・223条，一定の事件の被疑者取調べの録音・録画について法301条の2）。その詳細は後述する〔II 1, 2〕。

このような取調べをめぐる法的規律の基本趣意は，供述獲得過程の適正を確保し虚偽の危険が小さい任意の供述を収集・保全することにあるが，とりわけ被疑者に対する取調べは，捜査機関から罪を犯したと疑われている者に向けられたものであるだけに，それが追及的となり被疑者の供述をするかどうかの意思決定の自由が侵害される危険が伴う。他方，刑罰法令の中には，被疑者の供述なしに要件要素を証明可能な犯罪類型があるものの，犯罪成否の証明に被疑

者の供述が重要な意味を持つ犯罪類型も少なくない。また，犯行の動機・目的といった量刑に関する重要事実，さらには量刑または起訴猶予相当かを判断するのに必要な情状に関する事実（法248条参照）について被疑者の供述が有用である場合も多い。このため，被疑者が黙秘権を行使して一切の供述を拒む場合を除き，捜査段階ではほぼ例外なく被疑者の取調べが実施されている。こうして，供述証拠獲得に向かう強い導因と被疑者取調べという手法自体の性質に由来する意思の自由侵害の危険を勘案しつつ，取調べ過程の適正を担保するため，法的規律の厳格な解釈・適用が要請されるのである。

(3) 供述獲得過程の適正担保の観点からとくに注意を要するのは——言い換えれば被疑者の意思決定の自由侵害が生じる危険が高いのは——身体拘束中の被疑者に対する取調べである。前記のとおり取調べ自体の法的性質は任意捜査であり，被疑者の任意の協力に基づくものでなければならないが，法は，身体行動の自由を剝奪された逮捕・勾留中の被疑者に対する取調べを許容しているので，身体拘束状態の下で実施される取調べ過程の適正確保は，とりわけ重要な課題である。この点については，取調べ過程の適正と供述の任意性について同時的または事後的検証を可能とする制度的安全装置が必ずしも十分でないため，法解釈・運用にとどまらず立法論・制度論に及ぶ議論がある〔Ⅳ1(3)〕。

(4) 身体拘束処分を受けている被疑者の取調べが，事実上，出頭拒否・退去の自由がなく取調室に滞留する義務を課す態様で行われていることから，その過程で，身体拘束処分の明示的理由とはなっていない余罪被疑事実についても同様の態様で取り調べることに法的限界があるか，議論がある〔Ⅳ2〕。また，法律上は身体拘束処分が行われていないにもかかわらず，事実上身体拘束処分が行われているのと同様の状態を利用して被疑者を取り調べるという違法捜査が実行される場合もあり得る。このような場合の法的処理についても，的確な法解釈を通じた規制が要請される〔Ⅲ〕。

(5) 捜査段階においても，一定の要件に該当する場合には，公判期日における供述獲得方法と同様に，供述を法的に強制する途が用意されている（裁判官に対する証人尋問の請求）。対象者（被疑者以外の者）に宣誓させた上，尋問に対する応答を通じて真実を供述する法的義務を課すものである。公判期日における証人尋問と同様，法的強制があるからといって，もとより供述の信用性・証

拠としての価値を損ねるものではない。その要件と手続及び獲得された供述の証拠としての扱いについては、後述する〔Ⅱ3〕。

Ⅱ 取調べの手続

1 被疑者の取調べ

　前記のとおり、被疑者の取調べは任意捜査であるが、法はとくにその手続を明確化し、捜査機関の権限と遵守すべき行動準則を明示・規律している（法198条）。捜査機関はこの規律に従わなければならない。

　(1)　「検察官、検察事務官又は司法警察職員は、犯罪の捜査をするについて必要があるときは、被疑者の出頭を求め、これを取り調べることができる」（法198条1項本文）。これは、捜査機関の取調べ権限を明記したものである。他方で、身体拘束処分を受けていない被疑者は、「出頭を拒み、又は出頭後、何時でも退去することができる」ので（法198条1項但書）、出頭の求めに応じる義務や出頭後に滞留する義務はなく、したがって意に反して取調べに応じる義務もないことは明瞭である。これに対し但書に付加された「逮捕又は勾留されている場合を除いては」という除外規定の趣旨は必ずしも明確でなく、解釈に争いがある〔後記Ⅳ*1*参照〕。

　身体拘束処分を受けていない在宅被疑者に対して、「出頭を求め」る方法は様々あり、取調べを実施する場所も警察署や検察庁の取調室に限られるわけではないが、出頭を求める一方法として、捜査機関が被疑者の所在する場所に赴き、警察署等に同行することを求める場合がある。これを「任意同行」と称する。その態様が実質的に身体拘束処分に至っていたのではないかが問題とされる場合がある。また、任意に出頭した被疑者は「出頭後、何時でも退去することができる」が、警察署等における滞留時に退去の自由があったかが問題とされる場合がある。これらの問題の法的処理については後述する〔後記Ⅲ*1*〕。

　(2)　身体拘束の有無を問わず被疑者には取調べに応じる義務はない。前記のとおり、捜査機関には被疑者を取り調べる権限が付与されているが、他方で、

在宅被疑者には出頭拒否と退去の自由があるから当然に取調べを受けなければならない義務はない。捜査機関の取調べ権限は，対象者に対する義務付けを伴わないものである。これに対し，身体拘束処分を受けている被疑者は身体行動の自由が剥奪されているので，仮に取調室への出頭拒否と退去の自由がないとしても，在宅被疑者と同様に取調べ自体を拒絶する自由がなければ供述をするかどうかの意思決定の自由が侵害される危険が高いであろう。逮捕・勾留という強制処分の効力として，逃亡や罪証隠滅防止のため身体行動の自由を剥奪することが正当化されても，自由剥奪状態を直接利用して人の意思に働き掛けることまでが正当化されているわけではない。

(3)　直接の明文規定はないが，取調べを受ける被疑者には，被告人と同様に（法311条1項）意に反する一切の供述を拒否する権利（黙秘権）があり，供述の義務はない。法はこれを前提として，被疑者の取調べに際しては，「被疑者に対し，あらかじめ，自己の意思に反して供述をする必要がない旨を告げなければならない」と定め，取調べを行う捜査機関に「供述拒否権の告知」を義務付けている（法198条2項。現行法制定当時は「供述を拒むことができる旨を告げなければならない」という文言であったが，1953［昭和28］年法改正で変更された。表現は異なるものの趣意は同じである）。この告知は，被疑者の供述をするかどうかの意思決定の自由を確保するための重要な手続であるから，取調べごとに，また取調べ担当者が交代した場合はその都度行われるべきである。事後に供述の任意性に疑義が生じないためにも確実な履践が要請される（犯罪捜査規範169条2項参照）。

*　被疑者・被告人の「黙秘権」は，憲法の定める「自己負罪（self-incrimination）」拒否権の保障（憲法38条1項「何人も，自己に不利益な供述を強要されない」）に由来する。法制度として証人に供述の法的義務を課す場合，憲法にいう「自己に不利益な供述」とは，自己が刑事訴追を受け，又は有罪判決を受けるおそれのある供述を意味する（法146条，民訴法196条参照）。これに対し刑訴法が被疑者・被告人に保障しているのは，意思に反する供述を拒む自由（法198条2項），ないし終始沈黙し，又は個々の質問に対し供述を拒む権利（法311条1項）であるから，その範囲は憲法上の権利より広い。もっとも，犯罪捜査や刑事訴追の対象となっている被疑者・被告人にとっては，その意思に反する限りすべて憲法にいう「不利益な供述」に含まれると説明することもできる。いずれにせよ，犯罪事実に直接関連しな

くとも，被疑者の意思に反して氏名・住所の開示を強要することは，供述拒否権を保障する法の趣旨に反するであろう。

＊＊ 法198条2項の定める供述拒否権の告知を受ける手続法上の権利と，供述拒否権ないし黙秘権それ自体とは別個の権利であり，告知自体が憲法上の要請とまでは解されないから，告知の欠如が直ちに黙秘権侵害となるわけではない。しかし，被疑者が供述義務があると誤信して供述の自由の前提が失われている場合には，権利の告知も憲法上の要請になるというべきである。

告知を欠いた取調べの結果得られた供述の任意性が直ちに失われるとはいえない。告知の欠如は，供述の任意性判断の一資料に留まるであろう。しかし，前記のとおり法の定める告知手続は，被疑者の供述の自由を確保するための重要な手続的保障であることから，その欠如は，重大な手続違背として，供述の任意性の有無にかかわらず，その証拠能力を否定する議論も成り立ち得るであろう（違法収集証拠排除法則の適用）。

(4) 被疑者の供述は，これを調書に録取することができる（法198条3項）。この書面を供述調書（供述録取書）という。被疑者の応答内容を聴いた取調べ担当者（供述録取者）がその判断でこれを書面化し記録保全するものであり，必ずしも発問と応答を逐語的・機械的に記載するものではない。調書は，被疑者に閲覧させるか，または読み聞かせて，誤りがないかどうかを問わなければならない。被疑者がその記載内容について増減変更の申立てをしたときは，その供述も調書に記載しなければならない（同条4項）。被疑者が調書に誤りがないと申し立てたときは，これに署名押印することを求めることができる。ただし，被疑者には署名押印の求めに応じる義務はなく，これを拒絶することができる（同条5項）。

前記のとおり，被疑者の供述調書は，被疑者自らが記載した書面（供述書）ではなく，被疑者の供述内容を聴き取った取調べ担当者がその知覚・記憶に基づき表現・叙述した書面であるから，この過程について誤りなく録取されていることを担保するため，供述者である被疑者の署名押印が必要である。こうして録取の際の伝聞過程の正確性を担保された供述調書は，その上で，公判期日における供述に代わる書面（法320条1項）として一定の要件を満たせば伝聞例外として証拠能力が認められる（法322条1項の定める「被告人の供述を録取した書面で被告人の署名若しくは押印のあるもの」に該当する。ただし，自白を含む不利益な事実の承認を内容とする供述調書については，法319条1項の任意性も要件となる

〔法322条1項但書〕）〔第4編証拠法第4章Ⅴ〕。

 　＊　供述内容の録音・録画については，その機械的記録過程が，供述者の署名押印によって担保されるのと同程度に正確性が確保されていると認められる場合には，「供述書」に類するものとして署名押印を不要と解してよいと思われる。

　(5)　以上が，法198条の明記する取調べに関する規律である。このほか，第1次的捜査機関として被疑者の取調べを担当する警察では，被疑者取調べ適正化の進展に向けた準則の制定・改正を行い，捜査部門以外の警察官が被疑者取調べの状況を監督する制度を施行するなどしている。これは，2008（平成20）年の警察庁「警察捜査における取調べ適正化指針」の策定に基づくもので，不当な取調べを未然に防止し，取調べ過程の適正確保と事後的検証に資することを目的としたものであった。

　例えば，犯罪捜査規範は，従前から被疑者取調べの心構え，留意事項，任意性確保の留意点，供述調書作成についての注意事項等に関する一般的準則を定めていたが（犯罪捜査規範166条以下参照），2008（平成20）年改正で，供述の任意性確保に関し「取調べは，やむを得ない理由がある場合のほか，深夜に又は長時間にわたり行うことを避けなければならない」との準則が付加された（犯罪捜査規範168条3項。さらに2019〔平成31〕年改正により，「午後10時から午前5時までの間に，又は1日につき8時間を超えて，被疑者の取調べ行うときは，警察本部長又は警察署長の承認を受けなければならない」との文言が付加されている）。また，被疑者の取調べを行った場合には，その年月日，時間，場所その他の取調べ状況を記録した書面（「取調べ状況報告書」という。法316条の15第1項8号参照）の作成が義務付けられているが，その正確性を一層確保する等を目的とした改正が行われている（犯罪捜査規範182条の2）。なお，検察官による取調べについても，法務大臣訓令「取調べ状況の記録等に関する訓令」に基づき，同様の書面作成が義務付けられている。このほか，取調室の構造や設備の基準についても新たな規範が定められている（犯罪捜査規範182条の5）。さらに警察庁は2008（平成20）年，「被疑者取調べ適正化のための監督に関する規則」（平成20年国家公安委員会規則4号）を制定して，前記警察内部における取調べ状況の監督制度を施行させている。

　また，裁判員裁判対象事件に関しては，公判における供述の任意性立証に資

することを主たる目的として，検察及び警察において，取調べ過程の一部録音・録画が行われるようになっていた。その法制化については，別途説明する〔Ⅳ *1*(3)〕。

2 参考人の取調べ

　捜査機関が「被疑者以外の者」から供述を獲得する方法には，任意捜査として行われる場合と，供述を法的に強制する場合とがある。任意の取調べによる場合を「参考人の取調べ」と称する（法223条）。対象者に宣誓させて供述を法的に強制する場合は「証人尋問」の請求が行われる（法226条・227条・228条）。
　「被疑者以外の者」の典型は，例えば犯罪被害者や犯行目撃者であるが，被疑事実または被疑者と様々な関係のある者が含まれ得る。共犯関係にある者も，被疑者との関係においては「被疑者以外の者（参考人）」として捜査・取調べの対象となることはあり得る（後記 *3*「証人尋問の請求」の対象者にもなり得ると解される）。
　(1)　「検察官，検察事務官又は司法警察職員は，犯罪の捜査をするについて必要があるときは，被疑者以外の者の出頭を求め，これを取り調べ……ることができる」（法223条1項）。出頭義務のないこと，取調べに応ずる義務のないことは在宅被疑者の場合と同様である。取調べに応じて供述したときは，供述調書が作成される点も被疑者取調べの場合と同様である（法223条2項による法198条1項但書・3項・4項・5項の準用）。なお，出頭または供述を拒む参考人については，一定の場合，裁判官に対する証人尋問の請求が可能である〔後記 *3*〕。
　被疑者の取調べと手続上異なるのは，供述拒否権の告知が不要とされている点である（法223条2項は法198条2項を準用していない）。これは，当人の犯罪に関する取調べではないから，とくに告知の必要がないとの考えに基づく。もっとも被疑者と参考人との区別は流動的な場合もあり，当初参考人として取調べの対象とされていた者に犯罪の嫌疑が生じることもあり得るので，捜査機関が参考人の取調べに際してこれを被疑者であると思料した場合には，その時点から法198条の被疑者取調べの手続を採り，供述拒否権の告知を行うべきである。
　(2)　捜査機関の取調べに応じた参考人の供述を録取した書面は，公判期日に

おける供述に代えて証拠とすることができないのが原則であるが（法320条1項），供述者が公判期日に供述することが不可能となった場合等，法定された伝聞例外の要件に該当すれば証拠とすることができる。法326条の同意による場合のほか，法321条1項の定める「被告人以外の者……の供述を録取した書面で供述者の署名若しくは押印のあるもの」は，同項2号（検察官の面前における供述を録取した書面），又は3号の定める要件に該当すれば，証拠とすることができる〔第4編証拠法第5章Ⅳ〕。検察官の作成した調書（前記2号の書面に当たる）は警察官の作成した調書（前記3号の書面に当たる）に比して証拠能力の要件が緩やかであるため，将来の公判立証に必要となる場面に備え，犯罪事実の証明にとって重要な供述をした参考人については，警察官調書のみでなく検察官調書が作成されるのが通例である。

3 証人尋問の請求

(1) 次の場合，検察官は，第1回の公判期日前に限り，裁判官に対して証人尋問の請求をすることができる。請求権者は捜査機関のうち検察官に限られる。第1回の公判期日前に限られるのは，公判開始後は公判期日の証拠調べとして実施するのが相当だからである。

第一は，犯罪の捜査（「犯罪の証明」だけには限られない）に欠くことのできない知識を有すると明らかに認められる者が，前記法223条による参考人の取調べに対して，出頭または供述を拒んだ場合である（法226条）。捜査に欠くことができない知識を有する者が任意の取調べを拒絶する場合に，捜査を進展させるため，法的強制により必要不可欠な供述を獲得することを目的とした制度である。

第二は，第一の場合と異なり，既に参考人として取調べに応じ任意の供述をした者が，公判期日においては，前にした供述と異なる供述をするおそれがあり，かつ，その者の供述が犯罪の証明に欠くことができないと認められる場合である（法227条）。様々な事情（公開法廷・傍聴人の状況，被告人との対面等）により，証人が公判期日における尋問の過程で前にした捜査段階の供述と異なる供述をすることはあり得るところであるが，前記のとおり，捜査段階で犯罪の

証明に不可欠な供述をした参考人については，将来の立証に備え検察官調書が作成されているのが一般である。このような場面において，検察官調書が法321条1項2号後段の要件を充足すると認められれば，これを証拠とすることができる。

これに対して，裁判官の行う証人尋問における供述を録取した書面は，同条1項1号の定める「裁判官の面前……における供述を録取した書面」に該当し，検察官調書より一層緩やかな要件で証拠とすることができる（「公判期日において前の供述と異なった供述をしたとき」で足りる。法321条1項2号後段の要件と対比せよ）。この制度は，検察官の公判立証をより容易にする供述証拠の保全を目的としたものである。捜査段階であらかじめ法227条の証人尋問調書（規則38条）が作成されていれば，公判期日において検察官調書の採否を巡る立証を回避することができ，迅速・効率的な公判審理の進行に資するであろう。

(2) 証人尋問の請求を受けた裁判官は，証人の尋問に関し，証人尋問に関する総則規定（法143条以下）を準用し対象者に宣誓させて尋問を行う（法228条1項）。検察官は尋問に立ち会う権利を有する（法157条1項）。これに対して，被疑者（又は被告人）及び弁護人については，公判期日の証人尋問とは目的を異にするので，裁判官が，捜査に支障を生ずるおそれがないと認めるとき，尋問に立ち会わせることができる（法228条2項）。証人の供述を録取した尋問調書その他尋問に関する書類は，尋問終了後，裁判官から検察官に送付される（規則163条）。前記のとおり証人尋問調書は法321条1項1号により証拠とすることができる〔第4編証拠法第5章Ⅳ4〕。

* 情報通信技術の進展・普及に伴う法整備に関する法制審議会答申において，被疑者等の供述内容を記録した電磁的記録等の作成及び取扱いについて，大要次のような要綱が示されている（第1-1・7）。(1) 被疑者の供述を録取する調書の作成　ア）法198条3項の調書（電磁的記録をもって作成したものに限る。）は，その内容を表示したものを被疑者に閲覧させ，または読み聞かせて，誤りがないかどうかを問い，被疑者が増減変更の申立てをしたときは，その供述を調書に記録しなければならないものとする。イ）被疑者が，アの調書に誤りのないことを申し立てたときは，これに裁判所の規則で定める署名押印に代わる措置をとることを求めることができるものとし，ただし，これを拒絶した場合は，この限りでないものとする。(2) 供述を録取した電磁的記録で裁判所の規則で定める供述者の署名または押印に代わる措

置がとられたものについて，供述を録取した書面で供述者の署名または押印のあるものに係る法規定の規律（例，法321条1項，322条1項等）と同様の規律を設ける。
(3) 被告人以外の者の供述を記録・録取した電磁的記録等の証拠能力に関して，法321条1項1号の「裁判官の面前」及び同項2号の「検察官の面前」について，映像と音声の送受信により相手の状態を相互に認識しながら通話をすることができる方法による場合を含む旨を規定する。

III 任意出頭・任意同行と取調べの適否

1 任意同行の適否

(1) 身体拘束処分を受けていない被疑者に「出頭を求め」る（法198条1項本文）一方法として「任意同行」がある〔II*1*(1)〕。被疑者には「出頭を拒み，又は出頭後，何時でも退去することができる」自由が保障されているから（同項但書），警察署等へ同行することを求める際の捜査機関の行為態様，または，警察署等に任意に出頭もしくは同行した被疑者に対する捜査機関の行為態様が，出頭拒否や退去の自由を侵害・制約するものであれば，違法である。

ここで問題となるのは被疑者の身体・行動の自由という法益であるから，その意思を制圧しこのような重大な法益に侵害・制約があると認められる場合，その実質に着目すれば強制処分である身体拘束処分（実質的逮捕）が行われたと見ることができる（最決昭和51・3・16刑集30巻2号187頁の説示する「強制」の意義参照）。法定の要件・手続に拠らずこのような状態が生じていれば，違法な強制処分が実行されたと評価されることになる。

違法な実質的逮捕であったかは，捜査機関側の行為態様に係る諸事情（同行の方法・態様・時刻・同行後の警察署における取調べ等の状況・警察署における滞留の状況等）とこれによって生じたであろう被疑者の出頭・退去に係る意思の自由と身体・行動の自由に対する影響の程度を総合考慮して判断される。捜査機関が被疑者の抵抗を制圧する有形力を行使して意に反する連行をしたと認められる場合や，退去の自由を侵害し滞留を継続したと認められる場合は，強制処分たる逮捕行為に類型的に該当することが明瞭であるから，法定要件と手続が欠

如していれば，これを違法な実質的逮捕と評価するのに特段の困難はない。これに対して有形力行使が明瞭に認められない場合であっても，被疑者の意思が制圧され身体・行動の自由が一定時間侵害制約されていたかどうかが決定的に重要である。有形力行使の有無を問わず，出頭を拒むことが困難で同行せざるを得ない状況ないし自己の意思で退去することが困難な状況であったか（意思の制圧），客観的に一定時間継続した行動の自由の侵害・制約が認められるか（重大な法益侵害）を，前記総合考慮により判断すべきである。

* 実質的逮捕が法定の逮捕要件と手続なしに実行されれば違法な強制処分となるが，違法には程度が考えられる。①典型はおよそ逮捕の要件がないのに実質的逮捕をする場合であり，正当理由の完全に欠如した身体拘束の違法性の程度は極めて重大といわなければならない。②これに対し，捜査機関が既に裁判官の逮捕状発付を得ているが，諸般の事情を考慮し警察署において逮捕することを見込んで在宅被疑者に任意同行を求める場合がある。この場合逮捕の実体的要件（逮捕の理由と必要）について裁判官の審査が行われているから，同行が実質的逮捕と認められる態様であったときは，通常逮捕の手続を執る時機が遅れた瑕疵と見ることができる。その違法の程度は重大とまではいえないであろう。③事後的に見て緊急逮捕の要件（罪を犯したことを疑うに足りる十分な理由）または通常逮捕の要件（罪を犯したことを疑うに足りる相当な理由）があったにもかかわらずそれに対応した法定の手続を執らず実質的逮捕行為が行われた場合については，いくつかの考えの筋道があり得る。同行時に通常逮捕の要件があったとしても，元来裁判官の審査を経てあらかじめ令状を得なければ逮捕することができないのであるから，令状審査なしに実質的逮捕をするのは重大な違法手続というべきである。これに対し緊急逮捕の要件があった場合にはまず身体拘束処分を実行することが認められているので，実質的逮捕行為はその際に緊急逮捕の手続・方式を執らなかった軽微な手続違反にすぎず，その後に逮捕状請求等で裁判官の審査が介在すれば重大な違法とまではいえないとの考え方もあり得よう。しかし，法定・明示された適式な緊急逮捕の手続が履践されなかったこと，とくにその合憲性を支える事後の令状請求が行われないことは重大な違法と評価すべきであろう。なお，②③について，実質的逮捕が行われた時点において事後的に見て逮捕の実体的要件があったと認められるとしても，法定の逮捕手続が執られていない以上，それが違法な強制処分の実行であることに変わりはない。違法逮捕が事後的に適法と評価されることはあり得ない。

(2) 違法な実質的逮捕行為があったと評価される場合，その法的効果は，いくつかの局面で現れる。

　第一，違法な任意同行後または違法な留め置き中に行われた取調べによって

得られた供述の証拠能力。捜査機関が違法な実質的逮捕行為に及ぶ誘因のひとつは，在宅被疑者について，実質上身体拘束処分の下にあるのと同様の状態を作出して被疑者の取調べを行い，供述とくに自白を獲得する目的である。被疑者の身体拘束処分を適法に実行するためには相当程度高度の嫌疑があることが裁判官の令状審査で認められなければならない〔第3章参照〕。適法な逮捕を行うに足りる疎明資料が不十分な場合，捜査機関が事案解明と証拠収集のため違法な任意同行を利用して被疑者の自白獲得に向かう誘因が働くのである。そこで，このような違法捜査を抑止する観点から，誘因となる自白の証拠能力に法解釈による規制を及ぼすことが必要である。その一は，任意性に疑いのある自白の排除（法319条1項の適用），その二は，違法収集証拠排除法則（最判昭和53・9・7刑集32巻6号1672頁）の自白に対する適用である。後者は取調べにより獲得された自白の任意性の有無を問わず機能する。

（ⅰ）裁判官の審査を経た適法な身体拘束処分が行われていないまま，事実上被疑者の出頭拒否と退去の自由を侵害・制約した状態で取調べが行われる場合，被疑者に取調べ自体を拒んだり，供述をするかどうかの意思決定の自由が侵害・制約される危険は極めて大きいといわなければならない。その結果獲得された供述の任意性に疑いがあると認められれば，法319条1項の適用により，自白の証拠能力は否定される。

（ⅱ）前記のとおり身体拘束処分の要件・手続の欠如した実質的逮捕は，人身の自由剝奪であり法益侵害の質において極めて重大な違法と評価される。そこで，違法収集証拠排除法則の自白に対する適用が考えられる。とくに裁判官の令状審査が欠如した身体拘束状態は令状主義の精神を没却する重大違法であり，そのような違法な身体拘束状態を直接利用することによって可能となった被疑者の「取調べ」も重大な違法性を帯びる。したがって，このような違法な取調べにより獲得された供述は，その任意性の有無を問わず，将来における違法な捜査の抑制の見地からこれを証拠として許容することが相当でないと認められる場合，証拠能力を否定されるべきである。

以上の両面から取調べにより獲得された自白の証拠能力が否定されるとすれば，これを公判期日に証拠とすることができないのはもとより，これを疎明資料として行われた逮捕・勾留請求にも重大な瑕疵が生じ，引き続く身体拘束処

(3) 第二，勾留請求の効力。前記のとおり違法な任意同行の結果得られた自白を疎明資料とした逮捕状請求手続とこれに基づく逮捕も違法となり得る。仮に逮捕が適法に実行されたと認められる場合であっても，そこに至る前の任意同行が重大な違法を伴う実質的な身体拘束状態であったと評価される場合には，逮捕に引き続く勾留請求の段階で次のような法解釈による規制を及ぼすことが必要である。

（i）勾留請求までの時間制限の始期とされている「被疑者が身体を拘束された時」（法205条2項）は，公式の逮捕時点ではなくそれ以前に実質的な逮捕があったと認められる時点と解しなければならない。違法な任意同行を利用して法定の逮捕留置時間の潜脱が行われるのを防止する必要があるからである。この結果勾留請求までの時間制限を超過する場合，勾留請求は却下される（法207条5項但書・206条2項）。

（ii）（i）による時間制限超過の有無にかかわらず，逮捕の実体的要件が欠如したまま実行された実質的逮捕や実体的要件はあったものの重大な手続違反を伴うと評価すべき実質的逮捕が行われた場合〔*1*(1)＊〕，それは身体・行動の自由という重要な基本権の侵害制約であるから，法的根拠の欠如した身体拘束処分の継続である時間制限超過の場合に匹敵する重大な違法として（法207条5項但書参照），これに引き続く勾留請求は許されないと解すべきである。検察官は警察による違法な実質的逮捕を認知した場合，被疑者をひとまず釈放すべきであろう。前記のような重大違法状態の解消がないまま勾留請求がなされた場合，勾留裁判官は請求を却下し被疑者を釈放すべきである。

2 任意取調べの適否

(1) 前記のとおり「取調べ」は任意捜査であるから，身体拘束処分を受けているか否かを問わず，被疑者の取調べに対しても任意捜査に関する一般規定である法197条1項本文の規律が及ぶはずである。もっとも，前記のとおり〔Ⅰ(1)＊〕，有形力の行使を伴う任意捜査の場合（前掲最決昭和51・3・16参照）とは異なり，被疑者の供述をするかどうかの意思決定の自由には侵害・制約の程度

を考えることができないから，事案の重大性や取調べの必要性・緊急性といった捜査の「必要性」に係る要因と法益侵害との権衡による適否の判断にはなじまない。すなわち，個別事案の具体的状況の下で相当と認められる供述の自由の侵害・制約を想定するのは不当である。

(2) 最高裁判所は，身体拘束処分を受けていない被疑者が，実質的に身体拘束状態にあるとまでは言えず，また，取調べに応じること自体を拒絶しているとまでは言いきれない状況において行われた「任意取調べ」自体について，一定の法的限界を設定したと理解し得る判断を示している。

事案は，警察署に任意同行した被疑者について，4夜にわたり捜査官の手配した宿泊施設に宿泊させた上，前後5日間にわたり被疑者としての取調べを続行したもの（いわゆる「高輪グリーンマンション殺人事件」最決昭和59・2・29刑集38巻3号479頁），及び，午後11時過ぎに任意同行した被疑者を一睡もさせずに徹夜で取調べを続行し，翌日の午後9時25分に逮捕するまでの間，長時間に及ぶ取調べを行ったもの（最決平成元・7・4刑集43巻7号581頁）である。いずれも殺人ないし強盗殺人事件という重大事犯であり，被疑者に対する容疑の程度は相当に高いものであった。このような事案について，最高裁は前記昭和59年決定において次のように説示している。

「取調べは，刑訴法198条に基づき，任意捜査としてなされたものと認められるところ，任意捜査においては，強制手段，すなわち，『個人の意思を制圧し，身体，住居，財産等に制約を加えて強制的に捜査目的を実現する行為など，特別の根拠規定がなければ許容することが相当でない手段』（最高裁昭和……51年3月16日第三小法廷決定・刑集30巻2号187頁参照）を用いることが許されないことはいうまでもないが，任意捜査の一環としての被疑者に対する取調べは，右のような強制手段によることができないというだけでなく，さらに，事案の性質，被疑者に対する容疑の程度，被疑者の態度等諸般の事情を勘案して，社会通念上相当と認められる方法ないし態様及び限度において，許容されるものと解すべきである」（両判例の多数意見は，前記各取調べは社会通念上やむを得なかったものと認められ，任意捜査として許容される限度を超えた違法なものであったとまではいえないとする）。

(3) 「強制手段」すなわち違法な任意同行等の実質的な身体拘束状態を利用

した取調べがあったとまでは認められない事案について，この判断枠組が任意取調べそれ自体に「社会通念上相当と認められる方法ないし態様及び限度」という法的限界があり得ることを説示したものと理解すれば，従前，任意同行・任意出頭後の取調べの適否について，対象者の身体・行動の自由侵害の観点からのみ行われていた法的評価に新たな分析の視点を付加したものと位置付けることができよう。なお，この判断枠組は任意捜査としての「取調べ」それ自体に対する規律であるから，身体拘束処分を受けている被疑者に対する取調べについても，基本的に同様の規律が及ぶことになろう。

判例のいう「社会通念上相当」の具体的な意味内容は判然としないが，前記のとおり被疑者の供述をするかどうかの意思決定の自由に侵害・制約の程度が考え難いとすれば，それは取調べの必要性と対象者に及ぼす法益侵害の程度との権衡状態を意味するものではなく，任意取調べについてとくに規律している法198条の諸規定の趣意と同様に，取調べを実施する捜査機関に対する事前の行為規範・行動準則を設定したものと理解することができよう。

前記事案のような取調べに対する判例の評価は，違法とまではいえないというものであったが，これを一般に社会通念上相当な取調べの方法・態様と積極的に認めたのではない点に留意すべきである（取調べに関する犯罪捜査規範は，深夜・長時間に及ぶ取調べを避けるべき旨明示している。前記Ⅱ1(5))。

裁判所が諸般の事情を総合勘案し，取調べの方法・態様に社会通念上相当な限度を著しく逸脱した重大明白な違法を認めた場合には，その取調べにより得られた供述について，違法収集証拠排除法則を適用することができる（実例として，9泊10日に及ぶ宿泊を伴う違法な取調べが行われた事案に関する東京高判平成14・9・4判時1808号144頁）。供述の任意性に疑いがあれば，法319条1項が適用される。

* 宿泊を伴う取調べについて，被疑者が6夜にわたり捜査官の手配したホテルに宿泊する一方，捜査官がホテル客室前に張り込んで動静を監視し，警察署との往復には捜査官による付添がなされ，連日長時間の取調べが続けられた状況等からすれば，被疑者において，任意同行を拒もうと思えば拒むことができ，取調べの途中から帰ろうと思えば帰ることができた状況であったとは到底いえず，実質的な逮捕と同視できるとして勾留請求を却下した事例として，富山地決令和2・5・30判時2523号131頁がある。

Ⅳ 身体拘束処分を受けている被疑者の取調べ

1 身体拘束中の取調べ

(1) 前記のとおり，法198条1項但書は「逮捕又は勾留されている場合を除いては」，被疑者に出頭拒否と退去の自由があると定めているので，逮捕・勾留という身体拘束処分を受けている被疑者は，取調べを行おうとする捜査機関の出頭要求に応じなければならず，また，出頭後取調べの場から自由に退去することができないように読める。現在の捜査実務はこのように運用されている。

逮捕・勾留という身体拘束処分の法的目的は，被疑者の逃亡と罪証隠滅を防止するためその身体・行動の自由を剥奪することにあるので，その目的の範囲内で被疑者の行動を強制的に制禦することは許されるとしても，人身の自由剥奪状態を直接利用して取調べに応じることを強制することは，被疑者の供述をするかどうかの意思決定の自由を直接侵害するので，文明国においては到底許されないはずである。そうだとすれば，身体拘束処分を受けている被疑者に出頭拒否と退去の自由がないとしても，そこから直ちに取調べに応じる法的義務があると考えることはできない。身体拘束中の被疑者の取調べもその任意の協力を前提とする任意捜査であり，この点は，在宅被疑者の取調べと異なるところはないというべきである。

なお，最高裁判所は，法198条1項但書の規定が逮捕・勾留中の被疑者に対し取調べ受忍義務を定めているとすると憲法38条1項に反し違憲であるとの主張について，「身体の拘束を受けている被疑者に取調べのために出頭し，滞留する義務があると解することが，直ちに被疑者からその意思に反して供述することを拒否する自由を奪うことを意味するものでないことは明らかであるから」，所論は前提を欠くとしている（最大判平成11・3・24民集53巻3号514頁）。取調べを受ける義務自体には言及していない。

(2) 身体拘束は被疑者の身体・行動の自由を剥奪する強烈な基本権侵害処分であるから，そのような状態におかれた被疑者の取調べが供述をするかどうかの意思決定の自由に影響し，ひいては供述の任意性が失われるような事態が生

じないために，取調べを行う捜査機関には細心の注意が要請される。警察における取調べの適正確保のための前記諸措置は，そのための行動規範であると共に，取調べの過程を事後的に検証するための方策を提供するものである〔Ⅱ*1*(5)〕。また，取調べ自体に「社会通念上相当と認められる方法ないし態様及び限度」の規律が及ぶのは前記のとおりである〔Ⅲ*2*〕。

(3) 一定範囲の重大事犯で身体拘束処分を受けている被疑者の取調べ及び逮捕後に行われる弁解録取（法203条1項・204条1項・205条1項）については，原則として，被疑者の供述及びその状況を記録媒体（映像及び音声を同時に記録することができるもの）に記録しておくことを捜査機関に義務付ける法制度の導入が検討され，2016（平成28）年の法改正によって実現されることになった。この録音・録画記録媒体のうち，検察官が取調べ請求しようとする供述調書・弁解録取書が作成された取調べ等の開始から終了に至るまでの間における供述及びその状況を記録したものは，供述の任意性立証のために取調べ請求が義務付けられ，検察官がこの記録媒体の取調べを請求しないときは，裁判所は，決定で，供述調書等の取調べ請求を却下しなければならないものとする規定が併せ導入された（法301条の2）。このように任意性に関する立証手段を制限する規定を設けることにより，間接的に，取調べ過程録音・録画の励行を担保しようとする趣意である〔第4編証拠法第4章Ⅱ*1*(2)〕。

2　身体拘束中の余罪取調べと別件逮捕・勾留

(1)　身体拘束処分は特定の具体的被疑事実を根拠として裁判官の審査を経て実行される。特定の被疑事実に基づいて身体拘束処分を受けた被疑者に別の被疑事実（余罪）の嫌疑が認められるとき，そのような余罪被疑事実についても，取調べを行うことができるか。できるとして，そこに法的な限界はあるか。

　法198条は，取調べの対象となる被疑事実について特段の限定を明示しておらず，また，身体拘束処分の法的目的が，これを直接利用して被疑者を取り調べることにあると考えることは到底できないので，身体拘束処分を規律している事件単位原則や令状主義に基づく裁判官の審査を，身体拘束処分とは法的に別個固有の捜査手段である取調べに直接及ぼしてその対象範囲を限定する議論

は，論理的に成り立たないというべきである。

(2) 身体拘束処分を受けている被疑者の余罪取調べに法的限界があり得るとすれば，身体拘束処分が検察官による起訴・不起訴の決定に向けた捜査を続行するための期間を設定した制度でもあるという観点からの規律が考えられる。

身体拘束処分には特定の具体的被疑事実について，被疑者の逃亡・罪証隠滅を阻止しつつ起訴・不起訴の決定に向けた捜査を続行するための期間が設定されているが，当該被疑事実についてその目的が達せられれば，その時点で速やかに起訴・不起訴の決定が行われるべきである。それにもかかわらず，事後的に見て，身体拘束処分の根拠とされていない被疑事実（余罪）についての取調べが行われ，身体拘束処分の期間がこれに利用された結果本来の起訴・不起訴の決定に向けた捜査が遅延したことが明瞭である場合には，そのような遅延を生じさせた余罪取調べは，拘束期間が目的外に利用され，本来拘束を継続する根拠が欠落した違法な身体拘束状態の下で実行された違法な取調べと見ることができよう。

身体拘束処分の根拠となっていない余罪被疑事実には様々な場合が想定される。次のような場合には，前記身体拘束期間の制度趣旨に反するとはいえないであろう。第一，身体拘束の根拠とされた被疑事実と余罪とが密接に関連する場合には（例．死体遺棄罪で身体拘束処分が行われている被疑者を殺人罪についても取り調べる場合），余罪の取調べが同時に拘束被疑事実に関する捜査でもあると見ることができる。第二．余罪が同種事犯である場合も（例．多数の類似した犯行態様による窃盗），その取調べは相互に共通する動機・目的・犯行態様の捜査と見られる。第三，身体拘束処分の根拠となっている被疑事実に比してより軽微な余罪について取り調べる場合も，余罪について別途身体拘束処分を実行するまでもなく一括して捜査が可能であれば，拘束期間を短縮できる点で被疑者に有利である。このような場合の余罪の取調べは，身体拘束期間の趣旨・目的を逸脱していないと見ることができる。被疑者が自ら積極的に余罪被疑事実について供述する場合も同様である。

(3) 捜査機関が，当初から比較的軽微な被疑事実（別件。例．窃盗）に基づく身体拘束処分の期間を利用して，より重大な余罪（本件。例．殺人）について取調べを行い，その余罪について自白を得ようとする捜査手法が用いられること

がある。これを別件逮捕・勾留と称する。このような捜査手法は、形式的には、身体拘束中の余罪取調べの一態様であるが、本件について身体拘束処分を行うだけの疎明資料が不十分である場合に、たまたま疎明資料の整った別件による身体拘束中の取調べを利用して本件に関する供述・自白を獲得すること、また、本件について自白が得られればそれを疎明資料として本件についての身体拘束処分を実行し、その拘束期間中さらに取調べを継続することも見込まれている。捜査機関が当初の身体拘束処分を請求する段階において、余罪（本件）の存在とその取調べ目的を裁判官に秘匿し、別件による身体拘束処分を本件の取調べの道具として利用しようとしている点、また、本件被疑事実に関する本来の身体拘束期間を潜脱する点に問題がある。このように潜在し秘匿されている余罪（本件）に着目して事態を観察すると、外形上利用され形式的には適法に見える身体拘束処分（別件による逮捕・勾留）それ自体が、違法となるのではないか議論がある。

　最高裁判所は、別件による逮捕・勾留がその要件を具備する適法なものであったとした事案において、当該逮捕・勾留が「専ら、いまだ証拠の揃っていない『本件』について被告人を取調べる目的で、証拠の揃っている『別件』の逮捕・勾留に名を借り、その身柄の拘束を利用して、『本件』について逮捕・勾留して取調べるのと同様な効果を得ることをねらいとしたものである、とすることはできない」と述べている（最決昭和52・8・9刑集31巻5号821頁）。この傍論の理解には議論があるが、別件について逮捕・勾留の要件が具備されていたとしても、このような場合には、それが違法となる余地を示唆しているとの読み方も不可能ではない。

　下級審裁判例の中には本件に着目することにより、別件による逮捕・勾留を秘匿された本件による身体拘束の実質を持つ脱法行為と捉えて違法と判断したと見られるものもある（金沢地七尾支判昭和44・6・3刑月1巻6号657頁［蛸島事件］。本件基準説と称される）。もっとも、下級審裁判例の大勢は、別件について逮捕・勾留の要件が具備されている以上、これ自体を違法視することはできないとしつつ、その身体拘束期間中に行われた本件の取調べが限界を越えた違法な余罪取調べであったと評価することにより、このような捜査手法に限定を加えようとしている（例、浦和地判平成2・10・12判時1376号24頁、大阪高判昭和

59・4・19高刑集37巻1号98頁等。別件基準説と称される)。

(4) 裁判例の多くが，当初の身体拘束処分自体を違法と評価しない点に理由がないわけではないが，別件逮捕・勾留と称されている捜査手法の最大の問題点は，形式的に要件の具備した身体拘束処分の外形的利用により，秘匿された本件に関して令状主義の核心である裁判官の審査を潜脱し，裁判官を錯誤に陥らせている点である。可能な限り，外形的道具として濫用され，令状主義の重大な違反を理論的根拠として援用可能な当初の身体拘束処分それ自体を標的として，これに対する違法判断を行うのが，事柄の実質に即し適切であろう。

取調べ状況報告書や別件及び本件に関する供述調書の作成時機等から，本件に関する自白獲得過程，そこに至る取調べ状況を事後的に検証し，別件と本件との取調べ時間，別件逮捕・勾留時点における本件についての捜査状況等諸般の事情を総合検討して，捜査機関によって秘匿され，裁判官に示されることなく伏在していた本件被疑事実こそが，当初の身体拘束処分の実質的理由とされていたのであり，別件による身体拘束処分は外形として利用されていたということが言えれば，その身体拘束自体について，令状主義を実質的に潜脱する違法な処分すなわち身体拘束権限の濫用と評価すべきであろう。

仮に当初の身体拘束処分についてこのような判断が困難である場合でも，事後的に取調べ状況を検討することにより，前記のとおり，別件による身体拘束が不当に遅延して本来の起訴・不起訴の決定に向けた捜査目的を逸脱し，本件の取調べに流用されていたと認められる場合には，その身体拘束期間は違法であり，その間の本件取調べも違法と評価すべきである。

〈第1編第4章　参考文献〉
　　酒巻匡「任意取調べの限界について」神戸法学年報7号（1991年）
　　酒巻匡「逮捕・勾留中の被疑者の取調べ受忍義務」松尾浩也＝井上正仁編・刑事訴訟法の争点［新版］（1991年）
　　川出敏裕・別件逮捕・勾留の研究（東京大学出版会，1998年）

第5章

捜索・押収

I 捜索・押収の意義と対象

　捜査機関の行う捜索・押収に関する基本条文は，法218条から221条である。ただし第1編総則第9章に定められた裁判所による「押収及び捜索」の規定（法99条以下）が多量に準用されるので注意を要する（法222条1項・3項参照）。以下では，証拠物等の収集・保全手段である捜索・押収の意義と対象について説明する。

1　捜索・押収の意義

　(1)　捜索（法218条1項）とは，一定の場所（例，住居），物（例，金庫や鞄や自動車）または人の身体（例，身体の外表部及び着衣）について，証拠物等の探索・発見を目的として行われる強制処分をいう（法222条1項・102条）。このほか，被疑者を逮捕するためにその所在を探索・発見する目的で行われることもある（法220条1項1号・222条2項参照）。

　(2)　押収とは，物の占有を取得する処分をいい，最広義では，刑事訴訟法の定める差押え・記録命令付差押え・領置・提出命令の総称である（用例，法103条～105条にいう押収）。

　このうち，提出命令（法99条3項）は，裁判所が，物を特定して所有者，所持者または保管者にその提出を命ずる裁判である。捜査機関のする押収には提出命令は含まれない。法218条・220条・221条の定める差押え，記録命令付差押え及び領置に限られる（用例，法222条1項にいう押収）。従前，証拠物の収

集・保全を目的として対象者に一定の作為を法的に義務付ける捜査手段は用意されていなかった。2011（平成23）年法改正で新設された「記録命令付差押え」（法99条の2）等の電磁的記録の取得・保全のための手段には，対象者に一定の作為を義務付けるものがある〔本章Ⅴ〕。

　差押え（法218条1項）とは，人の占有を強制的に排除して物の占有を取得する処分をいい，その対象は，証拠物及び没収すべき物と思料されるものである（法222条1項・99条1項）。なお，憲法35条にいう押収は，令状主義による統制の趣意から，性質上，占有取得過程において対象者の意思を制圧しその重要な権利・自由を侵害・制約する処分類型を意味する。

　これに対して，捜査機関の行う領置（法221条）とは，被疑者等が遺留した物，または所有者・所持者・保管者が任意に提出した物の占有を取得する処分をいい，占有取得過程に強制の要素がないので，憲法35条の押収には当たらず，したがって令状は必要でない。ただし，占有取得後の効果は差押えの場合と同じであり，領置された物に対する捜査機関の占有は強制的に維持される。もっとも領置された物が証拠物や没収すべき物でないことが明らかになれば，留置の必要がないので還付しなければならない（法222条1項・123条・124条）（公道上のごみ集積所に排出されたごみについて，遺留物として領置することができるとした判例として最決平成20・4・15刑集62巻5号1398頁）。

　　＊　対象者に作為を義務付ける捜査手段として，法197条2項は，捜査機関が，公務所または公私の団体に照会して必要な事項の報告を求めることができる旨定めている。照会を受けた機関や会社等は報告義務を負う（個人はこの規定による照会の対象とならない）。ただし報告義務を間接強制する手段は設けられていない。照会に応じない場合，捜査機関は，必要があれば捜索・差押えという直接強制手段により捜査目的を達成することになろう。照会に対して報告がなされた場合，それは法的義務に基づくものであるから，法律上の守秘義務や契約上の守秘義務には違反せず，したがって刑事上・民事上の法的責任を問われないと解される点に意味がある。協力的な第三者からの捜査情報の取得手段として機能する。なお，捜査機関は，報告を求めるに際して，必要があるときは，みだりにこれに関する事項を漏らさないよう要請することができる（法197条5項）。照会対象から捜査上の秘密が漏洩するのを防ぐ趣意である。

　　＊＊　作為義務の間接強制や捜査手段としての証拠物等の提出命令制度は立法論上の課題である。このうち，差し押さえるべき物が電磁的記録に係る記録媒体（例，証

拠となり得るデータが記録されているコンピュータ）であるとき，「電磁的記録を保管する者その他電磁的記録を利用する権限を有する者に命じて必要な電磁的記録を記録媒体に記録させ，又は印刷させた上，当該記録媒体を差し押さえる」処分（「記録命令付差押え」）等が2011（平成23）年法改正（平成23年法律74号）で導入された（法99条の2・218条1項〔V2〕）。これは，対象者に一定の作為を義務付ける要素を伴った処分である。電磁的記録の取得・保全に関する処分については後述する〔本章V〕。

なお，情報通信技術の進展・普及に伴う法整備に関する法制審議会答申において，電磁的記録を保管する者に対して，令状により，当該電磁的記録を提供するよう命ずる「電磁的記録提供命令」の制度を創設する法改正要綱が示されている。これは記録命令付差押えのように記録媒体を介在させずに直接電磁的記録を入手するものであり，これが導入された場合には，現行法の記録命令付差押えは廃止される見込みである。

2 捜索・押収の対象

(1) 前記のとおり捜索の対象は人の住居その他の場所，物，人の身体である。被疑者以外の者の身体，物または住居その他の場所については，「押収すべき物の存在を認めるに足りる状況のある場合に限り」，捜索をすることができる（法222条1項・102条2項）。これに対し，被疑者の身体・物・住居等については「必要があるとき」捜索をすることができると定められているが（法222条1項・102条1項），それは，被疑者に関係する場所等には証拠物等の存在する蓋然性が一般的に高いと想定されるからである。したがって押収すべき物の存在する蓋然性が明らかに認められないときは，被疑者の住居等であっても，捜索をすることはできない。

捜索の対象として想定されている「人の身体」の基本的な範囲は，着衣及び身体の外表部と解すべきである。人の身体内部に及ぶ証拠物等の探索（例，体内に嚥下された物体をエックス線照射で探索・確認すること）は，確かに「捜索」の性質をも有するが，対象者の生命・身体の安全確保という観点から医師や医療技術者による実行が必要不可欠と考えられる手段については，安全性を考慮し裁判官が令状に条件を附すことができる旨の明文があり，かつ専門家の手により実行されることが想定されている鑑定処分としての身体検査（法223条1

項・225条1項・168条1項・3項)に拠るのが本来の筋道と思われる。

　これに対し最高裁判所は,「体内に存在する尿を犯罪の証拠物として強制的に採取する行為は捜索・差押の性質を有するものとみるべきである」と説示しているので,捜索が人の身体内部にも及び得るとの法解釈を当然の前提としているとみられる(強制採尿に関する最決昭和55・10・23刑集34巻5号300頁)。しかし,検証及び鑑定処分としての「身体検査」に係る条文(法218条6項・168条3項)とは異なり,法218条1項の捜索令状には裁判官が条件を附すことができる旨の明文規定が設けられていないのは,対象者の生命・身体の安全確保等のため条件を附す必要のある身体内部に及ぶような捜索を,法が想定していないからであろう(後記のとおり,判例は捜索差押令状にも身体検査令状に関する規定の準用で条件を附すことができるという法解釈を示しているが,解釈論としては疑問である〔第7章Ⅰ〕)。

　身体の外表部であっても通常衣服で覆われている部位を露出して調べたり,肛門・膣内等の体腔部を調べる行為は,それが身体の部位の見分(すなわち本来の「検証」)にとどまらず証拠物等の探索・発見を目的としている場合,やはり「捜索」の性質を有するとみられるが,身体を対象とする検証すなわち「検証としての身体検査」の性質をも併有するから,身体を対象とする捜索令状ではなく,法が対象者の身体の安全や名誉・羞恥心への配慮を想定して特別の定めを設けている「身体検査令状」に基づき実施するのが適切である(法218条1項・3項・5項・6項参照)。この場合,身体を対象とする捜索令状は不要であろう。対象者の被る法益侵害の実質は同じであり,検証としての身体検査の法形式の方が,対象者に対する配慮が一層手厚いからである。

　(2)　差押えの対象は,証拠物または没収すべき物である(法222条1項・99条1項。前記のとおり,領置の対象は,文言上はこれより広い〔法221条参照〕)。処分の性質上,占有の取得が可能な有体物に限られる。ただし,人の身体や現に生体を構成するもの(例,血液等の体液)は「物」とはいえないから,差押えの対象とならない。これに対して,体内に存在しても老廃物であり生体を構成するとはいえない尿や,嚥下された物体,また身体から離断された身体の一部(例,毛髪,爪,流出した血液)は,「物」として差押えの対象となる。

　このような基本的枠組を前提とし,かつ前記判例の解釈のように捜索が身体

内部にも及び得るとすれば，最高裁の創出した条件付捜索差押令状（いわゆる「強制採尿令状」）という法形式の射程は，生体を構成し「物」とはいえない血液等の体液には及ばず，他方，体内に存する証拠物たる尿や嚥下されて体内に存在する証拠物には及ぶと解するのが整合的であろう。

　無体の情報（例，電磁的記録たるコンピュータ・データ）は差押えの対象とならない（検証の対象にはなる）。差押えの対象となるのは，それが記録された有体物（例，記録媒体たるディスク，印字された紙等）である。取得目的たる情報内容とその記録媒体との関係は，書類等の紙媒体でそこに記載されている情報内容が主たる取得対象である場合と基本的な法的枠組に変わりはない。もっとも，電磁的記録に固有の性質（可視性・可読性がないこと，改変が容易であること，記録媒体に膨大な情報内容を記録可能であること等）は，令状発付段階や差押えの実行段階において，種々の考慮を要するであろう。

　　＊　電磁的記録自体は差押えの対象でないから，令状請求書や令状に「差し押さえるべき物」（法219条1項，規則155条1項）として，被疑事実に関連する電磁的記録を印字した紙や電磁的記録を複写した記録媒体（ディスク等）との記載がなされる例があった。これらを差し押えるに際し，捜査機関が自らコンピュータを操作して電磁的記録を可視化・可読化する措置（例，ディスプレイへの表示，紙への印字）や，捜査機関が持参し，または処分対象者の所持するディスクへの複写措置は，法111条の定める差押えに「必要な処分」として実行できる。しかし従前は，処分対象者等にこのような措置を行わせる義務付け規定はなかった。

　　　　被疑事実に関連するデータが記録されている蓋然性の高い記録媒体は，その全体が関連性ある「証拠物」として差押えの対象になり得ると解されるが，膨大な情報が記録された媒体全体（例，サービス・プロバイダーのサーバ・コンピュータ）の強制占有取得は，処分対象者や無関係の第三者に対する法益侵害の程度が著しく高まる可能性があるから，処分対象者が協力的な第三者である場合には，捜査の必要性と対象者等の被る法益侵害との合理的調整の一手段として，必要なデータのみを取得する方法が望ましい。そこで，前記2011（平成23）年法改正では，前記「記録命令付差押え」処分のほかに，「電磁的記録に係る記録媒体」の差押えの実行方法の一類型として，記録媒体そのものを差し押えることに代えて，必要な電磁的記録のみを，他の記録媒体に複写させ，印刷させ，または移転させた上，当該他の記録媒体の方を差し押える処分類型を設けている（法222条1項・110条の2第2号）〔V3〕。

II 捜索・差押えと令状主義

1 令状主義の趣旨と機能

(1) 憲法35条は,「住居,書類及び所持品について,侵入,捜索及び押収を受けることのない権利」を保障している。この基本権は,「司法官憲」すなわち裁判官が「正当な理由に基いて」発する「捜索する場所及び押収する物を明示する令状がなければ」,侵害されない。これが,捜索・差押え等強制処分の発動についての令状主義の原則である。その趣意は,以下のとおりである。

憲法が保護しようとしている人の「住居,書類及び所持品」についての基本権の実質は,そこに記述された対象に係る財産的利益にとどまらず,個人の私的領域におけるプライヴァシイの期待という利益とみることができる。これは,憲法33条の保障する身体・行動の自由と並んで,個人にとって最も基本的かつ重要で価値の高い権利・自由である(憲法13条参照)。捜査目的で個人の私的領域に侵入し,捜索・差押え等を行うことは,対象者の意思を制圧し,このような重要な権利・自由の侵害・制約を伴う処分類型であるから,これを捜査機関限りの判断と裁量のみで実行可能とするのは危険であり不適当である。そこで,個別具体的な事案において,司法権に属し直接捜査を担当しない裁判官が,このような基本権侵害を実行する「正当な理由」の有無について事前に審査を行い,令状によって処分の発動を許容する場合に限り,処分の実行を認めるという仕組が要請されているのである。

この令状主義の中核的目標は,裁判官が強制処分を実行する捜査機関に対し,侵入・捜索・押収に該当する行為類型の発動対象と権限行使の具体的範囲を,あらかじめ明示・限定することにより,捜査機関の恣意的権限行使を抑制する点にある。憲法35条が「捜索する場所及び押収する物を明示する」令状を要請しているのは,捜査機関の強制処分権限が及ぶ対象範囲の設定に捜査機関限りの第1次的な判断と裁量が働く余地を排しておく趣意である。

なお,令状における捜索・差押え対象の明示は,処分の実行に際して対象者に受忍の範囲を告知し,不服の機会を与える機能をも果たすことになるが,そ

れは主として憲法 31 条の告知・聴聞の要請であり，法 110 条の定める令状の呈示は，憲法 35 条の令状主義の直接の要請ではない。

* 近時，最高裁判所は，憲法 35 条の保障対象には，「『住居，書類及び所持品』に限らずこれらに準ずる私的領域に『侵入』されることのない権利が含まれる」旨明言したが〔第 1 章Ⅱ1(4)*〕，従前の最高裁判所の判例も，令状主義の統制を及ぼすべき憲法 35 条の基本権保障の実質が，財産的利益にとどまらず私的領域におけるプライヴァシイであることを示唆していた。例えば，所持品検査と違法収集証拠排除法則に関する最判昭和 53・9・7 刑集 32 巻 6 号 1672 頁では，対象者の内ポケットに手を差し入れて所持品を取り出したうえ検査した警察官の行為を「一般にプライバシイ侵害の程度の高い行為であり，かつ，その態様において捜索に類するものである」と説示している。最決平成 21・9・28 刑集 63 巻 7 号 868 頁では，配送過程にある荷物に対するエックス線検査を，「荷送人や荷受人の内容物に対するプライバシー等を大きく侵害するものであるから，検証としての性質を有する強制処分に当たる」とし，これを令状によることなく実行したのは違法と判断している。最決平成 11・12・16 刑集 53 巻 9 号 1327 頁では，いわゆる「電話傍受」が憲法上令状主義の統制を受けるべき強制処分であることを明言した際に，「電話傍受は，通信の秘密を侵害し，ひいては，個人のプライバシーを侵害する強制処分である」と述べている。

** 憲法が明記する「侵入，捜索及び押収」という類型的行為態様，並びに「住居，書類及び所持品」という侵害対象は，いずれも憲法解釈上，令状主義の統制を及ぼすべき処分の範囲を画定する第 1 次的基本枠組である。このような憲法の文言を軽視して，一足飛びに不定型なプライヴァシイという言葉のみに依拠する解釈は不適当であろう。前記のとおり憲法 35 条の保護範囲は，明記された住居・所持品等の財産的価値には限定されず私的領域におけるプライヴァシイにも及ぶと解すべきであるが，捜査機関の行為態様が類型的に「住居」等私的領域への「侵入」と，「捜索」に該当することが明瞭である場合には，当該個別事案において対象者の現に被ったプライヴァシイ侵害の程度がそれほど高くなくとも，強制処分として令状主義の統制を受けるというべきである。この点は，捜査機関の活動が刑事訴訟法上の「捜索」「差押え」「検証」に該当するかどうかの法適用や，「強制の処分」（法 197 条 1 項但書）の解釈・適用に際しても同様である。

　例えば，捜査機関が住居主や管理者の承諾なしに人の住居敷地内に立ち入り，証拠物の探索目的でそこに存在する物を調べる行為は，態様として「住居」に対する「侵入」「捜索」に類型的に該当することが明瞭であり，令状主義の統制に服すべき強制処分にほかならない。これは，当該住居敷地に施錠等がなく誰でも立ち入ることができる具体的状況であったとしても変わりはないというべきである。これに対して，およそ住居等私的領域への侵入を伴わない，公道上に遺留された物の占有を

捜査機関が取得する行為は，行為類型として憲法35条にいう「侵入，捜索及び押収」には該当しない（判例は，被疑者が不要物として公道上のごみ集積所に排出し，その占有を放棄していたごみ袋について，「通常，そのまま収集されて他人にその内容が見られることはないという期待があるとしても，捜査の必要がある場合には，刑訴法221条により，これを遺留物として領置することができるというべきである」と説示している。最決平成20・4・15刑集62巻5号1398頁）。

(2) 以上のような令状主義の基本趣意から，裁判官の審査判断の内容となる「正当な理由」（憲法35条1項）とは，基本権侵害処分の性質・内容から次のように理解することができる。

第一，目的の正当性。捜索・差押えが犯罪捜査目的で行われる処分である以上，捜査対象となる犯罪の嫌疑が存在することが大前提となる。裁判官は，犯罪の嫌疑すなわち特定の具体的な被疑事実が存在する蓋然性を審査しなければならない。具体的な被疑事実の存在する蓋然性が認められなければ，捜査の前提を欠くので令状請求は斥けられることになる。

第二，差押えの目的物が捜索する場所に存在する蓋然性。裁判官が捜査機関の処分対象と範囲をあらかじめ画定して恣意的権限行使を抑制するため，令状にこれを具体的に明示記載する前提として，特定の被疑事実に関連する証拠物等が特定の捜索場所に存在する一定程度の蓋然性判断が可能でなければならない。捜査機関は，このような裁判官による蓋然性判断が可能である程度に，審査判断の素材となる疎明資料を提供しなければならず，被疑事実の存在とこれに関連する証拠物等の存在の蓋然性を明らかにすることができなければ，令状請求は斥けられ，強制処分の発動は事前抑制されることになる。

第三，処分の必要性・相当性。被疑事実とこれに関連する証拠物等の存在する蓋然性が認められても，捜査目的達成の為により侵害性の低い代替手段が可能である場合（例えば任意提出による領置の可能性）や，捜査目的達成の必要性と処分対象者が被る法益侵害の程度が明白に権衡を失している場合，裁判官は不必要ないし不相当な基本権侵害を抑制すべきである。理由のない強制処分の発動のみならず，必要性・相当性を欠いた強制処分の発動を抑止することは，令状主義・司法的抑制の趣意に良く適うものといえよう。処分の必要性・相当性も憲法にいう「正当な理由」の一要素と解すべきである。

＊ 犯罪の嫌疑の存在は，裁判官が捜査機関による処分実行時点を想定して行う蓋然

性判断の対象であるから，令状請求・発付時点において犯罪が実行されている必要はない。過去に実行された犯罪の嫌疑の存在も，将来確実に実行される見込みのある犯罪の嫌疑の存在も，疎明資料に基づく蓋然性判断という点で変わるところはない。一定の疎明資料により令状に基づく処分が実行される時点で犯罪の嫌疑が存在するであろう蓋然性の判断ができれば，令状発付は可能であろう。令状発付時点で将来禁制薬物が海外から密輸されるであろう蓋然性が疎明できる場合や，令状発付時点でおとり捜査により将来の特定の日時・場所において禁制薬物の取引が実行される蓋然性が疎明できる場合等がその例である。このような場合，将来存在が見込まれる被疑事実に関連する証拠物等を対象とした捜索差押令状を発付できない理由は見出し難いように思われる。

＊＊　令状は，捜査機関による処分が実行される時点における証拠物等の存在の蓋然性判断に基づいて発付されるのであるから，令状発付時点において捜索する場所に差押え対象物が現在する必要はない。例えば，令状発付時点では差押え対象物はまだ捜索場所に存在しないと認められるが，将来の処分実行時には，確実に存在することが見込まれることが疎明できるのであれば（例，令状請求時点では証拠物は捜索する場所にはないが，将来処分を実行する時までに確実に捜索する場所に証拠物が郵送される見込みであることの疎明），裁判官は対象物が現在する場合と同様に蓋然性判断を行い令状を発付することができる。

(3)　法はこのような憲法の要請を受けて，裁判官による「正当な理由」の事前審査を経て捜索・差押えに関する令状を発付する手続を具体的に法定している（法218条・219条，規則155条・156条）。また，令状に基づき捜査機関が捜索・差押えを実行するに際しての様々な規律も法定されている（法222条1項・3項・6項）。これについてはⅢで説明する。

2　令状主義の例外

(1)　憲法35条は，前記令状主義の原則について，「［憲法］第33条の場合を除いては」との除外文言を設けている（憲法35条1項）。憲法33条は，合憲適法な「逮捕」の要件を定めた条項であるから，憲法は「逮捕」が実行される場合に，侵入・捜索・押収に関し裁判官の令状を必要としない例外を認めているのである。

これを受けて法220条は，適法に「被疑者を逮捕する場合」において，令状を必要としない捜索・差押え・検証を行う要件を定めている。この制度の詳細

については，Ⅳで説明する。

　憲法が，合憲適法な逮捕が認められる場合，捜索・押収等に令状主義の例外を許容する趣旨は，裁判官による「正当な理由」の審査を介さなくとも，不当不合理な基本権侵害の危険が小さく，他方で捜索・押収等の処分を実行する緊急の必要性があることを想定したものと解される。前記のとおり「正当な理由」の第一は犯罪の嫌疑の存在であるが，合憲適法な逮捕が行われる場合には，逮捕の要件たる嫌疑の存在は当然の前提として認められるであろう。また，第二の証拠物等が存在する蓋然性については，一般に逮捕が行われる現場や被逮捕者の身体・所持品には，逮捕被疑事実に関する証拠物等が存在する蓋然性が認められるといえるであろう。これに加えて，発見された証拠物等を緊急に保全する高度の必要性が認められる状況があれば，裁判官の審査を介さずに侵入・捜索・押収を実行する合理性が認められるであろう。

　(2) 憲法35条の解釈論として，逮捕が行われる憲法33条の場合以外であっても，令状を必要としない捜索・差押えが許される場合があり得るとの解釈が成り立つ余地はあろう。「正当な理由」に関する裁判官の審査を介さなくとも処分対象者に対する不当・不合理な侵害の危険がなく，かつ緊急の必要性があれば，無令状の捜索・差押えを許容しても憲法35条の令状主義の趣意には反しないから，明文はないが憲法はこのような緊急処分を否定はしていないと説明することも不可能ではない。例えば，合憲適法に実施されている侵入・捜索の過程で，別の被疑事実に関する証拠物であることが一見明白な物件を発見し，それを緊急に保全する高度の必要性が認められる場合，裁判官の令状なしに，その物件を差し押える処分等が想定されよう。

　もっとも，憲法35条の解釈としてこのような緊急差押え処分が合憲と解されても，現行法には，「被疑者を逮捕する場合」（法220条1項）以外に無令状の差押えができる旨の要件と手続を定めた条文はどこにも存在しないから，もとよりこのような緊急差押え処分は法197条1項但書の「強制処分法定主義」に反し違法である。立法事実としてこのような処分を設ける必要性があるか，その前提としての処分の合憲性，処分の要件・手続の具体的設計はいずれも国会による審議検討の上，「法律」によって特別の根拠規定が設けられなければならない（憲法31条）。裁判所が刑事訴訟法の解釈としてこのような緊急差押

え処分を許容する余地はない。そのような解釈は誤りである。

Ⅲ　令状による捜索・差押え

1　令状発付の手続

(1)　検察官，検察事務官または司法警察員は，捜索・差押えのための令状請求を行うことができる（法218条4項。請求権者の範囲は逮捕状より広い。法199条2項参照）。請求に際しては，規則の定める事項を記載した「請求書」を裁判官に提出し（規則139条1項・155条），併せて，請求書記載の処分を実行する「正当な理由」（憲法35条）を示す「疎明資料」を提供しなければならない（規則156条）。規則では「被疑者……が罪を犯したと思料されるべき資料」の提供（同条1項）が要請されている。また，被疑者以外の者の身体，物または住居その他の場所についての捜索令状を請求するには，「差し押さえるべき物の存在を認めるに足りる状況があることを認めるべき資料」を提供しなければならない（同条3項，法102条2項参照）。

これらの請求書と疎明資料等に基づき令状裁判官が審査すべき「正当な理由」の具体的内容は，既に説明したとおりである〔Ⅱ*1*(2)〕。処分の「必要性・相当性」も令状裁判官の審査すべき令状発付の要件と解すべきであり，明らかに必要性を欠くと認められる場合や対象者の被る法益侵害の質・程度等を勘案して合理的権衡すなわち相当性を欠くと認められる場合には，請求を却下することができる。

　　＊　判例は，差押え処分に対する準抗告の審査・判断に関して，次のように説示している。
　　　「差押に関する処分に対して，［刑訴］法430条の規定により不服の申立を受けた裁判所は，差押の必要性の有無についても審査することができるものと解するのが相当である。……差押物が証拠物または没収すべき物と思料されるものである場合においては，差押の必要性が認められることが多いであろう。しかし，差押物が右のようなものである場合であっても，犯罪の態様，軽重，差押物の証拠としての価値，重要性，差押物が隠滅毀損されるおそれの有無，差押によって受ける被差押者

の不利益の程度その他諸般の事情に照らし明らかに差押の必要がないと認められるときにまで，差押を是認しなければならない理由はない」（最決昭和44・3・18刑集23巻3号153頁）。

　この趣意は，事前の令状審査の場面においても基本的に当てはまる。令状請求段階で必要性・相当性の不存在が明白に認められるときは請求を却下すべきである。

＊＊　令状裁判官が，「諸般の事情」の考慮勘案に際し，憲法上の価値衡量を行うべき場合もあり得る。例えば，報道機関の所持・管理する取材フィルムを証拠物として押収する理由が認められる場合においては，憲法上保障された「報道の自由」（憲法21条）並びに憲法上十分尊重に値すると解されている「報道のための取材の自由」と，「国家の基本的要請である公正な刑事裁判の実現」並びに「適正迅速な捜査の遂行」との間の具体的比較衡量が要請される（最大決昭和44・11・26刑集23巻11号1490頁［博多駅事件］，最決平成元・1・30刑集43巻1号19頁［日本テレビ事件］，最決平成2・7・9刑集44巻5号421頁［TBS事件］参照）。最高裁判所は「憲法は，刑罰権の発動ないし刑罰権発動のための捜査権の行使が国家の権能であることを当然の前提とするものである」と述べているので，このような刑事司法作用に係る要請を憲法上の価値衡量の要素と位置付けているとみられる（接見指定の合憲性に関する最大判平成11・3・24民集53巻3号514頁参照）。

　取材フィルムに関する前記各事案では押収が是認されたが，事案が異なり，例えば報道の自由自体が直接侵害・制約されるような場合であれば，憲法上の価値衡量の結果，押収の必要性ないし相当性を欠くというべき事案もあり得よう。また，前記各事案では押収（提出命令・差押え）の可否のみが問題となったが，例えば，報道機関が管理・支配する建造物に立ち入る「捜索」の可否についても，同様の考慮勘案が要請されるであろう。

＊＊＊　郵便物等「通信の秘密」（憲法21条2項）に係る物の差押えについては，特別の定めがある（法222条1項・100条）。法令に基づき通信事務を取り扱う者が保管・所持する「郵便物，信書便物又は電信に関する書類」は，被疑者から発し，または被疑者に対して発したものについて文面上は無限定に（法222条1項・100条1項），その他の場合は「被疑事件に関係があると認めるに足りる状況のあるものに限り」（法222条1項・100条2項）差し押えることができる。前者の規定は，開封して内容を点検しないと証拠物たることが判明しない郵便物等の性質を考慮したものと思われるが，差押え対象が被疑事件に関連する証拠物であることは当然の前提であるから，被疑者発または被疑者宛の場合であっても関連性のないことが明白なものは差押え対象から除外されるべきである。なお，被疑者発または被疑者宛を除く郵便物等で通信事務取扱者が保管・所持するものの差押令状を請求するには，その物が被疑事件に関係があると認めるに足りる状況があることを認めるべき疎明資料を提供しなければならない（規則156条2項）。前記差押え処分をしたときは，そ

の旨を発信人または受信人に通知しなければならない。ただし通知によって捜査が妨げられる虞がある場合はこの限りでないとされている（法222条1項・100条3項）。郵便物等の差押えは，通信の秘密を直接侵害する処分であることから，このような現行法の事後通知が，通信傍受法の定める事後通知制度〔第7章Ⅲ.3(8)〕に比して，十分な合憲的手続保障（憲法31条）といえるか疑問であろう。

　郵便物等を差し押えるために通信事務取扱者に対する「捜索」をすることは許されるか。差押えについてのみ特別の定めがあるのは，捜索を許さない趣旨であると解される。捜査機関が通信事務取扱者の管理・支配する場所に立ち入り不特定多数の郵便物等の探索や開封が行われるとすれば，不特定多数人の通信の秘密が侵害される程度は著しいので，このような捜索は類型的に不相当というべきである。通信事務取扱者が差押え対象物の選別に協力的でない場合には，差押え処分に必要な最小限度の措置が可能であるにとどまるであろう（法222条1項・111条1項）。

(2)　令状には，被疑者の氏名，罪名，差し押えるべき物，捜索すべき場所，身体もしくは物，有効期間（原則は7日。規則300条）等法定の事項を記載し，裁判官がこれに記名押印する（法219条1項）。

　「被疑者の氏名」が明らかでないときは，人相，体格その他被疑者を特定するに足りる事項でこれを指示することができる（法219条3項・64条2項）。なお，被疑事実の存在と証拠物存在の蓋然性等は明瞭であっても被疑者は「不詳」ということがあり得る。このような場合でも「正当な理由」の審査・判断が可能であれば令状を発することができる。

　「罪名」の記載は，処分の理由とされている事件を特定することを通じて，処分の対象となる場所や物の特定に資する趣意である。もっとも，逮捕状とは異なり「被疑事実の要旨」は令状の記載事項ではない（規則155条1項4号，法200条参照）。捜索・差押え処分は被疑者以外の者に対しても実行されることがあるので，捜査の秘密保持の必要や被疑者の名誉等に配慮したものである（通信傍受令状の記載事項との異同について，通信傍受法6条〔被疑事実の要旨，罪名，罰条が記載事項とされている〕。ただし傍受令状の呈示について同法10条1項但書参照）。後記のとおり，処分対象の特定の要請に資する場合には，罰条や被疑事実の要旨を記載することもできると解される。もっとも，捜査の秘密保持や被害者等氏名秘匿の要請が強い場合は別論である。

　「差し押さえるべき物」及び「捜索すべき場所，身体若しくは物」の「明示」記載は，憲法上の要請であり，令状主義の中核を成す（憲法35条）。令状裁判

官は，捜査機関の権限範囲をあらかじめ明示・限定することにより恣意的権限行使を防止するという令状主義の趣旨に即して，令状請求書と疎明資料等に基づいた蓋然性判断を踏まえ，対象を具体的に明示・特定する必要がある。

　もっとも，「差し押さえるべき物」については，捜査の初期段階に物の個別的形状・特徴までは判明していないことも多い。令状審査が被疑事実と関連する証拠物の存在についての蓋然性判断であることから，個別・具体的な記載を基本としつつ，ある程度包括的・抽象的な表現が用いられるのはやむを得ない。実務上，個別の物件を明示・列記したのち「その他本件に関係すると思料される文書および物件」という記載が付加される例も少なくない。このような記載方法について，判例は，具体的な例示に付加されたものであり，令状記載の被疑事件に関係があり，かつ例示物件に準じる文書・物件であることが明らかであるから，物の明示に欠けるところはないとしている（最大決昭和33・7・29刑集12巻12号2776頁）。しかし，この場合，令状自体に「本件」がある程度具体的に明示されていなければ，捜査機関の恣意的判断防止の趣意に反するであろう。このような記載をする場合には，被疑事実の要旨を記載するなどして「本件」の内容を明らかにする必要があろう。

　「捜索すべき場所」等は，捜査機関の処分権限の及ぶ範囲を，管理支配が異なる他の対象と明瞭に区別できる程度に明示・記載すべきである。場所については，通常，管理支配が同一である範囲で，その地理的位置を住所等で明示・記載して特定する。複数の場所を捜索するときは，「各別の令状」によらなければならない（憲法35条2項）。1通の令状に複数の捜索場所を記載することは許されない。捜索対象が人の身体や自動車のように移動するものである場合，住居のように地理的位置で特定することはできないから，他の方法（対象者の氏名や車両番号等の記載）によることになる。

　令状裁判官は，同一の管理支配が及ぶ場所的範囲内について，特段の事由がない限り処分実行時にその場所に存在すると見込まれる物（例，捜索すべき住居内に存在する机，金庫，箪笥等の物）をも併せて当該場所を捜索する正当な理由を判断しているとみられるから，特定の場所に対する捜索令状により，処分実行時点においてその場所に存在する物を捜索することができる（当該場所内に存在しても，その場所の管理支配に属さないことが明らかな物は別論である）。例えば，

令状記載の捜索場所である居宅内に存在していたボストンバッグ内を，居宅を捜索場所とする令状に基づき捜索できるとした判例は，このような事案である（最決平成6・9・8刑集48巻6号263頁）。また，判例は，被疑者の居宅に対する捜索令状の効力は，捜索の実施中に宅配便で配達され，立会中の被疑者が受領した荷物についても及び，前記令状に基づいて捜索できるとしている（最決平成19・2・8刑集61巻1号1頁）。

これに対して，捜索すべき場所内に存在する「人の身体」には，別個の保護すべき固有の法益（身体の安全や名誉・羞恥感情等の人格的法益）が想定され，当該場所に対する管理支配が及ぶ物体と同視することはできないから，当該場所と併せて正当な理由の審査がなされているとみることはできない。令状請求・発付時点で捜索の正当な理由がある場合には，別途，捜索場所に居ることが見込まれる特定人の身体を対象とする捜索令状を得ておく必要がある。

* 令状における対象の特定は，前記のとおり捜査機関の権限行使の範囲をあらかじめ明示・限定することにより恣意的権限行使を防止するという令状主義の核心的要請である。捜索対象が地理的位置や管理権以外の方法で表示される場合，捜索対象の選定に際し捜査機関の恣意的判断が介在する可能性がなければ，対象の明示・特定の要請は充たされると考えることができよう。例えば，「本件に関係ある証拠物が存在すると思料される場所」という表示は，捜索すべき場所の選定に捜査機関の判断が介在するので不可である。しかし例えば，監視付き移転（controlled delivery）の過程で想定される「当該貨物が配達された場所」という表示は，捜索すべき場所が客観的に特定の地点に定まり，その選定に捜査機関の恣意的判断が介在する余地はないから，一定の疎明資料に基づき裁判官が「正当な理由」すなわちその場所に証拠物が存在する蓋然性の判断ができるのであれば，このような表示による令状発付は可能であるように思われる。

  これに対し，人の身体を対象とする捜索において，特定個人の氏名によらずにこれを表示することが，捜索対象たる個々人をあらかじめ明示・特定したといえるかには疑問がある。例えば証拠物の存在する蓋然性が認められる特定の捜索場所がある場合に，「当該捜索場所に現在する人の身体及び所持品」と記載した捜索令状を発付できるか。個別的な人について各別に特定の要請が充たされているか，なお疑問が残る。

2 捜索・差押えの実行に伴う手続

(1) 令状に基づいて捜索・差押えを実行するに際しては,「処分を受ける者」に令状を呈示しなければならない(法222条1項・110条)。令状の呈示は憲法35条の直接の要請とは解されないが,正当な強制処分権限の行使であることを明らかにして手続の公正を担保すると共に,処分対象者に受忍の範囲を示すのがその趣意である。したがって,処分の実行に着手する前の呈示を原則と解すべきであるが,具体的状況の下で,証拠物が破棄隠滅されるおそれが認められる場合など,処分の実効性を確保するためやむを得ない事情があるときは,処分着手後の呈示も適法というべきである(最決平成14・10・4刑集56巻8号507頁参照)。

(2) 処分対象者には,法に基づく「押収拒絶権」が認められる場合がある。その第一は,公務員または公務員であった者が保管・所持する物について「職務上の秘密」に関するものである旨の申立てがあるときである。この場合,監督官庁(国会議員の場合は所属議院,国務大臣の場合は内閣)の承諾がなければ,押収をすることはできない。ただし,監督官庁は,「国の重大な利益」を害する場合を除き,承諾を拒むことはできない(法222条1項・103条・104条)。第二は,一定の業務者について,対象物が他人の秘密に関するときである。医師,歯科医師,助産師,看護師,弁護士(外国法事務弁護士を含む),弁理士,公証人,宗教の職に在る者またはこれらの職に在った者が,業務上委託を受けたため保管・所持する物で他人の秘密に関するものについては,押収を拒むことができる(法222条1項・105条)。他人の秘密に関与する業務者(限定列挙と解される。もっとも前記のとおり,憲法上の価値衡量を通じて報道機関に対する押収の相当性が否定される場合はあり得る)に守秘を認めることを通じて,そのような業務に対する社会的信頼を保護しようとする趣意である。委託者等秘密の主体たる本人が承諾した場合や,押収拒絶が被疑者のためのみにする権利の濫用と認められる場合(被疑者が本人である場合を除く)は拒絶できない。

「他人の秘密に関するもの」について,判例は,弁護士である弁護人が被告人から委託を受けて保管していた被告人の犯行状況を撮影録画したデジタルビデオカセットであっても,既にそれが弁護人により証拠請求され,その複製が

公判期日で異議なく取り調べられていたような場合は，もはや秘密に当たらないとしている（最決平成27・11・19刑集69巻7号797頁）。

(3) 捜査機関は，捜索・差押えの実行に際し，錠をはずし，封を開き，その他「必要な処分」をすることができる（法222条1項・111条1項）。捜索・差押え処分の実効性を確保し，その本来的目的達成に必要な手段は，それが対象者に及ぼす法益侵害と合理的権衡が認められる相当な態様の附随的措置であれば，令状裁判官により本来的処分と併せ許可されているとみられる。すなわち前記条文は，別個固有の処分を定めたものではなく，法定されている捜索・差押え処分の附随的効力についての確認規定と解される。それが令状に基づく処分に伴う場合には，令状裁判官によって併せ許可された「令状の効力」と説明することもできる。

判例は，ホテル客室に対する捜索差押え令状に基づき被疑者の在室時に処分を実行する際，事前に察知されると差押え対象物である覚醒剤が破棄隠滅される虞があったため，ホテル支配人からマスターキーを借り受けて，来意を告げずに施錠された客室ドアをマスターキーで解錠し入室した措置について，「捜索差押えの実効性を確保するために必要であり，社会通念上相当な態様で行われていると認められるから，刑訴法222条1項，111条1項に基づく処分として許容される」と説示している（前掲最決平成14・10・4。捜査機関が宅配便配達人を装って解錠させたのを法111条の処分として適法とした裁判例として，大阪高判平成6・4・20高刑集47巻1号1頁）。判例のいう「社会通念上相当な態様」とは，対象者の被る法益侵害措置の必要性との合理的権衡が認められる行為態様を意味すると解される。

また，捜索・差押えが「強制」処分という権力作用であることから当然に，その実効性・目的達成を阻害する者の行為を制圧・阻止する等の妨害排除措置ができる。法は，捜索・差押えの実行中は，何人に対しても，許可を得ないでその場所に出入りすることを禁止でき，禁止に従わない者は，これを退去させ，または処分終了までこれに看守者を附することができると定めている（法222条1項・112条）。これは，強制処分の附随的効力としての妨害予防・妨害排除措置を明記したものである。なお，捜索・差押え処分を途中で一時中止する場合において必要があるときは，処分が終わるまでその場所を閉鎖し，または看

第5章　捜索・押収

守者を置くことができる（法222条1項・118条）。

　捜索場所に居る人が，捜索を妨害したり差押え対象物を隠匿しようとする場合には，前記のとおり処分の実効性確保のための妨害排除措置として合理的に必要な限度でこれを制圧阻止・原状回復等を行うことができると解される。そのような妨害排除や原状回復措置の過程で，対象者の身体等に向けられた有形力行使や身体等に隠匿された差押え対象物件の探索が行われることがあり得るが，対象者の被る法益侵害が合理的に必要な限度にとどまる限り，正当な強制処分の実行として，違法の問題は生じないというべきである。

　「必要な処分」は，前記のとおり捜索・差押え処分に附随する措置であるから，本来別途令状が必要と解される処分を行うことはできない。例えば，捜索・差押え処分実行中に差し押えるべき物が捜索場所とは管理支配を異にする場所に投棄された場合，いかに差押え処分の実効性確保のため必要であろうと，当該場所に強制的に立ち入るには別途捜索令状が必要である。

　　＊　場所に対する捜索令状に基づき捜索場所に現在する人の身体について捜索をすることができるかという形で議論される問題〔前記 1(2)〕は，本文のように位置付けて処理するのが適切であろう。前記のとおり場所に対する捜索令状の効力がその場に現在する人の身体にも及ぶと解することはできない。しかし，捜索差押え処分の実効性を確保するための妨害排除と原状回復措置が正当な範囲で実行される限り，妨害者が自らの責めにより被った法益侵害について不服や異議を主張できるとする理由は認め難いように思われる。
　　＊＊　人の身体については，前記のとおりその名誉・羞恥心等の人格的法益に配慮する必要があるので〔Ⅰ2(1)〕，身体の捜索や身体検査の実行に際して，対象者のこのような法益を保護するという観点から，身体に対するこれらの処分を実行するのに適した最寄りの場所まで対象者を連行することが許される場合もあり得よう。処分が捜索令状や身体検査令状による場合には，それは令状裁判官が本来的処分と併せ許容した令状の効力であり，処分実行に「必要な処分」（法111条）に当たる。

(4)　押収物（差し押えられまたは領置された物件）についても，証拠物等の保全という押収の本来的目的を達するのに「必要な処分」をすることができる（法222条1項・111条2項）。例えば，押収された未現像フィルムの現像や押収された信書の開封，金庫の解錠等の措置がこれに当たる。専門技術者に依頼して押収物に記録された電磁的記録等を可視化・可読化したり，消去されたデータを復元する措置は，専門家に対する鑑定嘱託と鑑定処分の法的性質を有するとみ

ることができるが，そのような措置は令状裁判官が差押え処分を許可する際に併せ許可しているとみることができるから，差押え処分の附随措置として行うことができ，別途鑑定処分許可状等の令状は不要であろう。これに対して，新たな法益侵害を生じさせる場合，例えば，押収物を破壊したりその内容を改変するに至る措置は許されない。必要あれば，別途，検証または鑑定処分として行うべきである（法222条1項・129条，法225条1項・168条1項参照）。

(5) 捜索・差押えを公務所内で実行するときは，公務所の長またはこれに代わるべき者に通知して，立会いを求めなければならない。人の住居または人の看守する邸宅，建造物，船舶内で実行するときは，住居主，看守者またはこれに代わるべき者の立会いを求めなければならない。これらの者を立ち会わせることができないときは，隣人または地方公共団体の職員（消防職員等）を立ち会わせなければならない（法222条1項・114条）。立会いの趣旨は，手続の公正を担保することにある。また，押収拒絶権を有する者には，拒絶権行使の機会を与える意味もある。

人の身体の捜索の範囲については，前記のとおり着衣及び身体の外表部に限られると解すべきである。裸にすることはできない〔Ⅰ2(1)〕。女子の身体の捜索については，その名誉・羞恥心等の人格的法益に配慮し，原則として成年の女子を立ち会わせなければならない。ただし急速を要する場合はこの限りでない（法222条1項・115条）。なお，その趣旨から，身体捜索を実行する者が成年の女子である場合には，それに加えて成年女子を立ち会わせる必要はないであろう（東京高判平成30・2・23高刑集71巻1号1頁）。

捜索・差押えに被疑者及び弁護人の立会権は認められていない。他方，検察官，検察事務官または司法警察職員は，必要があると判断するときは，被疑者を捜索・差押えに立ち会わせることができる（法222条6項）。なお，身体拘束処分を受けていない被疑者について立会いを強制する方法はない。逮捕・勾留されている被疑者について，身体拘束処分の効力として立会いを強制できるか疑問がある。身体拘束の法的目的を被疑者の逃亡及び罪証隠滅の防止と解する限り，その目的の範囲外であるから立会いのための行動制禦はできないであろう。

(6) 日出前，日没後に捜索・差押えのため人の住居等に立ち入って処分に着

手することは，令状に夜間でも処分を実行することができる旨の記載がない限り許されない。ただし日没前に捜索・差押えに着手したときは，日没後でも処分を継続することができる（法222条3項・116条）。夜間における住居等私生活の平穏に配慮する趣意である。このような配慮を要しない賭博場や旅館，飲食店等夜間でも公衆が出入りすることができる場所については，前記の制限はない（法222条3項・117条）。強制採尿令状は後記のとおり捜索差押令状であるが〔第7章Ⅰ1〕，警察官が強制採尿令状により，逮捕中の被疑者を夜間診療中の病院まで連行して採尿する場合には，夜間における私生活の平穏を保護するために設けられた法の制約は受けないとした裁判例がある（東京高判平成10・6・25判タ992号281頁）。なお，捜査機関は，日出前，日没後に捜索・差押えをする必要があるときは，令状請求書にその旨及び事由を記載しなければならない（規則155条1項7号）。

(7) 捜索をした場合において，証拠物または没収すべき物が発見されなかったときは，捜索を受けた者の請求により，その旨の「証明書」を交付しなければならない（法222条1項・119条）。差押えをしたときは，押収物の目録を作成し，所有者・所持者・保管者またはこれらの者に代わるべき者に交付しなければならない。押収品目録の作成・交付は，請求の有無にかかわらず必要的である（法222条1項・120条）。

このほか，法は，押収物の保管・廃棄，売却・代価保管，還付・仮還付，贓物の被害者還付についての規定を設けている（法222条1項・121条〜124条・222条1項但書）。

3 捜索・差押え実行の範囲

(1) 特定の「場所」に対する捜索令状の効力範囲については，既に述べたとおりである〔Ⅲ1(2)〕。処分実行時点において令状記載の「捜索すべき場所」に現在する物については，場所に対する令状の効力が及び，捜索をすることができる。これに対して，捜索すべき場所に現在する人の身体に対しては場所に対する捜索令状の効力は及ばない。捜索すべき場所に現在する人が現に所持している物については，捜索すべき場所内にあることから原則として令状裁判官の

許可は及んでいると解されるので，そこに差し押えるべき物の存在を認めるに足りる状況があれば（法102条1項・2項参照），捜索をすることができると解される。これに対して，明白に捜索令状の効力が及んでいないと認められる物については，捜索すべき場所内にあっても捜索することはできない。

　(2)　差押えの対象は，第一に，令状に「差し押えるべき物」として記載された物件に文面上該当し，かつ第二に，被疑事実と関連する証拠物または没収すべき物でなければならない。被疑事実との関連性がいかに明瞭であっても，令状に記載されている物件に該当しないものを差し押えるのは違法である（麻雀賭博被疑事件につき「本件に関係ありと思料される帳簿，メモ，書類等」と記載された令状で，麻雀牌と計算棒を差し押えたのを適法とした最判昭和42・6・8判時487号38頁は疑問であろう）。また，文面上は令状に記載された物件に該当しても，被疑事実との関連性が認められないものを差し押えることはできない（暴力団員による恐喝被疑事件につき「暴力団を標章する状，バッチ，メモ等」と記載された令状で，常習的な賭博開張の模様が克明に記録されたメモを差し押えたのを適法とした最判昭和51・11・18判時837号104頁の関連性判断は緩やかに過ぎるであろう）。

　捜査機関は，令状裁判官が明示・記載して許可した限度で差押え処分を実行できるのであるから，原則として，前記，第一，第二の点を差押え処分実行の際に個別に点検・確認しなければならない。とくに被疑事実との関連性の有無は，裁判官が許可した差押え処分の対象たる「証拠物」に該当するかどうかの決定的に重要な要素であることから，慎重な判断が要請される。関連性の有無の判断は第1次的には差押え処分を実行する捜査機関に委ねられることになるので，これが無限定に弛緩すれば，令状主義の核心的目標が無に帰するおそれがあろう。

　もっとも差押え処分時の関連性判断は，流動的な処分実行の過程における判断であると共に，犯罪事実そのものが公訴提起段階ほど明瞭になっていない捜査の初期段階において客観的証拠を収集するため，「被疑事実」の具体的範囲をある程度広く想定せざるを得ない側面もある（「罪となるべき事実」のみではなく，これに密接に関連する犯行の動機・目的や犯行に至る経緯に係る重要な事実，犯人その他の者の犯行前後の行動に係る事実等にも及び得る）。このため関連性有りとされる証拠物の範囲もこれに伴って広がる可能性はあろう。

＊　処分実行時にその場で直ちに被疑事実との関連性の点検・確認が困難な特段の事情がある対象物については，差押えに「必要な処分」（法 222 条 1 項・111 条 1 項）として占有を取得した上，速やかに関連性の有無の点検・確認を行って証拠物の選別とそれ以外のものの返却を行うという処分の実行方法も可能であるように思われる。判例は，被疑事実に関連する情報が記録されている蓋然性が高いと認められるパソコン，フロッピーディスク等について，そのような情報が実際に記録されているかを捜索差押えの現場で確認していたのでは記録された情報を損壊される危険があるときは，内容を確認することなしに当該パソコン等を包括的に差し押えることが許されるものと解される旨説示している（最決平成 10・5・1 刑集 52 巻 4 号 275 頁。リモートアクセスによる電磁的記録の複写処分について同旨の判例として最決令和 3・2・1 刑集 75 巻 2 号 123 頁）。しかし，被疑事実との関連性が不明な物の占有取得も可能な場合があるという趣意であれば，これを「差押え」処分そのものとみるのは困難であろう。他方，包括的に占有取得されたフロッピーディスク等の電磁的記録媒体のすべてが被疑事実に関連する証拠物とみているとすれば，「関連性」の枠が緩やかに過ぎるように思われる。

＊＊　令状の「差し押さえるべき物」に文面上該当し，かつ被疑事実との関連性が認められる物件が，別の被疑事実の証拠物にもなるという場合はあり得る（例，業務上横領被疑事件の証拠物として差し押えられた会計帳簿が，別の被疑事実である脱税や贈賄被疑事件の捜査の端緒や証拠となる場合）。捜査機関がそのような可能性を想定して捜索・差押令状を請求し，令状発付を得てこれを実行することに，特段の法的問題があるとは思われない。当該令状に記載された物に文面上該当していても，当該被疑事実との関連性が認められず別の被疑事実のみに関連する物を差し押えたと認められる場合は違法であり，他方，関連性が認められる場合には，それが他の被疑事実の証拠物になり得る物であったとしても，その差押えを違法とする理由は考え難い。令状に基づく捜索・差押え処分について，いわゆる「別件捜索・差押え」と称されている問題は，仮象の問題であるように思われる。実行された身体拘束処分を余罪被疑事実の「取調べ」のために利用しようとする別件逮捕・勾留とは事情を異にする。

(3)　捜索・差押え処分の実行時に，捜査機関が様々な態様の写真撮影を行う場合がある。捜索・差押え手続が適正・公正に実行されたことを示す証拠を保全するためその実施状況を撮影するのは，検証の結果を写真撮影という方法で記録する活動であるが，処分実行に附随するものとして捜索差押え令状により併せ許可されていると説明できよう。また，差押え対象物が発見された客観的状況それ自体を証拠化するため，その物件を，発見された場所・状態で撮影することも，検証の結果を記録する活動であるが，差押え対象物の証拠価値を保

存するための差押えに附随する措置として，併せ許可されている処分と考えることができる。これらの処分は，令状裁判官が捜索・差押え処分を許可した範囲外の新たな法益侵害を生じさせるものではないから，検証令状は不要と考えられる。

　令状に差し押えるべき物として記載されている物件の占有を取得せず，その代替措置として撮影する場合はどうか。写真撮影の目的が場所や物等の客観的状態の認識とその証拠化・保全にとどまらず，証拠物の占有取得と機能的に同価値である場合には，写真撮影という方法を用いて「押収」処分（憲法35条，法430条）が実行されたとみるべきであろう。したがって，差押令状に記載されていない物件について，写真撮影という方法を用いて「押収」処分を行ったとみられる場合には，令状により許可されていない違法な処分として，法430条の定める準抗告の対象になると解すべきである（後記最決平成2・6・27藤島昭裁判官の補足意見参照）。

　判例は，警察官が捜索・差押えをするに際して令状記載の差し押えるべき物に該当しない物件を写真撮影した事案について，「［当該］写真撮影は，それ自体としては検証としての性質を有すると解されるから，刑訴法430条2項の準抗告の対象となる『押収に関する処分』には当たらないというべきである。したがって，その撮影によって得られたネガ及び写真の廃棄又は申立人への引渡を求める準抗告を申し立てることは不適法であると解するのが相当である」と説示しているが（最決平成2・6・27刑集44巻4号385頁），前記のとおり，その法的性質ないし機能は「検証」ではなく，写真撮影という方法を用いた「押収に関する処分」が実行されたと解されるので，準抗告をすることができるというべきである。

　　　＊　情報通信技術の進展・普及に伴う法整備に関する法制審議会答申において，電磁的記録による各種令状の発付・執行等の規定の整備に関する要綱が示されており（要綱（骨子）「第1-2」），捜索・差押え令状等については，大要次のとおりである。下記のとおり，検証や鑑定処分等の令状〔第6章参照〕についても同旨の規定が整備される見込みである〔逮捕状・勾留状については第3章Ⅱ1(3)＊＊，Ⅲ3＊を参照〕。
　　　　総則規定について，要綱（骨子）「第1-2・2」では電磁的記録による差押状等の発付・執行について，(1) 差押状及び捜索状は，書面によるほか，電磁的記録によることができるものとする。(2) 電磁的記録による差押状または捜索状には，被告人

の氏名，罪名，差し押さえるべき物または捜索すべき場所，身体若しくは物，有効期間並びにその期間経過後は執行に着手することができず令状は検察官及び検察事務官または司法警察職員（法108条1項但書の規定により裁判所書記官または司法警察職員に執行を命ずる場合にあっては，裁判所書記官または司法警察職員）の使用に係る電子計算機から消去することその他の裁判所の規則で定める措置をとり，かつ，当該措置をとった旨を記録した電磁的記録を裁判長に提出しなければならない旨並びに発付の年月日その他裁判所の規則で定める事項を記録し，裁判長が，これに裁判所の規則で定める記名押印に代わる措置（令状に記録された事項を電子計算機の映像面，書面その他のものに表示したときに，併せて当該裁判長の氏名が表示されることとなるものに限る。）をとらなければならないものとする。(3)電磁的記録による差押状は，次のアまたはイに掲げる方法により処分を受ける者に示さなければならない。ア (2)の事項及び(2)の記名押印に代わる措置に係る裁判長の氏名を電子計算機の映像面，書面その他のものに表示して示す方法 イ (2)の事項及び(2)の記名押印に代わる措置に係る裁判長の氏名を処分を受ける者をしてその使用に係る電子計算機の映像面その他のものに表示させて示す方法。(4) 電磁的記録による捜索状は，(2)の事項及び(2)の記名押印に代わる措置に係る裁判長の氏名を電子計算機の映像面，書面その他のものに表示して処分を受ける者に示さなければならないものとする。要綱（骨子）「第1-2・3」では電磁的記録による法119条の捜索証明書等の提供について，(1) 法119条の規定による証明書の交付は，これに代えて，証明書に記載すべき事項を記録した電磁的記録を提供することによりすることができるとし，ただし，相手方が異議を述べたときは，この限りでないものとする。(2) 法120条の規定による押収品目録の交付は，これに代えて，目録に記載すべき事項を記録した電磁的記録を提供することによりすることができるとし，ただし，相手方が異議を述べたときは，この限りでないものとする。要綱（骨子）「第1-2・4」では電磁的記録による法168条2項の鑑定処分許可状の発付・執行について，(1) 法168条2項の鑑定処分許可状は 書面によるほか，電磁的記録によることができるものとする。(2) 電磁的記録による鑑定処分許可状には，被告人の氏名，罪名及び立ち入るべき場所，検査すべき身体，解剖すべき死体，発掘すべき墳墓または破壊すべき物並びに鑑定人の氏名その他裁判所の規則で定める事項を記録する。(3) 鑑定処分許可状が電磁的記録によるものであるときは，鑑定人は，裁判所の規則で定める方法により(2)の事項を電子計算機の映像面，書面その他のものに表示して処分を受ける者に示さなければならないものとする。要綱（骨子）「第1-2・6」では検察官等がする差押え等に係る電磁的記録による令状の執行について，(1) 法218条1項の令状は，書面によるほか，電磁的記録によることができるものとする。(2) 電磁的記録による(1)の令状には，被疑者若しくは被告人の氏名，罪名，差し押さえるべき物，捜索すべき場所，身体若しくは物，検証すべき場所若しくは物または検査すべき身

体及び身体の検査に関する条件,有効期間並びにその期間経過後は差押え,捜索または検証に着手することができず令状は検察官,検察事務官または司法警察職員の使用に係る電子計算機から消去することその他の裁判所の規則で定める措置をとり,かつ,当該措置をとった旨を記録した電磁的記録を裁判所に提出しなければならない旨並びに発付の年月日その他裁判所の規則で定める事項を記載し,裁判官が,これに裁判所の規則で定める記名押印に代わる措置(令状に記録された事項を電子計算機の映像面,書面その他のものに表示したときに,併せて当該裁判官の氏名が表示されることとなるものに限る。)をとらなければならないものとする。(3) 前記「第1-2・2(3)」は,検察官,検察事務官または司法警察職員が法218条の規定によってする差押えまたは検証についても同様とするものとし,2(4)は,検察官,検察事務官または司法警察職員が同条の規定によってする捜索についても同様とするものとする。

要綱(骨子)「第1-2・7」では電磁的記録による法225条3項の鑑定処分許可状の発付・執行について,(1) 法225条3項の鑑定処分許可状は,書面によるほか,電磁的記録によることができるものとする。(2) 前記「第1-2・4(2)」及び同(3)は,電磁的記録による許可状についても同様とする。

Ⅳ 令状によらない捜索・差押え

1 令状を必要としない捜索・差押えの制度趣旨と要件

(1) 法は令状主義の例外として(憲法上の根拠と趣旨について,Ⅱ2参照),令状を必要としない捜索・差押えの要件を具体的に法定している(法220条)。

捜査機関は,被疑者を逮捕(通常逮捕・現行犯逮捕・緊急逮捕)する場合において,必要があるときは,無令状で人の住居または人の看守する邸宅,建造物もしくは船舶内に立ち入り,被疑者の捜索をすることができる(法220条1項1号・3項)。

適法な逮捕を完遂するため被疑者の所在を探索・発見する緊急の必要性が認められる場合の合理的例外と解される。被逮捕者の探索・発見を目的とする住居等への立入りであるから,その性質上,逮捕行為に着手する前の時点から許容される。住居等に立ち入り被疑者を捜索する場合において急速を要するときは,住居主等の立会いを要しない(法222条2項)。もっとも,無令状で捜査機

関の立入りが行われ住居の平穏が害されるので，運用上，住居主等処分を受ける者に法に基づく正当な処分の実行であることを告知することが望ましい。通常逮捕の場合であれば逮捕状を呈示するのが適切であろう。また，被疑者以外の者の住居等を捜索する場合，「必要があるとき」の判断に際しては，被疑者が当該住居等に現在することを認めるに足りる状況があることを考慮すべきであろう（法102条1項・2項参照）。

(2) 捜査機関は，被疑者を逮捕する場合において，必要があるときは，逮捕の現場で，無令状で捜索・差押えをすることができる（法220条1項2号・3項）。なお，無令状の「記録命令付差押え」は法定されていないので許されない。また，電気通信回線で接続している記録媒体からの複写も許されない（法222条1項は，法99条2項を準用していない）。

通常逮捕，現行犯逮捕，緊急逮捕のいずれの場合であっても，適法な逮捕の要件があることが前提となるので，捜索・差押えの「正当な理由」の要素である嫌疑の存在すなわち被疑事実の存在する蓋然性は認められる（なお，緊急逮捕について逮捕状が得られなかったときは，差押物は直ちに還付しなければならない。法220条2項）。その上で，「逮捕の現場」並びに被逮捕者の身体及び所持品には，被疑事実に関連する証拠物または没収すべき物が存在する一般的な蓋然性を認めることができる。このように，令状裁判官による事前審査を介さなくとも，逮捕現場並びに被逮捕者の身体及び所持品を捜索し，逮捕被疑事実に関連する証拠物等を差し押える「正当な理由」が一般的に認められることに加えて，逮捕を実行する際に被逮捕者や第三者が証拠の破棄隠滅を行うことを防止して急速に証拠を保全する緊急の「必要があるとき」，例外的に無令状の処分を許容するのが，この制度の趣旨である。

(3) 前記法の趣旨から，「逮捕する場合において」とは，前提として逮捕を実行する現実的可能性が認められる場合でなければならない。被疑者を逮捕する現実的可能性が未確定の状況で，捜索・差押えに着手することは許されないと解すべきである。

判例は，緊急逮捕のため被疑者方に赴いた警察官が，たまたま被疑者が外出中で不在であったにもかかわらず，帰宅次第緊急逮捕する態勢の下に，被疑者宅の捜索・差押えを開始し，その直後に帰宅した被疑者を逮捕したという事案

について,「捜索,差押は,緊急逮捕に先行したとはいえ,時間的にはこれに接着し,場所的にも逮捕の現場と同一であるから,」「逮捕する場合その現場でなされたとするのを妨げるものではない」と説示している(最大判昭和36・6・7刑集15巻6号915頁)。しかし,被疑者が現にその場に居るとき,逮捕行為に着手する直前に捜索・差押えを実行する場合とは異なり,この事案では捜索・差押えの実行時点で被疑者を逮捕する現実的可能性はいまだ未確定であり,たまたま直後に逮捕することができたに過ぎない。最高裁の多数意見は判断を誤ったというべきである(前記最大判昭和36・6・7の垂水克己裁判官の補足意見,横田喜三郎裁判官の意見,藤田八郎・奥野健一裁判官の意見,小谷勝重・河村大助裁判官の反対意見参照)。

(4)　被逮捕者や第三者による証拠の破棄隠滅を防止し急速に証拠を保全する必要性という法の趣旨から,捜索・差押え処分の実行時機を逮捕行為の着手後に限定する理由はない。「逮捕する場合において」とは,前記のとおり逮捕の現実的可能性がある場合に,逮捕行為の着手前の時間的に接着した時点であってもよいと解すべきである。他方,「必要があるとき」の解釈について緊急例外的な証拠保全処分であるとの趣旨を徹底すれば,被逮捕者や第三者の抵抗を制圧しもはや証拠隠滅活動のおそれがなくなった場合や,被疑者が逃亡した場合には,証拠保全の緊急の「必要」はなくなるから,特段の事情がない限り,それ以降は,無令状の捜索・差押えは許されないとの帰結になろう。

(5)　「逮捕の現場で」とは,前記法の趣旨から,被逮捕者または第三者が被疑事実に関連する証拠物を破棄隠滅する行為の及ぶ可能性のある範囲の場所を意味すると解される。そのような可能性のおよそ考えられない場所については,被逮捕者等の管理支配が及ぶ範囲内であっても,無令状の処分を実行する「必要があるとき」に当たらないので,処分は許されないと解される。その範囲は,処分実行時点における具体的状況によるから,逮捕が被疑者自身の管理支配する居宅内等で実行される場合には,あらかじめ場所に対する捜索令状が発付される場合と同様に場所の管理支配を同一にする範囲全体に及ぶ場合もあり得よう。他方,「逮捕の現場」が被疑者以外の者が管理支配する場所である場合には,そこに被疑事実に関連する証拠物等が存在する蓋然性が一般的に高いとはいえないので,被疑者による証拠の破棄隠滅の具体的可能性が認められる範囲

に限定されるべきであろう。

(6) 被逮捕者の身体及び所持品は、そこに逮捕被疑事実に関連する証拠物が存在する高度の蓋然性が一般的に認められ、また当人による証拠の破棄隠滅の可能性は高いと認められるので、前記法の趣旨から捜索の対象に含まれ得ると解するのが合理的である。法は被逮捕者の身体及び所持品が無令状捜索の対象であることを明記していないが、文言上「捜索……をすること」一般を許容しており、人の身体及び所持品が捜索・差押えの対象からとくに除外されているとは解されない（法102条参照）。他方、法は、捜索・差押え処分が「逮捕の現場で」実行されるべきことを明記している（法220条1項2号）。前記無令状捜索・差押えが許容される趣旨は、被逮捕者の身体及び所持品については、逮捕現場に限らず被逮捕者がどこに居ても妥当すると思われるが、解釈論として「逮捕の現場で」という文言上の枠組を無視することはできない。

判例は、無令状の捜索・差押え「処分が逮捕した被疑者の身体又は所持品に対する捜索、差押えである場合においては、逮捕現場付近の状況に照らし、被疑者の名誉等を害し、被疑者らの抵抗による混乱を生じ、又は現場付近の交通を妨げるおそれがあるといった事情のため、その場で直ちに捜索、差押えを実施することが適当でないときには、速やかに被疑者を捜索、差押えの実施に適する最寄りの場所まで連行した上、これらの処分を実施することも、[法220条1項2]号にいう『逮捕の現場』における捜索、差押えと同視することができ、適法な処分と解するのが相当である」との判断を示している（最決平成8・1・29刑集50巻1号1頁）。「同視することができ」るとの説示は、「逮捕の現場」の範囲を拡張するのではなく、前記制度趣旨を踏まえて、「現場」とは異なる最寄りの別の場所での処分実行の合理性を認めたものであろう。なお、身体及び所持品の捜索・差押えに適する最寄りの場所までの「連行」は、逮捕の効力ともみられるが、むしろ人の身体及び所持品に対する捜索の実効性を確保するための附随措置、すなわち捜索に「必要な処分」（法222条1項・111条1項）であると説明することもできよう（Ⅲ2(3)＊＊参照。なお、強制採尿令状に基づく連行に関する最決平成6・9・16刑集48巻6号420頁参照）。

(7) 逮捕に伴う無令状の捜索・差押え処分の実行に関しては、令状による場合と同様に多くの総則規定が準用されている（法222条1項）。ただし、処分の

性質上，処分実行の時刻の制限規定の準用はなく（法222条3項），また令状に基づく処分についての被疑者の立会いに関する規定は適用されない（法222条6項）。

2　無令状捜索・差押え実行の範囲

(1)　前記のとおり，無令状捜索の対象は，逮捕被疑事実に関連する証拠物が存在する蓋然性の認められる「逮捕の現場」並びに被逮捕者の身体及び所持品である。「現場」は逮捕行為が現に実行・完遂された場所であって，被逮捕者や第三者による証拠の破棄隠滅行為が及び得る範囲に限定されるのが原則である。被逮捕者の身体及び所持品を対象とする捜索の実行については，前記のとおり，特段の事由がある場合，被逮捕者を「逮捕の現場」から捜索に適した最寄りの別の場所まで連行して処分を実行することができる。これに対して，逮捕の時機を遅くする特段の事由もないのに，被疑者をその居宅等に同行してから逮捕を実行し，居宅等を「逮捕の現場」として捜索するのは，捜査機関の恣意的判断で無令状捜索が可能な場所を選定することを認めるに等しく，令状主義の基本趣旨に反するであろう。

「逮捕の現場」に居た第三者の身体については，制度趣旨の前提となる逮捕被疑事実に関連する証拠物が存在する一般的蓋然性が認められず，また前記のとおり人の身体には場所とは別個固有の法益が認められるから，捜索をすることはできないと解すべきである。

(2)　差押えについては，令状に基づく場合と異なり対象物件に関する事前の明示・特定がなく，また，明文による限定はないが，逮捕被疑事実に関連する証拠物等が存在する蓋然性に立脚した法の趣旨から当然に，差押えの対象物は逮捕被疑事実と関連する証拠物及び没収すべき物と思料されるものに限られる。もとより，別の被疑事実に関連する証拠物等を差し押えるのは違法である。関連性の有無の判断は基本的に令状に基づく処分の実行の場合と異ならないが〔Ⅲ3(2)〕，対象物件の事前の明示・特定がないため全面的に捜査機関の判断に委ねられることになる。脱法的権限行使の危険に鑑み，事後の不服申立ての審査にはとくに慎重な判断が要請されよう。

第5章　捜索・押収

＊　捜査機関において，被疑者をその居宅で逮捕し，これに伴う無令状捜索・差押え権限を用いて，逮捕被疑事実とは別の被疑事実に関連する証拠物を探索・発見しようとの意図の有無にかかわらず，前記のとおり，たとえ逮捕被疑事実に関連しない別件の証拠物を発見してもこれを差し押えるのは違法である。もっとも無令状捜索の過程で発見された物件が法禁物であるときは，所持罪の現行犯逮捕ができることから，その現行犯逮捕に伴う無令状差押えが可能となる（例，恐喝被疑事実で適法に逮捕状を得た被疑者について，覚醒剤営利目的所持の嫌疑があるとき，同人を同人の居宅で逮捕し，これに伴う居宅内の無令状捜索の結果，多量の覚醒剤を発見したので，同人を覚醒剤営利目的所持の被疑事実で現行犯逮捕すると共に，当該覚醒剤を差し押えた場合）。このような場合に，法禁物の無令状差押え処分について，捜査機関の事前の意図のみを理由にこれを違法とすることはできないであろう。

(3)　令状に基づく処分の場合と同様に，強制処分の実効性を確保するため，これに対する妨害排除や原状回復の措置を行うことができる。例えば，逮捕現場に居た者が，その場に存在していた逮捕被疑事実に関連する証拠物を隠匿しようとした場合には，そのような差押え処分に対する妨害を排除し原状回復するのに必要かつ相当な措置を実行することができると解される。

(4)　適法な逮捕行為を実行・完遂するに際し，逮捕という強制処分の附随的効力として必要かつ相当な範囲で，これに対する妨害排除措置を採ることができる。例えば，逮捕者その他の第三者または被逮捕者の生命・身体の安全を確保するため，逮捕行為に対する抵抗を制圧する措置の一環として，被逮捕者の身体を検索し所持する凶器を強制的に奪取・確保することができると解される。これは，法220条に基づく証拠物等の捜索・差押え処分ではなく，むしろ適法な逮捕の目的達成のため許容されている措置と位置付けられよう。したがって，このような措置の実施場所は「逮捕の現場」に限定されない。逮捕行為を完遂し妨害を排除するため，被逮捕者から逃走用具を奪取・確保する措置についても同様である。

V　電磁的記録の取得・保全

コンピュータ・ネットワークの利用の進展に対応し，また，大容量・複数の

記録媒体（例，サービス・プロバイダが管理するサーバ・コンピュータ）から捜査目的達成に必要な限度でそこに記録されている電磁的記録（データ）を証拠として取得する適切な方法を導入するため，2011（平成23）年改正によって，新たな強制処分規定の新設と，データが記録されている記録媒体の差押えの執行方法に関する規定の整備等が行われた（平成23年法律74号）。この改正は，2012（平成24）年6月22日から施行されている。

新設された処分の実質的機能は，電磁的記録それ自体の取得・保全であるが，差押えの対象を有体物としている現行法の構成〔I 2(2)〕に整合させるため，それが記録されている記録媒体の取得手段として規律されている〔なお後記＊参照〕。

1 電気通信回線で接続している記録媒体からの複写

物理的には別の場所にあるが，差押えの対象である電子計算機とネットワークで接続され一体的に使用されている記録媒体から，データを複写して取得する方法が導入された（法218条2項）。捜査機関は，差し押えるべき物が電子計算機であるとき，当該電子計算機に電気通信回線で接続している記録媒体であって，当該電子計算機で作成もしくは変更をした電磁的記録または当該電子計算機で変更もしくは消去をすることができることとされている電磁的記録を保管するために使用されていると認めるに足りる状況にあるもの（例，作成した電子メールを保管するため使用されているサーバ，作成・変更した文書ファイルを保管するため使用されているファイルサーバ）から，その電磁的記録を当該電子計算機または他の記録媒体（例，別途用意されたディスク等）に複写した上，当該電子計算機または当該他の記録媒体を差し押えることができる。

この処分は差押えの一形態であるから，差押令状の発付を得て実施される。対象を明示する憲法上の要請を充たすため，裁判官の発する令状には，「差し押さえるべき物」である電子計算機のほか，「差し押さえるべき電子計算機に電気通信回線で接続している記録媒体であって，その電磁的記録を複写すべきものの範囲」を記載しなければならない（憲法35条，法219条2項）。例えば，「メールサーバのメールボックスの記憶領域であって，○○の使用するコンピ

ュータにインストールされているメールソフトに記録されているアカウントに対応するもの」,「リモート・ストレージ・サーバの記憶領域であって,○○の使用するコンピュータにインストールされている,そのサーバにアクセスするためのアプリケーションソフトに記録されているIDに対応するもの」のような記載となる。

　複写すべき電磁的記録を保管した記録媒体が,「サイバー犯罪に関する条約」の締約国に所在し,電磁的記録を開示する正当な権限を有する者の合法的かつ任意の同意がある場合に,国際捜査共助によることなく同記録媒体へのリモートアクセス及び同記録の複写を行うことは許されるとした判例がある（最決令和3・2・1刑集75巻2号123頁）。

　なお,通常の差押えの場合と異なり,逮捕現場における無令状の処分ができる旨の規定は設けられておらず（法220条1項2号参照）,また同様の処分を定めた総則規定の準用もないので（法99条2項・222条1項参照）,逮捕の現場で無令状で電気通信回線で接続している記録媒体からの複写を行うことはできない。

2　記録命令付差押え

　捜査機関は,裁判官の発する令状により,電磁的記録を保管する者,その他電磁的記録を利用する権限を有する者に命じて必要な電磁的記録を記録媒体に記録させ,または印刷させた上,当該記録媒体を差し押えることができる。この強制処分を「記録命令付差押え」という（法99条の2・218条1項）。

　記録命令付差押え処分の実質的な取得対象となるのは証拠として必要な電磁的記録（データ）であるから,令状には,記録させまたは印刷させるべき電磁的記録,及びこれを記録させまたは印刷させるべき者を記載しなければならない（法219条1項）。他方で,通常の差押えのように個別の記録媒体自体（電子計算機等）を特定して記載する必要はない。例えば,「○年○月○日から同月×日までの間にメールアドレス□□□□□によって送受信された電子メールの通信履歴（送受信の日時・送信元・送信先のメールアドレス）」のような記載となる。

　新設されたこの処分は,サービスプロバイダ等捜査協力が見込まれる電磁的

記録の保管者等に対して，捜査目的達成に必要な範囲で，電磁的記録をディスク等の記録媒体に記録させた上，これを取得することで，大容量の記録媒体自体の差押えを避け，また，複数の記録媒体に分散して保管され利用されているデータについて，協力的な保管者等にこれらを一つの記録にまとめて記録させた上で，これを取得することができるようにしたものである。対象者の協力が期待できない場合には，通常の記録媒体の差押え処分によることとなる。これについても，次に説明するとおり，電磁的記録の特性に即した処分の執行方法に関する規定が新設されている。

　なお，記録命令付差押えは，協力的な対象者を想定しているので，逮捕の現場における無令状の強制処分を認める規定には掲げられていない（法220条1項2号参照）。故に無令状で記録命令付差押えをすることはできない。

3 電磁的記録に係る記録媒体の差押えの執行方法

　「差し押さえるべき物」が特定の電子計算機など「電磁的記録に係る記録媒体であるとき」には，捜査機関は，その記録媒体自体を差し押える代わりに，次のような方法で捜査目的達成に必要な電磁的記録を取得することができる。記録媒体が大容量のサーバである場合に，捜査上必要な電磁的記録（データ）のみを取得する方法を明文化したものである（法222条1項・110条の2）。捜査機関は，自ら差し押えるべき記録媒体に記録された必要な電磁的記録を他の記録媒体に複写し，印刷し，または移転した上，当該他の記録媒体（例，ディスク等や印刷物）の方を差し押えることができる。「移転」とは，電磁的記録を他の記録媒体に複写するとともに，元の記録媒体からは電磁的記録が消去されるようにすることをいう。また，捜査機関は，このような複写，印刷，移転を，自ら行うのではなく，差押えを受ける者に行わせることもできる。

4 処分を受ける者に対する協力要請

　コンピュータ等の電磁的記録に係る記録媒体の差押え等の実施に際しては，技術的・専門的知識が必要であるため，捜査機関の独力で実行するのが困難な

場合がある。このため，処分対象者に専門技術的な協力を義務付ける規定が設けられた。捜査機関は，処分を受ける者に対し，「電子計算機の操作その他の必要な協力を求めること」ができる（法222条1項・111条の2）。なお，後記のとおり，この規定は，捜査機関が行う「検証」についても準用されるので，捜査機関が電磁的記録に係る記録媒体を対象に検証をする場合にも，協力要請をすることができる。

対象者が協力要請に応じない場合には，差押え等に「必要な処分」（法111条1項）として捜査機関が自ら電子計算機等を操作し，または専門的知識のある補助者に操作させる等の方法をとることになろう。

5　通信履歴の保全要請

電磁的記録に関する以上のような新しい強制処分や差押え処分の執行方法に関する規定に加えて，任意処分として，捜査機関が通信事業者等に対して通信履歴のデータを一定期間保全するよう要請できる規定が設けられた（法197条3項・4項）。ネットワークを介した犯罪の捜査に際しては，通信履歴の取得・保全が重要となるが，履歴データは短期間で消去される場合が多いことから，捜査上必要な履歴を押収することができるようになるまでの間，サービスプロバイダ等の保管者に対し，消去しないことを求めるものである。

通信内容だけでなく通信履歴にも憲法の通信の秘密の保障が及ぶと考えられるが（憲法21条2項），保全要請は，事業者等が業務上作成記録している通信履歴を消去しないよう求めるにとどまり，それだけで通信履歴が捜査機関に開示されるものではなく，また，義務違反に対する制裁規定もないので，任意処分と位置付けられ規定された。

保全要請ができるのは，捜査機関が差押えまたは記録命令付差押えをするため必要があるときであり，保全要請の相手方となるのは，「電気通信を行うための設備を他人の通信の用に供する事業を営む者」（電気通信事業者），または「自己の業務のために不特定若しくは多数の者の通信を媒介することのできる電気通信を行うための設備を設置している者」（例，電気通信設備であるLAN等を設置している会社，官公庁，大学等）で，保全要請の対象となるのは，「その業

務上記録している電気通信の送信元，送信先，通信日時その他の通信履歴の電磁的記録」である（法197条3項）。

　捜査機関は，必要なデータを特定し，30日を超えない期間を定めて，これを消去しないよう，書面で求めることができる。なお，特に必要があるときは保全期間を30日を超えない範囲内で延長することができるが，通じて60日を超えることはできない。また，差押えまたは記録命令付差押えをする必要がないと認めるに至ったときは，保全要請を取り消さなければならない（法197条3項・4項）。

　なお，このような保全要請や既に規定のある捜査関係事項照会（法197条2項）については，対象者から捜査上の秘密事項が漏洩して支障が生ずるおそれがあるため，捜査機関は，必要があるときは，みだりにこれらに関する事項を漏らさないよう求めることができる規定が設けられている（法197条5項）〔ⅠⅠ(2)＊〕。

　　＊　前記〔ⅠⅠ(2)＊＊〕のとおり，情報通信技術の進展・普及に伴う法整備に関する法制審議会答申において，電磁的記録を直接提供させる強制処分を創設する法改正要綱が示されている（これに伴い，現行法に規定されている記録命令付差押えを廃止することを含む）。ここで創設することとしている強制処分は，裁判所が自ら，あるいは，捜査機関が裁判官の発する令状により，裁判や捜査に必要な電磁的記録を保管する者などに対して，当該電磁的記録を提供するよう命ずることができるとするものであり，記録命令付差押えが，必要な電磁的記録を入手する方法として，これを記録媒体に記録させて差し押さえるものであるのに対し，電磁的記録提供命令では，記録媒体などの有体物を介在させずに電磁的記録を入手することが可能となる。この処分については，差押え処分と同様に，命令を拒絶できる場合に関する規律や，目録の交付，原状回復，不服申立てに関する規律などを設けるとされている。また，捜査機関による電磁的記録提供命令については，必要があるときは，裁判官の許可を受けて，被処分者に対して，みだりに命令を受けたこと等を漏らしてはならない旨を命ずる秘密保持命令を発することができ，電磁的記録提供命令及び秘密保持命令について，その実効性を担保する観点から，命令の違反について罰則を設けるとされている。

　　　このような強制処分の創設について，要綱案を検討した法制審議会刑事法部会においては，個人のプライバシイに関するデータの包括的な収集・押収が行われるのではないかという懸念，また，被疑者・被告人に対してデータの提供を命令し，罰則で強制することは，憲法38条1項が保障する自己負罪拒否特権を侵害するので

はないかといった指摘がなされた。もっとも，裁判官が発する令状には，「提供させるべき電磁的記録」が具体的に特定されて記載され，提供を命じることができるのは，その範囲に限定されるので，差押え等の既存の他の強制処分と同様，包括的な情報の収集・押収は行われ得ない仕組となっており，懸念は当たらないであろう。また，電磁的記録提供命令は，既に存在している特定の電磁的記録であって被処分者が保管し，または利用する権限を有するものの提供を強制するものであり，その者の「供述」を強要するものではないから，憲法38条1項に抵触するものではない。また，対象となる電磁的記録にパスワードによる暗号化の措置が施されているときは，被処分者に対してこれを解除したうえで電磁的記録を提供させることとなるが，強制することができるのは飽くまで電磁的記録の提供であり，パスワードを供述することを強制するものではない。なお，自己負罪拒否特権と既存文書の提出命令制度との関係について〔第9章 II *2*(2)＊〕。

〈第1編第5章　参考文献〉
　酒巻匡「捜索・押収とそれに伴う処分」刑法雑誌36巻3号（1997年）
　酒巻匡「新しい証拠収集手続――提出命令について」ジュリスト1228号（2002年）

第6章

検証・鑑定

I　検　証

1　検証の意義

(1)　検証とは，特定の場所や物や人の身体の性質・状態等を五官の作用で認識する活動をいう。最高裁判所は，検証を「五官の作用によって対象の存否，性質，状態，内容等を認識，保全する」活動と定義している（電話傍受に関する最決平成11・12・16刑集53巻9号1327頁）。刑事訴訟法上その主体は，裁判所・裁判官（法128条～142条・179条）または捜査機関（法218条1項）である。

　捜査機関が，対象者の意思に反してでも，検証の対象が存在する場所に立ち入る等してこのような活動を実施する場合には，憲法35条の保障する住居等の平穏を害し，私的領域に「侵入」する「強制の処分」（法197条1項但書）に該当するので，捜索・差押えと同様に，原則として裁判官の令状によらなければならない旨の特別の根拠規定が設けられている（法218条1項）。

　令状の請求と発付に関して，「正当な理由」（憲法35条）すなわち，被疑事実の存在する蓋然性と特定の対象について検証を実施する具体的な必要性が要請される点は，捜索・差押えと同様である。令状請求権者，請求の方式，検証令状の記載事項も捜索・差押えとほぼ同じであり，検証令状には，検証すべき場所または物を明示・記載しなければならない（法218条4項，規則155条・156条1項，法219条）。

　令状に基づく検証の実施に際し，令状の呈示，責任者等の立会い，実施中の出入禁止措置，一時中止の場合の閉鎖措置，被疑者の立会いを求めることがで

きることについて，捜索・差押えと同様である（法222条1項・110条・112条・114条・118条・222条6項）。また，日出前・日没後の実施について，捜索・差押えと同様の住居等への立入制限がある（法222条4項・5項，規則155条1項7号）。特定の場所の夜間の状態を検証する必要がある場合には，捜査機関の請求により令状に夜間でも検証をすることができる旨の記載がされることになる。

対象の状態等を認識しこれを証拠として保全する捜査手段が「強制の処分」（法197条1項但書）である検証に該当するかどうかについては，その類型的行為態様が，憲法35条の保障する対象・領域への「侵入」に当たるかという点，及び憲法上保障されている重要な法益すなわちプライヴァシイの期待等の侵害・制約の有無・程度が基本的な指標になる〔第1章Ⅱ，第5章Ⅱ*1*〕。対象の状態等を認識しこれを保全する性質を有する写真・ビデオ撮影や通信・会話の傍受については，別途，検討する〔第7章〕。

* 最高裁判所は，荷送人や荷受人の承諾がないのに，運送過程にある荷物に外部からエックス線を照射して内容物の射影を観察した捜査機関の行為について，「射影によって荷物の内容物の形状や材質をうかがい知ることができる上，内容物によってはその品目等を相当程度具体的に特定することも可能であって，荷送人や荷受人の内容物に対するプライバシー等を大きく侵害するものであるから，検証としての性質を有する強制処分に当たるものと解される。……検証許可状によることなくこれを行った本件エックス線検査は，違法である」と説示している（最決平成21・9・28刑集63巻7号868頁）。この判例に示された解釈に立てば，警察官が職務質問の過程で対象者の承諾がないのにその所持する鞄等の内部を観察する行為も，同様に検証としての性質を有する強制処分に当たるものと解さなければ一貫しないであろう。職務質問に附随する所持品検査に関する判例（最判昭和53・6・20刑集32巻4号670頁）の警職法解釈は不当であり，この判例は変更されるべきである〔第2章Ⅱ3〕。なお，前記エックス線照射に関する判例の解釈に立てば，人の「所持品」と共に憲法35条の保障する領域である「住居」内の状態を写真撮影する行為も，住居の平穏を害し住居に対するプライヴァシイ等を大きく侵害する態様のものであるから，私的領域への「侵入」に当たり，検証としての性質を有する強制処分に当たるはずである。

(2) 検証については，処分の実効性を確保しその本来的目的を達するため「必要な処分」をすることができる。法が例示するのは，「身体の検査，死体の解剖，墳墓の発掘，物の破壊その他」である（法222条1項・129条）。「身体の検査」については後述する。「物の破壊」は，検証の目的達成に必要で侵害の

程度が必要性と合理的に権衡し相当と認められる限度でなければならない。「死体を解剖し，又は墳墓を発掘する場合には，礼を失わないように注意し，配偶者，直系の親族又は兄弟姉妹があるときは，これに通知しなければならない」旨の規則がある（裁判所の検証についての注意規定・規則101条参照）。もっとも，死因を解明するための「死体の解剖」は，法医学専門家に鑑定を嘱託し，鑑定処分として実施されるのが一般である〔鑑定嘱託については後記Ⅱ。法223条1項・225条1項・168条1項参照〕。

　令状に記載された「検証すべき場所」への立入りは，検証に「必要な処分」であり，検証令状の効力として令状裁判官により併せ許容されているとみることができる。これに対して，「検証すべき物」を探索・発見する活動は「捜索」の性質を有するとみられるが，当該対象物に対する管理支配とは別個固有の法益侵害を伴う場合には，検証に「必要な処分」の範囲を超えるであろう。検証すべき物の探索・発見のための「捜索」令状が必要と思われる（もっとも，捜索対象の「特定」が必要であろう）。検証対象物を発見するために検証令状のみで不特定多数の場所を捜索できると解することはできない。

　捜査機関が，電子計算機の記録媒体に記録されている可視性・可読性のない電磁的記録を検証可能な状態にするため，これをディスプレイに表示したり，印字したり，別の記録媒体に複写する行為は，検証の対象が電子計算機または当該電磁的記録が記録された記録媒体である場合に，検証に「必要な処分」として実行することができると思われる（もっとも，電子計算機を操作して対象となる電磁的記録を探索・発見する活動の実質は捜索であろう）。ただし，差し押えたパソコンについて，差押え後に把握したパスワードを用い当該パソコンの内容を複製したパソコンからサーバにアクセスし，電子メール等を閲覧，保存することは，当該パソコンに対する検証令状に基づいては行うことのできない強制処分に当たるとした裁判例がある（東京高判平成28・12・7高刑集69巻2号5頁）。

　　＊　前記〔第5章Ⅴ〕のとおり，2011（平成23）年法改正により，差し押えるべき物が電磁的記録に係る記録媒体であるときは，捜索・差押えを実行する捜査機関は，処分を受ける者に対し，電子計算機の操作その他の必要な協力を求めることができる旨の条項が設けられている（法222条1項・111条の2）。捜査機関が電磁的記録に係る記録媒体を対象に検証する場合にも，同様の協力要請をすることができることとされた（法222条1項・111条の2）。

(3) 検証を行った者が五官の作用で認識した内容は，「検証の結果を記載した書面（検証調書）」として記録・保全され，証拠化されるのが一般である。捜査機関の作成した検証調書は，検証を行った者の知覚・記憶に基づきこれを表現・記録した「供述」書面すなわち伝聞証拠であるが（法320条1項），その活動の性質に即した要件で伝聞例外として証拠能力が認められる（法321条3項）〔第4編証拠法第5章Ⅵ2〕。両当事者が証拠とすることに「同意」した場合も同様である（法326条）。

2 身体検査

(1) 検証の対象が人の身体の状態である場合，これを「身体検査」という。人の身体には住居等の場所や物とは別個固有の重要な人格的法益（生命・身体の安全，名誉・羞恥感情）が想定されるので，法は「身体検査令状」という特別の法形式を設けて，これに配慮している（法218条1項・5項・6項）。

身体検査令状の請求に際しては，検証令状の請求書に記載する事項のほか，身体の検査を必要とする理由，対象者の性別及び健康状態を示さなければならない（法218条5項，規則155条2項）。令状裁判官は，身体の検査に関し，適当と認める条件を附することができる（法218条6項）。「条件」としては，身体検査を実施する場所・時期・方法の指定や，医師等身体の安全に配慮することのできる専門家の立会いを求める等，対象者の健康状態・身体の安全・名誉・羞恥感情に対する侵害の範囲・程度を減縮させる方向に作用する事項が想定される。裁判官の附した「身体の検査に関する条件」は，身体検査令状に記載される（法219条1項）。

(2) 身体検査の実施に際しては，対象者の性別，健康状態その他の事情を考慮して，特にその方法に注意し，対象者の名誉を害しないよう注意すべき旨の定めがある（法222条1項・131条1項）。また，とくに女子の身体検査については，医師または成年の女子の立会いが必要である（法222条1項・131条2項）。女子の身体の捜索の場合（法222条1項・115条）とは異なり，急速を要する場合の例外は認められていない。対象者の羞恥感情の保護という趣旨から，医師または成年女子の立会いにとどまらず，これらの者を補助者として身体検査の

(3) 対象者が正当な理由なく身体検査を拒否したときは，過料・費用賠償の間接強制手段（法222条1項・137条）と刑罰の制裁（法222条1項・138条）がある。過料・費用賠償処分は裁判所に請求する（法222条7項）。これらの間接強制等では効果がないと認めるときは，直接実力で強制して身体検査を実行することができる（法222条1項・139条・140条）。

直接強制は対象者の抵抗を制圧してでも検査目的を達成しようとするものであるから，もとより有形力行使は目的達成に必要最小限度で，侵害は必要性と合理的な権衡が認められる相当な態様でなければならない。身体検査という処分の性質上，対象者の任意の協力を得れば安全に実施できる検査であっても，対象者の意思と抵抗を制圧する態様の直接強制による場合には一般に身体に対する危険性が高まることから，許されないと解すべき場合もあり得る。

* 身体検査は，対象者を裸にするなどその名誉や羞恥心を害する処分であるから，性質上，対象者の現在する場所で実行するのが相当でない場合があり得る（例，適切な医療施設で実施するのが相当な検査）。また，直接強制に際して対象者の抵抗による混乱を生じるおそれがある等の事情から，対象者の現在する場で直ちに身体検査を実施するのが適当でない場合も想定される。このようなときは，速やかに対象者を身体検査の実施に適する最寄りの場所まで連行した上，処分を実行することができると解するのが，身体の捜索に関する判例の法解釈の帰結と思われる〔第5章Ⅲ2(3)＊＊，第7章Ⅰ3参照。強制採尿令状に基づく連行に関する最決平成6・9・16刑集48巻6号420頁，逮捕に伴う被逮捕者の身体・所持品の捜索に関する最決平成8・1・29刑集50巻1号1頁参照〕。

(4) 人の身体を対象とする他の捜査手段として，身体を対象とする捜索（法218条1項）及び，鑑定受託者による鑑定に必要な処分としての身体検査（法225条1項・168条1項）がある。いずれも人の身体の状態を認識・見分する作用を伴う点で共通する。他方，処分の目的，処分の主体，法定されている手続を異にする側面があるので，処分の態様によっては，いずれの法形式により実施するのが適切かが問題となる。共通性は，元来，捜索・検証・鑑定という各処分自体に対象の状態の観察・認識という共通する類型的行為態様が含まれていることに起因する。法形式の選択にとって何よりも留意すべきは，処分対象者の被る法益侵害の質・程度である。人の健康状態・身体の安全と人格的法益

に対する不合理な侵害をできる限り防止するという観点からの検討が重要であろう。

　法が，処分の請求と実施に特別の配慮を定める「身体検査令状」によらなければならないとしている「検証としての身体検査」は，そのような特別の定めのない身体を対象とする「捜索」とは異なり，対象者の衣服を取り去り裸にして実施する態様の検査が可能と解される。

　これに対し，対象者の名誉・羞恥感情を侵害する程度が低い着衣のままの外部的検索や，通常衣服で覆われていない部位（顔・手・体格等——対象者が覆面や手袋を外さない場合は別論である）の観察・認識は，その目的の内容により，身体を対象とする捜索または通常の検証として実施することができる。他方，処分の目的が身体の状態の観察にとどまらず証拠物の探索・発見であったとしても，衣服を取り去り裸にして身体の外表部や体腔内を調べる行為は，捜索令状ではなく，対象者の名誉・羞恥感情に配慮した身体検査令状を得て実施するのが適切である〔第5章 I 2(1)〕。

　なお，身体の拘束を受けている被疑者の指紋もしくは足型を採取し，身長もしくは体重を測定し，または写真を撮影するには，被疑者を裸にしない限り，令状を要しないとの規定がある（法218条3項）。列記されているのは身体拘束処分を受けている被疑者の特定に係る事項であり，これは適法に実行された身体拘束処分の附随的効力として認められているものであるから，別個の人格的法益侵害を伴う裸にする態様の処分は，身体検査令状によらなければならない。また，目的が被疑者の特定に係る場合であっても，血液型やDNA型の検体を取得するための処分（血液採取等）には，列記された措置とは異なる新たな法益侵害を伴うので，別途，適切な令状を得て実施すべきである。

　医療技術を用いた身体内部に及ぶ検査（例，エックス線透視，内視鏡検査，薬品の使用を伴う検査等）は，原則として，捜査機関が法的主体である検証としての身体検査の範囲を超えるとみるべきである。後記〔II 3(3)〕のとおり，医師等専門家が主体となり，その専門的知識による認識・判断を利用して実施することが想定されている「鑑定処分としての身体検査」の法形式によるのが適切である。

　もっとも，人の身体を対象とする検証と鑑定とは，前記のとおり身体の状況

の認識という点で共通しており，明確な限界を設定することは困難である。そのうえ，身体検査に関する条件として，医師等の専門家を補助者として検証としての身体検査を実施させることが可能である。この場合，実際の検査行為を医師等の専門家が実施するのであれば，対象者の健康状態と身体の安全確保というもっとも重視すべき点については，いずれの法形式であっても配慮に欠けるところはないといえよう。このような観点から，捜査機関による直接強制を伴って実施しても身体・健康状態への危険が小さいと認められる態様の身体検査は，医師等専門家を補助者とし，専門的見地から相当と認められる方法で実施しなければならない旨の条件を附した検証としての身体検査令状の法形式，または専門的知識による認識・判断が予定される場合には，前記のような条件を附した身体検査令状と専門家たる補助者を鑑定受託者とする鑑定処分許可状の併用という法形式によることも可能であろう（例，静脈等からの血液の採取，エックス線透視，鑑定資料取得のための毛根・唾液等の採取）。なお，いわゆる「強制採尿」等体液の採取については，別途説明する〔第7章Ⅰ〕。

3 令状によらない検証

(1) 捜査機関は，被疑者を逮捕する場合において，必要があるときは，逮捕の現場で検証をすることができる。この場合検証令状を必要としない（法220条1項2号・3項）。無令状で検証ができる趣旨は，基本的に，逮捕に伴う無令状捜索・差押えの場合と同じである〔第5章Ⅳ〕。逮捕の現場，並びにそこに存する蓋然性のある逮捕被疑事実に関連する物，及び被逮捕者の身体の状況を認識して，そのような状況が失われないよう保全する緊急の必要性が認められる場合に実行できる。検証の実施については，時刻の制限・被疑者の立会い等に関する事項を除き（法222条4項・6項参照），令状による検証の場合に準ずる（法222条1項・112条・114条・118条・129条）。

　検証としての身体検査も法文上は無令状で可能であるように読める。しかし，身体検査については，侵害される法益の重大性に鑑み，前記のとおり令状裁判官による事前審査や条件の附加を通じた対象者の法益の保護が不可欠と考えられるので，身体検査令状による場合と同程度の処分をすべて無令状で許容する

のは妥当とは思われない。被疑者を裸にしない限度で，身体の外表部の検査・認識にとどめるべきであろう。前記のとおり，身体拘束処分を受けている被疑者に対しては，裸にしない限り，その特定に係る一定の身体検査が無令状で実施できるが（法218条3項），この処分または身体の捜索と同程度の外表検査が限度というべきである。

(2) 公の場所を対象とする場合（例，公道上における自動車事故の状況の認識）や特定の場所や物の管理者，所有者，所持者等の承諾を得たときは，任意捜査としての「実況見分」を行うことができる。その活動の実質は検証と同じである。その結果は「実況見分調書」という書面に記載・保全される。実況見分調書の内容も検証調書に準じるので，証拠法上，捜査機関の「検証の結果を記載した書面」（法321条3項）に含まれると解されている（判例は，「捜査機関が任意処分として行う検証の結果を記載したいわゆる実況見分調書も刑訴321条3項所定の書面に包含されるものと解するを相当とする」と説示している。最判昭和35・9・8刑集14巻11号1437頁，最判昭和36・5・26刑集15巻5号893頁）〔第4編証拠法第5章Ⅵ2〕。

Ⅱ 鑑　定

1　鑑定の意義

(1) 鑑定とは，特別の専門的知識・経験に属する法則またはこれを具体的事実に適用して得られる判断の報告である。公判手続においては，裁判所が裁判上の判断をするのに必要な知識・経験の不足を補充する目的で，特別の知識・経験を有する者に命じて，その認識・判断内容を提供させたものをいう〔第3編公判手続第4章Ⅳ1〕。捜査段階においては，捜査機関が捜査上の判断をなすため，特別の知識・経験を補充する必要がある場合に，専門家に鑑定を嘱託することができる。通訳・翻訳は鑑定の一種である（法223条1項）。

(2) 裁判所の判断作用を補充するために鑑定を命じられた者を「鑑定人」という。鑑定人は，出頭，宣誓及び鑑定の義務を負う（法166条・171条）。これ

に対して，捜査機関による嘱託に強制力はない（法223条2項・198条1項但書）。鑑定の嘱託を受けた者（「鑑定受託者」という）には宣誓手続もない。もっとも，特別の専門的知識・経験に基づく認識・判断内容の報告という点においては，鑑定受託者による鑑定と鑑定人による鑑定とで異なるところはなく，鑑定の結果が証拠資料となることが想定されている点でも共通する。

　嘱託鑑定の結果は通常書面で報告される。捜査機関の嘱託による鑑定の経過及び結果を記載した書面も伝聞証拠であるが，証拠能力については裁判所が命じた鑑定人の作成した書面に関する法321条4項の規定が準用されると解されている（最判昭和28・10・15刑集7巻10号1934頁）。専門的判断内容の報告という点での前記のような実質的共通性に着目したものである〔第4編証拠法第5章Ⅶ2〕。

2　鑑定留置

(1)　捜査機関が，法223条に基づき被疑者の心神または身体に関する鑑定を嘱託する場合に，被疑者を病院その他の相当な場所に留置することが必要となるときは，捜査機関（検察官，検察事務官または司法警察員）から裁判官に対してその処分を請求し（鑑定留置請求書の記載要件は規則158条の2・158条の3），裁判官は，請求を相当と認めるときは，留置の期間等を定めた「鑑定留置状」という令状を発する（令状の記載要件は規則302条2項・130条の2。勾留状の個人特定事項の秘匿措置に関する規定が準用される場合の「鑑定留置状に代わるもの」の記載要件は規則158条の4・158条の7）。これを「鑑定留置」という（法224条・167条）。請求を受けた裁判官は，鑑定留置の必要性，留置の期間，留置場所等の相当性を判断することになる。なお，裁判官は留置期間の延長・短縮をすることができる（法224条2項・167条4項）。

(2)　鑑定留置は，被疑者の身体拘束を伴う処分である点で勾留と類似するため，勾留に関する規定が準用される（法224条2項・167条5項）。また，勾留手続における個人特定事項の秘匿措置に関する規定が準用されている（法224条3項・224条の2）。なお鑑定留置処分に対する不服申立てに関しては，準抗告をすることができる旨の明文規定がある（法429条1項3号）。

第6章　検証・鑑定

勾留中の被疑者について鑑定留置が行われたときは，その期間，勾留の執行が停止されたものとされる（法224条2項・167条の2）。

(3)　鑑定留置の場所は「病院その他の相当な場所」である（法224条2項・167条1項）。例えば，被疑者の責任能力の有無・程度について相当の期間をかけて精神鑑定等を行う場合には，保護設備の整った精神科病院が留置場所に適するであろう。もっとも，看守・戒護の観点から「相当な場所」として刑事施設（拘置所等）を留置場所とすることもあり得る。

ちなみに，責任能力の有無・程度が争点となり得る重大事件が裁判員裁判の対象事件とされていることから，起訴前に十分な精神鑑定を実施しておくのが適切との観点から，捜査段階での鑑定留置が実施される例がしばしば認められるようになっている。

3　鑑定処分

(1)　鑑定受託者は，鑑定について必要がある場合には，裁判官の許可を受けて，鑑定人に認められている処分（法168条1項）を行うことができる（法225条1項）。法が列記しているのは，人の住居もしくは人の看守する邸宅，建造物もしくは船舶内への立入り，身体の検査，死体の解剖，墳墓の発掘，物の破壊である。鑑定に必要な資料の収集方法等について特段の制約はないが，ここに列記された処分は，いずれも対象者の意思に反してその法益を侵害する態様なので，裁判官の令状による許可を要するとされているのである。

鑑定留置の場合と同様に，裁判官の許可の請求は，鑑定受託者ではなく捜査機関から行う（法225条2項。請求書の記載要件は規則159条）。裁判官は，請求を相当と認めるときは許可状を発する。これを「鑑定処分許可状」という（法225条3項）。鑑定処分許可状の記載要件は，被疑者の氏名，罪名及び立ち入るべき場所，検査すべき身体，解剖すべき死体，発掘すべき墳墓または破壊すべき物並びに鑑定受託者の氏名等である（法225条4項・168条2項，規則302条2項・133条）。処分の実施に際し，鑑定受託者は，処分を受ける者に鑑定処分許可状を呈示しなければならない（法225条4項・168条4項）。

捜査段階で人の死因等を解明するために実施される死体解剖は，法医学の専

門家に死因等に関する鑑定を嘱託し，鑑定に必要な処分として鑑定処分許可状を得て行われている。物の破壊は，検証の場合と同様，必要かつ相当な範囲にとどめられるべきであるが，鑑定の目的達成に必要やむを得ない場合には，血液，尿，薬物等の検体を全て費消することも，物の破壊に準じ，許される。ちなみに，再鑑定の資料を残さない鑑定結果に証拠能力がないとする議論は不合理である。

(2) 身体検査については，検証としての身体検査の場合と同様，裁判官は許可状に適当と認める条件を附することができる（法225条4項・168条3項）。また，検証としての身体検査に係る条項が，直接強制を認めた規定（法139条）を除き，鑑定処分としての身体検査に準用される（法225条4項・168条6項）。すなわち，身体検査に際しては，これを受ける者の名誉を害しないよう注意し，女子については医師または成年の女子を立ち会わせなければならず（法225条4項・168条6項・131条），身体検査を拒んだ者に対しては，過料等の間接強制手段と刑罰の制裁がある（法225条4項・168条6項・137条・138条・140条）。

(3) 鑑定処分としての身体検査は，医師等の専門家が主体となって実施するのであるから，身体に対する外部的検査（例，身長・体重・脈拍・血圧測定，身体外表部の観察，呼気検査等）のみならず，身体内部に及ぶ検査（例，エックス線透視，消化器官の内視鏡検査，体液の採取等）も行うことができる。もっとも，医学的に安全性が確立している医療技術や検査であっても，治療・検査目的ではなく犯罪捜査目的で，非協力的な対象者の意思に反し実行される場合には，生命・身体の安全に重大な危険を生じるおそれがあるから，対象者の任意の協力を得られなければ許されないというべき場合があり得よう。

身体検査に伴う対象者の安全・健康状態への悪影響や対象者の名誉・羞恥感情等の人格的法益に対する侵害が著しく，他方でその必要性の程度が高くない検査は許すべきでない。裁判官は，不相当と認める身体検査の請求を却下すべきである（例，緊急の医療上の必要がない切開手術や必要不可欠でない精液採取）。生命と人格の尊厳は保護すべき最高の価値であるから，いかに必要性が認められても，裁判官は，憲法13条及び31条を根拠として，身体検査を許容すべきでない場合があり得よう。

体内に嚥下された証拠物等を体外に排出させるために下剤や吐剤を投与する

ことは，薬物を用いて健常な対象者の健康状態を不良に変更し生理的機能を障害する措置であることに鑑みると，医療・救命措置として必要不可欠な場合のほか，高度の必要性が認められない限りは，許されないというべきであろう（捜索差押許可状，鑑定処分許可状及び身体検査令状の発付を受けて被疑者の嚥下したマイクロSDカードを，大腸内視鏡を肛門に挿入して取り出した処分について，高度の捜査上の必要性を欠き違法とした裁判例として，東京高判令和3・10・29判タ1505号85頁）。薬物投与を伴う心理検査の一手法としての麻酔分析や飲酒テストは，苦痛なく安全な手法で行われる限り許容されよう。

(4) 前記のとおり，法は鑑定処分について身体検査の直接強制に関する規定を準用していない（法225条4項・168条6項は法139条の準用を除外している）。もっとも，「鑑定人」の実施する身体検査については，裁判官による直接強制の途がある（法172条）。これに対して，「鑑定受託者」の実施する身体検査については，法172条の準用もない（法225条参照）。このため，法文上は，鑑定受託者の実施する身体検査を拒んだ者に対する直接強制の根拠条文はどこにも存在しない。

医療技術を用いて身体内部に及ぶ検査のうち，対象者の任意の協力がなければ生命・身体に重大な危険が生じ得る措置は，仮に法的には直接強制が可能とされていたとしても，当該具体的事案においては実施するのが相当でない場合があり得る。「鑑定人」の身体検査の直接強制に関する法172条も，この点は当然の前提としていると考えられる（例えば，激しく抵抗する対象者を制圧しつつ内視鏡検査を実施することは危険であり不可能であろう）。「鑑定受託者」の鑑定について直接強制の根拠条文がない以上，このような態様の身体検査を強制することは許されないと解すべきである。

他方，生命・身体への危険がこの程度に至らない医療的措置（例，静脈からの血液採取，エックス線透視等）については，検査の実施過程や結果について専門的知識・経験に基づく判断を求める医師等の専門家を鑑定受託者とした鑑定処分許可状を基本としつつ，当該専門家が検査行為を実施する旨の条件を附加した身体検査令状を併用して，直接強制を捜査機関が担当するという方法が，現行法の下でもっとも適切かつ対象者の安全配慮に即した方法であると思われる。なお，鑑定の前提となる身体検査の実質的目的が身体の状態の認識・観察

(検証)にとどまらず証拠物等の探索(捜索)である場合には,処分の性質上直接強制が可能な身体の捜索令状と鑑定処分許可状との併用が目的の実質に即しより適切な場合もあり得よう。

第7章
その他の捜査手段

I 体液の採取

1 強制採尿の許容性と法形式

(1) 最高裁判所は，人の膀胱内に貯留されている尿をカテーテルを用いて強制的に採取する捜査手段（いわゆる「強制採尿」）の適否と法形式について判断を示している（最決昭和55・10・23刑集34巻5号300頁）。この問題は，実務的には最高裁の説示した方式で解決したとされているが，人格的法益を侵害する態様の強制処分の限界や，法解釈の限界を考察する素材として有用であるのみならず，最高裁判例のない尿以外の体液採取や人の身体内部に及ぶ捜査手段について判例の射程を画定しておくことは重要である。

問題は二つ。第一，許容性。対象者の羞恥感情を著しく侵害し屈辱感等の精神的打撃を与える強制処分はそもそも許されるか。第二，法形式。仮に許される場合があるとして，カテーテルを尿道から膀胱に挿入して尿を採取する捜査手段を強制的に実行する場合，いかなる令状によるべきか。この問題は，覚醒剤自己使用罪を立証するため被疑者の尿を採取し鑑定をすることが必要不可欠な捜査手段であることから生じた。しかし，捜査の必要性がそれだけで手段を正当化するわけでないのは，当然である。

(2) 判例の原審は，「本件におけるように，尿の提出を拒否して抵抗する被疑者の身体を数人の警察官が実力をもって押えつけ，カテーテルを用いてその陰茎から尿を採取するがごときことは，それが，裁判官の発する……令状に基づき，直接的には，医師の手によって行われたものであったとしても，被疑者

の人格の尊厳を著しく害し，その令状の執行手続として許される限度を越え，違法であるといわざるを得ない」と述べ，人格的法益の著しい侵害を理由にこのような態様の処分の許容性を否定していた（名古屋高判昭和54・2・14判時939号128頁）。

これに対して最高裁は，次のように説示して，原審の判断を斥けている。

「尿を任意に提出しない被疑者に対し，強制力を用いてその身体から尿を採取することは，身体に対する侵入行為であるとともに屈辱感等の精神的打撃を与える行為であるが，右採尿につき通常用いられるカテーテルを尿道に挿入して尿を採取する方法は，被採取者に対しある程度の肉体的不快感ないし抵抗感を与えるとはいえ，医師等これに習熟した技能者によって適切に行われる限り，身体上ないし健康上格別の障害をもたらす危険性は比較的乏しく，仮に障害を起こすことがあっても軽微なものにすぎないと考えられるし，また，右強制採尿が被疑者に与える屈辱感等の精神的打撃は，検証の方法としての身体検査においても同程度の場合がありうるのであるから，被疑者に対する右のような方法による強制採尿が捜査手続上の強制処分として絶対に許されないとすべき理由はな［い］」。

(3) 人の身体内部に及ぶ強制処分が，身体・健康上の障害をもたらす危険の乏しい行為でなければならないのは当然の前提である。前記のとおり，医療技術として安全性が確立した措置であっても，医療目的ではなく犯罪捜査目的で，これを対象者の意に反し抵抗を制圧して実施することに伴う危険が問題であろう。また，屈辱感等の精神的打撃に対する評価は，人格的法益に対する感受性の問題である。最高裁が同程度の場合があり得るとして言及する「検証の方法としての身体検査」とは，対象者の抵抗を制圧しつつ下半身を露出させて肛門や膣内を調べる行為を想定したものと思われるが，身体内部に侵襲し人為的に排尿を操作する行為はこれを超えるとの感性もあり得よう。原審の法的感受性には十分な理由があったように思われる。適式な強制処分の個別事案における適用が個人の尊厳という人格的法益（憲法13条）の著しい侵害をもたらす場合，司法権には，基本的な正義の観念（憲法31条）を用いて，これを阻止すべき責務があるというべきである。

(4) 最高裁は，強制採尿が許容される具体的要件について，次のように説示

する。

　「被疑事件の重大性，嫌疑の存在，当該証拠の重要性とその取得の必要性，適当な代替手段の不存在等の事情に照らし，犯罪の捜査上真にやむをえないと認められる場合には，最終的手段として，適切な法律上の手続を経てこれを行うことも許されてしかるべきであり，ただ，その実施にあたっては，被疑者の身体の安全とその人格の保護のため十分な配慮が施されるべきものと解するのが相当である」。

　この要件は，文面上，通常の強制処分（一般の捜索や検証）より厳格な限定を叙述しているように読める。将来，同様の法益侵害が想定される処分の許否を検討する指針となろう（もっとも，覚醒剤自己使用の罪が「重大」事犯であるかには，様々な評価があり得る。法定刑だけが指標ではないだろう）。「真にやむをえない……最終的手段」，「被疑者の身体の安全とその人格の保護のため十分な配慮」が要請されていることから，この趣意を令状裁判官が処分の実行に関する「条件」に組み込み，例えば，採尿の方法として，直接強制に先立ちまず捜査機関が被疑者に対し自然排尿による尿の任意提出を求めなければならない旨を令状に記載して，強制採尿の実行を「真にやむをえない……最終的手段」とするよう指示することもできるであろう。

　もっとも，この判例が，対象者に尿の任意提出をする機会があり，かつ明示的にこれを拒絶していることを強制採尿の不可欠の要件としているとまでは解されないので，対象者に自然排尿と任意提出の意思を確認することができない場合であっても，強制採尿実施が可能との帰結になろう（錯乱状態に陥っていて尿の任意提出が期待できない状況にあった被疑者からの強制採尿を適法とした判例として，最決平成3・7・16刑集45巻6号201頁）。

　　＊　採尿令状請求に先立って警察官が被告人に対して任意採尿の説得をしたなどの事情はなく，同令状発付の時点において，任意の尿の提出が期待できない状況にあり適当な代替手段が存在しなかったとはいえないから，同令状は，強制採尿を実施することが「犯罪の捜査上真にやむを得ない」場合とは認められないのに発付されたもので，その発付は違法であり，同令状に基づいて強制採尿を実施した行為も違法とした判例として，最判令和4・4・28刑集76巻4号380頁がある。

(5)　昭和55年判例の事案では，採尿は身体検査令状と鑑定処分許可状の併用により実施されており，この方式がそれまでの実務の大勢であった。ところ

が最高裁は，強制採尿の法形式について，従前とは全く異なった次のような方式を示した。現在の実務はこれに従っている。しかし，その法解釈手法には疑問がある。

「適切な法律上の手続について考えるのに，体内に存在する尿を犯罪の証拠物として強制的に採取する行為は捜索・差押の性質を有するものとみるべきであるから，捜査機関がこれを実施するには捜索差押令状を必要とすると解すべきである。ただし，右行為は人権の侵害にわたるおそれがある点では，一般の捜索・差押と異なり，検証の方法としての身体検査と共通の性質を有しているので，身体検査令状に関する刑訴法218条5項［現6項］が右捜索差押令状に準用されるべきであって，令状の記載要件として強制採尿は医師をして医学的に相当と認められる方法により行わせなければならない旨の条件の記載が不可欠であると解さなければならない」。

この法解釈は，もっぱら強制採尿行為の目的の観点からその法的性質を「捜索・差押」であると決定し，他方，対象者の被る法益侵害の性質とその保護の必要性という実質に即して，既存の法技術である身体検査に関する「条件の附加」を柔軟に活用しようとするものである。反面，従前，実定刑事手続法規について，処分の目的のみならず，法的実行主体，法が各処分に明示的に記述しまたは記述していない手続や処分自体の性質等の多角的側面に考慮した解釈論が形成されてきたことを軽視している。

(6)　第一，法218条1項の定める一般の「捜索」について，令状裁判官が適当と認める条件を附加することができる旨の明文規定は存在しない。それ故に，条件の附加を要するような人の衣服を取り去って裸にしたり，身体内部に侵襲する処分を「捜索」として行うことは許されないと解されてきた。最高裁の判断は，処分の目的が証拠物の探索である限り，人の身体の内外を問わず「捜索」（本件においては臓器である膀胱内の「捜索」）が可能であるとした点で不当である。人の臓器はポケットや机の引出ではない。明文のない条件の附加を，処分の性質と対象者の法益保護の観点から準用することは，それが対象者の被る法益侵害を減縮する方向に作用する点で，令状主義の基本精神にかなった妥当な帰結であるとしても，明文規定の解釈論の限度を超えるであろう。むしろ，明文で条件の附加が認められている検証としての身体検査及び医師が実施主体

となる鑑定処分としての身体検査の法的枠組に包摂して事案処理をするのが適切であったように思われる。

　第二，カテーテルを用いた採尿は，専門家である医師でなければ安全に実施し得ない泌尿器科の医療技術である。その実質に即した最も適合的な法形式が，鑑定処分としての身体検査であることは論を俟たない。捜査機関が法的実行主体となって処分を強制する捜索差押令状を基軸に用いるのは，現行法の定める基本的な処分の区分枠組を無視するものである。判例は，明文を無視して検証としての身体検査令状に係る特別規定を捜索・差押えに「準用」し，そのうえ記載が不可欠と指示する条件の内容として，専門家である医師を処分の実施主体とした。こうして最高裁は，証拠物の捜索差押え令状，検証としての身体検査令状，専門家を主体とする鑑定処分許可状の各令状を部分的に合成した新たな「強制採尿令状」を創出したとみられる。しかし，そのような実質的立法権限が最高裁判所に委ねられているとは思われない。

　仮に強制採尿を許容すべき場合があり得るとすれば，その法形式は，専門家たる医師を主体として実施する鑑定処分としての身体検査，すなわち鑑定処分許可状を基軸とすべきであり，さらに仮に直接強制を許容するとすれば，採尿は医師をして医学的に相当な方法で行わせなければならない旨の条件を附加した身体検査令状を併用する従前の実務の扱いが最も適合的であったように思われる。前記のとおり，現行法は「捜索」が人の身体内部に及ぶことを想定していないと解されるので，捜索令状は不適である。採取された尿は差押令状により取得・保全できよう。

2　強制採尿令状の射程

(1)　最高裁が以上のような「条件附捜索差押え令状」の方式を示したのは，身体内部の臓器（膀胱）内に貯留されていた尿の強制取得処分についてである。他の体液採取や身体内部に侵入する処分の方式については何も述べていない。この方式の射程距離がどこまで及ぶかについては，次のように考えられる。

　第一，仮に最高裁の解釈に立って「捜索」が身体内部に及ぶことを前提としても，「差押え」処分の対象は「証拠物」等の「物」であり（法99条・219条1

項参照），現に生体を構成している人体内の血液・精液・髄液・胃液等の体液一般は「物」に当たらないので，差押えの対象にはならないと解される。膀胱内に貯留されている尿は老廃物であり早晩排出される性質上，生体を構成する体液とは異なり「物」に該当するから差押令状による取得が可能とされたとみられる。

　したがって，前記のような生体構成要素の体液を採取する場合には，条件附捜索差押令状の方式は不適である。むしろ，鑑定処分許可状と身体検査令状の併用が適切である。他方，消化器官内に嚥下された「物」は差押えの対象となり得るから，前記判例の法解釈に立てば，条件附捜索差押令状の法形式により証拠物として収集・保全するのが一貫するであろう（もっとも，前記のとおり，捜索・差押えに「必要な処分」として健常者に吐剤・下剤を使用することには疑問がある。仮に薬物使用により嚥下された物体を排出させる場合には，専門家たる医師の関与が不可欠であるから，医師をして医学的に相当と認められる方法により行わせる旨の条件を附した捜索差押令状と共に，当該医師を鑑定受託者とした鑑定処分許可状を併用するのが適切である）。

　(2)　第二，最高裁は，明文規定がないにもかかわらず，人の身体を対象とする「捜索」令状に条件を附加することを認めた（その後最高裁は，明文規定のない一般の「検証」令状にも条件を附加することを認めた。電話傍受に関する最決平成11・12・16刑集53巻9号1327頁参照）。その趣意が処分対象者の被る法益侵害を減縮させる方向に作用する法益保護であることから，令状裁判官が同様の趣旨に立った条件の附加を行うことは明文規定の有無を問わず可能であるようにもみえる。もっとも，現行法の定める処分類型の基本的区分を曖昧化したり，法定されていない新たな処分を創設するのと同様の機能を果たす条件の附加は違法というべきである。一般の捜索・検証・差押え処分の実行過程に対して，令状裁判官が条件の附加によりどこまで統制制禦し得るかは，慎重な検討を要するであろう（近時，最高裁は，GPS捜査事案において，強制処分法定の趣意から令状に条件を附加する点について慎重かつ賢明な判断を示している。最大判平成29・3・15刑集71巻3号13頁〔第1章 I *3*(3)〕）。

　「人の身体」を対象とする処分について，例えば，従前，検証としての身体検査令状によりはじめて可能と解されていた裸にして身体の外表部や体腔内を

見分・探索する行為について，条件附きの身体を対象とする捜索令状のみでも実施できるとするのは適切でない。捜索と検証及び鑑定処分としての「身体検査」に関する実定法の法形式と区分を無意味とする条件の附加は疑問であろう。

(3) 第三，強制採尿の法的性質が捜索・差押えであるとすれば，適法な逮捕に伴う無令状「強制採尿」も認められる場合があるか（法220条1項2号・3項）。判例は裁判官が条件を附加した令状によることを前提としているので，検証としての身体検査の場合と同様に，無令状処分は想定されておらず〔第6章I3(1)〕，許されないと解すべきである。たとえ警察署内の医務室に現在する被疑者をその場で逮捕した場合であっても，強制採尿令状の発付を得ることなく採尿を実施することはできない。

3 採尿のための強制連行等

(1) 強制採尿令状に関する前記昭和55年判例の事案は，別の被疑事実で逮捕され警察署に留置されていた被疑者に対し，当該警察署内医務室において採尿を実施したというものであった。これに対し，身体拘束処分を受けていない被疑者に対し強制採尿令状が発付された場合，処分の性質上，採尿は医療設備の整った病院や警察署医務室で実施しなければならないことから，対象者が採尿に適した場所への任意同行を拒絶した場合どうすべきかが問題となった。

もっとも，逮捕され警察署の留置施設に収容されている被疑者を，逮捕の効力として，警察署内の医務室に強制連行すること自体に疑問がないわけではない。また，人の身体を対象とする捜索，検証としての身体検査，鑑定処分としての身体検査のいずれについても，処分の態様や対象者の被る法益侵害の性質上，対象者の現在地ではなく処分にふさわしい場所で実施することが適切と認められる場合があるので（例，対象者が公道上に現在する場合），法的には，人の身体に向けられた強制処分に共通の問題である。

(2) 最高裁判所は，身体拘束処分を受けていない被疑者に対し強制採尿令状が発付された事案について，次のように，被疑者を採尿に適する最寄りの場所まで強制連行できるとの判断を示している（最決平成6・9・16刑集48巻6号420頁）。

「身柄を拘束されていない被疑者を採尿場所へ任意に同行することが事実上不可能であると認められる場合には，強制採尿令状の効力として，採尿に適する最寄りの場所まで被疑者を連行することができ，その際，必要最小限度の有形力を行使することができるものと解するのが相当である。けだし，そのように解しないと，強制採尿令状の目的を達することができないだけでなく，このような場合に右令状を発付する裁判官は，連行の当否を含めて審査し，右令状を発付したものとみられるからである」。

この法解釈は，強制処分の実効性を確保しその本来的目的達成に必要な手段は，当該強制処分の附随的措置として，令状裁判官により併せ許容された令状の附随的効力とみられるとの考え方に立つものである〔令状に基づく捜索・差押えに「必要な処分」。第5章Ⅲ2(3)参照〕。問題は，採尿のための強制連行が，強制採尿（捜索・差押え処分）の附随的措置の範囲にとどまるかである。

(3)　前記「必要な処分」（法222条1項・111条1項）には，令状裁判官が処分の審査・判断に際して併せ許容しているとはみられない，本来的処分とは別個固有の法益侵害を伴う手段は含まれないと解すべきである。そして，別個固有の法益侵害手段かどうかについては，当該手段による法益侵害の性質・内容及びそれが実定法に別個固有の強制処分として法定されているかが基本的指標になる。

人の場所的移動を強制する連行は，一定時間，人の身体・行動の自由を剝奪・侵害するので，尿の捜索・差押え処分とは別個固有の法益侵害であるとの見方もあり得よう。また，現行法は，身体検査それ自体の強制実施（法139条）と，身体検査のために対象者を特定の場所に連行する「勾引」（法135条）とを分けて規定しているので（捜査段階においては，身体検査実施のため指定の場所に対象者を勾引する処分を認める根拠条文は存在しない），強制採尿令状に基づく連行は，附随的措置の範囲を超えるとの批判があり得よう。

これに対して，前記平成6年判例は，固有の法益侵害を伴うようにみえる連行についても，令状裁判官がその当否を含めて審査し，併せ許容しているとの説明を加えているが，裁判官が身体・行動の自由という固有の法益侵害を伴う「連行」の当否を審査することができる旨の根拠規定は存在しないので，何故そのような審査・判断ができるのか不明である。このような点に鑑みると，最

高裁は，強制採尿について，さらに勾引の要素をも合成する新たな処分を創設したとみられるとの批判があり得よう。

(4) 仮に判例の法解釈を合理的・整合的に説明する途があるとすれば，連行は，令状裁判官によって許容された強制採尿処分の本来的目的である，適切な場所での処分実施に必要やむを得ない附随措置と認められる最小限度においてのみ許されると理解すべきであろう。処分対象者の身体・健康状態の安全確保という重要な法益保護の観点からは，採尿が適切な医療施設で実施されることは不可欠の前提であり，これを処分の本来的目的の一要素と考えることで，連行の許容性をかろうじて説明できるように思われる。

同様に，処分対象者の重要な法益保護（名誉・羞恥感情，生命・身体の安全）の観点から，身体の捜索，検証としての身体検査，鑑定処分としての身体検査についても，各処分を許可する令状の効力すなわち各処分の目的達成に必要な附随的措置として，当該処分実施に適する最寄りの場所まで対象者を連行することができるとの帰結が導かれるであろう〔第5章Ⅲ2(3)＊＊〕。

(5) このように考えた場合には，令状裁判官が，本来的処分の附随的効力である連行について，これを処分実施に関する「条件」として令状に明示・記載することもできる。この記載は，令状により許可された本来的処分に附随して生じている効果を確認・明示するものであるから，令状への記載によってはじめて連行が許容されることになるわけではない。

前記採尿のための連行に関する判例（最決平成6・9・16）は，次のように説示している。

「〔強制採尿〕令状に，被疑者を採尿に適する最寄りの場所まで連行することを許可する旨を記載することができることはもとより，被疑者の所在場所が特定しているため，そこから最も近い特定の採尿場所を指定して，そこまで連行することを許可する旨を記載することができることも，明らかである」。

現在の実務では，最高裁の指示に従い，強制採尿令状について「採尿は，医師をして医学的に相当と認められる方法により行なわせなければならない」との条件に加えて，「強制採尿のために必要があるときは，被疑者を〇〇〔直近の病院・警察署医務室等特定の採尿場所〕又は採尿に適する最寄りの場所まで連行することができる」旨が記載されている。

(6) この判例の立場を前提としても，憲法35条が保障する住居等の私的領域内に現在する被疑者について，強制採尿令状のみに基づいて当該場所内に立ち入り対象者を連行することができるとは解されない。私的領域という別個固有の重要な法益侵害を伴うことが明瞭だからである。人の身体を対象とする捜索令状や身体検査令状のみで，その人が現在する住居等に立ち入ることができないのと同様である。

身体拘束処分を受けていない被疑者について，既に発付された強制採尿令状が到着するまでの間，対象者の意思に反してその場に滞留させる根拠はない。このような場合に説得等の任意手段としての許容範囲を越えて被疑者の身体を拘束したとすれば，もとより違法である（捜索・差押令状には逮捕状のように緊急執行を許す規定はない）。まして，令状の発付さえない令状請求準備段階において，対象者の身体・行動の自由に制約を加える根拠などあろうはずがない。一部の下級審裁判所が述べる強制手続への移行段階などというものは法的に存在しないというべきである。また，身体拘束処分を受けていない被疑者を強制採尿令状により最寄りの場所まで連行して採尿を実施した後，尿の鑑定結果が判明するまでの間，被疑者をその場に強制的に滞留させる根拠もない。このような場合に対象者の身体・行動の自由を剥奪して退去を認めなければ，違法な身体拘束処分となるのは当然である。

住居等への立入りや身体・行動の自由剥奪を，連行と同様に強制採尿令状の効力と説明することは，到底不可能である。賢明な最高裁判所がこのような立入りや身体拘束を令状の効力として許容するとは思われない。

Ⅱ　写真撮影・ビデオ撮影

1　法的性質

(1)　犯罪捜査の過程で人や場所や物の客観的状況を認識し，これを証拠として保全するために写真撮影・ビデオ撮影を行う場合がある。捜索・差押えの実行過程で写真撮影をする場合については既に説明した〔これは強制処分の一環で

ある。第5章Ⅲ3(3)〕。また，検証・実況見分の過程で捜査機関が認識した対象を撮影して保全し，これを検証調書や実況見分調書に添付しその一部とすることは，しばしば行われている〔第6章Ⅰ1(3)，3(2)〕。ここで主に扱うのは，捜査目的を達成するため（例，現に実行されている犯行状況を撮影し証拠として保全する目的，被疑者の容貌等を撮影しこれを被害者・犯行目撃者に示すなどして犯人を特定する目的），対象者の承諾なしに，または対象者の知らないうちに，人の容貌等や人の管理支配する特定の場所・物等を撮影する場合である。

　このような捜査手法の適否判断に際しては，まず，それが強制捜査であるか任意捜査であるかの法的性質を決定する必要がある。当該撮影によって侵害される法益の具体的内容を析出し，これを踏まえて，撮影が令状主義による統制を及ぼすべき重大かつ高度の法益侵害結果を生じさせる類型的行為態様であるかが指標になる〔第1章Ⅱ1〕。撮影の対象・方法・態様により，生じ得る法益侵害の様相は異なるから，写真撮影一般について，それが強制捜査か任意捜査かという形で問題を設定するのは適切でない。しかし，特定の捜査手段は，法197条1項の定める任意捜査または強制捜査のいずれかに包摂されるべきであるから，当該撮影の性質決定は法的規律の大前提である。なお，ビデオ撮影は，写真撮影に比して取得される情報量が大きいが，映像取得過程の法的性質決定については，基本的に同様に考えてよい。

　(2)　撮影が，令状による統制を要請されている私的領域への「侵入」「捜索」「押収」（憲法35条）に該当する行為類型である場合には，「強制の処分」（法197条1項但書）と解すべきである。このような撮影を行うためには原則として令状が必要である（憲法35条，法218条）。令状なくして実行された場合には，直ちに違法な強制処分と評価される。

　例えば，最高裁判所は，配送過程にある荷物にエックス線を照射して，その内容物を確認しようとした捜査について「射影によって荷物の内容物の形状や材質をうかがい知ることができる上，内容物によってはその品目等を相当程度具体的に特定することも可能であって，荷送人や荷受人の内容物に対するプライバシー等を大きく侵害するものであるから，検証としての性質を有する強制処分に当たるものと解される。……検証許可状によることなくこれを行った本件エックス線検査は，違法である」と説示している（最決平成21・9・28刑集63

巻 7 号 868 頁)。

　この判例の解釈に立てば，承諾がないのに人の「所持品」を開披してその内容物を撮影することはもとより，「所持品」と共に憲法 35 条の保障する領域である「住居」内の状態を写真撮影する行為も（例．屋外から望遠レンズを用いて住居内の状況を撮影する場合，室内に隠しカメラを設置して住居内の状況を撮影する場合)，住居の平穏を害し住居に対するプライヴァシイ等を大きく侵害する態様であるから，私的領域に「侵入」する「検証」または「捜索」としての性質を有する強制処分に当たるはずであろう。また，人の「所持品」や「書類」を差し押えるのと同様にこれを証拠として保全する目的で撮影する行為は，「押収」に該当するというべきである〔第 5 章 Ⅲ *3*(3)〕。

　　＊　撮影が，対象者に知られないまま実行される態様である場合（いわゆる「隠し撮り」)，「撮影が一般的に許容される限度をこえない相当な方法をもって行なわれるとき」（後記最判昭和 44・12・24 参照）といえるかが，問題となり得る。もっとも，判例は，このような撮影態様自体を「不相当」とは判断していない（後記最決平成 20・4・15 参照)。対象者の明示の意思に反する場合と法益侵害の質・程度における違いはないとみられるので，「隠し撮り」態様であるからといってそれだけで「不相当」とはいえないであろう。

　　＊＊　強制処分（「検証」または「捜索」）としての撮影が令状により許可された場合，「隠し撮り」態様の撮影において令状の事前呈示（法 222 条 1 項・110 条）ができない点をどのように考えるべきか。令状の事前呈示は「令状主義（憲法 35 条)」の直接の要請ではないが，対象者に対する不利益処分の告知と不服申立ての機会付与は「適正手続（憲法 31 条)」の要請と解されるので，その不備が問題である。前記のとおり，法形式として「検証」または「捜索」の令状に基づく撮影であっても，撮影という手段を用いて「押収」に関する処分が行われたと解することにより準抗告（法 430 条）を認めるべきであろう。令状の呈示については，処分の合憲性を確保し不服申立ての機会を付与するために，「事後の通知」が必要と解すべきである。もっとも，憲法解釈上このような明文規定のない手当が必要と解されることから，「隠し撮り」態様の撮影は，現行刑訴法の想定する「検証」または「捜索」に該当せず，したがって「特別の根拠規定」を欠く違法な強制処分とみるべきである（法 197 条 1 項但書参照）との議論も成り立ち得るように思われる。GPS 捜査に関する最高裁判例も，令状の事前呈示に代わる公正の担保の手段が「仕組みとして確保されていないのでは，適正手続の保障という観点から問題が残る」と指摘している（前記最大判平成 29・3・15)。

(3)　場所や物の状態を撮影・保全する場合とは異なり，人の容貌・姿態の撮

影には，別個固有の法益侵害が想定される。最高裁判所は，捜査機関が公道上をデモ行進中の人物の容貌等を写真撮影した事案について，次のように説示している（最大判昭和44・12・24刑集23巻12号1625頁［京都府学連事件］）。

「憲法13条は，……国民の私生活上の自由が，警察権等の国家権力の行使に対しても保護されるべきことを規定しているものということができる。そして，個人の私生活上の自由の一つとして，何人も，その承諾なしに，みだりにその容ぼう・姿態（以下「容ぼう等」という。）を撮影されない自由を有するものというべきである。これを肖像権と称するかどうかは別として，少なくとも，警察官が，正当な理由もないのに，個人の容ぼう等を撮影することは，憲法13条の趣旨に反し，許されないものといわなければならない」。

ここには，憲法13条に由来する「みだりに容ぼう等を撮影されない自由」という固有の人格的法益が，とくに警察権力との関係で，指摘されている。この判例は，公道上に居る人の容貌等を撮影した事案に係るものであるが，この人格的法益はその性質上対象者が何処にいても変化するとは思われない。したがって，対象者が憲法35条で保護されている私的領域，すなわち「住居」内等，通常，人がその容貌等を他者に見られることがなく，他者に見られていないとの合理的期待が認められる領域に居る状況を撮影した場合には，憲法13条に由来する「みだりに撮影されない自由」に加えて前記憲法35条の保障する法益が併せ侵害されることになるから，そのような撮影が「強制の処分」に該当する行為類型であるのは明瞭である。

* 最高裁判所は，公道上を歩行中，あるいは不特定多数の客が集まるパチンコ店内で遊技中の対象者の容貌等をビデオ撮影した事案について，撮影された場所の性質に着目し，「いずれも，通常，人が他人から容ぼう等を観察されること自体は受忍せざるを得ない場所におけるものである」点を指摘して，令状なくして行われた撮影を任意捜査として適法と評価している（最決平成20・4・15刑集62巻5号1398頁）。このような場合とは異なり，対象者の所在「場所」が，他者から容貌等を観察されることを通常想定されない領域内であれば，そのような観察されない自由・期待という法益が併せて侵害されるとみられる。対象者の居場所により「みだりに撮影されない自由」自体が増減するのではない。

(4) 問題は，憲法35条の保護範囲外の公道上等に居る対象者に対する法益侵害，すなわち「みだりに撮影されない自由」のみが侵害される撮影の法的性

質である。前記公道上のデモ行進を撮影した事案に係る昭和44年大法廷判例は，犯罪捜査目的の写真撮影が許容される場合があり得るとして，次のように説示する（自動速度監視装置による車両と運転者・同乗者の撮影に関する最判昭和61・2・14 刑集40巻1号48頁も同旨）。

「その許容される限度について考察すると，身体の拘束を受けている被疑者の写真撮影を規定した刑訴法218条2項〔現3項〕のような場合のほか，次のような場合には，撮影される本人の同意がなく，また裁判官の令状がなくても，警察官による個人の容ぼう等の撮影が許容されるものと解すべきである。すなわち，現に犯罪が行なわれもしくは行なわれたのち間がないと認められる場合であって，しかも証拠保全の必要性および緊急性があり，かつその撮影が一般的に許容される限度をこえない相当な方法をもって行なわれるときである。このような場合に行なわれる警察官による写真撮影は，その対象の中に，犯人の容ぼう等のほか，犯人の身辺または被写体とされた物件の近くにいたためこれを除外できない状況にある第三者である個人の容ぼう等を含むことになっても，憲法13条，35条に違反しないものと解すべきである」。

この説示は，裁判官の令状がなくとも撮影が許容される場合があることを述べている。また，後の平成20年判例は，「通常，人が他人から容ぼう等を観察されること自体は受忍せざるを得ない場所における」無令状の撮影を適法としているので（前記最決平成20・4・15），最高裁判所は，憲法13条に由来する「みだりに容ぼう等を撮影されない自由」のみを侵害する撮影は，強制捜査ではなく任意捜査（法197条1項本文）にとどまるとの法的評価を前提としているとみられる。

(5) このような撮影が任意捜査であるとすれば，昭和44年大法廷判例の言及する「現に犯罪が行なわれもしくは行なわれたのち間がないと認められる場合であって」との現行犯的状況に言及した説示は，当該事案がそのような場合であったことを述べたにとどまり，通常の任意捜査と同様に，撮影がこのような場合に限り許容されるとする理由はない。撮影による「証拠保全の必要性および緊急性」すなわち撮影という捜査手段を用いる一般的「必要」（法197条1項本文）が高度に認められる一場面の例示とみられる。最高裁判所自らも，前記平成20年判例において，昭和44年大法廷判例を引用し現行犯的状況を無令

状撮影の一要件と主張する判例違反の上告趣意を斥け，「所論引用の各判例……は，……警察官による人の容ぼう等の撮影が，現に犯罪が行われ又は行われた後間がないと認められる場合のほかは許されないという趣旨まで判示したものではないから，前提を欠［く］」と明言している。

(6) 法的性質に関するこのような判例の立場に対しては，異説もあり得る。「みだりに撮影されない自由」が憲法13条に由来する価値の高い人格的法益であることに鑑み，その侵害自体を「強制の処分」と評価すべきであるとの考え方はあり得よう。この評価を前提とすれば，現行法上，強制処分には原則として令状が必要であるから，無令状の撮影は違法との帰結になろう。

  * 昭和44年大法廷判例は強制処分たる撮影が無令状で許容される場合を新たに認めたものであり，現行犯的状況は，その一要件を説示したものであるとの理解は成り立ち得ない。現行法は強制処分の法定を要請しており（憲法31条，法197条1項但書），逮捕に伴う無令状捜索・差押え・検証の法定要件（法220条）に該当しない強制処分を許容する余地はない（いうまでもなく，法220条1項にいう「現行犯人を逮捕する場合において」と大法廷判例にいう「現に犯罪が行なわれもしくは行なわれたのち間がないと認められる場合」とは，まったく別の事柄である）。

2　任意捜査としての撮影の規律

(1) 「みだりに撮影されない自由」のみを侵害・制約する撮影が任意捜査（法197条1項本文）であるとすれば，それは，事前の令状による審査を経ることなく，「比例原則（権衡原則）」により，当該事案の「具体的状況のもとで相当と認められる限度において許容される」（最決昭和51・3・16刑集30巻2号187頁参照）。個別具体的事案における当該撮影の捜査目的達成にとっての「必要」と当該撮影によって侵害・制約された法益の質・程度との合理的権衡の有無により，任意捜査としての適否が定まることになる〔第1章Ⅱ3〕。

(2) 前記のとおり，昭和44年大法廷判例の言及する「現に犯罪が行なわれもしくは行なわれたのち間がないと認められる場合」は，そのような現行犯的状況自体を証拠として保全するために撮影という捜査手段を用いる高度の「必要」が認められる一例である（大法廷判例は，この「必要」を「証拠保全の必要性及び緊急性があり」と具体的に表現している）。

第1編　捜査手続

　犯罪が行われるであろう高度の蓋然性が見込まれる場合に，あらかじめビデオカメラ等の撮影装置を作動させておくことも法197条1項に基づく「必要」な捜査手段とみることができる（そのような実例として，東京高判昭和63・4・1判時1278号152頁は，「当該現場において犯罪が発生する相当高度の蓋然性が認められる場合であり，あらかじめ証拠保全の手段，方法をとっておく必要性及び緊急性があり，かつ，その撮影，録画が社会通念に照らして相当と認められる方法でもって行われるときには，現に犯罪が行われる時点以前から犯罪の発生が予測される場所を継続的，自動的に撮影，録画することも許されると解すべきであ［る］」と判示している）。

　　＊　犯罪発生の高度の蓋然性が認められる場合は「犯罪があると思料するとき」に該当すると解されるので，「捜査する」ことができる（法189条2項）。例えば，「おとり捜査」の働き掛け行為や，スリの常習者が実行に着手した場合現行犯逮捕する目的でその挙動を監視する行為も「捜査」である〔第1章Ⅰ1⑴＊〕。

(3)　他方，撮影時点において現行犯的状況がなくとも，犯罪発生後に，法197条1項に基づき捜査目的達成に必要な撮影が許容される場合があり得るのは，一般の任意捜査と同様である。例えば，最高裁判所は，犯人特定のために対象者の容貌等をビデオ撮影した事案について，次のように説示している（前記最決平成20・4・15）。

　「捜査機関において被告人が犯人である疑いを持つ合理的な理由が存在していたものと認められ，かつ，前記各ビデオ撮影は，強盗殺人等事件の捜査に関し，防犯ビデオに写っていた人物の容ぼう，体型等と被告人の容ぼう，体型等との同一性の有無という犯人の特定のための重要な判断に必要な証拠資料を入手するため，これに必要な限度において，公道上を歩いている被告人の容ぼう等を撮影し，あるいは不特定多数の客が集まるパチンコ店内において被告人の容ぼう等を撮影したものであり，いずれも，通常，人が他人から容ぼう等を観察されること自体は受忍せざるを得ない場所におけるものである。以上からすれば，これらのビデオ撮影は，捜査目的を達成するため，必要な範囲において，かつ，相当な方法によって行われたものといえ，捜査活動として適法なものというべきである」。

　「捜査機関において被告人が犯人である疑いを持つ合理的な理由」すなわち一定の合理的嫌疑の存在は，犯人特定のために容貌等を撮影する捜査の「必

要」の当然の前提である。「捜査目的を達成するため，必要な範囲において」との説示は，法197条1項本文の定める比例原則の表現そのものにほかならない。「相当な方法」とは，当該具体的事案における捜査目的達成のための「必要」が，対象者の「みだりに撮影されない自由」に対する侵害・制約の質・程度と合理的権衡状態にある行為態様であったことを意味すると解される。

　(4)　平成20年判例は，対象者の知らないうちにその容貌等を隠し撮りした事案に係るものであるが，そのような態様の撮影も「相当な方法によって行われたもの」と評価されている。昭和44年大法廷判例も「撮影が一般的に許容される限度をこえない相当な方法をもって行なわれるとき」との表現で撮影方法について言及していることから，「不相当」と評価されるのは，いかなる方法・態様の撮影であるかが問題となり得る。しかし，この点について最高裁判所がどのような撮影方法を想定しているかは不明である。

　前記のとおり，「みだりに撮影されない自由」を超えた別個の重要な法益侵害が伴う場合には，もはや任意捜査とは認め難いので，無令状撮影は，不相当・違法な任意捜査ではなく，違法な強制捜査と評価されよう。捜査機関が対象者の明示の意思に反してする撮影と積極的な偽計・欺罔を用いる撮影や隠し撮りとに法益侵害の次元で決定的な差異があるとは思われない。結局，撮影による侵害の質・程度との権衡を欠いた，具体的な捜査目的との関係で合理的必要性の乏しい撮影方法・態様が「不相当」と評価されることになるはずであり，「相当な方法」という指標に独自の意味があるかは疑わしい。

　撮影により侵害される法益が憲法13条に由来する人格的法益であることに鑑みれば，任意捜査としての撮影の事後規律に際しては，捜査目的達成に真に必要であったかを厳格に審査することが望ましい。例えば，犯人特定目的や犯罪実行場面の撮影目的を超えて，対象者の公道上の行動を長期間継続的にビデオ撮影する行為は，特段の事由がない限り合理的必要性を欠き，不相当な撮影方法というべきであろう。

III 通信・会話の傍受

1 法的性質及び合憲性

(1) 人の会話や電気通信を介して行われる通話内容を，当事者のいずれの同意も得ることなく密かに聴取・録音する行為（以下「傍受」という）は，当事者間の通話内容の秘密を侵害することに加えて，私的な会話・通話をみだりに他者に聴取されないという両当事者の期待ないし私生活上の自由を侵害・制約する。捜査機関が捜査目的達成のため通信・会話の傍受を実行すれば，このような憲法の保障する価値の高い法益に対する重大な侵害結果を生じ得るのは明瞭であるから，それは，有形力行使や物理的侵入の有無を問わず，「強制の処分」に該当すると解される（最決昭和51・3・16刑集30巻2号187頁参照）。

最高裁判所は，電話の通話内容を通話当事者双方の同意を得ずに傍受することは，「通信の秘密を侵害し，ひいては，個人のプライバシーを侵害する強制処分である」と説示している（最決平成11・12・16刑集53巻9号1327頁）。

   * 傍受によって侵害・制約される法益の第一は，通話・会話内容の秘密である。それが「通信」内容である場合には，憲法21条2項の保障する「通信の秘密」を直接侵害する。また，通常，人が他人から私的な会話内容を聴取されること自体は受忍せざるを得ない場所とはいえない住居内等の私的領域における通話・会話内容を密かに傍受する場合には，憲法35条の保障する領域への「侵入」と「捜索」「押収」に該当する。第二に，憲法13条に由来する人格的法益として，みだりに私的な通信・会話を他人に傍受されないという自由・期待が，会話内容の秘密とは別に，これと併せて侵害制約されることになる。前記判例は，「通信の秘密」侵害以外のこのような法益侵害を「個人のプライバシーを侵害する」と総称表現したものであろう。

(2) このような傍受による法益侵害の具体的内容に鑑みると，当事者双方の同意を得ない態様の傍受行為であっても，当該会話が，通常，人が他人から会話内容を聴取されること自体は受忍せざるを得ない場所におけるものである場合には（ビデオ撮影に関する前記最決平成20・4・15参照），会話内容の秘密侵害と私的領域への侵入を欠き，みだりに私的な会話を他人に聴取・録音されない自

第7章　その他の捜査手段

由・期待のみの侵害にとどまるので，任意捜査と評価されよう（例，公道上や不特定多数の客が集まる飲食店内等における会話内容や，そのような場所において携帯電話を用いて行われた一方当事者の発話内容を聴取・録音する場合）。この場合は，法197条1項本文に基づく「比例原則（権衡原則）」の規律でその適否が定まることになる。

(3)　強制処分に該当する態様の傍受は，前記のとおり憲法上の重要な権利・自由を直接侵害・制約する捜査手段であるが，これらの基本権も絶対無制約とは解されないから，それだけで直ちに違憲になるわけでないのは，現に刑事訴訟法が法定している強制処分の場合（例，「通信の秘密」を直接侵害する郵便物の押収，「住居等の平穏」を直接侵害する捜索・検証，「所持品」の押収等）と同様である。最高裁判所は，電話傍受が「通信の秘密を侵害し，ひいては，個人のプライバシーを侵害する強制処分である」と述べた上で，次のようにその合憲性について説示している（前記最決平成11・12・16）。

「電話傍受は，……一定の要件の下では，捜査の手段として憲法上全く許されないものではないと解すべきであ［る。］……重大な犯罪に係る被疑事件について，被疑者が罪を犯したと疑うに足りる十分な理由があり，かつ，当該電話により被疑事実に関連する通話の行われる蓋然性があるとともに，電話傍受以外の方法によってはその罪に関する重要かつ必要な証拠を得ることが著しく困難であるなどの事情が存する場合において，電話傍受により侵害される利益の内容，程度を慎重に考慮した上で，なお電話傍受を行うことが犯罪の捜査上真にやむを得ないと認められるときには，法律の定める手続に従ってこれを行うことも憲法上許されると解するのが相当である」。

この憲法解釈は，被疑事件の重大性，高度の嫌疑（「罪を犯したと疑うに足りる十分な理由」），傍受の高度の必要性・補充性，法益侵害の内容・程度等の要素を摘示して「犯罪の捜査上真にやむを得ないと認められるとき」に限り憲法上許容できる旨を述べているとみられ，明らかに通常の強制処分（例，捜索・差押え・検証［法218条］）より一層厳格な限定が加えられている。それは，憲法解釈の最終権限を有する最高裁判所が，傍受によって侵害される憲法上の基本権の質と程度を極めて深刻・重大であると位置付けているからであろう。したがって，仮に既存の「法律の定める手続」の解釈・適用に基づく場合には，こ

179

のような限定的実体要件を充たさない処分は許されず，実行すれば適用違憲となるはずである。また，国会が捜査手段としての傍受処分を立法する場合に，最高裁の憲法解釈に適合しない要件を設定すれば，法令違憲となるはずであろう。

なお，手続的側面すなわち令状主義（憲法35条）及び適正手続（憲法31条）の観点における合憲性については，別途説明する〔後記Ⅲ2，3〕。

2　既存の強制処分との関係

(1)　刑事訴訟法は，電気通信の傍受について，「通信の当事者のいずれの同意も得ないで電気通信の傍受を行う強制の処分については，別に法律で定めるところによる」（法222条の2）と規定している。この条文は，このような態様の通信傍受が，要件・手続の法定と令状主義による事前統制を要請される「強制の処分」であることを明示すると共に，刑事訴訟法上の強制処分法定の要請（法197条1項但書）を形式的に充足させるものである。これを受けて，「犯罪捜査のための通信傍受に関する法律」（平成11年法律137号）が制定されている（以下「通信傍受法」という）。その規律の概要は後述する〔後記Ⅲ3〕。

また，この条文は，通信の当事者のいずれかの同意を得て行われる傍受や，通信の一方当事者による通話内容の秘密録音は，「強制の処分」に該当しないことをも示唆する。これについては，別途検討する〔後記Ⅲ4〕。

(2)　法222条の2及び通信傍受法により創設された「電気通信」の「傍受」処分に該当する捜査手段（通信傍受法2条1項・2項）は，この「特別の根拠規定」に法定された固有の要件・手続に従う場合にのみ適法である。言い換えれば刑事訴訟法に既存の強制処分規定の解釈・適用によってそのような通信傍受を実行することは許されず，実行すれば違法である。

例えば，通信傍受法の定める対象犯罪（通信傍受法「別表」）以外の犯罪や対象犯罪について，法218条の定める「検証」の解釈・適用によって傍受を実行するのは違法である。また，対象犯罪以外の犯罪について，通信傍受法の要件・手続を「準用」して，裁判所が傍受を認めることは，強制処分法定主義に反し違憲・違法である（憲法31条，法197条1項但書・222条の2）。裁判所に立

法府の明定した要件・手続に該当しない強制処分を許容する権限がないのは当然である。

(3) 法定された「電気通信」には該当しない会話傍受等の捜査手段について，既存の強制処分規定の解釈・適用によりこれを実行することができるか。

最高裁判所は，「本件当時，電話傍受が法律に定められた強制処分の令状により可能であったか否かについて検討すると，電話傍受を直接の目的とした令状は存していなかったけれども，……前記の一定の要件を満たす場合に，対象の特定に資する適切な記載がある検証許可状により電話傍受を実施することは，本件当時においても法律上許されていたものと解するのが相当である」と述べて，通信傍受法制定以前に実施された電話の通話内容の「検証」（法218条）を適法であったと判断している（前記最決平成11・12・16）。このため，通信傍受法制定後も，判例の法解釈に依拠し，「電気通信」以外の対象を傍受することは「検証」として可能であるとの議論があり得る。しかし，この法解釈は疑問であろう。

第一，判例は，「電話傍受は，通話内容を聴覚により認識し，それを記録するという点で，五官の作用によって対象の存否，性質，状態，内容等を認識，保全する検証としての性質をも有するということができる」という。ここに示された検証の一般的定義によれば，被疑事実に関連する対象通話の聴取・録音が検証としての性質を有するのはそのとおりであろう。しかし，問題は，それが現行刑訴法規定の想定し法定されている「検証」に該当するかである。

傍受という処分の性質上，捜査機関が令状により特定された対象通話を選別して傍受するためには，その選別判断に必要な限度で，傍受すべき通話に該当するかどうかが明らかでない通話をも傍受しなければならない。このような無関係通話の傍受は，検証対象の捜索というべき性質の処分であり，現行法の「検証」はこのような処分を想定していない。判例は，これを検証に「必要な処分」（法129条）に含まれると解するが，傍受処分に伴うこのような固有の法益侵害には，別途，「特別の根拠規定」が必要というべきである（前記最決平成11・12・16における元原利文裁判官の反対意見参照）。

なお，通信傍受法は，傍受に「必要な処分」としてではなく，別途，特別の根拠規定を設けている（「傍受の実施をしている間に行われた通信であって，傍受令

状に記載された傍受すべき通信……に該当するかどうか明らかでないものについては，傍受すべき通信に該当するかどうかを判断するため，これに必要な最小限度の範囲に限り，当該通信の傍受をすることができる」〔通信傍受法14条1項〔該当性判断のための傍受〕〕)。これは，通信傍受に附随する必要な処分の確認規定ではなく，別個固有の法益侵害処分を実定法として明記し創設したものと理解される。

第二，傍受処分の性質上，事前の告知（令状の事前呈示）はできないが，対象者に対する事後の通知と不服申立ての機会付与は，憲法31条の適正手続の不可欠の要請である。しかし，現行刑訴法上の「検証」にはそのような手続規定が欠落しており，傍受処分は「検証」の枠外にあるとみられる（元原裁判官の反対意見参照）。

判例は，「検証許可状による場合，法律や規則上，通話当事者に対する事後通知の措置や通話当事者からの不服申立ては規定されておらず，その点に問題があることは否定し難いが，電話傍受は，これを行うことが犯罪の捜査上真にやむを得ないと認められる場合に限り，かつ，前述のような手続〔身体検査令状以外の検証許可状にも条件を附加することができるとの解釈に基づき，裁判官は，電話傍受の実施に関し適当と認める条件，例えば，捜査機関以外の第三者を立ち会わせて，対象外と思料される通話内容の傍受を速やかに遮断する措置を採らせなければならない旨を検証の条件として附する等〕に従うことによって初めて実施され得ることなどを考慮すると，右の点を理由に検証許可状による電話傍受が許されなかったとまで解するのは相当でない」と述べるが（前記最決平成11・12・16），このような言辞が適正手続違反を正当化する理由にならないのは明らかである。

なお，通信傍受法は，処分の事後通知と不服申立手続に関係する多くの条項を創設して適正手続という憲法上の要請に対応している（通信傍受法第3章）。

以上のとおり，通話・会話の「傍受」という類型的行為態様の「強制の処分」については，法222条の2に基づき創設された「通信傍受法」以外に，「特別の根拠規定」は存在しないというべきである。したがって，既存の強制処分規定の解釈・適用によりこれを実行することは許されない。例えば，将来室内会話の傍受処分の要否につき検討し，合憲的な要件・手続を創設するのは，最高裁判所ではなく，立法府の仕事である。

　＊　前記判例（最決平成11・12・16）は，裁判官が令状に条件を附加する点について，

第7章　その他の捜査手段

「身体検査令状に関する……法218条5項〔現6項〕は，その規定する条件の付加が強制処分の範囲，程度を減縮させる方向に作用する点において，身体検査令状以外の検証許可状にもその準用を肯定し得ると解される」との法解釈を示している。最高裁判所は，いわゆる「強制採尿令状」について，身体を対象とする捜索差押令状に条件を附加することを認めており〔Ⅰ1(5)〕，判例の一般的理由付け自体は「令状主義」の趣意に則したものである。しかし，強制採尿と電話検証のいずれについても，法218条5項〔現6項〕の準用という法解釈の外形を纏った，実質的な立法，すなわち，現行刑訴法が想定せず「法定」されていなかった新たな強制処分の創設というほかはない。このような条件の附加は，「強制処分法定主義」に反するというべきである（この点については，賢明な説示をしたGPS捜査に関する最高裁判例〔前記最大判平成29・3・15〕参照〔第1章Ⅰ3(3)〕）。令状裁判官が，法定されている強制処分を許可するにあたり，令状に条件を附加することによって，当該処分の範囲，程度を減縮させる方向の作用を期する場合とは異なる。

＊＊　通信傍受法にいう「傍受」とは，後記のとおり，通信「内容」を知るため，通信当事者のいずれの同意も得ないで，現に行われている他人間の電話その他の電気通信を受けることをいう（通信傍受法2条2項参照）。通信内容自体の傍受ではなく，例えば，電話番号や通信履歴の探知のみを目的として，現に行われている他人間の通信を受ける場合は，通信傍受法の適用外となる。これも「通信の秘密」等を侵害する強制処分であるが，現行法の「検証」として可能であると解され実行されている。しかし，事後通知や不服申立ての機会付与という適正手続の観点から慎重な検討を要しよう。法100条（郵便物押収の特則）は通信状態の「検証」にも準用されるべきである。また，不服申立ての局面では「押収」（法430条）と解して準抗告の対象とすべきであろう。

　なお，GPS捜査に関する前記最高裁判例は，事前の令状呈示要請（法222条1項・110条）は絶対的な要請とまでは解されないが，これに代わる手続の公正の担保の手段が「仕組みとして確保され」ていないのでは，「適正手続の保障」という観点から問題が残ると説示し，その手続の一つとして「事後の通知」を想定している。

＊＊＊　「会話傍受」については，新たな刑事司法制度の構築を調査審議した法制審議会新時代の刑事司法制度特別部会において立法案が審議されたが，今後の検討に委ねられることとなった。審議の過程では，会話傍受が，振り込め詐欺や暴力団犯罪の捜査，あるいは，コントロールド・デリバリの手法による薬物銃器犯罪の捜査の際に，共謀状況や犯意に関する証拠を収集する上で必要であり，理論的にも制度化は可能であるとの意見があった一方で，通信傍受以上に個人のプライヴァシィを侵害する危険性が大きく，場面を限ったとしてもなお捜査手法として認めるべきでないとして制度化自体に反対する意見があった。

　理論上・憲法上の問題は，基本的に通信傍受と同様であり，合憲的制度設計は可

能と思われるが，法益侵害の範囲と質が格段に大きいので，高度の必要性が認められる状況・場面に限定して実定法化を試みるのが適切な立法政策と思われる。

3 「通信傍受法」の規律

(1) 通信傍受法の位置付けについては，既に述べた〔前記*2*(1)(2)〕。以下，この法律の前提とする基本用語と規律の概要を説明する。なお，2016（平成28）年に当初設計導入された通信傍受制度を合理化・効率化することを目的とした法改正がなされたので，その概要も併せ説明する。

一般に電気通信とは，電磁的方式により，符号，音響または影像を送り，伝え，または受けることすべてをいう（電気通信事業法2条参照）。しかし，無線のみによる通信は，第三者に聴取されること自体は受忍せざるを得ない形態であるから，傍受が「強制の処分」となる法222条の2及び通信傍受法にいう「電気通信」とは，電話その他の電気通信で，その伝送路の全部もしくは一部が有線であるもの，またはその伝送路に交換設備のあるものをいう（通信傍受法2条1項）。「傍受」とは，現に行われている他人間の通信について，その内容を知るため，当該通信の当事者のいずれの同意も得ないで，これを受けることをいう（同条2項）。

(2) 通信傍受による捜査は，通常の強制処分とは異なり，対象犯罪が限定されている。制度導入当初は，法の別表に規定する薬物関連犯罪，銃器関連犯罪，集団密航の罪及び組織的殺人の罪（2016［平成28］年改正後の別表1。以下後記別表2と併せ「別表犯罪」という）に限られていた（通信傍受法3条1項）。通信傍受という基本権侵害の著しい捜査手段を用いることが真にやむを得ないと認められる犯罪類型を検討しあらかじめ設定するのは立法府の権限であるから，法改正によらず，別表犯罪以外の犯罪類型について，この法律の規定を準用して通信傍受を行うことは，もとより許されない。

*　前記新時代の刑事司法制度特別部会の審議の結果，2016（平成28）年に対象犯罪を拡大する法改正が行われた。通信傍受の対象犯罪として，前記別表1のほかに①殺傷犯等関係（現住建造物等放火・殺人・傷害・傷害致死・爆発物の使用），②逮捕・監禁，略取・誘拐関係，③窃盗・強盗関係，④詐欺・恐喝関係，⑤児童ポルノ関係

の犯罪が追加された（別表2）。なお追加される対象犯罪については，法の規定する傍受の実施要件〔後記(3)〕に加えて，「あらかじめ定められた役割の分担に従って行動する人の結合体により行われる」と疑うに足りる状況があることが要件とされる（法3条1項各号）。傍受の実施を組織的犯行態様の犯罪解明を目的とする場合に限定する趣旨である。

＊＊　情報通信技術の進展・普及に対応する法整備として法制審議会が答申した法改正要綱では，傍受対象犯罪に「財産上不法の利益」を得る強盗，詐欺・恐喝の犯罪類型が追加された。これは，電子決済や電子商取引の普及に伴い，被害者の暗号資産をだまし取る，暴行・脅迫でその移転を強要する，電子マネーを購入させそのID等を犯人側に伝達させる等の組織的犯行態様に対応しようとするものである。

(3)　強制処分である通信傍受は，裁判官の発付する令状（「傍受令状」）に基づいて行われる。令状裁判官の事前審査すべき要件は次の第一から第四である（通信傍受法3条1項）。

　第一，①別表犯罪が犯されたと疑うに足りる十分な理由があること，②別表犯罪が犯され，(i)引き続きこれと同様の態様で犯される同一もしくは同種の別表犯罪または(ii)当該犯罪の実行を含む一連の犯行計画に基づいて別表犯罪が犯されると疑うに足りる十分な理由があること，または③死刑または無期もしくは長期2年以上の拘禁刑に当たる罪が別表犯罪と一体のものとしてその実行に必要な準備のために犯され，かつ，引き続き当該別表犯罪が犯されると疑うに足りる十分な理由があること，これら①②③のいずれかを充たす必要がある。

　第二，さらに，原則として，当該別表犯罪が数人の共謀によるものであると疑うに足りる状況があるときでなければならない（例外は同法3条2項参照）。

　第三，これらの犯罪について，その実行，準備または証拠隠滅等の事後措置に関する謀議，指示その他の相互連絡その他当該犯罪の実行に関連する事項を内容とする通信（「犯罪関連通信」という）が行われると疑うに足りる状況があること。

　第四，他の方法によっては，犯人を特定し，または犯行の状況もしくは内容を明らかにすることが著しく困難であること。

　これらの要件は，憲法上，令状裁判官の審査対象となるべき処分の「正当な理由」（憲法35条）の実定法による表現である。対象犯罪についての高度な嫌疑（「十分な理由」），通信傍受捜査の一般的必要性（数人共謀），傍受対象となる

「犯罪関連通信」の存在する蓋然性，通信傍受捜査の「補充性」が示されている。なお，要件第一の②，③は，令状審査・発付の時点ではいまだ犯されていない別表犯罪が将来実行されるであろう高度の蓋然性判断（「別表犯罪が犯されると疑うに足りる十分な理由がある」）を明文で規定したものである。

　令状主義のいまひとつの重要な要請である処分対象の特定に関しては，傍受の対象となるべき通信手段は，電話番号その他発信元または発信先を識別するための番号等によって特定された通信手段であって，被疑者が通信事業者等との間の契約に基づいて使用するもの（犯人による犯罪関連通信に用いられる疑いのないものは除く），または犯人による犯罪関連通信に用いられると疑うに足りるものであり，傍受すべき対象は，「犯罪関連通信」とされる。これに対応して，「傍受令状」には，通常の捜索・差押えや検証の令状とは異なり，罪名に加えて被疑事実の要旨と罰条が必要的記載事項とされているほか，傍受すべき通信，傍受の実施の対象とすべき通信手段，傍受の実施の方法及び場所，傍受ができる期間等が記載される（通信傍受法6条）。被疑事実の要旨と罰条の記載は，犯罪関連通信を令状においてできる限り特定するためである。

(4)　傍受令状の請求権者は，一般の令状と異なり，検察官については検事総長の指定する検事，司法警察員については公安委員会の指定する警視以上の警察官等に限られる。また，令状発付権限を有する裁判官は地方裁判所の裁判官に限定される（通信傍受法4条1項）。

　通信傍受ができる期間は，令状発付時に10日以内の期間が定められる（同法5条1項）。この期間は，10日以内の期間を定めて延長することができ，通じて30日を超えることができない（同法7条1項）。裁判官は，傍受の実施に関し，適当と認める条件を附することができる（同法5条2項）。

(5)　「傍受の実施」は，法により，通信の傍受をすること及び通信手段について直ちに傍受をすることができる状態で通信の状況を監視することをいうと定義されている（同法5条2項）。実施にあたり，通信手段の傍受を実施する部分を管理する者等への令状の提示（同法10条），捜査機関の「必要な処分」（「電気通信設備に傍受のための機器を接続することその他の必要な処分」である。[同法11条]），これに対する通信事業者等の協力義務（同法12条），管理者等の立会い（同法13条1項）等が規定されている。

(6) 傍受対象は「犯罪関連通信」であるが，傍受令状に特定記載された傍受すべき通信に該当するかどうかが明らかでないものについては，傍受すべき通信に該当するかどうかを判断するため，これに必要な最小限度の範囲に限り，当該通信を傍受することができる（通信傍受法14条1項）。この規定の法的性質は，前記のとおりである〔前記 2(3)〕。

(7) 捜査機関が傍受を実施している間に，傍受令状に被疑事実として記載されている犯罪以外の犯罪で，別表犯罪または死刑もしくは無期もしくは短期1年以上の拘禁刑に当たるものを実行したこと，実行していることまたは実行することを内容とするものと明らかに認められる通信が行われたときは，当該通信の傍受をすることができる（通信傍受法15条）。この場合には，当該通信に係る犯罪の罪名及び罰条ならびに当該通信が他の犯罪の実行を内容とする通信であると認めた理由を記載した書面が捜査機関から裁判官に提出され，裁判官は，これが前記通信に該当するかどうかを事後審査し，該当しないと認めるときは，当該通信の傍受の処分を取り消すものとされている（同法27条1項6号・3項参照）。

この措置は，高度の必要性に基づく緊急の傍受実施を事後的に裁判官の審査に附して令状主義の要請を充足するものである。裁判官の事後審査は，単なる立法政策ではなく，憲法上の要請とみるべきであろう。

(8) 適正手続の要請から，傍受実施後の措置に関する多数の規定が設けられている。傍受した通信は，すべて記録媒体に記録され（「原記録」という），立会人が封印した上，傍受令状を発付した裁判官の所属する裁判所の裁判官に提出され，保管される（通信傍受法24条1項・25条1項・4項）。傍受した通信の内容を刑事手続で使用するためには，原記録の複製から犯罪と無関係な通信の記録を消去した記録（「傍受記録」という）が作成される（同法29条）。

傍受記録に記録されている通信の当事者に対しては，原則として通信を傍受したこと等が通知される（同法30条1項）。

このほか，傍受記録または原記録の聴取，閲覧，複製作成に関する規定（同法31条・32条），裁判官がした通信の傍受に関する裁判，検察官等がした通信の傍受に関する処分に対する不服申立てに関する規定（同法33条）等が整備されている。

＊　2016（平成28）年に暗号技術を活用し、「特定電子計算機」を用いる傍受方法を導入し、これに伴い、前記立会い等を不要とし、またリアルタイムでなく事後的聴取を可能とする等の合理化・効率化を目的とした法改正が行われた（その施行は、2019年6月1日）。通信傍受法制定当時に比して通信データ暗号化等の技術革新が進行した状況に対応するものである。特定電子計算機とは傍受した通信や傍受の経過を自動的に記録し、これを即時に暗号化する機能等を有する装置で、これを用いることで、立会い・封印を不要とし、かつ、通信内容の聴取等をリアルタイムで行う方法による傍受とその聴取等を事後的に行う方法による傍受を可能とする（通信傍受法23条）。特定電子計算機を用いて記録がされた傍受の原記録は、傍受の実施の終了後遅滞なく裁判官に提出される（同法26条）。また、通信事業者等の施設において傍受を実施する場合にも、通信内容を暗号化して一時的に保存することにより、その聴取等を通信事業者等の立会いの下で事後的に行うことを可能とする（同法20条1項・21条1項等）。この場合、暗号化・復号化に必要な鍵は裁判所職員が作成し（同法9条1号）、傍受の原記録についての封印や裁判官への提出については、前記法の規定による傍受の場合と同様とする（同法24条・25条）。

4　会話の一方当事者による同意・秘密録音

(1)　前記のとおり法222条の2は、「通信の当事者のいずれの同意も得ないで」行われる傍受が「強制の処分」に該当することを前提としている。反面、この規定は、捜査機関が、通信・会話当事者の一方の同意を得て行う通話内容の聴取・録音や、一方当事者自らが相手方の承諾なしに通話内容を録音しこれを捜査機関に提供するのは、「強制の処分」に当たらないとの法的評価を示唆すると読むことができる。

　当事者のいずれの同意も得ないで行われる通話内容の聴取・録音は、みだりに私的な会話を他人に聴取・録音されない自由ないし期待の侵害に加えて、そこで行われる会話内容の秘密性ないし通信の秘密を併せ侵害する強度の法益侵害を伴う類型的行為態様と認められる。これに対して、当事者の一方が聴取・録音に同意したり、当人がこれを密かに録音する場合、通話内容の秘密性という法益は放棄されているとみられるので、他方当事者のみだりに私的な会話を聴取・録音されないという自由・期待のみが侵害されると考えられる。そこで、このような捜査手段の法的性質は、この法益侵害をどのように評価するかで決

まることになる。

(2) これを憲法13条に由来する私生活上の自由として厳格に保護すべき価値の高い法益と位置付ければ，傍受と同様に強制処分とみるべきであるとの議論もあり得よう。これに対して，公道上に居る人の容貌等の撮影の場合と同様，令状による事前審査を要するような高度の法益侵害を伴う類型的行為態様とまではいえないとすれば，任意捜査と評価されることになろう。

前記法222条の2が，後者の立場を示した規定でもあると解すれば，通信・会話の一方当事者の同意に基づく聴取・録音や，一方当事者による秘密録音は，具体的状況のもとで，当該捜査手段の「必要」と，これによって侵害されたみだりに私的な通話・会話内容を聴取・録音されないという自由ないし期待の具体的な程度との権衡如何により，任意捜査としての適否が決まるということになるはずである（法197条1項本文）。

Ⅳ おとり捜査

1 法的性質

(1) 「おとり捜査」とは，「捜査機関又はその依頼を受けた捜査協力者が，その身分や意図を相手方に秘して犯罪を実行するように働き掛け，相手方がこれに応じて犯罪の実行に出たところで現行犯逮捕等により検挙する」捜査手法をいう（最決平成16・7・12刑集58巻5号333頁）。直接の被害者がいない犯罪類型（例，薬物・銃器等禁制品の取引行為を内容とする犯罪）の捜査において用いられることがある。このような犯罪類型は，被害者の通報による発覚の機会がなく，また通常秘密裏に実行されるため，他の捜査手法によって証拠を収集することが困難な事情がある場合に，被疑者の現行犯逮捕等を見込んで，捜査機関側から「働き掛け」が行われるのである。

しかし，対象者に「犯罪を実行するように働き掛け」る捜査機関の活動は，犯罪の教唆・幇助という違法行為そのものに該当する。このように原則として「不相当」な類型的行為態様の捜査手法が，刑事手続法上適法かつ相当と認め

られることがあり得るとすれば，それを説得的に説明できる高度の正当化事由
がある場合であろう。

　(2)　対象者は，捜査機関側の働き掛けや身分・意図の秘匿に欺罔されて犯罪
の実行に着手することになるものの，犯行の動機形成過程においてみだりに欺
罔されず錯誤に陥ることなく犯罪を実行する自由が，法的保護に価する人格的
法益であるとは到底思われない。捜査機関の「働き掛け」に応じるとはいえ，
犯行の着手それ自体は対象者の自由な意思決定に基づいているから，対象者の
意思を制圧するような法益侵害は認められない。

　なお，捜査機関による働き掛け行為の時点までに，対象者が，過去に同種同
態様の犯行を反復継続している等，機会があれば犯行に出る見込みがあった場
合（いわゆる「機会提供型」）であるか，そのような事情がなかった場合（いわゆ
る「犯意誘発型」）であるかは，捜査機関の働き掛けそれ自体の違法性ないし法
益侵害の質・程度を変化させる要因ではない。いずれの場合も，捜査機関の働
き掛けにより犯罪の実行に着手させるという点，すなわち対象者の犯行に原因
を与えこれを誘発する行為である点で，何ら異なるところはない。

　(3)　このように，捜査機関による働き掛けは，対象者の意思を制圧してその
意思決定をめぐる法益を直接侵害するような「強制」の要素を伴わないから，
捜査手段としての法的性質は「任意捜査」（法197条1項本文）である。最高裁
判所は，「おとり捜査を行うことは，刑訴法197条1項に基づく任意捜査とし
て許容される」場合があると説示している（前記最決平成16・7・12）。

> ＊　捜査機関が「働き掛け」行為を開始する時点において，現行犯逮捕等により検挙
> 　することが見込まれる標的となる具体的犯罪はいまだ実行されていない。しかし，
> 　「働き掛け」行為その他の具体的状況に基づき，当該標的犯罪が実行される高度の
> 　蓋然性が認められる場合，おとり捜査は，「犯罪があると思料するとき」に実施さ
> 　れる「捜査」そのものである。最高裁判所が，おとり捜査を「捜査の端緒」ではな
> 　く，「法197条1項に基づく任意捜査」と位置付けているのは，このような理解に
> 　よるとみられる〔第1章 I 1(1)＊〕。
> ＊＊　判例のいう「おとり捜査」に当たるかどうかは，捜査機関側からの「働き掛
> 　け」行為の存在とこれに起因する犯行の着手があるかによる。例えば，スリ常習者
> 　の犯行着手を見込んでこれを監視する捜査は，捜査機関側からの「働き掛け」とこ
> 　れに起因する犯行着手がないので，もとよりおとり捜査ではない。「監視付き移転」

捜査も，捜査機関側が働き掛けて禁制薬物の密輸入自体を実行させるわけではない。これに対して，直接の被害者がある犯罪類型ではあるが，例えば，捜査官が眠り込んだ酔客を装い，これに欺罔されて金品の窃取に着手した犯人を現行犯逮捕するのは，「働き掛け」行為により犯行に着手させるおとり捜査といえよう。

2 任意捜査としての適否

(1) おとり捜査の「働き掛け」行為は，捜査機関が対象者に実行させようとしている犯罪類型の保護法益を侵害する実質的・具体的な危険を生じさせる点で実体的に違法な活動であり，それ故刑事手続法上の捜査手段としては原則として違法・不相当と評価されるべきであろう。前記のとおりこれが任意捜査として正当化される場合があり得るとすれば，高度の「必要」（法 197 条 1 項本文）があり，犯罪実行に伴う法益侵害発生の具体的危険を極小化できる場合に限られると解すべきである。

(2) 前記判例（最決平成 16・7・12）は，おとり捜査が適法とされ得る場合について，「少なくとも，直接の被害者がいない薬物犯罪等の捜査において」と述べる。直接の被害者がいない犯罪類型では，犯罪実行に伴う直接的な法益侵害発生の具体的危険はないといえるであろう（例，薬物・銃器の譲渡罪・譲受罪，わいせつ物の頒布・販売罪等）。もっともこのような場合でも，犯人検挙に失敗して逃走されると禁制薬物や銃器等危険物が流出することから，このような危険をあらかじめ確実に除去できるだけの態勢確保が不可欠というべきであろう。

これに対して，例えば，生命・身体・財産に対する罪については，具体的な被害者が想定され法益侵害発生の具体的危険を直接生じさせることになるから，そのような犯罪の実行を働き掛けるのは違法というべきである。

最高裁の「少なくとも」という言辞の趣意は不明である。極めて高度の「必要」，とくに他におよそ捜査手段がないという高度の補充性が認められるとき，例外的に直接の被害者が想定される財産犯罪等においても適法なおとり捜査の余地を認める趣意であろうか。

(3) おとり捜査が「捜査」である以上，当然の前提として特定の犯罪の「嫌疑」が存在しなければならない。前記判例（最決平成 16・7・12）は「機会があ

れば犯罪を行う意思があると疑われる者を対象に」したおとり捜査を適法と判断しているが，薬物取引を反復継続している等の事情から，「機会があれば犯罪を行う意思」を疑われる対象者については，当該標的犯罪についてもそれを実行する高度の蓋然性，すなわち「高度の嫌疑」あるいは「犯罪が犯されると疑うに足りる十分な理由」が認められるといえるであろう。

これに対して，対象者に「機会があれば犯罪を行う意思があると疑われる」事情がなければ，「捜査」の前提たる嫌疑を欠くというべきであるから，そのような者に対するおとり捜査は違法というべきである。

(4) 任意捜査としての「必要」（法197条1項本文）は，真にやむを得ない最終的手段として厳格な補充性が認められる場合に限られるべきである。判例は，「通常の捜査手法のみでは当該犯罪の摘発が困難である場合」と述べると共に，当該事案において他の捜査手段によっては証拠を収集し，被疑者を検挙することが困難な状況にあったことを具体的に検討・認定している（前記最決平成16・7・12参照）。このように，通常の捜査手法による摘発の一般的な困難ではなく，具体的補充性が認められる場合に限り，例外的に犯行の働き掛けが正当化され得るとみるべきである。

3 違法なおとり捜査の効果

(1) 違法なおとり捜査が実行された場合には，通常の捜査手続に違法があった場合と同様に，そのような違法捜査を通じて収集された証拠の排除という法的効果が想定される。前記判例（最決平成16・7・12）は，実行されたおとり捜査が適法であったとの前提で，「本件の捜査を通じて収集された……各証拠の証拠能力を肯定した原判断は，正当として是認できる」と説示しているので，違法なおとり捜査を通じて収集された証拠の証拠能力が否定される場合のあり得ることを示唆するものといえよう。

(2) 証拠排除以外の法的効果については，様々な議論があり得るが，前記のとおり，おとり捜査が原則として違法な教唆・幇助に該当する犯罪行為であることから，そのような不当な捜査手段を通じて対象者に対する刑事訴追を続行し有罪判決を獲得しようとする国家の活動自体が，全体として「基本的な正義

の観念」に反する手続と評価されれば，裁判所が憲法31条違反を理由に刑事訴追の進行自体を遮断する（公訴棄却または免訴による手続打ち切り）余地もあるように思われる（最決昭和28・3・5刑集7巻3号482頁は，「他人の誘惑により犯意を生じ又はこれを強化された者が犯罪を実行した場合に，わが刑事法上その誘惑者が場合によっては……教唆犯又は従犯として責を負うことのあるのは格別，その他人である誘惑者が一私人でなく，捜査機関であるとの一事を以てその犯罪実行者の犯罪構成要件該当性又は責任性若しくは違法性を阻却し又は公訴提起の手続規定に違反し若しくは公訴権を消滅せしめるものとすることのできないこと多言を要しない」という。実体法の解釈はそのとおりであろう。しかし，手続法解釈については再考の余地があろう）。

V 証拠収集等への協力及び訴追に関する合意

(1) 被疑者の取調べと供述調書への過度の依存を改め，取調べ以外の方法で供述証拠等を獲得する手段として，2016（平成28）年の法改正により，捜査・公判協力型の協議・合意制度が新たに導入された（2018［平成30］年6月1日施行）。検察官が，一定の財政経済関係犯罪及び薬物銃器犯罪について，共犯関係等にある被疑者・被告人のうち一部の者との間で，その者が他人の犯罪事実を明らかにするため真実の供述その他の協力的行為をする旨，及びその場合には検察官が当人の事件について不起訴処分，特定の求刑その他の行為をする旨を合意することができるものとし，このような両当事者間の協議・合意を通じて，他人の犯罪行為の訴追・処罰に必要な供述証拠等を獲得しようとするものである。検察官がこのような合意をすることができる根拠は，公訴権の行使に関する検察官の裁量権限（法248条）に求めることができよう。その概要は，次のとおり（法第2編第4章「証拠収集等への協力及び訴追に関する合意」，350条の2～350条の15）。

(2) 検察官は，「特定犯罪」（強制執行妨害関係犯罪，偽造関係犯罪，贈収賄罪，詐欺・恐喝の罪，横領の罪，租税関係法律・独占禁止法・金融商品取引法に規定する罪その他の財政経済関係犯罪として政令で定めるもの，薬物銃器犯罪等）に係る事件の被疑者または被告人が，特定犯罪に係る他人の刑事事件について，当該他人の

犯罪事実を明らかにするために被疑者または被告人が行う行為により得られる証拠の重要性，関係する犯罪の軽重及び情状，当該関係する犯罪の関連性の程度その他の事情を考慮して，必要と認めるときは，被疑者または被告人との間で，被疑者または被告人が捜査・公判に協力する行為（被疑者または参考人としての取調べに際して真実の供述をすること，証人として尋問を受ける場合において真実の供述をすること，捜査機関による証拠の収集に関し，証拠の提出その他の必要な協力をすること）の全部または一部を行う旨及び当該行為が行われる場合には検察官が被疑事件または被告事件について当該被疑者・被告人に有利となる行為（不起訴処分，特定の訴因・罰条による起訴，公訴の取消し，特定の訴因・罰条への訴因変更請求，即決裁判手続の申立て，略式命令請求，特定の求刑意見［裁判所を拘束するものではない］の陳述）の全部または一部を行う旨の「合意」をすることができるものとする（法350条の2）。なお，この合意をするには弁護人の同意がなければならない。この合意は，検察官，被疑者または被告人及び弁護人が連署した書面により，その内容を明らかにして行う（法350条の3）。

　この合意をするため必要な「協議」は，原則として，検察官と被疑者・被告人及びその弁護人との間で行う。弁護人は協議に常時関与する（法350条の4）。なお，検察官は，警察が捜査を実施した送致事件等の被疑者との間で前記「協議」をしようとするときは，事前に司法警察員と協議しなければならないものとし，検察官は，他人の刑事事件について司法警察員が現に捜査していることその他の事情を考慮して，当該他人の刑事事件の捜査のため必要と認めるときは，前記「協議」における必要な行為を司法警察員にさせることができる。この場合，司法警察員は，検察官の個別の授権の範囲内で，合意の内容とする行為に係る検察官の提案を，被疑者または被告人及び弁護人に提示することができる（法350条の6）。このように協議過程への司法警察員の関与を制度化するのは比較法的に例のないものであるが，警察捜査との緊密な連携とその適正担保に資するであろう。

　(3)　合意に係る公判手続の特則として，被告事件についての合意があるとき，または合意に基づいて得られた証拠が他人の刑事事件の証拠となるときは，これを手続上明示するため，検察官は，合意に関する書面の取調べを請求しなければならない。その後に合意の当事者が合意から離脱したときは，離脱に関す

る書面についても同様とする（法350条の7～350条の9）。

(4) 合意の当事者は，相手方当事者が合意に違反したときその他一定の場合には，合意から離脱することができる（法350条の10）。検察官が合意に違反して公訴権を行使したときは，裁判所は，判決で当該公訴を棄却しなければならない（法350条の13第1項）。また，検察官が合意に違反したときは，協議において被告人がした供述及び合意に基づいてした被告人の行為により得られた証拠は，原則として，証拠とすることができない（法350条の14）。

(5) 合意が成立しなかったときは，被疑者・被告人が協議において他人の刑事事件についてした供述は，原則として，証拠とすることができない（法350条の5第2項）。

(6) 虚偽証拠により他人が訴追・処罰されることを防止するため，合意をした者が，合意に係る行為をする場合において，捜査機関に対し，虚偽の供述をし，または偽造・変造の証拠を提出したときは，処罰する（法350条の15）。

(7) 以上の捜査・公判協力型の協議・合意制度は，併せ導入されることとなった「刑事免責制度」〔第9章Ⅱ4(4)〕と共に，取調べによる供述獲得に代わる新たな立証手段を導入するものであり，今後の運用が注目される。

〈第1編第7章　参考文献〉
　井上正仁「刑事手続における体液の強制採取」法学協会百周年記念論文集第2巻（有斐閣，1983年）
　井上正仁「強制採尿令状による採尿場所への強制連行」香川達夫博士古稀祝賀・刑事法学の課題と展望（成文堂，1996年）
　井上正仁・捜査手段としての通信・会話の傍受（有斐閣，1997年）
　酒巻匡「おとり捜査」法学教室260号（2002年）
　井上和治「協議・合意制度」法学教室519号（2023年）

第8章

捜 査 の 終 結

I　警察における捜査の終結

1　検察官への事件送致

(1)　大多数の事件については，まず警察における捜査が実行される。警察の捜査が進展し，「犯人」の特定・捕捉と犯罪の成立及び情状に関する「証拠」が収集されたときは（法189条2項参照），捜査の対象とされた「事件」を検察官に引き継ぐ手続が行われる。これを「事件送致」という。司法警察員は，犯罪の捜査をしたときは，原則として，速やかに書類及び証拠物とともに「事件」を検察官に送致しなければならない（法246条）。

なお，検察官に送致される「書類」には，司法警察職員が捜査の過程で作成した供述調書，検証・実況見分調書，捜査報告書等の捜査書類や私人の提出した被害届等も含まれる。事件送致の際には，犯罪事実及び情状に関する警察の意見を附した「送致書」が添付される（犯罪捜査規範195条）。

この手続を介して，被疑事件は，公訴提起の権限を独占する検察官のもとに集中されてゆくことになる（法247条・248条）。事件送致を受けた検察官は，法律家として公訴提起の可否・要否等の「事件処理」に向けた捜査を実行する（法191条参照）。送致後は，警察は補助的立場となるが，補充すべき新証拠等参考となる事項を発見したときは，これを検察官に追送する。

(2)　前記のとおり警察において被疑者を逮捕したときは，司法警察員は，48時間の制限時間内に，書類及び証拠物とともに被疑者を検察官に送致する手続をしなければならない。これを「身柄送致」という（法203条1項・211条・216

条)〔第3章Ⅱ4(2)〕。また，告訴・告発・自首を受けたときは，速やかにこれに関する書類及び証拠物を検察官に「送付」しなければならない（法242条・245条）〔第2章Ⅳ(5)〕。これらの手続は法246条にいう「この法律に特別の定のある場合」に当たる。警察における捜査は続行される。

2　警察における微罪処分

(1)　事件送致の例外として，警察段階で手続を終結させる「微罪処分」としての不送致がある。法は，公訴提起の可能性が乏しい「検察官が指定した事件について」送致を要しないとしている（法246条但書）。公訴提起・審理・裁判という司法手続に至る前の段階で事件を処理し，被疑者を刑事手続から離脱させるいわゆる「司法前処理」の一種である。

(2)　各地方検察庁の検事正は，法193条1項の一般的指示権の行使により〔第1章Ⅰ2〕，犯情とくに軽微な少額の窃盗，詐欺，横領，賭博等の「微罪事件」をあらかじめ指定している。犯罪捜査規範は，微罪処分を行う場合について（犯罪捜査規範198条），被疑者に対する厳重な訓戒，被害回復や被害者に対する謝罪等の勧奨，親権者・雇主等被疑者を監督する地位にある者の呼出と将来の監督の約束取付け等の処置を規定している（犯罪捜査規範200条）。微罪処分にはこのような警察による介入を伴う点に留意すべきである。

警察は，微罪処分を行った事件について，処理年月日，被疑者の氏名，年齢，職業及び住居，罪名ならびに犯罪事実の要旨を1月ごとに一括して，微罪処分事件報告書により検察官に報告しなければならない（犯罪捜査規範199条）。

Ⅱ　公訴提起後における捜査

(1)　公訴提起を含む検察官の事件処理については，後述する〔第2編公訴第1章Ⅰ〕。ここでは，捜査はどの時点まで継続し，いつ終結するのかという観点から，公訴提起後における捜査の可否・限界をめぐる事項について説明する。

捜査は，検察官の公訴提起と公判手続の遂行を目的として，犯人と証拠を保

全・収集する活動であるから，公訴が提起された事件については，その本来的目標をほぼ達しているのが通常である。捜査の一般的必要は大きく減退し，補充的なものにとどまるはずであろう。また，公訴提起後は，捜査対象であった被疑者は「被告人」となり，刑事訴訟の一方「当事者」たる法的地位につくことになるから，他方の当事者である検察官との間の均衡という配慮が必要である〔序Ⅱ4，5〕。さらに，刑事手続の最終目標である刑罰権の的確な具体的実現という観点からは，公訴提起後第1回の公判期日以降は，裁判所がこの目標に向けて証拠調べを行うのが制度の本来的形態である。

　以上の観点から，明文の制約はないものの，公訴提起後においては，主たる制度目的を達成したはずの捜査にはある程度の制約が生じることになると解される。

　(2)　第一，第1回の公判期日前には，被告人側に証拠保全請求手続（法179条）〔第9章Ⅳ〕が認められていることとの均衡上，これと同様の強制処分（押収，捜索，検証，鑑定処分）について，同様の条件，すなわち「あらかじめ証拠を保全しておかなければその証拠を使用することが困難な事情があるときは」，裁判官の令状を得て実行することができると解される。なお，検察官による証人尋問請求〔第4章Ⅱ3〕については，第1回の公判期日前に実施できる旨明文がある（法226条・227条）。

　これに対して，第1回の公判期日以降は，前記のとおり裁判所が証拠調べに着手実行するのが本来的形態であるから，強制捜査に該当する処分は，検察官が裁判所に申し出て，その証拠調べとして目的を実現するのが適切であろう。

　(3)　第二，任意捜査については，一般的「必要」は減少しているはずであるが，その性質上，対象者に対する法益侵害の質・程度は強制処分に比して小さいので，被告人以外の対象者に対する任意捜査（例，第1回公判期日前の参考人の取調べ，強制を伴わない鑑定の嘱託，任意提出物または遺留物の領置，公務所等への照会）は，許容されると解される。

　(4)　第三，これに対して，任意捜査であっても，当事者たる地位についた「被告人」に対する取調べについては，その性質上固有の問題がある。

　取調べは，相手方の意思に働き掛けて供述証拠を獲得する形態の捜査であり，その性質上，一方当事者たる検察官が，法的に対等な当事者たる地位にある被

告人に対してこれを実行すること自体に疑問がある。とくに勾留中の被告人に対する取調べは，身体拘束の影響で被告人の黙秘権（法311条1項）が事実上侵害されるおそれを伴う。また，第1回の公判期日以降は，裁判所が，公判期日における被告人質問（同条2項・3項）の手続を通じて，被告人の供述を直接聴取するのが本来的形態である。このような点に鑑みると，第1回の公判期日以降は，原則として被告人に対する取調べは許されないと解すべきである。

　例外的場面があり得るとすれば，第1回の公判期日前において，被告人の当事者たる地位を尊重して弁護人の援助と黙秘権の実質的保障が確保される状況のもとで，必要最小限度許される場合があるにとどまるであろう。想定される例外の第一は，被告人側から任意に供述することを申し出た場合，第二は，共犯者に対する捜査との関係で被告人の供述を求める必要が生じた場合が考えられる。第一は実質的に弁解聴取であり，第二は実質的に参考人取調べとみられるからである。なお，被告人の余罪被疑事実に関する取調べは別論である。もっとも，当人が「被告人」としての地位にある点に配慮が必要となる。

　最高裁判所は，第1回の公判期日前に勾留中の被告人に対する取調べが行われた事案について，法197条は，「捜査官の任意捜査について何ら制限をしていないから，同法198条の『被疑者』という文字にかかわりなく，起訴後においても，捜査官はその公訴を維持するために必要な取調を行うことができるものといわなければならない。……［しかし］起訴後においては被告人の当事者たる地位にかんがみ，捜査官が当該公訴事実について被告人を取り調べることはなるべく避けなければならない」と説示している。もっとも，被告人側から検察官に供述の申出のあった当該事案について，直ちに違法とはいえないとしている（最決昭和36・11・21刑集15巻10号1764頁）。

第9章

被疑者の権利

I　総　説

(1)　犯人であると疑われ権力作用である捜査の対象とされた被疑者は，脆弱な立場にある。これまで説明してきたとおり，被疑者の権利・自由を侵害・制約する捜査機関の活動に対しては，主として司法権による制禦（強制捜査に対する令状主義及び任意捜査の事後規律）が設定されているが，それだけでは公権力行使に対する安全装置として不十分である。捜査手続全体の「適正な」作動（憲法31条）を確保するためには，被疑者の側にも公権力行使から保護されるべき法的権利が付与され，さらにこれを現に行使することが実質的に確保されなければならない。

(2)　被疑者が無権利状態で公権力の行使に曝されれば，個人の尊厳という人格的法益侵害の危険が高まるだけでなく，刑事手続の重要な目標である事案の真相解明をも誤る危険が増大する。このような事態は，各国の刑事手続が歴史的に経験し，それ故，現代文明諸国の刑事手続は，被疑者ないし被告人の法的地位を改善し，基本権としてその権利を保障するに至っている。その中核をなすのは，黙秘権（自己負罪拒否特権）及び弁護人の援助を受ける権利であり，わが国でも，憲法上の権利として保障されている。

また，捜査機関の行う不利益処分に対しては，被疑者側に不服申立ての途（例，準抗告）が設けられており，これは憲法31条の適正手続の要請に基づく。さらに，被疑者は公訴提起された場合，刑事訴訟の一方当事者たる被告人として防禦活動を行う立場になることから，あらかじめ防禦準備に資する証拠を保全しておくための制度も設定されている（証拠保全請求手続）。

これらの諸権利は，法的に保障されているだけでは実効性を欠く。それが現に行使できることが実質的に確保されていなければならない。このような権利行使の実効性確保のために不可欠で最も基本的な権利は，法的権利行使の専門家たる「弁護人」の援助を受ける権利であるといえよう。

　以下では，順次これらの諸権利について説明する。なお，後記のとおり自己負罪拒否特権は「何人」に対しても保障された基本権であり，また，証拠保全請求は被疑者のみならず被告人の権利でもあることから，各々被疑者・被告人についてまとめて記述する。被告人の弁護人選任権については，別途説明する〔第3編公判手続第2章Ⅳ〕。

Ⅱ　黙秘権（自己負罪拒否特権）

1　意義と趣旨

　(1)　憲法は「何人も，自己に不利益な供述を強要されない」基本権を保障している（憲法38条1項）。これを「自己負罪拒否特権」という。「何人も」という文言から，この基本権の主体は，捜査や刑事訴追の対象とされた被疑者・被告人に限られない。また，この基本権が保障される場面・手続に特段の制約はなく，刑事手続における供述強要に限定されるわけではない。刑事上の「不利益」事項に関する「供述」を「強要」する作用を有し得る法制度（例，民事訴訟における証人尋問）や，個別事案においてこのような作用を有する制度運用・法適用（例，道交法上の交通事故の報告義務）は，憲法38条1項違反の問題を生じ得る。

　刑事訴訟法は，被疑者について「自己の意思に反して供述をする必要がない旨」の権利告知を定め（法198条2項），被告人について「終始沈黙し，又は個々の質問に対し，供述を拒むことができる」権利を保障するとともに（法311条1項），冒頭手続においてこの権利の告知を定めている（法291条5項）。被疑者・被告人に認められたこのような全面的供述拒否権ないし沈黙の自由を「黙秘権」と呼ぶ。

他方，刑事訴訟法は，被疑者・被告人以外の者が「証人」として尋問を受け供述を法的に強制される場面について（法143条），「何人も，自己が刑事訴追を受け，又は有罪判決を受ける虞のある証言を拒むことができる」旨の証言拒絶権を設けて（法146条），憲法38条1項の要請に対応している（民事訴訟における証人やその他の公的手続における証人についても同様の証言拒絶権が認められている。これも憲法上の要請である。例，民訴196条・議院証言法4条1項のうち証人自身の刑事訴追・有罪判決を受けるおそれに関する規定）。

このような憲法及び実定刑事訴訟法の文言から，刑事訴訟法上の被疑者・被告人の「黙秘権」保障は，憲法38条1項の保障を拡張したものであり，憲法は，「不利益供述」強要禁止の限度で何人に対してもこれを基本権として保障したものとみるのが一般的理解である。もっとも，刑事手続の対象とされ捜査・訴追・有罪判決に至る可能性のある被疑者・被告人については，全ての供述が憲法にいう刑事上の「不利益」に該当し得る故に，全面的な黙秘権が認められていると理解する見解も有力である。後者の考えに拠れば，被疑者・被告人の黙秘権は憲法上の保障と位置付けられる。

* 憲法38条1項の適用について，最高裁判所は，「[憲法38条1項の保障は，]純然たる刑事手続……以外の手続においても，実質上，刑事責任追及のための資料の取得収集に直接結びつく作用を一般的に有する手続には，ひとしく及ぶ」と説示している（最大判昭和47・11・22刑集26巻9号554頁［川崎民商事件］）。これは純然たる刑事手続以外の法制度が文面上自己負罪拒否特権違反の問題を生ずるかどうかの判断基準を述べたものとみられるが，特定の法制度の趣旨・目的が，「刑事責任追及のための資料の取得収集に直接結びつく作用を一般的に有する手続」でなくとも，個別具体的な事案において当該手続が刑事上の不利益供述を強要する作用を有する場合には，適用違憲の問題を生じ得るであろう。

** 「自己負罪拒否特権」という術語は，母法であるアメリカ法にいう privilege against self-incrimination の訳語である。この基本権は17世紀のイギリスに起源を発し，アメリカ合衆国憲法や各州憲法において成文化された。合衆国憲法第5修正は，「何人も，刑事事件における自己に不利益な証人の立場になることを強要されない（No person shall be compelled in any criminal case to be a witness against himself)」と規定している。「証人」は一般的に出頭・宣誓・証言の法的義務を負う（日本について法150条・151条・160条・161条参照）。このことを前提として，当人が刑事訴追や有罪判決を受けるおそれのある「不利益」証言について個別的に証言義務を免除することから，「特権（privilege）」という表現が用いられるのである。

これに対し被告人は証人となること自体を拒絶でき，包括的・全面的な供述拒否ができる（法311条1項）とされており（アメリカにおいて被告人が自ら証人となる途を選択した場合は別論である。これに対して，日本では被告人に証人適格はないと解されている），証人とは異なり一般的な供述義務は前提とされない。そこで，供述義務のない被疑者・被告人の供述拒否や沈黙の自由は，それ自体「権利（right）」であるとみて「黙秘権（right to silence；right to remain silent）」と表現されている。

(2) 自己負罪拒否特権の存在理由ないしその趣旨は，「証人」として尋問を受け証言を法的に強制される場面について，次のように考えられる。

証人には出頭・宣誓・証言の義務があり，これは刑罰等の制裁をもって法的に強制されている（法150条・151条・160条・161条）。証人がこのような法的制裁を回避するため「自己が刑事訴追を受け，又は有罪判決を受ける虞のある証言」（法146条参照）をせざるを得ないとすれば，これを端緒として当人が刑罰を科されるおそれが生じる。そこでこれを回避するため証人がこのような事項について虚偽の宣誓証言をすれば，偽証罪で処罰される可能性が生じる。これでは証人は処罰される危険について三竦みの進退窮まる状況（cruel trilemma）に陥るので，不利益証言を拒絶できることとして，このような状況を回避する趣旨であるとみられる。

(3) 被疑者・被告人については，一般的証言義務が前提とされないから，証人義務違反や偽証罪の制裁回避という問題は生じない。むしろ，事実上の強制による自白強要を防止し，人格の尊厳に由来する供述をするかどうかの意思決定の自由を確保する趣旨とみるべきであろう。犯人と疑われている被疑者・被告人に対して事案解明のため犯罪事実にかかわる真相を供述するよう求める指向は一般に著しく強くなるのが自然の人情である。そうであるからこそ，供述自体を拒絶し沈黙する逆方向の「権利」を保障することでそのような指向を中和し，公権力の人格的領域への不当な介入を防止しようとするものである。なお，黙秘権は供述を拒み，沈黙する権利であって，もとより虚言の自由を認めるものではないから，不正義・不道徳を権利化したものではない。

自白強要を禁じる趣旨の被疑者・被告人の権利は，手続構造や法圏を問わず，現代文明諸国の刑事手続に普遍的な権利として確立しているといってよい。国際人権規約B規約14条は，すべての者は，その刑事上の罪の決定について「自己に不利益な供述又は有罪の自白を強要されない」旨を保障している。

＊　前記のとおり，自己負罪拒否特権は，主として証人に供述を法的に義務付ける形の「強要」を想定し，かつてアメリカ法では，特権の規律は公判手続等の法的強制に限り，暴行・脅迫等の事実上の強制には及ばないという見解が支配的であった。捜査段階における事実上の自白強要に対しては，別途，沿革を異にする「自白法則（強制・拷問・脅迫等により獲得された自白は証拠とすることができない。憲法38条2項参照）」により規律されると考えられたのである。しかし，その後アメリカ法では，自己負罪拒否特権の保障が適正手続の一環として捜査段階の取調べ等事実上の強要防止の局面にも及ぶと解されるようになっている。これに対し日本では，憲法38条1項と2項の規律範囲の沿革的相違にかかわらず，憲法制定当初から，憲法38条全体が事実上の強制を伴う自白強要防止の観点に主眼がおかれた規定と理解されていた。

　日本の刑事手続において，自己負罪拒否特権（憲法38条1項）に由来する被疑者の黙秘権と自白法則（憲法38条2項，法319条1項）は，いずれも捜査段階における事実上の供述強要を防止する規律として機能しているが，異なった制度である以上，両者の作用は独立である。例えば，仮に刑事免責により自己負罪拒否特権が消滅したとしても，自己負罪供述の獲得過程に事実上の強制があれば，自白法則の作用は害されないであろう。なお，証拠法則としての憲法38条2項とこれを受けた法319条1項に固有の制度趣旨と解釈については，別途説明する〔第4編証拠法第4章Ⅱ〕。

2　権利保障の対象・範囲

(1)　憲法38条1項にいう「不利益」とは，刑事上の不利益すなわち「自己が刑事訴追を受け，又は有罪判決を受ける虞のある」事項をいい（法146条参照），刑事責任を科しまたはこれを加重する事項以外には及ばない。したがって，民事上の責任のみが問われる事項や，犯罪事実であっても既に公訴時効が完成した事実，有罪・無罪等の確定判決を経て一事不再理の効力が生じている事実については，刑事訴追や有罪判決を受ける可能性がないから「不利益」に当たらない。また，「刑事免責（訴追免除）」制度を導入した場合には〔後記4〕，免責を受けた者が刑事訴追と有罪判決を受ける可能性が失われ，犯罪事実に係る事項は当人の「不利益」に当たらないことになるから，当該事項について証言をさせることができる。

　なお，刑事訴追を受けるおそれのある事項の範囲は，犯罪事実及びこれに密

接に関連する事実と，これらに現実的・実質的に結びつき得る端緒となる事項にも及ぶと解すべきであろう。

　被疑者・被告人については，前記のとおり法律上全面的・包括的な黙秘権がある。被告人の氏名を「原則として……不利益な事項に該当するものではない」と解して対象範囲から除く判例（最大判昭和32・2・20刑集11巻2号802頁）は疑問であろう。仮に判例の憲法解釈を前提としても，氏名を告げることにより起訴された犯罪が当然に被告人の犯行であることが判明するような場合や，身許が明らかになることにより当人の刑事上の不利益事項が発覚する現実的・実質的可能性がある場合（例，余罪や前科の発覚）には，憲法38条1項の保障が及ぶと解される。

　　＊　氏名を記載しない弁護人選任届の効力が問題となる場合には，第一に，選任届に氏名を記載させる手続上の負担が，「強要」とまではいえないと解する余地があろう。他方，第二に，最高裁判所は，「氏名を記載することができない合理的な理由もない……被告人の署名のない弁護人選任届……は……無効」とするが（最決昭和44・6・11刑集23巻7号941頁等），弁護人選任届の効力は，被告人との連署を必要とする弁護人選任書（規則18条）の制度趣旨に鑑み，氏名の記載がなくとも被告人が誰であるか他の方法で特定されていれば有効と解することができよう。

(2)　法律上・事実上の強要が禁じられているのは不利益な「供述」である。すなわち，言語的またはこれに準ずる意思伝達の作用を有する表現行為に限られる。対象者から当人の刑事訴追や有罪判決に結びつくおそれのある情報を獲得する作用があっても，意思伝達の要素がない作為は「供述」に当たらないから，これを法的に義務付けても憲法38条1項違反の問題は生じない（例，アルコール濃度検知のための呼気検査の法的義務付け）。最高裁判所は，道路交通法の規定による警察官の呼気検査を拒んだ者を処罰する規定の合憲性について，「右検査は……運転者らから呼気を採取してアルコール保有の程度を調査するものであって，その供述を得ようとするものではないから，……憲法38条1項に違反するものではない」と説示している（最判平成9・1・30刑集51巻1号335頁）。

　被疑者に不利益な証拠物を強制的に差し押えることも，もとより「供述」を得ようとするものではないから，憲法38条1項の規律とは無関係である。最高裁判所は，強制採尿について，憲法38条1項違反の上告趣意に対し「尿の

採取は供述を求めるものではないから，所論は前提を欠［く］」と説示している（最決昭和55・10・23刑集34巻5号300頁）。

　　＊　現行刑事手続には存在しないが，例えば，被疑者に不利益な内容の書面を新たに作成して提出させることを法的に義務付ければ，「供述」の強要になろう。また，当人が作成し既に存在する不利益な内容が記載された書面を提出するよう法的に義務付ける場合には（例，罰則付文書提出命令），文書提出行為が義務付けられる結果，提出行為により，当人が当該不利益文書の存在を認識しこれを所持していたこと自体を外部に伝達する作用を有することがあり得るので，それが自明な事柄でなかった場合は「供述」の強要になると思われる。もっとも，このような既存の不利益文書を令状により差し押えることは，憲法38条1項に違反しない。
　＊＊　「ポリグラフ検査」は，質問に対する対象者の生理的反応（呼吸・脈拍・血圧・発汗等）の変化を測定・観察して，専門家がそこから内心の状態を検定する心理鑑定であるから，「供述」を得ようとするものではない（東京高決昭和41・6・30高刑集19巻4号447頁参照）。ただ，対象者が制禦できない身体的・生理的変化を介して内心の状態を表出せしめる点において，自己負罪拒否特権や供述拒否権の趣意である人の意思決定の自由の確保や内心への介入の禁止の趣旨に反するのではないかとの疑問はある。もっとも，検査の性質上これを強制すれば検査結果の信頼性が損なわれるので，対象者の同意を得て実施されている。検査の性質を十分説明し理解を得た上での同意があれば，この点の問題は解消されよう。
＊＊＊　薬物を施用して対象者の意思による抑制を弛緩させ，意識下にある感情や記憶を語らせる「麻酔分析」は，精神医学や心理学上の検査・診療手段として用いられることがある。この手法を被疑者の取調べに用いることはもとより許されない。薬理作用で意思決定の自由を失わせ供述を得ようとするものであるから，黙秘権を侵害するのは明らかである。捜査の過程で行われた精神鑑定や心理鑑定においてこの手法が用いられ，対象者の「供述」が得られたとしても，それは鑑定の素材・資料として用いることができるにとどまる。これを犯罪事実の認定に用いれば黙秘権侵害となる。いわゆる「催眠術」により得られた供述も同様であろう。

3　権利保障の効果

(1)　前記のとおり，黙秘権保障の第一の効果は，不利益な供述を義務付けることの禁止である。不利益供述を強要するために刑罰等の法的制裁を科す制度を設けることはできない。純然たる刑事手続以外の手続であっても，対象者が刑事責任を問われるおそれのある事項について供述を求めることになるもので，

実質上，刑事責任追及のための資料の取得収集に直接結びつく作用を一般的に有する手続において，不利益供述を義務付けることはできない（前記最大判昭和47・11・22［川崎民商事件］参照。例えば，捜査手続ではない国税犯則取締法上の犯則嫌疑者に対する質問調査手続にも憲法38条1項の保障が及ぶ［最判昭和59・3・27刑集38巻5号2037頁］）。

　公判前整理手続における被告人に対する主張明示義務（法316条の17第1項）は，被告人が将来公判期日においてすることを予定している主張を明らかにする時機を公判前段階に早期化するにとどまり，「供述」をするかどうかは被告人の意思に委ねられているから，憲法38条1項に反するものではない。

　黙秘権行使が困難な状況に陥れ，被疑者・被告人に対して供述を事実上強要することは，もとより許されない。法198条1項但書の規定は，身体拘束を受けている被疑者には取調べのために出頭し，滞留する義務があるとの解釈に基づいて運用されているが，身体拘束状態を直接利用して被疑者に取調べに応じることを事実上強制することは，被疑者の供述をするかどうかの意思決定の自由を侵害するので到底許されない。憲法38条1項違反の状態が生じないためには，身体拘束処分を受けている被疑者に出頭義務と滞留義務があるとしても，捜査機関の取調べに応じる義務（いわゆる「取調べ受忍義務」）はないといわなければならない〔第4章Ⅳ1〕。被疑者が取調べを拒絶しこれに応じない意思が明瞭となった後に，捜査機関が説得の域を越えてなお取調べを続行すれば，供述を事実上強要した疑いを生じよう。

　　＊　公判前整理手続における被告人の主張明示義務は，被告人の全面的供述拒否権（法311条1項）に抵触するものではない。ここで義務付けられているのは，被告人側の「証明予定事実その他の公判期日においてすることを予定している事実上及び法律上の主張があるとき」，それを明示することであって，そのような主張をするかどうかは被告人の自由な意思決定に委ねられている（法316条の17第1項）。
　　　　また，被告人は，公判期日において証拠により証明しようとする事実（証明予定事実）があるときは，公判前整理手続においてこれを証明するために用いる証拠の取調べを請求しなければならず（同条2項），やむを得ない事由があった場合を除き，公判前整理手続終了後には，証拠調べを請求することができない（法316条の32第1項）。このため被告人は自らの予定主張を証明する証拠の明示を公判前に義務付けられることになるが，これも被告人が行う証拠調べ請求の要否判断の時機を公判期日前に早期化するだけで，「供述」自体の法的義務付けには当たらない。被

告人が検察官立証の終了を待ってその時点で反証をするかどうか決断する利益は失われることになるが，それは憲法38条1項が直接保障する利益ではない。

　最高裁判所は，被告人に対して主張明示義務及び証拠調べ請求義務を定めている法316条の17について，「被告人又は弁護人において，公判期日においてする予定の主張がある場合に限り，公判期日に先立って，その主張を公判前整理手続で明らかにするとともに，証拠の取調べを請求するよう義務付けるものであって，被告人に対し自己が刑事上の責任を問われるおそれのある事項について認めるように義務付けるものではなく，また，公判期日において主張をするかどうかも被告人の判断に委ねられているのであって，主張をすること自体を強要するものでもない。そうすると，同法316条の17は，自己に不利益な供述を強要するものとはいえない」と説示して，憲法38条1項違反の主張を斥けている（最決平成25・3・18刑集67巻3号325頁）。

＊＊　最高裁判所は，法198条1項但書の規定が逮捕・勾留中の被疑者に対し「取調べ受忍義務」を定めているとすると憲法38条1項に反し違憲であるとの主張に対し，「取調べ受忍義務」という用語を慎重に避け，「身体の拘束を受けている被疑者に取調べのために出頭し，滞留する義務があると解することが，直ちに被疑者からその意思に反して供述することを拒否する自由を奪うことを意味するものでないことは明らかであるから」，所論は前提を欠くと説示している（最大判平成11・3・24民集53巻3号514頁）。当然の事理を述べたものといえよう。被疑者の身体・行動の自由剥奪にとどまらず，取調べに応じる義務まで負荷すれば，「被疑者からその意思に反して供述することを拒否する自由」が奪われて，憲法38条1項違反の問題が生じよう。

(2)　第二に，権利侵害があった場合，強要により獲得された不利益供述を当人に対する刑事訴追や有罪判決の証拠として用いることは，制度趣旨に反するので，そのような供述の証拠能力を認めることはできない。なお，これは強要された供述が当人に対する刑事訴追に用いられないようにして権利侵害からの救済・修復を図る措置であるから，証拠としての利用の禁止を主張できるのは，権利侵害を被った当人に限られる。例えば，黙秘権を侵害して獲得された供述について，権利を侵害された当人ではなく別の犯行関与者が，自己に対する当該供述の使用禁止を主張できるとする理由はない。

(3)　第三に，事実認定における黙秘権保障の具体的効果ないし機能として，黙秘した事実から当人に不利益な推認をしてはならないといわれている。このことは，被疑者・被告人の身体拘束処分に係る判断（例，勾留・保釈の要件判断）や公訴事実の認定等様々な局面で問題となり得るが，黙秘の事実ないし態度そ

れ自体を情況証拠（間接事実）として積極的に被疑事実や公訴事実の存在を推認することができるとすれば，被疑者・被告人が供述を拒否し沈黙する正当な権利行使を困難にし，ひいては黙秘権それ自体の存在意義を失わせることになるから，このような推認は許されないと解される。

　犯罪事実について犯人と疑われ，あるいは刑事訴追されている被疑者・被告人は，無実であるならそのような嫌疑を晴らすために弁明し，無実を明らかにするよう努めるのが自然であり，そうしないで沈黙しているのは，無実ではないからおよそ弁明できないか，弁明するとつじつまがあわなくなるおそれがあるからであろうと推認することは，それ自体必ずしも不自然・不合理なことではない。しかし，黙秘権の保障は，敢えてこのような推認を禁じ，被疑者・被告人の積極的弁明・供述の義務を否定することによって，供述をするかどうかの自由を回復・確保しようとする制度とみられる。

　不利益推認の禁止は，一般論としてはこのように説明することができる。問題は，個別具体的場面における事実認定が不利益推認に当たるかどうかである。

　(4)　勾留や勾留延長の要件判断に際し，被疑者が黙秘している場合，黙秘の事実・態度を罪証隠滅や逃亡のおそれを認定する資料とすることは許されない。他方で，黙秘すれば被疑者に有利な事情や弁明を考慮勘案できないのに対し，被疑者が取調べや勾留質問に応じて供述し，その供述内容が一資料となって，罪証隠滅や逃亡のおそれがないと判断され身体拘束処分から解放されることはあり得る。両者を対比すれば，黙秘しない方が有利な結果になっているものの，それは黙秘の事実を理由に不利益な扱いをしたからではない。

　前記のとおり被告人の黙秘の事実・態度それ自体を情況証拠として，積極的に犯罪事実の認定に用いることはできない。他方，一般に公判期日における証人や被告人の供述態度は，これを直接観察した事実認定者による当人の供述の信用性の評価や他の証拠の証明力評価の一資料になる。また，検察官が犯罪事実について合理的な疑いを超える立証を果たしたとみられる状況・段階において，被告人側が沈黙を続け何ら合理的な疑いを生じさせる事実を主張・反証しなければ，有罪判決という不利益を被ることになる。しかし，これらはいずれも事実認定における合理的な事実上の推認の結果であり，黙秘態度それ自体を証拠として用いる場合とは異なるであろう。

また，捜査段階では黙秘していた事実と後に公判期日において被告人が弁解として主張することになった事実その他の事実を総合勘案し，当該弁解主張を捜査段階でしておくことが合理的に期待できたのに黙秘していたと認められるとき，後になって示された被告人の主張事実の真偽について不利益な認定をしたとしても，同一人の主張態様全体の評価に基づく合理的な推認とみられるが，この点については異論もあり得よう。

　(5)　犯罪事実が認定された場合において，黙秘の事実・態度を量刑上不利益方向に考慮するのは許されないというべきである。これに対し，積極的な否認の事実・態度はこれとは区別されよう。なお，被告人が一貫して自白していた事実は，情状として量刑上有利に考慮されるのが一般である。黙秘した被告人がこのような場合に比して重く量刑されるのは，黙秘を理由に不利益な量刑をした結果ではない。

4　刑事免責

　(1)　「刑事免責（訴追免除）(immunity)」制度とは，「自己負罪拒否特権に基づく証言拒否権の行使により犯罪事実の立証に必要な供述を獲得することができないという事態に対処するため，共犯等の関係にある者のうちの一部の者に対して刑事免責を付与することによって自己負罪拒否特権を失わせて供述を強制し，その供述を他の者の有罪を立証する証拠としようとする制度」である（最大判平成7・2・22刑集49巻2号1頁参照）。アメリカ合衆国では，一定の許容範囲，手続要件の下に採用され，制定法上確立した制度として機能している。

　最高裁判所は，いわゆるロッキード事件判決において，アメリカ人に対してなされた日本国検事総長及び最高裁判所の不起訴宣命に基づく訴追免除の意思表示を受け，アメリカで実施された証人尋問における証言（嘱託尋問調書）の証拠能力について判断するに際し，「我が国の憲法が，その刑事手続等に関する諸規定に照らし，……［刑事免責］制度の導入を否定しているものとまでは解されないが，……これを採用するのであれば，その対象範囲，手続要件，効果等を明文をもって規定すべきものと解される」と説示して，憲法38条1項の解釈上，刑事免責制度の設定・導入が可能であることを示唆したものの，

「我が国の刑訴法は，……〔刑事免責〕制度に関する規定を置いていないのであるから，結局，この制度を採用していないものというべきであり，刑事免責を付与して得られた供述を事実認定の証拠とすることは，許容されないものといわざるを得ない」とした（前記最大判平成 7・2・22）。

* ロッキード事件判決の説示には不分明な点がある。第一，現に実定法として採用されていない法制度と同一の機能を有する手続により獲得された供述が直ちに事実認定の証拠として許容されない理由・根拠が不明である。最高裁の判断は，すくなくとも，実定法上許容されていない法定要件を欠いた違法な捜索・差押え等により獲得された証拠物の証拠能力に関する違法収集証拠排除法則の適用（最判昭和 53・9・7 刑集 32 巻 6 号 1672 頁参照）とは異なっている。また「公正な刑事手続の観点」から適正手続・基本的な正義の観念（憲法 31 条）に反することを根拠とする証拠使用の禁止であるとすれば，刑事免責制度の合憲的導入可能性に言及する説示と矛盾するであろう。第二，仮に当該事件で行われた訴追免除が制度の不存在故に違法であるとして，嘱託尋問調書はアメリカ人証人に証言を強制した結果得られた供述であるから，当人の自己負罪拒否特権侵害を理由に当人に対する証拠としての使用を禁じることはできるとしても，第三者である被告人との関係では，これを証拠として使用するのを妨げる理由はないであろう。この事件の被告人が自己負罪拒否特権や黙秘権を侵害されたわけではないから，他人の自己負罪拒否特権侵害を理由に嘱託尋問調書の証拠能力を争う適格はないというべきである〔前記 3(2)〕。このような疑問点について，判決文中に明瞭な説明を見出すことはできない。

(2) 最高裁判所は，制度導入に関する立法論的考慮要素について次のように説示する（前記最大判平成 7・2・22）。

「この制度は，前記のような合目的的な制度として機能する反面，犯罪に関係のある者の利害に直接関係し，刑事手続上重要な事項に影響を及ぼす制度であるところからすれば，これを採用するかどうかは，これを必要とする事情の有無，公正な刑事手続の観点からの当否，国民の法感情からみて公正感に合致するかどうかなどの事情を慎重に考慮して決定されるべきものであ〔る〕」。

ここで言及されている「公正」とは，共犯等の関係にある者のうちの一部の者が，刑事免責を付与されることによって処罰を免れる点をいうのであろう。立法府がそのこと自体を直ちに「公正な刑事手続の観点から」不当であり，また「国民の法感情からみて公正感に合致」しないとみるのであれば，この制度導入は許されないことになるはずである。

これに対し「これを必要とする事情」として，共犯者の一部が処罰を免れても他の者の処罰を確保するためやむを得ないと認められる高度の必要性，すなわちその者の供述が他の共犯者の犯罪事実の証明に欠くことができないものであり，これを用いて他の者の処罰を確保する合理的な理由が認められるのであれば，刑事免責制度の利用も「不公正」な手続とはいえないという立法的決断もあり得よう。例えば，弁護人の立会いのない密室の取調べで共犯者の自白を獲得する捜査手法と当人を免責して裁判官の面前で証言させる手続とを対比して，どちらが対象者の人格的法益侵害の危険があるか，また，供述証拠収集手段としての取調べという捜査手法自体の限界や，取調べに対する制約負荷等に伴う供述証拠獲得機能の減衰可能性等，多様な事情の考慮勘案を要しよう。

　なお，刑事免責は，訴追側が一方的に，すなわち相手方の意思に関わりなく，免責を付与して自己負罪拒否特権を喪失させ証言を強制するのが基本的制度枠組であり，前記「協議・合意制度」〔第7章Ⅴ〕とは異なり免責付与について相手方との交渉や取引の要素は存在しない点に留意すべきである。

　(3) 憲法38条1項との関係では，「自己に不利益な供述」の範囲と同じ範囲で，当該供述に由来する事項を当人に対する刑事訴追や有罪判決の証拠として使用しないこととすれば，合憲であると解される。すなわち，当人の刑事訴追または有罪判決に直接結びつく犯罪事実及びこれに密接に関連する事実と，これらに現実的・実質的に結びつき得る端緒となる事項に関する供述及びこれに由来する証拠を証拠として使用しないこととすることで，免責対象者の自己負罪拒否特権は消滅し，この範囲について証言を法的に強制することができるはずである。

　なお，免責を付与された者が証言を拒絶したり偽証した場合に，これを理由に処罰され得るのは当然である。また，当人の供述した犯罪事実に関する事項とは独立に収集された証拠のみに基づいて当該犯罪で訴追したとしても，憲法38条1項には反しない。

　(4) 2016（平成28）年の法改正により，証人尋問の請求及び実施に際して，検察官の請求により，裁判所の免責決定を経て，証人の自己負罪拒否特権を消滅させ，証言を強制する制度の導入が行われた（法157条の2・157条の3）。

　次のとおり，検察官の訴追裁量権限に基づく免責付与の請求に対して，裁判

所がその適式性を確認して免責証言の実施を決定する構成である（刑事免責に関する規定は，第1回公判期日前の証人尋問にも準用される［法228条1項］）。

　検察官は，証人尋問請求に当たり，証人が刑事訴追を受け，または有罪判決を受けるおそれのある事項についての尋問を予定している場合であって，当該事項についての証言の重要性，関係する犯罪の軽重及び情状その他の事情を考慮して必要と認めるときは，あらかじめ，裁判所に対し，次の条件で証人尋問を行うことを請求することができる。第一，その証人尋問において尋問に応じてした供述及びこれに基づいて得られた証拠は，当該証人の刑事事件において，これらを証人に不利益な証拠とすることができないこと（偽証［刑法169条］または宣誓・証言拒絶［法161条］の罪に係る事件において用いる場合は除く）。第二，その証人尋問においては，法146条の規定にかかわらず，自己が刑事訴追を受け，または有罪判決を受けるおそれのある証言を拒むことができないこと。この請求を受けた裁判所は，当該証人の尋問事項に，証人が刑事訴追を受け，または有罪判決を受けるおそれのある事項が含まれないと明らかに認められる場合を除き，当該証人尋問を前記条件により行う旨の決定（免責決定）をする。証人尋問開始後に証人が法146条により証言を拒絶した場合も，検察官は，同様の事情を考慮して，裁判所に対し免責決定の請求をすることができる。

III　弁護人の援助を受ける権利

1　被疑者の弁護人選任権

　(1)　憲法は「何人も，……直ちに弁護人に依頼する権利を与へられなければ，抑留又は拘禁されない」と定めて（憲法34条前段），身体拘束処分（逮捕・勾留）を受けた被疑者の弁護人選任権を保障する。最高裁判所大法廷は，身体拘束を受けた被疑者と弁護人との接見交通に関する憲法判断に際して，この基本権の趣旨・目的と内容を次のように具体的に説明している（最大判平成11・3・24民集53巻3号514頁）。

　「［憲法34条前段］の弁護人に依頼する権利は，身体の拘束を受けている被疑

者が，拘束の原因となっている嫌疑を晴らしたり，人身の自由を回復するための手段を講じたりするなど自己の自由と権利を守るため弁護人から援助を受けられるようにすることを目的とするものである。したがって，右規定は，単に被疑者が弁護人を選任することを官憲が妨害してはならないというにとどまるものではなく，被疑者に対し，弁護人を選任した上で，弁護人に相談し，その助言を受けるなど弁護人から援助を受ける機会を持つことを実質的に保障しているものと解すべきである」。

　人身の自由を剥奪する身体拘束処分は，それ自体が強度の基本権侵害である上に，対象者が自由回復や法的権利行使のため自ら活動するのを困難にするものであることから，権利行使の補助者として法律家である「弁護人」の援助を受ける機会が保障されているのである。このような憲法の趣意を受けて，法は，捜査機関に対し，逮捕後の手続として，弁護人を選任することができる旨を被疑者に告知しなければならないとしている（法203条1項・204条1項）〔第3章Ⅱ4(2)〕。告知を怠った場合，それは重大な手続違反であるにとどまらず，不告知により「被疑者が弁護人を選任することを官憲が妨害」する結果となれば憲法違反が問題となり得る。

　(2)　身体拘束処分を受けていない被疑者については，身体拘束に着目した憲法34条前段の趣旨は当てはまらないから，弁護人選任権を認めるかどうかは，立法政策問題である（憲法37条3項前段は「刑事被告人」に対して「資格を有する弁護人を依頼する」基本権を保障しているので，「被告人」の弁護人選任権〔法30条1項〕は憲法上の要請である。なお，前記最大判平成11・3・24は「憲法37条3項は……公訴提起後の被告人に関する規定であって，これが公訴提起前の被疑者についても適用されるものと解する余地はない」とする）。

　旧刑事訴訟法は，公訴提起後すなわち「被告人」になってはじめて弁護人選任権を認める法制であった（旧法39条1項）。これに対して現行刑事訴訟法は，「被疑者は，何時でも弁護人を選任することができる」と定め，身体拘束を受けているかどうかを問わず，すべての被疑者に弁護人選任権を認めた（法30条1項）。一般に，公訴提起前の防禦準備，捜査に対する不服申立てや検察官の事件処理に向けた被疑者側からの働き掛け等の諸活動は，身体拘束の有無を問わず，被疑者の正当な権利・利益の保護にとって極めて重要であるから，この法

改正は適切で画期的なものであった。

　被疑者の法定代理人，保佐人，配偶者，直系親族及び兄弟姉妹も，「独立して」すなわち被疑者の意思にかかわらず，弁護人を選任することができる（法30条2項）。被疑者が身体拘束を受けた事実がこれらの弁護人選任権者に通知されたとき等に意味をもつであろう（法79条）〔第3章Ⅲ*3*(3)〕。

　法30条に基づき選任される弁護人を一般に「私選弁護人」という。

　(3)　被疑者の弁護人は法律家である「弁護士」の中から選任しなければならない（法31条1項）。「弁護士」とは弁護士法に定める資格を有し，かつ弁護士名簿に登録された者をいう（弁護士法4条・8条）。弁護士でない弁護人すなわち「特別弁護人」は被告人について想定された制度であり（法31条2項参照），被疑者による選任は認められないと解されている（最決平成5・10・19刑集47巻8号67頁）。

　被疑者は，身体拘束を受けているかどうかを問わず，弁護士会に対し私選弁護人選任の申出をすることができ，これを受けた弁護士会は，速やかに所属する弁護士の中から弁護人となろうとする者を紹介しなければならない（法31条の2）。これは2004（平成16）年法改正により，被疑者・被告人の私選弁護人選任権行使の実効化をはかるため整備された規定である。

　被疑者の弁護人選任の方式は明定されていないが，通常，被疑者またはその他の選任権者が，弁護人と連署した書面（弁護人選任書）を当該被疑事件を取り扱う検察官または司法警察員に提出する方法が採られている（被告人の弁護人選任方法については，連署した書面の提出が義務付けられている［規則18条］。氏名の記載がない弁護人選任届の効力については，本章Ⅱ*2*(1)参照）。この方法によった場合には，公訴提起後第一審においても弁護人選任の効力が持続することになっている（規則17条）。

　選任できる弁護人の数は，各被疑者について原則として3名を超えることはできない。ただし，特別の事情があると認めて裁判所（当該被疑事件を取り扱う検察官または司法警察員所属の官公署の所在地を管轄する地方裁判所または簡易裁判所）が許可したときは，例外が認められる（法35条，規則27条）。

　(4)　逮捕された被疑者は，検察官もしくは司法警察員または刑事施設の長もしくはその代理者に対して，弁護士，弁護士法人または弁護士会を指定して弁

護人の選任を申し出ることができる。申出を受けた検察官もしくは司法警察員または刑事施設の長もしくはその代理者は，直ちに被疑者の指定した弁護士，弁護士法人または弁護士会にその旨を通知しなければならない（法209条・78条）。勾留された被疑者は裁判官または刑事施設の長もしくはその代理者に申し出ることができる（法207条1項・78条）。

なお，2016（平成28）年法改正により，弁護士会等を指定してする弁護人選任の申出については，司法警察員，検察官，裁判官または裁判所が法の規定により弁護人を選任することができる旨を告知するに当たって，併せ教示しなければならない旨の法改正が行われた（法203条3項・204条2項・207条3項）。弁護人選任権に係る手続保障を一層充実する趣旨である。

＊ 後記「被疑者国選弁護制度」の導入等，刑事弁護制度の大規模な改革を行った2004（平成16）年法改正以前から，日本弁護士連合会と各単位弁護士会は，身体拘束を受けた被疑者に対する弁護活動を充実する目的で「当番弁護士制度」と称する活動を実施していた（これは刑事訴訟法上の「制度」ではない）。従前から法定されていた弁護士会を指定してする弁護人選任申出（法78条）を実効化するため，各弁護士会において弁護人推薦名簿に登録している弁護士を担当日を決めて割り当て（「当番弁護士」という），身体拘束を受けた被疑者等から弁護士会への面会依頼に対して，速やかに当番弁護士が警察署等へ出向いて被疑者と面会し，助言・援助をするものである。1992（平成4）年から全国の弁護士会で実施されていた。初回の面会は無料とし，被疑者が希望する場合には当番弁護士が私選弁護人として受任する（貧困者については法律扶助制度による援助を利用）等の形で運用されてきた。これは，身体拘束を受けた被疑者に対する弁護活動の実効化・充実を目指した弁護士会の創意と努力に基づくまことに尊い活動であったが，法制度及び財政的裏付けのない点で限界があった。後記「被疑者国選弁護制度」は，新たな刑事訴訟法上の法制度を設計導入し公費を用いることで，身体拘束された被疑者の弁護人選任権の実質化をはかろうとしたものである。

なお，前記法31条の2は，身体拘束の有無を問わず，すべての被疑者・被告人が弁護士会に対して私選弁護人の選任申出ができるとすると共に，申出を受けた弁護士会に紹介・応答の訴訟法上の義務を設定するものである。一連の制度整備後も，弁護士会は，この弁護人選任申出に対応するための受け皿などの形で当番弁護士制度を維持している。また，逮捕後勾留までの弁護活動を援助していた被疑者弁護人援助事業は，弁護士会から日本司法支援センター（法テラス）に委託されて，「刑事被疑者弁護援助事業」として維持されている。

2 被疑者国選弁護制度

(1) 前記のとおり身体拘束を受けた被疑者が弁護人の援助を受ける権利は憲法上の要請であり，それは「被疑者に対し，弁護人を選任した上で，弁護人に相談し，その助言を受けるなど弁護人から援助を受ける機会を持つことを実質的に保障」するものでなければならない（前記最大判平成11・3・24）。しかし，現行法制定後近年まで，身体拘束を受けた被疑者に公費で弁護人を選任する「国選弁護」の制度は存在しなかった。公訴提起後の被告人については，憲法が「刑事被告人」に弁護人依頼権を保障すると共に，「被告人が自らこれを依頼することができないときは，国でこれを附する」と定めており（憲法37条3項），これを受けて「国選弁護人」の制度が法定されていたが（法36条・37条），被疑者一般について，また身体拘束を受けた被疑者についても，国選弁護の制度はなく，専ら私選弁護人に拠っていたのである。

憲法37条3項後段の文言から，被疑者一般に対する国選弁護制度は憲法上の要請ではなく立法政策問題である。また，身体拘束を受けた被疑者の弁護人選任権保障は憲法上の要請であるが（憲法34条前段），そこに国選弁護制度を導入するかどうか，また導入するとしてどの範囲の被疑者にこれを提供するかも立法政策問題である。

もっとも，身体拘束された被疑者に対し，弁護人を選任した上で，弁護人に相談し，その助言を受けるなど弁護人から援助を受ける機会を持つことを実質的に保障するという見地からは，被疑者の資力の差が憲法上の弁護人選任権行使の機会自体の格差に結びつくとすれば，それは不平等・不正義といわなければならない。私選弁護人を依頼する資力が乏しい等の理由で弁護人選任権を行使する機会自体が阻害されている身体拘束を受けた被疑者に国選弁護の制度を設けることは，前記憲法34条前段の趣旨を一層的確に実現するための重要な立法課題であった。

司法制度改革の過程で設計され2004（平成16）年法改正で初めて導入された「被疑者国選弁護制度」は，このような年来の立法課題を実現するものであり，併せて被疑者・被告人を通じた国選弁護制度の充実・実効化をはかる規定も整備された。以下では，身体拘束された被疑者に対する国選弁護の制度について

説明する（被告人の国選弁護については——重複する点もあるが——別途説明する〔第3編公判手続第2章Ⅳ2(3)(4)(5)〕）。

(2) 被疑者国選弁護制度の対象事件は，当初は，全国的な態勢整備状況を勘案して比較的重大な事件，すなわち死刑または無期もしくは短期1年以上の懲役もしくは禁錮に当たる事件に限られていたが，2009（平成21）年5月21日から公判手続における必要的弁護事件（法289条）の範囲と同じ死刑または無期もしくは長期3年を超える懲役もしくは禁錮に当たる事件となり，2018（平成30）年6月1日から「被疑者に対して勾留状が発せられている場合」，すなわち全ての勾留事件（法37条の2・37条の4）に拡大する法改正が行われた。これは憲法34条前段の趣意を的確に実現する画期的改正というべきであり，これに対応すべく態勢整備の進捗に貢献した弁護士会の努力の成果である。

身体拘束を受けていない被疑者，勾留後釈放された被疑者，逮捕された段階の被疑者は対象外である（ただし，即決裁判手続について法350条の17）。

国選弁護人の選任には，被疑者の請求による場合（法37条の2）と裁判官の職権による場合（法37条の4・37条の5）がある。

　　＊　被疑者・被告人を通じた国選弁護制度の運営には，「総合法律支援法（平成16年法律74号）」によって設立された法人「日本司法支援センター（法テラス）」が重要な役割を果たす。裁判所・裁判官が刑訴法に基づき国選弁護人を付する場合には，日本司法支援センターに候補者の指名通知依頼を行う（総合法律支援法38条1項）。日本司法支援センターでは，同センターとの間で国選弁護人等の事務を取り扱うことについて契約をしている弁護士（「国選弁護人等契約弁護士」という。同法30条）の中から候補者を遅滞なく指名し，これを裁判所・裁判官に通知する（同法38条2項）。日本司法支援センターは，国選弁護人等契約弁護士の確保等の態勢整備を行うとともに，個別事件において国選弁護人に選任された契約弁護士にその事務を取り扱わせ，その報酬及び費用を支払うなど重要な事務を担当する。

(3) 被疑者の請求による選任手続においては，「資力申告書」の提出と，資力が「基準額」以上である被疑者について私選弁護人選任申出前置の仕組が設けられている（法37条の3。被告人の請求による国選弁護についても同様〔法36条の2・36条の3参照〕。資力申告書の虚偽記載には過料の制裁がある〔法38条の4〕）。法は「貧困その他の事由により弁護人を選任することができないとき」国選弁護人を選任すると定めていることから（法36条・37条の2），私選弁護を原則と

し，公費を支出する国選弁護はこれを補完するものであるとの理解に基づき，資力のある者にはまず私選弁護人の選任を促す趣旨で2004（平成16）年法改正により整備された仕組である。

裁判官に提出する資力申告書の「資力」（当人に属する現金，預金その他これに準ずる資産の合計額〔法36条の2参照〕）が「基準額」（標準的な必要生計費を勘案して一般に弁護人の報酬及び費用を賄うに足りる額として政令で定める額〔法36条の3参照〕。現在は50万円）以上である被疑者は，国選弁護人選任請求をする前に，弁護士会に対して私選弁護人選任の申出（法31条の2第1項）をしなければならない（法37条の3第2項）。

選任申出を受けた弁護士会は，速やかに，所属する弁護士の中から弁護人となろうとする者を紹介しなければならないが（法31条の2第2項），弁護人となろうとする者がいないとき，また紹介した弁護士が被疑者の選任の申込を拒んだときは，速やかにその旨を被疑者に通知しなければならない（法31条の2第3項）。この場合その旨は裁判所に通知される（法37条の3第3項）。

国選弁護人選任の要件は「貧困その他の事由により」私選弁護人を選任することができないとき（法37条の2第1項本文）であるから，資力申告書は，被疑者が「貧困」で弁護人を選任できないことや，私選弁護人選任申出前置の要否について，請求を受けた裁判官が判断する資料となる。また，前記弁護士会から裁判所への弁護人不在・不受任の通知は，「その他の事由」に該当するとの判断の基礎になる。

なお，この制度の趣旨から，被疑者以外の者が選任した弁護人がある場合または被疑者が釈放された場合は，国選弁護人選任の要件を欠く（法37条の2第1項但書）。

(4) 前記のとおり裁判官が国選弁護人を選任する要件は，「被疑者に対して勾留状が発せられている場合」であるが（法37条の2第1項），選任の「請求」は，被疑者が勾留を請求された時点からすることができる（法37条の2第2項）。また，勾留請求される被疑者はその前提として逮捕されているので，逮捕または身柄送致された被疑者には，この制度と選任請求手続が捜査機関から教示される（法203条4項・204条3項）。被疑者が勾留請求された場合には，勾留裁判官は，勾留質問の際に，被疑者にこの制度と選任請求手続を教示する（法207

条2項・4項)。

　このような一連の国選弁護に関する教示と勾留請求された時点から選任請求が可能とされていることにより，勾留裁判官は勾留請求自体と被疑者国選弁護人選任請求の審査を併せ行うことで，迅速円滑な弁護人選任手続を進めることができる。選任の要件を認めた裁判官は，総合法律支援法38条の定める手順により，日本司法支援センターに候補者の指名通知を依頼し，同センターが国選弁護人等契約弁護士の中から候補者を指名通知するのを受けて，具体的な選任を行う。被疑者国選弁護は迅速な選任が求められるので，同センターでは，休日でも候補者指名を行うことができる態勢をとり，ほとんどの場合，裁判官が指名通知依頼をした日のうちに候補者が指名され，国選弁護人が選任されている。

　　＊　選任請求先の「裁判官」は，勾留の請求を受けた裁判官のほか，その所属する裁判所の所在地を管轄する地方裁判所の裁判官またはその地方裁判所の所在地（支部所在地を含む）に在る簡易裁判所の裁判官である（規則28条の2）。国選弁護人選任を請求する被疑者は身体拘束を受けているので，選任請求書や資力申告書は，刑事施設の長，留置業務管理者またはその代理者を経由して提出する。前記逮捕段階の教示を受けて，勾留請求前に既に必要な書面が作成され刑事施設の長等に提出されているときは，これらの書面は，被疑者が勾留請求された後直ちに裁判官に送付される。迅速な選任手続の進行に資するため，刑事施設の長等から裁判官への請求書等の送付をファクシミリで行うこともできる（規則28条の3）。
　　＊＊　前記当番弁護士〔**1**(4)＊〕が逮捕後勾留前の私選弁護人となり，刑事被疑者弁護援助事業の適用を受けている場合，その被疑者が勾留され国選弁護人選任を請求するときは，当該弁護人が私選弁護人としては辞任しても，継続して弁護する意思がある限り，日本司法支援センターが当該弁護士を国選弁護人候補者として指名通知し，裁判官もこれを尊重してその弁護士を国選弁護人に選任する運用が行われている。

(5)　いまひとつの形態の被疑者国選弁護は裁判官の職権による選任である。
　国選弁護人選任請求権があっても，精神上の障害その他の事由により，弁護人の援助を必要とするかどうかを判断することが困難である疑いがある被疑者については，被疑者自身による請求権の的確な行使が期待できない。そこで，裁判官は，勾留される被疑者に弁護人の援助が必要と認められる場合，職権で国選弁護人を付することができる（法37条の4）。

また、とくに法定刑の重い重大事件（死刑または無期拘禁刑に当たる事件）では、複数の弁護人による弁護活動が必要な場合が想定されるので、裁判官の職権で更に弁護人1人を追加選任することができる（法37条の5）。1人目の国選弁護人が被疑者の請求による選任であると職権による選任であるとを問わない。

(6) 国選弁護人の選任は事件（被疑事実）単位で行われる。ある事件について被疑者国選弁護人に選任された者が、同一被疑者の他の対象事件についても国選弁護人としての活動をするには、その事件との関係でも国選弁護人に選任される必要がある（これに対して、被告人の国選弁護人に関する特則として法313条の2）。

前記のとおり、国選弁護人選任の要件は、被疑者が勾留される場合であるから（法37条の2・37条の4）、国選弁護人の選任を受けた被疑者が後に釈放されたときは、それが勾留の執行停止によるとき（鑑定留置状が執行されたときも同様［法224条・167条の2］）を除き、選任の効力は失われる（法38条の2）。

他方、被疑者が勾留されたまま起訴された場合には、被疑者に対する国選弁護人の選任は、第1審においてもその効力を有する（法32条1項）。

国選弁護人の選任資格（法38条）、国選弁護人の解任（法38条の3）については、被告人の国選弁護と併せ、別途説明する〔第3編公判手続第2章Ⅳ2(3)(4)(5)〕。

3 接見交通権

(1) 身体の拘束を受けている被告人または被疑者は、弁護人または弁護人となろうとする者（以下「弁護人等」という）と立会人なしに接見し、または書類もしくは物の授受をすることができる（法39条1項）。これを被疑者・被告人と弁護人等との「接見交通権」という。身体拘束を受けた者に対する憲法34条前段の保障の趣意を踏まえた規定である。

最高裁判所は、被疑者と弁護人との接見交通権について、「身体を拘束された被疑者が弁護人の援助を受けることができるための刑事手続上最も重要な基本的権利に属するものであるとともに、弁護人からいえばその固有権の最も重要なものの一つである」と述べ（最判昭和53・7・10民集32巻5号820頁）、法39条1項の規定は、「身体の拘束を受けている被疑者が弁護人等と相談し、そ

の助言を受けるなど弁護人等から援助を受ける機会を確保する目的で設けられたものであり，その意味で……憲法の保障に由来するものであるということができる」と位置付けている（前記最大判平成11・3・24）。

　他方で法は，検察官，検察事務官または司法警察職員が，「捜査のため必要があるとき」，公訴の提起前すなわち被疑者に限り，接見交通権の行使に関し，「その日時，場所及び時間を指定することができる」と定めて，捜査機関の判断で接見交通権の行使に一定の制約を加えることを認めている。これを「接見指定」という（法39条3項本文）。ただし接見指定は，被疑者が防禦の準備をする権利を不当に制限するようなものであってはならない（法39条3項但書）。

　接見指定は弁護人等からの接見の申出に対して具体的な日時と時間帯を指定するものであり（例，○月○日，甲警察署留置施設において，午後1時から30分間），接見を全面的に禁止することはできない（弁護人等以外の者との接見禁止について法81条〔後記(8)〕）。後記のとおり，憲法の保障に由来する接見交通権と接見指定制度の趣旨から，指定のない時間帯の接見をおよそ認めない趣意ではない。「法39条3項本文の予定している接見等の制限は，弁護人等からされた接見等の申出を全面的に拒むことを許すものではなく，単に接見等の日時を弁護人等の申出とは別の日時とするか，接見等の時間を申出より短縮させることができるものにすぎ［ない］」（前記最大判平成11・3・24）。なお，捜査機関による接見指定に対しては，迅速な不服申立方法として，その取消し・変更を請求する準抗告の途が設けられている（法430条）。

　　＊　かつての実務では，接見指定権者である検察官（身柄送致前は警察の捜査主任官）が，指定を必要と認める事件につき，被疑者が収容されている警察署留置施設等刑事施設の長及び被疑者に対しいわゆる「一般的指定書」（「捜査のため必要があるので，右の者と弁護人又は弁護人となろうとする者との接見又は書類若しくは物の授受に関し，その日時・場所及び時間を別に発すべき指定書のとおり指定する」旨を記載した書面）を発し，弁護人等から接見申出があると具体的な日時等を指定した書面（「具体的指定書」）を弁護人等に交付し，これを持参した者についてのみ接見を認めるという運用（「面会切符制」と呼ばれた）が行われてきた。この運用では，一般的指定書が発せられた事件では接見が一律に禁じられ具体的指定によりはじめて接見が可能となるという倒錯した事態となることから，一般的指定の適法性がしばしば争われ，下級審の中には，一般的指定は接見交通の原則禁止にほかならぬとしてその処分性を認め，これを準抗告で取り消すものもあった。

このような運用ではなく，その後の一連の最高裁判例が指示するように，弁護人等が具体的指定書なしに直接被疑者が収容されている刑事施設に赴いて接見を申し出た場合に，刑事施設の留置担当者から指定権者への連絡とこれを受けた指定権者による指定要件の有無判断や具体的指定が迅速確に行われるということであれば，指定権者があらかじめ刑事施設の長に対し接見指定を行う必要があり弁護人等から接見申出があればそれを直ちに連絡するよう伝達しておくことは，それ自体が直ちに接見交通権を一般的に禁止する効果を持たない。最高裁判所がこのような趣旨の一般的指定書は行政機関内部の事務連絡文書であり，それ自体は弁護人・被疑者に対して何ら法的効力を有するものではないと説示しているのは，このような運用実態を踏まえた判断である（例えば，最判平成3・5・31判時1390号33頁等）。

1988（昭和63）年には一般的指定書が廃止され，刑事施設の長のみを対象とした事務連絡文書たる「通知書」（「捜査のため必要があるときは……［接見の日時等を］指定することがあるので通知する」旨の書面）が用いられるようになり，通知書が発せられた事件でも，常に指定するのではなく，弁護人等から接見申出のある都度，刑事施設から連絡を受けた指定権者ができるだけ速やかにその必要性の有無を判断し具体的指定をするか否かを決定することとされ，接見指定する場合も，口頭，書面，ファクシミリ送信など具体的指定書の持参にこだわらない弾力的運用が進展した。このような運用を前提とすれば，接見申出を受けた刑事施設の留置担当者が指定権者にその旨を連絡し，その具体的措置について指示を受ける等の手続をとる間，弁護人等が待機することになり，またそれだけ接見等が遅れることがあったとしても，それが合理的範囲にとどまる限りは許されることになろう（例えば，最判平成12・3・17集民197号397頁）。

このような状況の下で，接見指定に関する現在の主たる問題は具体的指定の適法性であり，その第一は，法39条3項本文の定める指定要件「捜査のため必要があるとき」の意味内容，第二は，具体的指定の内容が，当該事案において不合理でなく，さらに，法39条3項但書にいう被疑者が防禦の準備をする権利を不当に制限するものでないか否かである。

(2) 接見指定とその要件を定めた法39条3項の基本的な制度趣意は，憲法の保障に由来する接見交通権をできる限り尊重保障することを前提に，この接見交通権の行使と身体拘束中の被疑者を対象とした時間的制約のある捜査を実施するやむを得ない必要性との間で合理的調整をはかることにある。最高裁判所大法廷は法39条3項の合憲性を説示するに際して，この制度を次のように位置付けている（前記最大判平成11・3・24）。

「憲法は，刑罰権の発動ないし刑罰権発動のための捜査権の行使が国家の権

能であることを当然の前提とするものであるから，……接見交通権が憲法の保障に由来するからといって，これが刑罰権ないし捜査権に絶対的に優先するような性質のものということはできない。そして，捜査権を行使するためには，身体を拘束して被疑者を取り調べる必要が生ずることもあるが，憲法はこのような取調べを否定するものではないから，接見交通権の行使と捜査権の行使との間に合理的な調整を図らなければならない。憲法34条は，身体の拘束を受けている被疑者に対して弁護人から援助を受ける機会を持つことを保障するという趣旨が実質的に損なわれない限りにおいて，法律に……調整の規定を設けることを否定するものではないというべきである」。

　問題は，「捜査のため必要があるとき」（法39条3項本文）の文言解釈を通じて行われる「合理的な調整」の具体的内容・指針である。この説示は，直接には法39条3項の規定自体が違憲であるとの主張に応答したものであるが，捜査権行使の具体的場面として「身体を拘束して被疑者を取り調べる必要」に言及し，また，被疑者の身体拘束に厳格な時間的制約があること等に鑑み，この規定が「被疑者の取調べ等の捜査の必要と接見交通権の行使との調整を図る趣旨で置かれたものである」旨説示することからも，最高裁判所が，「捜査のため必要があるとき」の文言解釈について，広く一般的な捜査の必要性（接見交通を通じた罪証隠滅や共犯者との通謀のおそれ等を防ぐことを含む捜査全般の必要）ではなく，厳格な時間的制約のある被疑者の身体の利用を巡る調整，すなわち基本的には被疑者の「身体」を利用しなければ実行不可能な性質の捜査活動の具体的必要性を想定しているとみられる。

　(3)　「捜査のため必要があるとき」の解釈適用に関する一連の最高裁判例を集大成した前記大法廷判例は，次のように説示する（前記最大判平成11・3・24）。

　第一，「捜査機関は，弁護人等から被疑者との接見等の申出があったときは，原則としていつでも接見等の機会を与えなければならない」。

　第二，「[法39条] 3項本文にいう『捜査のため必要があるとき』とは，……接見等を認めると取調べの中断等により捜査に顕著な支障が生ずる場合に限られ[る。]……右要件が具備され，接見等の日時等の指定をする場合には，捜査機関は，弁護人等と協議してできる限り速やかな接見等のための日時等を指定し，被疑者が弁護人等と防御の準備をすることができるような措置を採らな

けれらばならないものと解すべきである」。

　第三，「弁護人等から接見等の申出を受けた時に，捜査機関が現に被疑者を取調べ中である場合や実況見分，検証等に立ち会わせている場合，また，間近い時に右取調べ等をする確実な予定があって，弁護人等の申出に沿った接見等を認めたのでは，右取調べ等が予定どおり開始できなくなるおそれがある場合などは，原則として……取調べの中断等により捜査に顕著な支障が生ずる場合に当たると解すべきである」。

　これらの説示から，最高裁判所が，接見指定を「必要やむを得ない例外的措置」と位置付けたうえ，その「必要」については，被疑者の身体の利用を巡る調整の必要を想定していることは明らかであろう。

　(4)　判例によれば，接見指定は，弁護人の申出に沿った接見を認めると「捜査に顕著な支障が生ずる場合」に限り許される。例示された現に被疑者を取調べ中であったりその間近い確実な予定があることは，「顕著な支障」の判断要素にすぎず，そのような場合は「原則として」これに当たるにとどまり，当然にこれに当たるとされているわけではない。

　したがって，弁護人の接見申出と被疑者の身体を利用する捜査とが時間的に競合した場合でも，捜査の中断による支障が顕著とはいえない具体的状況が認められるときは（例．弁護人の接見申出をそのまま受け入れ取調べ等を中断したり取調べ等の開始予定を変更して申出に沿った接見が行われたとしても「捜査に顕著な支障」が生じないと認められる場合），指定要件を欠くというべきである。捜査機関が指定要件の有無を判断するに際しては捜査に顕著な支障があるか具体的状況に則して判断しなければならない（最判平成3・5・10民集45巻5号919頁における坂上壽夫裁判官の補足意見参照）。

　(5)　法39条3項但書は，指定要件（捜査に顕著な支障が生ずる場合）が認められ，接見指定が可能な場合でも，「その指定は，被疑者が防禦の準備をする権利を不当に制限するようなものであってはならない」と定めている。事案の具体的状況のもとで，申出のあった接見が被疑者の防禦準備にとってとくに重要性が高く，これに対して，捜査機関が適切・可能な措置（指定要件が認められ，接見指定をする場合には，前記のとおり「捜査機関は，弁護人等と協議してできる限り速やかな接見等のための日時等を指定し，被疑者が弁護人等と防御の準備をすることが

できるような措置を採らなければならない」）を講じていれば接見を認めた場合の捜査に対する支障を回避できたはずであるのに，そうした措置をせずに行われた接見指定は，この規定に反することになり得るであろう。

　最高裁判所は，弁護人となろうとする者による逮捕直後の初回の接見申出に対して捜査機関のした接見指定の具体的内容が法39条3項但書に違反するとの判断を示している（最判平成12・6・13民集54巻5号1635頁）。

　　＊　逮捕直後の初回の接見の重要性について，最高裁判所は次のように説示している（前記最判平成12・6・13）。
　　「とりわけ……弁護人となろうとする者と被疑者との逮捕直後の初回の接見は，身体を拘束された被疑者にとっては，弁護人の選任を目的とし，かつ，今後捜査機関の取調べを受けるに当たっての助言を得るための最初の機会であって，直ちに弁護人に依頼する権利を与えられなければ抑留又は拘禁されないとする憲法上の保障の出発点を成すものであるから，これを速やかに行うことが被疑者の防御の準備のために特に重要である」。
　　このような観点から，捜査機関は，接見指定の要件が具備された場合であっても，接見指定にあたり弁護人となろうとする者と協議し，適時の指定により捜査に顕著な支障が生じるのを避けることが可能かを検討し，可能であるときには，比較的短時間であっても，時間を指定した上で接見申出後即時または近接した時点での接見を認めるようにすべきであり，このような場合に被疑者取調べを理由に初回接見の機会を遅らせる指定をすることは，法39条3項但書に違反すると判断されている。
　　この説示の趣意は，逮捕直後でなくとも弁護人となろうとする者との初回の接見に妥当するであろう。他方，指定要件が具備されている場合であるから，初回の接見申出であっても当然に即時または近接時点での接見を認めなければならないとしているわけではない。被疑者の身体を利用する捜査に顕著な支障が生じることが避けがたい場合で，当該捜査を実行するためその後の時間帯に接見指定するのがやむを得ないと認められる余地は残されているだろう。
　　＊＊　以上のように判例は，厳格な時間的制約のある身体拘束中に取調べを実施・継続する必要性を前提に，被疑者取調べの中断を「捜査に顕著な支障が生ずる場合」の典型的な考慮要素としている。他方で判例は，前記のとおり身体拘束中の被疑者が弁護人等から捜査機関の取調べを受けるにあたっての助言を得ることが憲法34条の保障の出発点として，被疑者の防禦準備のために特に重要であるとする。
　　そこで，被疑者を現に取調べ中またはその確実な予定があり，その取調べにより被疑者から決定的に重要な供述が得られる見込みが生じている局面を想定すると，接見による取調べ等の中断は，捜査機関からは「捜査に顕著な支障が生ずる場合」に当たるようにみえる。しかし，被疑者と面会し取調べに際して供述をする必要は

ない旨を教示するのは，弁護人の法的助言の典型であり，このような助言を受けることは被疑者が防禦の準備をする正当な権利というべきであろう。そうすると，一面からは，接見により被疑者が助言を受けた結果供述の獲得が困難となる場合には捜査に顕著な支障が生じるとして接見指定ができるということになるが（法39条3項本文），他面では，そのような場面こそ弁護人の助言がとくに必要であり，接見指定でこれを制限するのは被疑者が防禦の準備をする権利を不当に制限することになる（法39条3項但書）ともみられる。

　被疑者の身体を利用する捜査の必要と弁護人の援助を受けるための接見交通権の行使とが競合する場合の時間的調整という観点から示された判例からは，このような考え方のどちらが優先するかについて一義的な結論を導くことはできない。

　身体拘束中の被疑者にとって弁護人から取調べを受けるに際しての正当な助言を得ることが憲法に由来する基本的な権利であり，これを捜査の「支障」と考えること自体に疑問があるという立場を仮に採るとすれば，弁護人の正当な助言が「支障」とならないような被疑者取調べが行われるのが筋ということになろう（弁護人との接見が支障となる「取調べ」という想定自体がはたして健全正常か翻って考えてみる価値はあるように思われる）。また，接見交通権と被疑者の取調べとの時間的調整自体が不要となる運用（多くの文明諸国に実例のある被疑者取調べに弁護人が立会い適宜助言すること）もあり得よう。

　これに対して，現行法の接見指定制度の存在そのものが，身体拘束を受けていない被疑者とは異なり，合憲的調整として，捜査機関に対し，弁護人からの接見申出があることを現に取調べ中等の被疑者に伝達することなく接見指定を行い，出頭・滞留を義務付けた取調べ（法198条1項但書参照）等の捜査を継続することを優先・許容しているとみれば，被疑者が接見申出を知って弁護人の助言の方を選択できる機会があるとの前提自体が想定外ということになる。仮にそうであるとしても，前記のような弁護人立会いのもとでの被疑者取調べという運用を現行法が否定しているわけではない。

＊＊＊　情報通信技術の進展・普及に対応して，刑事手続において対面で行われる手続を映像・音声の送受信により行うこと等の法整備に関して法制審議会が答申した法改正要綱には，被疑者・被告人と弁護人等との接見をオンラインで行うことに係る事項は含まれていない。要綱案を審議した刑事法（情報通信技術関係）部会では，これを被疑者・被告人の「権利」として位置付ける規定を設けるべきとの意見も述べられたが，仮にこれを被疑者・被告人の権利として位置付けると，身体を拘束されている被疑者・被告人はそれを留置されている刑事施設側に求めることができることとなり，全国に多数ある刑事施設の全てにおいて実施可能とすることは短期的には到底困難であり，それが整わないまま権利化すれば，大部分の刑事施設等において被疑者・被告人から求められても実施できず，被疑者・被告人から見れば法律

上認められた権利を行使できないというような，法の趣旨に反する状態が長期にわたって続くこととなるといった指摘がなされ，「要綱（骨子）」に記載されるには至らなかった。実施可能な技術・施設整備に伴う運用上の進展を妨げる趣旨ではない。

(6) 法は「公訴の提起前に限り」すなわち身体拘束を受けている「被疑者」に限り，捜査機関による接見指定を認めている（法39条3項本文）。これは，刑事訴訟の当事者たる法的地位にある「被告人」の防禦準備にとって重要な弁護人との自由な接見交通を，捜査機関限りの判断で制約するのは適切でない上，公訴提起後は捜査が一応完了して，もはや「捜査のため必要があるとき」という接見指定の前提自体が著しく減退した状況が形成されたとみられるからである。

このような制度趣旨から，身体拘束中に公訴提起され被告人となった者が起訴されていない別の余罪被疑事実で捜査の対象となっている場合については，次のように考えることができる。

第一，余罪被疑事実について当人が身体拘束処分（逮捕・勾留）を受けていない場合には，そもそも当人は余罪被疑事実について「身体の拘束を受けている……被疑者」に当たらないから，捜査機関には当該被疑事実についての捜査の必要性を理由に，当人の選任した弁護人との接見に際して，接見指定することはおよそできないはずである（最決昭和41・7・26刑集20巻6号728頁はこのような事案である）。

第二，これに対して，勾留中の被告人が余罪被疑事実についても逮捕・勾留されている場合には，事情が異なる面がある。被告人が刑事訴訟の当事者たる地位にあることは変わりないが，同一人に余罪被疑事実がある場合には，制度の想定する捜査が一応完了しその必要が著しく減退している状況に変化が生じ，余罪捜査の必要性が生じているので，余罪について当人の身体を利用する捜査の必要から法39条3項本文の指定要件が認められ，接見交通権の行使を制約することになってもやむを得ない事態が想定される。最高裁判所は，「同一人につき被告事件の勾留とその余罪である被疑事件の逮捕，勾留とが競合している場合，検察官等は，被告事件について防禦権の不当な制限にわたらない限り，……接見等の指定権を行使することができるものと解すべきであ［る］」と説示している（最決昭和55・4・28刑集34巻3号178頁）。

当然ながら，身体拘束処分の理由とされた余罪被疑事実に関する接見指定の要件は，弁護人からの申出に沿った接見を認めると被疑事実に関する取調べ等の中断により「捜査に顕著な支障が生ずる場合」に限られる。他方で，前記のとおり当人は被告事件について当事者たる地位にあり，それ故同人が弁護人の援助を受ける権利は被告事件についての防禦準備にとって核心を成す重要な権利である点は動かない。したがって，これを制約する効果をもつ接見指定ができるのは，被告事件が競合していない場合に比して一層限定されるはずであろう。前記判例が「被告事件について防禦権の不当な制限にわたらない限り」と述べるのは，このような趣旨と理解される。当該接見の目的が，被告事件についてその防禦準備のため弁護人と相談し助言を受ける必要性が高い場合には，原則として，これを制約するのは「被告事件について防禦権の不当な制限にわたる」とみられよう。

* 前記昭和55年決定の事案では，弁護人が被告事件と余罪被疑事件の両者について選任されていた。被告事件についてのみ選任された弁護人に対して，余罪被疑事実の捜査の必要を理由に接見指定できるかが問題となり得るが，接見指定制度の趣旨が，弁護人との接見交通権と被疑事件の捜査の必要との時間的調整を図ることにあるとすれば，被告事件の弁護人が余罪被疑事件の弁護人を兼ねているかどうかで，調整の必要において異なる点はないであろう。最高裁判所は，被告事件と被疑事件の各勾留が競合している場合，検察官は，「被告事件についてだけ弁護人に選任された者に対しても」接見指定権を行使できる旨説示している（最決平成13・2・7判時1737号148頁）。

(7) 弁護人等との接見または書類・物の授受については，法令で，被告人・被疑者の逃亡，罪証隠滅または戒護に支障のある物の授受を防ぐため必要な措置を規定することができる（法39条2項）。法令による措置として，例えば，逃亡・罪証隠滅その他事故の防止のための，関係があると認められる物の授受の禁止措置（刑事収容施設法46条・50条・136条等），そのような物であるか判断するための授受される物や書面の検査・閲読（刑事収容施設法44条・135条等）がある。もとよりこれは捜査上の必要から行われるものではない。接見に立会人を置くことができないのは，法39条1項の定めるとおりである。

* 身体拘束を受けている被疑者が刑事施設以外の施設に現在する場合において，弁護人等から接見の申出があった場合に，立会人なしの接見を認めても罪証隠滅及び

戒護上の支障が生じないと容易に判断できるような適切な場所がその施設内にないときは，捜査機関は，接見申出を拒否することができる。ただし，弁護人等が即時の接見を求め，その必要性が認められるときは，捜査に顕著な支障が生じる場合でない限り，弁護人が秘密交通権が十分保障されないような態様の短時間の「面会接見」でも差し支えないとの意向を示したときは，面会接見ができるように特別の配慮をすべき義務があるとした判例がある（最判平成17・4・19民集59巻3号563頁）。これは法39条3項の接見指定の問題ではない。

(8) 勾留されている被疑者は，弁護人等以外の者と「法令の範囲内で」接見し，または書類・物の授受をすることができる（法207条1項・80条）。例えば，刑事施設職員の立会い，面会状況の録音・録画等の法令上の制限がある（刑事収容施設法116条・117条・218条・219条等）。逮捕され留置中の被疑者については，弁護人等以外の者との接見に関する明文の規定がない。

裁判官は，被疑者が逃亡しまたは罪証を隠滅すると疑うに足りる相当な理由があるときは，検察官の請求により，または職権で，勾留されている被疑者と弁護人等以外の者との接見を禁止し，またはこれと授受すべき書類その他の物を検閲し，その授受を禁止し，もしくはこれを差し押えることができる（法207条1項・81条）。逃亡・罪証隠滅は勾留により防止されているから，接見交通によって生じ得る，勾留によっては防止できない程度の相当な理由が必要であろう。

実務上行われている接見等禁止のほとんどは，罪証隠滅のおそれを理由とするものであり，例えば，組織的犯罪集団が関与する事件，会社犯罪，汚職事件等関係者に本人が影響を及ぼし得る者が居て，自由な接見を許すとその機会を利用して罪証を隠滅するおそれがある場合などが考えられる。

Ⅳ 証拠保全

(1) 被疑者の側も防禦活動に資する証拠収集を行うことはできるが，捜査機関とは異なり強制処分の権限はない。そこで，法は，「あらかじめ証拠を保全しておかなければその証拠を使用することが困難な事情があるとき」，第1回の公判期日前に限り，被疑者・被告人またはその弁護人は，裁判官に対し，押

収，捜索，検証，証人尋問または鑑定処分を請求することができるとしている（法179条）。これを「証拠保全請求」という（請求手続につき規則137条・138条）。

なお，既に捜査機関が収集し保管している証拠は，特段の事情がない限り，法定の要件には当たらないと解されるので，証拠保全請求の対象にならない（最決平成17・11・25刑集59巻9号1831頁）。

(2) 弁護人及び検察官は，証拠を保全する処分の結果作成された書類及び取得された証拠物を裁判所において閲覧・謄写することができる。弁護人が証拠物の謄写をするには裁判官の許可を要する（法180条1項）。

弁護人がないとき，被疑者・被告人は裁判官の許可を受けて書類・証拠物を閲覧することができる（法180条3項）。

なお，公訴提起後の書類・証拠物の閲覧・謄写については法40条（弁護人），法270条（検察官）に規定がある。

V 違法捜査に対する措置

(1) これまで説明してきたとおり，捜査手続は法定の要件に則り，それ自体が適正な作動過程でなければならない（憲法31条）。目的の正当性は必ずしも手段を正当化しない。事案の真相解明を通じ，刑罰法令の適用実現を目的とした（法1条）捜査手続に違法がある場合に備えて，これを是正し，関係者の救済を図るための対策を講じておく必要がある。捜査手続の適否を公権的に判定し，違法状態を是正し，対象者を救済し，これらを通じて将来の違法捜査を抑制するのは，司法権の重要な役割である。

(2) 違法捜査に対する法的措置には，大きく分けて違法捜査が行われた当該刑事手続内における対処と，刑事手続外における対処がある。

当該刑事手続内においては，一定の捜査機関の活動に対する被疑者の側からの不服申立手続（準抗告）が設けられているほか，違法な捜査手続により収集・獲得された証拠の証拠能力を否定する措置（証拠排除）があり得る。さらに，捜査過程における違法が極めて重大で，当の被疑者に対して国家が引き続き刑事手続を進行させ刑事訴追を実行すること自体が基本的な正義の観念（憲

法31条）に反するような場合には，検察官の公訴提起・追行それ自体を許さず，裁判所が手続を打ち切る措置（公訴棄却）も考えられないではない。

　勾留に関する準抗告（法429条1項2号）については，既に説明した〔第3章Ⅲ5〕。勾留の前提となる逮捕手続に対する準抗告の制度はないが（最決昭和57・8・27刑集36巻6号726頁），逮捕段階の違法はこれに引き続く勾留請求の段階で裁判官による審査の対象となり，勾留請求の却下という措置に結びつく場合がある〔第3章Ⅳ1〕。

　このほか，法定された「強制の処分」のうち，押収に対する準抗告の途が認められている（法429条1項2号・430条1項・2項）。また，鑑定留置を命ずる裁判（法224条1項・167条1項）に対しても準抗告をすることができる（法429条1項3号）。通信傍受処分（法222条の2）については，通信の当事者に対する傍受処分の事後通知（通信傍受法30条），通信当事者による傍受に関する記録の聴取・閲覧・複製権等（同法31条・32条），裁判官がした通信傍受に関する裁判及び捜査機関がした通信傍受処分に対する不服申立手続（同法33条）が定められている。これに対して，「捜索」，「検証」については不服申立てに関する規定がない。これらの処分が現に果たした機能を「押収に関する処分」と評価し得るときは，法430条の準抗告ができると解すべきである〔第5章Ⅲ3(3)〕。

　違法に収集された証拠の証拠能力や違法捜査に基づく公訴の棄却については，証拠法〔第4編〕や公訴〔第2編〕を扱う編で別途説明する。

　(3)　刑事手続外における対処としては，違法行為を行った捜査機関に対する法的制裁の賦課と違法捜査により法益を侵害された対象者に対する救済措置がある。

　捜査機関を構成する警察官は国家公務員または地方公務員であり，検察官・検察事務官は国家公務員であるから，これらの者の違法な捜査活動は公務員法違反として，懲戒処分の事由となり得る（国家公務員法82条，地方公務員法29条）。

　捜査機関の行為が刑罰法令の定める犯罪に該当する場合には（例，刑法194条〔特別公務員職権濫用〕・195条〔特別公務員暴行陵虐〕等），その者に対する刑事訴追により刑罰の制裁が科されることになる。なお，職権濫用罪についての不起訴処分に対しては，刑事訴訟法に付審判請求手続の途が設けられている〔法

262 条〜 269 条。付審判請求手続については，第 2 編公訴第 1 章Ⅲ*3*)。

　以上は，違法捜査を行った当該公務員に対する法的制裁であるが，違法捜査により法益を侵害された対象者を救済する制度として国家賠償法に基づく損害賠償請求の途がある（国賠法 1 条）。損害賠償請求が裁判所に認容された場合，金銭による損害の救済・回復が得られるほか，その前提として公権力行使の違法が裁判上確認明示されることで，将来への抑止効果を期待することができる。

　将来の違法捜査の抑制は，当該刑事手続内のみならず，刑事手続外の方策をも総合的に勘案して検討されるべき目標である。

第2編

公　訴

第1章

公訴権の運用とその規制

I 検察官の事件処理

(1) 捜査の対象とされた「事件」は，原則として，書類・証拠物とともに検察官に送致される（法246条）〔第1編捜査手続第8章I1〕。検察官は，警察から送致された事件及び自ら認知した事件について，必要な捜査を遂げた上（法191条1項），法と証拠に基づいて，当該事件に関する措置を決定する。これを検察官の「事件処理」という。

事件処理には，公訴を提起するかどうかを決定する終局処分と，将来の終局処分を予想してその前にする暫定的な中間処分がある。

＊ 中間処分には，中止処分と移送処分がある。中止処分は，犯人が判明せず，または被疑者や参考人の所在不明・病気等のため，捜査を継続することができず，障害となる事由が長期間解消される見込みがないため，当面終局処分を見合わせるものである。移送処分は，管轄権のある他の検察庁の検察官に事件を送致するものである。被疑者の住所・関連する事件・捜査上の必要等の事情を考慮して行われる。なお，検察官は，事件が所属検察庁に対応する裁判所の管轄に属しないときは，書類及び証拠物とともに，その事件を管轄裁判所に対応する検察庁の検察官（検察庁法5条参照）に送致しなければならない（「他管送致」という。法258条）。

(2) 終局処分は，公訴の提起（起訴）と不起訴処分に大別される。検察官は，法定された公訴提起・追行の要件（伝統的には「訴訟条件」という）の有無（例，公訴時効の完成の有無，親告罪の告訴の有無），犯罪の成否（例，被疑事実の犯罪構成要件該当性，心神喪失等犯罪成立阻却事由の有無），犯罪の嫌疑の有無・程度（例，犯人であること・犯罪の成否に関する証拠の有無・程度），刑の必要的免除事由の有無（例，親族相盗〔刑法244条1項〕），訴追の必要性（法248条）を順次検討した

第2編　公　　訴

上，起訴・不起訴の処分を決定する。

＊　少年の被疑事件については，少年の処遇に関する第1次的判断権限が家庭裁判所に委ねられているので（少年法20条参照），検察官は，犯罪の嫌疑があるか，または家庭裁判所の審判に付すべき事情があるときは，事件を家庭裁判所に送致しなければならない（少年法42条）。これは終局処分の一種である。
　なお，家庭裁判所が，少年法20条の規定により刑事処分を相当と認めて検察官に送致した事件については，検察官は，家庭裁判所の判断に従い，公訴を提起するに足りる犯罪の嫌疑がある以上，公訴を提起しなければならない（少年法45条5号本文）。起訴便宜主義〔Ⅱ2〕の例外である。

＊＊　「心神喪失等の状態で重大な他害行為を行った者の医療及び観察等に関する法律（平成15年法律110号）」により，検察官は，被疑者が殺人，放火，強盗，不同意わいせつ・不同意性交等，監護者わいせつ・監護者性交等及び傷害のいずれかに当たる行為をしたこと及び心神喪失者もしくは心神耗弱者であると認めて不起訴処分をしたときは，原則として，地方裁判所に対し，同法42条1項の決定（医療を受けさせるために入院をさせる旨の決定等）の申立てをしなければならない（同法33条1項）。心神喪失は被疑事件が罪とならない場合の不起訴処分である。被疑者が犯行時心神耗弱であったと認められこれを考慮して起訴しないときは，起訴猶予とされる。

＊＊＊　検察官が公訴を提起し通常の公判手続を求める場合を「公判請求」という。これに対し，検察官は，公訴の提起と同時に，簡易裁判所の管轄に属する事件について，略式命令（法461条）を請求することができる。これを「略式命令請求」という。略式命令請求により行われる「略式手続」では，簡易裁判所は，公判手続によらず，書面審理のみで被告人に100万円以下の罰金または科料の裁判（略式命令）をすることができる。起訴される被告人の8割前後が略式手続により処理されている。
　略式命令の請求は，検察官が被疑者に手続内容を説明し，通常の手続で審判を受けることができる旨を告げた上，略式手続によることに異議がないか確認し，被疑者作成の異議なきことを示す書面を起訴状に添付し，証拠書類・証拠物と共に簡易裁判所に提出して行う（法461条の2・462条，規則288条・289条）。簡易裁判所は，書面のみに基づき審理・判断し，請求の日から14日以内に「略式命令」を発して，その謄本を被告人に送達する（規則290条）。略式命令のできない場合（例，罰金・科料の定めのない事件），検察官が略式手続の説明を怠ったり，同意書の添付がない場合，及び裁判所が公判審理が相当と認めた場合（例，事案が複雑であるとき，証人尋問を必要と考えるとき）は，通常の手続で審判しなければならない（法463条）。略式命令には，主文としての罰金額，罪となるべき事実，適用した法令，及び告知の日から14日以内に正式裁判を請求することができる旨が記載される（法464条）。

判決と異なり証拠の標目は記載されない。

被告人は告知を受けた日から14日以内に，正式裁判の請求をすることができる。検察官も請求できる（法465条）。正式裁判の請求が適法であれば，事件は通常の公判手続に移行し，起訴状朗読から審理が開始される（法468条2項）。なお，正式裁判の請求は上訴ではないから不利益変更禁止の原則の適用はない。正式裁判の結果，有罪判決の場合に，科刑が略式命令よりも重いこともあり得る（法468条3項）。判決が確定すると，先に発せられていた略式命令は失効する（法469条1項）。略式命令送達後正式裁判の請求期間が経過したり，公判手続中判決までの間に正式裁判の請求を取り下げれば，略式命令は，確定判決と同一の効力を生ずる（法470条）。

このほかに，検察官は，簡易・迅速な事案処理を目的とする公判手続として，2004（平成16）年法改正（平成16年法律62号）で導入された「即決裁判手続」（法350条の16～350条の29・403条の2・413条の2）を求めることができる。検察官は，事案が明白で軽微であり，証拠調べが速やかに終わると見込まれる事案について，被疑者及び弁護人の同意を得て，公訴の提起と同時に即決裁判手続の申立てをすることができる。申立てがあった場合，裁判所は早期に公判期日を開かなければならず，冒頭手続において即決裁判手続により審判する旨の決定をした上，簡易な方法による証拠調べを行い即日判決の言渡しをする。拘禁刑を言い渡す場合には，刑の全部の執行猶予の言渡しをしなければならない。即決裁判手続による判決に対しては，事実誤認を理由とする上訴はできない。覚醒剤自己使用罪，入管法違反の罪，窃盗罪等について利用されている〔第3編公判手続第5章Ⅱ〕。

Ⅱ 公訴提起に関する基本原則

1 国家訴追主義・起訴独占主義

(1) 国家刑罰権の具体的適用・実現を目的として「公訴」を提起し追行する権限を公訴権という。法は「公訴は，検察官がこれを行う」と定めて（法247条），公訴権を検察官のみに付与している。犯罪被害者等私人ではなく国家機関である検察官が公訴を行う点で，これを「国家訴追主義」という。また，国家機関のうち検察官にだけ公訴権が付与されている点で，これを「起訴独占主義」という。

検察官は「公益の代表者」（検察庁法4条）として公訴権を行使するのであり，犯罪被害者等特定の私人の権利利益のみのために公訴を行うのではない。これは，刑罰権の適用・実現という刑事手続の目的（法1条）に由来する。

(2)　現行法は私人による刑事訴追を認めない点で国家訴追主義を徹底しているが，起訴独占主義には二つの例外がある。その第一は，職権濫用罪について，裁判所の付審判決定により公訴提起の効果が発生する場合である（「裁判上の準起訴手続」という）。付審判の手続については刑事訴訟法に規定がある（法262条～269条〔後記Ⅲ*3*〕）。

第二は，検察審査会の起訴議決に基づく公訴提起である。司法制度改革の一環として2004（平成16）年に改正された「検察審査会法（昭和23年法律147号）」の規定（平成16年法律62号）に基づく（同法41条の2・41条の6第1項・41条の9〔後記Ⅲ*4*〕）。

これらは，検察官以外の機関を公訴権の行使に関与させることにより，検察官の不起訴処分を制禦する制度である。検察官の独占する公訴権行使に後記*2*のような広範な裁量を認める現行法制のもとで，不当な不起訴処分に対する控制の機能を果たす。

2　起訴便宜主義

(1)　検察官は，公訴提起の要件がありかつ証拠に基づき有罪判決を得られる高度の見込みがある場合であっても，必ず起訴しなければならないわけではない。「犯人の性格，年齢及び境遇，犯罪の軽重及び情状並びに犯罪後の情況により訴追を必要としないときは，公訴を提起しないことができる」（法248条）。このような不起訴処分を「起訴猶予」といい，起訴猶予を認める法制を「起訴便宜主義」という（これに対し，検察官の裁量的判断に基づく起訴猶予を認めない法制を「起訴法定主義」という）。

(2)　法248条の列記する考慮要素は，犯人と犯罪に係る重要な事項のすべてに及ぶ。それは，起訴され有罪とされたとすれば裁判所が刑の量定に際して考慮するであろう事項とほぼ同様である〔第5編裁判第2章Ⅰ*2*(3)〕。犯人に関する事項（性格には前科前歴の有無，常習性の有無等も含む）と犯罪後の情況（例，反省

の有無，被害弁償の有無，示談の成否）には特別予防的観点，犯罪の軽重には一般予防的観点が現れている。情状には，犯行の動機・目的，共犯関係等の犯罪事実とこれに密接に関連する事実や犯罪の社会的影響も含まれる。

　検察官は，このような観点を総合考慮して犯人の訴追・処罰を必要としないと判断するときは，「起訴猶予」処分を行う。起訴猶予された被疑者は，公訴提起と処罰という負荷を免れるので，更生・社会復帰への障害が小さい。このような刑事政策的配慮が可能であるのは，その長所である。検察官は，被疑者を起訴猶予処分にする場合，適切な訓戒をし，必要に応じ更生の誓約書を徴したり，特定の監督者・縁故者・知人等の保護者に身柄を引き渡す等の措置を講じている。介入を伴う「ディヴァージョン（diversion）」の一例である。

　他方，検察官がこのような刑事政策的考慮勘案を誠実・的確に行うためには，犯人と犯罪事実に関連する多様・多量の判断資料を必要とする。犯罪事実とこれに密接に関連する重要な情状事実を超えて，これらの資料を取得・収集する捜査が過度の詳密化に向かい，被疑者の負担が重くなる契機を孕む点には，留意すべきである。

　(3)　検察官は，証拠上認定可能な一罪を構成する犯罪事実の一部のみを審理・判決の対象として起訴することができると解されている〔第3章Ⅱ〕。窃盗の被害品目の一部だけを公訴事実として起訴すること，強盗行為により生じた軽微な傷害の事実を除外して強盗罪の公訴事実で起訴すること，人の住居に侵入して窃盗を行った者を窃盗罪の公訴事実のみで起訴すること等がその例である。一罪の一部起訴と称されているこのような取扱いは，全面的な起訴猶予とは異なるが，検察官が認知している犯罪事実の一部を起訴猶予するのと同様の機能を果たす。このような検察官による審理・判決対象の設定・構成権限は，当事者追行主義の現れであると共に起訴便宜主義に由来する側面でもあると説明することができよう。

　(4)　現行法は，検察官に起訴猶予処分を認めると共に，第1審の判決があるまでは，提起した公訴をその裁量的判断で取り消すことを認める（法257条）。被告人の同意や裁判所の許可は必要でない（被害者参加人に対する理由の説明が必要となることはあり得る。法316条の35）。公訴が取り消されたときは，裁判所は公訴棄却の決定で手続を終結させる（法339条1項3号）〔第5編裁判第3章Ⅲ〕。

なお，公訴取消しによる公訴棄却の決定が確定したときは，公訴取消し後に犯罪事実についてあらたに重要な証拠を発見した場合に限り，同一事件について更に公訴を提起することができる（法340条）。この要件を充たさない再度の公訴提起があったときは，裁判所は判決で公訴を棄却する（法338条2号）〔第5編裁判第3章Ⅱ(3)〕。

　　＊　被告人側の同意の撤回等により即決裁判手続の申立てを却下する決定があった事件について，当該決定後，証拠調べが行われることなく公訴が取り消され，公訴棄却の決定が確定した場合等においては，法340条の規定にかかわらず，同一事件について更に公訴を提起することができるものとする法改正が2016（平成28）年に行われた（法350条の26）。公訴取消し後の再起訴制限を緩和することにより，被疑者側が将来公判で否認に転じるなどして即決裁判手続による審判が行われない場合を見越して念のために行っている捜査を省力化することができ，また，即決裁判手続のより積極的な利用を促して，自白事件を簡易迅速に処理し，ひいては刑事司法制度全体の効率化に資することを目標とするものである。捜査機関は自白が維持される前提で即決裁判に必要な限りの捜査を遂げて起訴し，後に被告人側が否認に転じるなどした場合には，公訴を取り消したうえで正式裁判に必要な補充的捜査を実行した後，再起訴できるとすることで，当初の捜査の省力化が可能となるのである。

(5)　裁判とは異なり検察官の不起訴処分には一事不再理の効力や拘束力はないので，不起訴処分後に，新たな証拠を発見し，または公訴提起・追行の要件を具備するに至り，あるいは起訴猶予を相当としない事情が生じた場合等には，公訴時効が完成していない限り，公訴を提起することができる（「再起」という）。

Ⅲ　公訴権の運用とその規制

1　公訴権の運用

(1)　前記のとおり，現行法は公訴を行う権限を検察官に独占させ，かつ広範な裁量権を付与している（法247条・248条）。検察官はこの権限を行使することにより，刑事司法作用の中核目的である刑罰権の具体的適用・実現過程を，ほぼ全面的・包括的に制禦することができる。その諸相は次のとおり。

(2) 第一，検察官は，捜査で収集・保全された証拠に基づき認定される事実が刑罰法令（実体法）の定める犯罪構成要件に該当するかどうかについて第1次的な判断権限を有する。実体法解釈の局面で犯罪の成否に疑義がある場合，公訴権行使の在り方として，起訴し最終判断を裁判所に委ねる途もあり得るところであるが，わが国では従前から有罪判決を得られる高度の見込みがない事件は起訴しない運用が確立しているので，このような運用の結果不起訴処分となれば，当該事件の実体法解釈上の問題が裁判所の判決により公権的に解決される機会は失われることになる。

第二，捜査で収集・保全された証拠の評価，すなわち被疑者が犯人であること（犯人性）及び被疑事実に関する証拠の有無・程度の評価についても，検察官が第1次的判断権限を有する。犯人性及び犯罪事実の存否について証拠上様々な評価があり得る場合，起訴して最終判断を裁判所に委ねる途もあり得るところであるが，前記のとおり有罪判決を得られる高度の見込みがない事件は起訴しない運用が確立している。

このような運用の結果，起訴され裁判所の審理・判決の対象とされる事件は，犯罪の成否及び証拠に基づく事実の認定の両面で，有罪判決を得られる高度の見込みという観点から検察官による第1次的審査・点検を経たものに限定されることになる。検察官は刑事裁判の場に持ち込む事件を選別厳選することができ，比喩的にいえば，起訴された事件は，あたかも検察官による第1次的な有罪判断を経ているような観を呈することになる。起訴された事件の有罪率がほぼ99％を超える結果となるのは，法律家である検察官による事件の選別厳選を経ている以上，何ら不思議なことではない。

第三，以上のような選別に加えて，「起訴便宜主義」に基づき，有罪判決を得られる高度の見込みがある事件であっても，検察官は犯人と犯罪事実に係る諸般の事情を考慮して起訴猶予処分を行うことができる。前記のとおり，検察官は起訴法定主義であれば裁判所が量刑に際して考慮勘案するであろう事情を踏まえ，刑事政策的考慮を働かせた事件処理をすることができる。

(3) 以上のような刑事司法過程における検察官の広範な権限とその運用には，長所と短所がある。

刑事司法過程に取り込まれた被疑者の立場を考慮すれば，起訴され刑事被告

人の立場におかれること自体に様々な法的・社会的不利益が伴うので，犯罪の成否に疑義があったり嫌疑不十分の状態で起訴される事態はできる限り回避するのが望ましいというのが，このような運用を支える考えである。また，前記のとおり犯人と認められる者であっても，将来の改善・更生の観点から起訴や有罪判決宣告自体を回避する起訴猶予処分は，刑事政策的利点を有する。

　他方で，本来，法と証拠に基づいて公式に有罪・無罪を決する場は公判審理・刑事裁判であるはずであるとの考えに立てば，前記のような検察官による公訴権の運用が，刑事手続全体の中での公判審理・刑事裁判の本来果たすべき役割を形骸化させているとの指摘があり得よう。また，起訴猶予を含む的確な事件処理をするためには，犯人と犯罪に関する多様かつ多量の証拠資料を収集・分析・検討する作業が前提となるはずであるが，これらを収集する捜査手続が重厚・肥大化し，捜査対象となる被疑者その他の関係者に対する負荷が過重となる。さらに，検察官の事件処理は，公権的な有罪・無罪の宣命ではないから，捜査の対象とされた被疑者にとって，また犯罪被害者等事件関係者や事件に関心をもつ一般国民にとっても，不起訴処分の結果，刑事裁判手続を通じ裁判所の公権的判断が示される機会が失われる点に不満が生じる側面がある。

　　＊　捜査で収集・保全すべき証拠・資料の種類・範囲・内容・量等は，検察官の事件処理判断の素材という観点のみならず，刑事手続を通じて「事案の真相を明らかにし」「刑罰法令を……適用実現する」という刑事訴訟の目的達成にどの程度必要かという観点から定まる事柄である（法1条参照）。国家刑罰権の具体的実現の前提となる「事案の真相」解明とは，犯罪構成要件要素に該当する事実の認定と，有罪と認められる場合に的確な量刑を行うため必要不可欠な量刑判断にとって重要な事実の認定とに尽きる〔序Ⅱ1〕。現在の捜査における証拠収集の範囲・程度がこのような目的を超えて重厚・肥大化していないか，あらためて検証してみる価値はあろう。

2　処分の通知等

(1)　検察官の事件処理結果に最も関心を有するのは被疑者であるが，犯罪被害者等被疑者以外の事件関係者もまた，重大な関心を有する場合があり得る。法及び運用においては，次のような処分結果の通知制度が設けられている。

(2) 起訴され被告人となった者には，裁判所から遅滞なく起訴状の謄本が送達されるのが原則である（法271条）。これに対して不起訴処分の場合には，検察官は，被疑者の請求があるときは，速やかにその旨を告知しなければならない（法259条）。

* 検察官が公訴を提起しないときは，実務上，不起訴裁定書を作成し，不起訴処分の根拠を明らかにしておくこととされている。不起訴裁定書には，裁定主文として，嫌疑なし，嫌疑不十分，罪とならず，刑事未成年，心神喪失，起訴猶予等が記載され，さらにその理由の説明が付加される。

(3) 検察官は，告訴・告発・請求のあった事件について，起訴または不起訴の処分をしたときは，速やかにその旨を告訴人・告発人・請求人に通知しなければならない。公訴を取り消したときも同様である（法260条）。また，不起訴処分をした場合に，告訴人等から請求があるときは，その理由を告知しなければならない（法261条）。

このうち，不起訴処分の通知と理由の告知は，それ自体が検察官の不起訴判断の公正確保に資するのみならず，事件処理の帰趨に関心を有する告訴人等に対して，不起訴処分の控制を目的とした制度（付審判請求手続，検察審査会への審査申立て）の起動に向けた手続をする機会を付与することになる。

不起訴理由として告知される内容は，「罪とならず」「嫌疑不十分」「起訴猶予」等の不起訴裁定主文にとどまり，例えば，嫌疑不十分と判断された理由や起訴猶予処分に至る判断内容についてまでの説明は必要でないとされている。しかし，告訴人等に理由を告知する趣旨からは，より詳細な説明が禁じられているわけではなく，むしろ望ましいというべきである。事案の性質や不起訴とされた被疑者の名誉等を勘案して具体的事案に応じた理由の説明を行うのが適切であろう。

* 後記のとおり，不起訴処分に対する法律上の控制制度としては，付審判請求手続と検察審査会に対する審査申立てがある。このほか，不起訴処分をした検察官の上級検察庁の長に対する不服申立てにより監督権の発動を促す方法が実務上認められている。このような不服申立てがあったときは，当該上級検察庁において受理し，処分を再検討するなどの処理が行われる。

(4) 検察官が犯罪被害者等から情報提供を求められた場合には，さらに「被

害者等通知制度」が1999（平成11）年から実施・運用されている。犯罪被害者やその遺族等，目撃者その他の参考人に対して，検察官が，事件の処理結果，起訴された場合の公判期日，刑事裁判結果等を通知するものである。被害者やその遺族または弁護士であるその代理人に対しては，希望があれば，不起訴裁定の主文にとどまらず不起訴裁定の理由の骨子も通知することができるとされている。

3 付審判請求手続

(1) 公務員による職権濫用の罪については，検察官による訴追裁量権限の不適切な行使により不当な不起訴処分が行われる危険があるため，このような犯罪類型に限り（刑法193条～196条，破防法45条，無差別殺人団体規制法42条・43条，通信傍受法37条の定める罪），その罪について告訴・告発をした者が，検察官の不起訴処分に不服があるとき，その検察官所属の検察庁の所在地を管轄する地方裁判所に対して，事件を裁判所の審判に付すことを請求する手続が設けられている。これを「付審判請求手続」という（法262条～269条）。請求に基づき裁判所の付審判決定があると事件について公訴の提起があったものとみなされるので（法267条），「裁判上の準起訴手続」ともいわれる。起訴独占主義の第一の例外である。

(2) 告訴人・告発人による付審判の請求は，不起訴処分の通知（法260条）〔前記*2*(3)〕を受けた日から7日以内に，犯罪事実及び証拠を記載した請求書を，不起訴処分をした検察官に差し出して行う（法262条2項，規則169条）。これは検察官に再考の機会を与える趣意である。検察官は，請求に理由があると認めるときは，公訴を提起しなければならない（法264条）。これに対し，検察官が請求に理由がないものと認めるときは，請求書を受け取った日から7日以内に，公訴を提起しない理由を記載した意見書を添えて，書類及び証拠物とともに，請求書を管轄地方裁判所に送付しなければならない（規則171条）。

(3) 付審判請求を受けた裁判所の審理及び裁判は合議体で行われ，必要があれば「事実の取調」を行うことができる（法265条・43条3項）。これ以外に審理方式に関する具体的規定がないため，請求人の関与の可否等審理手続を巡り

議論があった。判例は,「付審判請求事件における審理手続は,捜査に類似する性格をも有する公訴提起前における職権手続であり,本質的には,対立当事者の存在を前提とする対審構造を有しないのであって,このような手続の基本的性格・構造に反しないかぎり,裁判所の適切な裁量により,必要とする審理方式を採りうる」と説示している(最決昭和49・3・13刑集28巻2号1頁)。

(4) 請求を受けた裁判所は,請求に方式違反があるとき,請求権消滅後にされたものであるとき,または請求が「理由のない」ときは,請求棄却の決定をする(法266条1号)。裁判所は検察官の不起訴処分の当否を審査するのであるから,「理由のない」とは,犯罪の嫌疑が不十分の場合のみならず,起訴猶予が相当と認められる場合も含む。

これに対し,審理の結果請求が「理由のあるとき」は,裁判所は,事件を管轄地方裁判所の審判に付する決定をする(法266条2号)。この付審判決定があると,その事件について公訴の提起があったものとみなされる(法267条)。付審判決定の裁判書には起訴状に代わるものとして,起訴状に記載すべき事項が記載され,その謄本は請求者,検察官及び被疑者に送達される(規則174条・34条)。

なお,裁判所は,同一の事件が検察審査会による審査の対象とされているときは,付審判決定と検察審査会の起訴議決に基づく公訴提起が二重になされることを避けるため,付審判決定をした場合に,その旨を検察審査会に通知することとされている(法267条の2)。

(5) 検察官が不起訴処分とした事件の公訴追行を検察官に委ねるのは適当でないので,法は,公訴の維持にあたる者を裁判所が弁護士の中から指定することとしている。これを「指定弁護士」という(法268条1項)。指定弁護士は,事件について公訴を維持するため,裁判の確定まで検察官の職務を行う。ただし,検察事務官及び司法警察職員に対する捜査の指揮は,検察官に嘱託して行うこととされている(法268条2項)。

指定弁護士は,付審判決定により裁判所に係属した事件の公訴を維持する者であるから,職務の性質上,公訴の取消しができないのは当然である。検察官は,起訴状に記載された訴因をみずから変更する権限を有するが(法312条1項),裁判所が審判に付した法定の対象事件について訴追活動を委ねられた指

定弁護士が，対象事件以外の罪となる事実に訴因を変更することには疑問がなくはない。もっとも，訴因変更や縮小認定によって有罪判決を獲得することが制度の趣旨に全面的に反するとまではいえないであろう（判例は，公判審理の結果，職権濫用罪以外の罪が認められることになったとしても，審判に付された事件と公訴事実の同一性が認められる限り，この罪で処罰することができるとする〔最決昭和49・4・1刑集28巻3号17頁〕）。

4　検察審査会

(1)　検察審査会は，公訴権の実行に民意を反映させてその適正を図る目的で，地方裁判所及びその支部の所在地に置かれている（検察審査会法1条）。衆議院議員の選挙権を有する者の中から無作為抽出で選ばれた11人の検察審査員（任期は6月）で組織される（同法4条）。現行刑事訴訟法と同時期に制定された「検察審査会法（昭和23年法律147号）」に基づく。裁判員制度の導入以前においては，刑事司法過程に一般国民が直接関与する唯一の制度であった。

　検察審査会の主たる活動は，検察官の公訴を提起しない処分の当否の審査である（検察審査会法2条1項1号）。告訴人等または犯罪被害者（被害者死亡の場合，その遺族〔配偶者，直系親族または兄弟姉妹〕）の申立てがあれば，不起訴処分の当否の審査を行わなければならない（同法2条2項）。職権で審査を行うこともできる（同法2条3項）。付審判請求手続とは異なり，対象事件に限定はない。審査申立人は，検察審査会に意見書または資料を提出することができる（同法38条の2）。

　申立てに対する審査は，検察審査員全員の出席する非公開の審査会議で行われる。不起訴とされた事件の記録を検討し，検察官からの意見聴取，公務所に対する照会，申立人や証人の呼出・尋問等を行うことができる（同法21条〜37条参照）。

(2)　審査の結果は議決で決せられる。検察官の不起訴処分を妥当と認めるときは不起訴相当，不起訴処分を不当とし再度の捜査等処分の再検討を求める場合には不起訴不当，積極的に起訴を相当と認めるときは，起訴相当の議決をする。不起訴相当・不起訴不当の議決は過半数で決するが，起訴相当の議決は8

第1章　公訴権の運用とその規制

人以上の多数によらなければならない（検察審査会法39条の5・27条）。

　議決の理由を記載した議決書の謄本は，不起訴処分をした検察官を指揮監督する地方検察庁の検事正に送付される（同法40条）。不起訴不当と起訴相当の議決がされた事件については，検察官は議決を参考にし，再捜査を行うなどした上不起訴処分の当否について検討・再考し，起訴すべきかどうかを決する。その処分結果は，検察審査会に通知される（同法41条）。

　(3)　不起訴不当または起訴相当の議決を受けて，検察官が再検討のうえ事件を起訴する場合には，それで審査申立人の目的は達せられることになる。他方，検察官が検討の結果再び不起訴処分とした場合，従前は，検察審査会の議決は拘束力がないものにとどまっていた。

　これに対して，裁判員制度の導入等を提言した司法制度改革の一環として，一般国民の関与する検察審査会の一定の議決に法的拘束力を付与することが提言され，これを受けた2004（平成16）年の法改正により「起訴議決」の制度が設けられた（平成16年法律62号）。

　前記起訴相当の議決があった場合に，検察官がその事件につき不起訴処分をしたときは，検察審査会は再度その処分の当否を審査することとし（再審査），改めて起訴相当と認めるときは，「起訴をすべき旨の議決」（起訴議決）をすることができるとされた。起訴議決は，審査員8人以上の特別多数決による。起訴議決をするときは，あらかじめ，検察官に対し，検察審査会議に出席して意見を述べる機会を与えなければならない（検察審査会法41条の2・41条の6）。検察官が，一度起訴相当議決があったことを考慮してもなお不起訴処分とした理由を検察審査員に説明する機会を設け，その判断の参考とする趣旨である。

　なお，検察審査会は，審査を行うに当たり「法律に関する専門的な知見」を補う必要があると認めるときは，弁護士の中から事件ごとに「審査補助員」を委嘱することができる（同法39条の2）。とくに検察審査会が再審査を行うに当たっては，必ず審査補助員を委嘱し，法律に関する専門的な知見をも踏まえつつ，審査を行わなければならない（同法41条の4）。これは，法的観点から明白に不適切な起訴議決がなされるのを防ぐ趣旨である。

　　＊　審査補助員は，その職務を行うに当たり，検察審査会が公訴権の実行に関し民意を反映させてその適正を図るため置かれたものであることを踏まえ，その自主的な

判断を妨げるような言動をしてはならない旨の規定が設けられている（検察審査会法39条の2第5項）。しかし，検察審査会の「自主的な判断」が「法律に関する専門的な知見」からみて不合理で明白に誤っている場合には，法律の専門家として誤りを指摘・説明し，これを是正するのが審査補助員の責務というべきである。前記のとおり，検察官の不起訴処分には，公訴提起の要件が欠如している場合，証拠上認定できる事実が犯罪を構成しないと認められる場合，犯人性・犯罪事実に関する証拠が不十分と認められる場合，起訴猶予相当と認められる場合がある。このうち，法的判断である明瞭な公訴提起の要件の欠如（例，公訴時効の完成に争いの余地がない場合），犯罪の不成立が明白な場合（例，信頼できる精神鑑定に拠れば責任無能力が明白な場合，過失犯の前提となる予見可能性や結果回避可能性がおよそ認められない場合）に，いかに検察審査員の多数が起訴相当の「自主的な判断」をしようと，審査補助員はその法的な誤り・不合理性を指摘・是正するのをためらうべきでない。自主的な判断は「法律に関する専門的な知見をも踏まえつつ」行われる審査に基づくべきだからである。なお，不幸な事故について，業務上過失致死傷罪の成否等の法的判断が争点とされた強制起訴事案として，最決平成28・7・12刑集70巻6号411頁［明石花火大会歩道橋事故・免訴］，最決平成29・6・12刑集71巻5号315頁［JR西日本快速列車脱線転覆事故・無罪］がある。

(4) 検察審査会は，起訴議決をしたときは，議決書に，その認定した犯罪事実を記載しなければならない。この場合に検察審査会は，できる限り日時，場所及び方法をもって犯罪を構成する事実を特定しなければならない。審査補助員は起訴議決書の作成を補助する。起訴議決書の謄本は，検察審査会の所在地を管轄する地方裁判所に送付される（検察審査会法41条の7）。再審査と起訴議決を経た事件において，犯罪事実を明示・特定した起訴状を作成するため後記指定弁護士がさらに長期間捜査を行わなければならないような事態は，制度設計上想定外である。

起訴議決には，公訴提起を義務付ける法的効果が付与される。こうして，対象事件に限定がなく，一般国民の健全な社会常識に照らし不起訴処分の不当性が強く認められた事件について（例，起訴猶予の判断が不当とされた場合），起訴が義務付けられ，公判審理・刑事裁判の場で有罪・無罪を公式に決する途が創設されたのである。起訴独占主義の第二の例外である。

検察官が起訴相当議決を受けて再考の上なお不起訴処分とした事件の公訴提起と追行を検察官に行わせるのは不適当なので，裁判所は，起訴議決に係る事件について，公訴の提起及びその維持に当たる者を弁護士の中から指定しなけ

ればならない(同法41条の9)。指定弁護士は,速やかに,起訴議決に係る事件について,公訴を提起しなければならない(同法41条の10)。指定弁護士は,起訴議決に係る事件について公訴の維持をするため検察官の職務を行う(同法41条の9第3項)。

5 起訴処分に対する規制

(1) 以上のように,検察官の不起訴処分に対しては,これを控制する制度が存在する。これに対して,検察官の起訴処分に対しては,現行法上特段の制度的規制は存在しない。

元来,検察官の公訴提起が適式な手続に則って行われた以上,起訴状に記載明示された罪となるべき事実の主張に理由があるかどうかを審理・判断するのが公判手続と公判の裁判の役割であるから,裁判所は,公訴提起・追行の要件を欠く不適法な起訴については,形式裁判(管轄違い・公訴棄却・免訴)で手続を打ち切り,適式な公訴提起については,審理の上,有罪・無罪の実体裁判をすればよいはずである。

(2) 前記のとおり,現在の検察官による公訴権の運用は,有罪判決を得られる高度の見込みを基準として行使されている。もっとも,このような事実上の運用の次元でなく,検察官の刑事訴訟法上の法的義務として,このような高度の嫌疑がない事件はおよそ起訴すべきでないとまでいうことはできない。しかし,およそ犯罪の嫌疑が認められない場合に故意または過失で公訴を提起することは検察官の国法上の義務違反(公務員による違法な公権力の行使)というべきであるから,そのような違法な公訴提起に対しては,国家賠償を請求することができる(国賠法1条)。

そして,このような公訴提起が刑事訴訟法上適式に行われている場合,裁判所は迅速な審理により無罪判決をすることで対処すれば足りる。

(3) 法定された公訴提起・追行要件が欠如する場合以外に,検察官の公訴提起・追行それ自体が刑事訴訟法上違法性を帯び,これを無効として,審理をせずに手続を打ち切るべき場合があり得るか。

第一に想定されるのは,検察官の公訴権行使に裁量権の逸脱または濫用があ

ると認められる場合である。前記のとおり法248条の明記する検察官の訴追裁量権行使の考慮要素は犯人と犯罪に係る事項に全面的に及び，何らの罪となるべき事実をも包含されていない事実が起訴されるような特異な場合（法339条1項2号で公訴棄却となる）を除き，訴追裁量権限の「逸脱」事例は通常想定し難いであろう。あり得るとすれば，通常の裁量基準に拠れば起訴猶予相当とされたであろう事件が起訴猶予されない場合，すなわち訴追裁量権限の「濫用」的行使の場合である。

　このような「公訴権の逸脱・濫用」について，最高裁判所は次のような法解釈を説示している（最決昭和55・12・17刑集34巻7号672頁）。

　「検察官は，現行法制の下では，公訴の提起をするかしないかについて広範な裁量権を認められているのであって，公訴の提起が検察官の裁量権の逸脱によるものであったからといって直ちに無効となるものでないことは明らかである。たしかに，右裁量権の行使については種々の考慮事項が刑訴法に列挙されていること（刑訴法248条），検察官は公益の代表者として公訴権を行使すべきものとされていること（検察庁法4条），さらに，刑訴法上の権限は公共の福祉の維持と個人の基本的人権の保障とを全うしつつ誠実にこれを行使すべく濫用にわたってはならないものとされていること（刑訴法1条，刑訴規則1条2項）などを総合して考えると，検察官の裁量権の逸脱が公訴の提起を無効ならしめる場合のありうることを否定することはできないが，それはたとえば公訴の提起自体が職務犯罪を構成するような極限的な場合に限られるものというべきである」。

　この説示が裁量権の逸脱と濫用を意識的に区別して用いているかは定かでない。極限的逸脱例として起訴自体が職務犯罪を構成する場合が挙げられているので，このような事例やこれに匹敵する検察官自身の犯罪行為を伴う起訴は無効として公訴棄却の裁判（法338条4号に拠ることになろう）で打ち切られる余地があると解される。

　もっとも，冒頭手続において被告人・弁護人から公訴権濫用による公訴の無効が主張された場合に，このような「極限的な場合」が一見明白に認められることは稀であろうから，裁判所は公訴権濫用の主張があっても，通常は，その主張の当否判断を留保して実体審理の手続段階に進むことができることになろ

第1章　公訴権の運用とその規制

う。

(4) このような「極限的な場合」には当たらないが、訴追裁量権の「濫用」的行使、とくに起訴猶予基準からの著しい明白な逸脱事例が想定されないではない。起訴猶予相当かどうかは、起訴すれば証拠上有罪判決を得られる見込みのある事件についての裁量的判断なので、嫌疑のない起訴の場合〔前記(2)〕のように裁判所が起訴された被告人を無罪とすることはできない。現行法制には有罪判決の「宣告猶予」の制度（刑罰を宣告せずに被告人を釈放する制度）がない。また、極く軽微な事件であれば、実体法の解釈として可罰的違法性を否定し無罪とする途がないではないが、そのような事案ではないものの、通常の起訴猶予基準に拠れば不起訴になったであろう事件が不当に起訴された疑いがある場合の司法的救済の途が必要であるように思われる。

　最高裁判所は、被告人が、その思想、信条、社会的身分または門地などを理由に、「一般の場合に比べ」捜査上不当に不利益に取り扱われたものではなく（憲法14条参照）、また、公訴提起を含む検察段階の措置に、被告人に対する不当な差別や裁量権の逸脱はなかったとされた事案について、被告人に対する公訴提起の効力は否定されない旨を述べている（最判昭和56・6・26刑集35巻4号426号）。また、公訴権の発動について、「審判の対象とされていない他の被疑事件についての公訴権の発動の当否を軽々に論定することは許されないのであり、他の被疑事件についての公訴権の発動の状況との対比などを理由にして」公訴提起を著しく不当とする判断は直ちに肯認することはできないと説示している（前記最決昭和55・12・17）。

　しかし、前記判例が言及する「他の被疑事件」は、起訴された被告事件と同種同態様の事案一般のことではない。仮に当該被告事件と同種同態様の事案に対する事件処理が起訴猶予相当であるのが「一般の場合」であり、これに比べて当該被告事件の公訴提起が明らかにそのような一般の場合の事件処理と異なっている場合には、訴追裁量権の濫用を認める余地があるように思われる。同種事案との比較は控訴審における量刑不当の審査でも行われているところであり、裁判所にとって必ずしも困難とは思われない（他の一般の場合に比べたとき、起訴猶予すべきであったと認められるのに起訴された事案の処理に最も適合的なのは、有罪判決の宣告猶予制度であろう。なお、前記最決昭和55・12・17の第1審は、ノミ

ナルな執行猶予付きの罰金刑を言い渡し，第2審は公訴権の濫用を理由に公訴を棄却した。最高裁判所は公訴権濫用の主張を容れた原審判断を失当としたが，これを破棄して執行猶予付き罰金刑を復活させなければ著しく正義に反することになるとは考えられず，法411条を適用すべきものとは認められないとした。この事案に関与したすべての裁判所が，検察官の起訴自体に不正義を感じたのであろう）。

また，前記昭和56年判例の説示を踏まえれば，検察官の公訴提起自体が，被告人の思想，信条，社会的身分または門地などを理由とする不当な差別に帰因しており，起訴猶予相当とされる「一般の場合」に比べ被告人が不利益に取り扱われている場合には，憲法14条違反の無効な公訴提起というべきであろう。

(5) 検察官の公訴提起それ自体を違法・無効と評価して引き続く公判審理の続行を遮断すべき第二の場合があり得るとすれば，公訴提起の前提となる捜査手続に基本的な正義の観念（憲法31条）に反する重大な違法があり，そのような違法捜査の対象とされた当の被疑者を起訴して当人に対する刑事手続をさらに続行すること自体が，基本的な正義に反すると認められるような特段の事情がある場合であろう。違法捜査を被った被疑者に対する非常救済と刑事司法作用全体の廉潔性維持を目的とする。被疑者に対して憲法14条違反の差別的捜査が行われた場合や不公正の色彩が著しい違法なおとり捜査が行われた場合であって，違法捜査に基づき収集された証拠の排除では不正義の是正が十分でないときがその例である。

下級審裁判例には，捜査過程で被疑者に対し警察官による強度の暴行があった事案で公訴棄却（法338条4号準用）したもの（大森簡判昭和40・4・5下刑集7巻4号596頁），少年被疑者の捜査が遅延した結果，家裁の審判を受ける機会が失われ成年として起訴された事案で公訴棄却（法338条4号適用）したもの（仙台高判昭和44・2・18判時561号87頁）がある。もっとも，最高裁判所はいずれの事案についても，仮に捜査手続に違法があったとしても，必ずしも公訴提起の手続を無効とするものではない旨言及している（最判昭和41・7・21刑集20巻6号696頁，最判昭和44・12・5刑集23巻12号1583頁，このほか少年被疑者の捜査遅延について最判昭和45・5・29刑集24巻5号223頁参照）。

なお，少年の被疑事件につき一旦は嫌疑不十分を理由に不起訴処分にするな

第1章　公訴権の運用とその規制

どしたため家庭裁判所の審理を受ける機会を失われた後に事件を再起してした公訴提起が無効であるとはいえないとされた事例において，最高裁判所は，「捜査等に従事した警察官及び検察官の各措置には，家庭裁判所の審判の機会が失われることを知りながら殊更捜査を遅らせたり，不起訴処分にしたり，あるいは，特段の事情もなくいたずらに事件の処理を放置したりするなどの極めて重大な職務違反があるとは認められず，これらの捜査等の手続に違法はない」と説示しているが（最決平成25・6・18刑集67巻5号653頁），仮にこの傍論に記されたような「極めて重大な職務違反」があれば，それに引き続く公訴提起は無効と解すべきであろう。

〈第2編第1章　参考文献〉
　司法研修所検察教官室編・検察講義案［令和3年版］（法曹会，2023年）

第 2 章
公訴提起の要件と手続

I 公訴提起の要件

1 公訴提起の要件の意義と種類

(1) 公訴提起は，当事者として刑事訴訟を起動する立場にある検察官が，裁判所に対して刑事事件の審理と判決を求める行為である。既に説明したとおり，検察官は処理すべき事件について，犯罪の成否と嫌疑の有無を検討し，的確な証拠に基づき有罪判決が得られる高度の見込みがある場合に限って起訴するという運用を行っている。この意味で，犯罪の確実な嫌疑の存在は，当事者による検察官から見て，公訴提起の要件と位置付けられる。

検察官が，証拠上合理的疑いが顕著に認められ有罪判決の見込みが乏しい事件を起訴した場合，当該手続が無罪判決で終局するほか，合理的根拠のない違法な公権力の行使として，国家賠償の問題を生ずる（国賠法上の違法性判断基準について，最判昭和 53・10・20 民集 32 巻 7 号 1367 頁参照）〔第 1 章 III 5 (2)〕。

* 実務上，送致された事件を検討した検察官は，被疑事実が犯罪構成要件に該当しないとき，または犯罪の成立を阻却する事由があることが証拠上明確と認めたときは，「罪とならず」という理由で不起訴処分をする。被疑事実につき，被疑者がその行為者でないことが明白なとき，または犯罪の成否を認定すべき証拠のないことが明白なときは，「嫌疑なし」との理由で不起訴処分をする。また，犯罪の成立を認定すべき証拠が不十分なときは，「嫌疑不十分」との理由で不起訴処分をする。さらに，被疑事実が明白な場合でも，法律上刑が必要的に免除されるべきときは，「刑の免除」との理由で不起訴処分をしている。

(2) 法は，起訴された事件に関し一定の事由が認められるとき，裁判所は，

有罪・無罪の裁判（「実体裁判」という）をすることができず，「形式裁判」（例，免訴の裁判，公訴棄却の裁判）で手続を打ち切るべき旨を定めている（法337条・338条・339条）〔第5編裁判第3章〕。そこで，検察官が，事件処理の段階でこのような法の定める事由を認めた場合には，公訴を提起すべきではない。

以下では，検察官の立場から見た，公訴提起・追行の消極要件——起訴を差し控えるべき事由——を掲げる。そこには，前記のような実定刑事訴訟法等の明文に基づく事由のみならず，規定の趣旨解釈に基づく事由も含まれる。これらを，叙述の便宜のため，①被疑者の性質に由来するもの，②被疑事実の性質に関係するもの，③手続上の事由に起因するものに分けて順次説明を加える。このうち公訴の時効と親告罪における告訴については，法解釈上の問題等について別途説明する。

* 検察官の公訴提起と訴訟追行を妨げる事由の不存在，すなわち検察官の公訴提起行為が有効と認められる要件は，公訴を受ける裁判所から見れば，起訴された事件について審理し，有罪・無罪の実体裁判をするための要件となる。伝統的にはこれを「訴訟条件」と称する。訴訟条件を欠いた公訴は無効であり，したがって裁判所は実体裁判をすることはできず，形式裁判で手続を打ち切ると説明される。この要件は，原則として，公訴提起の時から判決の時まで存続しなければならない（例外，公訴提起後被告人の住所等が変わっても，管轄違いにはならない）。なお，公訴提起の時に存在しなかった訴訟条件を後に充たすことで公訴を有効にすることができるかという問題がある（例，後記，告訴の「追完」の可否）。

** 現行法は，裁判所がまず公訴提起の要件の存在（公訴の有効性）を確定し，その後に公訴の理由の有無（有罪か無罪か）についての審理（実体審理）に入るべきことを要求しているわけではない。裁判所は，実体審理の途中で，公訴提起・追行の要件が欠けているのを発見したときは，その段階で形式裁判をすればよい。なお，要件の存否は，訴訟手続の根幹に係るので，当事者の申立ての有無にかかわらない職権調査事項であるといわれている。もとより，検察官の公訴提起に対して被告人側から公訴提起の要件の欠如を主張し，裁判所の判断を求めることもできる。

(3) 公訴提起の対象となる被疑者の性質に由来する消極要件として次の場合が想定される。

(a) 自然人の死亡及び法人の消滅　　法は，公訴提起後に被告人が死亡し，または被告人たる法人が存続しなくなったとき，公訴を棄却することとしているから（法339条1項4号），起訴前に被疑者が死亡し，または法人が合併や解

散などにより消滅しているとき，公訴の提起は許されないと解される。これに反して提起された公訴は，裁判所によって棄却される（法339条1項4号準用）。

＊　被疑者死亡の時点で公訴提起の可能性は失われるから，公訴提起・追行を準備する「捜査」の本来的目的も失われる。しかし，捜査はなお続行することができると考えられており，検察官は，収集・保全された証拠に基づいて事案を解明した上，被疑者死亡を理由とする不起訴処分を行う。

(b)　被疑者の心神喪失　　法は，「被告人が心神喪失の状態に在るときは」その状態の続いている間，公判手続を停止しなければならないと定めている（法314条1項本文）。この規定にいう「心神喪失の状態」とは，「訴訟能力，すなわち，被告人としての重要な利害を弁別し，それに従って相当な防御をすることのできる能力を欠く状態をいう」（最決平成7・2・28刑集49巻2号481頁）。著しい精神遅滞や精神障害により黙秘権等の刑事手続上の権利の意味内容や法廷で行われている訴訟行為の意味を理解することができず，裁判官や弁護人等の訴訟関係人と意思を疎通させることが困難な状態がその例である。

この規定は，精神疾患の治癒等により被告人の訴訟能力が回復して公判手続を再開することを想定したものであるが，被疑者が重度の精神遅滞や精神障害の状態にあって訴訟能力が回復する見込みがないと明らかに認められる場合には，被告人として活動する能力の永続的喪失により当事者追行主義訴訟の構造的基盤が欠落するので，検察官は公訴提起を控えるべきであろう。提起された公訴は，訴訟能力に関する審査・判断を踏まえて，棄却されるべきである（法338条4号準用）。

＊　刑法上の「心神喪失」すなわち責任無能力（刑法39条1項）は，犯行時の状態に係り，その意味内容も異なる。例えば，犯行時完全責任能力または限定責任能力であったとして起訴された被告人の精神疾患が重篤化し，裁判時に訴訟能力が欠ける状態になる場合はあり得る。
＊＊　公訴提起後，訴訟能力が回復する見込みがない場合には，検察官は公訴の取消し（法257条）を検討すべきである。また，裁判所は，公訴取消しがない限り公判手続を停止した状態を無制限に続けなければならないものではなく，訴訟能力の回復可能性を慎重に検討した上，被告人の状態等によっては，手続を最終的に打ち切ることができると解すべきである（前記最決平成7・2・28千種秀夫裁判官の補足意見参照。耳が聞こえず，言葉も話せず，手話も会得しておらず，文字もほとんど分から

第 2 章 公訴提起の要件と手続

ない被告人の事案)。最高裁判所は,被告人が心神喪失状態にあることを理由に公判手続が停止された後,訴訟能力回復の見込みがなく公判手続再開の可能性がないと判断されるに至った場合について,法 1 条の目的に照らし,形式的に訴訟が係属しているにすぎない状態のまま公判手続の停止を続けることは法の予定するところではなく,裁判所は,検察官が公訴を取り消すかどうかに関わりなく,訴訟手続を打ち切る裁判をすることができるとした。裁判の形式については,本文に記したとおり,法 338 条 4 号に準じて,口頭弁論を経た上で判決で公訴を棄却するのが相当であると判示している (最判平成 28・12・19 刑集 70 巻 8 号 865 頁)。

(c) 少 年　被疑者が 20 歳に満たない者であるとき,検察官は「少年法」の規定に拠り,事件を家庭裁判所に送致しなければならない (少年法 42 条)。この手続を経ず直ちに公訴を提起することは許されない。家庭裁判所が調査の上,刑事処分相当と判断し事件を検察官に送致したときでなければ,公訴を提起することができず (同法 20 条),送致を受けた事件については,検察官は原則として公訴提起の義務を負う (同法 45 条 5 号)。少年被疑者の処遇について,検察官ではなく家庭裁判所が第 1 次的判断を行う趣意である。この手続に反して提起された公訴は,裁判所によって棄却される (法 338 条 4 号)。

  ＊　14 歳に満たない刑事未成年者 (刑法 41 条) が刑罰法令に触れる行為をした場合には,犯罪が成立しないので公訴提起の可能性がなく,当該少年の行為は「犯罪」でないため,「捜査」の対象にもならない。しかし,警察官による「調査」の対象となり得る (少年法 6 条の 2 以下)。このような「触法少年」に対しては,児童福祉法及び少年法の規定により,保護や家庭裁判所の少年審判等の手続が行われる。
  ＊＊　少年法の適用される 20 歳未満の者のうち 18 歳以上の少年を「特定少年」という。特定少年については少年法上,様々な特例が定められている (少年法 62 条以下参照)。

(d) 公訴権行使の制限　国務大臣は,その在任中に限り,内閣総理大臣の同意がなければ訴追されない (憲法 75 条)。摂政も,その在任中訴追されない (皇室典範 21 条)。これらの者に対しては,明文で公訴権の行使が制約されている。これに反する公訴は,裁判所によって棄却される (法 338 条 4 号)。

(e) 刑事裁判権の欠如・制約　前記のような公訴権行使の制約ではなく,特定人に対する刑事裁判権自体が制約される場合がある。

日本の刑事裁判権は,日本国民であると否とを問わず,原則として日本国内に居るすべての者に及ぶ。ただし,日本国内に居る外国人のうち外国元首・外

交使節等については，日本の刑事裁判権が及ばない。したがって，公訴提起は許されない（法338条1号「裁判権を有しないとき」）。また，在日米軍構成員等による一定の犯罪行為については，条約により，アメリカ合衆国に第1次の裁判権が認められているため，その限度で日本国の裁判権行使が制約される（日米地位協定17条）。

(4) 被疑事実の性質に関係する消極要件として，次の場合がある。

(f) 刑の廃止　法は，「犯罪後の法令により刑が廃止されたとき」免訴判決で手続を打ち切る旨定めている（法337条2号）。刑罰法令が犯罪の後に改正されて廃止されれば，刑罰権の根拠が失われるので，公訴提起・追行は許されない。なお，罰則の廃止があっても，廃止前の行為に対する処罰については従前の例による旨の経過規定があるときは，「刑の廃止」には当たらない。

(g) 大　赦　法は「大赦があったとき」免訴判決で手続を打ち切る旨定めている（法337条3号）。大赦は，「恩赦」の一種で，「恩赦法」に定めがある。政令（大赦令）で罪の種類を定めて行われ，既に有罪の言渡しを受けた者についてはその効力を失わせ，まだ有罪の言渡しを受けない者については公訴権を消滅させる（恩赦法3条）。被疑事実が大赦に係る罪であるときは，公訴権が消滅するので，公訴提起・追行は許されない。

(h) 時効完成　法は「時効が完成したとき」免訴判決で手続を打ち切る旨定めている（法337条4号）。なお刑事に関する時効には公訴の時効と刑の時効がある。公訴時効については刑事訴訟法に規定があり（法250条以下），刑の時効については刑法に規定がある（刑法31条以下）。法定された一定の時が経過し，公訴時効が完成している事件については，一律に公訴提起・追行は許されない。公訴時効制度の詳細は，後述する〔I 2〕。

(5) 手続上の事由に起因する消極要件として，次の場合がある。

(i) 訴訟係属　当該事件について既に公訴が提起され，裁判所に係属しているときは，同一事件について重ねて起訴すること，すなわち「二重起訴」は許されない。「公訴の提起があった事件について，更に同一裁判所に公訴が提起されたとき」は判決で後の公訴が棄却される（法338条3号）。また，同一事件が異なった裁判所に起訴された場合については，法10条・11条に規定があり，同一事件が事物管轄を異にする数個の裁判所に係属するときは，原則とし

て，上級の裁判所が審判し（法10条1項），同一事件が事物管轄を同じくする数個の裁判所に係属するときは，原則として，最初に公訴を受けた裁判所が審判する（法11条1項）とされているので，これに従い審判してはならない事件については，決定で公訴が棄却される（法339条1項5号）。なお，裁判所の管轄については，後述する〔Ⅰ4〕。

　二重起訴が禁止される「同一事件」の範囲は，刑罰権の行使に際し，1個の手続で1回審理・判決すれば足りるとすべき範囲であり，手続の重複と二重処罰を回避すべき範囲――「公訴事実の同一性」（法312条1項）が認められる範囲――に及ぶと解される〔第3章Ⅰ(4)〕。

　(j)　公訴取消し後の再起訴　　検察官は，公訴提起後，第1審の判決があるまでは公訴を取り消すことができる（法257条）。しかし，同一事件について再び公訴を提起することには制限があり，「公訴の取消後犯罪事実につきあらたに重要な証拠を発見した場合に限〔る〕」（法340条）。これに反した再起訴は，裁判所により公訴棄却される（法338条2号）〔第1章Ⅱ2(4)〕。

　(k)　確定判決　　事件について，既に有罪，無罪，または免訴の判決が確定しているときは，「同一事件」について再度公訴を提起することは許されない。確定判決の「一事不再理の効力」（憲法39条）である。これに反する公訴提起は，免訴判決で打ち切られる（法337条1号）〔第3章Ⅰ(4)〕。

　(l)　親告罪における告訴の欠如等　　「親告罪」，すなわち告訴がなければ公訴を提起することができない犯罪類型について，告訴がなかったとき，無効であったとき，または取り消されたときは，起訴できない。これに反する公訴は棄却される（法338条4号）。告発または請求をまって論ずる罪についても同様である。親告罪の告訴に関し，詳細は後述する〔Ⅰ3〕。

　(m)　交通反則金納付等　　道路交通法の定める「交通反則通告制度」においては，反則者の反則行為について，反則金納付の通告があり，通告を受けた日の翌日から起算して10日間が経過するまでは，原則として，公訴を提起することができない（道交法130条）。また，反則者が反則金を納付したときは，公訴は提起されない（同法128条2項）。これに反する公訴は棄却される（法338条4号）。

2 公訴の時効

(1) 公訴時効制度は、一定の時の経過に伴い、犯人を刑事訴追の可能性から解放し、また、捜査機関等刑事司法機関の負担を軽減する効果をもたらす。その存在理由については様々な説明があるが、時の経過により、証拠が散逸して正確な裁判を行うことが困難となるという手続法的説明と、犯罪の社会的影響が減衰し刑罰を加える必要性が稀薄化するという実体法的説明とがある。もっとも、制度の存在理由に関するこれらの説明が、実定法の解釈論に直結しているわけではない。これらの理由の複合に基づく立法政策である。最高裁判所は、公訴時効制度の趣旨について、時の経過に応じて公訴権を制限する訴訟法規を通じて処罰の必要性と法的安定性の調和を図ることにあると述べている（後掲最判平成27・12・3、最判令和4・6・9）。

公訴時効の完成により犯人を訴追・処罰できなくなるという帰結は、それが凶悪重大事犯である場合、その立法政策的妥当性に疑問を生じさせる。とりわけ、新たな捜査技術の開発等により犯行後相当期間経過後でも真犯人を示す証拠の収集保全が可能となった事案で、年月を経ようと一般国民や被害者遺族の処罰感情が稀薄化するとは言い難い凶悪重大事犯では、公訴時効制度の存在自体に批判が向けられることになる。

(2) 刑法は、最も重大な法益である人の生命を侵害する罪について、最も重い法定刑である死刑に当たる犯罪類型を設けている（例、殺人、強盗殺人、強盗・不同意性交等致死）。このように峻厳な法的評価による高度の処罰の必要性が示されている犯罪類型について、時の経過により一律に訴追・処罰できなくなるのは不当であり、刑事責任の追及に時間的限界を設けるのは適切でないとの政策的決断が行われ、2010（平成22）年の法改正（平成22年法律26号）によって、この犯罪類型（「人を死亡させた罪」であって「死刑に当たるもの」）は公訴時効規定の対象から除外され、公訴時効が完成することはないとされた（法250条1項柱書）。重大犯罪類型に公訴時効を設けない法制は諸外国にも認められるところであり、これは必ずしも特異な立法政策ではない。

また同改正により、死刑に当たるものを除く「人を死亡させた罪であって拘禁刑に当たるもの」（例、傷害致死、不同意性交等致死、危険運転致死など）につい

ても，従前の規定に比しておおむね2倍の時効期間が設定され，生命侵害犯に対しては，より長期間刑事責任の追及を可能とすることとされた（法250条1項）。

なお，前記「人を死亡させた罪」とは，犯罪行為による死亡結果が構成要件となっている罪をいう。行為と因果関係ある死亡結果が構成要件要素であれば，故意・過失は問わない（例，傷害致死）。殺人未遂罪のように死亡結果が生じなかった犯罪や，現住建造物放火罪のように死亡結果が構成要件要素とされていない罪は，これに当たらない。

(3) 以上の法改正により，法定された公訴時効期間は次のとおりである（法250条）。

(a) 人を死亡させた罪であって死刑に当たるものについては，公訴時効規定の対象から除外され，時効が完成することはない（法250条1項柱書除外文・同条2項反対解釈）。

(b) 人を死亡させた罪であって拘禁刑に当たるものについては，①無期拘禁刑に当たる罪は30年，②長期20年の拘禁刑に当たる罪は20年，③①，②以外の罪は10年（法250条1項）。

(c) 人を死亡させた罪であって拘禁刑以上の刑に当たるもの以外の罪については，①死刑に当たる罪は25年，②無期拘禁刑に当たる罪は15年，③長期15年以上の拘禁刑に当たる罪は10年，④長期15年未満の拘禁刑に当たる罪は7年，⑤長期10年未満の拘禁刑に当たる罪は5年，⑥長期5年未満の拘禁刑または罰金に当たる罪は3年，⑦拘留または科料に当たる罪は1年（法250条2項）。

(d) 以上が公訴時効期間の原則となるが，性犯罪の構成要件を見直して整理する刑法改正と併せて公訴時効期間の延長に係る刑訴法改正が行われ，公布の日（2023［令和5］年6月23日）から施行されている（令和5年法律66号）。性犯罪一般についての被害申告の困難性，未成年被害者の被害申告の困難に鑑み，性犯罪についての公訴時効期間を5年延長する（法250条3項）とともに，被害者が犯罪行為が終わった時に18歳未満（未成年）である場合には，その者が18歳に達するまでの期間に相当する期間を加算して，更に公訴時効期間を延長する（同条4項）ものである。

この改正規定による性犯罪刑法犯の時効期間は次のとおりとなる（同条3項各号）。

①不同意わいせつ等致傷の罪，強盗・不同意性交等の罪は20年，②不同意性交等の罪，監護者性交等の罪またはこれらの未遂罪は15年，③不同意わいせつの罪，監護者わいせつの罪またはこれらの未遂罪は12年。

なお，二つ以上の主刑を併科すべき罪（例，盗品等有償譲受け罪），または二つ以上の主刑中その一つを科すべき罪（例，傷害罪）については，その重い方の刑に従って法250条を適用する（法251条）。また，刑法により刑を加重減軽すべき場合には，加重減軽しない刑に従って法250条を適用する（法252条）。処罰の必要性は処断刑ではなく法定刑に示されているとみられるからである。

* 科刑上一罪とされる各罪の時効期間が異なる場合について，判例は「これを一体として観察し，その最も重い罪の刑につき定めた時効期間による」とする（観念的競合につき，最判昭和41・4・21刑集20巻4号275頁）。しかし，科刑上の一罪は本来別罪であるから，個別に時効期間を算定すべきであろう。牽連犯について，結果たる行為が手段たる行為の時効完成後に実行された場合には，各別に期間を決するのが合理的である（東京高判昭和43・4・30高刑集21巻2号222頁参照）。
* * 両罰規定における法人等の事業主と行為者の公訴時効については，それぞれの法定刑に従い個別に算定すべきものとするのが判例である（最大判昭和35・12・21刑集14巻14号2162頁等）。両罰規定による事業主処罰の根拠からも，このような扱いが合理的と思われる。もっとも，特別の規定を設けて，事業主に罰金刑を科す場合の時効期間を行為者についての時効期間によるとする立法例がある（例，公害罪処罰法6条，金融商品取引法207条2項等）。
* * * 身分犯の共犯者で身分がないため刑法65条により軽い罪の刑が科される者については，軽い罪の法定刑が基準となる。他人の物の非占有者が業務上占有者と共謀して横領した事案につき，判例は，業務上横領罪ではなく単純横領罪の法定刑を基準として時効期間を定めるとしている（最判令和4・6・9刑集76巻5号613頁）。法252条との関係では，単純横領罪の法定刑が本来のものであり，減軽された結果ではないとの理解が可能であろう。

(4) 前記2010（平成22）年改正法は，その施行日（2010［平成22］年4月27日）の前に犯した「人を死亡させた罪であって禁錮以上の刑に当たるもの」で，新法施行の際に公訴時効が完成していないものについても適用されるとされた（平成22年法律26号附則3条2項）。

犯行後起訴前に時効期間が被疑者に不利益方向に変更された場合に，新旧法

のいずれを適用するかについて，前記改正法は新法を適用する旨を明記したものである。公訴時効制度の存在理由にかかわらず，これが公訴権の行使に時間的限界を設定する訴訟手続法規であることから，新法（当該手続の時に施行されている法）適用の一般原則を確認したものと解される。

　このような扱いについて，違憲の疑いを指摘する議論があるが，理由がない。憲法39条が禁止しているのは，実行の時に適法であった行為を可罰化する新たな実体刑罰法令を遡って適用し処罰することや，重く変更した刑罰を適用することである（刑法6条参照）が，公訴時効の廃止や時効期間の延長を内容とする手続法の適用は，このような可罰的行為の創設または可罰性の加重とその遡及ではない。また，憲法39条及び31条は，犯罪に該当する行為とこれに対する刑罰を事前告知して行為者の予測可能性を保障する趣旨を含むと解されるが，時効期間を経過すれば処罰を免れ得るとの予測や，処罰が予告されていた犯罪の実行後に時効完成を待つ犯人の期待は，憲法39条及び31条により憲法上保護された基本権とは認めがたい。訴訟手続法適用の一般原則に従って，公訴時効の取扱いを犯人に不利益に変更する新法を，その施行時において公訴時効未完成の事件に適用することに，違憲の問題は生じないと解される。

　最高裁判所は，公訴時効を廃止しまたは時効期間を延長した改正法を，その施行前に犯された罪であって，施行の際に公訴時効が完成していないものについて適用するとした前記附則規定は，行為時点における違法性の評価や責任の重さを遡って変更するものではなく，また，被疑者・被告人となり得る者につき既に生じていた法律上の地位を著しく不安定にするようなものでもないから，憲法39条，31条に違反せず，それらの趣旨にも反しないとの判断を示している（最判平成27・12・3刑集69巻8号815頁）。

　なお，性犯罪の時効期間を延長した前記2023（令和5）年改正法の経過措置を定めた規定も，時効期間を延長する改正規定の施行の際，その公訴時効が完成していない罪についても改正法を適用するとしている（令和5年法律66号附則5条2項）。

　　＊　前記改正法の規定は，改正法施行の際に公訴時効が既に完成している罪には適用されない（平成22年法律26号附則3条1項）。もっとも，処罰が予告されていた犯罪行為に対して発生・存続している刑罰権を前提として，公訴時効の完成により行

使できなくなった公訴権を訴訟手続法の改正によって再び行使できるとすることも，新たな可罰的行為・刑罰権の創設とその遡及適用ではないから憲法 39 条及び憲法 31 条に直接抵触するとは思われない。前記附則の定める取扱いは，時効完成により生じる諸般の事情（捜査終了に伴う証拠の廃棄等）を勘案した適切な立法政策とみられよう。もっとも，前記平成 27 年最高裁判例は，既に時効が完成した罪に適用することは「被疑者・被告人となり得る者につき既に生じていた法律上の地位を著しく不安定にする」ことを示唆しているように思われる。なお，前記性犯罪についての時効期間の延長についても，改正規定の施行の際，既にその公訴時効が完成している罪には適用されない旨の経過措置が定められている（令和 5 年法律 66 号附則 5 条 1 項）。

＊＊　訴訟手続法の定める時効期間の変更ではなく，刑罰法令（実体法）が改正され犯罪に対する法定刑に変更があり，その結果公訴時効期間を異にすることになる場合については，当該犯罪事実に適用される罰条に定められた法定刑により公訴時効期間が定まるとするのが判例である（最決昭和 42・5・19 刑集 21 巻 4 号 494 頁）。

(5)　時効期間の起算点は，「犯罪行為が終った時から」と規定されている（法 253 条 1 項）。同表現の旧法規定が立案された趣意は，犯罪行為終了時を明記することにあったが，いわゆる結果犯の場合は，「犯罪行為」の終了に結果発生を含むと解する結果発生時説が通説である。結果犯は結果発生により処罰可能の状態に達するものであり，結果発生によって採証可能性及び犯罪の社会的影響・処罰感情も高まると考えられるからである。

判例も，行為の終了から結果発生までに長年月を経た，いわゆる「熊本水俣病事件」において，結果的加重犯である業務上過失致死罪につき結果発生時を起算点と明言している（最決昭和 63・2・29 刑集 42 巻 2 号 314 頁）。

共犯の場合（共同正犯，教唆犯，従犯，及び必要的共犯を含む）には，共犯者間に共通した「最終の行為が終った時から」，すべての共犯者に対して時効の期間を起算する（法 253 条 2 項）。

なお，時効期間の計算については，被疑者の利益方向で，期間計算に関する一般原則の例外が設けられている。すなわち，時効期間の初日は，時間を論じないで 1 日として計算し，期間の末日が休日に当たるときも，これを期間に算入する（法 55 条 1 項但書・同条 3 項但書）。

＊　科刑上一罪の起算点について，前記時効期間の基準〔(3)＊〕と同様の問題がある。判例は，1 個の行為から相当の時間的間隔を経て数個の結果が発生した観念的競合

犯についても全部を一体として扱うとしている（前記最決昭和63・2・29）。科刑上一罪であっても，牽連犯で，手段となった行為の罪の時効期間経過後に結果となる行為が実行されたような場合には（例，文書偽造行為終了後，文書偽造罪の時効期間経過後に，偽造文書を行使した場合），時効の起算点は個別に考えるのが合理的であろう。

　包括一罪の場合は，これを構成する最終の犯罪行為が終わった時を起算点とする（最判昭和31・8・3刑集10巻8号1202頁）。

　継続犯は法益侵害状態が継続する限り犯罪行為が終了しないので，その状態が終了してはじめて時効期間が進行することになる。外国人登録法による登録不申請（登録義務違反）の罪の性質を継続犯と解し，申請があってその義務が消滅した時を起算点とした判例がある（最判昭和28・5・14刑集7巻5号1026頁）。

　また，犯罪行為の終了に関し，判例は，競売入札妨害罪について，現況調査に訪れた執行官に対し虚偽事実の陳述等の刑法96条の3 [現96条の6] 第1項に該当する行為があっても，その時点をもって「犯罪行為が終った時」とはならず，虚偽事実の陳述等に基づく競売手続が進行する限り，「犯罪行為が終った時」とはならないとする（最決平成18・12・13刑集60巻10号857頁）。犯罪の終了は犯罪の既遂時期とは別の基準で判断されている。

(6)　公訴の時効は，一定の事由により，その進行を「停止」し，停止事由の消滅後に，残存の期間が再び進行する。旧法までは，時効が「中断」して，その時点から時効期間があらためて進行するとされていたが，現行刑事訴訟法はこのような時効の中断制度を廃した（例外的に中断を認めていた規定として，例えば，旧国税犯則取締法15条 [現行国税通則法は中断制度を廃した]。なお，刑の時効の中断について，刑法34条参照）。

　第一，公訴の提起による時効の停止（法254条）。公訴の提起があると，その存在に伴う効果として，時効の進行が停止する。公訴の有効・無効を問わない。公訴提起・追行の要件を欠いた無効な公訴提起であっても，訴訟係属が続く間は，公訴時効は完成しない。不適法な公訴に対する管轄違いまたは公訴棄却の裁判が確定して訴訟係属が失われたときは，その時点から残存期間が進行する（同条1項）。有罪・無罪・免訴の確定判決があったときは，再度の公訴提起はあり得ないから，時効の問題はない。なお，起訴状謄本の不送達によって公訴提起が失効したとき（法271条2項参照）について，判例は，公訴提起により進行を停止していた公訴時効は，法339条1項1号の公訴棄却決定の確定したときから再びその進行を始めると解している（最決昭和55・5・12刑集34巻3号

185頁)。

　時効の停止は，検察官の訴追意思の表明である公訴提起行為の存在に伴う効果であるから，当該公訴提起行為により検察官が1回の手続で訴追意思を実現可能な主張，すなわち「公訴事実の同一性」(法312条1項)の範囲に時効停止の効果が及ぶと解すべきである。判例は，起訴状の公訴事実の記載に不備があり，実体審理を継続するのに十分な程度に訴因が特定していない場合であっても，それが特定の事実について検察官が訴追意思を表明したものと認められるときは，この事実と公訴事実を同一にする範囲において，公訴時効の進行を停止する効力を有するとしている(最決昭和56・7・14刑集35巻5号497頁)。

　また，公訴提起でなくとも，特定の事実に対する検察官の訴追意思の表明とみられる明瞭な手続があれば，時効停止の効果を認め得る。判例は，起訴状記載の訴因と併合罪関係にある事実について，追起訴の手続によるべきであったのに，検察官が罪数判断を誤り，包括一罪の一部として追加する旨の訴因変更請求をした事案について，検察官が訴因変更許可請求書を裁判所に提出することにより，その請求に係る特定の事実に対する訴追意思を表明したものとみられるから，その時点で，法254条1項に準じて公訴時効の進行が停止する旨説示している(最決平成18・11・20刑集60巻9号696頁)。

　時効停止の効果は，共犯者にも拡張されている(法254条2項)。共犯の1人に対してした公訴提起による時効停止は，他の共犯者に対してもその効力が及ぶ。停止した時効は，共犯の1人に対する終局裁判が確定して訴訟係属が解消されると，他の共犯者について残りの時効期間が進行する。

　第二，「犯人が国外にいる場合」または「犯人が逃げ隠れているため有効に起訴状の謄本の送達若しくは略式命令の告知ができなかった場合」には，その国外にいる期間または逃げ隠れている期間，時効は進行を停止する(法255条1項)。犯人側の行動で公訴提起が困難になっている場合を停止事由としたものである。後者の場合，前記法339条1項1号の公訴棄却決定が確定した後も，犯人が逃げ隠れている間は公訴時効が停止することになる。検察官は，本条を援用する場合，証明資料の差出を要する(法255条2項，規則166条)。

　「国外にいる場合」については，起訴状謄本の送達不能等は要件でない。捜査機関が犯罪の発生や犯人を知っていると否とを問わず，犯人が国外にいるこ

とだけで，時効はその国外にいる期間中進行を停止する（最判昭和37・9・18刑集16巻9号1386頁）。また，犯人が国外にいる間は，それが一時的な海外渡航による場合であっても，公訴時効はその進行を停止するというのが判例である（最決平成21・10・20刑集63巻8号1052頁）。これは，外国への起訴状謄本送達が類型的に困難であるほか，外国には日本の捜査権が及ばないことから国内に住所がある一時的渡航についても停止を認めたものとみられる。

第三，他の法律の規定で時効の進行が停止される場合がある。家庭裁判所に保護事件が係属中の少年について明文がある（少年法47条）。また，公訴権行使が制約されている在任中の国務大臣の場合は，その期間時効が停止するものと解される（憲法75条但書）。摂政についても同様である（皇室典範21条但書）〔*1*(3)(d)〕。

3 親告罪における告訴

(1) 「告訴」は，一般に捜査の端緒となるが〔第1編捜査手続第2章Ⅳ〕，「告訴がなければ公訴を提起することができない」犯罪類型——「親告罪」——については，手続や効果に関する固有の法規定が設けられている。ある罪が親告罪であるかは，刑法各則等の刑罰法令にその旨の定めがある。

「告発」，及び「請求」についても，親告罪と同様に，告発・請求がなければ公訴を提起することができない。告発・請求については，親告罪の告訴に関する規定の一部が準用される（法237条3項・238条2項）。

* 親告罪は，犯人の訴追・処罰を告訴権者の意思に係らせる制度であり，国家刑罰権の行使に犯罪被害者等私人の意向を反映させるものであるが，その政策的理由は犯罪類型により様々である。第一は，刑事訴追の遂行でかえって被害者の利益・名誉等の法益がさらに侵害されるおそれがあることに鑑み，訴追を被害者の意思に係らせた類型である。名誉に対する罪（刑法232条），秘密を侵す罪（刑法135条）等がこれに当たる。第二は，被害法益の軽微な個人的法益に対する罪で，被害者の意思に反してまで訴追・処罰の必要がないとみられる犯罪類型である。過失傷害罪（刑法209条），器物損壊罪（刑法264条）等がこれに当たる。第三は，犯人と被害者との間に一定の人的関係があり，これを勘案して訴追・処罰を被害者の意思に係らせた類型である。親族間の犯罪に関する特例（いわゆる「親族相盗例」等，刑法

244条2項・251条・255条）がこれに当たる。

＊＊ 「告発」が公訴提起の要件とされる罪には，明文の定めがあるものとして，選挙人等の偽証罪（選挙管理委員会の告発。公職選挙法253条），関税法違反事件（税関長または税関職員の告発。関税法148条），間接国税に関する犯則事件（税務署長等の告発。国税通則法159条），独占禁止法違反の罪（公正取引委員会の告発。独禁法96条），明文はないが判例によりこれに当たるとされるものとして，議院における証人の偽証罪・宣誓等拒否罪（議院証言法8条・議院等の告発。最大判昭和24・6・1刑集3巻7号901頁）などがある。

「請求」が公訴提起の要件とされる罪は，外国国章損壊罪（外国政府の請求。刑法92条），争議予告義務違反の罪（労働委員会の請求。労働関係調整法42条）などである。

(2) 親告罪の告訴は，原則として「犯人を知った日」から6か月以内にしなければならない（法235条本文）。このような「告訴期間」の設定は，被害者等に告訴するか否か勘案する考慮期間を与える一方で，訴追の可否を長期間私人の意思に係らせて不安定な状態を持続するのは適切でないとの趣意に基づく。告訴期間経過後にされた告訴は無効である。なお，告発または請求が公訴提起の要件となる罪については，私人が行うものでないため，期間制限は設けられていない。

親告罪以外の罪について，告訴は公訴提起の要件でないから，期間の制限はない。公訴時効完成前までにされた告訴は，捜査の端緒として意味を有する。

告訴をするか否かの判断には，告訴権者と犯人との人的関係が重要な考慮要素になり得るので，「犯人を知った」とは，住所・氏名等の詳細を知る必要はないが，被害者等が犯人が誰であるか，どういう人物であるかについて認識を得たことをいう（最決昭和39・11・10刑集18巻9号547頁）。被害者が複数ある等告訴権者が複数の場合は（例，1通の文書で複数人の名誉を毀損した場合），各人の告訴期間は独立に進行する（法236条）。なお，「犯人を知った日」は，犯罪終了後の日をさすので，継続犯について犯罪継続中に犯人を知った場合は，犯罪が終了した時点から告訴期間が進行する（最決昭和45・12・17刑集24巻13号1765頁）。例えば，名誉毀損文書をインターネット上で閲覧可能な状態にする態様の名誉毀損罪の場合，当該文書が閲覧可能である間は犯罪が終了しないので，その間に被害者が犯人を知ったとしても，告訴期間は進行しないと解され

る（大阪高判平成16・4・22高刑集57巻2号1頁参照）。

　告訴は特定の犯罪事実について訴追・処罰を求める意思表示であるから，告訴権者が犯罪事実を知れば，もとより犯人を知らなくても告訴できる。他方，よく知っている特定人から犯罪被害を受けている認識がない場合には，「犯人」の前提となる犯罪事実の認識がいまだないのであるから，「犯人を知った」とはいえない（例，親族に財産を詐取されているのではとの疑いを抱くも，いまだ被害の確たる認識がない場合）。犯罪被害の事実を認識した時点から告訴期間が進行すると解される。

　(3)　告訴期間設定の趣意は前記のとおりであるが，2017（平成29）年の法律72号による刑法改正前には，当時親告罪とされていた性的自由に対する犯罪類型等については，犯罪被害者に対する配慮措置等を導入した2000（平成12）年の法改正（平成12年法律74号）により，告訴期間が撤廃されていた。これらの罪の被害者が受けた精神的打撃や犯人との人的関係等に鑑み，被害者に一定期間内に告訴するか否かの意思決定を強いるのは酷であるとの趣意による。また略取され，誘拐され，または売買された者が犯人と婚姻をしたときの告訴については，婚姻無効または取消しの裁判確定日から6か月以内との期間が設けられていた。しかし，これら告訴期間に関する規定は，前記2017年法改正によって性的自由に対する罪等が非親告罪化されたことに伴い，削除された。

　なお，刑法232条2項により外国の代表者が行う告訴，及び日本国に派遣された外国の使節に対する名誉毀損罪または侮辱罪につきその使節が行う告訴については，従前から告訴期間の制限は設けられていない（法235条但書）。

　(4)　告訴は特定の犯罪事実について処罰を求める意思表示であるから，共犯者の一部のみに対してした告訴であっても，その効力は，共犯者全員に及ぶ。これを告訴の主観的不可分と称し，その旨明文規定がある（法238条1項）。告訴の取消しについても同様であり，告訴権者が親告罪の共犯者の一部についてだけ告訴を取り消して訴追・処罰の可否を選択することまでは認められない。

　以上が原則であるが，親告罪であるかどうかがもっぱら犯人と被害者との人的関係で定まる類型の相対的親告罪（親族相盗例）については，その制度趣旨から別異の帰結が要請される。被害者の親族と非親族が共犯関係にある場合，非親族のみを指定した告訴があるときは，当該告訴は「親告罪について……し

た告訴」（法238条1項）に当たらないので，親族たる共犯者に対しては告訴の効力が及ばないと解すべきである。

(5) 告訴が犯罪事実を対象とし，また，告訴権者が処罰範囲を限定する意思は通常ないと想定されることから，明文はないが，一罪の一部について告訴があったとしても，その効力は，一罪の全部に及ぶ。これを告訴の客観的不可分と称する。

しかし，ある罪が親告罪とされている趣意・政策目的と告訴権者の意思に鑑み，科刑上一罪とされている罪のうち，非親告罪部分についてだけ告訴があった場合には，別異の扱いをするのが合理的であろう。告訴権者が告訴を一部の罪に限定した意思と除外された罪が親告罪とされている立法政策目的に鑑み，告訴の効力は親告罪に及ばないと解すべきである。

また，1個の行為で複数の被害結果が生じ，科刑上一罪とされる場合，例えば，1通の文書で複数人の名誉を毀損した場合も，告訴の効力は被害者毎に独立に扱うべきである。告訴は被害者が自己の受けた被害事実についての処罰を求める意思表示であり，告訴していない他の被害者の犯罪被害についてまで及ぶものではないからである。

(6) 親告罪の告訴は，公訴の提起があるまでは取り消すことができる（法237条1項）。公訴提起後の取消しを認めないのは，ひとたび国家刑罰権の発動に向けた刑事訴追が開始された以上，その遂行を私人の意思に係らせるのは適切でないとの趣意による。告訴の取消しをした告訴権者は，再び告訴をすることができない（同条2項）。

なお，被害者本人が告訴を取り消しても，法定代理人（例，親権者）は固有の告訴権者として，「独立して」告訴をすることができる（法231条1項参照）。法定代理人のした告訴を被害者本人が取り消すことはできないと解される。他方，法定代理人のみの判断で被害者本人のした告訴を取り消すことはできないであろう。

(7) 親告罪について，告訴が欠如していたにもかかわらず公訴が提起された場合，その起訴は無効であるから，公訴棄却の裁判で手続が打ち切られるのが原則である（法338条4号）。これに対して，起訴後，公訴棄却の裁判前の時点で告訴があった場合に，当初瑕疵があり無効であった公訴提起の手続を告訴の

あったときから有効として（「告訴の追完」と称する）そのまま手続を進行させることができるか。

公訴棄却の裁判に一事不再理の効力はないから，検察官が再起訴することはできる。そこで，手続進行の効率性（訴訟経済）の観点からは，追完を認めるのが適当であるようにみえる。しかし，当事者である被告人側が，公訴提起の要件の欠如を指摘して公訴棄却を求めている以上，その意思に反してまで追完を認めるのは妥当でない。追完は，被告人側の同意がある場合に限り認めるべきであろう。

追完を認めず原則どおり公訴棄却となった場合，検察官は，告訴を前提に再起訴することができる。しかし，告訴なしに行われた最初の起訴が，単なる検察官の過誤によるのではなく，著しく不当な公訴権の行使と認められるような特段の事情がある場合には（例，時効完成阻止目的，検察審査会の審査回避目的等公訴権の濫用的行使に相当する場合），追完を認めず，再起訴も禁じられるというべきであろう。このような特段の事情ある場合に，再起訴を許すのでは無意味である。

II 公訴提起の手続

1 公訴提起の手続

(1) 公訴の提起は，「起訴状」という書面を提出して行う（法256条1項）。口頭の起訴は許されない。当事者たる検察官が，裁判所に対して審理・判決を求める罪となるべき事実の主張と公訴の効力が及ぶ被告人（法249条参照）を記載・明示して，刑事訴訟を起動する重要な手続である。

起訴状の記載事項は法定されており，①被告人の氏名その他被告人が誰であるかを特定するに足りる事項，②公訴事実，③罪名が記載される（法256条2項）。その他，公務員の作成する書面としての記載事項（規則58条・59条・60条の2）ならびに被告人の年齢，職業，住居及び本籍や被告人が逮捕または勾留されているときはその旨等，規則で記載事項が定められている（規則164条）。

(2) 起訴状の提出先は，管轄裁判所である〔管轄裁判所については，後記 *4*〕。起訴状が現に裁判所に到達した時点から，「訴訟係属」の効果が生ずる。訴訟係属とは，事件が裁判所により審理されるべき状態にあることをいう。前記のとおり，訴訟係属により公訴時効の進行は停止する（法254条1項）〔Ⅰ*2*(6)〕。起訴状が，誤って管轄裁判所でない裁判所に提出されたときは，事件は現に起訴状が提出された裁判所に係属し，その裁判所により「管轄違」の裁判がなされることになる（法329条）。

このように裁判所は，公訴の有効・無効を問わず，訴訟係属の生じた事件について判断を要するが，検察官により公訴提起された事件についてのみ審理・判決することができる。裁判所が職権で刑事訴訟を開始することはできない。これを「不告不理の原則」という。

* 起訴状のほか，検察官が起訴に際して提出すべき旨定められた書面として，起訴状の謄本，弁護人選任書及び逮捕状・勾留状がある。
　　検察官は公訴提起と同時に（やむを得ない事情があるときは，公訴提起後速やかに）被告人に送達するものとして，起訴状の謄本を裁判所に提出しなければならない（法256条の2，法271条参照）。また，検察官または司法警察員に差し出された弁護人選任書も裁判所に差し出さなければならない（規則165条1項）。弁護人選任書があれば起訴前の弁護人選任は第1審でも効力を有するので（規則17条），これにより裁判所が直ちに弁護人を知ることができる。また，検察官は，起訴前に裁判官が付した国選弁護人があるときは，公訴提起と同時にその旨を裁判所に通知しなければならない（規則165条2項）。
　　予断防止の観点から〔後記 *3*〕，公訴提起後第1回公判期日までは，事件の審判に関与する裁判官以外の「裁判官」が被告人の勾留に関する処分を行う（法280条1項，規則187条）。逮捕状及び勾留状は勾留に関する処分の基礎となるので，検察官は，逮捕または勾留されている被告人について公訴を提起したときは，速やかにその裁判所の「裁判官」に逮捕状または逮捕状及び勾留状を差し出さなければならない。逮捕または勾留後釈放された被告人について公訴を提起したときも同様である（規則167条1項）。なお，第1回の公判期日が開かれて証拠調べの手続段階に入った後は，被告人の身体拘束に関する処分（勾留・保釈等）は事件の審判をする裁判所の役割となるから，裁判官は，速やかに逮捕状，勾留状及び勾留に関する処分の書類を「裁判所」に送付しなければならない（規則167条3項）。
** 2023（令和5）年に，「刑事手続において犯罪被害者の氏名等の情報を保護するための刑事法の整備に関する諮問第115号」に係る法制審議会答申に基づいた法改正がなされ（令和5年法律28号），検察官が，性犯罪の被害者等の個人特定事項

第2章　公訴提起の要件と手続

(氏名及び住所その他の個人を特定させることとなる事項［法201条の2第1項柱書］) について，必要と認めるときは，公訴提起の際に，裁判所に対し，起訴状とともに，被告人に送達するものとして，被害者等の個人特定事項の記載がない起訴状の「抄本」を提出することができ，その提出を受けた裁判所は，被告人に対し，起訴状謄本に変えて，起訴状抄本を送達するとともに，弁護人に対し，起訴状に記載された個人特定事項のうち起訴状抄本に記載がないものを被告人に知らせてはならない旨の条件を付して起訴状謄本を送達する措置または抄本を送達する措置をとることができる場合が定められた。このような秘匿措置の対象となる者は，①性犯罪（刑法犯では刑法176条・177条・179条・181条・182条・225条・226条の2第3項・227条1項3項・241条1項3項）に係る事件の被害者，このほか犯行の態様，被害の状況その他の事情により，被害者の個人特定事項が被告人に知られることにより被害者等（被害者または一定の場合におけるその配偶者，直系親族・兄弟姉妹［法201条の2第1項1号ハ(1)］）の名誉または社会生活の平穏が著しく害されるおそれがあると認められる事件，被害者またはその親族の身体もしくは財産に害を加えまたはこれらの者を畏怖させもしくは困惑させる行為がなされるおそれがあると認められる事件の被害者。②①に掲げる者のほか，個人特定事項が被告人に知られることにより名誉または社会生活の平穏が著しく害されるおそれがあると認められる者，その者またはその親族の身体もしくは財産に害を加えまたはこれらの者を畏怖させもしくは困惑させる行為がなされるおそれがあると認められる者である（法271条の2・271条の3）。この措置について，裁判所は，被告人の防禦に実質的な不利益を生ずるおそれがあると認めるときは，被告人または弁護人の請求により，前記の措置に係る個人特定事項の全部または一部を被告人に通知する旨の決定または当該個人特定事項を被告人に知らせてはならない旨の条件を付して当該個人特定事項の全部または一部を弁護人に通知する旨の決定をしなければならない（法271条の5）。なお，捜査段階における逮捕状や勾留状の被疑事実の記載についても同じ範囲の対象者の個人特定事項の秘匿を可能とする法改正がなされたことについては，第1編捜査手続第3章Ⅱ1(3)＊参照。また，証拠開示については法299条の4，299条の5が改正補充され，裁判書等の閲覧について法271条の6が追加されて，同旨の秘匿措置が定められた。

(3) 「公訴事実」（法256条2項2号）という言葉は，「公訴」の提起で開始される刑事訴訟における審理・判決の対象（以下「審判対象」と略称する。講学上「訴訟対象」，「訴訟物」とも称される）の名辞・呼称である。公訴事実すなわち審判対象は，「訴因を明示してこれを記載しなければならない」（法256条3項前段）。訴因の明示とは，検察官が裁判所の審判を求めて主張する「罪となるべき事実」を，「できる限り日時，場所及び方法を以て」特定して記載すること

275

をいう（同項後段）。「罪となるべき事実」の特定による「訴因の明示」の意義と限界事例の詳細については，別途説明を加える〔第3章〕。

このように，公訴事実すなわち刑事訴訟における審判対象は，当事者である検察官が起訴状において訴因として明示・特定した「罪となるべき事実」の主張である。裁判所はこれについてのみ審理・判決の権限と責務を負う。裁判所は，検察官が訴因として明示・記載して特定された事実とは異なる事実について審理・判決することはできず（法378条3号参照），そのような事実を認定するには，検察官による訴因変更の手続を要する（法312条）。こうして現行法は，公訴事実すなわち審判対象が，当事者たる検察官が設定または変更する訴因である旨を明らかにして，審判対象の側面において当事者追行主義を採用している。

(4) 訴因として明示・記載されるべき事項は，「罪となるべき事実」と，これを特定するための「日時，場所及び方法」等である。「特定」とは，他の事実と区別し画定できることをいう。「罪となるべき事実」は，有罪判決の理由として摘示することが要請されている刑罰権の根拠となる具体的事実に相応するものであるから（法335条1項参照），刑罰法令の定める犯罪構成要件に該当する事実を具体的に記載しなければならない。他方，これに該当しない事実（例．犯行に至る経緯・動機や量刑事由としての前科）は記載する必要がないというべきである。

刑法総則の定める未遂犯，共同正犯，教唆犯，従犯に当たる事実は，いずれも罪となるべき事実である。目的犯の目的，結果的加重犯における加重結果，常習累犯窃盗における前科も同様である。他方，犯罪構成要件に該当する具体的事実の記載があれば，原則として当該事実の違法性・有責性は主張されているとみられるから，起訴状においては違法阻却事由・責任阻却事由等犯罪の成立を阻却する事由の不存在について明示・記載する必要はない（なお，有罪判決の理由について，法335条2項参照）。

検察官は，構成要件に該当する罪となるべき事実を具体的に「特定」すなわち他の事実と区別できる程度に表現・表示するに際して，通常，①犯罪の主体（誰が），②犯罪の日時（いつ），③犯罪の場所（どこで），④犯罪の客体（何を，または誰に対して），⑤犯罪の方法（どのような方法で），⑥犯罪の行為と結果（何

をしたか)の6項目に留意し、これに則して訴因を明示・記載している。

　捜査は、このような「罪となるべき事実」を具体的に特定して明示・記載できるに足りる証拠を収集することを主要な目的として実行される。検察官が公訴提起の積極要件たる犯罪の確実な嫌疑〔ⅠI(1)〕を認め得る場合には、この6項目を過不足なく記載できるのが通常であろう。もっとも、起訴当時の証拠に基づき「できる限り」明示・記載を試みても、犯罪の日時、場所、方法等が幅のある概括的な表示にとどまらざるを得ない場合もあり得る。そのような記載であっても、「罪となるべき事実」の特定、すなわち審判対象の画定の要請が充たされていると認められれば、起訴状の記載として適法であり、裁判所は審理手続を進行させることができる〔第3章Ⅲ参照〕。

　(5)　「罪名」という言葉は、犯罪の名辞・呼称である。起訴状に記載された「罪となるべき事実」に「適用すべき罰条を示して」記載される（法256条4項）。「罰条」とは刑罰法令名と条文のことである。刑法犯の場合には、刑法各則の条文の見出しに付された罪名（例、窃盗、殺人）をも記載される。刑法総則規定のうち、共同正犯（刑法60条）、教唆犯（刑法61条）、従犯（刑法62条）の場合は、これらの規定も併せ記載される。未遂犯の場合は、各則の未遂処罰規定も併せ記載される。

　罰条の記載は、公訴事実の記載と相俟って審判対象の明示・特定に資する趣意であるから、罰条の記載に誤りがあっても、審判対象すなわち被告人の防禦対象の画定に支障がなく、「被告人の防禦に実質的な不利益を生ずる虞がない限り」、公訴提起の効力には影響を及ぼさない（法256条4項但書）。検察官は罰条記載の誤りを認識したときは、直ちにこれを訂正すべきである。

　これに対し、罰条記載の誤りに起因して防禦対象の混濁を生じるなど被告人の防禦に実質的不利益を生じさせたときは、公訴提起は無効となる。もっとも、被告人側の同意を得て誤記の訂正による補正（無効な起訴を事後的に有効とすること）を認めることはできるであろう。

　(6)　法は、数個の訴因及び罰条を、予備的にまたは択一的に記載することを認めている（法256条5項）。この規定は、現行法が旧法に比して捜査による事案解明を困難にしたとの想定で、検察官の公訴提起にある程度の不確実性を許容しようとの趣意であった。

例えば，起訴の時点において，被告人が人を死亡させたことは明白であるが，殺意の有無に疑念が残る場合に，殺人，そうでなければ傷害致死とのふたつの事実を主張するのが訴因の予備的記載である。また，被告人が不法に金員の交付を受けたことは明白であるが，交付が欺罔による被害者の錯誤に基づくのか，被害者が畏怖させられたことによるのかが明瞭でない場合に，詐欺の事実と恐喝の事実を併記して主張するのが訴因の択一的記載である。もとより，両者の主張が1回の訴追手続においていずれかで処罰すれば足りる関係，すなわち審判対象たる公訴事実の同一性が認められることは前提である。

しかし，前記のとおり検察官は確実な嫌疑に基づく起訴を行動準則としているため，前記のように罪となるべき事実の主張をひとつに確定せず，予備的または択一的に複数の可能性を残したまま起訴することは通常あり得ない。このため，起訴状そのものに予備的・択一的記載がされる実例はほとんどない。

* 起訴段階ではなく，審理がある程度進行した段階において，検察官が当初設定した訴因の立証に確信が得られない場合等に，訴因の「予備的追加」の形式がしばしば用いられている（法312条参照）。法312条が訴因の「変更」のみならず，訴因の「追加」及び「撤回」を規定しているのは，起訴段階で訴因の予備的記載・択一的記載を認めていることに対応し，その一方の撤回や事後的な追加を想定したものである。審理の経過に伴う訴因の予備的または択一的な「追加」が禁じられているわけではない。例えば，検察官が当初不同意性交未遂の事実で起訴した事案について，性交の故意の立証に確信が得られないため，審理の途中で，確実に証明可能な被害者の身体に対する暴行等の接触行為を不同意わいせつの訴因として予備的に追加し，裁判所に対して，本位的訴因である不同意性交未遂が認定できないときは，予備的訴因である不同意わいせつの事実について審判を求めるのがその例である。

2 被告人の特定

(1) 公訴は，検察官の指定した被告人以外の者にその効力を及ぼさない（法249条）。起訴状の記載事項のうち，「被告人を特定するに足りる事項」（法256条2項1号）については，「被告人の氏名」のほか，年齢，職業，住居及び本籍を記載することで特定がなされる（規則164条1項1号）。これらの事項が明らかでないときは，それが不明である旨を記載すれば足りる（規則164条2項）。

起訴状に被告人を特定するに足りる事項を記載する趣旨は，誰が公訴提起の

対象となった人物であるかを他人と区別して画定し，公訴提起の効力が及ぶ人物（法249条）を手続上明確にしておくことであるから，当該人物を指し示す氏名等が不明の場合には，人相，体格等当人の身体的特徴など，他の人物との区別・画定に資する適宜の方法を用いて特定すればよい（例，起訴状に被告人の写真を添付，身体拘束中の被告人であれば留置番号等の識別符号の表示等）。

　氏名が偽名・変名・通称であったり，年齢・職業・住居等の記載事項が虚偽・誤記であることが判明したとしても，誰が起訴された人物であるかという被告人の特定に支障が生じていない限り，誤りが判明した時点で，検察官が，誤記を訂正すれば足りる。

　(2)　起訴状に記載された氏名が冒用等により他の実在の人物を表示しており，その結果，法の趣旨である誰が被告人であるかが不分明にみえる場合には，次のように考えるのが適切であろう。

　起訴状における被告人の氏名の「表示」が，検察官の訴追「意思」の対象人物を指し示し，その人物が被告人として「行動」するのが手続の正常な想定である。このような想定から外れる場面は次のとおり。

　通常の公判手続において，氏名の表示が被冒用者たる別人物を指し示していても，捜査から起訴を通じて検察官の訴追意思の対象とされていた人物（冒用者）が公判期日に出頭して被告人として行動している場合には，冒用者が「被告人」である点で終始その同一性を失わず「特定」しているとみることができる。そこで，前記のとおり，氏名の冒用が判明した時点において，起訴状の表示（誤記）を訂正することで手続を進行させてよい。

　氏名表示が被冒用者のまま審理・判決がなされこれが確定した場合には，その判決の効力を及ぼすべき人物，すなわち判決の名宛人たる「被告人」が誰であったとみるべきか回顧的に決定することを要する。前記設例の場合，被冒用者は，誤表示として手続上に現れるにとどまり，実質的に被告人として起訴され審理・判決の対象とされていたのは終始冒用者である点で同一であったと認められるから，判決は表示された被冒用者でなく実質的に「被告人」であったと解される冒用者に言い渡されたとみるべきである。

　以上のような場合とは異なり，何らかの経緯で起訴状に表示された被冒用者等が現に被告人として行動した場合には，公訴提起の対象たる「被告人」の同

一性に疑義が生じるので，誤表示の訂正では足りない事態が生じ得る。起訴状に検察官が訴追意思の対象とした人物とは別人の氏名が表示され，その結果被冒用者が現に公判期日に出頭した場合や，表示された人物とは別人が公判期日に出頭した場合には，手続の諸段階に応じて，次のように対処する必要が生じよう。

　第一，冒頭手続の「人定質問」（規則196条）により人違いが判明した場合。人定質問はまさに被告人の同一性を確認するための手続であるから，出頭した被冒用者等を「被告人」として扱うのではなく，これを事実上排除し，検察官が訴追意思の対象としていた人物すなわち「被告人」を，あらためて出頭させることで手続を進行させることができよう。氏名冒用が判明した場合は当初の起訴状の表示を訂正することを要する。

　第二，被冒用者が身代わりの意図等で公判に出頭し，人定質問ではそれが判明せず，ある程度この者に対する審理が進行した段階で身代わりや人違いが判明した場合。「被告人」であるかのように行動した人物と検察官の訴追意思の対象である人物とが相違する結果，その同一性に混乱が生じているから，検察官は，公訴を取り消し，改めて訴追すべき被告人を正しく表示した公訴を提起すべきであろう。他方で，被告人であるかのように行動した人物に対して事実上生じている訴訟係属を解消するため，裁判所はこの者について，公訴棄却の裁判で手続を打ち切るべきである（法338条4号準用）。

　　*　公判請求事件でかつ捜査段階から身体拘束（逮捕・勾留）がなされている場合に比して，在宅事件の場合には，捜査・訴追機関と被疑者との結びつきが緊密でないため，氏名冒用によって起訴状に表示された別人に対する公訴提起とみられる場面が生じ得る。また，略式命令請求事件では，人定質問の手続がなく，書面審理で起訴状に表示された被告人を対象とすることから，原則として氏名が表示された人物を被告人として扱うのが適切であろう。身体拘束のない略式手続の事案について，他人の氏名を冒用し，捜査機関に対しては被疑者として行動し，かつ，裁判所で被告人として他人名義の略式命令謄本の交付を受けて即日罰金を仮納付した場合であっても，被冒用者が被告人でありその略式命令の効力は，冒用者である人物には生じないとする旨の判例がある（最決昭和50・5・30刑集29巻5号360頁）。

3　起訴状一本主義と予断の防止

(1)　起訴状には，裁判官に事件について「予断」を生じさせるおそれのある書類その他の物を「添附」してはならない。また，その内容を起訴状に「引用」してはならない（法253条6項）。この規定は，公判審理を担当する裁判官が第1回公判期日前に事件に関する証拠等に接して「予断」を抱くのを防止すると共に，裁判所の主導による訴訟進行，すなわち職権主義的審理を事実上困難にし，当事者の主導による訴訟追行すなわち「当事者追行主義」の訴訟進行方式を確立して，裁判所を中立的な判断者の地位に純化する機能を果たすものである〔序Ⅱ4〕。

旧法時代には，明文はなかったものの，検察官が起訴と同時に捜査段階で蓄積された捜査書類と証拠物（「一件記録」と称する）を裁判所に提出する慣行が確立していた。裁判官は，起訴状と共に提出された一件記録を第1回公判期日までに精査・検討し，公判における的確な訴訟指揮と事案解明のための基礎としていた。それは，裁判所が主導する職権審理主義の訴訟進行にとって不可欠の前提であったが，他方で，捜査と公判は一件記録の引き継ぎを介して連続し，検察と裁判も事案解明に向けた事務引き継ぎ的関係に立っていたとみられる。裁判所は中立公平な公判審理を行う建前であったものの，審理開始前に一件記録を精査することで，捜査段階の嫌疑を引き継ぎ有罪方向の一方的な心証――有罪の「予断」――をもって審理を開始していたことは否定できなかった。

これに対して現行法は，前記のとおり，起訴状以外の書面及び証拠物等の添附や引用を禁じることによって，このような「予断」を封じたのである。これを「起訴状一本主義」と称する。裁判所は，事件に関する証拠からあらかじめ心証を形成することなく第1回の公判に臨むことになるので，憲法の保障する「公平な裁判所」（憲法37条1項）すなわち中立的な判断者としての地位は，実質的にもまた客観的・外形的にもより良く確保されることになった。また，少なくとも公判手続の初期段階では，裁判所はみずから積極的に訴訟追行を主宰することはできず，訴訟進行の主導権を当事者に委ねることになったのである。

　　＊　本文に述べたとおり，現行刑事訴訟法全体の基本設計において，起訴状一本主義の第一の機能は，訴訟進行の側面における当事者追行主義の確立と裁判所の中立的

判断者への純化である（前記のとおり，審判対象の側面では，当事者たる検察官による訴因の設定が当事者追行主義を確立した）。起訴状一本主義に期待されていたいまひとつの機能は，捜査書類の公判手続への無制約な流入の阻止であり，これは，現行法で新たに導入された伝聞法則（法320条1項）と相俟って，裁判所の事実認定の素材について，捜査段階で作成された供述調書を例外化する目標があったものと思われる。しかし，伝聞法則の例外規定（例，同意書証に関する法326条，被告人供述調書に関する法322条，検察官面前調書に関する法321条1項2号等）の大幅な活用の結果，第1回公判期日以降は，かつての「一件記録」が多量に事実認定の証拠として利用されているような観を呈する運用が生じた。

訴訟の進行方法が当事者追行主義であるかヨーロッパ大陸法圏のような職権審理主義であるかを問わず，公判審理において捜査段階で作成された調書を無制約に許容しない「直接主義」は，捜査と公判との関係を規律した刑事裁判における普遍的な原理として尊重されている。例えば，職権審理主義を採用し，裁判長が訴訟指揮のために一件記録を把握しつつ審理を主導しているドイツ法においても，事実の証明が人の知覚に基づくときは，証拠の源泉であるその者を公判において尋問しなければならず，尋問調書や書面による供述の朗読でこれに代えることはできないという直接主義の原則を徹底する運用が行われている。

このような公判供述を中心とする事実認定が諸外国の刑事裁判に普遍的なものであるとすれば，わが国の伝聞例外規定の大幅な活用による捜査書類すなわち供述調書の利用は，特異な事象との見方もできよう。

(2) 法が明示的に禁じているのは，「予断を生ぜしめる虞のある書類その他の物」の「添附」またはその内容の「引用」である。

書類の「添附」について，起訴状謄本や弁護人選任書の差出しは，もとより法の趣旨に反しない。第1回公判期日が開かれるまで，逮捕状・勾留状の提出が「裁判官」を経由することとされているのは，予断防止に配慮したものである〔1(2)*〕。このほか，公訴時効関係の資料が必要なとき，検察官は，公訴提起後，速やかにこれを裁判所に差し出さなければならないが，「裁判官に事件につき予断を生ぜしめるおそれのある書類その他の物を差し出してはならない」（規則166条）。

なお，略式命令請求の場合は，手続の性質上，請求と同時に必要があると思料する書類及び証拠物を裁判所に差し出すこととされており（規則289条），起訴状一本主義の適用はない。

「引用」については，前記「罪となるべき事実」を特定する「訴因の明示」

の要請（法256条3項）との関係で問題となり得る。文書を用いた脅迫行為や名誉毀損行為を具体的に特定・明示するため、脅迫文書や名誉毀損文書を引用して「罪となるべき事実」を記載した場合はどうか。判例は、恐喝の手段として用いられた文書の趣旨が婉曲暗示的であり、これを要約摘示するのが困難である場合には、起訴状にそのほとんど全文が記載されても違法でないとし（最判昭和33・5・20刑集12巻7号1398頁）、また、名誉毀損文書の原文約3500字の引用を、訴因明示の方法として不当ではないと是認している（最決昭和44・10・2刑集23巻10号1199頁）。しかし、これら判例の事案は、いずれも、文書の引用が「罪となるべき事実」の特定と審判対象の画定に必要不可欠な記載であったとは思われず、証拠そのものの引用として違法であったというべきである。

(3) 法定の必要的記載事項（法256条2項）に当たらず、他方、法が明示的に記載を禁じていない起訴状の「余事記載」のうち、「裁判官に事件につき予断を生ぜしめる虞のある」事項の記載は、法256条6項の趣旨から、書類の添附や引用と同様に許されないと解すべきである。例えば、判例は、詐欺罪の公訴事実について、冒頭に「被告人は詐欺罪により既に2度処罰を受けたものであるが」と公訴事実と同じ前科の記載をした事案について、両者の関係から公訴事実につき、裁判官に予断を生ぜしめるおそれのある事項に当たり許されないと説示している（最大判昭和27・3・5刑集6巻3号351頁）。これは、予断を生じさせる違法な余事記載の一例である。

これに対し、「前科」の記載であっても、法律上、罪となるべき事実の構成要件となっている場合（例、常習累犯窃盗）や、事実上、罪となるべき事実の内容を成す場合（例、前科がある事実を誇示する方法での恐喝）は、訴因の明示に不可欠であるから、余事記載ではない。

被告人の性向・経歴、犯行に至る経緯・動機等の記載は、同様に、罪となるべき事実や訴因の明示のため必要な記載事項であるかとの観点からその適否が判断されよう。

(4) 法256条6項が直接禁じる「添附」「引用」及び、予断を生じさせるおそれのある余事記載は、それだけで公訴を無効にするものと解されるので、裁判所は公訴を棄却すべきである（法338条4号）。判例は、「裁判官に予断を生

ぜしめるおそれのある事項は，起訴状に記載することは許されないのであって，かかる事項を起訴状に記載したときは，これによってすでに生じた違法性は，その性質上もはや治癒することができないものと解するを相当とする」旨説示している（前記最大判昭和27・3・5）。違法な余事記載の削除による補正を認めない趣旨であろう。

これに対して，罪となるべき事実の特定・訴因の明示に必要な記載は，当然，適法・有効である。その他の単なる余事記載は，起訴状の効力に影響しない。したがって，裁判所はそのまま手続を進めてよい。

(5) 現行法は，法256条6項に顕現された「予断」防止の趣意，すなわち事件の実体に関する心証形成の禁止という観点から，第1回公判期日前の「裁判官」に対する証拠保全請求（法179条），「裁判官」に対する検察官の証人尋問請求（法226条・227条），起訴後第1回公判期日までの「裁判官」による勾留に関する処分（法280条，規則187条）等の諸規定を設けている。また，「公平な裁判」の観点から裁判官の除斥（法20条）・忌避（法21条）・回避（規則13条1項）の制度〔第3編公判手続第2章I*3*〕が設けられているのは，旧法と同様である。

(6) 起訴状一本主義と予断防止について，裁判官は，第1回公判期日前には事件に関する証拠や情報に一切接触すべきでなく，「白紙の状態」で公判審理に臨まなければならないとの主張があった。しかし，これは，根拠のない仮象の「標語」であったというべきである。前記のとおり，法256条6項の趣意は，裁判官が公判審理前に，一方的な形で証拠に接し，事件の実体についてあらかじめ心証を形成すること（予断）の防止である。そのために，法は，検察官が一方的な形で一件記録等を裁判官に提出し，裁判官がこれを精査して公判に臨んでいた旧法時代の慣行を禁じたのである。

起訴状一本主義と予断防止の趣意をこのように理解すれば，公判審理を担当する裁判所または裁判官が，一方的でなく両当事者の対等な関与が確保された手続において，審理計画を立てる目的で，双方の「主張」を確認し，これを通じて公判の争点を整理し，必要な証拠調べの範囲等を決定したとしても，このような活動は，証拠から事件の実体に関する心証を形成するものではおよそないから，予断防止原則に反するものではない。

2004（平成16）年の法改正で導入された「公判前整理手続」（法316条の2〜316条の27）においては，第1回公判期日前に，公判審理を担当する裁判所が，両当事者に公判手続でする予定の主張，証拠調べ請求やそれに対する意見を明らかにさせた上，証拠決定を行うことや，証拠能力に関する判断や証拠開示に関する裁定のために直接証拠に接触することも予定されている〔第3編公判手続第3章Ⅱ〕。裁判所のこれらの活動は，いずれも当該目的のために実施されるのであって，そこから事件の実体について心証を形成することを目的とせず，また実際に心証を形成することもないから，法256条6項の趣意に反するものではない。公判前整理手続という実定刑事訴訟法の規定の存在は，予断防止原則の意義と内容を一層明瞭にしたものといえよう。

4 受訴裁判所の選定――裁判所の管轄

(1) 検察官は，事件について管轄権，すなわち当該事件について裁判を行う権限を有する裁判所に起訴状を提出しなければならない。管轄裁判所が複数あるときは，そのうち適切な一つを選択して起訴状を提出する。管轄権のない裁判所に公訴を提起すれば，原則として，管轄違いの判決で手続が打ち切られる（法329条）。移送による救済はない（法19条1項参照。民事訴訟と異なる。民訴法16条1項参照）。

裁判所の管轄は，あらかじめ刑事訴訟法及び裁判所法の規定により一般的に定められており，これは関係者に対する不当な利益・不利益を生じさせない趣旨である。なお，特別な場合には管轄の指定や管轄の移転があり得る〔後記(5)(6)〕。

第1審の裁判の管轄は，事件の軽重に基づく「事物管轄」と，主として被告人の出頭や防禦活動の便宜に配慮した「土地管轄」があり，公訴提起は，第1審の事物管轄と土地管轄のある裁判所に対して行われる。

(2) 「事物管轄」とは，犯罪の種類（罪名または刑名）を標準として，その軽重によって定められた第1審の管轄の分配をいう。裁判所法に詳細な規定がある。第1審の裁判について管轄権を有するのは下級裁判所に限られる。最高裁判所が第1審の裁判を行う場合は，現行法にはない。事物管轄の大要は次のと

おり。

　(a)　地方裁判所は，罰金以下の刑に当たる罪の事件を除くほか，すべての罪の事件を管轄する。選択的に罰金以下の刑が規定されていてもよい。ただし，高等裁判所が第1審を担当する事件を除く（裁判所法24条2号）。このように，第1審裁判所の主力は地方裁判所である。

　(b)　簡易裁判所は，①罰金以下の刑に当たる罪，②選択刑として罰金が定められている罪，③常習賭博罪・賭博場開張等図利罪，横領罪，盗品等に関する罪の事件を管轄する（裁判所法33条1項2号）。ただし，科刑についての制限があり，原則として拘禁刑以上の刑を科することはできない。例外的に，住居侵入罪・同未遂罪，常習賭博罪・賭博場開張等図利罪，窃盗罪・同未遂罪，横領罪，占有離脱物横領罪，盗品等に関する罪その他若干の罪について，3年以下の拘禁刑を科することができる（裁判所法33条2項）。なお，簡易裁判所が，審理の結果，前記科刑の制限を超える刑を科するのを相当と認めるときは，事件を管轄地方裁判所に移送しなければならない（裁判所法33条3項，法332条）。このほか法332条により事件を移送すべき場合として，審理の結果事件の事物管轄が失われる可能性があるとき，事件が複雑で審理に困難が見込まれる事件等が考えられよう。

　以上のとおり，罰金以下の刑に当たる罪（例，過失傷害罪，失火罪等）については，地方裁判所に管轄権がなくもっぱら簡易裁判所が管轄する。その他の罪については，簡易裁判所と地方裁判所の事物管轄はかなりの範囲で競合している。この場合にどちらに起訴するかは検察官の判断による。

　(c)　高等裁判所は内乱罪（刑法77条～79条）に当たる事件について第1審の管轄権を有する（裁判所法16条4号）。この罪については控訴をすることができず，最高裁判所に上告をすることができるにとどまる（法372条・405条参照）。

　　＊　従前は，独占禁止法違反の罪の第1審が，東京高等裁判所の専属管轄とされていたが，現在は前記内乱に関する罪のみが，「高等裁判所の特別権限に属する事件」（法3条・5条・330条参照）に当たる。
　　　また，従前は，未成年者を被害者とする児童福祉法違反の罪等の事件（少年の福祉を害する成人の刑事事件）が家庭裁判所の管轄とされていたが，現在は，それらの罪については地方裁判所または簡易裁判所が管轄する。

　(3)　高等裁判所以下すべての裁判所について，法律により管轄区域が定めら

れている（下級裁判所の設立及び管轄区域に関する法律・裁判所法2条2項）。各裁判所は，その管轄区域内に，「犯罪地」または被告人の「住所」「居所」「現在地」が在る事件について「土地管轄」を有する（法2条1項）。

「犯罪地」とは，犯罪事実の全部または一部が発生した場所をいう。行為地と結果発生地が異なる場合には，両者が犯罪地である。被告人の「住所」「居所」は民法による（民法22条・23条）。「現在地」とは，公訴提起の当時，被告人が任意または適法な強制処分によって現在する場所をいう（最決昭和32・4・30刑集11巻4号1502頁等）。国外にある日本船舶内または日本航空機内で犯した罪については，このほか，その船舶の船籍の所在地または犯罪後寄泊した地（法2条2項），その航空機の犯罪後着陸・着水した地（同条3項）にも土地管轄がある。

検察官が誤って土地管轄のない裁判所に公訴を提起した場合であっても，裁判所は，被告人の申立てがなければ，管轄違いの判決をすることができない（法331条1項）。土地管轄は主として被告人の便宜・利益のための制度であるから，被告人に異議がなければ問題としない趣意である。また，管轄違いの申立ては，被告事件について証拠調べを開始した後は，することができない（法331条2項）。被告人が土地管轄について問題とせず訴訟進行に応じる態度を示したと認められるので，手続を早期に安定させる趣意である。

(4) 数個の事件において犯人が同一人である場合，複数人が「共に」同一または別個の罪を犯した場合，複数人が「通謀して」各別に罪を犯した場合，これら数個の事件を「関連事件」という（法9条1項）。関連事件については，管轄が拡張される。

事物管轄について，一つの事件について管轄を有する「上級の裁判所」は，併せて他の関連事件を管轄することができる（法3条1項）。土地管轄について，一つの事件について管轄を有する裁判所は，併せて他の関連事件を管轄することができる（法6条）。いずれも関連事件を併合して審判する場合である。

　＊　数人が「共に」または「通謀して」罪を犯すとは，刑法総則の「共犯」に限らない。必要的共犯，両罰規定における行為者と事業主などをも含み，さらに，共謀に至らない程度の意思連絡で数人が罪を犯した場合も含まれる。また，犯人蔵匿罪，証憑隠滅罪，偽証罪，虚偽鑑定罪，盗品等に関する罪とその本犯の罪とは「共に犯

(5) 裁判所の管轄区域が不明確なため管轄裁判所が定まらないとき，または管轄違いの裁判が確定した事件について他に管轄裁判所がないときは，検察官は，関係のある第1審裁判所に共通する直近上級の裁判所に，「管轄指定の請求」をすることができる（法15条）。法律による管轄裁判所がないとき，またはこれを知ることができないときは，検事総長から最高裁判所に管轄指定の請求をする（法16条）。

* 法16条にいう「法律による管轄裁判所がないとき」とは，土地管轄の基準によっては，日本国内に管轄裁判所が存在しない場合をいう。犯人が刑法2条から4条までの罪を国外で犯し，日本国内に住所・居所・現在地を有しない場合に適用がある。「管轄裁判所を知ることができないとき」とは，国外犯の犯人の住所・居所・現在地が不明の場合をいう。

(6) 管轄裁判所が法律上の理由（例，裁判官の除斥・忌避・回避）もしくは特別の事情（例，天災地変）により裁判権を行うことができないとき，または，地方の民心，訴訟の状況その他の事情により裁判の公平を維持できないおそれがあるときは，検察官は，直近上級の裁判所に管轄移転の請求をしなければならない（法17条1項）。被告人も管轄移転の請求をすることができる（法17条2項）。裁判員裁判について，特定の地方裁判所で公平な裁判が行われることを期待し難い事情は認められず，裁判の公平を維持することができないおそれがあるときには当たらないとされた事例として，最決平成28・8・1刑集70巻6号581頁がある（米軍属である被告人が那覇地裁に起訴された強姦致死・殺人・死体遺棄被告事件について，公平中立を確保できるよう配慮された手続の下に選任された裁判員は，法令に従い公平誠実に職務を行う義務を負っている上，裁判長は，裁判員がその職責を十分果たすことができるよう配慮することなどを考慮すれば，公平な裁判所における法と証拠に基づく適正な裁判が行われることが制度的に十分保障されているとする）。

犯罪の性質，地方の民心その他の事情により，管轄裁判所が審判をするときは公安を害するおそれがあると認められる場合には，検事総長が最高裁判所に管轄移転の請求をしなければならない（法18条）。

* 管轄指定または移転の請求の方式については規則に定めがある（規則2条～6条）。

裁判所に係属する事件について管轄の指定または移転の請求があったときは，原則として決定があるまで訴訟手続を停止しなければならない（規則6条）。なお，管轄移転の請求が訴訟を遅延させる目的のみでされたことが明らかである場合には，訴訟手続を停止することを要しないとした判例がある（最決令和3・12・10刑集75巻9号1119頁）（なお，規則6条但書参照）。

第3章

審理・判決の対象

I　総説——刑事訴訟における審理・判決の対象

(1) 起訴状に記載すべき「公訴事実」(法256条2項2号)すなわち刑事訴訟における審理・判決の対象(審判対象)は,検察官が明示する「訴因」である(法256条3項前段)。「訴因」とは,検察官が裁判所に対して審判を求める「罪となるべき事実」の具体的な主張をいう。

検察官は,刑罰権の発動を求める根拠として,犯罪の構成要件に該当する「罪となるべき事実」を,「できる限り日時,場所及び方法を以て」具体的に特定して主張しなければならない(法256条3項後段)。前記のとおり〔第2章Ⅱ*1*(4)〕,訴因は,特段の支障がない限り,①犯罪の主体(誰が),②犯罪の日時(いつ),③犯罪の場所(どこで),④犯罪の客体(何を,または誰に対して),⑤犯罪の方法(どのような方法で),⑥犯罪の行為と結果(何をしたか)の6項目に留意し記載される。このような具体的事実の主張が,公判手続において検察官による証明の対象となり,被告人の防禦・反証の対象となる。

(2) 裁判所は,当事者たる検察官が設定・主張し,当事者たる被告人の防禦対象となる訴因についてのみ審理し判決する権限と責務を負う(法378条3号前段)。検察官が主張していない訴因外の事実について判決することはできない(法378条3号後段。判例は法378条3号にいう「事件」を訴因と解し,訴因と異なる事実を認定した事案について,「審判の請求を受けない事件について判決をした」違法に当たるとする。最決昭和25・6・8刑集4巻6号972頁,最判昭和29・8・20刑集8巻8号1249頁)。現行刑事訴訟における裁判所の役割は,当事者たる検察官の設定する訴因が,被告人の防禦活動を踏まえ,証拠により合理的な疑いを超え

て証明されているかどうかを吟味・判断することに尽きる。これが,審判対象の側面における「当事者追行主義」である。

(3) 検察官は,「公訴事実[すなわち審判対象]の同一性を害しない限度において」,当初起訴状に明示した訴因の記載を変更(「追加,撤回又は変更」)し,別の訴因を主張することができる(法312条1項)。これを「訴因の変更」という。審判対象の同一性が維持されいずれかで1回処罰すれば足りる関係にある罪となるべき事実については,1回の刑事手続で刑罰権の存否を審理・判断し処理するのが適切だからである。

裁判所は,検察官が訴因を変更した場合に限り,当初起訴状に記載されていた事実と異なった事実について審判することができる。職権審理主義を採用していた旧法時代のように,起訴状の記載に制約されることなく,裁判所が,別の「罪となるべき事実」を自らの職務権限として探知・究明し,審理・判決する権限と責務を負うことはない(最高裁判所は,法312条2項の定める「訴因変更命令」の趣意解釈に際して,後記Ⅳのとおり,裁判所には,原則として,自らすすんで検察官に対し訴因変更手続を促しまたはこれを命ずべき義務はないと説示している[最決昭和43・11・26刑集22巻12号1352頁]。また,裁判所の訴因変更命令により訴因が変更されたものとすることは,裁判所に直接訴因を動かす権限を認めることになり,訴因の変更を検察官の権限としている「刑訴法の基本的構造に反するから」訴因変更命令に形成的効力を認めることは到底できないと説示している[最大判昭和40・4・28刑集19巻3号270頁]。「刑訴法の基本的構造」とは,審判対象の設定・変更に関する「当事者追行主義」のことである)。

例えば,検察官は当初起訴状に明示・記載した「被告人は〇月△日頃被害者V宅からV所有の宝石を窃取した」事実の主張を変更し,「被告人は〇月△日頃V宅付近においてV所有の宝石を,盗品であることを知りながら,氏名不詳者から買い受けた」事実の主張に変更することができる。両訴因の罪となるべき事実の記載は,犯罪の主体・日時・場所・被害者・被害物件が近接ないし共通し,窃盗罪か盗品関与罪かのいずれかで処罰すれば足り両立し得ない関係にある「罪となるべき事実」の主張と認められ,公訴事実すなわち審判対象の「同一性を害しない」からである。

他方,裁判所は,審理の経過に鑑み起訴状記載の窃盗の事実は認められない

が，被告人が盗品を買い受けた事実が認められるとの心証を得た場合であっても，当事者として審判対象を設定・主張する権限を有する検察官が上記のように審判対象たる訴因を変更しない限り，盗品有償譲受けの事実で有罪判決をすることはできない。検察官が訴因を変更しない場合，審判対象は窃盗の訴因のままであるから，裁判所はその証明がないとして無罪判決をするほかはない。

 ＊ 以上は，裁判所の罪責認定（有罪か無罪かの判断）に関する説明である。刑罰権の具体的適用実現を目的とする刑事訴訟においては，有罪と認められた場合の刑の量定（量刑）も，罪責認定と共に，裁判所の重要な役割である。わが国の刑罰法令は諸外国に比して法定刑の幅が広いため，宣告刑の決定には，認定された「罪となるべき事実」（例，犯罪の結果の重大性や犯行態様・共犯関係等）に加えて，これに密接に関連する事項（例，犯行に至る経緯・動機・目的）や「情状」（例，被告人の性格・年齢・境遇・前科の有無・被害回復弁償の有無，被害感情の程度等）に関する事項が適切に認定・評価される必要がある。このような量刑にとって重要な事実も当事者による立証の対象となり裁判所の審理対象となるのは，もとより別論である。

(4) 以上のように検察官が公訴提起とその追行に際して審判対象を設定・変更する権限を有することから，審判の結果有罪・無罪の判決が確定した場合には，既に終結した１回の刑事手続において検察官が訴因を変更し訴追意思を実現可能であった範囲，すなわち「公訴事実の同一性」が認められる範囲に「確定判決」の一事不再理の効力（法337条１号参照）が及ぶ（憲法39条にいう「同一の犯罪」，「無罪とされた行為」は，この意味に解される）。

例えば，実体法上両立し得る関係にあり科刑上一罪となる事実の一部が起訴され，確定判決があったときは，実体的には一罪の一部を構成する別の事実についても一事不再理の効力が及ぶ（例１，科刑上一罪となる住居侵入・窃盗について，窃盗の事実のみが訴因として審判され確定判決があるときは，後に住居侵入の事実で起訴することはできない。例２，実体的には確定判決のある常習窃盗罪の一部を構成すると認められる窃盗行為を別に単純窃盗罪として起訴することはできない）。

また，１回の手続においていずれかで処罰すれば足り両立し得ない関係にある罪となるべき事実の一方について確定判決があるときは，当該手続において訴因を変更し主張することが可能であった他方の事実にも一事不再理の効力が及ぶ（例，罪となるべき事実の主張として両立し得ない関係にあると認められる窃盗の主張と，盗品有償譲受けの主張の一方の事実が訴因として明示された手続において確定

判決があったときは、後に他方の事実を訴因として起訴することはできない)。

　これらは、いずれも公訴事実すなわち審判対象の同一性が認められ、検察官が1回の刑事手続において訴因変更により訴追意思を実現可能であったことから導かれる帰結である。同様の理由により、判決前になされた別の起訴が不適法な二重起訴に当たるかどうかについても〔第2章 I 1(5)(i)〕、公訴事実すなわち審判対象の同一性が認められ、1回の手続で処理すべき同一の「事件」であるかどうかにより定まる（法10条・11条・338条3号にいう「事件」とは公訴事実の同一性が認められる関係の別訴をいうと解される）。

　(5)　これに対して、公訴事実すなわち審判対象の同一性が認められない事実については、検察官が1回の手続において訴因を変更し審判を求めることができないことから、確定判決の一事不再理の効力は及ばない。別途起訴し別の刑事手続で刑罰権の実現を求めることができる。

　例えば、実体法上両立し得る併合罪の関係にある複数の事実を、訴因変更により1個の手続で処理することはできないから、その一方について確定判決があっても、他方について起訴し審判を求めることができる（例1．窃盗教唆をした者が正犯者の窃取した盗品を有償で譲り受けた場合には、窃盗教唆と盗品譲受けの罪が成立し、両者は両立し得る併合罪の関係にあるから、審判対象の同一性がなく訴因変更はできない。したがって、前者について確定判決があるときでも、後者について起訴することができる。例2．単純窃盗の事実について確定判決があるとき、検察官は別の機会に行われた窃盗行為を単純窃盗として起訴することができる）。

　また、確定判決のある事実と両立し得ない関係にある事実の主張とは認められず公訴事実すなわち審判対象の同一性がない事実については、別途起訴することができる（例、判決で認定された窃盗の事実とは日時・場所・客体等が異なる盗品有償譲受けの事実の主張には、審判対象の同一性が認められないので、一事不再理の効力は及ばない）。

II　検察官の訴因設定権限と裁判所の審判の範囲

　(1)　審判の対象を設定して主張するのは、当事者たる検察官の権限と責務で

ある。これを検察官の訴因設定ないし構成権限と称する。検察官は，捜査で収集された証拠を検討し，事件を起訴するか不起訴とするかの「事件処理」を行う専権を有するが（法246条・247条・248条）〔第1章Ⅰ〕，起訴処分を選択する場合にも，立証の難易や刑事政策的観点を考慮勘案したり，公判における争点の複雑化を回避する等のために，証拠上認め得る事実の一部を除外し，一部のみを取り出した訴因を主張する場合があり得る。

　このような起訴は，犯罪事実の一部不起訴であり，検察官の不起訴裁量権限（法248条）の合理的な行使の一態様とみることができる。また，現行法の基本設計が，審判対象の設定・変更を明白に検察官の権限としていること（法256条・312条），さらに，現行法の「基本的構造」に言及して，裁判所が検察官の設定する訴因に拘束され，そのような審判対象の設定・変更に職権で介入することは原則として避けるべきであり，補充的・例外的場合にとどめられる旨を述べる一連の最高裁判例（「訴因変更命令」の制度趣旨に関する前記最決昭和43・11・26，最大判昭和40・4・28頁等）の指向する方向〔後記Ⅳ〕との整合的理解という観点からも，このような一部事実の起訴は原則として適法というべきである。それがいわゆる「一罪の一部起訴」である場合でも，旧法時代のような「公訴不可分の原則」は認められない。裁判所の審判の範囲は，検察官が設定構成して起訴状に記載した訴因に限定・拘束される。

　　＊　旧法時代に「公訴不可分の原則」と称されていたのは，裁判所は，検察官が起訴状に記載した「犯罪事実」に制約されることなく，それが一罪の一部であることが判明した場合には，公訴提起の効力が不可分的にその罪の全部に及び，裁判所は起訴状に記載されていない部分も含めて審理・判決すべき権限と責務を負うとの考え方である。これに拠れば，一罪の一部起訴は法的に無意味であった。これに対し，現行法における裁判所の審判対象は検察官が起訴状に明示・記載した訴因であるから，本文のとおり，一罪の一部起訴は原則として適法である。実体的な思考を排除した説明をさらに徹底すれば，そもそも一罪の一部が起訴されていたと考えるべきではなく，そのような問題の取り上げ方自体が，現行法の基本的構造に照らし適切でないというべきであろう。

　　＊＊　検察官が実体法上2個以上の罪が成立すると考える事実を同時に起訴するときは，その全部を1通の起訴状に記載してよい。しかし，一罪ごとに1個の訴因を明示しそれぞれ「罪となるべき事実」を特定して記載しなければならない。1個の訴因に複数の罪を記載することはできない。これを「一訴因一罪の原則」という。公

訴提起の効力が実体法の罪数により規制される点では，旧法時代の公訴不可分の原則に類似するが，一訴因一罪の原則は公訴の効力を一罪の範囲に限定するものであり，両者の機能は全く異なる。

(2) 検察官が起訴当時の証拠により認められる事実の一部を取り出して主張する場合には，いくつかの型がある。

第一は，成立する犯罪の前段階的な犯罪事実（成立し得る犯罪に処罰が吸収される犯罪事実）を取り出して訴因として主張する場合である。最高裁判所の判例で扱われたものとして，選挙違反の金銭等の供与目的で交付行為を行った者について，後に供与がなされた疑いのある場合に，これを交付罪のみで起訴した事案において，「たとえ，甲乙間で右金銭等を第三者に供与することの共謀があり乙が右共謀の趣旨に従いこれを第三者に供与した疑いがあったとしても，検察官は，立証の難易等諸般の事情を考慮して，甲を交付罪のみで起訴することが許されるのであって，このような場合，裁判所としては，訴因の制約のもとにおいて，甲についての交付罪の成否を判断すれば足り，訴因として掲げられていない乙との共謀による供与罪の成否につき審理したり，検察官に対し，右供与罪の訴因の追加・変更を促したりする義務はないというべきである」と説示したものがある（最決昭和59・1・27刑集38巻1号136頁）。この判例において，最高裁判所は，起訴に際しての検察官の訴因設定権限行使の適法性と裁判所の審判がこれに拘束される旨を明確に判示した。

第二は，犯罪が成立し得る複数の事実のうちから処罰相当と考える1つの犯罪事実を取り出して訴因として主張する場合である。最高裁は，横領罪に関する罪数解釈が争点とされた事案において，検察官の訴因設定権限について言及し，自己の占有する他人の土地の所有権移転行為について横領罪が成立する以上，先行する抵当権設定行為について横領罪が成立する場合における両罪の罪数評価のいかんにかかわらず，「検察官は，事案の軽重，立証の難易等諸般の事情を考慮し，先行の抵当権設定行為ではなく，後行の所有権移転行為をとらえて公訴を提起することができる」旨説示し，後行の所有権移転行為のみが横領罪として起訴されたときは，「裁判所は，所有権移転の点だけを審判の対象とすべきであり，犯罪の成否を決するに当たり，売却［所有権移転行為］に先立って横領罪を構成する抵当権設定行為があったかどうかというような訴因外の

事情に立ち入って審理判断すべきものではない」旨判示している（最大判平成15・4・23刑集57巻4号467頁）。ここでも，検察官の訴因設定に関する専権と裁判所の審理対象がこれに拘束されることが再確認されている。

　第三は，一罪の一部起訴・一部不起訴の場合である。これには，諸般の事情を勘案した検察官の合理的裁量により，科刑上一罪の一部起訴・一部不起訴（例，住居侵入・窃盗事実のうち住居侵入部分の起訴猶予），法条競合関係にある事実のうち軽い方の事実で起訴する場合（例，強盗を恐喝で起訴），結合犯の一部起訴（例，強盗致傷事実の傷害部分を落として強盗罪で起訴），犯罪の行為または結果の一部を訴因から除外した起訴（例，一連の暴行事実からある場面の暴行行為を取り出して起訴，窃盗の被害品の一部を訴因から除外して起訴）等，様々な態様があり得る。

　最高裁判所は，前訴の確定判決の一事不再理の効力が後訴に及ぶかという問題を判断するに際して，検察官の訴因設定権限に言及し，「実体的には常習特殊窃盗罪を構成するとみられる窃盗行為についても，検察官は，立証の難易等諸般の事情を考慮し，常習性の発露という面を捨象した上，基本的な犯罪類型である単純窃盗罪として公訴を提起し得ることは，当然である」と説示し，「一罪を構成する行為の一部起訴も適法になし得る」ことを当然の前提としている。そして，「前訴の訴因と後訴の訴因との間の公訴事実の単一性についての判断は，基本的には，前訴及び後訴の各訴因のみを基準としてこれらを比較対照することにより行うのが相当である」と述べている（最判平成15・10・7刑集57巻9号1002頁）。

　(3)　以上のとおり，最高裁判所の一連の判例は，それぞれ扱われた法的問題の局面を異にするものの，その前提として「検察官は，立証の難易等諸般の事情を考慮し」一部事実を取り出した起訴を行う訴因の設定権限を有していることを承認している。同時に，裁判所の審理の範囲が，検察官の合理的裁量により設定・構成された訴因に限定され，訴因外の事情に積極的に立ち入るべきでないとの考え方が示されている。これは刑事訴訟における審判対象につき，検察官に裁判所の判断に優越する決定権限を付与する徹底した形態であり，職権審理主義の対極といえよう。

　もっとも，いずれも訴因記載の事実（例，交付行為，所有権移転）の「犯罪の

成否」が訴因外の事実（例，供与行為，抵当権設定）の存否に左右されないことが前提となろう。訴因記載事実の「犯罪の成否」に係る事実については別論である。

> * 最決平成21・7・21刑集63巻6号762頁は，窃盗の単独犯として起訴され有罪判決を受けた被告人が，実行行為の全部を自分1人で行ったものの，他に共謀共同正犯者が居たから事実誤認である旨主張した事案について，「検察官において共謀共同正犯者の存在に言及することなく，被告人が当該犯罪を行ったとの訴因で公訴を提起した場合において，被告人1人の行為により犯罪構成要件のすべてが満たされたと認められるときは，他の共謀共同正犯者が存在するとしてもその犯罪の成否は左右されないから，裁判所は訴因どおりに犯罪事実を認定することが許されると解するのが相当である」と説示している。これも，検察官に共謀に基づく犯行であるという事実を捨象して単独正犯の訴因で起訴する裁量権限があることを認めたうえで，裁判所は共謀共同正犯であったかを問わず，「犯罪の成否」については，検察官の設定した単独正犯の事実を認定できるとしたものと見られる。なお，共謀共同正犯者の存在が被告人の量刑上有利に作用する場合にこれを考慮できることは別論であろう。

III 訴因の明示──「罪となるべき事実」の特定

(1) 審判対象たる訴因は，「できる限り日時，場所及び方法を以て罪となるべき事実を特定して」明示しなければならない（法256条3項）。「特定」とは，他の異なる「罪となるべき事実」の主張と区別して画定することをいう。他の罪となるべき事実の主張と区別ができなければ，裁判所が審判対象を識別・認識することができず，証拠調べの手続段階へと審理を進行させることができないからである。また，前訴との関係で一事不再理の効力の及ぶ範囲，二重起訴禁止の範囲〔I(4)〕，公訴時効停止の効力が及ぶ事件の範囲〔第2章I2(6)〕を画定することもできず不都合である。

他方，訴因の記載は，被告人の防禦対象でもあるから，他の罪となるべき事実の主張との区別が不分明では，およそ一般的に防禦が不可能である。もっとも，被告人の具体的な防禦上の利益に対する配慮は，起訴に引き続く手続の進行過程に応じて様々な局面で制度化されている（例，公判前整理手続が実施され

る場合の「証明予定事実記載書面」の提出［法316条の13］，起訴状に対する求釈明［規則208条］，検察官の冒頭陳述［法296条］，審理の過程における争点の顕在化・防禦の機会付与による不意打ち防止等）。

　この点を考慮すれば，起訴状における訴因明示の第1次的機能は，裁判所が実体審理を進めることができる程度に審判対象を他と区別し画定することにあるとみるべきである。訴因の明示は，この機能を果たすのに必要・十分な程度の具体的記載であれば足りる。被告人の防禦上の利益は，審判対象が他の事実と区別して画定されることによりその反射効として一般的防禦目標が呈示され，引き続く手続段階において具体的に考慮・勘案されることになる。

　(2)　最高裁判所は，法256条3項の制度趣旨について，「裁判所に対し審判の対象を限定するとともに，被告人に対し防禦の範囲を示すことを目的とするものと解される」と説示しているが（最大判昭和37・11・28刑集16巻11号1633頁［白山丸事件］），訴因変更の要否を扱った判例において，訴因に記載された事項が「罪となるべき事実の特定」に不可欠でこれと異なる事実認定をするために訴因変更を要するか否かを，「審判対象の画定という見地から」検討している（最決平成13・4・11刑集55巻3号127頁。この判例は，「訴因変更の要否」の基準について，「そもそも，殺人罪の共同正犯の訴因としては，その実行行為者がだれであるかが明示されていないからといって，それだけで直ちに訴因の記載として罪となるべき事実の特定に欠けるものとはいえないと考えられるから，訴因において実行行為者が明示された場合にそれと異なる認定をするとしても，審判対象の画定という見地からは，訴因変更が必要となるとはいえない」と説示している）。このことからも，最高裁判所は，訴因の明示の第1次的機能として「審判対象の画定」を想定しているとみられる。

　　＊　起訴状謄本に代えて被告人に送達されることになる「起訴状抄本等」〔第2章Ⅱ*1*(2)＊＊参照〕においても，起訴状における公訴事実と同様に「罪となるべき事実を特定」して訴因を明示することを要する。法271条の2第3項は，「起訴状抄本等」における公訴事実を起訴状における公訴事実とみなして法256条3項を適用することとし，読み替えを行うことで，同項の「できる限り日時，場所及び方法を以て」との文言を除外し，被害者等の個人特定事項を秘匿した「起訴状抄本等」の公訴事実の記載ができることとした。こうして，訴因明示の趣旨が害されない限りで，個人特定事項の記載がなくとも罪となるべき事実の特定として足りる。他方，「起訴

状抄本等」における公訴事実の記載が,「罪となるべき事実を特定」したものといえない場合には不適法な起訴として公訴棄却となる（法338条4号）。

(3) このような審判対象の画定機能を欠く訴因の記載は違法であり,公訴提起の手続そのものが無効となる（法338条4号）。

もっとも起訴状の記載のみでは審判対象の画定を欠く場合であっても,裁判長が検察官に対し訴因に関する釈明を求め（規則208条1項）,検察官が釈明により訴因の内容を具体的に明示・表現することができれば,有効な公訴提起として扱うことができると解されている。これを訴因の「補正」という。求釈明によっても訴因が補正されないときは,公訴棄却の判決で手続が打ち切られる。判例は,「訴因の記載が明確でない場合には,検察官の釈明を求め,もしこれを明確にしないときにこそ,訴因が特定しないものとして公訴を棄却すべきものである」旨述べて,このような措置を是認している（最判昭和33・1・23刑集12巻1号34頁）。

もっとも,公訴提起は刑事手続上重要な様式行為であり,起訴状における公訴事実の記載は,被告人に「告知・聴聞」の機会を付与する基本的手続と位置付けられるものであるから（憲法31条）,当事者たる被告人側が,再起訴の可能性を認識しつつも公訴棄却を求めている場合にまで,訴因の補正を認めるのは疑問であろう。

被告人及び弁護人も,冒頭手続における被告事件についての陳述（法291条5項）の前提として,検察官により朗読された（法291条1項）起訴状の訴因が不分明であるとして,裁判長に対し,釈明のための発問を求めることができる（規則208条3項）。

なお,検察官の釈明の内容を付加しなければ「罪となるべき事実」が不特定であり,釈明によって訴因の補正を認めた場合には,検察官の訴追意思の表明である釈明内容は,「罪となるべき事実」の特定に不可欠な範囲で,当然訴因の一部を成すことになると解される。したがって,このような場合に,裁判所が判決において検察官の釈明内容と異なる事実を認定しようとするときは,原則として訴因の変更が必要である。

　　＊　判例の扱いを前提とすれば,裁判所は,冒頭手続において起訴状記載の訴因のままでは「罪となるべき事実」の特定が不十分で審判対象の画定を欠くと認めた場合

には，直ちに公訴を棄却するのではなく，被告人側の求釈明申出の有無にかかわらず，検察官に訴因に関する釈明を求める訴訟法上の義務があるということになろう。これに対して，訴因の記載のうち審判対象画定の見地からは不可欠でない事項について，これを一層具体的に示すことが被告人の認否や防禦目標を明示するという観点から望ましいと認められる場合があり得る（例，共謀共同正犯における共謀の日時・場所・方法・態様や共同正犯における実行行為者等）。この場合，公訴提起そのものは適法であるから，裁判所に訴因に関する釈明を求める訴訟法上の義務はない。しかし，訴訟法上の義務はなくとも，裁判所は訴訟指揮の一環として合目的的裁量により検察官に釈明を求める権限を有するので，冒頭手続段階で前記のような事項について釈明を求めることはできる。このような義務的でない求釈明も訴訟指揮の一態様である以上，検察官は釈明を行う訴訟法上の義務を負う。ただし，義務的求釈明の場合とは異なり，検察官がこれに応じなかったとしても，冒頭手続段階で必要とされる訴因の「審判対象の画定」機能が充たされている以上，裁判所は，検察官に対して引き続く冒頭陳述でこれを明らかにするよう促すなどして，手続を進行させることができる。

**　　共同正犯（刑法60条）における「共謀」それ自体は，もとより「罪となるべき事実」に当たる。もっとも，最高裁判所が「共謀」の認定に関し次のように説示している点に留意すべきである。「『共謀』または『謀議』は，共謀共同正犯における『罪となるべき事実』にほかならないから，これを認めるためには厳格な証明によらなければならないことはいうまでもない。しかし『共謀』の事実が厳格な証明によって認められ，その証拠が判決に挙示されている以上，共謀の判示は，……〔2人以上の者が特定の犯罪を行う意思連絡たる謀議が〕成立したことが明らかにされれば足り，さらに進んで，謀議の行われた日時，場所またはその内容の詳細，すなわち実行の方法，各人の行為の分担役割等についていちいち具体的に判示することを要するものではない」（最大判昭和33・5・28刑集12巻8号1718頁〔練馬事件〕）。後記のとおり，判決に判示することを要しないとされた事項は，訴因の記載としても必要不可欠ではない事項ということになろう。このような考え方に立って，起訴状には単に「共謀の上」とのみ記載されるのが通例である。

　なお，過失犯における訴因については，過失の内容をなす注意義務違反の事実を具体的に記載する必要があると解されている。これは，結果が同じでも注意義務の内容を異にする過失犯は，異なった「罪となるべき事実」であるとの理解を前提とするものであろう。

***　　「罪となるべき事実」の特定に不可欠とまではいえない事項について検察官が釈明した場合，「審判対象の画定という見地」からは，それが直ちに訴因の一部になるとはいえない。したがって，審理の結果，裁判所がこれと異なる事実認定をする場合でも，原則として訴因変更手続が必要であるとまではいえないことになる。

もっとも，前記共謀の日時・場所・態様や共犯関係等被告人の防禦にとって重要な事実について検察官の釈明があり，その内容を前提に当事者間で攻撃防禦がなされた場合，裁判所が検察官の釈明内容と重要部分において異なる事実をいきなり認定するのは不意打ちとなるから，違法な訴訟手続というべきである。審理の過程でこのような局面が生じた場合，裁判所にはそれまでの審理経過と被告人の防禦活動の具体的状況を勘案し，認定しようとする事実につき防禦の機会を付与するためこれを顕在化させ，または検察官に対し訴因変更に準じた主張内容明示を促す訴訟法上の義務が生じるというべきである。なお，前記最決平成13・4・11を参照。また，共謀の日時が争われた事案において，両当事者が攻撃防禦を行っていない日時の謀議を認定しようとするのであれば，裁判所としてその存否の点を「争点として顕在化させたうえで十分の審理を遂げる必要があると解されるのであって，このような措置をとることなく，……率然として」このような事実を認定することは，「被告人に対し不意打ちを与え，その防禦権を不当に侵害するものであって違法であるといわなければならない」と説示した，最判昭和58・12・13刑集37巻10号1581頁（よど号ハイジャック事件）参照。

* * * * 起訴状に関する求釈明をめぐる問題は，2004（平成16）年改正で導入された「公判前整理手続」（法316条の2以下。とくに法316条の5第1号～4号，法316条の13「証明予定事実記載書面の提出」，法316条の21「証明予定事実の追加・変更」など）が実施される場合には，冒頭手続や冒頭陳述ではなく，第1回公判期日前の段階で集中的に処理されることになろう（なお，裁判員の関与する刑事訴訟手続においては，必ず公判前整理手続を実施することとされている［裁判員法49条］）。公判前整理手続において十分な争点の画定・顕在化が行われれば，公判審理における新たな争点の発生や不意打ち認定の問題は，相当程度解消されるはずである。

(4) 捜査手続において収集され検察官の手元に集積された証拠（法246条参照）から，「罪となるべき事実」の諸要素を具体的に記載できる場合には，前記6項目〔Ⅰ(1)〕に即した過不足ない訴因の明示ができる。しかし，起訴当時の証拠によっては，犯罪の日時，場所及び方法等を概括的にしか記載できない場合があり得る。このような場合であっても，審判対象の画定の見地から，「罪となるべき事実」が他の事実と区別して特定されていると認められるときは，前記法の趣旨に反することはないので，適法に訴因が明示されていると解することができる。

このことは，有罪判決の理由として示すべき「罪となるべき事実」（法335条1項）についても，基本的に同様であるはずである。証拠により証明された刑罰権の根拠となる構成要件該当事実が具体的に明示され，他の事実と区別して

特定されていれば最低限の要請は充たされるというべきである〔第5編裁判第2章Ⅰ3〕。

「罪となるべき事実」そのものではない犯罪の日時・場所・方法等が証拠上不分明で概括的ないし幅のある記載をせざるを得ない場合であっても、当該「罪となるべき事実」それ自体の性質・特性により、審判対象が画定し、また有罪判決の根拠としても画定していると認められる記載は、あり得る。これは、「罪となるべき事実」すなわち、刑罰法令の定める構成要件の特性に拠るのであって、当該事案についての証拠収集すなわち捜査の困難それ自体を理由に訴因の記載の具体性が緩和できるという意味ではない。それは、概括的記載にとどまらざるを得なかった捜査・訴追側の事情にすぎない。

犯行の日時・場所・方法等に幅のある記載をした密出国の事案を扱った最高裁判所は、訴因明示の趣意が「裁判所に対し審判の対象を限定するとともに、被告人に対し防禦の範囲を示すことを目的とする」旨述べた上で、「犯罪の日時、場所及び方法は、これら事項が、犯罪を構成する要素になっている場合を除き、本来は、罪となるべき事実そのものではなく、ただ訴因を特定する一手段として、できる限り具体的に表示すべきことを要請されているのであるから、犯罪の種類、性質等の如何により、これを詳らかにすることができない特殊事情がある場合には、前記法の目的を害さないかぎりの幅のある表示をしても、その一事のみを以て、罪となるべき事実を特定しない違法があるということはできない」と説示している（前記最大判昭和37・11・28〔白山丸事件〕）。

「特殊事情」とは、「犯罪の種類、性質」すなわち「罪となるべき事実」の特性により、諸般の事情で犯罪の日時、場所及び方法を「詳らかにすること」ができなくとも、審判対象の特定すなわち他の事実と区別した画定が可能である場合をいうとみるべきであろう（その後最高裁判所は「特殊事情」という表現を用いていない点に留意すべきである）。

* 通常の場合、公判立証を経て、裁判所が有罪の心証に到達した判決段階では、手続の劈頭に呈示される起訴状記載の訴因に比して、一層具体化され豊富な内容を盛り込んだ像が結ばれる例が多いであろう。訴訟の発展に則して、有罪判決に示されるべき「罪となるべき事実」（法335条1項）が訴因における「罪となるべき事実」（法256条3項）より具体化され、量刑にとって重要な事実等をも盛り込んだ判決書の記載がなされるのは、判決の名宛人たる被告人にとっても、また、公的な刑事

判決の対社会的在り方としても望ましいことといえよう。しかし、起訴当時の証拠に限界があり、公判審理を経ても「罪となるべき事実」の具体化が進展しない限界事例があり得る。本文はそのような場合についての説明である。
　＊＊　訴訟の発展により具体化する例の多い有罪判決の「罪となるべき事実」も、限界事例においては、本文記載のとおり、特定の構成要件に該当する事実が他の事実と区別して具体的に識別・画定できる表示であれば適法というべきである。そして、手続の劈頭に示される「訴因」に、手続の終点である判決以上の具体性を法的に要求するのは背理であろう。

(5) 以上の観点から、訴因や有罪判決における「罪となるべき事実」の特定が問題とされた判例をみると、いずれも、起訴段階や訴因変更ないし判決段階における証拠に基づきできる限りの特定を試みたが、その具体化が十分でなく、犯行の日時・場所・方法・共犯関係等に相当程度の幅や概括的記載しかできなかったものの、当該「罪となるべき事実」の特性により、それがいかなる構成要件に該当するか具体的に明示された上、「審判対象の画定という見地からは」他の事実の主張と区別して画定・識別できる場合であったとみることができる。訴因の審判対象画定機能に着目して訴因変更の要否の基準を呈示した前記最高裁判例（最決平成13・4・11）の説示〔Ⅳ参照〕との統一的把握という観点からも、判例法理をこのように理解するのが整合的であろう。

　①密出国行為の日時・場所・方法に幅のある記載がされた事例は、実行行為の日時・場所・方法等が不明であっても、罪となるべき事実の存在自体を起訴当時の証拠により確信の水準まで証明することが可能な特性が認められる犯罪類型であったといえよう。被告人に適法な出国記録がなく、外国から来航した船に乗船して帰国したという事実により犯行の存在を認定できるし、それ故に犯行の日時・場所・方法等を争うことが被告人の防禦にとって意味がない事案である。さらに他の事実との区別による審判対象の識別・画定という見地からは、事柄の性質上、区別が必要となる他の密出国行為の可能性は事実上問題となり得ない事案であった（前記最大判昭和37・11・28［白山丸事件］）。

　②特定の被害者に対する致死的加害行為が行われた事案の「罪となるべき事実」の特定が問題とされた一連の事例では、ⅰ）被告人の犯行自体は証拠上明白と判断できるものの、証拠上、犯行の日時・場所・方法・共犯関係等が具体的に明確でなく、記載が概括的にならざるを得なかった。他方、これらの諸要素

はいずれも審判対象の画定という訴因の第1次的機能の観点からは，不可欠の記載事項ではない。ⅱ)特定の被害者に対する致死的加害行為という個性ある犯罪事実であるため，当該犯行との異同・区別が問題となるような同種行為が存在する可能性はなく，特定の被害者に対する1回限りの事実が起訴されていることは明白である。ⅲ)罪となるべき事実の記載は，抽象的な構成要件の記載にとどまるものではなく，被告人の具体的行為が当該犯罪構成要件に該当するものであることを認識判定し，かつ他の事実の主張と区別することが可能な程度の具体的記載がある。以上のような共通の特性を有する事案である。

前記「白山丸事件」のような立証上の特別な類型的特徴は認められないが，個別事案の事実認定上，被告人の犯人性について確信の心証が得られるとの判断において共通し，他の事実の主張との識別・画定機能の見地からは，「罪となるべき事実」の特定が認められ，その反射効としての被告人の防禦目標の告知機能も害されていない点で共通する。実例は下記のとおり。このような実例からみて，今後も，1回しかあり得ない特定の被害者に対する致死的加害行為を含む犯罪類型（例，強盗致死罪）については，審判対象の画定機能が害されない限り，概括的記載が許容される可能性があろう。

「被告人は，単独又は甲及び乙と共謀の上，平成9年9月30日午後8時30分ころ，福岡市中央区所在のビジネス旅館A2階7号室において，被害者に対し，その頭部等に手段不明の暴行を加え，頭蓋冠，頭蓋底骨折等の傷害を負わせ，よって，そのころ，同所において，頭蓋冠，頭蓋底骨折に基づく外傷性脳障害又は何らかの傷害により死亡させた」という傷害致死の事実の記載であり，かつ単独犯と共同正犯のいずれであるかという点については，択一的に訴因変更請求（予備的訴因の追加請求）がされた場合について，最高裁判所は，次のように説示して，訴因の特定を認めている。

「原判決によれば，第1次予備的訴因が追加された当時の証拠関係に照らすと，被害者に致死的な暴行が加えられたことは明らかであるものの，暴行態様や傷害の内容，死因等については十分な供述等が得られず，不明瞭な領域が残っていたというのである。そうすると，第1次予備的訴因は，暴行態様，傷害の内容，死因等の表示が概括的なものであるにとどまるが，検察官において，当時の証拠に基づき，できる限り日時，場所，方法等をもって傷害致死の罪と

なるべき事実を特定して訴因を明示したものと認められるから、訴因の特定に欠けるところはないというべきである」（最決平成14・7・18刑集56巻6号307頁）。

また、殺人未遂罪及び殺人罪の有罪判決における罪となるべき事実の特定に関して、最高裁は次のような判断を示している。

ひとつは、「未必の殺意をもって、『被害者の身体を、有形力を行使して、被告人方屋上の高さ約0.8メートルの転落防護壁の手摺り越しに約7.3メートル下方のコンクリート舗装の被告人方北側路上に落下させて、路面に激突させた』」旨の殺人未遂罪の罪となるべき事実の記載について、「手段・方法については、単に『有形力を行使して』とするのみで、それ以上具体的に摘示していない……が、前記程度の判示であっても、被告人の犯罪行為としては具体的に特定しており、第1審判決の罪となるべき事実の判示は、被告人の本件犯行について、殺人未遂罪の構成要件に該当すべき具体的事実を、右構成要件に該当するかどうかを判定するに足りる程度に具体的に明白にしている」から、罪となるべき事実の摘示として不十分とはいえない旨判示した例である（最決昭和58・5・6刑集37巻4号375頁）。

いまひとつは、「被告人は、Aと共謀の上、［昭和63年7月24］日午後8時ころから翌25日未明までの間に、青森市内又はその周辺に停車中の自動車内において、A又は被告人あるいはその両名において、扼殺、絞殺又はこれに類する方法でVを殺害した」旨の殺人罪の罪となるべき事実の記載について、「殺害の日時・場所・方法が概括的なものであるほか、実行行為者が『A又は被告人あるいはその両名』という択一的なものであるにとどまるが、その事件が被告人とAの2名の共謀による犯行であるというのであるから、この程度の判示であっても、殺人罪の構成要件に該当すべき具体的事実を、それが構成要件に該当するかどうかを判定するに足りる程度に具体的に明らかにしているものというべきであって、罪となるべき事実の判示として不十分とはいえない」と説示した例である（前記最決平成13・4・11）。

(6) 以上の例に対して、日時・場所・方法等が概括的にとどまる覚醒剤自己使用行為の訴因の記載は、他の事実との区別・審判対象の画定という訴因の機能の観点から、困難な問題がある。

第2編　公　　訴

　最高裁判所は，被告人の尿から覚醒剤成分が検出されており，被告人の体内に覚醒剤が摂取されたこと自体は証拠上明白であった覚醒剤自己使用事案において，使用の日時を「昭和54年9月26日ころから同年10月3日までの間」，場所を「広島県高田郡吉田町内及びその周辺」，使用量・使用方法を「若干量を自己の身体に注射又は服用して施用し」と記載するにとどまる訴因について，次のように説示して適法性を肯定している。

　「本件公訴事実の記載は，日時，場所の表示にある程度の幅があり，かつ使用量，使用方法の表示にも明確を欠くところがあるとしても，検察官において起訴当時の証拠に基づきできる限り特定したものである以上，覚せい剤使用罪の訴因の特定に欠けるところはないというべきである」（最決昭和56・4・25刑集35巻3号116頁）。

　覚醒剤使用罪と前記白山丸事件の密出国罪とを対比すると，犯罪類型の立証という観点からは部分的に類似した特徴が認められる。いずれも，犯行の日時・場所・方法等は犯罪の成否自体にとって決定的に重要ではなく，他方，客観的な証拠である尿の鑑定結果，外国からの帰国という事実によって，覚醒剤を体内に摂取した，不法に出国して国外に居たという犯行の存在が強く推認できる。このため，犯行の密行性や被疑者の否認・黙秘等により犯罪の日時・場所・方法等を具体的に明らかにできなくとも，犯行の存在自体については確信できるという立証上の特徴が共通するといえよう。また，それ故に被告人の防禦の観点からも，一般には，犯行の日時・場所・方法等は重要な意味を持たない。

　ところが，覚醒剤自己使用罪には，白山丸事件や特定の被害者に対する1回限りの致死的加害行為とは異なった特徴がある。致死的加害行為の事案では，区別を要する他の犯罪事実が存在する可能性は問題とならなかった。また，白山丸事件においても，特定の帰国に対応する密出国行為は論理的に1回しかあり得ない上，具体的な可能性としても，別の出国行為との異同・区別が問題となる場合ではなく，当該訴因の記載が1回限りの密出国行為を起訴していると理解することが可能であった。これに対して，尿の鑑定結果は，必ずしも1回の使用行為に論理的に対応するものではなく，犯罪の性質上，覚醒剤使用行為は一定の期間内に反復され，複数回行われている可能性がある。このため，1

回の使用行為ごとに一罪が成立し，複数回の使用は併合罪の関係にあるとする現在の実務の確立した実体法解釈を前提とすれば，まさに一定期間内にあり得る他の犯罪事実との区別が問題となるのである。

(7) 他の事実との区別・審判対象の画定という最も基本的な手続的要請が充たされていないとすれば，そのような訴因の記載は不適法といわざるを得ない。幅のある期間内に，複数回の使用行為の可能性が現実に想定されるとすれば，起訴されている使用罪とその期間中の他の使用罪とを区別することはできないから，使用日時に幅のある訴因の記載は不適法として公訴棄却すべきであるとの考え方が成り立ち得る。

これに対し，覚醒剤自己使用事犯の刑事学的実態に即して，近接した一連の反復使用行為を包括して一罪と考えれば，尿の鑑定結果に対応する一定期間内の1個の犯罪が起訴されたものとみることができるから，他の事実との区別という問題は解消する。前記のとおり，このような罪数解釈は現在の実務では採られていない。しかし，個々の使用行為を一罪としながら，尿鑑定があるにもかかわらず犯行の態様について否認・黙秘する被疑者を訴追処罰できない不当性・処罰の必要性から，幅のある概括的記載の訴因による起訴を行う結果，訴因の審判対象画定・識別機能という刑事手続の基本枠組を動揺・不安定化するよりは，むしろ実体法の解釈ないし要件を再考・検討するのが合理的な途であろう。

実質的に見れば，現状は，検察官が尿鑑定により証明可能な期間内の1回の使用行為のみを起訴し，他の可能性があっても事実上それを不問に付すことにより，訴因の審判対象画定・識別機能の問題を回避するものであるといえよう。別の見方をすれば，覚醒剤使用事犯の実態に即して，一使用行為が一罪との実体法上の枠組は，事実上放棄されていると思われる。

* 手続法の観点から，審判対象の画定・識別という問題に対処しつつ判例の帰結を正当化する説明として，次の2つの考え方が示されている。いずれも難点があり，「訴因の明示」ないし「罪となるべき事実」の特定が真に充たされているか，問題の合理的な解決策であるか，なお疑問であろう。

  第一は，日時等に幅のある訴因の記載を，被告人の尿の提出・採取に先立つ直近の最終使用行為を起訴した趣旨であると説明するものである。実務上，検察官が冒頭手続等において，訴因に記載した期間内に2回以上の使用行為があったとすれば，

第2編　公　訴

　そのうち尿の提出時に最も近い1回を起訴した趣旨であると釈明することにより1つの使用行為が特定されるとされる。

　確かに最終の使用行為は1個しかあり得ないから、論理的・観念的に特定はできているが、検察官の釈明を考慮しても具体的な最終使用行為が明示・記載されているといえるか疑問であろう。また、「最終」使用行為という特定方法は、当初から複数回の使用行為を前提として成り立つ発想であり、起訴状において1個の使用行為を一罪として起訴しているはずの前提に反するようにも思われる。この考え方に立つと、使用日時に幅のある判決が確定しても、その一事不再理の効力は単一の最終使用行為にのみ及ぶはずであるから、理論的には、検察官は、最終使用行為以前の別の使用行為が判明し、それが確定判決を受けた最終使用行為と区別可能である場合には、これを別途起訴することが可能となろう。もっとも、特段の事情がない限り、再度の起訴対象が既に確定した最終使用行為ではないということを示すのは、実際上、極めて困難であろう。

　第二は、検察官が起訴状記載の幅のある期間中の（少なくとも）1回の使用行為を起訴した趣旨と理解し、審理を進めることができるとの考え方である。1回の使用行為が起訴されているのであるから、冒頭手続段階においては他の使用行為との区別の問題は生じない。裁判所は1回の使用が起訴されているとしてそのまま審理を進めてよく、審理の過程で複数回の使用の可能性が現実に問題になった場合にも、少なくとも1回使用されたという訴因の主張を前提に審理・判決できるとする見解である。

　しかし、それが具体的にどの1回の使用行為なのかは不明であり、最終使用行為とする第1の考え方と同様に観念的な特定であることは否定できない。この考え方に立って、検察官が起訴当時の証拠（尿鑑定の結果）に基づき一定期間内の1回の使用行為を起訴したと主張しているとの理解を前提とし、審理の過程で一定期間内の近接した特定日時の具体的な使用行為の間で、または特定日時の使用と一定の幅のある期間中の使用行為との間での訴因変更が可能であったと解すれば、第1の考え方とは異なり、判決確定後に複数回の使用行為が明らかになった場合であったとしても、それが幅のある記載の中に含まれ、訴因変更が可能であった限りにおいて、一事不再理の効力が及ぶと説明されよう。

＊＊　訴因のいまひとつの機能である被告人の防禦目標の告知という観点からは、特段の事情のない限り、具体的な防禦上の支障・不利益は想定されない。幅のある訴因の記載を許容する背景には、このような事情もあろう。

　実際上、幅のある期間内の使用行為が再度起訴される可能性は乏しい。公判審理における具体的な防禦を想定しても、使用行為の日時・場所・方法等を争うことは、犯行の存在に関する心証を揺るがすことにはなり得ない。自己の意思に基づかずに覚醒剤を摂取したとの主張は、訴因の概括的記載とは無関係に可能である。採尿過

程の手続の違法性や尿鑑定結果の証拠能力を争う場合も同様である。また，期間内に複数回使用した旨，あるいは別の日に使用した旨の主張は，訴因に対する否認ではなく，むしろ使用行為という罪となるべき事実の自白とみられるから，防禦上の不利益とは言い難い。

＊＊＊　包括一罪とみられる罪の訴因は，日時としてその始期と終期を示し，場所は主要なものを列挙し，被害者・被害の重要なものを掲げて，行為回数，被害総額等を包括的に示せば足りるとされている。判例は，包括一罪を構成する街頭募金詐欺について，募金に応じた多数人を被害者とした上，募金の方法，期間，場所，得た総金額を摘示することをもって訴因の特定に欠けるところはないとし（最決平成22・3・17刑集64巻2号111頁），また包括一罪を構成する一連の暴行による傷害について，その共犯者，被害者，期間，場所，暴行の態様及び傷害結果の記載により，他の犯罪事実との区別が可能であり，それが傷害罪の構成要件に該当するかどうかを判定するに足りる程度に具体的に明らかにされているから，訴因の特定に欠けるところはないとしている（最決平成26・3・17刑集68巻3号368頁）。これら連続的包括一罪は，一連の継続的行為による法益侵害を一体として処罰する趣旨であるから，個別行為の特定記載がなくとも，訴因記載事実が全体として特定の構成要件（例，傷害罪）に該当することが明示されていれば足りるとされたものとみられる。なお，複数の薬物譲渡行為などを業として行うことを構成要件として「一連の行為を総体として重く処罰する」麻薬特例法5条違反の罪について，個々の行為の特定がなくとも全体が業として行われたことを示す記載があれば訴因の特定に欠けるところはないとした判例として，最決平成17・10・12刑集59巻8号1425頁がある。

IV　訴因の変更

1　制度趣旨

(1)　検察官は，起訴状に明示・記載した訴因（法256条3項）を変更（追加・撤回・変更）することができる。裁判所は，「公訴事実［すなわち審判対象］の同一性を害しない限度において」，検察官の訴因変更請求を許可しなければならない（法312条1項）。

これは，検察官に審判対象の設定権限のみならずその変更権限を付与し，公訴提起により起動された1回の刑事訴訟手続において，検察官が審判対象を構

成し直し，別の「罪となるべき事実」を主張して訴追意思を実現する手段を付与したものである。この意味で，訴因変更は，当該刑事訴訟手続においては，もっぱら検察官の利益に資する有罪判決獲得のための制度である。

したがって，検察官自らによる不適法な訴因への変更（公訴の有効要件が欠如し実体判決ではなく免訴や公訴棄却の裁判に至ることが見込まれる訴因への変更）は，制度趣旨を逸脱し，原則として許されないと解すべきである（これを「訴因に関する適法性維持の原則」という）。例えば，公訴時効完成前の訴因を時効完成後の訴因に変更すること，告訴がない状態で非親告罪の訴因を親告罪の訴因に変更することを許可するのは疑問である。

* 訴因の「追加」とは，起訴状記載の訴因と一罪の関係にある訴因を付加する場合（例，窃盗の事実→住居侵入の事実を付加して住居侵入・窃盗の事実を主張），予備的・択一的関係にある訴因を付加する場合（例，不同意性交未遂の事実→不同意性交未遂の事実に不同意わいせつの事実を予備的に追加して主張）をいう。訴因の「撤回」とは，起訴状記載の訴因から一罪の関係にある一部の事実を除去する場合，起訴状に予備的または択一的に記載されていた訴因を除去する場合をいう。訴因の「変更」とは，起訴状記載の訴因を別の異なる罪となるべき事実の主張に変える場合（例，窃盗の事実→盗品有償譲受けの事実）をいう（以下これらを総称して「訴因の変更」という）。

** 「公訴事実の同一性を害しない限度」であっても，訴因変更が許されないと解される場合があり得る。本文の「訴因に関する適法性維持の原則」に反する場合のほか，「時機に遅れた」訴訟上の信義則に反する権限濫用の場合が想定される〔後記2〕。

　また，一般に実体法上の「罪数」による規制がある。1個の刑罰権（一罪）を実現するために作動する1個の刑事手続において，数罪の関係にある罪となるべき事実を取り扱うことは手続の安定を害し適切でないから（「一訴因一罪の原則」Ⅱ(1)**），実体法上「別個に成立し両者は併合罪の関係にある」罪となるべき事実の間で訴因変更を行うことはできない。訴因変更に対するこのような罪数による規制は，旧法以来，講学上「公訴事実の単一性」の有無の問題として扱われてきた。最高裁判所は，従前，このような帰結を法312条1項にいう「公訴事実の同一性」の有無の解釈として説示していたが（最判昭和33・2・21刑集12巻2号288頁），近時，「公訴事実の単一性の有無」という術語を用いて確定判決の一事不再理の効力範囲を検討している（最判平成15・10・7刑集57巻9号1002頁）。

(2)　審判対象の設定権限を検察官に委ねる当事者追行主義のもとでも，その変更を許さず，訴因と重要部分において異なった事実が認定された場合には無

罪とし，当初起訴された訴因とは異なった「罪となるべき事実」について別途起訴することを許す制度設計もあり得る。これに対して現行法は，検察官に訴因変更権限をも認めた。このような制度設計を採用すると，検察官が1回の刑事訴訟手続において訴因を変更し訴追意思を実現可能である異なった「罪となるべき事実」についても，当該手続において審判可能であったことから，もはや別の刑事訴訟手続で新たに審判することは許されないことになるはずである。こうして，確定判決の一事不再理の効力は，判決対象となった「罪となるべき事実」と「公訴事実の同一性」が認められる範囲に及ぶ。二重起訴が禁止される「事件」の範囲も同様である〔Ⅰ(4)，第5編裁判第4章Ⅱ〕。

この意味で，「公訴事実の同一性を害しない」と解される範囲が広ければ，前記のとおり，当該刑事手続においては検察官に利益であるが，別の刑事訴訟を起動できるかという局面では，被告人に利益となる。その範囲の画定について直接言及する明文規定にないので，このような両当事者の利益状況を総合勘案した上での規範的決定を要する。留意すべき規範的基準は，刑罰権実現の1回性すなわち二重処罰の回避である。これは，刑事訴訟手続が刑罰権の具体的実現を目的とした制度であることに由来する（法1条）。公訴事実すなわち審判対象の同一性について，これを超えた抽象的・観念的な議論をすることに意味はない。

(3) 検察官が訴因変更を行う場面は，次の2つの型に分かれる。

第一は，証拠調べ開始前に，起訴状の記載と異なる事実を意識的に主張・立証しようとする場合である。従前もこのような訴訟の早い段階における訴因変更はあったが，公判前整理手続において「争点及び証拠の整理」（法316条の13以下）が実施される事件については，被告人側の主張・防禦方針が第1回公判期日前に明示されることから（法316条の17），争点を予期・把握した検察官が，立証の難易等諸般の事情を勘案して起訴当時の方針を変え，証拠調べ手続に先立って当初の訴因を変更することがあり得よう。

第二は，証拠調べが進行した審理の過程ないし終盤近くに行われる訴因変更である。これには，裁判所の心証（証拠により証明されつつある事実）と訴因の記載との間のくい違いを自ら察知した検察官が，変更の必要性を認識して有罪判決獲得を目標に行う場合（例，当初の訴因を維持すれば無罪判決を受けるおそれ

がある場合)と,裁判所からの示唆(規則208条に基づく訴因に関する求釈明による場合。法312条2項の訴因変更命令制度を背景とした訴因変更の示唆・勧告による場合)を契機として,裁判所の心証と訴因とのくい違いが検察官に伝達され,有罪判決獲得を目標に行われる場合がある。

訴訟の過程でこのような局面が生じる事由は様々であるが(公判前整理手続により主張・争点整理が行われていたとしても,証拠調べの結果,検察官証明予定事実がそのまま立証できる保障はないから,第2の型の訴因変更の必要性が生じることは,依然として想定される),検察官に訴因変更権限を認める制度趣旨は,前記のとおり有罪判決獲得に資することにある。

訴因変更に伴い,被告人側には起訴状の記載とは異なる新たな審判対象すなわち防禦目標が告知されることになる〔後記2〕。これは抽象的な防禦の利益とも言い得るが,その実質は,検察官による新たな審判対象の設定・画定に伴う反射効である〔Ⅲ(1)参照〕。

2 訴因変更の手続と時機

(1) 訴因変更は,裁判所の審判対象すなわち被告人側の防禦目標を変更するものであり,公訴提起と同様重要な訴訟行為であるから,原則として厳格な方式に拠る。検察官が裁判所に対して訴因変更の許可を請求し,裁判所が訴因間の関係を検討して「公訴事実の同一性」が害されていないと認めるときは,原則としてこれを許可する(法312条1項参照)。

訴因の変更があったときは,起訴に準じて,書面の提出,謄本の送付が要請されている。ただし,被告人が在廷する公判廷においては口頭による訴因の変更請求をすることができる(法312条3項〜6項)。

裁判所は,訴因変更によって「被告人の防御に実質的な不利益を生ずるおそれがある」と認めるときは,被告人または弁護人の請求により,被告人に十分な防禦の準備をさせるため必要な期間,公判手続を停止する決定をしなければならない(法312条7項)。法は,被告人側に,新たに設定・告知された防禦目標に対して十分な防禦準備を講ずる機会を付与しているのである。

なお,明文はないが,訴因が変更されたときは,法291条5項に準じて,被

告人及び弁護人に対して変更された訴因について陳述する機会を与えるという実務が確立している。

　　＊　訴因変更に際しても，個人特定事項の秘匿を可能とする法改正がなされている（法312条の2，規則209条2項～4項）。

　(2)　訴因変更の時機について，明文の制約はない。検察官は，原則として起訴後のいかなる段階においても訴因を変更することができる。制度の趣旨から，前記 *1*(3)第二の型の場合，証拠調べの手続が進行し審理の終盤近くに訴因の変更が行われることがあり得るが，法が十分な防禦準備の機会を付与するための措置を用意していることから，変更請求の時機が審理の終盤近くであるということのみで，これを不当とすることはできない。裁判所は，防禦上の実質的不利益を認めたときは，原則として公判手続の停止で対処すべきであろう。

　(3)　しかし，単に時機が遅いというだけではなく，訴因変更に至る審理の全過程・経緯や変更の態様，変更後の訴因の内容等に鑑み，公判手続の停止という法の予定した措置では，被告人側に生ずる防禦上の実質的不利益に対処できない特段の事情が認められる場合には，裁判所は，検察官の訴因変更請求を許可すべきではない。

　例えば，審理に長期間を経た公判の結審直前や弁論再開後に，被告人側の予期せぬ訴因変更が請求された場合，それまでの審理経過や両当事者の攻防・争点の状況，訴因変更後の審理の見通し等をも総合勘案して，訴因変更が，訴訟上の信義則（規則1条2項）や迅速な裁判の要請（憲法37条1項，規則1条1項）に著しく反すると認められるとすれば，裁判所は，審理を主宰進行する責務を有する立場と手続全体の適正・公正確保の見地から，訴因変更を許可すべきではないと思われる（このような事案を扱った裁判例として，福岡高那覇支判昭和51・4・5判夕345号321頁，大阪地判平成10・4・16判夕992号283頁）。

　　＊　この問題は，訴因変更の「時期的限界」と称されることがあるが，単なる「時期」の問題ではない。検察官の訴追権限濫用の問題である（規則1条2項）。例えば，長期間の審理を通じ，被告人XがVの宝石を窃取した旨の訴因に対し，Xがそれは友人Yから預かったものであり，Yの所有する宝石であると信じていた旨の主張・防禦活動を展開し，それが効を奏して裁判所も窃盗について無罪の心証に至っていた結審間際に至り，検察官がそれまで不合理で信用することができない旨主張していたXの弁解内容をなす事実を逆手にとるかのようにして，盗品保管の

訴因に変更を請求したような場合を想定すると，訴訟上の権限が濫用され，信義則に反する色彩が強いであろう（最判昭和58・2・24判時1070号5頁における團藤重光裁判官の補足意見，谷口正孝裁判官の意見を参照）。

＊＊　「公判前整理手続」の制度趣旨は，「充実した公判の審理を継続的，計画的かつ迅速に行う」ことにあり，第1回公判期日前に「事件の争点及び証拠を整理するための公判準備」であるから（法316条の2・316条の3），公判で新たな争点が生じるなどして審理が中断することを避け，公判準備としての実効性を確保するため，公判前整理手続が終わった後には，「やむを得ない事由によって」請求することができなかったものを除き，証拠調べを請求することができない（新たな証拠調べ請求の制限，法316条の32第1項）。このため，当事者は，新たな証拠調べ請求を必要とする主張の変更を行うことも原則としてできないことになる。検察官の訴因変更は主張の変更であるから，訴因変更に伴い新たな証拠調べ請求が必要である場合には，証拠調べ請求制限により訴因変更権限の行使が制約される。また，証拠調べ請求を伴わない訴因変更であっても，公判前整理手続の目標達成に法律上の協力義務を負うべきであった検察官（法316条の3第2項参照）の訴因変更請求が，公判前整理手続の制度趣旨を没却することを理由に，訴訟上の権限濫用として許されないとされる場合もあり得よう。このような観点から，公判前整理手続において争点とされた事項との関係や，その後の公判審理の状況等を検討し，訴因変更請求を許可した原審の措置を適法とした例として，東京高判平成20・11・18高刑集61巻4号6頁，東京高判平成21・8・6東高刑時報60巻1～12号119頁がある。

3　訴因と異なる事実認定の限界——訴因変更の要否

(1)　検察官の主張する訴因と，裁判所が証拠調べに基づき認定しようとする事実とがくい違い，ずれが生じている場合には，検察官による訴因変更の手続が必要である。しかし，訴因として記載された事実と完全に一致した事実の認定しか許さず，そうでなければ常に訴因変更を要するとの扱いは煩瑣に耐えず，合理性もない。法はある程度訴因と異なる事実認定を許容しているとみられる。

そこで，検察官の立場からみれば，訴因と裁判所により認定される事実との間にいかなる程度の差異が生じた場合に，訴因変更請求を行う必要があるかが，問題となる。

これを裁判所の立場からみれば，証拠調べの結果，認定しようとする事実とその段階で主張されている訴因との間にずれがある場合に，どの程度のくい違

いであれば訴因変更手続を経ることなく訴因と異なる事実認定をしてよいかという問題となる。

> *　以下の説明は，検察官が訴因変更を検討する場面のうち，審理が進行した後の前記第二の型〔*1*(3)〕についてのものである。検察官が，諸般の事情から起訴状の記載と異なる事実を意識的に立証しようとして，証拠調べ開始前に訴因変更を検討する場合には，起訴状の記載とくい違う限り，事実の僅かな変動であっても，引き続く審理手続の明確化のため，訴因変更手続をとらなければならない。

(2)　この問題は，裁判所が訴因変更手続を経ることなく訴因と異なる事実認定をした判決の適否が上訴審で争われる形で顕在化する（訴因変更の要否に関する裁判例の多くは，訴因変更を経ずに訴因と異なる事実認定をした原判決の訴訟手続の適否が問題とされたものである）。そこで裁判所は，手続の円滑な運用の観点から，このような問題が発生しないよう，認定しようとする事実と訴因との間にずれがあると考える場合，これを解消するため検察官に対し求釈明等を通じて裁判所の心証を伝達し，訴因変更を促す場合が多い。

また，訴因変更が必要不可欠と解される場合でなくとも，検察官が自らの主張を明確化するために訴因変更請求をすることが禁じられているわけではなく，他方，審理の経過に鑑み争点について被告人側の具体的な防禦を十分尽くさせるという観点から，訴因変更の手続が採られ，あるいは裁判所から訴因変更が促されるという局面も想定される。このような手続運用により，訴因変更要否の解釈問題が生じることは未然防止される。

しかし，訴因変更が法的に必要不可欠となるのはいかなる場合であるか，裁判所が訴因と異なる事実認定をした場合に違法となる限界線について，訴因の機能は何かという観点から整合的な判断枠組を明らかにしておく意味はあると思われるので，以下ではこのような観点からの説明を加える。

(3)　訴因は，検察官が起訴状において明示・主張する構成要件に該当する具体的な「罪となるべき事実」の記載である（法256条3項）。それは，単に，被告人の防禦の便宜のために法的な評価を示したり，警告を与えるだけのものではない。裁判所の審判対象を当事者たる検察官の主張する事実に限定・拘束するものである。したがって，検察官が設定した罪となるべき事実の記載と認定事実との間に実質的ないし重要な差異が生じれば，原則として，訴因変更が必

要というべきである。これは従来「事実記載説」と称されていた考え方であり，現在では，学説・判例ともに一致してこの考え方に立つといってよい。

　問題は，実質的ないし重要な事実のずれ，差異とはどのような場合をいうかである。従来は，訴因が被告人側に防禦目標を示すものでもあることから，事実の差異が被告人の防禦に実質的な不利益を及ぼすかどうかという観点からこれを判定するという考え方が示されてきた。

　しかし，検察官による訴因の設定構成権限ならびに訴因の第1次的な機能の理解との整合性という観点からは，訴因変更の要否すなわち検察官の設定した訴因の裁判所の審判に対する「拘束力」の問題を検討するのに，専ら被告人の防禦上の不利益の観点に着目するのは疑問であろう。

　前記のとおり，訴因の設定の局面における訴因の第1次的な機能は，検察官が裁判所に対し審判対象たる「罪となるべき事実」を特定することにある〔Ⅲ参照〕。そうだとすれば，検察官によって設定された訴因の記載の拘束力，すなわち訴因変更の要否も，第1次的には，「審判対象の画定」という観点から検討して限界線を見出すのが整合的である。

　　＊　判例は，法律構成に変化がなくても事実の重要なずれがある場合には訴因変更が必要であるとし（例えば，最決昭和40・12・24刑集19巻9号827頁は，脱税事犯において，同じ構成要件内でも勘定科目の追加・削除に訴因変更手続が必要であるとする），他方，法律構成・構成要件や適用罰条が異なることになっても，事実に違いがなければ訴因変更を要しない（例えば，最判昭和28・5・8刑集7巻5号965頁は，背任として主張された事実を詐欺と認定した場合。もとより罰条の変更は必要である）としているので，事実の差異に着目した判断をしていることは明らかである。

(4)　このように考えた場合，訴因と裁判所の認定する事実とのくい違いが重要で実質的なものであり，訴因の変更を必要とするかどうかは，訴因の機能である「罪となるべき事実」の特定すなわち「審判対象の画定」という観点から，事実の差異が審判対象の画定に必要不可欠な事項・部分であるかどうかに係るというべきである。

　前記のとおり，訴因の記載は，裁判所の審判対象である「罪となるべき事実」の特定に必要不可欠な要素とそれ以外の要素から成る〔Ⅲ(2)〕。前者の事実の差異は審判対象の具体的内容を変動させ，検察官が当初設定構成した罪となるべき事実とは違った事実となるから，そのような事実認定をするためには，

被告人の防禦上の不利益の有無にかかわらず，訴因変更が不可欠というべきである。そうしなければ，裁判所は検察官の訴因設定構成権限を害して審判対象を逸脱した事実認定をしたことになる（法378条3号）。

これに対して，「罪となるべき事実」の特定に必要不可欠でない部分について，証拠上証明される事実との差異が生じたとしても，原則として訴因変更は不要であり，訴因と異なる事実認定をすることができると考えられる。

> ＊　例えば，XがV所有の宝石を窃取したという訴因に対して，Yが窃取したV所有の宝石をXが買い受けた事実を認定する場合，それが当のXの自白弁解に拠るものであり，そのとおり認定してもXの防禦上具体的な不利益がないと認められる場合であっても，罪となるべき事実の基本部分が行為態様と結果において大幅に異なる以上，訴因変更が必要である。これに対し，例えば，Xの窃取行為は明白で，認定される犯行の時間が異なっても，それは罪となるべき事実そのものの変化ではない。また，XがV所有の宝石に加えて時計を窃取した事実を認定する場合は，被害物件が増大しその価額によっては量刑に影響があり得るものの，罪となるべき事実の特定に必要不可欠な部分に重要な差異が生じているとまではいえない。

(5)　最高裁判所は，訴因変更をせずに殺害の実行行為者について訴因と異なる認定をしたことの適否が争われた事案において，次のような判断を示している。

「訴因と認定事実とを対比すると，……犯行の態様と結果に実質的な差異がない上，共謀をした共犯者の範囲にも変わりはなく，そのうちのだれが実行行為者であるかという点が異なるのみである。そもそも，殺人罪の共同正犯の訴因としては，その実行行為者がだれであるかが明示されていないからといって，それだけで直ちに訴因の記載として罪となるべき事実の特定に欠けるものとはいえないと考えられるから，訴因において実行行為者が明示された場合にそれと異なる認定をするとしても，審判対象の画定という見地からは，訴因変更が必要となるとはいえないものと解される」（最決平成13・4・11刑集55巻3号127頁）。

ここでは，被告人の防禦上の不利益という観点ではなく，第1次的には「審判対象の画定という見地から」の判断が行われるべきことが示唆されている。それは，判例の訴因の機能の理解〔Ⅲ(2)〕とも整合的で明晰な枠組と思われる。判例は，このような枠組の下で，訴因としての拘束力が認められるのは，それ

が明示されないと「訴因の記載として罪となるべき事実の特定に欠ける」ことになる事項，すなわち「訴因の記載として不可欠な事項」に限られるとの理解を示したものといえよう。

　　＊　訴因の記載の中に，拘束力を有する事項とそうでない事項があるという考え方の基本的な枠組は，従前の判例にも現れていたところである。例えば，訴因には，自動車運転者に速度調節義務を課す根拠となる2つの具体的事実が記載されていたが，そのうちの1つが，訴因変更手続を経ず撤回された場合において，なお，この撤回された方の事実を認定することが許される理由として，「過失犯に関し，一定の注意義務を課す根拠となる具体的事実については，たとえそれが公訴事実中に記載されたとしても，訴因としての拘束力が認められるものではない」旨説示した判例である（最決昭和63・10・24刑集42巻8号1079頁）。

　　　これに対して，過失たる注意義務違反行為そのものに差異が生ずる場合には，訴因変更を要するとするのが判例である（最判昭和46・6・22刑集25巻4号588頁）。これは注意義務違反行為すなわち過失の態様が過失犯の「罪となるべき事実」の特定にとって不可欠な要素であるとの考えに立つものであろう。

　＊＊　訴因変更の要否の基準として従来説かれていた「抽象的防禦説」の着目する被告人側の防禦の観点の実質は，審判対象の画定という訴因の第1次的機能により反射的に保障されていた防禦上の利益であったと見ることができる。それは審判対象が画定されることそれ自体により防禦の目標が設定告知されるという訴因の第1次的機能そのものである。そこには，具体的な審理経過や被告人の防禦活動の具体的状況の考慮が入る余地はない。

(6)　それでは，従来指標とされていた訴因のいまひとつの機能である被告人側の防禦上の不利益の観点は，どのように位置付けられるか。

　前記のとおり，被告人側の防禦上の利益は，訴因の事実記載のみによって保障・確保されるものではない。訴因における「罪となるべき事実」の記載は，防禦目標の呈示という防禦の利益の出発点ないしその一部を成すにとどまる〔Ⅲ(1)〕。

　他方で，訴因として起訴状に記載される事実には，罪となるべき事実の特定すなわち審判対象の画定にとって必要不可欠ではないが，被告人側の具体的な防禦活動にとって重要と考えられる要素があり得る。共同正犯の訴因における実行行為者が誰であるかという記載はその例である。そして，個別具体的な審理の過程でその記載部分が争点となり，両当事者の攻防が行われたとすれば，裁判所がその記載部分と異なる事実をいきなり不意打ち的に認定することは，

被告人側の具体的な防禦に著しい不利益を生じるから、原則として許されるべきではない。そこで、このような事項が訴因として記載されている以上は、これと異なる事実を認定するには、原則として訴因変更手続を経て、具体的な防禦の機会を与えなければならないというべきである〔Ⅲ(3)＊及び＊＊＊〕。

前記判例は、「実行行為者がだれであるかは、一般的に、被告人の防御にとって重要な事項であるから、当該訴因の成否について争いがある場合等においては、争点の明確化などのため、検察官において実行行為者を明示するのが望ましいということができ、検察官が訴因においてその実行行為者の明示をした以上、判決においてそれと実質的に異なる認定をするには、原則として、訴因変更手続を要するものと解するのが相当である」と説示して、このような趣旨を述べる（前掲最決平成13・4・11）。

> ＊ 前記のとおり、罪となるべき事実の画定に必要不可欠でない事項は、たとえ検察官が裁判所の求釈明に応じてこれを具体的に明確化した場合でも、それは訴因の内容とはならないと解される〔Ⅲ(3)＊＊＊〕。しかし、それが訴因として明示・記載された以上は、それと実質的に異なる認定をするには、訴因変更の手続を踏むべきである。大前提として、検察官は、一般に被告人の防禦にとって重要な事項を訴因に明示・記載するのが望ましいのは当然である。また、訴因の内容とはならないが防禦上重要で両当事者の攻防対象となった検察官の釈明内容と実質的に異なる認定をする場合も、不意打ち防止のため訴因変更に準じた争点の顕在化が必要である（最判昭和58・12・13刑集37巻10号1581頁［よど号ハイジャック事件］参照）。

(7) しかし、このような訴因の記載の持つ争点の明確化や「不意打ち防止」機能は、審理の経過に伴う被告人側の具体的な防禦の様相に対応して多様であり得るから、訴因変更の要否について具体的な審理経過と防禦上の具体的な不利益の有無が考慮の対象となり得る。この点で審判対象画定の見地（すなわち、その反射効である「抽象的防禦」の見地）からの判断とは性質を異にする。

前記判例が「しかしながら、実行行為者の明示は、……訴因の記載として不可欠な事項ではないから、少なくとも、被告人の防御の具体的な状況等の審理の経過に照らし、被告人に不意打ちを与えるものではないと認められ、かつ、判決で認定される事実が訴因に記載された事実と比べて被告人にとってより不利益であるとはいえない場合には、例外的に、訴因変更手続を経ることなく訴因と異なる実行行為者を認定することも違法ではないものと解すべきである」

と述べて（前掲最決平成13・4・11），事案の解決としては訴因変更不要であったとの判断を示したのは，このような事後的観点からの具体的な考慮が働いた結果と整理することができる。

＊　最高裁判所は，現住建造物等放火事件において，ガスコンロの点火スイッチを作動させて点火し，充満したガスに引火，爆発させたとの訴因に対し，控訴審が，訴因変更手続を経ることなく，「何らかの方法により」上記ガスに引火，爆発させたと認定した事案について，当該事件の審理経過に照らすと，点火スイッチを作動させた行為以外の行為により引火，爆発させた具体的可能性等について何ら審理することなく「何らかの方法により」引火，爆発させたと認定したことは，引火，爆発させた行為についての審理における攻防の範囲を越えて，無限定な認定をした点において被告人に不意打ちを与えるものといわざるを得ないと説示し，原判決が訴因変更手続を経ずに上記認定をしたことには違法があるとしている（最決平成24・2・29刑集66巻4号589頁）。ガスに引火，爆発させた方法は，放火の実行行為の内容を成すもので，一般に被告人の防禦にとって重要な事項であり，判決において訴因と実質的に異なる認定をするには，原則として，訴因変更手続を要するとの判断を前提とし，具体的審理経過に照らしても，不意打ちに当たるとしたものである。

(8)　以上のとおり，判例に現れた判断枠組によれば，訴因変更は，①訴因の第1次的機能である審判対象の画定という見地からみて，訴因に記載された事実のうち「罪となるべき事実」の特定にとって必要不可欠な部分と異なった事実認定をする場合に必要となる。これに対して「罪となるべき事実」の特定にとって不可欠でない部分について異なる認定をする場合には原則として訴因変更は必要でない。

②審判対象の画定にとって不可欠ではないが，被告人の具体的な防禦活動にとって重要な事実が訴因に明示されているとき，これと実質的に異なる事実を認定するには，原則として訴因の変更が必要である。

③しかし，具体的な審理状況と被告人の防禦の具体的状況に照らし，防禦上の実質的不利益がないと認められる場合には，例外的に訴因変更の必要はない。

なお，③は，例外的な事後的救済の説明とみられるので，これを事実認定を行う裁判所及びそれに向けた活動をする検察官の一般的行動準則とみるのは適切ではなかろう。

(9)　訴因変更の要否に関して，いわゆる「縮小認定」に当たる場合には，訴因変更を要しないと解されてきた。かつて最高裁判所の判例は，防禦上の不利

益の観点から，訴因制度は「裁判所が勝手に，訴因又は罰条を異にした事実を認定することに因って，被告人に不当な不意打を加え，その防禦権の行使を徒労に終らしめることを防止するに在るから，かかる虞れのない場合，例えば，強盗の起訴に対し恐喝を認定する場合の如く，裁判所がその態様及び限度において訴因たる事実よりもいわば縮少された事実を認定するについては，敢えて訴因罰条の変更手続を経る必要がないものと解する」と説示していた（最判昭和26・6・15刑集5巻7号1277頁。このほか，殺人未遂の訴因で傷害を認定した場合について，最判昭和29・8・24刑集8巻8号1392頁など）。このような帰結を，審判対象の画定という見地から説明すれば，次のようになろう。

　前記のとおり，審判対象の画定という見地からは，訴因変更は，検察官が当初設定構成した訴因の記載と，「罪となるべき事実」の特定に不可欠な事項において差異があり，実質的に異なる事実を認定する場合に必要となる。そこで，縮小認定される事実は，審判対象として実質的に「異なる」のかどうかが問題である。例えば，強盗の要件事実たる反抗を抑圧するに足りる強度の暴行脅迫は認定できず，被害者を畏怖させたにとどまるとの心証を得た場合，罪となるべき事実の特定に不可欠な部分に差異があるように見える。

　しかし，当初の訴因の記載に含まれていた一部事実を別の罪となるべき事実として認定する場合とは，当初の検察官主張事実に対して一部消極の判断をするのであり，検察官の主張の枠外にある別個固有の事実を積極的に認定するのではない。認定される縮小犯罪事実は，当初から検察官により黙示的・予備的に併せ主張されていた罪となるべき事実とみることができるから，縮小認定は，訴因の記載と「異なる」事実認定の問題ではなく，訴因の記載どおりの認定の一態様である。したがって，一般には，検察官の設定構成した当初の訴因の拘束力と訴追意思を逸脱したものではないから，訴因変更の問題は生じないというべきである。

　　＊　検察官主張事実の中に含まれており，その一部認定であるとはいえても，検察官が当初の訴因に含まれ縮小された事実を訴追する意思を併有していると一概に言うことはできないから，裁判所としては，検察官の訴追意思を打診する必要が生じる場合はあり得よう（例えば，検察官は被告人を窃盗の共同正犯で起訴したが，幇助という認定であれば，起訴猶予にしたと考えられるような場合）。他方，被告人側の防禦目標は，当初の訴因に含まれ併せ告知されているから，その反射効として，これに

含まれる事実に対する抽象的な防禦の利益は害されていないといえる。しかし，審理の具体的経過に鑑み，訴因に含まれる罪となるべき事実を争点として顕在化し，具体的な防禦の機会を付与すべき場面がないとはいえないであろう。

4 訴因変更の限界（可否）——公訴事実の同一性

(1) 検察官は，当初起訴状に訴因として明示・特定した罪となるべき事実の主張を変更し，当該訴訟手続内で別の主張を新たに提示し，これについて裁判所の審理・判決を求めることができる。ただし，訴因の変更には制約があり，審判対象すなわち公訴事実の「同一性」を害することは許されない（法312条1項）。審判対象の同一性を判断する権限は，検察官ではなく，手続の安定的進行に責務を負う裁判所にある。

起訴状記載の訴因と公訴事実の同一性を欠く訴因については，当該訴訟手続において扱うことはできず，検察官がそのような訴因について刑罰権の実現を求めるには，別の訴追手続（別訴）に拠らなければならない。他方，公訴事実の同一性が認められる訴因については別訴に拠ることはできず，当該訴訟手続において訴因変更により刑罰権の実現を求めることが要請される（二重起訴の禁止。法338条3号・339条1項5号参照）。また，「確定判決を経た」訴因と公訴事実の同一性が認められる訴因については，確定判決に至った訴訟手続において訴因変更による訴追意思の実現が可能であったことから判決の一事不再理の効力が及び，再訴は禁止される（法337条1号）。

このように法が訴因変更に限界を設定している趣旨・目的は，刑事手続による刑罰権（実体法）の具体的実現に際して，別訴で二つ以上の有罪判決が併存し二重処罰の実質が生じるのを回避することにある。「公訴事実の同一性」とは，このような目的のための道具概念と理解することができる。

(2) 刑事手続の目的は，刑罰法令に該当する「罪となるべき事実」に対して，刑罰権を具体的に実現することにある（法1条）。仮に一つの刑罰権の対象となるはずの事実について，別訴が併存し二つ以上の有罪判決が重複して生じる可能性があれば，二重処罰のおそれがあり不都合である。一つの刑罰権については一つの有罪判決が対応してこれを1回だけ具体的に実現すべきであり，実質

的な二重処罰状態の発生を防ぐためには、そのような可能性を生じる訴因を別訴で主張すること自体を許さないとすることが、合理的な方策である。そのためには、併存すれば二重処罰の実質を持つような両立し得ない関係にある訴因間においては別訴を許さず、当該訴訟手続において訴因の変更により処理することが要請される。

すなわち、1回の刑事手続により一度だけ処罰すれば足りるという意味で両立し得ない関係にある訴因の間では訴因の変更を認め、当該訴訟手続内で訴追意思の実現をはからなければならない。他方、複数の有罪判決が併存しても二重処罰にならない関係にある事実に対する刑罰権の実現は、別訴に拠らなければならない。こうすることにより、手続の安定と実体法の具体的適用実現という刑事手続の目的が、適切に遂行できる。

(3) このような制度趣旨・目的から導かれる「公訴事実の同一性」とは、訴因と訴因とが1回の刑事手続内においてどちらか一方で一度だけ処罰すれば足りる両立し得ない関係にあり、別訴に拠り二つ以上の有罪判決が併存すれば二重処罰の実質を生じるような場合の訴因間の関係を意味すると解すべきである。これには、二つの類型がある。

その第一は、両訴因に記載されている罪となるべき事実が実体法上一罪（単純一罪のほか、包括一罪、科刑上一罪等を含む）と扱われる関係にある場合である。例えば、窃盗罪の訴因を同一機会における住居侵入・窃盗罪の訴因に変更する場合を想定すると、仮に住居侵入罪が別訴で同時に有罪となれば、科刑上一罪の関係にあり1個の刑罰権が実現されるべき事実について、2個の判決が生じる可能性があり不都合であるから、別訴を許さず、当該訴訟手続内において訴因の追加を可能としなければならない。こうして、実体法上一罪の関係にある訴因の記載の間には「公訴事実の同一性」が認められる。

これに対して、例えば、被告人XがYにV所有の宝石の窃取を教唆した事実から、XがYの窃取してきたV所有の宝石を買い受けた事実への訴因変更を想定すると、両訴因は記載された事実を比較する限り、被害客体が共通し、犯行の日時・場所等が近接し、関与者Yが共通するとしても、刑罰権の個数とその具体的実現という観点からは、両者は別個に成立し併合罪の関係にあるので、別訴に拠り二つの有罪判決が併存しても二重処罰にはならない。むしろ

このように両立する別個の刑罰権の対象を同一の手続内で扱うのは適切でないから，公訴事実の同一性は認められない。したがって訴因変更は許されないことになる。

　以上は，講学上「公訴事実の単一性」の有無と称されてきた類型である。両訴因が一罪の関係にある前者の場合は，公訴事実の単一性が認められ訴因変更が可能，これに対し，両訴因が併合罪（数罪）の関係にある後者の場合には，単一性が認められないので訴因変更不可と説明されてきたところである。これは，訴因変更に対して罪数による規制が働く局面である〔Ⅳ1(1)＊＊〕。

　最高裁判所は，従前，このような場合も法312条の「公訴事実の同一性」の解釈問題として扱ってきた。例えば，「窃盗の幇助をした者が，正犯の盗取した財物を，その贓物たるの情を知りながら買受けた場合においては，窃盗幇助罪の外贓物故買罪が別個に成立し両者は併合罪の関係にあるものと解すべきである……から，右窃盗幇助と贓物故買の各事実はその間に公訴事実の同一性を欠くものといわねばならない」と説示した判例がある（最判昭和33・2・21刑集12巻2号288頁）。もっとも，近時，最高裁判所は，前訴の確定判決の一事不再理効が及ぶかを判断するに際して「公訴事実の単一性」という講学上の術語を用いている（最判平成15・10・7刑集57巻9号1002頁参照）。

　これを後述するいまひとつの類型，すなわち講学上の「狭義の公訴事実の同一性」判定の場合と統一的に把握する説明があり得るとすれば，1個の刑罰権（実体法）に対し複数の判決が併存する可能性を回避する要請に基づく訴訟手続上の規律という点で共通するといえよう。

　(4)　第二は，従来「狭義の公訴事実の同一性」の有無と称されてきた類型である。両訴因の罪となるべき事実の記載を比較したとき，両者が，1回の手続においてどちらか一方で一度だけ処罰すれば足りるかという観点から，両立し得ない択一関係にある場合である。すなわち，仮に別訴で両者が有罪とされれば実質的に二重処罰となり不当というべき関係が認められる場合である。

　この判断は，裁判所が訴因の記載を相互に比較することによって行われる。もっとも，訴因として表示される具体的な罪となるべき事実の記載は多様であるから，罪数による規制が働く第一類型の場合と異なり，明瞭画一的な基準を見出しにくい。別訴で同時に有罪とした場合に二重処罰の実質が生じるのを回

避するという制度趣旨から，1回の手続でどこまで片付くことにすべきか，罪となるべき事実の各構成要素，すなわち犯罪主体としての被告人のほか，犯罪の日時，犯罪の場所，犯罪の方法ないし行為の態様，被害法益の内容，その主体としての被害者，共犯関係などの一致，類似，近接，包含等の関係を総合的に評価し，検察官と被告人との間の対立利益を比較考量して決定される価値的な判断というほかはない（「総合評価説」）。

このような総合的考量判断を統禦し方向付ける明瞭な指標を敢えて見いだそうとすれば，それは，刑事手続で実現しようとする具体的刑罰権すなわち刑事実体法の解釈に帰着することになるように思われる。公訴事実の同一性を認めた判例の事案は，いずれも両訴因に記載された事実が実体法上いずれか一方の罪しか成立しないと解されるものである（実体法上の非両立関係・犯罪成立の択一関係）。もし犯罪成立が択一関係にある事実が別訴で有罪になる可能性があるとすれば，二重処罰の実質を生じ不都合であるから，これを回避するための訴訟手続上の方策として別訴を許さず，同一訴訟手続内で訴因変更が可能とされていると考えるのである。

以上のとおり，二重処罰を回避するための訴訟手続上の方策・要請という制度趣旨において，第一類型と第二類型は共通する。また，いずれも刑罰権の非両立性が基準となる点でも共通である。このような観点からは，法312条1項の解釈として従前説かれていた「公訴事実の単一性」と「狭義の公訴事実の同一性」の区別は不要ということになろう（もとより，前記のような問題の整理・区別があることは前提とする）。

(5) 最高裁判所は，これまで公訴事実の同一性を判断するに際して，二つの枠組を用いてきた。両訴因の「基本的事実関係の同一」と，両訴因の「両立しない関係」（「非両立性」と呼ぶ）という判断枠組である。

「基本的事実関係の同一」という術語は，旧法時代の大審院判例以来のものであり，職権審理主義から当事者追行主義へと審判対象についての考え方の転換がなされてからも，判例はこの術語を用い続けている。もっとも判断の基礎となる「事実」の意味内容はかつての歴史的社会的事実ではなく，検察官（当事者）による罪となるべき事実の主張の具体的記載を比較することにより，表示された事実関係の共通性の程度を総合評価した判断がなされているといって

よい。
　これに対し「非両立性」の判断枠組は，両訴因の事実の記載を比較しただけでは日時・場所・行為態様等に相違する部分が多く，「基本的事実関係の同一」が必ずしも明瞭とはいえない事案において，なお前記の制度趣旨から訴因変更による1回的処理が適切・妥当と認められる場合において用いられている。
　両者の判断枠組の関係をどのように理解するかについては，様々な見解があるが，非両立性の基準に言及した判例は，これを当該事案で両訴因の基本的事実関係の同一を肯定する理由として用いていることから，判文上は，非両立性の基準は基本的事実関係の同一に代わるものではなく，むしろこれを根拠付け，補充・補完する趣旨で用いられているようにみえる。しかし，制度趣旨に立ち帰り統一的な説明を求めるとすれば，前記のとおり，二重処罰の実質が生じるのを回避する非両立性の基準ひいては実体法の解釈として犯罪の成立が択一的関係であることこそが，本質的で判例の根底に流れている基本法理であると捉えることができる。

　　＊　両者の判断枠組を合わせて明示した近時の判例として，最決令和5・10・16刑集77巻7号467頁がある。個人として無免許で宅地建物取引業を営んだという訴因と，法人の代表者として法人の業務に関し無免許で宅地建物取引業を営んだという訴因との間に公訴事実の同一性を認める判断をする際に，「両訴因は，……被告人を行為者とした同一の建物賃貸借契約を媒介する行為を内容とするものである点で事実が共通しており，両立しない関係にあるものであって，基本的事実関係において同一であるということができる。」と説示する。

　(6)　非両立性の基準に言及した判例のうち，下記の3つの事案は，両訴因に記載された事実の共通性に乏しいため，基本的事実関係の比較では公訴事実の同一性を判断することができなかった場合であり，このために非両立性の枠組が用いられたと見ることができる（下記のほかに非両立性の枠組を用いた判例として，最判昭和33・5・20刑集12巻7号1416頁［業務上横領罪に当たる事実と商法違反の罪に当たる事実との関係が扱われた事案］，最判昭和34・12・11刑集13巻13号3195頁［馬の売却代金の横領罪に当たる事実と馬そのものの窃取の事実との関係が扱われた事案］がある）。
　第一の判例は，10月14日頃の静岡県長岡温泉における背広一着外数点の窃盗の起訴事実と，10月19日頃の東京都内における同じ背広一着の贓物牙保の

事実との関係が扱われた事案について,「両者は罪質上密接な関係があるばかりでなく,本件においては事柄の性質上両者間に犯罪の日時場所等について相異の生ずべきことは免れないけれども,その日時の先後及び場所の地理的関係とその双方の近接性に鑑みれば,一方の犯罪が認められるときは他方の犯罪の成立を認め得ない関係にあると認めざるを得ないから,かような場合には,両訴因は基本的事実関係を同じくするものと解するを相当とすべく,従って公訴事実の同一性の範囲内に属する」と説示したものである(最判昭和29・5・14刑集8巻5号676頁)。

この事案の両訴因に記載された事実は,事実の構成要素に共通性が乏しいことから比較の方法では判断ができないが,記載された事実の非両立関係という観点からは,実体法の解釈上,罪の成立が択一関係であることが明瞭に判断できる。窃盗罪が成立するとすれば盗品関与罪は不可罰的事後行為となり,盗品関与罪が成立するとすれば窃盗罪は成立していないことになる。いずれか一方の罪で1回処罰すれば足りる関係にあるから訴因変更を認めるべき場合といえよう。

また,被告人が警察官甲又は乙と共謀の上,運転免許証取得希望者13名から不正の請託を受けて15万円ないし25万円の供与を受けたという枉法収賄の起訴事実と,被告人は運転免許取得希望者と共謀の上,甲又は乙に対し,13回にわたり4万円ないし5万円を供与し,酒食などの饗応接待をした贈賄の事実との関係が扱われた事案について,「枉法収賄の訴因と……贈賄の訴因とは,収受したとされる賄賂と供与したとされる賄賂との間に事実上の共通性がある場合には,両立しない関係にあり,かつ,一連の同一事象に対する法的評価を異にするに過ぎないものであって,基本的事実関係においては同一であるということができる。したがって,右の二つの訴因の間に公訴事実の同一性を認めた原判断は,正当である」と説示した判例がある(最決昭和53・3・6刑集32巻2号218頁)。

これも収賄と贈賄という行為態様の相違から事実の比較による共通性を見いだすことは困難であろうが,共通する賄賂に関与した被告人が収賄側か贈賄側かによりどちらか一方の罪だけが成立するという意味で,非両立関係は明瞭である。

第2編　公　　訴

　さらに，被告人は甲と共謀の上，10月26日午後5時30分頃，栃木県芳賀郡二宮町の被告人方において甲をして自己の左腕部に覚醒剤水溶液を注射させて使用したという起訴事実と，被告人は，10月26日午後6時30分頃，茨城県下館市所在のスナック店舗内において，覚醒剤水溶液を自己の腕部に注射して使用した事実との関係が扱われた事案について，「両訴因は，その間に覚せい剤の使用時間，場所，方法において多少の差異があるものの，いずれも被告人の尿中から検出された同一覚せい剤の使用行為に関するものであって，事実上の共通性があり，両立しない関係にあると認められるから，基本的事実関係において同一であるということができる。したがって，右両訴因間に公訴事実の同一性を認めた原判断は正当である」と判示したものがある（最決昭和63・10・25刑集42巻8号1100頁）。

　この場合両訴因の記載の比較だけでは，むしろ両立併存の可能性も認められそうであるが，検察官の釈明を考慮していずれの事実も尿鑑定結果に対応する1回の使用行為を起訴した趣旨であるということであれば，いずれか一方の罪しか成立しないこととなる関係と判断できるのである。

　(7)　以上のような非両立性の判断枠組は，前述した公訴事実の同一性という道具概念の制度趣旨からして，実体法上の刑罰権の非両立性すなわち法律上の非両立性を意味する。証拠に基づく事実認定上の判断の矛盾・非両立をいうものではない。

　判例はしばしば訴因の記載に「事実上の共通性」があることに言及しつつ，両訴因に記載された事実の非両立性を判定しているが，それはいずれも訴因に表示されている事実関係の一定の共通性をもとに法律上の非両立関係を判断しているものと捉えるべきである。訴因変更が問題となった審理の段階における裁判所の事実認定（心証）そのものが両立性判断の「対象」とされているとは思われない。判断対象はあくまで検察官が起訴状において主張する罪となるべき事実である。検察官が訴因変更を行う場面の二つの型〔Ⅳ1(3)〕において，いまだ証拠調べが開始される前の訴因変更請求と，事実認定が可能な程度に証拠調べが進行している場面との間で，判断の対象が異なるのは不整合であろう。

　訴因変更の可否は，裁判所の事実認定とは別個に処理されるべき法的判断であり，検察官の主張する事実相互の関係が法律上非両立で，いずれか一方で処

罰すれば足り，別訴で有罪となれば二重処罰の実質を生じる場合かどうかを判定すべきである。

　　＊　例えば，相互にアリバイの関係に立つ同一時刻の異なる場所における被告人の犯行を記載した両訴因は，事実認定の次元で非両立ではあろうが，検察官の主張する事実として比較した場合には，両者のいずれか一方で処罰すれば足り，別訴で有罪となれば二重処罰の実質が生じるような意味での両立し得ない関係，すなわち刑罰権の非両立関係ではない。事実認定の次元でいずれかが誤っている主張，ないし，いずれもが認定できない主張であるに過ぎない。したがって，このような場合に公訴事実の同一性を認めることはできない。
　　　　また，例えば，XがVに自動車を運転してVに衝突し過失運転致死の結果を発生させた罪の訴因とXがVを死亡させた運転者Yの身代わりとなったという犯人隠避罪の訴因とは，確かに論理的には両立し得ないが，その主張の間におよそ事実上の共通性が認められない上，刑罰権の実現に際し両者が別訴で有罪とされると二重処罰の実質を生じるかという意味での両立し得ない関係にあるとはいえない。これも事実認定の次元でどちらかの検察官主張が誤っているという問題であり，法律上いずれか一方の罪が択一的に成立するという関係，刑罰権の非両立関係ではない。したがって，両者の間には公訴事実の同一性がなく訴因変更できないのは当然である。

(8)　「公訴事実の同一性」を判断するため，訴因と訴因との事実関係を比較し，あるいは非両立関係を判定するに際して，裁判所はどのような範囲の事実を判断の基礎とすることができるか。この問題について，見解は分かれている。

　裁判官の論者の中には，基本的事実関係の同一や両訴因間の非両立性を判断するために両訴因の背後にある社会的事実を基礎とすべき場合があるとの見解もある。例えば，訴因間の非両立性とは，両訴因の背後にある社会的事実が重なり合って同一の社会的事実を構成している場合において，両訴因が両立しない関係にあることをいうのであり，社会的事実関係は，単なる検察官の主張として，訴因中に記載され又は釈明されるだけで足りるものではなく，実体的な裏付けを必要とする，実体物としてのいわゆる社会的事実であるとの見解である。

　しかし，「訴因の背後にある社会的事実」を訴訟外に実在するものとして前提とするのは不適当である。現行法が想定する裁判所の審判対象は，検察官の設定主張する訴因以外の何物でもなく，それ以外の何物かはどこを探しても無いのである。訴因変更もまた審判対象である検察官の新たな主張の提示なので

あるから，審判対象の「同一性」の判断は，検察官が当初起訴状に記載して設定主張していた訴因の記載と，検察官がそれに変更するよう求めている訴因の記載との相互の事実を比較して行うほかはない。

訴因に明示・記載された事実の比較だけでは，両訴因間の非両立性や基本的事実関係の共通性が分からない場合，裁判所は，検察官の主張内容を一層具体的に明らかにさせるために釈明を求め，検察官が求釈明に応じて「主張する事実」を判断の基礎にすることもできる。もとよりこの「事実」は，訴因と同様に検察官の主張であって，社会的事実ではない。

証拠調べ開始前の段階で訴因変更が求められた場合，裁判所の判断の基礎となるのは，訴因に明示・記載された事実と検察官が求釈明に応じて主張する事実以外に想定できない。これに対して，証拠調べが進行した段階で訴因変更が求められた場合には，その時点までに行われた「証拠調べの結果により裁判所が認定できる事実」というものが想定できる。この場合，この事実をも，公訴事実の同一性の判定の基礎とすることができるか。

確かに裁判所は，現に，訴因変更が問題となった段階・時点において証拠調べの結果により裁判所が認定できる事実を判断の基礎に含めているものと思われる。例えば，前記昭和53年判例において，収受の賄賂と供与の賄賂が別個の金員ではなく「事実上の共通性がある」との事実である。しかし，このことから裁判所が訴因の背後に実在する社会的事実を想定・考慮していると捉えるべきではない。証拠調べが進んでいても裁判所が判断の「対象」としているのは，あくまで検察官の主張する事実相互間の関係である点で異なるところはない。

訴因変更の可否を決定する時点において，それまでの証拠調べの結果により裁判所が認定できる事実がある場合に，それを判断の基礎にするのは，公訴事実の同一性の判定権限が，検察官ではなく裁判所にあるからである〔前記(1)〕。確かに検察官には審判対象たる訴因を設定・変更する権限が付与されているが，現行法制度は，その変更可否の判断については，これを裁判所の権限としている点に留意する必要がある。例えば，前記事案において，検察官の「主張」に反し収受の賄賂と供与の賄賂とが別個の金員であることが証拠上明らかとなった場合，両訴因は両立する関係に立つことになり，公訴事実の同一性は否定さ

れることになるが、それは公訴事実の同一性の判定権限が裁判所にあり、その心証が優越してこれに反する検察官の主張は採用できないからである。

訴因変更可否の判断時点において、「公訴事実の同一性」の判定権者である裁判所の心証が優越してこれと相容れない検察官の主張事実が採用されず、この意味で、判断に際して裁判所の心証が基礎とされたとしても、それは訴因の背後にある社会的事実を基礎とした判断とは異なる。裁判所の心証は、判決宣告までの間、ゆく河の流れのように流転する浮動的なものであり、訴因変更可否の判断の基礎として考慮されているのは、あくまで判断時点において裁判所が認定できる事実にとどまる。このような事態の説明において、訴訟外に別途実在して動かない「社会的事実」を想定する必要はなく、またそのような想定は、現行法の基本的構造に反し適切でないというべきである。

* ある時点における裁判所の心証に照らして公訴事実の同一性があるとの判定をしたとしても、その後検察官の主張事実と証拠とが合わないことが判明した場合には、その時点における裁判所の心証に照らして、前に行った訴因変更許可決定を取り消せば足りる。

5 訴因変更命令

(1) 検察官が訴因変更を行う第二の型、すなわち証拠により証明されつつある事実（裁判所の心証）と訴因との間に齟齬が生じた場面における訴因変更は、裁判所の心証に依存する〔Ⅳ1(3)〕。「訴因変更命令」の制度は、このような訴因変更を職権の発動により補完するものであり、文言上は裁判所が「審理の経過に鑑み適当と認めるとき」に発することができる（法312条2項）。

もっとも、これは当事者たる検察官の審判対象設定権限に裁判所が職権で介入するのみならず、職権証拠調べ（法298条2項）とは異なり、被告人側に利益に働く制度ではない。したがって、現行法の基本的構造から見て例外的なこの制度を、中立的判断者であるべき裁判所が積極的に活用するのは適切でない。裁判所が心証と訴因との齟齬から訴因変更の必要性を認めたときは、できるだけ当事者たる検察官の自発的な訴因変更に委ねるべきである。そのための方策として、裁判所は、求釈明（規則208条）の形で検察官に対し訴因変更を促し、

あるいはこれを示唆するのが適切であろう。多くの場合，これにより，訴因変更命令を発しなくとも同様の目的を達することができる。

 ＊ 前記のとおり訴因変更は，検察官が有罪判決獲得を目標として行う訴訟活動であり，被告人に利益な制度ではない〔Ⅳ1(1)〕。訴因変更命令は，裁判所が当事者たる検察官の活動に介入しこれを補完する点で，証拠上証明される事実と判決との合致——事案解明——には資するものの，被告人側に利益に働く要素はない。なお，文言上，裁判所は訴因の「撤回」を命ずることはできない（法312条2項参照）。これに対して職権証拠調べは，当事者追行主義の例外であり事案解明に資する職権発動である点において訴因変更命令に類似する面もあるが，被告人側の立証活動を補完してその利益に資する場合もあり得る。また，職権証拠調べは本則である当事者の立証活動を排除しないのに対して，訴因変更命令は，当事者たる検察官の審判対象設定権限に直接介入し修正を迫る点で職権主義の顕著な発現形態である。

(2) 裁判所の訴因変更命令が発せられた場合，それは裁判（決定）であるから，検察官はこれに従う訴訟法上の義務を負う。しかし，検察官が何らかの理由で事実上これに従わず，訴因変更の手続をとらない場合には，変更の効果は生じない。すなわち，訴因変更命令に形成力はない。

最高裁判所も訴因変更命令の形成力を否定している。「刑訴法の基本的構造」すなわち審判対象設定の局面における当事者追行主義を理由とした次の説示は明快である。公職選挙法違反（金銭供与罪）の幇助の訴因で起訴された被告人につき，裁判所が共同正犯の訴因への変更を命じ，検察官がこれに応じなかった事案について，「検察官が裁判所の訴因変更命令に従わないのに，裁判所の訴因変更命令により訴因が変更されたものとすることは，裁判所に直接訴因を動かす権限を認めることになり，かくては，訴因の変更を検察官の権限としている刑訴法の基本的構造に反するから，訴因変更命令に右のような効力を認めることは到底できない」とする（最大判昭和40・4・28刑集19巻3号270頁）。

(3) 前記のとおり訴因変更命令の制度は，裁判所が検察官の審判対象設定権限に介入し修正を迫る点で当事者追行主義とは緊張関係に立つから，裁判所に訴因変更を命令する訴訟法上の義務まで認めるのは適切でない。裁判所の心証と訴因との間に齟齬が生じ，検察官が訴因変更しなければ無罪判決をするほかない場合であっても，原則として裁判所に訴因変更を命ずる義務はなく，そのような第1審の訴訟手続は違法でないと解すべきである。

もっとも，このような場面において，検察官の自発的訴因変更に期待する以上，裁判所には，審理の具体的状況に応じて検察官に対し心証の動きを伝達することが要請される。検察官が裁判所の心証について十分理解していないと思われるときは，求釈明の形で検察官に訴因変更を促し，あるいはこれを示唆する限度で訴訟法上の義務があるというべきであろう。

(4) 最高裁判所は，業務上横領の訴因について無罪を言い渡したが，訴因を変更すれば横領罪または背任罪として有罪にできることが明らかであった事案について，「原審がかかる場合，第一審は検察官に対し訴因変更の手続を促し又はこれを命じて審理判断をなすべきであったと判示した点について考えてみるに，本件のような場合でも，裁判所が自らすすんで検察官に対し右のような措置をとるべき責務があると解するのは相当でない」と説示して，訴因変更を促し，または命令する義務はないとしていた（最判昭和33・5・20刑集12巻7号1416頁）。

その後，この判例を原則として確認しつつ，「本件のように，起訴状に記載された殺人の訴因についてはその犯意に関する証明が充分でないため無罪とするほかなくても，審理の経過にかんがみ，これを重過失致死の訴因に変更すれば有罪であることが証拠上明らかであり，しかも，その罪が重過失によって人命を奪うという相当重大なものであるような場合には，例外的に，検察官に対し，訴因変更手続を促しまたはこれを命ずべき義務があるものと解するのが相当である」と説示して，例外的に義務があるとした（最決昭和43・11・26刑集22巻12号1352頁）。証拠の明白性は，訴因変更命令の当然の前提である。犯罪の重大性は，法定刑ではなく「人命を奪う」という法益侵害の質を勘案した事案解明要請の強さを示す要素と見るべきであろう。例えば，重過失致死より法定刑の重い財産犯でも，それだけで同様の帰結になるとは思われない。また，変更を「命ずべき義務」まで認めたのは疑問であろう。

また，最高裁判所は，傷害致死を含む人命を奪う重大な罪にかかる事案について，大要，次のような趣旨を述べて，訴因変更「命令」の義務を否定している。これは，裁判所の求釈明による訴因変更の示唆とこれに応じない検察官の明確な訴追意思等の審理経過を勘案したものであろう。なお，求釈明により事実上訴因変更を促す「訴訟法上の義務」を前提とする点に留意すべきである。

傷害致死の事実に関する現場共謀の訴因を事前共謀の訴因に変更することにより被告人らに対し共謀共同正犯としての罪責を問い得る余地がある場合であっても，検察官が，約8年半に及ぶ第1審の審理の全過程を通じ一貫して公訴事実はいわゆる現場共謀に基づく犯行であって現場共謀に先立つ事前共謀に基づく犯行とは別個のものであるとの主張をしていたのみならず，審理の最終段階における裁判長の求釈明に対しても従前の主張を変更する意思はない旨明確かつ断定的な釈明をしていたこと，第1審における被告人らの防禦活動は検察官の現場共謀の主張を前提としてなされたことなどの事情があるときは，第1審裁判所としては，検察官に対し求釈明によって事実上訴因変更を促したことによりその訴訟法上の義務を尽くしたものというべきであり，更に進んで，検察官に対し，訴因変更を命じ又はこれを積極的に促すべき義務を有するものではない（最判昭和58・9・6刑集37巻7号930頁）。

最高裁判所は，保護責任者遺棄致死被告事件について，第1審裁判所が検察官に対する求釈明によって事実上訴因変更を促したことにより訴訟法上の義務を尽くしているとし，更に進んで重過失致死罪への訴因変更を命じ，またはこれを積極的に促すなどの措置に出るまでの義務を有するものではないと説示して，同様の枠組を前提とした判断を示している（最判平成30・3・19刑集72巻1号1頁）。本件では公判前整理手続が実施され，そこで検察官は訴因の予備的追加の可能性を釈明していた。裁判所の求釈明はこのような状況で念のためになされたものであった。公判前整理手続の実施により訴因変更請求自体が制約されるので，裁判所に求釈明義務の生ずる場面は，一般的には稀になるであろう。

* 最高裁判所は，次のように説示して，検察官の訴因変更の権限行使に裁判所が介入する場面を極小化しているようにみえる。「わが刑訴法が起訴便宜主義を採用し（刑訴法248条），検察官に公訴の取消しを認めている（同257条）ことにかんがみれば，仮に起訴状記載の訴因について有罪の判決が得られる場合であっても，第1審において検察官から，訴因，罰条の追加，撤回または変更の請求があれば，公訴事実の同一性を害しない限り，これを許可しなければならないものと解すべきである」（最判昭和42・8・31刑集21巻7号879頁）。もっとも，変更後の訴因では無罪となることが明らかな場合には，訴因に関する検察官の意思を確認するため，求釈明を行う訴訟法上の義務があると言うべきであろう。

V 罰条の変更

(1) 訴因変更に伴い，検察官は，当初起訴状に記載した罰条と新訴因として主張する罪となるべき事実との間に齟齬が生ずるときは，罰条も変更しなければならない（法312条1項）。訴因変更にかかわらず，適用すべき罰条は同じで変更の必要がない場合もある。

起訴状記載の事実はそのまま認定されるが，これに対する法的評価のみが異なる場合には，訴因変更は必要でない。しかし，罰条を変更する必要がある。

罪となるべき事実の法的評価を表示する罰条の記載は，審判対象の画定という観点からは，訴因の記載に比して二次的なものであるから，罰条の記載に誤りがあっても「被告人の防禦に実質的な不利益を生ずる虞がない限り」公訴提起の効力に影響はないとされている（法256条4項但書）。訴因の変更に併せて罰条の変更をすべきであるのにこれをしなかった場合も同様に，被告人の防禦に実質的な不利益を生ずるおそれがない限り，訴因変更の効力には影響がないと解される。

(2) 訴因の記載と罰条とが齟齬して罰条の変更を要する場合に，検察官がこれを怠っているときは，裁判所には罰条の変更を促しまたは命ずる訴訟法上の義務があり，また，裁判所の罰条変更命令には形成力を認めるべきであろう。

認定された事実に対して法的評価を加え正当な法適用を行うのは，裁判所の職責だからである。

* 裁判所が結審後にはじめて訴因と罰条との齟齬を認識し，かつ，被告人の防禦に実質的な不利益を生じさせていなかったと認める場合には，認定した事実に対し起訴状に記載されていない罰条を適用することが許されよう。しかし，結審前に齟齬を認識したときは，本文のとおり，罰条変更を促しまたは命ずる義務があるというべきである。なお，判例は，罰条の記載は裁判所による法令適用をその範囲内に拘束するためのものではないと解すべきであると述べ，被告人の防禦に実質的な不利益が生じない限りは，起訴状に記載されていない罰条でも適用することができるとしている（最決昭和53・2・16刑集32巻1号47頁）。

第 2 編　公　　訴

Ⅵ　罪数判断の変化と訴因

　(1)　検察官が審判を請求した事実ないしそれと審判対象の同一性が認められる事実が認定される場合に，その事実に法令を適用して処断する権限は裁判所にある。裁判所は，罪数判断など法解釈・適用に関しては，検察官の見解に拘束されることはない。もとより検察官は裁判所の審判対象となる具体的事実を訴因として明示する際に，当該事実にいかなる罰条が適用されるかを明示し（法 256 条 2 項 3 号・4 項），また，起訴状に複数の構成要件該当事実を記載する場合には，その罪数関係すなわち検察官が想定・判断する刑罰権の個数に対応した訴因の記載方法をとっている〔「一訴因一罪の原則」Ⅱ(1)＊＊〕。しかし，審理の結果，検察官の罪数判断と認定事実に関する裁判所の罪数判断が異なる場合が生じ得る。その際には，裁判所の罪数評価に基づいた，訴因の記載の処理が問題となり得る。

　　＊　公訴の効力を刑罰権の個数（罪数）により規律する「一訴因一罪の原則」に従い，一個の訴因には一罪を記載するという観点から，検察官が数罪である併合罪と評価する事実を起訴する場合には，第 1，第 2 などと項を改めて，各罪となるべき事実を他の事実と識別可能な程度に特定して列記するのが一般である。他方，科刑上一罪となる観念的競合の場合には，「……するとともに……した」などと競合する実行行為を一文で記載することで，間接的に，検察官の罪数評価を示す扱いがある。

　(2)　検察官の罪数判断と裁判所の判断とが異なる場面には，検察官が審判を請求した事実に変化はなくもっぱらその罪数評価が異なる場合と，証拠調べの過程で認定される事実に変化が生じた結果罪数評価が変動する場合とがある。後者の場合には，通常，検察官には，事実の変化に対応した訴因の変更等の措置をとる必要が生じるであろう。

　他方で，罪数評価は，被告人に対する処断刑に直接影響し得るので，裁判所としては，罪数評価の変動が被告人に不意打ちとならないよう手続上留意する必要がある。不意打ち防止措置として最も手厚いのは訴因変更手続であるが，検察官への罪数判断に関する求釈明を通じた争点の顕在化措置が要請されることがあり得よう。

　以上のような手続関与者の権限と利害状況を勘案しつつ，以下では，罪数判

断が一罪から数罪へ変化した場合と，数罪から一罪へ変化した場合について，順次，裁判所の採るべき措置について説明する。

(3) 検察官が一罪として一括起訴した事実がそのまま認定されるが，裁判所の罪数評価が異なりこれを併合罪と解する場合には，各事実が数罪の訴因の記載として識別特定されていると認められる限り，そのまま数罪と認定することができると解される。審判対象の画定・明示の観点から不可欠な事実に何ら変化がない以上，もとより訴因変更は不要である。なお，包括一罪等として一括記載された事実がそのままでは各別の事実の記載として十分識別特定されていない場合には，併合罪としての訴因の明示を欠くことになるから，そのままでは不適法な訴因の補正（検察官に対する求釈明等による）を要することになろう。

判例に現れた事案のうち，起訴状に数ヶ月間にわたる物品税違反行為が包括して一罪と記載されていた場合に，これを月毎の6罪の併合罪と認定評価した判決を是認したものは（最判昭和29・3・2刑集8巻3号217頁），起訴状に別表として犯罪一覧表が添付され，6個の行為を識別できるだけの事実関係の明細が記載されていたので，併合罪の訴因の記載としても特定されており，当初から6罪が起訴されていたと事後的に解釈しなおすことが可能な事案であった。この事案とは異なり当初の起訴状の記載が包括的で個別事実の特定が不十分である場合には，処断刑への影響の観点から被告人への不意打ちを避けるためにも，罪数補正を伴う訴因変更の形式で対処するのが望ましいであろう。

検察官が主張する罪の一部を成す事実が認定できない結果，二罪とされる場合，それぞれの事実が検察官の訴追意思として黙示的・予備的に主張されていたとみられるときは，「縮小認定」として訴因変更を要しない〔Ⅳ3(9)〕。当初から黙示的に主張されていた事実がそのまま認定され，罪数判断が変わったに過ぎないとみることができる。強盗の訴因に対し，暴行が財物奪取の手段であることが認定できない結果，暴行罪と恐喝罪の併合罪と認定する場合に訴因変更を要しないとされた事案はその例である（東京高判昭和27・3・5高刑集5巻4号467頁）。

これに対して，審理の過程で当初の訴因に記載されていない別の事実が認定された結果罪数評価が変動する場合には，それが審判対象の画定にとって重要な事実の変化と認められる限り，原則として訴因変更の手続を要すると解すべ

きである。判例は，起訴状において，被告人は甲，乙，丙と共謀の上，倉庫から落綿11俵を窃取したと記載されていたが，訴因変更手続を経ることなく同日に同倉庫から甲，乙と共謀の上落綿6俵を，丙と共謀の上落綿5俵を窃取したと認定して二罪とした裁判所の判断を是認している（最判昭和32・10・8刑集11巻10号2487頁）。被告人が倉庫から落綿を持ち出した窃盗の実行行為は一個であり，共犯関係に係る事実が一部認められない点で，前記縮小認定に類するように見えるが，被告人が誰と共謀したかは罪となるべき事実の画定に不可欠の重要事実であるから，訴因変更の手続を経て，二罪を明示特定すべきであったと思われる。

　裁判例には，拳銃と実包を一定期間所持したという一罪の訴因を審理した結果，被告人が，拳銃等を預けた者にこれを一時返還した事実が判明した事案について，訴因変更を経ることなく返還の前後で所持を区切り併合罪とした原審の措置を違法として，「当初は包括一罪として審判の対象とされていたものが証拠調べの結果，単に事実に対する法的評価の範囲を超えて訴因事実そのものに変動が生じ，そのため数個の併合罪と認定するのが相当であると判断されるにいたったのであるから，原裁判所としてはその段階で検察官に釈明を求めて，所持に中断があったことのもつ意味や罪数の関係等について検察官の主張を明確にし，場合により罪数補正を伴う訴因変更手続をうながすなどして，もって被告人・弁護人にそれに対応する防禦の機会を与えるべき訴訟法上の義務があるものというべきである」と説示したものがある（東京高判昭和52・12・20高刑集30巻4号423頁）。当初明示・主張されていなかった事実の変動であるから，これを顕在化させ罪数評価についても被告人側に不意打ちとならないよう，訴因変更と補正の措置が必要というべきであろう。

　(4)　検察官が数罪の訴因として起訴した事実について，裁判所がこれを一罪と評価し認定する場合には，前記のような訴因の明示・特定の問題を生じないから，特段の措置をとることなくそのまま一罪と判断してよい（例，併合罪として記載された数個の横領の事実をそのまま認定し，これを包括一罪と評価する場合）。検察官の訴追した事実全部について審判し，認定事実につき刑罰権の個数に関する裁判所の専属的法的判断を示すものと説明できるであろう。なお，この場合，訴因は当初から一個であり，それが書き分けて表示されていたとみれば，

第3章 審理・判決の対象

訴因と判決の個数とは対応しているから，一部について公訴棄却をする必要はない。

　検察官が，当初の訴因と併合罪の関係にあると解釈して追起訴した訴因について，裁判所が審理の結果，両者を一罪の関係にあると認定判断する場合も，一部事実の公訴棄却や訴因変更の手続は要しないと解される。追起訴は訴因の追加的変更をより丁寧な手続で行ったものと解釈しなおすことにより，二重起訴として公訴棄却する必要はない。このような場合を扱った判例として，当初の凶器準備集合罪の訴因と，これと併合罪の関係にあるとして追起訴された凶器準備結集罪の訴因とを併合審理した結果，より重い結集罪一罪として処断するには，訴因変更の手続を要せず，また公訴棄却の言渡しも要しないとしたものがある（最決昭和35・11・15刑集14巻13号1677頁）。裁判所の判断に拠れば当初の訴因と科刑上一罪の関係にある事実が追起訴された場合も，追起訴を訴因の追加とみて同様の処理をすることができよう。これに対して，審理するまでもなく一罪であり二重起訴であることが明白な事案では，一方を公訴棄却すべきである。なお，同一被害物件の窃盗と盗品関与のように公訴事実の同一性がある罪が併合罪として起訴され，一方について有罪とするときには，他方の訴因について公訴棄却すべきであろう。

　審理の経過により事実が変動する場合はどうか。当初から一個の事実が起訴され審判対象とされていたと解釈することが可能な事案であれば，変動した事実に対応して，数個の訴因を一個の訴因の記載に変更する手続を経て一罪の判決をすることができるであろう。例えば，不同意性交と強盗の訴因について，審理の結果，強盗の身分に関する事実が付加され強盗・不同意性交一罪を認定しようとする場合，数個の単純窃盗を常習性の発現による常習累犯窃盗一罪と認定しようとする場合である。

　これに対して，例えば，起訴状には，①9月29日V宅への住居侵入，②同月27日V所有の宝石の窃取が併合罪として記載されていたが，審理の結果，窃盗行為は29日の住居侵入の際に行われたことが判明した場合はどうか。これを一個の事実の起訴であったと解釈することは困難であるから，①の訴因を9月29日の住居侵入窃盗の事実に変更したのち，①について有罪，②については公訴棄却すべきであろう。②の訴因がおよそ日時の異なる窃盗の事実記載

339

であれば，①の住居侵入とは同一性が認められないから，②について犯罪の証明がなく無罪を宣告する必要があろう。

Ⅶ 公訴提起の要件と訴因

(1) 公訴提起と追行の要件〔第2章ⅠⅠ〕が欠落した場合，公訴は無効となるから，裁判所は形式裁判（管轄違い，公訴棄却，免訴）で手続を打ち切らなければならない〔第5編裁判第3章〕。公訴提起の要件には，検察官が訴追した罪が何であるかによりその存否が定まるものがある（例，公訴時効，親告罪，管轄等）。起訴時点において要件の欠如が明瞭であれば，裁判所は起訴状記載の訴因を基準として形式裁判をすることになる。これに対して，起訴状記載の適法な訴因Aについて審理した結果，AではなくB事実が認定される場合において，B事実に公訴提起・追行の要件が欠落していると認められる場合，裁判所はどうすべきかという問題がある。

公訴提起の要件の性質，当事者たる検察官の訴追意思，及び被告人側が無罪判決を得る可能性等を勘案し，裁判所の心証ではなく検察官が設定し訴訟追行を求めている訴因（黙示的・予備的主張を含む）を基準として，要件の存否を判断処理するのを原則とすべきであろう。以下，公訴時効，親告罪の告訴，管轄，非反則行為について検討を加える。

* 起訴時点で公訴提起の要件欠如が認められる場合，検察官が形式裁判による手続打切りを回避するため，起訴状記載の不適法な訴因を要件を充足する適法な訴因に変更することがあり得る。このような訴因変更による無効行為の転換を認めるかは，公訴提起の要件の性質，要件欠如による形式裁判の効果と検察官の訴追意思実現可能性，被告人側の手続打切りの裁判を受ける利益状況等を勘案して，個別的な検討を要する。

  管轄違いについて，簡易裁判所の専属管轄事件（例，失火），地方裁判所の管轄事件（例，放火）を誤って管轄のない裁判所に起訴した場合（例，簡裁に放火で起訴，地裁に失火で起訴），いずれについても適法な訴因への変更が可能であるが，被告人側が異議を述べ，管轄違いによる打切りを求めるときは訴因変更を認めず，管轄違いの裁判をすべきであろう。この場合，管轄違いの裁判確定後，検察官は管轄裁判所に再起訴ができる。

公訴棄却事由となる親告罪の告訴欠如について，検察官は親告罪の訴因（例，親族相盗）を適法な非親告罪の訴因（例，親族を被害者としない窃盗）に変更することで新たな主張について実体判決を求めることができる（最決昭和29・9・8刑集8巻9号1471頁参照）。もっとも，被告人が異議を述べ，公訴棄却を求めるときは，当初の訴因を基準として公訴棄却し，検察官は再起訴で対応するのが適切であろう。

免訴事由となる時効完成について，検察官が時効完成した訴因（例，単純横領）で起訴したが，訴因を変更すれば時効未完成となる場合（例，業務上横領）には，被告人側に異議があっても訴因変更を許さなければならないと解される。他の形式裁判とは異なり，免訴判決が確定すれば公訴事実を同一にする範囲で一事不再理の効力が生じるので，当該手続内で検察官が訴因変更により訴追意思を実現する可能性を許容しなければならないであろう。

(2) 起訴状記載の訴因A（例，業務上横領）について，起訴時点で時効未完成であったが，審理の結果認められるB事実（例，単純横領）では，起訴時点で時効完成と認められる場合，裁判所はどうすべきか。

訴因Aにおいて，黙示的・予備的にB事実が併せ主張されていたとみられる場合には，訴因の一部事実であるBを認定し，それを基準として免訴の言渡しをすべきであろう。業務上横領の主張には単純横領の主張も含まれていたとみられるから単純横領について免訴とすべきである。訴因変更は必要でない。これに対して訴因AにB事実が含まれていない場合に訴因Aが認定できずB事実の時効完成が認められるときは，訴因Aを基準として無罪とすべきである。判例には，名誉毀損の起訴に対し裁判所が時効の完成している侮辱の事実を認めた場合，免訴の言渡しをすべきであるとしたものがある（最判昭和31・4・12刑集10巻4号540頁）。これは訴因外の裁判所の心証を基準としたものではなく，名誉毀損の訴因に侮辱の事実が黙示的・予備的に併せ主張されていたものとみるべき場合であり，この意味で検察官の設定した訴因を基準とする判断がなされた事案と理解できよう。

(3) 親告罪の告訴については，訴因変更制度の趣旨から導かれる「訴因に関する適法性維持の原則」により〔Ⅳ1(1)〕，検察官に公訴を無効とする不適法な訴因への変更を認めるのは適切でないので，告訴がない場合に，非親告罪（例，窃盗）から親告罪（例，親族相盗）への訴因変更を認めることはできないというべきである。検察官が審理の途中で告訴を得れば，適法な親告罪への訴因変更

を請求できる。

(4) 簡易裁判所の専属管轄に属する事件（例，失火）と地方裁判所にのみ管轄のある事件（例，放火）との間で，審理の結果管轄違いになる事実が認定される場合の処理は次のように考えられる。地裁に放火で起訴したが，審理の結果放火は認定できず失火の疑いがあるとき，不適法の失火の訴因への変更は許されないが，放火の訴因に失火の事実が黙示的・予備的に主張されているとみられるので失火を認定し，これを基準として管轄違いの判決をすべきであろう。失火の疑いもなければ無罪とする。これに対して，簡裁に失火で起訴したが，審理の結果放火の疑いが生じた場合はどうか。訴因に関する適法性維持原則をここでも適用すれば，放火への訴因変更は許されないことになろう。しかし，この場合は，事件が管轄裁判所に移送できれば，移送の上，検察官の有罪判決獲得に向けた訴追意思実現のために放火に訴因変更するのが適切と思われる事案である。現行法にはこのような管轄裁判所への移送制度がないので〔第2章 Ⅱ4(1)〕，この場合は例外として，放火への訴因変更を許し，管轄違いの判決をしてよいと思われる。

(5) 非反則行為として反則通告手続を経ずに起訴された事実（時速40キロメートル超過の速度違反）が，審理の結果，反則行為に該当すると判明した場合（時速20キロメートル超過の速度違反）について，判例は，訴因変更手続を経ずに公訴棄却をすべき旨判断している（最判昭和48・3・15刑集27巻2号128頁）。この事案も，反則行為の事実が，非反則行為の訴因により黙示的・予備的に併せ主張されていたとみられるので，主張されていた反則行為事実を基準に公訴棄却したものと説明できるであろう。

〈第2編第3章　参考文献〉
　　松尾浩也「刑事訴訟法を学ぶ〔4〕〔5〕」法学教室7号，9号（1981年）
　　佐藤文哉「訴因制度の意義」松尾浩也＝井上正仁編・刑事訴訟法の争点［新版］
　　　　（有斐閣，1991年）
　　酒巻匡「公訴の提起・追行と訴因(1)(2)(3)(4)」法学教室298号，299号，300号，302号（2005年）
　　大澤裕＝今崎幸彦「検察官の訴因設定権と裁判所の審判範囲」法学教室336号

（2008 年）
長沼範良＝池田修「覚せい剤使用罪の訴因の特定」法学教室 322 号（2007 年）
大澤裕「訴因の機能と訴因変更の要否」法学教室 256 号（2002 年）
大澤裕＝植村立郎「共同正犯の訴因と訴因変更の要否」法学教室 324 号（2007 年）
岩瀬徹「審判対象論」刑事訴訟法の基本問題（成文堂，2021 年）
佐藤文哉「公訴事実の同一性に関する非両立性の基準について」河上和雄先生古稀祝賀論文集（青林書院，2003 年）
大澤裕「公訴事実の同一性と単一性(上)(下)」法学教室 270 号，272 号（2003 年）
松尾浩也「罪数の変化と訴因」法学教室［第 1 期］7 号（1963 年）

第3編

公判手続

第1章

総　説

I　公判手続の意義

　(1)　公訴の提起により，裁判所が当該被告事件を審理・裁判することができる状態となり（訴訟係属〔第2編公訴第2章 II 1(2)〕），裁判が確定すると目的を達して被告事件は裁判所の手元から離れる。この間の手続段階を広義の公判手続という。このうち，とくに公判期日に公判廷において行われる手続（法282条1項）のことを公判手続（狭義）と称する。

　(2)　「公判期日」とは，裁判所，当事者（検察官及び被告人），その他の訴訟関係人が公判廷に出席して訴訟活動を行うためにあらかじめ定められた時のことをいう。公判期日は，年月日及び時刻で指定され，その時刻に開始される。開始された後に断続して手続が行われたり，仮に翌日まで手続が続いたとしても，その内容により同一公判期日とみるべき場合があり得る。

　公判期日は裁判長が定める（法273条1項）。裁判員裁判でなくとも，審理に2日以上を要する事件については，できる限り，連日開廷し，継続して審理を行わなければならないので（「連日的開廷」法281条の6第1項），これを考慮した期日指定を要する。訴訟関係人は，指定された期日を厳守し，審理に支障を来さないようにしなければならない（法281条の6第2項）。期日の変更は訴訟の遅延を来すおそれがあるので，公判期日の変更はやむを得ない事由のある場合に限られる。当事者は，裁判所に対し，やむを得ない事由を疎明して公判期日の変更を請求することができる（法276条1項，規則179条の4）。裁判所は職権で公判期日の変更をすることができるが（法276条1項），原則として当事者の意見を聴かなければならない（法276条2項，規則180条）。なお，ひとたび指

定された公判期日をできるだけ維持するため様々な規定が設けられている（例，法277条，規則179条の4～179条の6，規則182条～186条）。

(3)　「公判廷」とは，公判期日の手続を行う法廷を意味し（法282条1項），裁判所またはその支部で開かれる（裁判所法69条1項）。公判期日は，通常，裁判所の建物内の法廷として定められている場所で行われる。裁判所内の他の場所であっても，公開主義の要請〔Ⅱ1〕を満たすようその場所が法廷であることを表示し，公衆の傍聴が可能である状態が確保されていれば公判廷と認められよう。なお，最高裁判所は，必要と認めるときは，裁判所以外の場所で法廷を開き，またはその指定する他の場所で下級裁判所に法廷を開かせることができる（裁判所法69条2項）。

公判廷は，裁判官及び裁判所書記官が列席し，かつ，検察官が出席して開かれる（法282条2項）。裁判員の関与する判断をするための審理をすべき公判期日においては，裁判官，裁判員及び裁判所書記官が列席し，かつ，検察官が出席して開かれる（裁判員法54条1項）。

刑事訴訟の当事者である被告人には，公判廷に出頭する権利と義務があり，原則として被告人の出頭がなければ開廷することはできない（法286条）。もっとも事件の実体審理に係わらない手続を行うことは，被告人の利害に直結しないので，被告人の出頭がなくとも，この規定の趣旨には反しないと解される（最判昭和28・9・29刑集7巻9号1848頁参照）。

被告人の出頭義務については，次のとおり，いくつかの例外が法定されている。

(4)　例外は，被告事件の性質・法定刑の程度（②③④⑤），及び被告人の属性・状況等（①②⑥⑦⑧⑨）に基づく。

①被告人が法人である場合には，代理人を出頭させることができる（法283条）。法人の訴訟行為については法人の代表者が代表するとされているが（法27条），代理人の出頭を認めるこの規定により，代表者が出頭しなくてもよい。代理人の資格について特段の制限はない。

②刑法39条または41条の規定（責任能力）を適用しない罪に当たる事件（刑法犯に実例はない。行政的取締法規違反の罪に実例があった）について，被告人が意思能力（訴訟能力の意）を有しないときは，その法定代理人が被告人を代

理して出頭し，被告人の出頭を要しない（法28条）。

③原則として50万円以下の罰金または科料に当たる事件については，被告人は公判期日に出頭しなくてもよい。また，代理人を出頭させることができる（法284条）。代理人の資格について特段の制限はない。

④拘留に当たる事件の被告人は，判決の宣告をする場合には，公判期日に出頭しなければならないが，その他の場合には，裁判所は，被告人の出頭がその権利の保護のため重要でないと認めるときは，被告人に対し公判期日に出頭しないことを許すことができる（法285条1項）。

⑤長期3年以下の拘禁刑または原則として50万円を超える罰金に当たる事件の被告人は，冒頭手続（法291条）及び判決の宣告をする場合には，公判期日に出頭しなければならないが，その他の場合には，④と同様，裁判所は，被告人に対し公判期日に出頭しないことを許すことができる（法285条2項）。

⑥被告人が心神喪失の状態にあり，かつ，無罪・免訴・刑の免除・公訴棄却の裁判をすべきことが明らかな場合には，被告人の出頭を待たないで，直ちにその裁判をすることができる（法314条1項但書）。被告人に訴訟能力がないときは（心神喪失の状態），その状態が継続している間，公判手続を停止するのが原則である（法314条1項本文）〔第5章Ⅳ〕。ここに掲げられているのは，いずれも被告人に有利な裁判であるから，既に取り調べられた証拠によりこれらの裁判をすることができる場合には，被告人に防禦活動をさせなくとも手続から早期に解放する方が適切との趣意による。

⑦被告人が出頭しなければ開廷できない場合において，勾留されている被告人が，公判期日に召喚を受け，正当な理由がなく出頭を拒否し，刑事施設職員による引致を著しく困難にしたときは，裁判所は，被告人が出頭しないでも，その期日の公判手続を行うことができる（法286条の2）。必要的出頭規定（法286条）を逆手にとった被告人による審理進行妨害行為に対処する規定である。本来被告人出頭が要件とされている事件における例外なので，厳格適正に適用するための手続が定められている（規則187条の2～187条の4）。この例外は，当該期日の公判手続についてのみ適用があるから，法定の例外事由の有無は，各期日ごとに判断されなければならない。他方，事由が認められれば，それが判決宣告期日であっても被告人不出頭のままで行うことができる。引致を著し

く困難にしたかどうかの判断は具体的事情に即して慎重を要する。単なる出頭拒否の意思表明だけでは足りず，当該被告人の客観的な外部的挙動が基本的指標となろう（想定される例として，出頭拒否目的で，全裸になる，収容されている施設の扉等にしがみついて離れない，騒ぎ暴れ回って手がつけられない，断食して身体を衰弱させ歩行困難となる等）。

⑧被告人が出頭したが，裁判長の許可を受けないで退廷したり（法288条1項参照），秩序維持のため裁判長から退廷を命ぜられたときは（法288条2項，裁判所法71条2項参照），被告人の陳述を聴かないで判決をすることができる（法341条）。判決は口頭弁論に基づくことを要するとした法43条1項の例外（「特別の定」）に当たる。判決をすることができるのであるから，その前提となる公判審理も被告人不在のまま実施できる。被告人が自らの責めに帰すべき事由により防禦・陳述の権利を放棄ないし喪失したというべき場合である（最判昭和29・2・25刑集8巻2号189頁，最決昭和53・6・28刑集32巻4号724頁）。

⑨証人尋問の際に，証人が被告人の面前では圧迫を受け，十分な供述をすることができないときは，弁護人が出頭している場合に限り，被告人を一時退廷させて証人尋問を続行することができる。なお，この場合は，供述の終了後に被告人を入廷させ，証言の要旨を被告人に告知して，その証人を尋問する機会を与えなければならない（法304条の2）。被告人の証人審問権（憲法37条2項前段）行使に配慮する趣旨である。なお，前記⑧は，被告人の責めに帰すべき事由で防禦上の権利を喪失したというべき場合であるから，供述後の証言要旨の告知と尋問の機会付与の規定は準用されないと解される。

(5) 公判廷における被告人の自由な防禦活動を保障し，手続の公正を確保するため，公判廷では，手錠をかけるなどして被告人の身体を拘束してはならない（法287条1項本文）。ただし，被告人が暴力を振るったり，逃亡を企てた場合は，拘束することができる（法287条1項但書）。また，被告人の身体を拘束しない場合でも，これに看守者を附することができる（法287条2項）。なお，これは被告人が暴力を振るいまたは逃亡を企てた場合についての定めであり，身体拘束中の被告人について刑事施設職員が付き添って在廷しているのは，刑事収容施設法等の法規に基づき被拘束者に対する戒護権行使のためであって，前記規定の適用によるのではない。

被告人は，裁判長の許可がなければ退廷することができない（法288条1項）。裁判長は，被告人を在廷させるため，相当な処分をすることができる（法288条2項）。

(6) 公判期日等への弁護人の出頭・在廷が法律上必要的とされる場合については，別途説明する〔第2章Ⅳ2(3)〕。なお，刑事裁判の充実・迅速化の観点から，期日指定に係る訴訟指揮の実効性を担保するため，裁判所は，必要と認めるときは，検察官または弁護人に対し，公判準備または公判期日に出頭し，かつ，これらの手続が行われている間在席し，または在廷することを命じることができ，正当な理由なくこれに従わない者に対しては，決定で，過料等の制裁を課すことができる。裁判所が前記制裁の決定をしたときは，検察庁の長や当該弁護士の所属する弁護士会または日本弁護士連合会に通知し，適当な処置をとるべきことを請求しなければならず，処置請求を受けた者は，そのとった処置を裁判所に通知しなければならない（法278条の3，規則303条）。

訴訟関係人等が期日指定等に係る裁判所の訴訟指揮に従わないという事象は文明諸国の裁判では稀であるが，日本では，弁護人が裁判所の期日指定に従わず期日に出頭しない事例や，裁判所の示す期日指定方針に応じられないと不出頭をほのめかしたため，裁判所が当初の方針どおりの期日指定を断念した事例が認められたため，審理を主宰する裁判所の期日指定に係る訴訟指揮の実効性を強化担保するため，2004（平成16）年法律62号により設けられた規定である。最高裁判所は，公判期日等への出頭在廷命令に正当な理由なく従わなかった弁護人に対する過料の制裁は，訴訟指揮の実効性担保のための手段として合理性，必要性があり，弁護士法上の懲戒制度が既に存在していることを踏まえても，憲法31条・37条3項に違反しない旨説示している（最決平成27・5・18刑集69巻4号573頁）。

＊法制審議会の法改正要綱（骨子）「第2-2」は，映像と音声の送受信による裁判所の手続への出席・出頭を可能とする制度の創設を答申しており，公判期日への出席・出頭に関しては，下記のとおり，被告人・弁護人について，極めて限定的なやむを得ない事由がある場合に認めるものとされている。
　(1) 被告人・弁護人の出頭　ア 裁判所は，次に掲げる場合（後記(ｱ)(ｲ)）において，事案の軽重，審理の状況，弁護人の数その他の事情を考慮した上，やむを得ない事由があり，被告人の防御に実質的な不利益を生ずるおそれがなく，かつ，相

当と認めるときは、検察官及び被告人または弁護人の意見を聴き、同一構内（裁判官及び訴訟関係人が公判期日における手続を行うために在席する場所と同一の構内をいう。）以外にある場所であって適当と認めるものに被告人を在席させ、映像と音声の送受信により相手の状態を相互に認識しながら通話をすることができる方法によって、公判期日における手続を行うことができる。この場合、その場所に在席した被告人は、その公判期日に出頭したものとみなす。(ｱ) 被告人が傷病または障害のため同一構内に出頭することが著しく困難であると認めるとき。(ｲ) 同一構内への出頭に伴う移動に際し、被告人の身体に害を加えまたは被告人（刑事施設または少年院に収容中の者に限る。）を奪取し若しくは解放する行為がなされるおそれがあると認めるとき。イ 弁護人は、裁判所がアにより公判期日における手続を行うときは、被告人が在席する場所に在席することができる。この場合、その場所に在席した弁護人は、その公判期日に出頭したものとみなす。

(2) 被害者参加人・その委託を受けた弁護士の出席　ア 裁判所は、被害者参加人またはその委託を受けた弁護士から、裁判官及び訴訟関係人が公判期日における手続を行うために在席する場所以外の場所であって裁判所が適当と認めるものに在席し、映像と音声の送受信により相手の状態を相互に認識しながら通話をすることができる方法によって、公判期日に出席することの申出がある場合、被告人または弁護人の意見を聴き、審理の状況、申出をした者の数その他の事情を考慮し、相当と認めるときは、申出をした者が当該方法によって公判期日に出席することを許すものとする。イ アの申出は、あらかじめ、検察官にしなければならない。この場合において、検察官は、意見を付して、これを裁判所に通知する。

II 公判手続の諸原則

1 裁判の公開

(1) 裁判の審理・判決を不特定多数の者（公衆）が自由に傍聴できる状態で行うべきものとする原則を「公開主義」という。公開主義は、ヨーロッパ近代刑事裁判形成期において、旧体制の秘密・非公開裁判を廃し、司法の公正を担保するために導入された近代刑事裁判の原則のひとつである。日本国憲法も、刑事被告人の基本権として「公開裁判を受ける権利」を保障し（憲法37条1項）、さらに「裁判の対審及び判決は、公開法廷でこれを行ふ」（憲法82条1項）

と定めて，公判期日の審理と判決の公開を保障している。

(2) 憲法は，公開主義の例外として，裁判所が，裁判官の全員一致で，公の秩序または善良の風俗を害するおそれがあると認めた場合には，対審すなわち公判期日の審理を非公開で行うことができるとする。ただし，政治犯罪，出版に関する犯罪または憲法第3章で保障する国民の基本権が問題となっている事件の審理は，常に公開しなければならない（憲法82条2項）。判決の言渡しを非公開で行うことは許されない。

公開停止の手続は裁判所法に定められており，審理の公開を停止する場合には，公衆を退廷させる前に，その旨を理由と共に言い渡さなければならない（裁判所法70条前段）。判決を言い渡すときは，再び公衆を入廷させなければならない（同法70条後段）。

審判の公開に関する規定に違反してなされた判決は，控訴審において破棄される（法377条3号・397条1項）。

* 憲法82条の許容する公開主義の例外（「公の秩序又は善良の風俗を害する虞がある」の解釈）に基づき，民事訴訟には非公開審理の特別手続が設けられている場合がある（例，特許法105条の7，不正競争防止法13条の定める営業秘密保護のための尋問等の公開停止）。立法論として，同様の秘密保護の趣旨を，営業秘密侵害被告事件の刑事裁判にも及ぼし得るかは議論のあり得るところであり，諸外国には刑事事件についても裁判所の判断により営業秘密等の保護を優先して審理の公開停止を可能とする立法例がある。しかし，憲法82条に加えて，憲法37条はとくに刑事被告人の基本権として別途「公開裁判を受ける権利」を保障しているので，営業秘密等の経済的利益保護を理由に被告人の基本権を直接制約する非公開審理を導入するのは妥当とは思われない。審理の公開は維持しつつ，秘密保護との合理的調整を図る制度設計が適切であろう。不正競争防止法第6章の定める「刑事訴訟手続の特例」はそのような試みの実例である。

2 口頭主義及び直接主義

(1) 口頭主義と直接主義は，公開主義と同様に，歴史的にはいずれも近代刑事裁判形成期において旧体制の糺問訴訟を批判し，克服するための指導原理として機能した。手続を記録した書面に基づき法有識者による非公開裁判が行わ

れていた旧制度を打破するため，近代市民革命後に陪審裁判を導入したフランスでは「口頭主義（principe de l'oralité）」の採用が主張され，他方ドイツでは書面審理の間接性を批判する「直接主義（Unmittelbarkeitsgrundsatz）」が提唱されたのである。

現代文明諸国の刑事裁判は，いずれも口頭主義と直接主義を基盤として運用されているが，両者は，前記のとおり歴史的役割の共通性はあるものの，別個の原理である。「口頭主義」は，公判廷における関係者のコミュニケイションを書面でなく口頭で行うという審理方式を意味するのに対し，「直接主義」は，事実認定者と認定の素材となる証拠との関係を規律する原理である。判決裁判所は証拠を自ら直接取り調べなければならず，また事実の認定は証拠の源泉（例，直接体験者の法廷供述）に基づくべきで，その代用物（例，捜査段階で作成された供述代用書面）を利用してはならないというドイツ直接主義の思考は，もっぱら公判手続の方式の問題である口頭主義とは異なり，まさに事実認定者と証拠との関係，ないし，公判と捜査等公判前手続との関係を問題としているのである。

(2) 「口頭主義」について，現行法は，判決は口頭弁論に基づくことを要すると定め（法43条1項），公判期日における関係者の応答は口頭で行われる。当事者たる検察官は，審理の冒頭において，罪となるべき事実の主張を記載した起訴状を朗読し，被告人側には口頭でこれに対する意見を陳述する機会が与えられる（法291条1項・5項）。証拠調べのはじめに，検察官は口頭で証拠により証明すべき事実を陳述しなければならない（法296条）。書証の取調べの方式は朗読が原則とされる（法305条）。証拠調べが終了した後には，検察官は事実及び法律の適用について口頭で意見を陳述しなければならず，被告人・弁護人には陳述の機会が与えられる（法293条）。そして，判決は，公判廷において，口頭の宣告により告知されるのである（法342条）。これら関係者の陳述等は書面に記録されることがあり，また手続的事項について書面の提出による方式が採られることはあるが，公判期日における訴訟関係者のコミュニケイションの方式としての口頭主義に反するものではない。

(3) 「直接主義」の規律は，前記のとおり「証拠法」に係る原理であり，母法のドイツ刑事訴訟法は，「事実の立証が人の知覚に基づくときは，その者を

公判において尋問しなければならない。すでに行われた尋問の調書または供述の朗読によって，これに代えることはできない」旨の原則規定を置き（ドイツ刑訴法250条），いくつかの例外規定により書面の朗読を許す場合を定めている。別の機会に作成された供述代用書面ではなく，体験者の法廷供述から直接事実を認定しようとするこの原則は，職権審理主義における裁判所の事案解明義務を背景とし，これに親和性のある考え方である。

　もっとも，訴訟進行の方式原理が当事者追行主義であれ職権審理主義であれ，刑事裁判及び証拠法の究極目標が，できる限り正確な事実認定すなわち事案解明であるとすれば〔序Ⅱ〕，一般的には，正確な事実認定にとって，直接主義の要請する公判廷における体験者の直接供述が，供述代用書面よりも質の高い素材であることは明瞭であろう（例，被害状況に関する捜査機関作成の調書朗読と生身の被害者が証人として公判廷で証言する場合とを比較せよ）。人証の場合は，事実認定者が，公判廷におけるその供述態度を直接観察し，供述内容について質問し確認して，その信用性を十分に吟味することができる点で，供述代用書面に依拠するよりも正確な事実認定に一層資する。この意味で，供述代用書面ではなく人証を優先する直接主義の考え方は，当事者追行主義を採る現行法のもとでも妥当する。

　従前，アングロ＝アメリカ法圏の伝聞法則を導入したと理解されてきた法320条1項の規定のうち，「公判期日における供述に代えて書面を証拠と……することはできない」との文言は，このような，事実認定にとって最良・高品質の証拠を用いるべきであるという意味での直接主義の原則の顕れでもあると解することができるであろう。

　(4)　裁判員制度の導入等を提言した司法制度改革審議会の意見書は，刑事裁判の充実・迅速化の具体的方策として「直接主義・口頭主義」の実質化，公判の活性化を掲げていた。そこでは，書証の取調べが裁判の中心となっていた従前の刑事裁判の顕著な特色を，直接主義・口頭主義の後退であるとみて，直接主義・口頭主義が，書証の取調べ優先の審理形態を批判する原理ないし公判の活性化と同趣旨の意味合いで用いられている。

　前記のとおり，二つの原理は別物ではあるが，とくに従前，現行法下では明瞭な整理点検が不足していた直接主義が，近年，証拠調べの運用（例，法326

条の同意が見込まれる書証の採用を留保して原供述者の証人尋問や被告人質問を優先する運用）や，第1審公判の在り方と控訴審審査との関係（例，控訴審の事実誤認審査に関する最判平成24・2・13刑集66巻4号482頁）等について，一定の結論や方向性を示す根拠として用いられる場面が生じている。様々な文脈におけるその含意と機能には常に留意する必要があろう〔第4編証拠法第1章Ⅰ*4*〕。

3　迅速な裁判

(1)　刑事・民事を問わず，紛争・事案解決を目的とする訴訟の迅速性は欠くことのできぬ要請であり，訴訟の不合理な著しい遅延は，その本来的制度目的を阻害する。とりわけ刑事訴訟においては，刑事被告人は国家からの訴追に対し防禦活動を強いられ，事案によっては身体拘束期間が長期化するほか，事実上も有形無形の社会的不利益を被る可能性があるので，刑事被告人の地位からの早期解放が要請される。それ故，憲法は，「迅速な……裁判を受ける権利」を刑事被告人の基本権として保障している（憲法37条1項）。他方で，刑罰法令の適正・迅速な具体的適用・実現という法目的（法1条，規則1条）の観点からも，訴訟の遅延は，被告人や証人の記憶の減退・喪失，関係者の死亡，証拠の散逸等を来してその目的達成を害するおそれがあるから，迅速な刑罰権存否の確定が要請される。

もとより，刑事訴訟が迅速を欠いた状態かどうかを遅延の期間のみから一律・定量的に決することはできない。事案の性質，遅延の原因，被告人側の応訴態度等の事情，遅延により害される諸利益の内容・程度等諸般の事情を勘案して，個別的に判断せざるを得ない。

他方，迅速裁判の実現は，刑事被告人の迅速な無罪放免に直結するとは限らず，むしろ迅速な処罰に導くことも多いのが実情である。このため被告人の「権利」の側面には翳りが生じ，被告人・弁護人側からは迅速過ぎる裁判を批判し，迅速一辺倒ではなく審理の充実・徹底を求める要望が生じて，これと裁判所の訴訟促進要請とが衝突する事態もあり得る。しかし，訴訟の関係者が，自らも関与して策定された審理計画に従うこと，不当不合理とはいえない裁判所の訴訟進行に協力することは，訴訟制度の健全・円滑な作動にとって当然の

第1章 総　説

前提というべきである。なお、「充実した公判の審理を継続的、計画的かつ迅速に行う」ための公判前整理手続においては、訴訟関係人は、「相互に協力するとともに、……裁判所に進んで協力しなければならない」（法316条の3第2項）。また、訴訟関係人は、裁判所による公判の審理予定の策定に協力し（規則217条の2第2項）、策定された審理予定の進行に協力しなければならない（規則217条の30第2項）。これらの法規は、当然の事理を明記したものといえよう。なお、訴訟の迅速・円滑な進行に関係する期日指定については前記のとおりである〔Ⅰ(2)、(6)〕。

(2)　法及び規則には、次のとおり、迅速な裁判を実現・保障するための様々な制度・措置が設けられている。①公訴提起後2か月以内に起訴状謄本が送達されないときの公訴の失効（法271条2項）、②公判前整理手続（法316条の2以下、規則217条の2以下）、③事前準備（規則178条の2以下）、④期日間整理手続（法316条の28、規則217条の29）、⑤公判期日の厳守を担保する規定（法277条、規則182条・179条の4以下）、⑥継続審理の原則（法281条の6）、⑦簡易公判手続（法291条の2）、⑧即決裁判手続（法350条の16以下、規則222条の11以下）、⑨検察官上訴と費用補償（法188条の4）、⑩検察官及び弁護人の訴訟遅延行為に対する処置（規則303条）。

　このような個別事件処理に際しての制度的担保とは別に、刑事司法制度全体の作動を支える人的・物的資源の適正配分や法曹三者の相互理解とこれに基づく緊密な協力体制の確立が、迅速かつ充実した刑事裁判の実現には不可欠というべきである。重大事犯について、裁判員制度の導入が契機となり、一般国民の負担過重を避けるために、公判の実審理期間が従前に比して著しく短縮化されたのはその一例である。また、2003（平成15）年には、「裁判の迅速化に関する法律」（平成15年法律107号）が制定・施行されている。同法は民事・刑事ともに、第1審の訴訟手続を2年以内のできるだけ短い期間内に終局させることを目標とし、また、最高裁判所が裁判の迅速化について検証し、その結果を公表するよう義務付けている。既に数次にわたり「裁判の迅速化に係る検証に関する報告書」が公刊され、裁判の迅速化を巡る人的・物的態勢や社会的背景に関する分析が示されている。

(3)　被告人の迅速な裁判を受ける基本権が侵害された状態が生じていると認

められるとき，どのような救済措置をとるべきか。最高裁判所は，第1審の審理が中断して15年余が経過していたいわゆる「高田事件」について，次のように説示して憲法規定を直接の根拠に手続を打ち切るべきであると説示している（最大判昭和47・12・20刑集26巻10号631頁）。

「憲法37条1項の保障する迅速な裁判をうける権利は，憲法の保障する基本的な人権の一つであり，右条項は，単に迅速な裁判を一般的に保障するために必要な立法上および司法行政上の措置をとるべきことを要請するにとどまらず，さらに個々の刑事事件について，現実に右の保障に明らかに反し，審理の著しい遅延の結果，迅速な裁判をうける被告人の権利が害せられたと認められる異常な事態が生じた場合には，これに対処すべき具体的規定がなくても，もはや当該被告人に対する手続の続行を許さず，その審理を打ち切るという非常救済手段がとられるべきことをも認めている趣旨の規定である」。

「審理を打ち切る方法については現行法上よるべき具体的な明文の規定はないのであるが，前記のような審理経過をたど［り，憲法37条1項の迅速な裁判の保障条項に明らかに違反した異常な事態に立ち至っていた］本件においては，これ以上実体的審理を進めることは適当でないから，判決で免訴の言渡をするのが相当である」。

その後，迅速裁判の保障が問題とされた事案において手続打切りを認めた最高裁判例はない（最判昭和48・7・20刑集27巻7号1322頁，最判昭和50・8・6刑集29巻7号393頁，最決昭和53・9・4刑集32巻6号1652頁，最判昭和55・2・7刑集34巻2号15頁，最判昭和58・5・27刑集37巻4号474頁等）。いずれも，審理の遅延が高田事件の事案のような「異常な事態」に立ち至っているとまではいえないとしている。もっとも，「異常な事態」とまではいえないが著しい遅延が認められ，審理手続のさらなる続行が被告人の被る有形無形の社会的不利益と防禦上の不利益を拡大し，実体審理・裁判をする利益を凌駕すると認められる場合には，迅速裁判保障条項の趣旨に反する手続の違法状態が生じたとして，公訴を棄却する（法338条4号）途もあり得よう。

〈第3編第1章　参考文献〉
　　松尾浩也編・刑事訴訟法Ⅱ（有斐閣大学双書，1992年）
　　　第6編　公判準備および公判手続　第1章　序説〔松尾浩也〕

第 2 章

公判手続の関与者

　訴訟は，裁判所と検察官・被告人の三者の間の継続的相互作用により進行する。これら訴訟に不可欠な三者を，訴訟の主体という。このうち，検察官と被告人とは，「当事者」と称される。訴訟の主体以外にも，当事者たる被告人を補助する弁護人・補佐人や証人・鑑定人等が公判手続に関与する場合があり，法は，当事者及びこれら訴訟上一定の正当な利害関係を有する関与者について「訴訟関係人」という語を用いている（例，法46条・53条2項・277条・295条等）。以下では，公判手続に関与する訴訟の主体，被告人の補助者，及び犯罪の被害者について説明する。

I　裁　判　所

1　裁判所の意義

　(1)　刑事裁判権，すなわち犯罪事実を認定し，犯人に対して刑罰その他の処分を決定する国家の権限は，司法権の一部であり，裁判所に属する（憲法76条1項，裁判所法3条1項）。なお，わが国の刑事裁判権の及ぶ範囲については，前記のとおり〔第2編公訴第2章 I 1(3)(e)〕。

　(2)　裁判所には，最高裁判所のほか，法律の定める下級裁判所として，高等裁判所・地方裁判所・家庭裁判所・簡易裁判所がある（裁判所法1条・2条1項）。下級裁判所の設立，所在地，管轄区域は，「下級裁判所の設立及び管轄区域に関する法律」で定められている。最高裁判所（東京に1つ）は，最高裁判所長官及び14人の最高裁判事により構成される（憲法79条1項，裁判所法5条）。高

等裁判所（東京，大阪，名古屋，広島，福岡，仙台，札幌，高松の8庁）は，高等裁判所長官と相応な員数の判事で構成され（裁判所法15条），地方裁判所・家庭裁判所（都道府県庁所在地のほか函館，旭川，釧路に計50庁）は，相応な員数の判事及び判事補で構成される（同法23条・31条の2）。簡易裁判所（2023年3月現在438庁）には，相応な員数の簡易裁判所判事が置かれる（同法32条）。なお，高等裁判所及び地方裁判所・家庭裁判所には，それぞれ支部（高裁6，地裁・家裁各203）と出張所（家裁77）が置かれている（同法22条1項・31条1項・31条の5）。

このように裁判官によって構成された裁判所は「国法上の意味の裁判所」と称され，司法行政権の主体としての意味を有する。司法行政権は裁判所を構成する裁判官で組織される裁判官会議に属する（同法12条・20条・29条・31条の5）。国法上の意味の裁判所が訴訟法上の機能を持つ場合がある（例，法23条，規則187条1項にいう「裁判所」）。なお，裁判官だけでなく職員全部及び施設を含めた「官署」（役所）としての裁判所には，裁判所書記官，家庭裁判所調査官，裁判所事務官等の多数の職員が置かれている。

これに対して，裁判所が，裁判機関として裁判権を行使し活動するとき，これを「訴訟法上の意味の裁判所」と呼ぶ。法に「裁判所」とあるのは，原則として訴訟法上の意味の裁判所を指す。

2 裁判所の構成

(1) 裁判機関としての裁判所の活動は，1人または数人の裁判官によって行われる（裁判員が関与する場合については後記(4)）。1人の裁判官による場合を単独体，数人による場合を合議体という。最高裁判所と高等裁判所はすべて合議体で裁判する（裁判所法9条・18条）が，地方裁判所と家庭裁判所は原則として単独体であり，特別の場合，3人の合議体で裁判する（同法26条・31条の4）。簡易裁判所は常に単独体である（同法35条）。刑事事件の第1審管轄は，原則として地方裁判所及び簡易裁判所に分配されているので，刑事事件の第1審は単独体で審理・裁判される場合が多い〔第1審の事物管轄について第2編公訴第2章Ⅱ4〕。

単独体の場合，1人の裁判官が同時に裁判機関としての「裁判所」を構成し

ていることから，その活動・訴訟行為が裁判官としてのものか，裁判所としてのものかの区別に留意する必要がある（例，公判期日の指定〔法273条1項〕は裁判官，公判期日の変更〔法276条1項〕は裁判所としての行為）。

(2) 地方裁判所の刑事事件で，合議体で審理すべき事件は，次のとおりである。

①法定刑が死刑，無期または短期1年以上の拘禁刑に当たる罪に係る事件（裁判所法26条2項2号。ただし，強盗罪や盗犯等防止法の常習窃盗罪等を除く）。②刑事訴訟法において合議体で審判すべきものと定められた事件（裁判所法26条2項4号）。これには，忌避申立てに対する決定（法23条1項・2項），準起訴手続の審判（法265条1項），裁判官の処分に対する準抗告の決定（法429条4項）等がある。③合議体で審判する旨の決定を合議体でした事件（裁判所法26条2項1号）。①②を法定合議事件，③を裁定合議事件と呼ぶ。特段の法的基準はないが，事案複雑等で合議体による審理・裁判にふさわしいと考えられる場合に裁定合議決定がなされている。

(3) 合議体は裁判長と陪席裁判官で構成される。裁判長は合議体の機関として，訴訟指揮権（法294条・295条等），法廷警察権（法288条，裁判所法71条・71条の2等）等の権限を行使し〔後記4〕，急速を要する場合は，被告人の召喚・勾引・勾留〔Ⅲ2〕を行うこともできる（法69条）。これらの権限は，合議体としての裁判所の本来的権限を裁判長が代行するものである。これに対し，証人尋問，被告人に対する質問等は，陪席裁判官も行うことができる（法304条・311条）。

なお，開廷後合議体の構成員が代わった際に公判手続の更新（法315条）〔第5章Ⅴ〕をしなければならない事態を避けるため，合議体の審理が長時日にわたることが予見される場合には，「補充裁判官」が審理に立ち会い，その審理中に合議体の裁判官が審理に関与することができなくなった場合において，あらかじめ定める順序に従い，これに代わって，その合議体に加わり審理及び裁判をすることができる（裁判所法78条）。

(4) 裁判員裁判対象事件，すなわち，①法定刑が死刑または無期拘禁刑に当たる罪に係る事件及び②法定合議事件であって，故意の犯罪行為により被害者を死亡させた罪に係るものについては，前記の定めにかかわらず，裁判員の参

加する合議体で審理することとなり（裁判員法2条1項），合議体の員数については，職業裁判官3人，裁判員6人が原則である（同法2条2項本文）〔第6章 *1*(1)〕。合議体構成員である裁判員は，証人尋問（同法56条），被告人に対する質問（同法59条）等を行うことができる。

また，前記補充裁判官と同趣旨で補充裁判員を置くことができ，審理中に裁判員の員数に不足が生じた場合に，これに代わり補充裁判員が裁判員に選任される（同法10条）〔第6章 *1*(2)〕。

(5) 合議体の全員が参加しなくとも可能な検証や裁判所外における証人尋問等については，合議体の構成員に行わせることができる。その裁判官のことを「受命裁判官」という（例，法12条2項・43条4項・125条・142条・163条・171条・265条等）。また，他の裁判所の裁判官に証人尋問等の嘱託をすることができる。その嘱託を受けた裁判官を「受託裁判官」という（法43条4項・125条・142条・163条・171条・265条等）。

3 公平な裁判所

(1) 「すべて刑事事件においては，被告人は，公平な裁判所の……裁判を受ける権利を有する」（憲法37条1項）。「公平な裁判所」とは，その組織や構成からみて，偏頗・不公平な裁判をするおそれのない裁判所をいう（最大判昭和23・5・5刑集2巻5号447頁，最大判昭和23・6・30刑集2巻7号773頁等）。

公平な裁判を担保する裁判所の組織・構成については，司法権・裁判官の独立（憲法76条）が根幹となる。とくに刑事事件については，旧法時代と異なり，裁判所が行政府から完全独立して，裁判官と検察官が別個の組織に属していることが公平性の制度的・組織的担保となっている。また，具体的事件を審判する訴訟法上の意味の裁判所の構成については，公平性担保のため，裁判官の除斥・忌避・回避の制度が設けられている。さらに，地方の民心，訴訟の状況その他の事情により，裁判の公平を維持することができないおそれがあるときは，検察官または被告人が，管轄移転の請求をすることができる（法17条1項2号・2項）〔第2編公訴第2章Ⅱ*4*(6)〕。以下では，このうち裁判官の除斥・忌避・回避について説明する。

(2) 「除斥」とは，外形的に見て不公平な裁判をするおそれのある事情を類型化し，これに該当する裁判官を，当然に，すなわち当事者の申立てを待たず，職務の執行から排除する制度である（法20条）。除斥事由は，次のとおり。

①裁判官が被害者であるとき。
②裁判官が被告人または被害者の親族であるとき，またはあったとき。
③裁判官が被告人または被害者の法定代理人，後見監督人，保佐人，保佐監督人，補助人または補助監督人であるとき。
④裁判官が事件について証人または鑑定人となったとき。
⑤裁判官が事件について被告人の代理人（法29条・284条），弁護人または補佐人となったとき。
⑥裁判官が事件について検察官または司法警察員の職務を行ったとき。
⑦裁判官が事件について付審判決定，略式命令，前審の裁判，控訴審もしくは上告審から差し戻し，もしくは移送された場合における原判決またはこれらの裁判の基礎となった取調べに関与したとき。ただし，受託裁判官として関与した場合は除く。

「前審の裁判」とは，審級制度における上級審から見た下級審の終局的裁判，すなわち，控訴審においては第1審，上告審においては控訴審及び第1審，抗告審においては原審の各終局的裁判をいう。判例は，前審の範囲について一貫して限定的な解釈を示している。例えば，次の場合いずれも除斥事由に当たらないとしている。前審の判決宣告のみに関与（大判大正15・3・27刑集5巻3号125頁），前審に関与した裁判官が判決の宣告のみに関与（最決昭和28・11・27刑集7巻11号2294頁），勾留・保釈等身体拘束処分のみに関与（最大判昭和25・4・12刑集4巻4号535頁），第1回公判期日前の証人尋問に関与（最判昭和30・3・25刑集9巻3号519頁），共犯者の裁判に関与（最判昭和28・10・6刑集7巻10号1888頁），少年法20条の逆送決定（最決昭和29・2・26刑集8巻2号198頁），再起訴前の公訴棄却の判決とその審理に関与（最決平成17・8・30刑集59巻6号726頁）。

終局的裁判には関与せず審理のみに関与した場合は，それが「裁判の基礎となった取調べ」に当たるとき除斥される。例えば，第1審裁判官として証拠の取調べをし，その証拠が第1審判決の罪となるべき事実の認定に用いられたと

きは，「裁判の基礎となった取調べ」に関与した場合に当たる（最大判昭和41・7・20刑集20巻6号677頁）。

　除斥事由のある裁判官が判決に関与した場合は絶対的控訴理由となる（法377条2号）。その他の訴訟手続に関与する場合も法令違反に当たり，判決に影響を及ぼすことが明らかであれば控訴理由となる（法379条）。なお，裁判官自らが除斥事由があると考えるときは，回避（規則13条）の手続ないし事件事務分配上の手続により職務の執行に関与しないのが通例である。

　(3)　「忌避」とは，当事者の申立てにより裁判官を職務の執行から排除する制度である。裁判官に除斥事由があるとき，またはその他の不公平な裁判をするおそれがあるとき，当事者はこれを忌避することができる（法21条1項）。弁護人は，被告人のため忌避の申立てをすることができるが，被告人の明示の意思に反することはできない（法21条2項）。

　不公平な裁判をするおそれがあるとは，除斥事由に準ずるような事情の認められる場合をいうと解すべきであり，事案により，前記判例で除斥事由には当たらないとされた場合でも（例，被告人の勾留や保釈に係る判断に関与，第1回公判期日前の証人尋問に関与，共犯者の裁判に関与，逆送決定をした等），忌避の理由には該当する場合があり得よう（判例は，忌避理由にも当たらないとするものが多い。最決昭和47・7・1刑集26巻6号355頁，最決昭和48・9・20刑集27巻8号1395頁参照）。他方，例えば，裁判官の訴訟指揮の結果が当事者の一方に不利益であるということ自体は，その性質上，忌避の理由にはならない（最決昭和48・10・8刑集27巻9号1415頁参照）。

　忌避申立ての時機には制限があり，当事者が事件について請求または陳述をした後には，不公平な裁判をするおそれがあることを理由とした忌避申立てをすることはできない（法22条本文）。これは，事件について請求または陳述をしたときは，その裁判官の裁判を受ける意思が黙示的に表明されたとみられるからである。故に，事件の実体に係わらない人定質問に対する陳述や，管轄違いの申立てのようにその意思が認め難いものは含まれない。なお，後になって忌避事由の存在を知ったときや，後に忌避事由が生じたときは，あらためて忌避申立てが可能である（法22条但書）。

　忌避申立てに対しては決定をしなければならない。簡易裁判所以外の裁判所

の裁判官が忌避されたときは，忌避された裁判官所属の裁判所が，合議体で決定する。簡易裁判所の裁判官が忌避されたときは，管轄地方裁判所が，合議体で決定する（法23条1項・2項）。忌避された裁判官はこの決定に関与することはできない（法23条3項）。なお，忌避された裁判官が忌避申立てに理由があるとするときは，その決定があったものとみなされ，決定の必要はない（法23条2項但書）。

訴訟遅延目的等での忌避申立ての濫用に対処するため，法は簡易却下の手続を設けている。すなわち，訴訟を遅延させる目的のみでされたことの明らかな忌避の申立て，前記申立て時機の制限後の申立て，規則で定める手続に違反してされた忌避申立てが，合議体の裁判官の1人に対してなされたときは，その裁判官も加わった合議体が，決定で却下できる（法24条1項）。また，1人の裁判官に対して，そのような申立てがなされたときは，その裁判官が単独で申立てを却下することができる（法24条2項）。

忌避申立てを却下する決定・命令に対しては，即時抗告・準抗告をすることができる（法25条・429条1項1号）。性質上，忌避に理由があるとする裁判に対しては不服申立てはできない。

(4)　「回避」とは，自己に忌避の原因があると考えた裁判官が，自ら所属の裁判所に申し立て，その裁判所の決定により職務の執行から退く制度である（規則13条）。実務上は，分配された事件の交換等により事実上回避と同様の措置で対処する例もある。

(5)　以上の裁判官の除斥・忌避・回避の制度は，法20条7号〔(2)の⑦〕の場合を除き，裁判所書記官にも準用されている（法26条，規則15条）。

＊　裁判所書記官は，官署としての裁判所において裁判官を補助する様々な職員のなかでも，訴訟上とくに重要な役割を果たす関与者である。裁判所書記官は，裁判所の事件に関する記録その他の書類または電磁的記録の作成及び保管の事務をつかさどる（裁判所法60条2項，規則37条）。「公判調書」の作成は，とくに重要な職務である（法48条，規則46条）〔第4章Ⅹ〕。一般に裁判所書記官は，その職務を行うについては，裁判官の命令に従うが（裁判所法60条4項），口述の書取その他書類または電磁的記録の作成または変更に関して裁判官の命令を受けた場合において，その作成または変更を正当でないと認めるときは，自己の意見を書き添え，または併せて記録することができる（裁判所法60条5項）。このように，一定の職務行使

の独立性が認められているので，職務執行の公正に疑いを生じる事情があるときは，除斥・忌避・回避が認められているのである。なお，裁判所書記官は，このほか，書類の発送・受理や，訴訟関係人その他の者に対する通知などを行う（裁判所法60条2項，規則298条）。

(6) 裁判員については，当該事件について不公平な裁判をするおそれのある事情を不適格事由として類型化し，その事由に該当する者は当然裁判員になることができないとされている（裁判員法17条）。また，裁判所が不公平な裁判をするおそれがあると認めた者は，裁判員になることができない（同法18条）〔第6章 2(2)〕。

4 訴訟指揮及び法廷警察

公判手続の円滑・適正な進行を統禦するのは訴訟を主宰する裁判所の責務である。このために裁判所には訴訟指揮権と法廷警察権が与えられている。

(1) 現行法は，訴訟の進行方法として当事者追行主義を採用し，当事者に訴訟追行の主導権を付与しているが，両当事者の活動が円滑・適正に行われるためには，これを公平・中立な立場から的確に制禦する裁判所の活動が不可欠である。これを裁判所の「訴訟指揮権」という。訴訟の指揮は，裁判所の職務権限の発動という形式を採るが，これを直ちに職権審理主義の発現と見ることは誤りである。むしろ，両当事者が訴訟目的達成のため十全に活動するための基盤を確保するという意味で，何ら当事者追行主義訴訟と矛盾するものではない。また，このような目的達成に資するため臨機応変の活動を要するから，裁判所の訴訟指揮は，法規の明文または当事者追行主義という訴訟の「基本的構造」に反しない限り，特段の明文の根拠規定がなくとも，訴訟の具体的状況に応じた合目的的措置をとることができると解すべきである（訴訟指揮権に基づく証拠開示命令が可能であることを説示した最決昭和44・4・25刑集23巻4号248頁参照）。

(2) 訴訟指揮権は，本来，訴訟を主宰・進行させる「裁判所」に属する権限であるから，重要な事項，例えば，証拠調べの範囲等の決定・変更（法297条），弁論の分離・併合・再開（法313条），公判手続の停止（法314条・312条7項），訴因変更の許可または訴因変更命令（法312条1項・2項），公開法廷における

被害者特定事項の秘匿決定（法290条の2），証人等特定事項の秘匿決定（法290条の3）等の権限は，明文で裁判所の権限とされている。

その余の多様な訴訟指揮については，性質上臨機迅速性を要するため，法はこれを包括的に「裁判長」に委ね，「公判期日における訴訟の指揮は，裁判長がこれを行う」と定めている（法294条）。この場合も裁判長は合議体の権限を代行しているのであるから，権限行使に当たり合議体構成員と見解を異にした場合は，合議により裁判所としての意思を決してこれに従わなければならない。

(3) 法規に明文のある訴訟指揮のうち，典型の第一は，訴訟関係人の尋問・陳述に対するものである。裁判長は，訴訟関係人のする尋問または陳述が既にした尋問または陳述と重複するとき，または事件に関係のない事項にわたるとき，その他相当でないときは，訴訟関係人の本質的な権利を害しない限り，これを制限することができる。訴訟関係人の被告人に対する供述を求める行為についても同様である（法295条1項）。

訴訟関係人の本質的な権利とは，検察官については有罪立証に向けた訴訟追行上の利益であり，被告人側については，防禦上の利益とくにそれに必要不可欠な権利（例．証人審問権等）を意味する。事案の具体的状況により，それらの権利行使が本来的目的を逸脱し，訴訟遅延目的等に濫用されている場合，これを制限できるのは当然である。

事件に関係のない事項とは，事件の審理について，実体法上も訴訟手続上も重要な意味を有しない（関連性のない）事項にわたるものをいう。関連性のない事項の尋問・無意味な主張の陳述は，時間の空費であると共に，心証形成を混乱させ不当な影響を与えるおそれもあるので，制限される。なお，反対尋問では，ときに一見関連性がないようにみえて，実は証人の信用性弾劾にとって重要な事項を尋問している場合もあり得るので，判断は慎重を要する。もっとも，従前，事件との関係が不明な尋問が延々と続けられ，裁判所もこれを制禦不能といった不健全な公判の実例が認められた。連日的開廷による集中審理，とくに裁判員裁判における審理において，争点に集中した分かりやすい尋問の必要性が求められたことから，2005（平成17）年規則10号により，証人尋問に際して訴訟関係人は，その関連性を明らかにしなければならない義務が明記されている（規則199条の14）。

このような裁判長による尋問・陳述の制限に従わなかった場合，裁判所は，検察官については当該検察官を指揮監督する権限を有する者に，弁護士については，当該弁護士の所属する弁護士会等に通知し，適当な処置をとるべきことを請求することができる（法295条5項・6項）。この処置請求は，訴訟指揮権の実効性担保措置の一環として2004（平成16）年法律62号により設けられたもので，前記出頭在廷命令等に違反した場合（法278条の3）と同趣旨であるが〔第1章Ⅰ(6)〕，過料の制裁はなく，処置請求は任意的である。

典型の第二は，裁判長が，必要と認めるとき，訴訟関係人に対し，釈明を求め，または立証を促すことができる権限である（規則208条1項）。陪席裁判官も，裁判長に告げてこの措置をすることができる（規則208条2項）。釈明とは，当事者が自らの訴訟活動について，その不備を補い，またはその意味・趣旨をより一層明確にすることをいう。このような裁判官による求釈明や立証を促す行為は，訴訟指揮権の発現形態と位置付けることができる。

当事者が，訴訟指揮に関する裁判長の処分に対しては，法令の違反があることを理由とする場合に限り，裁判所に異議を申し立てることができる（法309条2項・3項，規則205条2項）。

(4)「法廷警察権」とは，法廷における秩序を維持するための裁判所の権限をいう。裁判所法及び法廷等の秩序維持に関する法律がこれを規定し，また刑訴法にも一部定めがある（法288条2項後段等）。訴訟指揮権と異なるのは，権限行使の目的が具体的事件の審理内容と無関係である点，その作用が訴訟関係人に限らず，傍聴人を含め在廷者全員に及ぶ点である。

法廷警察権は，裁判長または開廷をした1人の裁判官が行使する（裁判所法71条1項）。訴訟指揮権と同様，法廷警察権も，本来「裁判所」の権限であるが，その性質上臨機応変の処置が要請されることから，裁判長の権限とされている（法288条2項後段）。事項によっては，裁判所の権限として定められている場合もある（例，公判廷における写真撮影等の許可〔規則215条〕，法廷等の秩序維持に関する法律に基づく制裁〔同法2条1項〕）。

権限行使の実効性確保のため，法廷警察権の行使を補助する機関として，法廷警備員，法廷警備に従事すべきことを命ぜられた裁判所職員（法廷等の秩序維持等にあたる裁判所職員に関する規則1条），及び警察官がある。警察官は，裁

判長等が，法廷の秩序維持のため必要があると認めるときにその要請を受けて派出され，裁判長等の指揮監督を受け，裁判長等の命ずる事項またはとった処置の執行にあたる（裁判所法71条の2）。

法廷警察権の及ぶ時間的・場所的範囲については，開廷中の法廷が主たる範囲となるが，その目的から開廷中の法廷内には限定されず，それに接着する前後の時間帯及び近接する場所等，裁判所が秩序を攪乱する妨害行為を直接目撃または聞知できる場所に及ぶ（最判昭和31・7・17刑集10巻7号1127頁）。例えば，開廷前に傍聴人等が入廷したときの法廷，裁判官が合議室で合議中の法廷，一時休廷中の法廷，閉廷後に関係者が退廷するまでの法廷，法廷に近接する廊下・窓外・出入口等にも法廷警察権は及ぶ。なお，開廷中の法廷内を除く裁判所構内には，裁判所の庁舎管理権が作用するので，法廷外の場所で妨害行為に及ぶ者に対しては，庁舎管理権者は，その者に対して庁外退去を命ずる等の措置をとることができる。例えば，法廷警察権により退廷命令を受けた不心得者が法廷外の裁判所構内でも騒ぎ続けるときは，庁舎管理権の作用により庁外退去を命ぜられる次第となる。

法廷警察権の作用としては，妨害予防，妨害排除，及び制裁がある。

妨害予防作用としては，傍聴人に対する種々の規制（裁判所傍聴規則1条），裁判長等による警察官の派出要請（裁判所法71条の2），公判廷における写真撮影・録音・放送についての裁判所の許可（規則215条）がある。写真・ビデオ撮影については，報道機関の取材について，開廷前の若干の時間に限り，被告人や裁判員不在廷の状態で法廷内の撮影を許可する扱いが行われている。法廷内の録音や放送が許可された例はない。取材・報道・表現の自由（憲法21条）との関係においても，不合理な制約とは解されていない。傍聴人のメモについて，判例は，特段の事情がない限り，メモをとることは，その見聞する裁判を認識，記憶するためになされるものである限り，尊重に値し，故なく妨げられてはならないと説示している（最大判平成元・3・8民集43巻2号89頁）。

妨害排除作用として，裁判長等は，法廷における裁判所の職務の執行を妨げ，または不当な行状をする者に対し，退廷を命じ，その他法廷における秩序を維持するのに必要な事項を命じ，または処置をとることができる（裁判所法71条2項，法288条2項後段）。例示された退廷命令のほか，入廷命令，入廷禁止命令，

発言禁止命令，在廷命令等があり得る。これらの法廷警察権による処分は，「裁判長の処分」に当たり，異議の申立てが可能と解される（法309条2項）。

制裁作用については，「法廷等の秩序維持に関する法律」に定められている。法廷警察権による命令に違反して裁判所または裁判官の職務の執行を妨げた者は，審判妨害罪で処罰し得るが（裁判所法73条），不当行状を現認した裁判所が，刑事手続を経ず即決で制裁を科し得るとするのが，この法律である。アングロ＝アメリカ法圏の法廷侮辱の制裁を参考に設けられた。同法により，秩序維持のため裁判所が命じた事項を行わずもしくはとった措置に従わず，または暴言，暴行，喧噪その他不穏当な言動で裁判所の職務の執行を妨害し，もしくは裁判の威信を著しく害する行為があったときは，裁判所は，その場で直ちに行為者の拘束を命ずることができ（法廷秩序法3条2項），20日以下の監置もしくは3万円以下の過料または両者を併科することができる（同法2条）。

なお，裁判所が法廷外の場所で職務を行う場合（例，裁判所外の証人尋問，検証）において，裁判長または1人の裁判官は，その場所における秩序を維持するため，その職務の執行を妨げる者に対し，退去を命じ，その他必要な事項を命じ，または処置をとることができる（裁判所法72条）。法廷の秩序維持と同趣旨である。

II 検 察 官

検察官は，公判手続における能動的当事者である。刑事訴訟は，検察官の公訴提起により起動され，公判において検察官は，攻撃側当事者として起訴状に記載・主張した罪となるべき事実と量刑にとって重要な事実の立証を第1次的な目標として活動する。ここでは，検察官の所属する検察機構の概要と，訴訟当事者としての検察官の役割について説明する。

1 検 察 機 構

(1) 「検察庁法」は，検察官の権限として，①犯罪の捜査（検察庁法6条），

②刑事について，公訴を行い，裁判所に法の正当な適用を請求し，かつ，裁判の執行を監督すること，③裁判所の権限に属するその他の事項について，職務上必要と認めるとき，裁判所に通知を求めまたは意見を述べること，④公益の代表者として他の法令がその権限に属させた事務（同法4条）を定めている。このうち，検察官が犯罪捜査に全面的に深く関与するのはアングロ＝アメリカ法圏にもヨーロッパ大陸法圏にも例のない日本独自の特色である。他の権限はフランス・ドイツ等ヨーロッパ大陸法圏の検察制度に由来する。これらの権限を総称して検察権と称し，それは国家の行政作用に属する。他方，①②の刑罰権実現のための活動は，刑事裁判権と密接に関連し司法作用と深く係わるので，後記のとおり，検察官については通常の行政官とは異なる地位・権能が認められている。

　捜査機関としての検察官（法191条1項）及び公訴提起に係る検察官の役割・活動（法247条・248条・256条）については既に説明したとおりである。前記②の「公訴を行い」には，事件処理，及び起訴した場合にこれを維持して終局裁判を得るまでその遂行に当たることや，公訴の取消し（法257条）を行うことが含まれる。刑事について「裁判所に法の正当な適用を請求」する権限には，論告・求刑（法293条1項），被告人の保釈に関する意見（法92条），上訴（法351条），再審請求（法439条），非常上告（法454条）等がある。「裁判の執行」に関しては，勾引状または勾留状の執行指揮（法70条），有罪判決の刑の執行指揮（法472条）等の権限がこれに当たる。

　(2)　検察官は，検察権を行使する権限を有する官庁である。個々の検察官が国家意思を決定・表示する独立の官庁として自ら検察権を行使するのであり（例，自己の名で起訴状により被告人を起訴する），通常の行政官のように上司・大臣の権限を官庁・大臣の名で行使するのではない。このような検察官の職権行使の独立性が顕著な特色である（「独任性官庁」と称する）。

　検察官の職務遂行を他からの圧迫・影響から守るため，検察官には強い身分保障が認められている。すなわち，次の場合を除き，その意思に反して，その官を失い，職務を停止され，または俸給を減額されることはない（検察庁法25条本文）。①定年（同法22条），②懲戒処分（同法25条但書），③検察官適格審査会の議決による免官（同法23条），④剰員（同法24条）。憲法上の保障でない点

で裁判官と異なるが，任命権者である内閣や法務大臣の裁量的判断による罷免や不利益処分はできない。

(3) 検察官の行う事務を統括するところ（官署）を検察庁という（検察庁法1条）。官署としての裁判所に対応して，最高検察庁（最高裁判所に対応），高等検察庁（高等裁判所に対応，東京，大阪，名古屋，広島，福岡，仙台，札幌，高松の8庁，支部6），地方検察庁（地方裁判所・家庭裁判所に対応，都道府県庁所在地のほか函館，旭川，釧路に計50庁，支部203），区検察庁（簡易裁判所に対応，2023年2月現在438庁）が置かれている（同法2条）。

検察官には，検事総長・次長検事・検事長・検事及び副検事の5種類がある（同法3条）。検察官はいずれかの検察庁に所属する。検事総長は最高検察庁の長として庁務を掌理し，次長検事は最高検察庁に属して検事総長を補佐する（同法7条）。検事長は高等検察庁の庁務を掌理する（同法8条）。地方検察庁の長として庁務を掌理するのは検事正で，検事がこれに充てられる（同法9条）。副検事は区検察庁の検察官の職のみに補される（同法16条2項）。なお，検察庁には，検察官のほか，検察事務官等の職員が配置されている。

検察官は，他の法令に特別の定めのある場合を除き，その所属検察庁に対応する裁判所の管轄に属する事項について，検察権を行使する。その職務執行区域も，所属する検察庁に対応する裁判所の管轄区域である（同法5条）。しかし，捜査についてはこのような制限はなく，捜査のため必要があるときは，管轄区域外で職務を行うことができる（法195条）。

(4) 前記のとおり検察官は各自が独立して職権を行使するが，裁判官の職権の独立とは異なり，国家意思の発動である検察権の行使が全体として統一性を確保されるように，上司の指揮監督権（検察庁法7条〜10条），上司の事務引取・移転権（同法12条）が定められている。これを背景に，個々の検察官は所属検察庁の上司の決裁を経て意思決定・行動をする（例，個別事件の起訴・不起訴の決定）。これを検察官同一体の原則という。

また，検察権は行政作用に属するので，その行使は内閣が国会に対して責任を負うべき事項であるから（憲法66条3項），内閣構成員である法務大臣は，所管事項として，検察官に対して指揮監督権限を有することが必要である。他方で，検察権は前記のとおり司法作用に密接に関連し公正・独立性の要請があ

るから，政党内閣の構成員たる法務大臣を介して政治的勢力から検察権の行使に対する圧力・干渉が及ぶおそれを排除する必要がある。この調整のため，法務大臣は，検察権の行使について，検察官を一般的に指揮監督することができるが（例，訓令，通達，会議等の方法による一般的指揮），個々の事件の取調べまたは処分（例，個別事件捜査の具体的方針等）については，検事総長のみを指揮することができるとされている（検察庁法14条）。個別事件の処理については，検察官は検事総長の指揮のみに従えば足りる。法務大臣の検事総長に対する具体的指揮権が発動されれば（いわゆる造船疑獄事件に際し法務大臣が与党幹事長の逮捕を見合わせるよう指揮した実例がある），それについては，政治的批判の問題が生じ得る。そして，政治的批判に，その機会を与えるのが，まさにこの規定の目的である。

　　＊　検察官及び検察組織は，刑事司法過程において強大な権限を有する。一般国民からの信頼を維持・確保するためには，法令を遵守し，厳正公平・不偏不党を旨として，公正誠実に職務を行わなければならないのは当然である。検察官に対する信頼を失墜させた恥ずべき不祥事発覚の後，2011（平成23）年に，検察長官会同において，検察の使命と役割を明確にし，検察職員が職務を遂行するに当たり指針とすべき基本的な心構えを定めた「検察の理念」が策定されている。

2　公判手続における検察官の役割

(1)　当事者追行主義の公判手続において，検察官は，能動的当事者として，受動的当事者である被告人（及び弁護人）と対抗し，第1次的には，起訴状において主張する罪となるべき事実と量刑にとって重要な事実の立証，すなわち有罪判決の獲得を目標に活動する。もっとも，検察官の訴訟手続上の地位・役割は民事訴訟における原告の地位に比して，はるかに複雑な要素を含んでおり，「当事者」という地位のみで，その役割をすべて説明することは困難である。「第1次的には」と述べたのは，有罪判決獲得のみが目標というわけではないという意味である。

　被告人と最も対立するであろう犯罪の被害者は，刑事手続においては間接的な役割を与えられているに留まり，検察官は——被害者に対する配慮措置や利益保護に資する活動を行う場合であっても——被害者の「代理人」ではない。

検察官の訴追活動は，国家刑罰権の「適正」な具体的実現という，公的性格を有している（法1条）。検察庁法の定める「法の正当な適用を請求」する権限には，純粋原告としての勝訴すなわち被告人の有罪判決・処罰を求めるだけではなく，「公益の代表者」として，被告人の利益をも考慮し，適正公正な刑事裁判手続を維持・実現する国法上の義務を伴うものというべきである（検察庁法4条）。

法が，検察官については，被告人の利益のために上訴をし，再審を請求しまたは非常上告をすることを認め，場合により，検察官が無罪または公訴棄却を求める論告をすることがあるのは，このような「法の正当な適用」の請求を使命とする検察官の地位の顕れである。また，被告人側の防禦準備にとって必要・重要な意味を有し得る検察官手持ち証拠の事前開示を行う法制度やいわゆる任意開示の運用も，このような刑事裁判手続の適正公正性維持・実現を使命とする検察官の責務を背景とするものである。

(2) 公判手続において，当事者追行主義の訴訟が円滑・的確に作動してその目的を達するためには，第1回公判期日前の段階における両当事者の綿密な準備が不可欠である。事件の争点と証拠を整理する公判準備として導入された公判前整理手続（法316条の2以下）には，その前提となる被告人側の防禦準備にとって必要・重要な検察官手持ち証拠の開示制度や，検察官がまず公判手続における立証事項を設定する証明予定事実の呈示等が盛り込まれているが，そこに顕われている基本的な発想は，当事者主義刑事訴訟の健全な作動にとって普遍的なものであり，能動的・攻撃側当事者として，公判手続で成されるべき訴訟活動の前提を設定し，手続を推進する検察官の役割は決定的に重要である。この意味で，検察官の職務には，捜査と事件処理，公判期日における訴訟追行に加えて，「公判の準備」という法律家としての知力を傾けるべき今ひとつの重要な領域があることに留意すべきである。

III 被　告　人

1　被告人の意義と訴訟法上の地位

(1)　刑事手続において公訴を提起された者を「被告人」という。他の被告人の事件と併合審判される場合は，それらの被告人を「共同被告人（相被告人）」と称する。起訴状には，被告人の氏名その他被告人を特定するに足りる事項が記載され（法256条2項1号），公訴の効力は，検察官の指定した被告人以外の者には及ばない（法249条）。被告人の特定については，既に説明したとおりである〔第2編公訴第2章II*2*〕。

(2)　刑事訴訟において，一般的にその当事者になり得る地位を想定することができる。これを「当事者能力」という。検察官について問題はないので，これは被告人になり得る一般的適格の問題となる。刑事訴訟は刑罰権の具体的適用実現の可否を判断することを目的として起動される制度であるから，およそ受刑の可能性が全くあり得ない者は被告人となり得ない。それ以外の主体には，当事者能力がある。

自然人であれば，年齢，国籍を問わず，一般的には当事者となり得る。法人及び法人格のない社団・財団等については，実体法に処罰規定がない場合，処罰の可能性がないが，法は，起訴後に被告人が死亡したときまたは法人が存続しなくなったときは，決定で公訴を棄却すべきものとしており（法339条1項4号），既に死亡している者や存在しない法人に対して公訴提起があったときも同様に扱われるのが適切であろう。このような主体には当事者能力がないとして公訴棄却すべきである。これに対して，法は，実在の自然人及び法人等にはすべて当事者能力を認めているものと解される。当事者能力は，起訴状の内容に立ち入る前に，公訴事実と関係なく一般的に判断すべき事項であるから，刑事未成年者の起訴や処罰規定のない法人等の起訴の場合は，実在している当該被告人に当事者能力はあるが，罪となるべき事実が記載されていないものとして公訴棄却すれば足りるであろう（法339条1項2号）。

(3)　個別の刑事手続において，被告人としての重要な利害を弁別し，それに

従って相当な防禦活動をすることができる能力のことを「訴訟能力」という（最決平成7・2・28刑集49巻2号481頁）。法は被告人が「心神喪失の状態」すなわち訴訟能力を欠く状態にあるときは，原則として，公判手続を停止しなければならないとしている（法314条1項）。なお，訴訟能力が回復する見込のない被疑者・被告人に対する対応措置については既に説明したとおりである〔第2編公訴第2章Ⅰ1(3)(b)〕。

　もっとも，訴訟能力（意思能力）のない場合でも，法定代理人に訴訟行為の代理をさせて手続を進行できる事件もある（法28条）。また，被告人が法人である場合は，訴訟能力がないから，自然人であるその代表者が訴訟行為について法人を代表する（法27条）。これらの場合に，法定代理人または代表者がいないときは，特別代理人を選任して訴訟行為を行わせる（法29条）。

　(4)　被告人は訴訟の当事者すなわち訴訟の主体として，裁判所，検察官と共に公判手続を進行させる重要な関与者である。防禦側当事者として，弁護人依頼権（法30条），証拠調べの請求権（法298条1項），証人尋問権（法304条2項）等の手続上の重要な権利が法定されているほか，裁判所が一定の処分・判断をするに際して，被告人の意見を聴かなければならないとされている場合がある（例，法158条1項・276条2項・291条の2等）。

　訴訟の主体である被告人は，他方で，証拠方法となる場合もある。公判期日において被告人は自ら任意に供述をすることができるが（法311条2項・3項），その供述は，自己に不利益な証拠ともなりまた利益な証拠ともなり得る（規則197条1項参照）（なお，被告人の最も重要な権利である黙秘権［自己負罪拒否特権］については，第1編捜査手続第9章Ⅱ，証拠としての被告人の供述については，第4編証拠法第4章を参照）。また，被告人の身体は検証（身体検査）の対象となり得る（法129条）。

　被告人は，公判手続の過程で，勾引，勾留等の強制処分の対象となり得る。勾引・勾留は，後記のとおり第1次的には被告人の公判期日への出頭を確保するための処分である。

2　被告人の出頭確保——召喚・勾引・勾留

(1)　前記のとおり，被告人が出頭しなければ公判手続を行うことができないのが原則である〔第1章Ⅰ(3)(4)〕。それ故，被告人の出頭を確保するための強制処分として，被告人の召喚・勾引・勾留が認められている。以下，その意義と要件等について説明する。

(2)　「召喚」とは，特定の者に対して，一定の日時に一定の場所に出頭すべきことを命ずる裁判である。被告人（法57条）のほか，証人，鑑定人，通訳人，翻訳人，身体検査を受ける者に対しても行うことができる。正当な理由がないのに召喚に応じない被告人は，後記のとおり，これを勾引することができる（法58条2号）。ただし，被告人に出頭義務がない場合（法283条・284条・285条）の召喚は，出頭の機会を与える意味しかないので，これに被告人が応じなくても，勾引することはできない。

　裁判所は，規則で定める相当の猶予期間を置いて，被告人を召喚することができる（法57条・275条）。公判期日には被告人を召喚しなければならない（法273条2項）。召喚状の送達と出頭との間の猶予期間は，原則として最少限度12時間（規則67条1項）であるが，第1回公判期日については，簡易裁判所の場合3日，その他の裁判所の場合5日である（規則179条2項）。もっとも，この猶予期間は被告人の利益のために設けられているのであるから，被告人に異議のない場合は，これを置かなくてもよい（規則67条2項・179条3項）。

　召喚は召喚状を発して行う（法62条）。召喚状には一定の事項を記載し（法63条，規則102条），原本を送達する（法65条1項）。ただし，次の場合には，召喚状の送達があった場合と同一の効力が認められる。①被告人から期日に出頭する旨を記載した書面を差し出したとき（法65条2項），②出頭した被告人に対し，口頭で次回の出頭を命じたとき（法65条2項），③裁判所に近接する刑事施設等にいる被告人に対し，刑事施設職員等を介して通知したとき（法65条3項，刑事収容施設法286条），④裁判所の構内にいる被告人に対し，公判期日を通知したとき（法274条）。

　また，裁判所は，必要があるときは（例，検証の立会い〔法113条3項・142条〕），指定の場所に被告人の出頭または同行を命ずることができる。召喚状に

よらず，猶予期間を要しない。召喚によるべき場合を出頭命令で代えるのは許されない。出頭命令・同行命令について，被告人が正当な理由がないのにこれに応じないときは，その場所に勾引することができる（法68条）。急速を要する場合には，裁判長または受命裁判官も，召喚，出頭命令，同行命令をすることができる（法69条，規則71条）。

(3)「勾引」とは，特定の者を，一定の場所に引致する裁判及びその執行をいう。被告人のほか，証人や身体検査を受ける者に対しても行うことができる。裁判所が被告人を勾引することができるのは，被告人が，①住居不定のとき，②正当な理由がなく召喚に応じないとき，または応じないおそれがあるとき，③正当な理由がなく出頭命令，同行命令に応じないとき，のいずれかに当たる場合である（法58条・68条）。急速を要する場合には，裁判長または受命裁判官も勾引をすることができる（法69条，規則71条）。

勾引は，一定の事項（法64条，規則102条・71条）を記載した勾引状を発して行わなければならない（法62条）。なお，裁判所は，勾引を他の裁判所の裁判官に嘱託することができる（法66条・67条，規則76条）。勾引状は，検察官の指揮により，検察事務官または司法警察職員が執行する（法70条1項本文・71条）。その場合，勾引状を発した裁判所または裁判官は，その原本を検察官に送付する（規則72条）。なお，急速を要する場合には，裁判官も執行を指揮することができる（法70条1項但書）。被告人の現在地が分からないときは，裁判長は，検事長にその所在捜査及び勾引状の執行を嘱託することができる（法72条）。

勾引状の執行は，これを被告人に示した上，できる限り速やかに，かつ直接，指定された裁判所その他の場所に引致しなければならない。受託裁判官が発した場合は，その裁判官に引致しなければならない（法73条1項）。急速を要する場合には，被告人に公訴事実の要旨と勾引状が発せられている旨を告げて，その執行をすることができるが，その後できる限り速やかに，勾引状を示さなければならない（法73条3項）。勾引状の執行を受けた被告人を護送する場合において必要があるときは，仮に最寄りの刑事施設に留置することができる（法74条，刑事収容施設法286条）。

被告人を勾引したときは，直ちに被告人に対し公訴事実の要旨を告げ，弁護

人がないときは，弁護人選任権と国選弁護人選任請求権があることを告げなければならない（法76条1項）。この告知は，受命裁判官または裁判所書記官にさせてもよい（法76条3項・4項）。勾引された被告人は，弁護人がないときは，裁判所または刑事施設の長もしくはその代理者に弁護士，弁護士法人または弁護士会を指定して弁護人の選任を申し出ることができる（法78条1項，刑事収容施設法286条）。なお，この旨も被告人に教示しなければならない（法76条2項）。被告人の申出を受けた前記裁判所等は，直ちに被告人の指定した弁護士，弁護士法人または弁護士会にその旨を通知しなければならない（法78条2項）。

　勾引状による身体拘束の持続時間は，指定の場所に被告人を引致した時から24時間であり（法59条・67条3項・68条後段），その間必要があれば，被告人を刑事施設等に留置することができる（法75条，刑事収容施設法286条）。この時間を経過すると勾引状の効力は消滅するので，それまでに勾留状が発せられない限り，被告人を釈放しなければならない（法59条）。

　(4)　被告人の出頭を確保するため一定期間その身体を拘束する「勾留」の要件・手続等は次のとおりである。なお，捜査手続で行われる被疑者の勾留〔第1編捜査手続第3章Ⅲ〕との相違点にも留意する必要がある。

　　(a)　勾留の意義と要件　「勾留」とは，被告人の身体を拘束する裁判及びその執行である。「未決勾留」とも称する（法495条，刑法21条）。もとより，刑罰ではないが，被告人の身体拘束はその事実上の効果において自由刑の執行に類似するから，一定の場合にこれを本刑に算入すべきものとされている（本刑通算という）（法495条，刑法21条）。勾留の第1次的目的は，被告人の公判出頭を確保し，証拠隠滅を防止するという公判審理に係るものである。このほか，有罪判決確定の場合に備えて自由刑の執行を確保する目的をも併有する側面がある（最決昭和25・3・30刑集4巻3号457頁参照）。

　裁判所が被告人を勾留することができる要件は，被告人が罪を犯したことを疑うに足りる相当な理由がある場合であって，かつ，被告人が，①住居不定のとき，②罪証を隠滅すると疑うに足りる相当な理由があるとき，③逃亡しまたは逃亡すると疑うに足りる相当な理由があるとき，のいずれかに該当する場合で，さらに勾留という長期間の身体拘束を行う必要性・相当性が認められる場合である（法60条1項）。なお，一定の軽微な犯罪については，被告人が住居

不定の場合に限り，勾留することができる（法60条3項）。急速を要する場合には，裁判長または受命裁判官も勾留を行うことができる（法69条）。

　前記，勾留の必要性・相当性については明文がないが，身体拘束処分を行わなければならない積極的必要性と拘束により生じるであろう被告人の不利益とを衡量勘案して，前者が微弱である場合や後者が著しく大である場合には，勾留の実質的必要性を欠き，勾留は相当でないと判断すべきである。当該犯罪の重大性と嫌疑の程度，狭義の必要性たる逃亡・罪証隠滅のおそれの程度等という勾留の積極的必要性の程度が衡量要素に含まれることになる。家出中で住居不定に該当する被告人について，確実な身元引受人によりその公判出頭が確実と認められる場合や，勾留の理由はあるものの，被告人の年齢・健康状態を勘案して長期間の身体拘束が相当でないと認められる場合等がその例である。

　　* 狭義の勾留理由すなわち「罪を犯したことを疑うに足りる相当な理由」の有無の判断は，手続の発展段階等その判断時点における諸般の事情により変動し得るはずであり，理由ありとされる嫌疑の程度は，手続段階等判断時機により異なり得る。それは，例えば，捜査段階において通常逮捕の理由と被疑者勾留の理由の文言が同じであっても，捜査の進歩により，勾留段階ではより高度の嫌疑を要すると解されているのと同様である。被告人の勾留について，裁判所は，法60条の要件があり，かつ，その必要性があるときは，職権で被告人を勾留することができ，その時期には特段の制約がないから，例えば，控訴審裁判所が，第1審の無罪判決の宣告により勾留状が失効した被告人（法345条参照）を法60条で再勾留することも可能である（最決平成12・6・27刑集54巻5号461頁）。しかし，被告人が第1審で無罪判決を受けたという事実を尊重すべき手続段階においては，法60条の「相当な理由」の判断は，「無罪判決の存在を十分に踏まえて慎重になされなければならず，嫌疑の程度としては，第1審段階におけるものよりも強いものが要求されると解するのが相当である」（最決平成19・12・13刑集61巻9号843頁）。また，必要性・相当性についても慎重な判断を要する（最決平成23・10・5刑集65巻7号977頁）。

(b)　勾留の手続　　身体不拘束のまま起訴された被告人を勾留する場合の手続は，次のとおりである。なお，被疑者段階において検察官の請求により勾留された者が，同一の犯罪事実で勾留期間中に起訴された場合には，起訴と同時にそれまでの被疑者勾留が被告人勾留に切り替わり，特別の手続なしに被告人勾留が開始されることになる（法208条1項・60条2項）。

　被疑者勾留との大きな違いは，被告人の勾留が，すべて職権によるものであ

り，検察官に勾留請求権が認められていない点である（実務上，検察官が起訴に際して用いる「求令状」という語は，身体不拘束の被告人について，裁判所または裁判官の職権発動すなわち勾留の裁判を促す申出である）。

身体不拘束の被告人を勾留するには，逃亡している場合を除き，被告人に対し，被告事件を告げこれに関する陳述を聴く「勾留質問」を行わなければならない（法61条）。なお，逮捕留置中の被疑者に対して公訴提起があった場合には（このような逮捕中の起訴に際して検察官が裁判官に対し被告人としての勾留の職権発動を求めることを「逮捕中求令状」と称する），「裁判官」が，速やかに，被告事件を告げ，これに関する陳述を聴く。裁判官は勾留状を発しないときには，直ちに被告人の釈放を命じる（法280条2項）。

被告人に弁護人がないときは，弁護人選任権と国選弁護人選任請求権があることを告げなければならない（法77条1項）。この告知に当たっては，法78条1項に定める弁護人選任に係る事項〔前記(3)〕の教示をしなければならない（法77条2項）。この告知等は，受命裁判官または裁判所書記官にさせてもよい（法77条4項・76条3項）。実務上は，勾留質問の際にこの告知と後記勾留通知先の指定聴取等を行うのが通例である。被告人が逃亡していた場合には，勾留後直ちに弁護人選任権と公訴事実の要旨とを告げるとともに，前記弁護人選任に係る事項の教示をしなければならない（法77条3項）。

勾留は，一定の事項（法64条，規則70条・71条）を記載した「勾留状」を発して行わなければならない（法62条）。勾留状の執行方法は，前記勾引状の場合とほぼ同様である（法70条1項・71条・72条・73条3項・74条，規則72条）。勾留状を執行するには，これを被告人に示した上，できる限り速やかに，かつ，直接，指定された刑事施設等に引致しなければならない（法73条2項，刑事収容施設法286条）。刑事施設等にいる被告人（例，別件で身体拘束中の者，刑の執行中の者）に対して発せられた勾留状は，検察官の指揮により，刑事施設職員等が執行する（法70条2項，刑事収容施設法286条）。

被告人を勾留したときは，直ちに弁護人にその旨を通知しなければならない。被告人に弁護人がないときは，弁護人選任権者である被告人の法定代理人，保佐人，配偶者，直系の親族及び兄弟姉妹のうち被告人の指定する者1人にその旨を通知しなければならない（法79条）。これらの者がないときは，被告人の

申出により，その指定する者1人（例，友人，雇主，住居管理人等）にその旨を通知しなければならない（規則79条）。

なお，検察官は，裁判長の同意（移送の同意という）を得て，勾留されている被告人を他の刑事施設等に移すことができるが，このような勾留場所の変更は，直ちに裁判所と弁護人に通知しなければならない。被告人に弁護人がないときは，勾留したときと同様に，被告人の指定する者1人に，この旨を通知しなければならない（規則80条・305条）。

裁判所（裁判官）は，移送により生ずる被告人の利益・不利益と公判への支障の有無・程度等を考慮して，職権で移送決定（命令）を発することもできると解される（最決平成7・4・12刑集49巻4号609頁）。

(c) 勾留中の被告人との接見・交通　身体拘束された被告人は，自ら公判準備・防禦準備を行うことができないので，とくにその補助者となる弁護人との接見・交通を保障しなければならない。勾留されている被告人は，弁護人と立会人なくして接見し，または書類その他の物の授受をすることができる。弁護人選任権者の依頼により弁護人となろうとする弁護士及び裁判所の許可を得て選任された特別弁護人に対しても同様である（法39条1項）。なお，この接見・授受については，法令で逃亡，罪証隠滅，戒護に支障のある物の授受を防ぐため必要な措置を規定することができる（法39条2項，規則30条等）。捜査段階の被疑者勾留とは異なり被告人の被告事件について捜査機関が接見指定をすることはできない（法39条3項）。

前記弁護人等以外の者とも，被告人は，法令の範囲内で，接見・授受ができる（法80条）。ただし，裁判所は，被告人に逃亡または罪証隠滅のおそれがあるときは，検察官の請求により，または職権で，弁護人等以外の者との接見を禁じ，またはこれと授受すべき書類その他の物を検閲し，その授受を禁じ，もしくはこれを差し押えることができる（法81条）。これを接見等禁止決定という。勾留によっては防止できない程度の逃亡・罪証隠滅のおそれが必要であり，実務上行われている接見等禁止のほとんどは，罪証隠滅のおそれを理由とするものである。勾留理由である罪証隠滅のおそれの審査と同様，具体的・実質的な検討・判断が必要である。

(d) 勾留期間と勾留更新　勾留状による身体拘束の効力が継続する期間を

勾留期間という。被疑者勾留のまま起訴された被告人の勾留期間は，公訴提起があった日から2ヶ月である（法60条2項）。公訴提起後はじめて勾留された被告人の勾留期間は，現実に身体拘束が開始された日，すなわち勾留状の執行により被告人を指定の刑事施設等に引致した（法73条2項）日から起算すべきである。身体拘束は被告人に対する不利益処分であるから，期間計算については，時効期間に関する規定を準用して，初日を算入し，末日が休日でも期間に算入する（法55条参照）。

　2ヶ月の勾留期間が満了しても，とくに継続の必要がある場合には，裁判所は，具体的にその理由を附した決定で，1ヶ月ごとに勾留期間を更新することができる。これを勾留更新という。更新は原則として1回に限るが，次の場合は更新回数に制限がない（法60条2項）。①被告人が死刑，無期，もしくは短期1年以上の自由刑に当たる罪で起訴されているとき，②被告人が常習として長期3年以上の自由刑に当たる罪で起訴されているとき，③被告人が罪証を隠滅すると疑うに足りる相当な理由があるとき，④被告人の氏名または住所が分からないとき。なお，被告人に拘禁刑以上の実刑判決の宣告があった場合には，勾留更新回数の制限は適用されなくなる（法344条）。未確定ではあっても有罪判決宣告によりそれまでの，いわゆる無罪推定状態が失われ，逃亡のおそれが判決宣告前より高まり，刑の執行のため身体を確保する必要性が強まるからである。

　(e) 勾留の効力の消滅　　勾留状が失効した場合，または，勾留の取消しがあった場合には，勾留状による身体拘束の効力が消滅する。

　次の場合，勾留状が失効する。①勾留期間が満了したとき，②無罪，免訴，刑の免除，刑の全部の執行猶予，公訴棄却（法338条4号の場合を除く），罰金または科料の裁判の告知があったとき（法345条）。これらの場合，一般に被告人の逃亡のおそれは減少し，刑の執行確保のため身体拘束をする必要性も乏しくなるからである。③前記以外の終局裁判が確定したとき。被告人の勾留は当該事件の審判と刑の執行確保のためであるから，終局裁判の確定と共に勾留状は失効する。

　次の場合，勾留の取消しの裁判がなされる。①勾留の理由または必要がなくなったとき（法87条1項），②勾留による拘禁が不当に長くなったとき（法91

条1項)。これらの場合，裁判所は，被告人，弁護人，法定代理人，保佐人，配偶者，直系の親族もしくは兄弟姉妹の請求（①の場合は検察官も含む）により，または職権で，決定をもって勾留を取り消さなければならない。ただし，請求は，後記の保釈や勾留の執行停止等により現実の身体拘束が解かれたときは，その目的を達したものとして，その効力を失う（法87条2項・91条2項・82条3項)。勾留の取消決定をする場合には，原則として検察官の意見を聴かなければならない（法92条)。

なお，勾留の理由の開示制度については，被疑者勾留に際して説明したとおりである〔第1編捜査手続第3章Ⅲ5(2)〕。

3 被告人の保釈及び勾留の執行停止

保釈と勾留の執行停止は，いずれも勾留の執行を停止して，被告人の身体拘束を解く制度である。なお，2023（令和5）年の法改正により，保釈等をされた被告人の逃亡防止と公判期日への出頭を確保するための規定が整備・導入された。その概要は(5)＊で説明する。

(1)「保釈」とは，一定額の保証金の納付を条件に勾留の執行を停止することである。保釈請求権者すなわち勾留されている被告人，弁護人，法定代理人，保佐人，配偶者，直系親族，兄弟姉妹は，保釈を請求することができる（請求による保釈［法88条1項］)。なお，この請求は，勾留の取消請求と同様，現実の身体拘束が解かれたときは，その効力を失う（法88条2項・82条3項)。

裁判所は，適当と認めるときは，職権で保釈を許すことができる（職権による保釈［法90条]）。勾留による拘禁が不当に長くなったときは，前記のとおり，裁判所は，保釈請求権者の請求または職権により，勾留を取り消すか，保釈を許さなければならない（法91条1項)。いずれの場合でも，裁判所が保釈許否の決定をするには，あらかじめ検察官の意見を聴かなければならない（法92条1項)。

> ＊ 2016（平成28）年の法改正により，職権による裁量保釈について，「適当と認めるとき」の判断に当たっての裁判所の考慮事項が次のとおり明記された。「裁判所は，保釈された場合に被告人が逃亡し又は罪証を隠滅するおそれの程度のほか，身

体の拘束の継続により被告人が受ける健康上，経済上，社会生活上又は防御の準備上の不利益の程度その他の事情を考慮し，適当と認めるときは，職権で保釈を許すことができる」（法90条）。ここに列記された考慮事項は，従前から被告人の身体拘束の許否に関する裁判所の判断（例，勾留の必要性・相当性［法60条］，勾留の必要［法87条］，裁量保釈の許否［法90条］）において考慮勘案されていた要素を確認的に明記したものである。

(2) 保釈の請求があったときは，原則として，これを許さなければならない。これを必要的保釈または権利保釈と称する（法89条柱書）。第1審で有罪判決があるまでは無罪の推定があるとされる被告人の地位を考慮したものと説明されている。それ故，第1審で拘禁刑以上の刑に処する判決の宣告があると，必要的保釈の適用はなくなり，保釈の許否は裁判所の裁量となる（法344条）。

もっとも，権利保釈には，次の除外事由が定められている。この場合には，保釈請求があっても，裁判所はその裁量により許否を定めてよい。これを任意的保釈または裁量保釈と称する（法89条1号〜6号・90条）。なお，単なる逃亡のおそれは，除外事由とはされていない。

①被告人が死刑または無期もしくは短期1年以上の拘禁刑に当たる罪を犯したものであるとき（法89条1号）。「犯したものである」とは，現にそのような罪の訴因で起訴されているという意味である。また，罪に当たる訴因と勾留の根拠とされた罪とは同一でなければならない（身体拘束に関する事件単位原則）。勾留の基礎となっていない罪を考慮することはできない。例えば，強盗致傷罪と恐喝罪で起訴されている被告人について，勾留の基礎となっているのが恐喝罪だけである場合には，1号に該当しないことになる。

②被告人が前に死刑または無期もしくは長期10年を超える拘禁刑に当たる罪につき有罪の宣告を受けたことがあるとき（同条2号）。

③被告人が常習として長期3年以上の拘禁刑に当たる罪を犯したものであるとき（同条3号）。

④被告人が罪証を隠滅すると疑うに足りる相当な理由があるとき（同条4号）。罪証隠滅のおそれの判断方法や判断要素は，手続の発展段階に応じて変動し得る。捜査段階に比し，事案解明のための証拠収集自体は通常完了しているから，隠滅のおそれは一般的には減少している。その上で，公判手続の進行に伴い，例えば，被告人が冒頭手続で公訴事実を認め，検察官請求証拠のすべてに同意

し，その取調べが終了するに至れば，罪証隠滅のおそれは著しく減少したと認められる場合が多いであろう。なお，後記公判前整理手続が実施された事件では，第1回公判期日前であっても，整理された争点と当事者の立証計画を前提として，被告人を釈放した場合に，なお客観的に罪証隠滅行為の余地があり得るか，被告人になお罪証隠滅行為に及ぶ意図が認められるか等を具体的・実質的に検討すべきである。4号に当たる場合において，保釈を許可した原々決定を取り消し保釈請求を却下した原決定を違法として取り消し，保釈決定を維持した事例として，最決平成26・11・18刑集68巻9号1020頁，最決平成27・4・15判時2260号129頁がある。

⑤被告人が，被害者その他事件の審判に必要な知識を有すると認められる者もしくはその親族の身体もしくは財産に害を加え，または，これらの者を畏怖させる行為をすると疑うに足りる相当な理由があるとき（同条5号）。なお，裁判員の参加する裁判の場合には，裁判員，補充裁判員または選任予定裁判員に，面会，文書の送付その他の方法により接触すると疑うに足りる相当な理由があるときも，本号に該当する（裁判員法64条1項）。

⑥被告人の氏名または住居が分からないとき（法89条6号）。

前記のとおり，これらの除外事由に当たる場合でも，職権による裁量保釈（法90条）が可能であるが，その際には，勾留の基礎とされていない被告人の他の犯罪事実を考慮することができる。判例は，「[勾留状が発せられている]事実の事案の内容や性質，あるいは被告人の経歴，行状，性格等の事情をも考慮することが必要であり，そのための一資料として，勾留状の発せられていない……事実［被告人の他の公訴事実］をも考慮することを禁ずべき理由はない」と説示している（最決昭和44・7・14刑集23巻8号1057頁）。

(3)　保釈を許す場合には，保証金額を定めなければならない（法93条1項）。保証金額は，犯罪の性質，情状，証拠の証明力，被告人の性格，資産を考慮して，被告人の出頭を保証するに足りる相当な金額でなければならない（法93条2項）。正当な理由なく出頭しないときは保釈を取り消して保証金を没取する（法96条）という心理的強制により被告人の逃亡を防止して出頭を確保しようとするのが保釈制度であることから，このような考慮事項が定められている。また，保釈を許す場合には，被告人の住居を制限しその他適当と認める条件を

付けることができる（法93条3項）。この条件も，被告人の出頭を確保する趣意であるから，それと無関係な条件を付けることは許されないというべきである（例，もっぱら再犯防止のための条件は不可）。なお，2023年の法改正により，裁判所の許可を受けないで指定された期間を超えて制限された住居を離れてはならない旨の条件を付して保釈を許す場合を想定した規定が付加された（法93条4項～8項）。被告人が当該条件に係る住居を離れ，許可を受けず正当な理由なく当該期間を超えて住居に帰着しないときは，2年以下の拘禁刑で処罰される（法95条の3）。

保釈許可決定は，保証金の納付があった後でなければ，これを執行することができない（法94条1項）。裁判所は，保釈請求権者でない者に保証金を納めることを許すことができる（法94条2項）。裁判所は，有価証券または裁判所の適当と認める被告人以外の者の差し出した保証書をもって保証金に代えることを許すことができる（法94条3項）。保釈の保証書には，保証金額及びいつでもその保証金を納める旨を記載しなければならない（規則87条）。保証金の納付がなされると，裁判所はその旨を検察官に通知し，検察官の執行指揮により被告人の身体拘束が解かれ釈放される（法472条1項本文・473条参照）。

(4) 裁判所は，適当と認めるときは，職権による決定で，勾留されている被告人を親族，保護団体その他の者に委託し，または被告人の住居を制限して，勾留の執行を停止することができる（法95条1項）。保釈と異なり保証金の納付は不要である。勾留の執行停止には，その期間を指定し，終期となる日時に出頭すべき場所等を指定することができる旨が2023年改正により明文化された（法95条2項～5項）。期間を指定されて勾留の執行停止をされた被告人が，正当な理由なく終期として指定された日時に指定された出頭すべき場所に出頭しないときは，2年以下の拘禁刑で処罰される（法95条の2）。なお，執行停止は裁判所の職権によってのみなされるので，被告人や弁護人の申出は，裁判所の職権発動を促すものにとどまる（裁判所に応答義務はない。最判昭和24・2・17刑集3巻2号184頁）。

勾留の執行を停止するには，原則として検察官の意見を聴かなければならない（規則88条）。委託による勾留執行停止の場合には，委託を受けた親族，保護団体その他の者から，いつでも召喚に応じ被告人を出頭させる旨の書面を差

し出させなければならない（規則90条）。

(5)　裁判所は，次の場合には，検察官の請求または職権により，決定で，保釈または勾留の執行停止を取り消すことができる（法96条1項）。いずれも被告人の身体拘束を再開・継続する合理的理由と必要性が生じた場合である。
①被告人が，召喚を受け正当な理由がなく出頭しないとき。
②被告人が逃亡しまたは逃亡すると疑うに足りる相当な理由があるとき。
③被告人が罪証を隠滅しまたは罪証を隠滅すると疑うに足りる相当な理由があるとき。
④被告人が，被害者その他事件の審判に必要な知識を有すると認められる者もしくはその親族の身体もしくは財産に害を加えもしくは加えようとし，または，これらのものを畏怖させる行為をしたとき。なお，裁判員の参加する裁判の場合，裁判員，補充裁判員または選任予定裁判員に，面会，文書の送付その他の方法により接触したときも本号に該当する（裁判員法64条1項）。
⑤被告人が住居の制限その他裁判所の定めた条件に違反したとき。
⑥被告人が，正当な理由なく，後記「報告命令」（法95条の4）の規定による報告をせず，または虚偽の報告をしたとき。

　保釈を取り消す場合，裁判所は，決定で保証金の全部または一部を没取することができる（法96条2項）。保釈された者が，刑の言渡しを受けその判決が確定した後，執行のため呼出しを受け正当な理由がないのに出頭しないとき，または逃亡したときは，検察官の請求により，決定で，保証金の全部または一部を没取しなければならない（法96条7項）。保証書が提出されている場合は，検察官が保証書を差し出した者に納付命令を出して執行する（法490条）。没取されなかった保証金は，保釈の取消しまたは失効により被告人が刑事施設等に収容されたとき，これを還付する（規則91条1項2号・305条）。勾留の取消し，失効，再保釈等の場合も還付する（規則91条1項1号・3号，2項）。

　勾留の執行停止の期間が満了したときは，勾留の執行停止は，当然にその効力を失う。また，拘禁刑以上の刑に処する判決の宣告があったときも，保釈または勾留の執行停止は，その効力を失う（法343条）。

　保釈もしくは勾留の執行停止について，その取消しまたは失効があったとき

は，新たに保釈もしくは勾留の執行停止がなされない限り，検察事務官，司法警察職員または刑事施設職員等は，検察官の指揮により，勾留状の謄本とこれらの取消決定の謄本または期間を指定した勾留の執行停止の決定の謄本を被告人に示して，これを刑事施設等に収容しなければならない（法 98 条 1 項・3 項・71 条・343 条後段，刑事収容施設法 286 条，規則 92 条の 2・305 条）。急速を要する場合には，検察官の指揮により，被告人に対し，保釈または勾留の執行停止の取消しがあったことなどを告げて刑事施設等に収容することができるが，その後できる限り速やかに前記の書面を示さなければならない（法 98 条 2 項，刑事収容施設法 286 条）。

2023 年改正により，検察官は，保釈等を取り消す決定があった場合または拘禁刑以上の刑に処する判決の宣告により保釈等がその効力を失った場合に，被告人に対し，指定する日時及び場所に出頭することを命ずることができるとされた（法 98 条の 2・343 条の 2）。出頭命令に違反して指定された日時・場所に出頭しないときは，2 年以下の拘禁刑で処罰される（法 98 条の 3・343 条の 3）。

* 「公判期日への出頭及び刑の執行を確保するための刑事法の整備に関する諮問第 110 号」法制審議会答申（2021 年 10 月）に基づき制定・公布された 2023 年法改正（令和 5 年法律 28 号）対応部分の概要は，次のとおりである。本文中に記載したものや未施行の規定も併せてその内容と趣旨を説明する。諮問第 110 号は「近時の刑事手続における身体拘束をめぐる諸事情に鑑み，保釈中の被告人や刑が確定した者の逃亡を防止し，公判期日への出頭や刑の執行を確保するための刑事法の整備を早急に行う必要があると思われるので，その要綱を示されたい。」というもので，刑事法（逃亡防止関係）部会における審議を経て，11 項目からなる要綱が法制審議会により答申され，令和 5 年第 211 回国会において下記の条項として立法化された。

  その第一は，裁判所が，保釈中または勾留執行停止中の被告人に対し，逃亡のおそれの有無の判断に影響のある住居や労働または通学の状況など，生活上または身分上の事項やその変更の報告を命じ得るとする報告命令制度の創設である（法 95 条の 4・96 条 1 項 5 号）。裁判所が保釈中の被告人の生活状況等を適時に把握し，逃亡のおそれの程度を適切に判断して，保釈の取消しなどの必要な措置を講じることができるようにするものである。

  第二は，裁判所が保釈中または勾留執行停止中の被告人を監督する者を選任する監督者制度の創設である（法 98 条の 4・98 条の 8・98 条の 9・98 条の 11 等）。具体的には，裁判所が，保釈中の被告人の逃亡を防止し，公判への出頭を確保するために，被告人を監督する「監督者」を選任することができるとし，裁判所は，この監

督者に対して，被告人と共に出頭することや，被告人の生活上または身分上の事項について報告することを命じることができ，監督者がその義務に違反した場合や，被告人が逃亡するなどしたことによりその保釈が取り消された場合には，監督者が納付した監督保証金を没取し得るものとする。この制度については，監督者としての法的責任を引き受ける者は限られるのではないかとの指摘もあったが，保釈中の被告人の逃亡を防止するための選択肢として有益な場合があるとして，新設された。

　第三は，公判期日への出頭等を確保するために必要な処罰規定の新設である。次のとおり手続の各段階に応じて罰則を設ける。①保釈中の被告人が，召喚を受けて正当な理由なく公判期日に出頭しない行為（公判期日への不出頭罪・法278条の2），②制限住居を離れた保釈中の被告人が，裁判所の許可を受けないで裁判所の定める期間を超えて帰着しない行為（制限住居離脱罪・法95条の3），③保釈を取り消された被告人が，検察官から出頭を命ぜられたにもかかわらず正当な理由なく出頭しない行為（出頭命令違反の罪・法98条の2・98条の3・343条の2・343条の3），④勾留の執行を停止された被告人が，執行停止期間の満了時に指定された場所に正当な理由なく出頭しない行為（勾留執行停止期間満了後の不出頭罪・法95条の2），⑤死刑，拘禁刑または拘留が確定した者が，検察官から出頭を命ぜられたにもかかわらず正当な理由なく出頭しない行為（刑の執行のための呼出を受けた者の不出頭罪・法484条の2）。これらの罪の法定刑は，犯人蔵匿等の罪（刑法103条）の法定刑の上限が3年とされていることなども踏まえ，いずれも「2年以下の拘禁刑」とされた。これらの罰則の新設については，被告人が公判期日に出頭しなかった場合などには，保釈の取消しや保釈保証金の没取という既存の制裁で対処すれば足りるといった意見もあったが，それらの制裁が必ずしも十分な抑止力として機能しない場合もあるため，逃亡の防止や出頭確保の観点から，罰則を設けることが必要かつ相当とされたのである。

　第四は刑法の改正である。現行刑法の逃走罪及び加重逃走罪の主体を，「法令により拘禁された者」に統一・拡大するとともに，逃走罪の法定刑を，現行の「1年以下」から「3年以下の拘禁刑」に引き上げる。改正前の刑法の逃走罪（刑法97条）の主体は，「裁判の執行により拘禁された既決又は未決の者」とされているために，例えば，逮捕状により逮捕されて刑事施設に収容中の者や，勾留状の執行を受けて身柄を拘束されたものの，刑事施設に収容されるに至っていない者が拘禁から脱して逃走したとしても，この罪は成立しないものとされていた。その上，その法定刑は1年以下の拘禁刑とされており，主体の範囲及び法定刑のいずれの観点からしても，法令により拘禁された者の逃亡を防止する上で十分なものとは言い難い状況にあった。そこで，令状の種類の違いや刑事施設への収容の前後により犯罪の成否を分ける合理性はなく，法令上認められる身体拘束は等しく保護されるべきと考えられることから，その主体を「法令により拘禁された者」に改めるとともに，

逃走罪の法定刑について，犯人蔵匿等の罪の法定刑なども踏まえ，その長期を3年とするものである。

第五は，裁判所の命令により，保釈中の被告人にいわゆるGPS端末を装着させ，一定の区域に侵入した場合には速やかにその身柄を確保することで国外への逃亡を防止する制度を新設するものである（法98条の12～98条の24）。この制度については，対象となる被告人の範囲をめぐって，国外逃亡の防止に限らず，国内における逃亡の防止や，被害者を含む証人等への接触の防止のためにも活用できる要件にすべきであるといった意見もあったが，国外に逃亡すると我が国の主権が及ばないため，公判への出頭確保が事実上できなくなることからこれを阻止する必要性が特に高く，また，海空港への接近を探知して身柄を確保するなど，GPS端末を有効に活用する方法も明らかであること，制度を円滑に導入し定着させていくためには，特に活用の必要性が高く，効果的に活用することができ，運用に伴う困難も少ないと見込まれる国外逃亡の防止が必要な場合に限定するのが適切であることから，国外逃亡の防止を目的とした制度として，新設された。

第六は，拘禁刑以上の実刑判決の宣告後における裁量保釈の要件の明確化である（法344条2項）。拘禁刑以上の実刑判決が宣告された後の裁量保釈（法90条）については，判決の宣告前と比較してより制限的に適用されるべきであるとするのが法の趣旨と解されていることから，その趣旨を明確化するものであり，拘禁刑以上の実刑判決があった後の裁量保釈は，法90条に規定する保釈されない場合の不利益その他の不利益の程度が著しく高い場合でなければならないものとし，ただし，実刑判決後でも，保釈された場合に被告人が逃亡するおそれの程度が高くないと認めるに足りる相当な理由があるときは，この限りでないものとする。

第七は，保釈中または勾留執行停止中の被告人に対し，控訴審の判決宣告期日への出頭を義務付け，原則としてその出頭がある場合にのみ，判決を宣告する制度を新設するものである（法390条の2・402条の2）。現行法上，控訴審においては，被告人に公判期日への出頭義務がないため，保釈中の被告人に拘禁刑以上の実刑判決が宣告されて保釈が失効しても，その場で直ちに収容することができるとは限らず，それによって逃亡の機会を与えてしまうことのないように，判決宣告期日への出頭を義務付けるなどして，保釈が失効した場合の収容を確保するものである。

第八は，拘禁刑以上の実刑判決の宣告を受けた後に保釈された者が逃亡した場合には，必ず保釈を取り消し，保釈保証金の全部または一部を没取しなければならないとするものである（法96条4項・5項）。これは，保釈の取消しや保釈保証金の没取の威嚇力による逃亡抑止力を，より一層高めることを目的とする。

第九は，拘禁刑以上の実刑判決の宣告を受けた者や罰金の裁判の告知を受けた者の国外逃亡を防止し，刑の執行に困難を来すことにならないようにするために，裁判所の許可なく出国することを禁止し，これに違反した者の身体拘束ができる出国

制限制度の創設である。拘禁刑以上の実刑判決の宣告を受けた者は、その判決自体の効力として裁判所の許可なく本邦から出国してはならないものとし（法342条の2）、罰金の裁判の告知を受けた被告人やその裁判が確定した者のうち、罰金を完納できないこととなるおそれがあるときは、裁判所の許可なく出国することを禁止する命令を裁判所が発することができるものとする（法345条の2等）。

　第十は、裁判の執行に関する調査として、裁判官の発する令状により差押えや検証等の強制処分ができるとするものである（法508条1項・509条〜516条）。従前、裁判の執行に関する調査については、公務所や公私の団体に必要な事項の報告を求めることができる旨の規定（改正前法508条）などがあるのみで、捜査・公判段階であれば可能な差押えや検証などの強制処分も、裁判の執行の段階においては行うことができず、刑が確定した者の収容や罰金の徴収等に支障を来す例が少なくないという実情に対処するものである。

　第十一は、刑の言渡しを受けた者が国外にいる期間、刑の時効を停止するものである（刑法33条2項）。公訴時効については、現行法上も犯人が国外にいる場合、その期間、時効の進行を停止することとされているが、刑の時効については、時効を停止する仕組みがないため、刑が確定した者が国外に逃亡しても、時効は進行し、刑の執行ができなくなるという状態が生じる。そのようなことがないようにするため、国外にいる間は、時効の進行を停止するとしたものである。

4　勾留に関する処分の権限の所在

(1)　「勾留に関する処分」、すなわち、勾留、勾留期間の更新、勾留の取消し、勾留の理由開示、保釈、勾留の執行停止、保釈または勾留の執行停止の取消しなどの権限は、原則として、当該被告人の被告事件を審判すべき受訴裁判所にある。その例外は、次のとおりである。

(2)　公訴提起後、第1回公判期日までは、勾留に関する処分は、公訴の提起を受けた裁判所の「裁判官」が行う。ただし、裁判官が勾留に関する処分をするため公訴事実に関する証拠に一方的に接することになるので、予断防止のため、事件の審判に関与すべき裁判官は、原則として、勾留に関する処分をすることができない（法280条1項、規則187条1項・2項）。予断防止の趣意であるから、「第1回の公判期日」（法280条1項）とは、受訴裁判所が被告事件の実質的な審理を開始した公判期日を意味すると解さなければならない。遅くとも、被告人及び弁護人が被告事件に関する陳述（認否）を行えば、これに該当する

と解される。故に,冒頭手続において人定質問だけが済んだ段階や,起訴状朗読だけが済んだ段階では,いまだ勾留に関する処分の権限は受訴裁判所には移っていないことになる。

　勾留に関する処分を行う「裁判官」は,その処分に関し,裁判所または裁判長と同一の権限を有する（法280条3項,規則302条）。裁判官は,勾留に関する処分をするについては,検察官,被告人または弁護人の出頭を命じてその陳述を聴くことができる。また,必要があるときは,これらの者に対し,書類その他の物の提出を命ずることができる。ただし,被告事件の審判に関与すべき裁判官は,事件につき予断を生ぜしめるおそれのある書類その他の物の提出を命ずることができない（規則187条4項）。

　(3)　上訴の提起期間内の事件で,いまだ上訴の提起がないものについては,事件はいまだ原裁判所に係属しているから,勾留の期間を更新し,勾留を取り消し,または保釈もしくは勾留の執行停止をし,もしくはこれらを取り消す場合には,原裁判所が,その決定をしなければならない（法97条1項,規則92条1項）。

　上訴があると,事件の係属は,原裁判所から上訴裁判所に移る（「移審の効力」と称する）ので,本来的には移審と同時に勾留に関する処分の権限も上訴裁判所に移るはずである。しかし,原裁判所から上訴裁判所に訴訟記録が到達する前には,事実上その処分をすることは困難であるし,迅速な対応ができないと被告人の利益に反するおそれもあり得るから,とくに,上訴中の事件で訴訟記録が上訴裁判所に到達していないものについては,上訴提起前の場合と同様,原裁判所が,前記処分の決定を行うべきものとされている（法97条2項,規則92条2項）。これらの扱いは,勾留の理由開示にも準用される（法97条3項,規則92条3項）。なお,勾留に関して二重の処分がされるのを防ぐため,上訴裁判所は,被告人が勾留されている事件について訴訟記録を受け取ったときは,直ちにその旨を原裁判所に通知しなければならない（規則92条4項）。

　以上のような仕組みのもとで,上訴提起後,訴訟記録がいまだ上訴裁判所に到達していない場合に被告人を勾留するのは,上訴裁判所か,それとも原裁判所かという点については,明文規定が存在しない。前記法97条には,いずれも既に勾留がなされていることを前提とした判断事項だけが規定されている。

もし，上訴裁判所のみが勾留できると解すると，上訴裁判所としては，訴訟記録が到達するまでは，勾留の要件や必要性の存否を知る方法がないため，勾留の手続をすることが事実上不可能となり，本来急速を要する処分である勾留について，不合理・不都合な事態が生じ得るであろう。そのような事態が生じないようにするためには，上訴提起後であっても，訴訟記録がいまだ上訴裁判所に到達しない間は，原裁判所が勾留の権限を有すると解すべきである。前記のとおり法97条が勾留自体について規定していないのは，あえて原裁判所の勾留権限を否定する趣旨ではなく，むしろ，判決後に通常あり得るすでに勾留がなされている場合を前提にした事項だけを定めたものと理解できよう。判例はこのような解釈を採用している（最決昭和41・10・19刑集20巻8号864頁）。

Ⅳ 弁 護 人

1 弁護人の地位・役割

(1) 訴訟の主体である被告人は，訴訟の当事者として，攻撃側当事者の検察官と対抗して公判手続に関与するが，法律家でないことが通常の被告人が，法律家でありかつ国家機関として強大な権能を有する検察官に独力で対峙し訴訟活動を行うことは困難である。当事者追行主義の訴訟が健全・的確に作動してその目的を達するためには，両当事者の訴訟法上の権限が対等に付与されていることを前提に，その権限を縦横に行使できる法的能力についても実質的な対等が確保されている必要がある。このような趣旨から，訴訟当事者たる被告人の法的権限行使の補助者として重要な役割を果たす関与者が「弁護人」である。また，とくに手続の過程で身体拘束を受けている者にとっては，自ら訴訟活動やその準備を行うことが事実上著しく制約されるので，これに代わって活動する弁護人の役割も極めて重要である。

日本国憲法は，このような考え方に基づき，身体を拘束される場合には，何人でも「直ちに弁護人に依頼する権利」を基本権として保障する（憲法34条前段）ほか，訴訟の当事者となる「刑事被告人」については，「いかなる場合に

も，資格を有する弁護人を依頼することができる」として，被告人の弁護人依頼権を基本権として保障している（憲法37条3項前段）。また，「被告人が自らこれを依頼することができないときは，国でこれを附する」と定めて，被告人に「国選弁護」の制度を要請している（憲法37条3項後段）。

このような憲法の保障を受けて，法は，一定の立法政策的考慮に基づき，弁護人制度及び国選弁護の制度を設計導入している。なお，被疑者段階における弁護及び身体拘束を受けている被疑者に対する国選弁護の制度については，既に説明したので〔第1編捜査手続第9章Ⅲ〕，以下では，主として被告人の弁護人について説明を加える。

(2) 憲法にいう「資格を有する弁護人」について，法は，弁護士法により資格要件を厳格に定められている法律専門家たる「弁護士」の中から選ばれた弁護人を想定している。弁護士は，検察官とは異なり公務員ではないが，法律専門家として，基本的人権の擁護と社会正義の実現とを使命とする自由職業である（弁護士法1条1項）。刑事司法の過程に関与し，被疑者・被告人の法的補助者として，その正当な権利を保護するために活動するのは，弁護士の最も重要な公的責務のひとつといってよい。弁護人は，原則として，弁護士の中から選任しなければならない（法31条1項）。ただし，簡易裁判所及び地方裁判所においては，裁判所の許可を得て，弁護士でない者を弁護人に選任することができる。これを「特別弁護人」という。ただし，地方裁判所においては，ほかに弁護士の中から選任された弁護人がある場合に限られる（法31条2項）。なお，被疑者が特別弁護人を選任することはできない（最決平成5・10・19刑集47巻8号67頁）〔第1編捜査手続第9章Ⅲ*1*(3)〕。

(3) 弁護人の責務は，被告人の正当な権利・利益を保護することにある。故に，弁護人が被告人の不利益になる活動をすることは，一般的に許されないというべきであろう。刑事手続全体の目的が事案の真相解明であるとしても（法1条），弁護人の活動は被告人の正当な権利・利益を確保することを第一義とし，その限度内で事案解明に協力するべきものである。

その上で，「被告人の正当な権利・利益」は，法律家でありかつ弁護士倫理規範の下で活動する弁護人自身により判断される。すなわち，被告人の意思・要望等からは独立の判断・活動が要請される場面もあり得る。弁護人の訴訟法

上の権限には，被告人の意思から独立して行使し得るものや，弁護人のみに付与されている権限もあるので（法41条），弁護人は被告人の単なる代理人ではない。他方で，弁護人の役割が，訴訟主体であり当事者たる被告人の補助者である以上，あらゆる局面で被告人本人の意思・判断から完全に独立して活動することはあり得ない。その権限と範囲は次のとおりである。

(4) 弁護人の訴訟法上の権限は，法に根拠規定が明示されていない場合と特別の根拠規定がある場合とに分かれる。このうち，第一，根拠規定のない場合，弁護人は被告人の補助者としての地位・役割から，代理行為に親しむ限り，被告人がすることのできる訴訟行為を代理行使することができる。これは，弁護人という訴訟法上の地位に基づき包括的に行使し得る権限であるから，事柄の性質上当然に，被告人の意思に反することはできない。その例として，移送の請求（法19条），管轄違いの申立て（法331条），証拠とすることの同意（法326条1項），略式命令に対する正式裁判の請求（法465条）等を挙げることができる。なお，最高裁判所は，上訴権を有しない弁護人選任権者により，原判決後に選任された弁護人によってなされた上訴申立ての可否について判断するに際し，「およそ弁護人は，被告人のなし得る訴訟行為について，その性質上許されないものを除いては，個別的な特別の授権がなくても，被告人の意思に反しない限り，これを代理して行うことができる」と説示して，このような包括的代理権を確認し，弁護人選任者が被告人本人であれ，被告人以外の選任権者であれ，上訴の申立てについてこの包括代理の例外とする理由はないから，原判決後に被告人のために上訴権を有しない弁護人選任権者によって選任された弁護人も，法351条1項による被告人の上訴申立てを代理して行うことができるとしている（最大決昭和63・2・17刑集42巻2号299頁）。

第二，特別の根拠規定のある場合は，弁護人は被告人から独立して，すなわち被告人本人の意思に拘束されることなく，その権限を行使できる（法41条）。法定された権限には，さらに，被告人の明示した意思に反することはできないと規定されているものと，それ以外のものがある。被告人の明示の意思に反することができない（すなわち，黙示の意思には反し得る。よって被告人の意思表示がない限り同意を求めないでなし得る）ものには，忌避申立て（法21条2項），原審弁護人の上訴権（法355条・356条）等がある。それ以外の独立して活動できる

権限としては，勾留理由開示の請求（法82条2項），保釈の請求（法88条1項），証拠保全請求（法179条），証拠調べの請求（法298条），検証の立会い（法142条・113条1項），証人尋問（法304条2項）等がある。また，弁護人だけが固有に有する権限として，被告人・被疑者との接見交通権（法39条），書類・証拠物の閲覧謄写権（法40条・180条）等がある。

* 　被告人の法定代理人，保佐人，配偶者，直系の親族及び兄弟姉妹は，いつでも審級ごとに届け出て「補佐人」となることができる。補佐人は，被告人の明示した意思に反しない限り，被告人のすることのできる訴訟行為をすることができる。ただし，法に特別の規定（例，上訴の放棄・取下げ［法360条］）がある場合は，この限りでない（法42条）。

2　弁護人の選任

(1)　弁護人は，被告人自らまたは被告人以外の法定された選任権者が選任する場合と，裁判所または裁判長が被告人のために選任する場合とがある。前者を私選弁護人，後者を国選弁護人と称するが，両者はその選任権者を異にする以外，弁護人としての前記の権能に違いはない。

(2)　法は，「私選弁護」について，被告人または被疑者は，何時でも弁護人を選任することができると定め（法30条1項），さらに弁護士会に対して，弁護人の選任の申出をすることができ，これを受けた弁護士会は，速やかに，所属する弁護士の中から弁護人となろうとする者を紹介しなければならないとしている（法31条の2）。また，被告人または被疑者の法定代理人，保佐人，配偶者，直系親族及び兄弟姉妹は，独立して弁護人を選任することができる（法30条2項）。「独立して」とは，被告人本人の意思に反しても選任権を行使できるという意味である。

選任の方式について，公訴提起前については，方式の定めはないが，弁護人と連署した選任書を当該被疑事件を取り扱う検察官または司法警察員に差し出した場合には，第1審においてもその効力を有する（法32条1項，規則17条）。公訴提起後における弁護人の選任は，選任関係を明確にする趣旨で様式行為とされ，選任者と弁護人とが連署した選任書を差し出して行わなければならない

（規則18条）。被告人の署名がない選任書は，留置番号や指印で被告人が特定されていても無効とする判例があるが（最決昭和44・6・11刑集23巻7号941頁），氏名を明示しない合理的理由が認められ，被告人の同一性が署名以外の方法によりそれと同等に画定記載されていると認められる場合には，連署という様式行為の趣旨に反しないから，有効とみるべきであろう。

　被告人の弁護人の数は，原則として制限がないが，特別の事情のある場合は，これを3人までに制限することができる（法35条，規則26条）。被告人に数人の弁護人がある場合，被告人側の主張・陳述等を統一的に行使し，訴訟を円滑に進行するのに資するため，そのうちの1人を主任弁護人に定めなければならない（法33条，規則19条～22条）。主任弁護人に事故がある場合は，裁判長は他の弁護人のうち1人を副主任弁護人に指定することができる（規則23条）。主任弁護人または副主任弁護人は，弁護人に対する通知または書類の送達については，他の弁護人を代表する（規則25条1項）。また，他の弁護人は，最終陳述等の場合を除き，裁判長または裁判官の許可及び主任弁護人または副主任弁護人の同意がなければ，申立て，請求，質問，尋問または陳述をすることができない（規則25条2項）。

　(3)　私選弁護は，もっぱら被告人等選任権者の意思に基づくものであり，選任権者が選任の意思を有しない場合や，意思があっても貧困等の事情により選任する能力がない場合は，弁護人がないという場合も生じ得る。しかし，前記のとおり弁護人の存在は，刑事訴訟の健全・的確な作動過程にとって極めて重要な意味を有するので，法は，被告人・被疑者について，一定の事情があるときは，裁判所もしくは裁判長または裁判官が弁護人を付することとしている。これを「国選弁護」という。

　国選弁護人は，弁護士の中から選任しなければならない（法38条1項，規則29条1項）。複数の被告人または被疑者の利害が互いに反しないときは，同一の弁護人に数人の被疑者・被告人の弁護をさせてもよい（規則29条5項）。国選弁護人は，日本司法支援センターの国選弁護人候補者の指名通知に基づき，国選弁護人契約弁護士の中から選任されるが，この場合，国選弁護人の報酬及び費用は，日本司法支援センターから支給される（総合法律支援法39条1項）。この費用は訴訟費用となるので（同法39条2項），刑の言渡しを受けた場合は，

被告人の負担とされることがある（法181条1項）。なお，被疑者に国選弁護人が付され，当該事件について公訴の提起がなされなかった場合において，被疑者の責めに帰すべき事由があるときは，国選弁護人に係る費用は，被疑者の負担とされることがある（法181条4項）。

　国選弁護人の数は，原則として1人の被告人または被疑者に対して1人の国選弁護人を付することが想定されているが，被告人の場合，裁判長が，事案の性質等諸般の事情を勘案して，その訴訟指揮権の行使として1人の被告人に対して複数の国選弁護人を選任することはあり得る。被疑者の場合は，死刑または無期拘禁刑に当たる事件について，特に必要があると認めるときは，裁判官の職権により，1人の被疑者に対して合計2人までの国選弁護人を選任することができる（法37条の5）。

　前記のとおり，被疑者に対する国選弁護制度については，2004（平成16）年の法改正により，2006（平成18）年10月から初めて施行が開始され，順次その対象事件の範囲を拡張しているが〔第1編捜査手続第9章Ⅲ2〕，その際に，従前から法定されていた被告人に対する国選弁護制度についても，その選任要件及び選任手続が補訂・整備された。以下では，主として被告人の国選弁護について，選任要件と手続を説明する。

　(a)　被告人が貧困その他の事由により弁護人を選任することができないとき（法36条）　憲法上の刑事被告人に対する国選弁護制度の要請（憲法37条3項後段）を受けて，法は，被告人に弁護人選任の意思はあってもその資力がない等の場合に，裁判所は，被告人の請求により，被告人のため弁護人を付しなければならないと定める（「請求による選任」法36条本文）。ただし，後記必要的弁護の場合を除き，被告人が国選弁護人の選任請求をするには資力申告書を提出しなければならない。資力申告書とは，その者に属する現金，預金その他政令で定めるこれらに準ずる資産の合計額（資力）及びその内訳を申告する書面をいう（法36条の2）。そして，資力が基準額（標準的な必要生計費を勘案して一般に弁護人の報酬及び費用を賄うに足りる金額として政令で定める額。平成18年政令287号により50万円と定められている）以上である被告人が国選弁護人の選任請求をするには，あらかじめ，その請求をする裁判所の所在地を管轄する地方裁判所の管轄区域内にある弁護士会に，前記の私選弁護人選任の申出（法31条の2第

1項）をしなければならない（法36条の3第1項）。この申出を受けた弁護士会は，速やかに，所属する弁護士の中から弁護人となろうとする者を紹介しなければならず（法31条の2第2項），弁護人となろうとする者がないとき，または紹介した弁護士が被告人のした弁護人の選任申込みを拒んだときは，被告人にその旨を通知する（法31条の2第3項）。そして，この場合には，裁判所の国選弁護人選任要件の審査に資するため，裁判所に対しても，被告人に前記通知をした旨を通知しなければならない（法36条の3第2項）。裁判所は，前記資力申告書の記載内容や前記通知内容等に基づき，「貧困その他の事由により弁護人を選任することができないとき」に該当すると判断したときは，国選弁護人を選任する（法36条）。「その他の事由」とは，弁護士会に所属する弁護士の中に弁護人となろうとする者がない場合や，紹介された弁護士が被告人の弁護人選任申込みを拒絶した場合等をいう。

　このような選任請求の仕組みは，一定額の資力があり自ら弁護人を選任できる者は，国費を投入する国選弁護ではなく私選弁護人を選任すべきであるという趣意を，私選弁護人選任申出の前置という法形式で明示したものである。

　(b)　被告人が，未成年者，70歳以上の者，耳の聞こえない者または口のきけない者のいずれかであるとき，心神喪失者または心神耗弱者である疑いがあるとき，その他必要と認めるとき（法37条）　このいずれかの場合に，被告人に弁護人がないときは，裁判所は職権で弁護人を付することができる（「職権による選任」法37条）。ここに列記された被告人は，いずれも類型的に訴訟の主体として的確な活動ができないおそれがあり，また自らの意思に基づいて弁護人の要否を判断することが困難であるから，本人の意思に係わらず，裁判所が後見的に弁護人を付すことができるようにする趣意である。なお，この場合に，被告人に既に弁護人があっても，その弁護人が出頭しないときは，裁判所は，職権で弁護人を付することができる（法290条）。

　(c)　死刑または無期もしくは長期3年を超える拘禁刑に当たる事件を審理する場合（「必要的弁護事件」法289条）　この場合，弁護人がなければ開廷することはできない（法289条1項）。このため，このような事件の審理に際して，弁護人がないとき，または，弁護人が出頭しないときもしくは在廷しなくなったときは，裁判長は，職権で弁護人を付さなければならない（法289条2項）。

また，期日の空転をできるだけ避ける趣旨で，必要的弁護事件において弁護人が「出頭しないおそれ」があるときも，裁判所は，職権で弁護人を付することができる（法289条3項）。

　このように法定刑の重い一定の事件が必要的弁護事件とされている趣旨は，被告人の訴訟上の権利利益の十分な確保と公判審理自体の公正担保である。これは，被告人の弁護人を依頼する意思とは無関係に弁護人を要するとする制度であるから，憲法の弁護人依頼権に由来するものではない。

　なお，弁護人の在廷が必要な「審理」とは事件の実体に関する審理の場面と解されるので，これに当たらない手続段階，例えば，人定質問のみをする場合（最決昭和30・3・17刑集9巻3号500頁）や，判決宣告のみをする場合（最判昭和30・1・11刑集9巻1号8頁）には，弁護人の在廷は必要でない。

　必要的弁護制度を悪用する被告人への対処として，裁判所が公判期日への弁護人出頭確保のための方策を尽くしたにもかかわらず，被告人が，弁護人の公判期日への出頭を妨げるなど，弁護人が在廷しての公判審理ができない事態を生じさせ，かつ，その状態を解消することが極めて困難な場合には，当該公判期日については，法289条1項の適用がないとするのが判例である（最決平成7・3・27刑集49巻3号525頁）。被告人の帰責事由により弁護人の在廷が不可能となるような不当な事態はもはや法の想定しないところであるから，必要的弁護の規定の適用自体を排除したのである。

　(d)　公判前整理手続または期日間整理手続を行う場合（法316条の4・316条の7・316条の8・316条の28第2項）　争点及び証拠の整理を行う後記の公判前整理手続または期日間整理手続は，法律家である弁護人の活動を前提に組み立てられているので，弁護人がなければ手続を行うことができず，弁護人がないときは，裁判長は，職権で弁護人を付さなければならない（法316条の4・316条の28第2項）。また，公判前整理手続期日または期日間整理手続期日に弁護人が出頭しないときなどには，裁判長は，職権で弁護人を付さなければならず（法316条の8第1項・316条の28第2項），弁護人が出頭しないおそれがあるときには，裁判所は，職権で弁護人を付することができる（法316条の8第2項・316条の28第2項）。

　(e)　公判前整理手続または期日間整理手続に付された事件を審理する場合

(法316条の29) これらの手続に付された事件については，その後の公判手続においても弁護人が必要的であり，前記必要的弁護事件の場合と同様に，弁護人がなければ開廷することはできない（法316条の29）。このため，弁護人がないとき，または出頭しないときなどには，裁判長は，職権で弁護人を付さなければならず（法289条2項），また，弁護人が出頭しないおそれがあるときには，裁判所は，職権で弁護人を付することができる（法289条3項）。

　(f) 即決裁判手続に係る公判期日を開く場合（法350条の18・350条の23）〔第5章Ⅱ〕　被告人の手続上の権利を十分に確保するため，即決裁判手続の申立てがあった事件について，裁判所が即決裁判手続決定をするかどうかを判断するための手続を行う公判期日及び即決裁判手続による審理及び裁判を行う公判期日を開く場合には，弁護人が必要的であり，弁護人がなければ，それらの公判期日を開くことはできない（法350条の23）。このため，即決裁判手続の申立てがあった場合において，被告人に弁護人がないときは，裁判長は，できる限り速やかに，職権で弁護人を付さなければならない（法350条の18）。

　　＊　検察官から即決裁判手続の申立てをすることについて同意するか否かの確認を求められた被疑者が，その同意の有無を明らかにしようとする場合において，被疑者が貧困その他の事由により弁護人を選任することができないときは，裁判官は，その請求により，被疑者のため国選弁護人を付さなければならない（法350条の17第1項）。選任主体となる裁判官は，被疑者に対して即決裁判手続によることにつき確認を求めた検察官が所属する検察庁の所在地を管轄する地方裁判所もしくは簡易裁判所の裁判官またはその地方裁判所の所在地（支部の所在地を含む）に在る簡易裁判所の裁判官である（規則222条の12）。この場合の被疑者の国選弁護人選任請求についても，法37条の3の規定が準用され（法350条の17第2項），資力申告書の提出や弁護士会に対する私選弁護人の選任申出の前置等の手続を要する。

　(4) 弁護人の選任は，特定の事件について行われる訴訟行為なので，選任の効力が及ぶのは原則として当該事件に限られる。この一般原則を前提として，規則は，被告人の防禦上の便宜等を勘案して，被告人または弁護人がとくに限定しない限り，1つの事件についてなされた弁護人選任の効力は，その後追起訴され，これと併合された事件についても及ぶとしている（規則18条の2）。これは，私選弁護についての規定であり，従前，明文のなかった国選弁護人については，2004（平成16）年改正の際に規定が整備され，事件単位での選任が原

則であることを前提に，裁判所が異なる決定をしたときを除き，国選弁護人の選任は，弁論が併合された事件についてもその効力を有するとの明文が設けられた（法313条の2）。これに対して，被疑者に対する弁護人選任の効力は原則どおり被疑事実単位であり，被疑者に付された国選弁護人が，新たに身体拘束された被疑事実についても国選弁護人となるには，当該被疑事実について新たに選任命令を得ることを要する。

　法は，公訴の提起後における弁護人の選任は審級ごとにしなければならないと定めている（「審級代理の原則」法32条2項）。これは，国選であると私選であるとを問わない。「審級」が終了すれば弁護人選任の効力は終了する。いつ審級が終了するか，すなわち，いつ選任の効力が失われるかについて，判例は，弁護人選任の効力は判決宣告によって失われるものではないとの判断を示している（最決平成4・12・14刑集46巻9号675頁）。もし，終局裁判の言い渡しと同時に弁護人選任の効力が終了するとすれば，上訴申立てまで弁護人のいない空白期間が生じて被告人に不利益であるから，上訴期間の満了または上訴の申立てにより移審の効果が生じるまでは，原審の弁護人選任の効力が継続していると解するのが相当であろう。

　(5)　国選弁護人の「解任」について，弁護人の辞任の申出や被告人の請求によってではなく，裁判所が辞任の申出につき正当な理由があると認めて解任しない限り，その地位を失うものではないとするのが判例であった（最判昭和54・7・24刑集33巻5号416頁参照）。この点については，2004（平成16）年改正の際に，国選弁護人の選任の法的性質は裁判であるとの理解を前提とし，その解任事由が法定列記された。すなわち，①私選弁護人が選任されたこと等により国選弁護人を付する必要がなくなったとき，②被告人と弁護人との利益が相反する状況にあり弁護人にその職務を継続させることが相当でないとき，③心身の故障その他の事由により，弁護人が職務を行うことができず，または職務を行うことが困難となったとき，④弁護人がその任務に著しく反したことによりその職務を継続させることが相当でないとき，⑤弁護人に対する暴行，脅迫その他の被告人の責めに帰すべき事由により弁護人にその職務を継続させることが相当でないときである。これらのいずれかに該当するときは，裁判所は，あらかじめ弁護人の意見を聴き，当該国選弁護人を解任することができる（法

38条の3第1項・2項)。

　なお，公訴の提起前は，「裁判官」が国選弁護人の解任をする（法38条の3第4項)。解任主体となる裁判官は，当該弁護人を付した裁判官，その所属する裁判所の所在地を管轄する地方裁判所の裁判官またはその地方裁判所の所在地（支部の所在地を含む）に在る簡易裁判所の裁判官である（規則29条の2)。

V　犯罪の被害者

　(1)　犯罪の被害者は，刑事訴訟の当事者ではないが，いわば事件の当事者として，その心情及び名誉について適切な配慮措置を受け，その立場が尊重されなければならない。法は，犯罪被害者及びその遺族に対する適切な配慮と一層の保護を図る趣意の規定を設けて，刑事手続内における配慮措置と手続関与の制度を設定している。①公判期日において被害に関する心情その他の意見陳述をすること（法292条の2)，②証人尋問に際しての証人への付添い（法157条の4)・証人の遮蔽（法157条の5)・ビデオリンク方式を利用した尋問（法157条の6)，③公開の法廷での被害者特定事項の秘匿措置（法290条の2）等がその例である。また，一定の犯罪については，裁判所が犯罪の性質，被告人との関係その他の事情を考慮して相当と認めるときは，被害者等（被害者または被害者が死亡した場合もしくはその心身に重大な故障がある場合におけるその配偶者，直系の親族もしくは兄弟姉妹をいう）または，当該被害者の法定代理人に当該事件の手続への参加を許す「被害者参加」制度（法316条の33）も設定されている。これらについては，別途説明を加える〔第4章Ⅶ〕。

　(2)　刑事手続そのものではないが，それに付随する配慮措置として，「犯罪被害者等の権利利益の保護を図るための刑事手続に付随する措置に関する法律」において，次のような事項が定められている〔第4章Ⅶ2(3)＊〕。①被害者等が公判手続の傍聴を申し出たとき，裁判長が被害者等が公判手続を傍聴できるよう配慮すること（同法2条)，②被害者等は，一定の場合を除き，係属中であっても事件の訴訟記録の閲覧及び謄写が認められること（同法3条)，③被害に関する民事上の争いについて被告人との間で合意が成立した場合は，その合

意を公判調書に記載し，その記載に裁判上の和解と同一の効力を認めるという，民事上の争いについての刑事訴訟手続における和解の制度（同法19条），④一定の犯罪について，被害者またはその一般承継人が当該事件の訴因を原因とする不法行為に基づく損害賠償の請求に関し当該事件の刑事手続の成果を利用できる損害賠償命令制度（同法24条）。

(3) 以上のような制度により，犯罪被害者等が公判手続の関与者として一定の活動をする場面が生じ得る。また，被害者等は，攻撃側当事者たる検察官の訴追活動に深い関心を有するのが通常であるから，法は，前記被害者参加制度における被害者参加人等は，検察官に対し，当該被告事件についての検察官の権限の行使（例，特定の訴因の設定・変更）に関し，意見を述べることができることとし，検察官は，当該権限を行使しまたは行使しないこととしたときは，必要に応じ，意見を述べた者に対してその理由を説明しなければならないとしている（法316条の35）。

もっとも，被害者参加人は，もとより刑事訴訟の当事者ではないから，立法論として，訴訟当事者に固有の訴追権限（例，訴因の設定・変更権限）や上訴権を付与することができないのは当然であり，当事者追行主義の刑事訴訟の下で，そのような権限を伴う参加制度を設定する余地はないというべきである。

〈第3編第2章　参考文献〉
　兼子一＝竹下守夫・裁判法［第4版］（有斐閣法律学全集，1999年）
　司法研修所検察教官室編・検察講義案［令和3年版］（法曹会，2023年）
　岡慎一＝神山啓史・刑事弁護の基礎知識［第2版］（有斐閣，2018年）

第3章

公判の準備

　当事者追行主義の公判手続が健全・的確に作動するためには，手続関与者による事前の周到な準備が不可欠である〔序Ⅱ5〕。公判期日の審理の準備のために，裁判所及び訴訟関係人により行われる手続を「公判準備」と称する。刑事手続の目標である事案解明，すなわち検察官が起訴状において主張する公訴事実が，公判期日における検察官の立証活動と被告人・弁護人の防禦活動を踏まえて，合理的な疑いを超えて証明できているか，また，量刑にとって重要な事実が過不足なく証明できているかを，事実認定者である裁判所が，両当事者の論告・弁論を踏まえて，これを吟味・点検・評価する判決に到達すること，このような目標に向けて，手続関与者の相互協力と知力を尽くした目的合理的活動が要請される場面である。また，公判審理の迅速かつ充実した進行管理という観点からは，連日的に開廷して計画的・集中的な審理を実現するため（法281条の6），第1回公判期日前にあらかじめ事件の争点が整理され，その証明活動に向けた両当事者の立証計画が確立し，審理計画が策定されていることが必要不可欠である。

　このように公判の準備は，刑事裁判の帰趨を決する極めて重要な手続段階である。法は，「公判前整理手続」（法316条の2以下）を設定して，公判準備の典型形式を具現している。以下では，まずすべての公判準備に共通する事項に触れ，次いで，公判前整理手続の作動過程を説明する。

第3編　公判手続

I　第1回公判期日前の公判準備

1　起訴状謄本の送達

　公判準備は，起訴状の裁判所への提出（法256条1項）と，事件の受理（規則298条1項参照）から開始される。起訴された事件は，裁判所において，当該裁判所の事務分配規程に従い，機械的に各部・係に分配される。事件を受理した裁判所は，被告人の防禦準備に資するため，検察官の提出する起訴状の謄本を直ちに被告人に送達しなければならない（法271条1項，規則176条1項・165条1項）。送達ができなかったときは，裁判所は直ちにその旨を検察官に通知する（規則176条2項）。検察官による所在確認により再送達の可能性があり得るからである。

　公訴の提起と起訴状謄本の送達との間に長時間が経過すると，被告人の防禦に実質的不利益が生じ得るから，法は，公訴提起があった日から2か月以内に起訴状謄本が送達されないときは，公訴の提起は，さかのぼってその効力を失うと定めている（法271条2項）。公訴が失効したときは，裁判所は，決定で公訴を棄却しなければならない（法339条1項1号）。

　　＊　起訴状における個人特定事項の秘匿措置，起訴状の謄本に代わる起訴状抄本等の送達（法271条の2～271条の5）については第2編第2章Ⅱ*1*(2)＊＊を参照。

2　弁護人選任権等の告知と弁護人の選任

(1)　被告人の弁護人選任権，国選弁護人選任請求権，及び必要的弁護事件等について，裁判所は，次のとおり，被告人がこれを十分理解した上で権利行使ができるよう，権利の告知，教示をしなければならない。

　公訴提起後，裁判所は，遅滞なく被告人に対して，①弁護人選任権があること，②貧困その他の事由により私選弁護人を選任できないときは，国選弁護人の選任を請求できること，③死刑または無期もしくは長期3年を超える拘禁刑に当たる必要的弁護事件については，弁護人がないと開廷することができない

こと，を知らせなければならない（法272条1項，規則177条）。また，④公判前整理手続に付した事件については，弁護人がなければ同手続を行うことができないこと，弁護人がなければ開廷することができないことを知らせなければならない（規則217条の5）。⑤即決裁判手続の申立てがあった事件についても，弁護人選任権・国選弁護人選任請求権の告知に加えて，弁護人がなければ同手続に係る公判期日を開くことができないことを知らせなければならない（規則222条の16）。いずれも，被告人に弁護人があるときはこの限りでない。

　なお，国選弁護人の選任を請求できる旨を知らせるに当たっては，法の規定により弁護人が必要的とされている場合（法289条1項・316条の4第1項・316条の7・316条の28・316条の29・350条の17）を除き，国選弁護人の選任を請求するには，資力申告書を提出しなければならないこと，及び資力が基準額以上のときは，あらかじめ，弁護士会に私選弁護人の選任申出をしなければならないことを教示しなければならない（法272条2項）。

　(2)　被告人に弁護人がないときは，円滑な手続進行に資するため，裁判所は，次のような措置をとらなければならない。必要的弁護事件及び即決裁判手続の申立てがあった事件については，弁護人を選任するかどうかを，その他の事件については，国選弁護人の選任請求をするかどうかを確かめなければならない（規則178条1項・222条の17第1項）。必要的弁護事件については，被告人に対し，一定の期間を定めて回答を求めることができ，また即決裁判手続の申立てがあった事件については，一定の期間を定めて回答を求めなければならない（規則178条2項・222条の17第2項）。必要的弁護事件及び即決裁判手続の申立てがあった事件について，期間内に回答がなく，または弁護人の選任がないときは，裁判長は，直ちに被告人のため国選弁護人を選任する（規則178条3項・222条の17第3項）。国選弁護人は，原則として，裁判所の所在地にある弁護士の中から被告人ごとに選任する。被告人の利害が相反しないときは，1人の弁護人に数人の弁護をさせることができる（規則29条）。

3　訴訟関係人の事前準備

　(1)　公判前整理手続〔Ⅱ〕に付されない事件であっても，第1回公判期日か

ら充実した集中的な審理を行うためには，訴訟関係人が，第1回公判期日前に，相互にあらかじめ公判の準備を十分に尽くしておくことが不可欠である。これを「事前準備」と称する。1961（昭和36）年の規則改正により，一連の規定が設けられた（規則178条の2～178条の7，178条の14～178条の17）。事件が公判前整理手続に付されるまでは，これらの規定がすべて適用される。また，一部を除き，公判前整理手続に付された事件にも適用される（規則217条の19）。

　次のとおり，これらの規則の定めは，検察官が取調べ請求を予定している証拠の事前開示や当事者相互の準備活動を促進する面はあるが，検察官が取調べ請求を予定していない証拠の開示については何ら触れず，また，審理を主宰する受訴裁判所が訴訟関係人の準備活動に直接関与しつつ争点と証拠を整理する途は乏しいので，第1回公判期日前の準備手続としては不徹底なところがある。

　(2)　訴訟関係人は，①第1回公判期日前に，できる限り証拠の収集及び整理をして，審理が迅速に行われるように準備しなければならない（規則178の2）。②検察官は，取調べ請求する予定の証拠書類・証拠物については，なるべく速やかに被告人または弁護人に閲覧の機会を与えなければならず，弁護人は，被告人その他の関係者に面接するなど適当な方法により事実関係を確かめておくほか，検察官が閲覧の機会を与えた証拠書類・証拠物については，なるべく速やかに，同意，不同意または異議の有無の見込みを検察官に通知しなければならない（規則178条の6第1項・2項）。③検察官及び弁護人は相互に連絡して，訴因・罰条を明確にし，または事件の争点を明らかにするため，できる限り打ち合わせ，審理に要する見込み時間など開廷回数の見通しを立てるについて必要な事項を裁判所に申し出なければならない（規則178条の6第3項）。④第1回公判期日前に，訴訟関係人が相手方に証人等の氏名及び住居を知らせる場合（法299条）には，なるべく早い時期に知らせなければならない（規則178条の7，なお検察官請求証人等の氏名・住居を知る機会を与えず，氏名に代わる呼称・住居に代わる連絡先を知る機会を与える場合［法299条の4第3項］も同様とする）。⑤検察官及び弁護人は，第1回公判期日に取り調べられる見込みのある証人については，なるべく在廷させるように努めなければならない（規則178条の14）。⑥検察官は，公訴の提起後は，被告人側が押収物を訴訟の準備に利用できるようにするため，なるべく還付もしくは仮還付の処置をとるよう考慮しなければならない

(規則178条の17)。

(3) 前記訴訟関係人の準備活動を促進するため、裁判所は、次のような処置を執らなければならない。①検察官と弁護人の相互連絡が速やかに行われるようにするため、必要があるときは、裁判所書記官に命じて、双方の氏名を相手方に知らせるなど適当な措置を執らせること（規則178条の3）。②第1回公判期日の指定に当たっては、その期日前に訴訟関係人がなすべき準備について考慮すること（規則178条の4）。③公判期日の審理が充実して行われるようにするため相当と認めるときは、あらかじめ検察官または弁護人にその期日の審理に充てることのできる見込みの時間を知らせること（規則178条の5）。

その他、裁判所は、次のような処置を執ることができる。①裁判所書記官に命じて、検察官または弁護人に、訴訟の準備の進行状況を問い合わせ、またはその準備を促す措置を執らせること（規則178条の15）。②適当と認めるときは、第1回公判期日前に、検察官及び弁護人を出頭させて、公判期日の指定その他訴訟の進行に関し必要な打合せを行うこと（規則178条の16第1項本文）。ただし、事件につき予断を生じさせるおそれのある事項にわたることはできない（規則178条の16第1項但書）。

4 第1回公判期日の指定、通知、変更、被告人の召喚

裁判長は、訴訟関係人の事前準備を考慮して第1回公判期日を指定し、その期日に被告人を召喚し、かつ、その期日を検察官、弁護人及び補佐人に通知しなければならない（法273条）。被告人に対する第1回公判期日の召喚状の送達は、起訴状謄本の送達前にはすることができない（規則179条1項）。その他被告人の召喚については前記のとおり〔第2章Ⅲ2(2)〕。

審理に2日以上を要する事件の公判期日を指定するには、できる限り連日開廷し、継続して審理を行わなければならない（法281条の6）。やむを得ない事情のある場合の公判期日の変更については、前記のとおり〔第1章Ⅰ(2)〕。

　　＊　裁判員裁判対象事件では、後記のとおり、必要的に公判前整理手続に付され（裁判員法49条）、争点と証拠を整理した上で審理計画を立て、原則として「連日的開廷」が行われている。裁判員裁判以外の事件についても、裁判の迅速・充実化のた

めの計画的集中審理の要請に異なるところはないから，争点や証拠関係が複雑な事件については，後記の公判前整理手続・期日間整理手続や前記の裁判所と当事者との打合せ（規則178条の16）等の規則が定める事前準備を活用して，第1回公判期日前や期日間に争点と証拠の整理を行って審理計画を立て，複数の公判期日を近接した日時に一括して指定するなどの工夫が行われている。なお，前記事前準備に関する規則は，第1回公判期日前の準備を想定したものではあるが，実務では，三者間の打合せ等が期日間準備においても活用されている。事前準備に関する規則の趣旨は期日間準備にも妥当するものであるから，適切な運用といえよう。

II 公判前整理手続

1 公判前整理手続の意義と制度趣旨

　公判前整理手続は，刑事裁判の充実・迅速化を図り，事件の争点に集中した審理を実現するための公判準備である。公判審理を継続的，計画的かつ迅速に行うため，争点及び証拠を整理することを目的とする（法316条の2）。2004（平成16）年の法改正により設計・導入され，2005（平成17）年11月から実施されている。

　迅速かつ充実した公判審理を実現するためには，争点に集中した証拠調べを連日的に実施する必要があり，そのためには，第1回公判期日前に，あらかじめ両当事者が公判でする予定の具体的主張を交換し，これを通じて画定された争点について，取り調べるべき証拠を選別・整理し，証拠調べの順序・方法を決定した上で，個々の証拠調べに要する時間を見積もり，必要な回数の公判期日をあらかじめ指定するなどして，明確な審理計画を策定しておくことが要請される。また，争点整理に資する被告人側の具体的主張明示と立証準備のためには，被告人側に対して，検察官が取調べ請求を予定する証拠以外の，被告人の防禦にとって必要・重要な証拠の事前開示が不可欠である。さらに，裁判員裁判では，一般国民に対する負担過重を避け，迅速で分かりやすい審理が要請されるので（裁判員法51条），明確な審理計画のもと，整理された争点について，直接・口頭の証拠を中心とした立証の準備が要請されるのである。

第3章 公判の準備

　このような第1回公判期日前の公判準備は，本来，当事者追行主義刑事訴訟の健全・的確な作動のために必要不可欠な手続段階として，組み込まれるべきものであった。また，争点整理と立証計画策定及びその前提となる検察官手持ち証拠の被告人側への開示という設計思想は，充実した刑事裁判実現のための普遍的前提というべきである。公判前整理手続の導入は，現行法制定当初欠落していた本来在るべき手続段階を設定し，この手続に関与する法律家に対して，知力を傾けるべき新たな領域を創設したのである。

2　手続の関与者

　(1)　公判前整理手続を主宰するのは，当該事件の審理を担当する受訴裁判所である（法316条の2）。また，当事者追行主義訴訟の準備段階においても主導的に活動すべきは両当事者であるが，この手続の運用には的確な法的技能を要するので，弁護人がなければ手続を行うことができず（法316条の4），手続期日には検察官と弁護人の出頭が必要的である（法316条の7）。

　被告人の出頭は必要的でないが，出頭する権利があり，また，被告人の意思を確認する等のため，裁判所は，必要と認めるときは，被告人の出頭を求めることができる（法316条の9）。被告人の出頭を求めたときは，速やかにその旨を検察官・弁護人に通知しなければならない（規則217条の11）。被告人が出頭する最初の公判前整理手続期日において，裁判長は，被告人に対し黙秘権・供述拒否権を告知しなければならない（法316条の9第3項）。

　裁判所には，充実した公判の審理を継続的，計画的かつ迅速に行うことができるよう，公判前整理手続において，十分な準備が行われるようにするとともに，できる限り早期にこれを終結させるよう努め，また，公判の審理予定を定めることが要請されている（法316条の3第1項，規則217条の2第1項）。他方，訴訟関係人は，手続の目的が達せられるよう，相互に協力するとともに，その実施や審理予定の策定に関し，裁判所に進んで協力しなければならない（法316条の3第2項，規則217条の2第2項）。

　　＊　法制審議会の答申した要綱（骨子）「第2-2」は，映像と音声の送受信による公判前整理手続期日等への出席・出頭について，大要，次のような改正案を示してい

る。
　(1)　検察官・弁護人・裁判長ではない裁判官の出席・出頭　　ア　裁判所は，相当と認めるときは，検察官及び弁護人の意見を聴き，同一構内（裁判長が公判前整理手続期日または期日間整理手続期日（以下「公判前整理手続期日等」という。）における手続を行うために在席する場所と同一の構内をいう。イ及び(2)において同じ。）以外にある場所であって適当と認めるものに検察官または弁護人を在席させ，映像と音声の送受信により相手の状態を相互に認識しながら通話をすることができる方法によって，公判前整理手続期日等における手続を行うことができる。この場合において，その場所に在席した検察官または弁護人は，その公判前整理手続期日等に出頭したものとみなす。イ　裁判所は，同一構内以外にある場所に合議体の構成員を在席させ，映像と音声の送受信により相手の状態を相互に認識しながら通話することができる方法によって，公判前整理手続期日等における手続を行うことができる。
　(2)　被告人の出頭　　裁判所は，相当と認めるときは，検察官及び被告人または弁護人の意見を聴き，同一構内以外にある場所であって適当と認めるものに被告人を在席させ，映像と音声の送受信により相手の状態を相互に認識しながら通話をすることができる方法によって，公判前整理手続期日等における手続を行うことができる。

(2)　手続の主宰者を受訴裁判所としたのは，この手続で行われる争点整理や証拠決定，審理計画策定等が，すべて当該事件の公判審理の在り方を決定するので，当該事件の公判運営に責任を負う受訴裁判所が主宰するのが必要かつ合理的と考えられたからである。

　受訴裁判所には，手続の主宰者として，第1回公判期日前の段階において，当該事件における当事者の予定主張や立証計画と立証構造，さらに事件に関係する証拠に接する機会が生じるが，法の要請する予断防止原則の趣意は，起訴状一本主義の規定（法256条6項）に具現されているとおり，公判審理開始前に，裁判所が，一方的な形で証拠に接し，そこから捜査段階の心証を引き継ぐのを禁止して，裁判所があらかじめ事件の実体に関する一方的心証を形成するのを防止することにある〔第2編公訴第2章Ⅱ3〕。公判前整理手続は，両当事者が対等に参加・関与する手続として構成されており，その目的は争点・証拠整理と審理計画の策定であるから，裁判所が事件の実体についてあらかじめ心証形成することはない。主宰者たる受訴裁判所は，この目的達成のため，基本的には，両当事者の予定主張や立証計画等に接するのであり，主張は証拠ではない。また，後記のとおり，この手続においては，裁判所は第1回公判期日前で

あっても証拠決定や証拠開示に関する裁定を行うことがあり，その際には証拠自体に接することになるが，それは，証拠能力の有無や証拠開示の要件の有無の判断のため，その限度で証拠を確認するのであり，そこから直接，当該証拠の信用性の評価や実体に関する心証を形成するのではない。それ故，受訴裁判所が公判前整理手続を主宰する構成は，予断防止原則に抵触するものではない。

* 裁判員裁判との関係で，受訴裁判所を構成する職業裁判官と裁判員との「情報格差」を問題視する議論があるが，理由がない。公判前整理手続に関与して両当事者の予定主張に接し，証拠決定や審理計画の策定等に携わった職業裁判官と，公判審理に際してはじめて選任される裁判員との間に，審理開始時点で当該事件に関し認知している情報に格差があるのは制度上当然である。そして，両当事者の主導する公判審理の進行状況を勘案し，公判前整理手続において知り得た両当事者の立証計画や立証構造に関する情報をも踏まえて，正確な事実認定・事案解明に向けて審理と評議を的確に進行させるのは，裁判員裁判において職業裁判官に期待される当然の役割である（裁判員法66条5項参照）。

3 手続の開始・方法・内容

(1) 裁判所は，「充実した公判の審理を継続的，計画的かつ迅速に行うため必要があると認めるとき」，検察官，被告人もしくは弁護人の請求によりまたは職権で，決定で，事件を公判前整理手続に付することができる（法316条の2第1項）。裁判員裁判対象事件については，これを公判前整理手続に付することが必要的である（裁判員法49条）。

* 2016（平成28）年に，従前から，検察官や弁護人の申出を受け，両当事者の意見を聴いた上，職権による決定で開始されていた公判前整理手続及び期日間整理手続について，検察官，被告人または弁護人が，裁判所に対し，事件を公判前整理手続または期日間整理手続に付することを請求できるとする法改正が行われた（法316条の2・316条の28）。もっとも，当事者に請求権を付与することで変わったのは，裁判所に応答（請求に対する決定）する訴訟法上の義務が生じる点のみである。手続を実施する必要性の要件に変更はなく，裁判所はあらかじめ当事者等の意見を聴いた上で決定することとされ（法316条の2第2項，規則217条の3・217条の29），請求を却下する決定に対し不服申立ての途は設けられていないので，従前と何ら変わらぬ運用となろう。

(2) 手続は，訴訟関係人を出頭させて陳述させる方法（公判前整理手続期日を設ける方法），または，訴訟関係人に書面を提出させる方法により実施される（法316条の2第3項）。これらの方法を適宜織り交ぜて行うこともできる。期日を指定するについては，その期日前に訴訟関係人が行う準備を考慮しなければならない（規則217条の6）。裁判所は，裁判所が決定すべき事項（例，訴因変更許可，個人特定事項の通知，証拠決定，証拠開示に関する裁定）を除き，受命裁判官に公判前整理手続をさせることができる（法316条の11）。

なお，裁判所は，弁護人の陳述または弁護人が提出する書面について被告人の意思を確かめる必要があるときは，公判前整理手続期日において被告人に質問し，あるいは，弁護人に被告人と連署した書面の提出を求めることができる（法316条の10）。弁護人の予定主張等が被告人の真意に沿ったものでなければ，争点整理が実効を欠くので，必要に応じ，被告人の意思を確認できるようにしたのである。

(3) 法は手続において行う事項を，具体的に列挙している（法316条の5）。それらは，①訴因・罰条を明確にさせ，訴因変更を許可し，主張を明示させるといった主張ないし争点の整理に関するもの（1号・2号・4号），②証拠調べ請求，立証趣旨・尋問事項の明確化，証拠意見の確認，証拠決定，証拠調べの順序・方法の決定，証拠調べに関する異議申立てに対する決定といった証拠の整理に関するもの（5号～10号），③証拠開示に関するもの（11号），④事件への被害者参加の決定またはその取消し（12号），公判期日の決定・変更など審理計画の策定に関するもの（13号）に分類できる。なお，公判前整理手続では，第1回公判期日前であっても証拠調べ請求（5号）や証拠決定（8号）ができるので，証拠調べは冒頭手続終了後に行う旨の規定には，例外を認める但書が設けられている（法292条但書）。

もっとも，公判前整理手続において実際に行うことができる事柄は，列挙された事項に限定されるわけではない。列挙された事項を行う前提あるいは手段として必要な事項，付随して行う必要がある事項は法・規則に従い実施可能である。例えば，裁判所が，「公判期日においてすることを予定している主張を明らかにさせて事件の争点を整理する」（法316条の5第4号）ために，検察官，被告人，弁護人に，主張の不明確な点について釈明を求めることや（規則208

条1項),「証拠調べをする決定又は証拠調べの請求を却下する決定をする」(法316条の5第8号)ために,必要な事実の取調べを行うこと(法43条3項,規則33条3項),証拠書類または証拠物の提示を命ずること(規則192条)などができる。

4 手続の進行

　手続は次のように進行し,争点及び証拠の整理と段階的な証拠開示が行われる。

(a)　検察官による証明予定事実の明示とその証明に用いる証拠の取調べ請求
　十分に争点及び証拠を整理するとともに,被告人側が防禦の準備を整えることができるようにするための前提として,まずは検察官が主張・立証の全体像を明らかにする。検察官は,公判期日において証拠により証明しようとする事実(「証明予定事実」という)を書面で裁判所及び被告人または弁護人に明らかにするとともに(「証明予定事実記載書面」と称する),証明予定事実を証明するために用いる証拠の取調べを請求しなければならない(法316条の13)。証明予定事実の記載については,事件の争点及び証拠の整理に必要な事項を具体的かつ簡潔に明示し(規則217条の20第1項),事実とこれを証明するための証拠との関係を具体的に明示する等の適当な方法で,争点と証拠の整理が円滑に行われるよう努めなければならない(規則217条の21)。無用詳細な記載は有害無益である。

　裁判所は,検察官が証明予定事実記載書面を提出すべき期限と証拠調べを請求すべき期限を定めることができ(法316条の13第4項),検察官はその期限を厳守しなければならない(規則217条の23)。

(b)　検察官請求証拠の開示　　さらに,検察官は,被告人または弁護人に対し,取調べを請求した「検察官請求証拠」を,次の方法で開示しなければならない(法316条の14)。①証拠書類または証拠物については,これを閲覧及び謄写する機会を与えること(被告人の場合は閲覧の機会のみ。以下同じ。法316条の14第1項1号)。②証人,鑑定人,通訳人または翻訳人については,その氏名及び住居を知る機会を与えるとともに,その者の「供述録取書等」(「供述書,供

述を録取した書面で供述者の署名若しくは押印のあるもの又は映像若しくは音声を記録することができる記録媒体であって供述を記録したものをいう」［法290条の3第1項］）のうち，その者が公判期日において供述すると思料する内容が明らかになるものを閲覧及び謄写する機会を与えること（法316条の14第1項2号）。②の場合，供述録取書等が存在しないとき，またはこれを閲覧させることが相当でないと認めるときは，その者が公判期日において供述すると思料する内容の要旨を記載した書面を閲覧及び謄写する機会を与えなければならない。このように，証人予定者の氏名・住居のみならず（法299条1項参照），予定供述内容も併せ事前開示される。

* 検察官請求証拠開示の後，被告人側の請求により「検察官が保管する証拠の一覧表」を交付する手続が2016（平成28）年改正により導入された。その内容は次のとおり。検察官は，法316条の14第1項による請求証拠の開示をした後，被告人または弁護人から請求があったときは，速やかに，被告人または弁護人に対し，「検察官が保管する証拠の一覧表」を交付しなければならない（同条2項）。一覧表の記載事項は，①証拠物の品名及び数量，②供述録取書の書面の標目，作成年月日及び供述者の氏名，③証拠書類（②を除く）の標目，作成年月日及び作成者の氏名とする（同条3項）。ただし，一覧表に記載することにより①人の身体もしくは財産に害を加えまたは人を畏怖させもしくは困惑させる行為がなされるおそれ，②人の名誉または社会生活の平穏が著しく害されるおそれ，③犯罪の証明または犯罪の捜査に支障を生ずるおそれがあると認めるものは，記載しないことができる（同条4項）。

  この一覧表交付制度は，被告人側が後記の類型証拠等の開示請求を行うに際し，請求対象を想定・識別するのに資する趣意で導入された。証拠そのものの開示ではなく，検察官が通常保管する証拠について知識経験が乏しい被告人・弁護人であっても開示請求を円滑・的確にできるようにするための配慮である。検察官保管証拠の個別具体的内容を被告人側に伝達するためのものではない。故に，この点についての求釈明（規則208条）は想定されていない。他方，「証拠書類」について，弁護人が対象を想定・識別するのに資する程度の具体的表示（例，どのような事項に係る「捜査報告書」か推知可能な程度の表記）が望ましいといえよう。

(c) 検察官請求証拠の証明力を判断するために重要な一定類型の証拠の開示
(a)(b)の手続により，検察官の主張・立証の全体像が明らかになるので，これに対し，被告人側が防禦としていかなる主張・立証をするか決めるのに資するため，被告人側が検察官請求証拠の証明力を適切に判断できるようにする趣旨

で，被告人側は一定類型の証拠の開示を請求することができる。これを，「類型証拠の開示」と称する（法316条の15）。

類型証拠開示の要件は，次のとおり。

①法の定める証拠の類型に該当すること。すなわち，証拠物（法316条の15第1項1号），裁判所・裁判官による検証調書（同項2号），捜査機関による検証・実況見分調書またはこれに準ずる書面（同項3号），鑑定書またはこれに準ずる書面（同項4号），証人等の供述録取書等（同項5号），検察官が特定の検察官請求証拠により直接証明しようとする事実の有無に関する供述を内容とする被告人以外の者の供述録取書等（同項6号），被告人の供述録取書等（同項7号），身体拘束を受けた被告人等の取調べ状況記録書面（同項8号）のいずれかに該当すること。なお，後記のとおり2016（平成28）年改正により類型証拠の範囲が拡張されている〔＊〕。

②それが(b)で開示された「特定の検察官請求証拠の証明力を判断するために重要であると認められる」こと（法316条の15第1項柱書）。

③②の重要性の程度その他の被告人の防禦の準備のために開示をすることの必要性の程度ならびに開示によって生じるおそれのある弊害の内容及び程度を考慮し，開示が相当と認められること（法316条の15第1項柱書）。

④被告人または弁護人から開示の請求があること。被告人または弁護人が開示請求をするときは，証拠の類型及び開示の請求に係る証拠を識別するに足りる事項，ならびに事案の内容，特定の検察官請求証拠に対応する証明予定事実，開示の請求に係る証拠と検察官請求証拠との関係その他の事情に照らし，開示の請求に係る証拠が検察官請求証拠の証明力を判断するために重要であることその他の被告人の防禦の準備のために開示が必要である理由を明らかにしなければならない（法316条の15第3項1号）。

被告人側の開示請求を受けた検察官は，以上の要件を検討して開示が相当と認めるときは，開示をしなければならない。まずは検察官が，証拠の重要性の程度その他被告人側の防禦準備のための必要性の程度と，例えば罪証隠滅，証人威迫，関係者の名誉・プライヴァシイの侵害など開示により生じるおそれのある弊害の内容・程度を勘案して，開示の相当性を判断することになる（法316条の15第1項）。

なお，証人等を保護するための規定は，公判前整理手続における証拠開示についても準用される（法316条の23）。また，検察官は，必要と認めるときは，開示の時期・方法を指定し，または条件を付することができる（法316条の15第1項・2項）。例えば，即時または無条件の開示をすると弊害が生じるものの，これを特定の時期まで開示しないものとすることにより，または一定の条件を付することによって，弊害の発生を防止することができると認められる場合に，開示の時期を指定し，あるいは，一定の条件を付するなどである。開示請求のあった証拠について，検察官がこれを開示しない場合には，その理由を被告人または弁護人に告げなければならない（規則217条の26）。

＊　類型証拠開示の規定の趣意は，捜査過程を経て検察官のもとに集積・保管される事件に関する多様な資料のうち，一般的・類型的に被告人側の反証準備にとって重要と認められ，他方，具体的弊害が一般的に乏しく，防禦準備に資するため被告人側に配分するのが相当と認められるものを第一段階の開示対象として列記したものである。

　　2016（平成28）年に類型証拠開示の対象を拡大する法改正が行われた。付加されたのは，被告人の共犯として身体拘束されまたは起訴された者であって，検察官が証人尋問請求する予定の者の取調べ状況を記録した書面（法316条の15第1項8号），検察官請求証拠である証拠物の押収手続記録書面（捜査機関が職務上作成を義務付けられる書面で，証拠物の押収に関し，その押収者，押収年月日，押収場所その他押収の状況を記録したもの）（同条同項9号），類型証拠として開示すべき証拠物の押収手続記録書面（同条2項）である（これについては，開示請求に際して，当該書面を識別するに足りる事項，ならびに開示すべき証拠物と特定の検察官請求証拠との関係その他の事情に照らし，当該証拠物により当該検察官請求証拠の証明力判断のために当該開示が必要である理由を明らかにしなければならない［同条3項2号］）。

＊＊　捜査機関が自ら知覚した内容を踏まえての考察，意見等を記載した捜査報告書については，知覚・認識された事実の報告部分は類型証拠たる「被告人以外の者の供述録取書等であって，検察官が特定の検察官請求証拠により直接証明しようとする事実の有無に関する供述を内容とするもの」（法316条の15第1項6号）に該当し得る。また，捜査機関が被告人以外の者から聴取した結果を記載した捜査報告書も，捜査機関の「供述書」であり，「供述録取書等」の定義（「供述書，供述を録取した書面で供述者の署名若しくは押印のあるもの又は映像若しくは音声を記録することができる記録媒体であって供述を記録したもの」［法290条の3第1項］）に当たる。類型証拠開示の目的は，「事実の有無に関する供述」の存在とその供述内容を被告人側に伝達して防禦準備に資することにあり，犯罪事実認定に係る証拠法則である

伝聞法則とは無関係である。故に，このような捜査報告書に記載された被告人以外の者の供述は，伝聞法則の観点からは証拠能力の認められないものであっても，前記6号には該当し開示の対象となり得ると解すべきである。これに対し，6号の「供述」には伝聞供述は含まれないとする裁判例がある（東京高決平成18・10・16判時1945号166頁，大阪高決平成18・10・6判時1945号166頁）。

＊＊＊　実務上，手続の早い時点（前記，証明予定事実記載書面の提示と検察官請求証拠の取調べ請求の前後の段階）において，検察官が請求証拠以外の類型証拠や後記の主張関連証拠に該当するであろうと思われる証拠を開示して，被告人側の防禦準備を促進させる運用がしばしば行われている（「任意開示」と称される）。任意開示の対象となる典型的な類型証拠としては，請求証拠以外の実況見分調書（法316条の15第1項3号），重要証人の供述録取書等（同項5号），被告人の供述録取書等（同項7号）などがあり，事案により被告人等に係る取調べ状況記録書面（同項8号）などが想定される。弁護人は，このような任意開示された証拠及び検察官保管証拠の一覧表（法316条の14第2項・3項）の検討をも踏まえて，さらに類型証拠等の開示請求の要否を検討することになる。公判前整理手続全体の迅速化に資する適切な運用といえよう。

(d)　被告人側の主張の明示と証拠調べ請求等　　このようにして被告人側には，あらかじめ検察官の主張・立証の全体像が具体的に示されるのみならず，検察官請求証拠の証明力を判断するために重要な一定類型の証拠の開示を受けることができる。そこで法は，これらの手続終了後であれば，被告人側に，あらかじめ公判でする予定の主張等を明らかにするよう求めても，防禦の利益を損なうものではないことから，被告人側に一定の応答を義務付けている。検察官による証明予定事実の明示，その証明に用いる証拠の取調べ請求及びその開示，検察官請求証拠の証明力を判断するために重要な一定類型の証拠の開示が行われた後，被告人または弁護人は，次の応答をしなければならない。

①検察官請求証拠について，法326条の同意をするかどうかなどの証拠意見を明らかにすること（法316条の16第1項）。

②証明予定事実その他の公判期日においてすることを予定している事実上及び法律上の主張があるときは，裁判所及び検察官に対し，これを明らかにすること（法316条の17第1項，規則217条の20第2項・217条の21）。「事実上の主張」とは，裁判所による認定を要する事実に関する被告人側の主張であり，積極的な事実主張のほか，検察官が明示した個別の証明予定事実に対する否認の

主張も含まれる。「法律上の主張」とは，法令に関する主張であり，刑罰法令の解釈，合憲性，法令の適用等に関する主張をいう。

③被告人側に証明予定事実があるときは，その証明に用いる証拠の取調べを請求すること（法316条の17第2項）。

④被告人側の請求証拠を検察官側に開示すること（法316条の18）。被告人側請求証拠の開示の方法は，検察官請求証拠の場合と同じである。検察官は，被告人側請求証拠の開示を受けたときは，これに対する証拠意見を明らかにしなければならない（法316条の19）。

裁判所は，被告人側の主張明示や証拠調べ請求の期限を定めることができる（法316条の17第3項）。また，当事者双方に対し，相手方に対する証拠意見を明らかにすべき期限を定めることができ（法316条の16第2項・316条の19第2項），訴訟関係人は期限を守らなければならない（規則217条の23）。もっとも裁判所は，期限までに意見や主張が明らかにされず，または証拠調べ請求がない場合でも，公判の審理を開始するのを相当と認めるときは，公判前整理手続を終了することができる（規則217条の24）。

なお，最高裁判所は，法が被告人に対し主張明示義務及び証拠調べ請求義務を定めていることについて，「被告人又は弁護人において，公判期日においてする予定の主張がある場合に限り，公判期日に先立って，その主張を公判前整理手続で明らかにするとともに，証拠の取調べを請求するよう義務付けるものであって，被告人に対し自己が刑事上の責任を問われるおそれのある事項について認めるように義務付けるものではなく，また，公判期日において主張をするかどうかも被告人の判断に委ねられている」ことから，自己負罪拒否特権（憲法38条1項）に違反しないと判断している（最決平成25・3・18刑集67巻3号325頁）〔第1編捜査手続第9章Ⅱ*3*(1)〕。

* 最高裁判所は主張明示義務と公判期日における被告人質問の制限の可否との関係について，次のように説示して，公判期日での新たな主張が制限される場合があり得る旨指摘している（最決平成27・5・25刑集69巻4号636頁）。

「公判前整理手続は，充実した公判の審理を継続的，計画的かつ迅速に行うため，事件の争点及び証拠を整理する手続であり，訴訟関係人は，その実施に関して協力する義務を負う上，被告人又は弁護人は，刑訴法316条の17第1項所定の主張明示義務を負うのであるから，公判期日においてすることを予定している主張がある

にもかかわらず，これを明示しないということは許されない。……公判前整理手続終了後の新たな主張を制限する規定はなく，公判期日で新たな主張に沿った被告人の供述を当然に制限できるとは解し得ないものの，公判前整理手続における被告人又は弁護人の予定主張の明示状況（裁判所の求釈明に対する釈明の状況を含む。），新たな主張がされるに至った経緯，新たな主張の内容等の諸般の事情を総合的に考慮し，前記主張明示義務に違反したものと認められ，かつ，公判前整理手続で明示されなかった主張に関して被告人の供述を求める行為（質問）やこれに応じた被告人の供述を許すことが，公判前整理手続を行った意味を失わせるものと認められる場合（例えば，公判前整理手続において，裁判所の求釈明にもかかわらず，『アリバイの主張をする予定である。具体的内容は被告人質問において明らかにする。』という限度でしか主張を明示しなかったような場合）には，新たな主張に係る事項の重要性等も踏まえた上で，公判期日でその具体的内容に関する質問や被告人の供述が，刑訴法295条1項により制限されることがあり得るというべきである。」

(e) 被告人側の主張に関連する証拠の開示　さらに法は，(d)で示される被告人側の主張に関連する証拠の開示について定める。これは，被告人側が具体的に明らかにした主張によって生じた争点に関連する証拠を開示することにより，さらなる争点整理や被告人側の防禦準備を可能にする趣旨である。「主張関連証拠の開示」と称される。主張関連証拠開示の要件は次のとおり（法316条の20）。

①被告人または弁護人が明らかにした事実上及び法律上の主張に関連すると認められる証拠であること。主張との関連性は抽象的なものでは足りない。

②その関連性の程度その他の被告人の防禦の準備のために当該開示をすることの必要性の程度と開示によって生じるおそれのある弊害の内容及び程度を考慮し，開示が相当と認められること。

③被告人または弁護人から開示の請求があること。

開示は，他の場合同様，閲覧・謄写の機会を与える方法による。検察官が，必要と認めるときは，開示の時期・方法を指定し，または条件を付することができる点も同様である。

* 最高裁判所は，捜査機関が取調べ等捜査の過程で作成したメモについて，それが当該事件の捜査の過程で作成され，公務員が職務上現に保管し，かつ，検察官において入手が容易なものは，被告人側主張との関連性・必要性が認められる場合，証拠開示命令の対象になり得るとの判断を示している。（最決平成19・12・25刑集61

巻 9 号 895 頁，最決平成 20・6・25 刑集 62 巻 6 号 1886 頁，最決平成 20・9・30 刑集 62 巻 8 号 2753 頁)。

　被告人側の具体的主張と反証準備に資する素材の発見・伝達を通じて一層の争点整理を進めるという法目的から，開示対象の範囲が，1) 現に検察官の手中に在るかを問わず，警察官等が保管し，入手・伝達が容易であるものにも及ぶこと，2) 事案の背景事情によっては当該被告事件の捜査と密接に関連する他事件の捜査過程で作成された取調べメモ等も対象となる場合はあり得よう。もっとも，それらの内容は争点の「事実」に係る記載であることが前提であり，捜査・訴追側の事実の評価，法的見解，捜査方針等に係る意見（ワークプロダクト）は開示対象にはならないというべきである。

　(f) 証拠開示に関する裁定　以上のような証拠開示の要否の判断をめぐって，検察官と被告人側との間で争いが生じた場合には，公判前整理手続を主宰する裁判所がこれを裁定する次のような制度・手続が設けられている。

　①開示時期の指定等。前記のとおり，検察官，被告人・弁護人は，取調べ請求する証拠を開示しなければならないが，裁判所は，開示すべき当事者の請求により，開示の必要性の程度ならびに弊害の内容及び程度等を考慮し，必要と認めるときは，決定で，開示の時期・方法を指定し，または条件を付することができる（法 316 条の 25）。

　②開示命令。裁判所は，法の規定により当事者が開示すべき証拠を開示していないと認めるときは，相手方の請求により，決定で，当該証拠の開示を命じなければならない。その際，開示の時期・方法を指定し，または条件を付することもできる（法 316 条の 26）。なお，前記のとおり，検察官は，証拠開示に際して開示の時期・方法を指定したり条件を付することができるが，これに対して被告人側は，検察官が付した条件等に不服があれば，開示命令の請求をすることができ，裁判所は，その条件等が不当であると判断した場合，無条件の開示や新たな条件等のもとでの開示を命ずることもできる。

　以上のような裁定のための裁判所の決定に対しては，即時抗告をすることができる（法 316 条の 26 第 3 項）。

　裁判所は，裁定をするため必要と認めるときは，請求に係る証拠の提示を命ずることができる。また，裁判所は，被告人側から開示命令の請求があった場

合に，検察官に対し，その保管証拠のうち裁判所の指定する範囲に属するものの標目を記載した一覧表の提示を命ずることもできる。ただし，この証拠の提示命令や一覧表の提示命令は，裁判所が裁定を的確に行うことができるようにする趣意であるから，提示された証拠及び一覧表は，何人にも閲覧または謄写をさせることができない（法316条の27）。

＊　即時抗告の提起期間は3日であり（法422条），原決定が告知された日から進行する（法358条）。初日を算入しないので，期間の起算日は決定告知の翌日である（法55条1項）。従前，原決定謄本が被告人と弁護人の双方に日を異にして送達された場合の抗告提起期間は，被告人に送達された日から進行するという判例があったが（例，上告棄却決定に対する異議申立てについて，最決昭和32・5・29刑集11巻5号1576頁，保釈請求却下決定に対する準抗告棄却決定に対する特別抗告について，最決昭和43・6・19刑集22巻6号483頁），最高裁判所は，証拠開示命令請求棄却決定に対する即時抗告の提起期間について，弁護人に同決定謄本が送達された日から進行するとした（最決平成23・8・31刑集65巻5号935頁）。裁定請求の主体は弁護人であり，弁護人が，被告人ではなく弁護人自身に対して証拠を開示することを命じる旨求めているという請求の形式等がその理由とされている。

＊＊　証拠開示制度は，法の欠落を埋め，事件の争点整理を促進させる公判前整理手続の目的に関連付けて設計・導入されたものである。これに対して，公判前整理手続に付されない事件については，従前の事前準備に関する規律と，公判審理に入ってから裁判所の訴訟指揮権に基づく証拠開示命令の途を認めた最高裁判例が存するところであるが（判例は，裁判所は，証拠調べの段階に入った後，弁護人から具体的必要性を示して一定の証拠閲覧の申出があれば，その訴訟指揮権にもとづき，事案の性質，審理の状況，閲覧を求める証拠の種類及び内容，閲覧の時期，程度及び方法などを考慮し，それが被告人の防禦のためにとくに重要であり，かつこれによって罪証隠滅，証人威迫などのおそれがなく　相当と認めるときは，検察官に対し，その所持する証拠を弁護人に閲覧させるよう命ずることができるとする［最決昭和44・4・25刑集23巻4号248頁］)，第1回公判期日前ないし審理中に証拠開示をめぐる当事者間の争いが顕在化した場合には，公判審理の継続性・迅速性が阻害されるおそれがあるので，裁判所は事件を公判前整理手続（法316条の2）または期日間整理手続（法316条の28）に付する決定を行い，完備された証拠開示制度を利用できるようにするのが適切であろう。なお，実務では，整理手続に付さない場合でも，規則178条の6第1項1号の規定に係わらず，当事者間で類型証拠開示や主張関連証拠開示に準じた任意の証拠開示が行われる例もあり，これが，争点整理や被告人側の防禦準備を促す役割を果たしている。

＊＊＊　検察官による証拠開示は，現に係属する被告事件について，十分な争点整理

と被告人側の防禦準備に資することを目的とする。開示証拠の複製等が第三者に交付されるなどすれば，罪証隠滅，証人威迫，関係者の名誉・プライヴァシイの侵害等の弊害が拡大するおそれがある。また，開示証拠の目的外使用が無制約に行われると，検察官及び裁判所は証拠開示の要否の判断において，目的外使用による弊害の可能性をも考慮しなければならず，かえって，開示の範囲が狭くなるおそれがある。そこで，法は，開示証拠が本来の目的にのみ使用されることを担保し，開示がされやすい環境を整え，ひいては証拠開示制度の適正な運用を確保する趣旨で，被告人または弁護人等による開示証拠の目的外使用を禁止する旨を明記している。被告人，弁護人またはこれらであった者は，検察官から被告事件の審理の準備のために開示された証拠に係る複製等を，当該事件の審理など被告事件に係る裁判のための審理のほか法所定の手続またはその準備に使用する目的以外の目的で，人に交付し，提示し，または電気通信回線を通じて提供してはならない（法281条の4）。目的外使用には刑事罰も設けられており（法281条の5），また目的外使用の禁止と併せ，弁護人は開示証拠の複製等を適正に管理し，その保管をみだりに他人にゆだねてはならない旨定めがある（法281条の3）。不適正管理が弁護士倫理に反し懲戒に価するのはもとよりである。

(g) 当事者双方による主張・証拠請求の追加・変更　(a)から(e)までの手続の後，検察官，被告人または弁護人は，必要があるときは，同様の方法で主張の追加・変更を行うとともに，追加の証拠調べ請求，請求に係る証拠の開示等をしなければならない（法316条の21・316条の22）。当事者双方が，必要に応じ，その主張・証拠請求の追加・変更等を繰り返すことにより，争点・証拠の整理が，一層具体化してゆくことが想定されている。

(h) 争点及び証拠の整理の結果の確認　以上のような手続を経て，公判前整理手続を終了するに当たっては，裁判所は，検察官及び被告人または弁護人との間で事件の争点及び証拠の整理の結果を確認しなければならない（法316条の24）。

具体的には，①両当事者が公判においてする予定主張の内容，②双方の予定主張を照合した結果明らかとなった争点，③公判において取り調べるべき証拠及びその取調べの順序，方法等の事項について，裁判所から当事者に結果を提示し，確認をする。実務上は，この際に，裁判所が公判審理の実施に備え，両当事者と認識を共有しておくのが有用と思われるその他の審理計画に係る事項等，争点及び証拠の整理の結果以外の事項についても，併せて確認される。

第3章 公判の準備

* 法制審議会は，電磁的記録である証拠の開示等について，大要，次のような法改正要綱を答申している（要綱（骨子）「第1-4」）。

1 電磁的記録である証拠の閲覧等の機会の付与　(1) 法299条1項の証拠書類または証拠物の全部または一部が電磁的記録であるときは，当該電磁的記録に係る同項の規定による閲覧する機会の付与は，相手方に対し，当該電磁的記録の内容を表示したものを閲覧し，またはその内容を再生したものを視聴する機会を与えることによりする。(2)ア　法316条の14第1項1号の証拠書類または証拠物の全部または一部が電磁的記録であるときは，当該電磁的記録に係る同号の規定による閲覧する機会の付与（被告人に対するものに限る。）は，当該電磁的記録の内容を表示したものを閲覧し，またはその内容を再生したものを視聴する機会を与えることによりするとし，当該電磁的記録に係る同号の規定による閲覧し，かつ，謄写する機会の付与は，その内容を表示したものを閲覧し，またはその内容を再生したものを視聴し，かつ，当該電磁的記録を複写し若しくは印刷し，またはその内容を表示し若しくは再生したものを記載し若しくは記録する機会を与えることによりする。イ　法316条の14第1項2号の供述録取書等の全部または一部が電磁的記録であるとき（当該供述録取書等を閲覧させることが相当でないと認めるときを除く。）は，当該電磁的記録に係る同号の規定による閲覧する機会の付与（被告人に対するものに限る。）は，当該電磁的記録の内容を表示したものを閲覧し，またはその内容を再生したものを視聴する機会を与えることによりするとし，当該電磁的記録に係る同号の規定による閲覧し，かつ，謄写する機会の付与は，その内容を表示したものを閲覧し，またはその内容を再生したものを視聴し，かつ，当該電磁的記録を複写し，若しくは印刷し，またはその内容を表示し若しくは再生したものを記載し若しくは記録する機会を与えることによりする。ウ　法316条の14第1項2号の規定による証人，鑑定人，通訳人または翻訳人が公判期日において供述すると思料する内容の要旨を記載した書面を閲覧する機会の付与（被告人に対するものに限る。）は，これに代えて，当該要旨を記録した電磁的記録の内容を表示したものを閲覧する機会を与えることによりすることができるとし，同号の規定による閲覧し，かつ，謄写する機会の付与は，これに代えて，その内容を表示したものを閲覧し，かつ，当該電磁的記録を複写し，若しくは印刷し，またはその内容を表示し若しくは再生したものを記載し若しくは記録する機会を与えることによりすることができる。エ　ウの場合，法316条の14第1項2号の規定による開示をしたものとみなす。(3) 法316条の15第1項または316条の20第1項の規定による開示をすべき証拠の全部または一部が電磁的記録であるときにおけるこれらの規定による開示についても，(2)アと同様とする。(4)ア　法316条の18第1号の証拠書類または証拠物の全部または一部が電磁的記録であるときは，当該電磁的記録に係る同号の規定による閲覧し，かつ，謄写する機会の付与は，当該電磁的記録の内容を表示したものを閲覧し，またはそ

427

の内容を再生したものを視聴し,かつ,当該電磁的記録を複写し,若しくは印刷し,またはその内容を表示し若しくは再生したものを記載し若しくは記録する機会を与えることによりする。イ 法316条の18第2号の供述録取書等の全部または一部が電磁的記録であるとき(当該供述録取書等を閲覧させることが相当でないと認めるときを除く。)は,当該電磁的記録に係る同号の規定による閲覧し,かつ,謄写する機会の付与は,当該電磁的記録の内容を表示したものを閲覧し,またはその内容を再生したものを視聴し,かつ,当該電磁的記録を複写し,若しくは印刷し,またはその内容を表示し若しくは再生したものを記載し若しくは記録する機会を与えることによりする。ウ 法316条の18第2号の規定による証人,鑑定人,通訳人または翻訳人が公判期日において供述すると思料する内容の要旨を記載した書面を閲覧し,かつ,謄写する機会の付与は,これに代えて,当該要旨を記録した電磁的記録の内容を表示したものを閲覧し,かつ,当該電磁的記録を複写し,若しくは印刷し,またはその内容を表示し若しくは再生したものを記載し若しくは記録する機会を与えることによりすることができる。この場合,同号の規定による開示をしたものとみなす。

　2 電磁的記録をもって作成された証拠の一覧表の提供等　(1)検察官は,法316条の14第1項の規定による証拠の開示をした後,被告人または弁護人から請求があったときは,速やかに,被告人または弁護人に対し,検察官が保管する証拠の一覧表であって電磁的記録をもって作成したものを提供し,またはこれを印刷した書面を交付しなければならない。(2)検察官は,(1)による提供または交付をした後,証拠を新たに保管するに至ったときは,速やかに,被告人または弁護人に対し,当該新たに保管するに至った証拠の一覧表であって電磁的記録をもって作成したものを提供し,またはこれを印刷した書面を交付しなければならない。

5　公判審理における特例等

公判前整理手続が実施された事件については,次のとおり,公判期日の手続に関していくつかの特例がある。

(a) 証拠調べ請求の制限　公判審理において新たな証拠調べ請求を無制限にすることができるとすれば,新たな主張を誘発して争点整理の実効性が損なわれ,相手方の反証準備のために公判審理を中断せざるを得なくなるなど,策定した審理計画の実現が困難になる。そこで法は,公判前整理手続に付された事件については,検察官及び被告人または弁護人は,やむを得ない事由によって請求することができなかったものを除き,手続の終了後には,証拠調べを請

求することができないとする（法316条の32第1項）。この制限は，裁判所が必要と認めるときに，職権で証拠調べをすることを妨げるものではない（法316条の32第2項）。

　当事者が公判前整理手続で請求しなかった証拠の取調べを請求するには，やむを得ない事由で取調べ請求できなかったことを疎明しなければならず（規則217条の32），請求は，やむを得ない事由がやんだ後，できる限り速やかに行わなければならない（規則217条の33）。「やむを得ない事由」とは，例えば，公判前整理手続の段階で証拠の存在自体を知らなかったことがやむを得なかったといえる場合，証人が所在不明であった場合等，証拠調べ請求が現実的に不可能であった場合のほか，公判前整理手続における相手方の主張や証拠関係等に照らし，その時点においては証拠調べ請求の必要がないと考えたことについて十分な理由があると認められる場合等が想定される。

　なお，公判前整理手続終了後の「新たな主張」を制限する規定はないが，前記判例〔4(d)＊〕の説示するように，制度目的・趣旨から，これが制限されることはあり得る。

　(b) 必要的弁護　　前記のとおり，公判前整理手続においては，弁護人が必要的であり，それに引き続く公判手続においても，弁護人が必要的となる（法316条の29）。

　(c) 被告人側の冒頭陳述　　公判前整理手続に付された事件については，被告人または弁護人は，証拠により証明すべき事実その他の事実上及び法律上の主張があるときは，検察官の冒頭陳述に引き続き，これを明らかにしなければならない（法316条の30）。被告人側主張の内容を公判期日における被告人側の冒頭陳述として明らかにし，その後の証拠調べの争点を明確にするため，被告人側の冒頭陳述が必要的とされているのである。

　(d) 公判前整理手続の結果の顕出その他　　公判前整理手続は非公開であるが，これに付された事件については，裁判所は，公判期日において被告人側の冒頭陳述が終わった後，公判前整理手続の結果を明らかにしなければならない（法316条の31第1項）。結果の顕出は，公判前整理手続調書の朗読または要旨の告知によって行われる（規則217条の31）。

　なお，裁判所は，公判審理を公判前整理手続において定められた予定に従っ

て進行させるよう努めなければならず，訴訟関係人は，公判審理が公判前整理手続において定められた予定に従って進行するよう，裁判所に協力しなければならない（規則217条の30）。

Ⅲ 第1回公判期日後の公判準備

1 公判期日の指定，通知，変更，被告人等の召喚

　第2回以降の公判期日についても，その指定，通知，変更と被告人の召喚は，第1回公判期日の場合と同様である。第2回以降の公判期日の場合は，召喚状の送達との間に，最小限12時間の猶予期間を置けば足りる（法275条，規則67条1項参照）。公判期日に証人尋問等を行うときは，その期日に，証人等を召喚しなければならない（法152条・153条）。召喚を受けた者が，病気その他の事情で公判期日に出頭できないときは，規則の定める診断書その他の資料を提出しなければならない（法278条，規則183条〜186条）。召喚を受けた者が，正当な理由がないのに出頭しない場合，被告人に対しては勾引，保釈の取消し等，証人等に対しては勾引，過料または刑罰等の処置を執ることができる（規則179条の3）。なお，2023（令和5）年の法改正により，保釈または勾留の執行停止をされた被告人が，召喚を受け正当な理由がなく公判期日に出頭しないこと自体が犯罪化され，2年以下の拘禁刑に処されることとなった（法278条の2）。

2 公判期日外の証拠調べ等

　(1)　裁判所は，第1回公判期日後は，公判期日外でも証人尋問，検証，押収及び捜索を行うことができる。また，鑑定，通訳，翻訳を命ずることができる。ただし，公判期日外の証人尋問は，裁判所が法158条に掲げる事項を考慮した上，検察官及び被告人または弁護人の意見を聴き，必要と認めた場合に限る（法281条，規則108条・109条）。公判準備としての証拠調べについては後記のとおり〔第4章Ⅷ〕。

公判前整理手続に付されなかった事件について，検察官，被告人または弁護人は，第1回公判期日後は，公判期日前にも証拠調べの請求をすることができ（法298条1項，規則188条），裁判所は，公判期日前に証拠調べ許否の決定をすることができる（規則190条・191条）。

証人，鑑定人，通訳人または翻訳人を尋問する旨の決定があったときは，その取調べを請求した訴訟関係人は，これらの者を期日に出頭させるように努めなければならない（規則191条の2）。

(2) 裁判所は，検察官，被告人もしくは弁護人の請求により，または職権で，公務所または公私の団体に照会して，必要な事項の報告を求めることができる（法279条）。被告人の本籍地の市町村に対し被告人の身上調査を求める身上照会がその例である。事件につき予断を生じさせるおそれのない事項については，第1回公判期日前でも，照会をすることができる。

3 期日間整理手続

第1回公判期日後においても，審理の経過によっては，事件の争点及び証拠を整理する必要が生じることがあるので，第1回公判期日後に，事件の争点及び証拠を整理するための公判準備として，期日間整理手続が設けられている（法316条の28第1項）。裁判所の職権によりまたは当事者の請求で，この手続に付する決定で実施される。期日間整理手続における手続については，公判前整理手続の規定が準用される（同条2項前段）。検察官，被告人または弁護人が期日間整理手続に付する決定の前に既に請求済みの証拠については，期日間整理手続において取調べ請求した証拠とみなされる（同項後段）。

期日間整理手続が終わった後は，公判前整理手続が行われた場合と同様に，原則として，新たな証拠調べ請求を行うことはできない（法316条の32第1項）。

〈第3編第3章　参考文献〉
　司法研修所刑事裁判教官室編・プラクティス刑事裁判［平成30年版］（法曹会，2019年）第1章　公判前整理手続

第3編　公判手続

　酒巻匡編著・刑事証拠開示の理論と実務（判例タイムズ社，2009年）

第4章

公判期日の手続

　公判期日における審理手続は，冒頭手続により開始され，証拠調べ手続と訴訟関係人の意見陳述（論告・弁論）を経て終結し，判決の宣告〔第5編裁判第1章Ⅲ〕に至る。

Ⅰ　冒　頭　手　続

　(1)　公判開始後，証拠調べ手続に入る前の段階を「冒頭手続」という。冒頭手続のはじめに，裁判長は，被告人として出廷している者と，起訴状に記載されている被告人とが同一人物であることを確認するための質問をする。これを「人定質問」と称する（規則196条）。起訴状には，通常，被告人の氏名・生年月日・本籍・住居・職業などが記載され（法256条2項1号，規則164条1項），検察官が起訴の対象とした被告人は特定・表示されているから，公判廷では，これらの事項を被告人として出廷している者に対して質問・確認する形で進行するのが通常である。被告人が公判廷で氏名等を黙秘した場合には，検察官に被告人の顔写真の提出を求めるなど他の適切な方法によって人違いでないことを確かめることを要する。人違いが判明したときは，出廷している者は被告人ではないので，これを事実上排除し，真の被告人を出頭させ手続をやり直すこととなる〔第2編公訴第2章Ⅱ*2*〕。

　(2)　人定質問が済むと，検察官が起訴状を朗読する（法291条1項）。起訴状の記載事項のうち，被告人の特定に関する事項は人定質問で明らかになるから，「公訴事実」と「罪名及び罰条」（法256条2項2号3号・3項・4項）だけを朗読するのが慣行である。その際，起訴状の記載に不分明な事項があれば，裁判長，

陪席裁判官は検察官に釈明を求めることができ，被告人及び弁護人は，裁判長に対し，釈明のための発問を求めることができる（規則208条）。裁判所として，審判対象の画定や被告人の防禦の観点から必要と判断し，また，被告人及び弁護人が引き続き被告事件について陳述を行う上で必要または有用な事項であると判断すれば，検察官に釈明を求めることがある〔第2編公訴第3章Ⅲ〕。裁判長等の求釈明があれば，検察官には釈明する訴訟法上の義務が生じる。

 ＊ 法290条の2による被害者特定事項を明らかにしない旨の決定〔Ⅶ2〕や法290条の3による証人等特定事項を明らかにしない旨の決定〔Ⅲ5(3)＊〕がなされた場合，起訴状の朗読は，被害者特定事項または証人等特定事項を明らかにしない方法で行う。氏名に代えて「被害者」としたり，規則196条の4または規則196条の7により定められた呼称を用いることなどによる。この場合には，被告人に対し，被害者または証人等の氏名等が記載されている起訴状を示さなければならない（法291条2項・3項）。なお，2023（令和5）年改正による「起訴状抄本」等の送達措置〔第2編公訴第2章Ⅱ1(2)＊＊〕がとられた場合（法271条の2第4項）には，被告人に対する起訴状の呈示は例外的場合に限られる（法291条4項）。

(3)　起訴状朗読に引き続き，裁判長から被告人に対し，終始沈黙し，または個々の質問に対し陳述を拒むことができる旨，陳述をすれば自己に有利な証拠となることもあるが，不利益な証拠となることもある旨が告げられた上で，被告人及び弁護人の双方に，被告事件について陳述する機会が与えられる（これを罪状認否と称することがある）（法291条5項，規則197条）。

これは，被告人が，裁判所に対し，起訴事実について，直接，口頭で主張・意見を述べることのできる最初の機会であり，裁判所としては，事件の争点を把握し，公判運営の指針を得る機会となる。陳述は，起訴事実そのものの認否や正当防衛・心神耗弱等法律上の犯罪阻却事由ないし刑の減免事由の主張等に関するものが通例であるが，訴因の不特定や公訴権濫用を理由とする手続打切りの主張など手続的事項に関しても，この段階で意見が示されることがあり得る。管轄違いの申立て（法331条2項）や移送の請求（法19条）は，この段階までにしなければならない。

被告人が起訴事実をそのまま認める陳述をしたときは，これを自白とみて，有罪認定の証拠とすることができる旨の判例があるが（最判昭和26・7・26刑集5巻8号1652頁），陳述の法的性質に鑑みると疑問であろう。陳述は被告人の

「意見」・「主張」であり，証拠ではない〔第4編証拠法第4章Ⅳ1(2)〕。被告人の陳述内容に不明瞭な点があり，認否が不明の場合，裁判長がその趣旨を明確にするため被告人に釈明を求めることは可能であるが（規則208条），その範囲を超えて事件に関する供述を求めることは証拠調べに当たり（法311条参照），冒頭手続段階で行うべきことではない（法292条参照）ので違法である。

なお，被告人の有罪である旨の陳述によって，一定の要件を満たすときには，証拠調べ手続の簡略化された簡易公判手続〔第5章Ⅰ〕や即決裁判手続〔第5章Ⅱ〕に移行する場合がある。

Ⅱ 公判期日における証拠調べ——総説

1 冒 頭 陳 述

(1) 冒頭手続が終了すると，証拠調べ手続に進む（法292条）。証拠調べのはじめに，検察官は，証拠により証明しようとする事実を口頭で明らかにしなければならない。これを検察官の冒頭陳述という（法296条本文）。検察官が証明予定事実の全貌を明らかにし，公判における立証方針の骨子を示す。裁判所に対しては証拠調べに関する訴訟指揮に指針を与え，また被告人及び弁護人に対しては起訴状における公訴事実の記載より一層具体的に防禦の対象・範囲を提示する機能を果たす。

冒頭陳述の内容は，事案の性質や捜査段階での自白の有無などにより具体的事件ごとに異なるが，犯罪自体とこれに密接に関連する犯情に関する事実，犯罪と被告人との結び付きに関する事実，量刑上重要な情状に関する事実を中心とし，かつてはこれらを歴史的順序に従い物語式に述べられるのが通例であった。裁判員裁判導入後においては，前記立証対象となる事実とこれを証明するために用いる証拠との関係を具体的に明らかにして（裁判員法55条），審理に臨む裁判員が，その後に実施される証拠調べの意味・位置付けを的確に把握できるようにするための道筋を示す内容となるべく，意識的工夫が試みられている。翻って，この要請は刑事裁判一般にも妥当するであろう。

ただし，証拠能力のない資料または取調べを請求する意思のない資料に基づいて裁判所に事件について偏見または予断を生じさせるおそれのある事項を述べてはならない（法296条但書）。

(2) 検察官の冒頭陳述の後に，被告人または弁護人も冒頭陳述をすることができる。検察官の場合と異なり，義務ではない（規則198条1項）。かつては，検察官の冒頭陳述の直後か，検察官側の証拠調べが終わった段階で，事案が複雑で争点が多岐にわたるような場合に，弁護人により行われる例があった。これに対して，前記のとおり，公判前整理手続に付された事件については，被告人または弁護人は，検察官の冒頭陳述に引き続き必ず冒頭陳述を行わなければならない（法316条の30）〔第3章Ⅱ5(c)〕（裁判員裁判対象事件では公判前整理手続が必要的である［裁判員法49条］）。裁判員裁判における被告人側冒頭陳述の機能と重要性は，前記検察官の場合と同様である。両当事者の証明予定事実がまず提示されることにより，具体的な争点と審理の道筋が，公判における口頭陳述を通じて，浮き彫りとなるのである。

なお，公判前整理手続に付された事件については，被告人側の冒頭陳述が終わった後，前記，公判前整理手続の結果顕出が行われる（法316条の31第1項）。これは非公開で実施された手続結果を公開法廷で口頭で明らかにする趣意である〔第3章Ⅱ5(d)〕。

2 証拠調べの請求

(a) 請求権者　証拠調べを請求することができるのは，当事者たる検察官，被告人または弁護人である（法298条1項）。裁判所の職権による証拠調べの権限も認められているが，それは補充的なものとされている（法298条2項）。法は，証拠を提出する第1次的権限と責務を当事者に委ねて，公判審理における「当事者追行主義」すなわち当事者の主導権を顕している。

(b) 検察官の請求　検察官は，事件の審判に必要なすべての証拠の取調べを請求しなければならないとされている（規則193条1項）。もっとも，被告人側の主張・立証により新たに必要となった証拠や審理の途中で発見された証拠については，その都度必要に応じて取調べを請求することができる（規則199

条)。ただし，公判前整理手続に付された事件については，やむを得ない事由が認められる場合を除き，公判前整理手続が終わった後には，証拠調べを請求することができない（法316条の32第1項）〔第3章Ⅱ5(a)〕。

　被告人の自白は，犯罪事実に関する他の証拠が取り調べられた後に請求すべきものとされている（法301条）。これは，被告人の自白のみで有罪とすることを認めない憲法（憲法38条3項）及び法（法319条2項）の趣旨を手続的側面から担保するものであり，裁判所が他の証拠（いわゆる「補強証拠」）に先立って自白に接することで，心証形成に自白偏重の不当な影響が及ぶのを防ぐ趣意である〔第4編証拠法第4章Ⅲ〕。

　また，検察官は，法321条1項2号後段の規定により証拠とすることができる書面については，必ず取調べ請求しなければならない（法300条）。被告人側に不利益な内容の検察官調書については，通常，検察官が自発的に取調べ請求を検討するであろうから，この規定は，被告人側に利益な内容の書面について意味を有する〔第4編証拠法第5章Ⅳ3(6)〕。

　なお，2005（平成17）年の規則改正で，迅速かつ充実した審理の実現に資するため，証拠調べの請求は，証明すべき事実の立証に必要な証拠を厳選して行うようにしなければならない旨が定められている（規則189条の2）。検察官が証拠調べ請求をするに際しては，まず立証事項すなわち有罪・無罪の決定と量刑にとって重要な事実を吟味・画定し，その立証に必要不可欠な証拠であるか必要性・関連性・重要性の程度を考慮勘案し，とくに立証趣旨を同じくする複数の証拠については，そのすべてを請求する必要性があるか十分に吟味することを要する。裁判員裁判では，このような運用が定着してきており，証拠の厳選に向けた知的努力は，他の事件においても訴訟当事者としての当然の責務であるといえよう。

　(c)　被告人側の請求　　被告人または弁護人は検察官の証拠調べ請求が終わった後，必要な証拠の取調べを請求することができる（規則193条2項）。公判前整理手続に付された事件について，証拠調べ請求の時期に制限があることは，検察官の場合と同様である（法316条の32第1項）。また，証明すべき事実の立証に必要な証拠の厳選についても検察官の場合と同様である（規則189条の2）。

　(d)　証拠調べ請求の方式　　証拠調べの請求は，証拠と証明すべき事実との

関係，すなわち「立証趣旨」を具体的に明示して行わなければならない（規則189条1項）。立証趣旨の明示が要求されるのは，裁判所が証拠の採否を決定する際の参考とすると共に，攻撃・防禦の焦点を明らかにするうえで重要だからである。立証趣旨の陳述は，口頭でもよいが，書面の提出を命じてもよい（規則189条3項）。立証趣旨を陳述しないか，書面を提出しないときは，証拠調べの請求を却下することができる（規則189条4項）。

　特定の立証趣旨に基づいて証拠調べが行われた場合に，証拠の証明力（事実の認定に役立つ証拠の実質的な価値）が当初の立証趣旨の範囲に限定されるかどうか（立証趣旨の拘束力の存否）について議論があるが，事実認定者である裁判所の証拠に基づく自由な心証形成（法318条）を当事者の意思で拘束することはできないというべきである。もっとも，一定の立証事項に関して証拠とすることができるとして取り調べられた証拠が，他の立証事項との関係ではその性質上証拠能力を有せず，その結果，他の立証事項の認定に用いることができない場合はあり得る。証拠の証明力を争うために提出された証拠（法328条）を犯罪事実の認定に用いることができないこと，共同被告人の一部に限定して提出した証拠を他の被告人について用いることはできないこと，情状事実の立証のために提出された伝聞証拠を犯罪事実の認定に用いるのは許されないこと，等がその例である。

　証拠調べを請求するについては，あらかじめ証拠の内容を相手方に知らせ，防禦準備の機会を与えることが必要である。すなわち，相手方に異議のない場合を除き，証人等の尋問を請求する場合にはその氏名及び住居を知る機会を，証拠書類または証拠物の取調べを請求する場合にはこれを閲覧する機会を，与えなければならない（法299条1項，規則178条の7・178条の6第1項・2項）。なお，証人等の個人特定事項の秘匿措置等については，後記〔Ⅲ5(3)*，**〕参照。

　証拠調べの請求は，その証拠を特定してしなければならない。証人等の尋問を請求するときは，その氏名及び住居を記載した書面を差し出さなければならない。また証拠書類その他の書面の取調べを請求するときは，その標目を記載した書面を差し出さなければならない（規則188条の2）。書面の一部の取調べを請求するには，特にその部分を明確にしなければならない（規則189条2項）。

法321条ないし323条または326条の規定により証拠とすることができる書面が捜査記録の一部であるときは，検察官はできる限り他の部分と分離してその取調べを請求しなければならない（法302条）。裁判所は取調べを請求する部分を口頭によって明確にさせるだけでなく，書面の提出を命ずることもできる（規則189条3項）。書面の提出をしないときは，証拠調べの請求を却下することができる（規則189条4項）。

以上のような法規の定めのもとで，現在の実務では，当事者が，将来公判調書の一部となる「証拠等関係カード」と同じ様式の書面を提出して証拠調べの請求を行うこととされており，裁判所書記官は，この書面の記載を利用して証拠等関係カードを作成するという取扱いがなされている。このカードを参照することで，立証趣旨の範囲，証拠調べ請求の有無やこれに対する相手方の意見，証拠調べの結果等が一覧できる。

3 証 拠 決 定

(1) 証拠調べの請求に対して，裁判所は，証拠調べをする旨の決定またはこれを却下する旨の決定をしなければならない。また，職権により証拠調べをする旨の決定をすることもある。これらを「証拠決定」と称する（規則190条1項）。

(2) 証拠決定をするについて，請求による場合は，証拠調べの請求をした相手方またはその弁護人の意見を聴くことが必要である。職権による場合には検察官及び被告人または弁護人の意見を聴かなければならない（法299条2項，規則190条2項）。ただし，被告人が出頭しなくとも証拠調べを行うことができる公判期日に，被告人及び弁護人が出頭していないときは，これらの者の意見を聴かないで決定をしてもよい（規則190条3項）。

裁判所は，証拠決定をするについて必要があると認めるときは，訴訟関係人に証拠書類または証拠物の提示を命ずることができる。これを「提示命令」という（規則192条）。これは，裁判所が，書面等の証拠能力の有無等，証拠決定に必要な事項を判定するためのものであり，この目的に必要な限度で書面の内容を閲読することもできる。もとよりその内容から事件の実体に関する心証を

(3) 裁判所は，証拠調べ請求の手続が法令に違反している場合や，取調べ請求された証拠に法定の証拠能力がない場合には〔第4編証拠法第2章〕，請求を却下しなければならない。また，適法に取調べ請求された証拠能力のある証拠であっても，刑事手続の目的〔序Ⅱ1〕達成に不可欠な犯罪事実や量刑に関する事実との関連性・重要性（立証事項を証明するため取り調べることに相応の意味があること）が乏しい場合や，既に取り調べられた証拠と重複するなど証拠調べの必要性がないと認められる場合等，審理目的の迅速・的確な達成のため正当な理由が認められるときには，請求を却下することができる。前記規則189条の2が，証拠調べの請求を証明すべき事実の立証に必要な証拠に厳選するよう要請する趣旨からも，裁判所は，証拠の必要性・重要性について請求者に釈明を求め，これを吟味することを要する。なお，このような第1審裁判所による，両当事者の主張と争点を踏まえた証拠採否の合理的な裁量判断に対して，事件を直接審理する立場にない控訴審や上告審が事後的に介入して審理不尽と論難することは，第1審の判断に重大明白な過誤が認められる場合を除き，不当である（後記最判平成21・10・16参照）。

証拠調べの決定後にその取調べの必要がなくなったときは，手続を明確にするため，原則として，訴訟関係人の意見を聴いて決定で証拠決定を取り消すべきである。請求により証拠決定をした後，請求の撤回があったときも，証拠決定を取り消さなければならない。

(4) 証拠調べは当事者の請求により行われるのが原則であるが（法298条1項），法は，裁判所が必要と認めるときは職権で証拠調べをすることができると定めている（法298条2項）。しかし，実務上，職権による証拠調べの実例は少なく，裁判長等が立証の不十分な点について当事者に立証を促すことで事実上その目的を達することができる場合が多い（規則208条）。これは，当事者追行主義すなわち主張・立証の主導権を当事者に委ねる手続の基本的構造に則した適切な運用といえよう〔序Ⅱ4〕〔第4編証拠法第1章Ⅳ4〕。

当事者追行主義の審理方式の下では，裁判所には，原則として，職権で証拠調べをしなければならない義務や当事者に対して立証を促す義務はないというべきである（最判昭和33・2・13刑集12巻2号218頁）。例外があるとすれば，当

事者が請求しない証拠の存在が明白で，その取調べが容易であり，かつ，その証拠を取り調べなければ正確な事実認定を期し難く著しく正義に反する結果が生じるおそれが顕著であるときに，当事者に対して立証を促す求釈明の限度で訴訟法上の義務が生じると解される。このような裁判所の示唆・勧告に対する被告人側の対応が不十分なときは，後見的見地から，さらに職権証拠調べの義務が生じる場合があり得るが，検察官側の立証を助力する方向での職権証拠調べの義務は到底想定することができない（なお，当事者追行主義との関係で，第1審裁判所の求釈明義務，検察官に対して立証の機会を与える義務の存否に言及した，最判平成21・10・16刑集63巻8号937頁参照）。

4　証拠調べの順序等

(1)　裁判所は，検察官及び被告人または弁護人の意見を聴き，証拠調べの範囲，順序及び方法を定めることができる（法297条1項）。この手続は受命裁判官にさせることもでき（法297条2項），また，公判前整理手続または期日間整理手続において行ってもよい（法316条の5第9号・316条の28第2項）。裁判所は適当と認めるときは，いつでも検察官及び被告人または弁護人の意見を聴き，既に定めた証拠調べの範囲，順序または方法を変更することができる（法297条3項）。

(2)　実務上，証拠調べの順序は，採用決定のあった検察官請求証拠をまず取り調べ，引き続き被告人または弁護人請求の証拠を取り調べるのが原則であり，検察官の立証段階から被告人側の立証段階へと移行するのが証拠調べ手続全体の通常の進行である。ただし，裁判所が相当と認めるときは，この順序を変更して随時，必要とする証拠を取り調べることができる（規則199条1項）。

また，証拠の取調べは，犯罪事実に関する客観的・直接的な証拠から，主観的・間接的な証拠へと移り，最後に被告人の経歴・性格・境遇・犯罪後の情況等の，量刑上重要な情状に関する証拠に及ぶのが通例である。検察官の証拠調べ請求（証拠等関係カードの記載）もほぼこの順序で行われている。2005（平成17）年の規則改正により，このような従前の運用を明文化し，犯罪事実に関しないことが明らかな情状に関する証拠の取調べは，できる限り，犯罪事実に関

する証拠の取調べと区別して行うよう努めなければならないとの規定が設けられている（規則198条の3）。なお，犯行の動機・目的・共犯関係等，犯罪事実に密接に関連するいわゆる「犯情」は，犯罪事実自体の立証に重要な意味を有すると共に，量刑に関する重要な情状事実にも当たるので，このような区分には親しまない。画一的な「手続二分論」はこの点を看過しており，疑問であろう。

(3) 実務上，被告人の捜査機関に対する供述調書や前科関係・身上関係を記載した書面は乙号証として，それ以外の証拠は甲号証として証拠調べ請求される。起訴された犯罪事実に争いのない自白事件では，通例，甲号証には，証拠物や被害者・目撃者等被告人以外の者の捜査機関に対する供述調書，捜査機関が作成した捜査報告書，捜査機関の検証・実況見分調書などが含まれる。なお，2005（平成17）年の規則改正により，争点に関する証拠調べに集中するため，訴訟関係人は，争いのない事実については，誘導尋問，法326条の同意や法327条の合意書面の活用を検討するなどして，当該事実及び証拠の内容・性質に応じた適切な証拠調べが行われるよう努めなければならない旨の規定が設けられている（規則198条の2）。もっとも，事案によっては，書証より人証による方が心証形成に資することもあり，裁判員裁判では，自白事件であっても，犯罪事実の重要部分について被害者，目撃者等の人証が取り調べられる例も多い〔後記Ⅲ1(2)〕。他方，書証による方が事実を的確に把握できる場合や，証人尋問自体が二次被害を生じさせるおそれがある場合は，書証による立証がなされている。

これに対して，公訴事実の存否が争われる事件の場合には，通常，まず甲号証の証拠能力や証明力をめぐる攻撃・防禦が展開され，その後に乙号証（とくに捜査段階で作成された自白調書の任意性・信用性）をめぐる攻防へと審理が進行してゆく。なお，2005（平成17）年の規則改正により，従前，深刻な争いが生じることのあった自白調書等の作成状況をめぐる立証について，検察官は，被告人または被告人以外の者の供述に関し，その取調べの状況を立証しようとするときは，できる限り，取調べの状況を記録した書面その他の取調べ状況に関する資料を用いるなどして，迅速かつ的確な立証に努めなければならない旨の規定が設けられている（規則198条の4）。「取調べの状況を記録した書面」とは，

法316条の15第1項8号に掲げられた書面、すなわち、取調べ状況の記録に関する準則（検察官につき「取調べ状況の記録等に関する訓令」、警察官につき「犯罪捜査規範」182条の2）に基づき、職務上作成が義務付けられている取調べ状況を記録した書面のほか、被疑者や参考人の取調べに際して作成された取調状況報告書がこれに当たる。被疑者取調べ過程の録音・録画は、「その他の取調べ状況に関する資料」として、有用な素材となろう。2016（平成28）年の法改正により録音・録画義務が一定範囲の事件につき法定されたので（法301条の2）、それ以外の事件についても実際に録音・録画が実施されていれば、この規則198条の4に基づき、その利用が検討されるべきであろう。

5 証拠の証明力を争う機会

　裁判所は、検察官及び被告人または弁護人に対し、証拠の証明力を争うために必要とする適当な機会を与えなければならない（法308条）。裁判長は、裁判所が適当と認める機会に、検察官及び被告人または弁護人に対し、反証の取調べの請求その他の方法により、証拠の証明力を争うことができる旨を告げなければならない（規則204条）。

　当事者追行主義訴訟の審理方式を通じた裁判所の的確な事実認定を期する趣旨である。犯罪事実につき被告人側の反証があるときは、検察官の甲号証取調べ終了時点または検察官立証の一応の終了時点で、反証の機会を与えるのが通例である。

6 証拠調べに関する異議等

(1)　検察官、被告人または弁護人は、証拠調べに関し異議を申し立てることができる（法309条1項）。訴訟関係人の行為が訴訟法規の定めを逸脱した場合に、これを指摘し、その是正を求めることにより当事者が自己の利益を守るための不服申立てである。異議申立ての対象となるのは、証拠調べに関する行為全般に及び、冒頭陳述、証拠調べ請求の時期・方法、証拠決定、証拠調べの範囲・方法・順序、証拠能力などに及ぶ。裁判所、裁判官の行為だけでなく、訴

訟関係人の行為に対しても申立てができ，また，作為・不作為を問わない。

(2) 対象となる行為が法令に違反している場合はもとより，その行為が相当でないという場合でも異議の理由となる。ただし，証拠調べに関する決定に対しては，相当でないことを理由とする異議申立ては許されない（規則205条1項）。これは，証拠決定の際に，既に当事者の意見を聴いているので（規則190条2項），再度相当性についての異議申立ては認めない趣意である。

異議の申立ては，個々の行為，処分または決定ごとに，簡潔にその理由を示して直ちにしなければならない（規則205条の2）。公判期日においては，まず「異議あり」と述べて裁判所の注意を喚起し，そのうえで異議の理由を述べるのが通例である。

(3) 異議の申立てに対し，裁判所は遅滞なく決定をしなければならない（法309条3項，規則205条の3）。時機に遅れた申立て，訴訟遅延目的のみでなされたことの明らかな申立て，その他不適法な申立ては，決定で却下しなければならない。ただし，時機に遅れた申立てであっても，申立事項が重要であり，これに対する判断を示すことが相当と認めるときは，時機に遅れたことを理由としてこれを却下してはならない（規則205条の4）。申立てを理由がないと認めるときは決定で棄却しなければならない（規則205条の5）。

裁判所は，異議の申立てに理由があると認めるときは，申立ての対象となった行為の中止，撤回，取消しまたは変更を命ずるなど申立てに対応する決定をしなければならない（規則205条の6第1項）。既に取調べ済みの証拠につき証拠とすることができないと判断したときは，その全部または一部を証拠から排除する決定をしなければならない（規則205条の6第2項）。これを証拠の排除決定と称する。なお，異議申立てがない場合でも，取り調べた証拠が証拠とすることができないものであることが判明したときは，裁判所は，職権で排除決定をすることができる（規則207条）。異議申立てに対して決定をするときは，訴訟関係人の陳述を聴くことを要する（規則33条1項）。

なお，異議の申立てについて決定があったときは，その決定で判断された事項については，重ねて異議を申し立てることはできない（規則206条）。

(4) 証拠調べに関する異議とは別に，検察官，被告人または弁護人は，裁判長の処分に対しても異議を申し立てることができる（法309条2項）。裁判長の

処分が証拠調べに関するものであるときは，前記の異議申立てによることになるので（法309条1項），ここではそれ以外の処分が異議の対象となる。裁判長の処分として重要なものには，法廷警察権に関するもの（法287条・288条）と訴訟指揮権に関するもの（法294条・295条，規則208条）がある〔第2章Ⅰ4〕。この場合の異議申立ては，処分に法令の違反があることを理由とする場合に限られ，不相当を理由として異議申立てをすることは許されない（規則205条2項）。

(5) 実際上は，公判期日における当事者の申立てが正式な異議申立てなのか，単に裁判長の訴訟指揮権の発動（法294条）を促す注意喚起にとどまるのか，必ずしも明らかでないことが少なくない。証人尋問の際の誘導尋問に対するように即時の対応が要求される場合には，後者に当たるものとして裁判長の訴訟指揮権の範囲内で処理されるのが通例である〔Ⅲ4(2)〕。

7 証拠調べを終わった証拠の処置

証拠調べを終わった証拠書類または証拠物は，遅滞なくこれを裁判所に提出しなければならない。ただし，裁判所の許可を得たときは，原本に代えてその謄本を提出することができる（法310条）。提出された証拠書類は，訴訟記録に綴じて保管し，証拠物は領置するのが通常の扱いである。

Ⅲ 証拠調べの実施（その1）——証人尋問

1 証人の意義

(1) 「証人」とは，裁判所または裁判官に対し，自己の直接経験した事実またはその事実から推測した事実を供述する第三者をいい，その供述を「証言」という。自己が直接経験した事実であれば，それが特別の知識・経験によって知ることのできた事実に関するものでもよい（法174条）。この証人をとくに「鑑定証人」と称する（例，医師が自分の診察した患者の当時の症状について供述す

る場合）。

　証人が直接経験した事実のみならず，その事実から推測した事実を供述することも差し支えなく（法156条1項），その場合には特別な知識・経験に基づく推測も許される（法156条2項）。しかし，直接体験に基づかない単なる想像や個人的な意見の陳述には証拠能力がない〔第4編証拠法第2章Ⅱ*1*(5)〕。

　直接主義・口頭主義は，事実体験者の公判期日における口頭供述を最良証拠とみる原理であり（法320条1項前段），この意味で証人は最も重要な証拠というべきである。憲法は，刑事被告人に対し，「すべての証人に対して審問する機会を充分に与へられ」ることと，「公費で自己のために強制的手続により証人を求める権利を有する」ことを保障している（憲法37条2項）。刑事事実認定における証人の重要性に鑑み，その十分な吟味の機会を基本権として保障したものである。

　(2)　検察官は，当初から起訴事実を証人の証言により立証しようと，証人尋問の請求を行う場合もある。しかし，従前は，大部分の証人尋問は，目撃者や被害者等の第三者（いわゆる参考人）の司法警察職員または検察官に対する供述調書（被害届や告訴調書なども同様）の取調べ請求に対し，証拠とすることについての被告人の同意（法326条）が得られなかった場合，すなわち，捜査段階で作成された書証の内容に争いがある場合に行われていた。この場合，検察官はその書証（不同意書面と称する）の取調べ請求を撤回し，不同意書面に代えて，原供述者である目撃者等の第三者を証人として取調べ請求するという経緯をたどって証人尋問が行われるのである。もっとも，量刑に関連して，弁護人が請求するいわゆる情状証人の尋問はこのような経緯をたどらずに行われている。

　近時は，直接主義・口頭主義の要請を重視し，両当事者に争いがなく書証に法326条の同意が見込まれる場合であっても，事案の核心となる重要事実（例，被害状況，犯行目撃状況）については，証人で立証する運用が行われている。事実認定者にとって最良・高品質の証拠は，書証ではなく事実を直接体験した者の公判証言であるから，充実した審理と正確な事実認定に資する的確な運用というべきである〔第1章Ⅱ*2*〕。前記争いのない事実の立証に関する規則の定めは（規則198条の2），このような事案の核心部分に関するものではない。このような運用は，むしろ「当該事実及び証拠の内容及び性質に応じた適切な証拠

調べ」の実施といえよう。

2 証人適格

(1) 「裁判所は，……何人でも証人としてこれを尋問することができる」（法143条）。原則として，証人適格はすべての者にある。ただし，法律上ないし解釈上，一定の例外がある。

(2) 公務上の秘密を保護するため，公務員または衆議院議員・参議院議員・内閣総理大臣その他の国務大臣等が知り得た事実について，法は明文で証人適格を制限している（法144条本文・145条1項）。しかし，いずれの場合も国の重大な利益を害する場合を除いては，その監督官庁，院，内閣は証人として尋問することの承諾を拒むことができない（法144条但書・145条2項）。これらは相対的な欠格事由にとどまる。

(3) 証人は，裁判のための証拠を提供する第三者であるから，当該事件の訴訟手続に現に関与している裁判官及び裁判所書記官は，その地位のままでは証人適格がない。担当を離れれば証人となり得るが，それ以後は職務の執行から除斥される（法20条4号・26条）。

検察官も，現に訴訟当事者の地位にある限り証人となることはできない。しかし，除斥の制度はないので，公判立会の職務を他の検察官に委ねて証人となった後に再び元の職務を行うことは可能である（例，被告人を取り調べた検察官と公判立会検察官が同一人物である場合に，その検察官が作成した供述調書の任意性を立証するための検察側の証人として証言し，尋問終了後，再び公判立会検察官に復帰する場合）。

(4) 被告人については，法が包括的黙秘権・供述拒否権を付与していることから（法311条1項），原則として証言義務を負う証人の地位とは相容れず，その証人適格を否定すべきものと解されており，実務上も被告人が自己の事件につき証人となることを認めていない。当人が宣誓証言を希望する場合も同様である。もっとも，黙秘権は放棄可能であるから，法改正により被告人に証人適格を認め，被告人が自己のために供述証拠を提供する方法を，被告人質問ではなく，宣誓証言すなわち証人尋問の方法に純化することは可能であろう〔第4

編証拠法第4章Ⅳ2〕。

　弁論が併合され審理されている場合の共同被告人の証人適格についても同様であるが，共同被告人は弁論を分離し，当該訴訟手続における被告人の地位を離脱させれば，分離前の相被告人の事件につき証人として尋問することができる（最決昭和31・12・13刑集10巻12号1629頁）〔第4編証拠法第5章Ⅴ2(2)〕。

　(5)　年少者や精神障害者であっても，証人適格はある。ただし，年少や精神の障害のため，これらの者が直接体験した事実を正確に知覚・認識し，記憶し，これに基づき口頭で表現・叙述する能力を著しく欠いている場合には，前提として証人に要求される証言能力がないから，証人とすることはできない。また，証言したとしてもその供述に証拠能力を認めることはできない。これは裁判所が，個別的・具体的に判断すべき事項である（年少者の証言について，最判昭和23・4・17刑集2巻4号364頁等，精神障害者の証言について，最判昭和23・12・24刑集2巻14号1883頁参照）。

3　証人の権利義務

(1)　証人の権利として，証言拒絶権と旅費・日当・宿泊料の請求権とがある。なお，証人を保護するための各種措置については後述する〔5〕。

　証言拒絶権が認められる場合は，次のとおり。

　①自己が刑事訴追を受け，または有罪判決を受けるおそれのある場合（法146条）。これは憲法の保障する自己負罪拒否特権に基づく（憲法38条1項）。なお，共犯関係等にある者のうち一部の者に対して刑事免責を付与することにより自己負罪拒否特権を失わせて証言を強制する制度について，かつて最高裁判所は，わが国の憲法がこのような制度の導入を否定しているものとまでは解されないものの，採用するのであれば明文の規定によるべきであり，現行法はこれを採用していないと説示していた（最大判平成7・2・22刑集49巻2号1頁）。なお，2016（平成28）年法改正により証人尋問の請求及び実施に際して刑事免責制度が導入されたこと（法157条の2・157条の3）及びその概要については，前記のとおり〔第1編捜査手続第9章Ⅱ4(3)〕。

　②自己の配偶者，親兄弟その他一定の近親者等が刑事訴追を受け，または有

罪判決を受けるおそれのある場合（法147条）。これは憲法上の自己負罪拒否特権とは無関係の政策的規定である（最大判昭和27・8・6刑集6巻8号974頁）。共犯または共同被告人の1人または数人に対してこのような身分関係がある者でも，他の共犯または共同被告人のみに関する事項については，証言を拒絶することはできない（法148条）。

③業務上委託を受けて他人の秘密に関する事項を知り得る機会のある一定の職業に従事する者が，委託を受けたため知り得た事実で他人の秘密に関するものについて証言を求められた場合。法は，医師，歯科医師，助産師，看護師，弁護士（外国法事務弁護士を含む），弁理士，公証人，宗教の職に在る者またはこれらの職に在った者を列記している（法149条）。これは，証言拒絶を認めることで，他人の秘密保持を要請される職業に対する信頼を保護しようとする政策的規定であり，主体は限定列挙と解されている（新聞記者に取材源につき証言拒絶権を類推適用することはできないとした判例として，前記最大判昭和27・8・6）。

もっとも，列記されていない職業の証人について，業務上知り得た他人の秘密の保持に憲法上重要な価値（例，表現の自由，取材・報道の自由）が係わる場合には，裁判所は，刑事司法の目的達成すなわち公正・正確な事実認定のため当該秘密事項を公開法廷で証言させることの必要不可欠性と，これにより生じ得る憲法上の価値の制約の質・程度等を衡量勘案して，証言義務を負わすことが適用違憲とならぬよう，その相当性（事前の証拠決定や証言拒絶があった場合の制裁の負荷）について慎重な考慮を要する（取材フィルム等の押収に関する，最大決昭和44・11・26刑集23巻11号1490頁，最決平成元・1・30刑集43巻1号19頁，最決平成2・7・9刑集44巻5号421頁参照）。

証人に対しては，尋問前に証言拒絶権のあることを告げなければならない（規則121条1項）。証言を拒絶する者は拒絶の理由を示さなければならない（規則122条1項）。前記法改正により導入された証人尋問開始前における免責決定（法157条の2第2項）及び証人尋問開始後における免責決定（法157条の3第2項）がなされた場合には，証人は自己負罪拒否特権を行使できず，自己が刑事訴追を受け，または有罪判決を受けるおそれのある証言を拒むことができない（法157条の2第1項・157条の3第1項）。この場合でも，前記近親者の刑事責任（法147条）や業務上秘密（法149条）に関する証言拒絶権を行使することは可

能である（規則121条2項〜4項参照）。拒絶の理由を示さないときは，過料その他の制裁があることを告げて，証言を命じなければならない（規則122条2項）。

なお，正当な証言拒絶権を有する者が，これを放棄して証言することは差し支えない。

(2) 証人は，旅費・日当・宿泊料を請求することができる（法164条1項）。これらの費用を証人に支給した場合は訴訟費用となる（刑事訴訟費用等に関する法律2条1号）。

(3) 証人は，出頭，宣誓，証言の義務を負う。証人尋問とは，法的義務を負わすことにより真実の供述を強制する法制度である。

証人が正当な理由なく召喚に応じないとき，または応じないおそれがあるときは，これを勾引することができる（法152条）。従前，法は，証人の召喚につき直接の明文を欠いていたので，2016（平成28）年法改正の際に「裁判所は，裁判所の規則で定める相当の猶予期間を置いて，証人を召喚することができる」旨の規定が新設され（法143条の2），急速を要する場合を除き，24時間以上の猶予期間を置かなければならないとされている（規則111条）。また，不出頭による期日の空転を防ぐため，召喚に応じない証人の勾引要件を緩和する法改正が行われて，前記のとおり正当な理由なく召喚に応じないおそれがあるときも勾引できるとしたのである。

正当な理由なく出頭しない証人に対しては，過料，費用賠償（法150条1項）及び刑罰（法151条）の制裁を負荷することができる。なお，出頭拒否及び後記宣誓または証言拒否に対する刑罰（法151条・161条）の制裁については，その実効性を向上させるため法定刑の引き上げが行われ，1年以下の拘禁刑または30万円以下の罰金とされた。

証人の召喚・勾引については，被告人の召喚・勾引に関する規定が多く準用される（法153条，規則112条）。裁判所は，指定の場所に証人の同行を命ずることもでき，正当な理由がないのに同行命令に応じない証人は勾引することができる（法162条）。証人が裁判所構内にいるときは，召喚をしないでも，尋問することができる。これを在廷証人と称する（規則113条2項）。

証人には，宣誓の趣旨を理解できない者の場合を除き，宣誓をさせなければならない（法154条・155条1項）。証人に対しては，まず人違いでないかを確認

する人定尋問を行い（規則115条），次いで，証人尋問の前に宣誓を求める（規則117条）。その際，証人が宣誓の趣旨を理解できる者であるかを確認し，必要なときは宣誓の趣旨を説明しなければならない（規則116条）。宣誓は，良心に従って真実を述べ，何事も隠さず，また何事も付け加えないことを誓う旨を記載した「宣誓書」を証人に朗読させたうえ，これに署名・押印させる方式で，起立して厳粛に行われる（規則118条）。宣誓した証人には尋問前に偽証の罰及び証言拒絶権が告知される（規則120条・121条）。証人が正当な理由なく宣誓を拒絶したときは，過料・費用賠償・刑罰の制裁がある（法160条1項・161条）。なお，宣誓を欠く証言には供述の真実性を担保する重要な要素が欠落するので，原則として証拠能力がない。もっとも，宣誓の趣旨を理解することができない者の宣誓を欠く証言は別論である（法155条1項）。この者に誤って宣誓させたときでも，その供述は，証言としての効力を妨げられない（法155条2項）。

証人には，証言拒絶権がある場合を除き，証言義務がある。正当な理由がないのに証言を拒絶したときは，過料・費用賠償・刑罰の制裁がある（法160条1項・161条）。

4　証人の取調べの方式

(1)　証人は，各別に尋問しなければならない。後に尋問する予定の証人が在廷するときは，退廷を命じなければならない（規則123条）。これは，後に尋問される証人が先に尋問される証人の証言により不当な影響を受けるのを防ぐ趣旨である。なお，必要があるときは，証人と他の証人または被告人とを対質させることができる（規則124条）。証人が耳が聞こえないときは書面で問い，口がきけないときは，書面で答えさせることができる（規則125条）。

(2)　法は，証人に対して裁判長または陪席裁判官がまず尋問し，これが終わった後，検察官，被告人または弁護人が尋問するのを原則と規定しているが（法304条1項・2項），実務ではこの順序を逆転し（法304条3項），当事者が「交互尋問」の方式で尋問した後，裁判官・裁判員（裁判員法56条）が必要に応じ補充的に尋問する方法が定着している。起訴状一本主義の下で裁判官による尋問を先行させるのは事実上不可能であり，また当事者追行主義の観点から

も当事者の立証活動たる尋問を先行するのが適切・合理的な運用である。

　交互尋問とは，証人尋問を請求した当事者側がまず尋問し（主尋問），次に相手方が尋問し（反対尋問），その後も必要な範囲で交互に証人を尋問する（再主尋問，再反対尋問）方式をいう。再主尋問までは，権利として当事者に認められるが，再反対尋問以降は，裁判長の許可が必要である（規則199条の2）。この過程を通じて，事実認定者の面前で証人の口頭供述の信用性が吟味され，ひいては正確な事実認定に資するのである。交互尋問が円滑・的確に進行するよう，規則199条の2から199条の14まで詳細な準則が設けられており，検察官・弁護人にはこれを前提とした尋問技術が，裁判官にはこれに基づく的確な訴訟指揮が，要請される。

　(3)　①「主尋問」は，立証すべき事項及びこれに関連する事項について行う（規則199条の3第1項）。その際には，誘導尋問をすることは原則として許されない（規則199条の3第3項）。「誘導尋問」には，尋問者の期待する応答を暗示する尋問（例，その人は20歳くらいでしたね＝肯定問），「はい」「いいえ」で答えることのできる尋問（例，その人は20歳くらいでしたか＝認否問），争いのある事実またはいまだ供述に現れていない事実を存在するものと前提しまたは仮定してする尋問（例，その20歳くらいの人は，どんな服装でしたか＝前提問）等がある。

　誘導尋問が原則として許されないのは，主尋問をする側と証人とが敵対的関係にはないため，前記の例のように証人が尋問者の希望・期待に添う迎合的な証言をする危険があるからである。したがって，準備的な事項や争いのない事項については積極的に誘導し，争点に絞った尋問をすることはむしろ有益であり（規則199条の3第3項1号・2号・198条の2），また，証人の記憶が明らかでない場合や証人が主尋問者に対し敵意または反感を示す場合など，誘導尋問によらないと供述が得難く，誘導尋問の弊害が乏しいと考えられる一定の場合には，不相当な誘導とならない限り，誘導尋問は許される（規則199条の3第3項3号〜5号）。また，証人が尋問者の予期に反する供述をした場合には，その「証人の供述の証明力を争うために必要な事項」についても尋問することができる（規則199条の3第2項・199条の3第3項6号）。証人の供述の証明力を争うために必要な事項の尋問とは，証人の観察，記憶または表現の正確性等証言内容の信用性に関する事項，及び証人の利害関係，偏見，予断等証人の信用性に

関する事項についての尋問をいう。ただし，みだりに証人の名誉を害する事項に及んではならない（規則199条の6）。

誘導尋問をするについては，書面の朗読その他証人の供述に不当な影響を及ぼすおそれのある方法を避けるように注意しなければならない（規則199条の3第4項）。裁判長は，誘導尋問を相当でないと認めるときは，これを制限することができる（規則199条の3第5項）。

②「反対尋問」は，主尋問に現れた事項及びこれに関連する事項ならびに証人の供述の証明力を争うために必要な事項について行われ，必要があれば誘導尋問をすることも許される（規則199条の4）。反対尋問の目的は，主尋問において述べられた相手方証人の供述の証明力・信用性を減殺し，可能であれば自己の側に有利な供述を引き出すことにある。しかし，効果的な反対尋問を行うには周到な準備と技能が必要であり，無能故に主尋問の上塗りをし主尋問を補強する壁塗り尋問に堕する例も少なくない。法律家には臨機の目的合理的決断を要する。情勢により反対尋問をしないという判断もあり得よう。

なお，連日的開廷による集中的な審理を実現する趣旨で，2005（平成17）年の規則改正により，反対尋問は，特段の事情のない限り，主尋問終了後直ちに行わなければならない旨の規定が追加されている（規則199条の4第2項）。主尋問とは別の期日に行われる例のあった従前の不健全な運用を改めるものである。

反対尋問をする者は，反対尋問の機会に自己の主張を支持する新たな事項についても裁判長の許可を得て尋問することができ，この場合，その事項については主尋問とみなされる（規則199条の5）。

③「再主尋問」は，反対尋問に現れた事項及びこれに関連する事項について行うもので，主尋問の例によるが，裁判長の許可を受けたときは，その機会に，自己の主張を支持する新たな事項についても尋問することができる（規則199条の7）。

(4) 証人の尋問は，できる限り個別的かつ具体的で簡潔な尋問（一問一答方式）によるべきであり，威嚇的または侮辱的な尋問をすることは許されない。また，既にした尋問と重複する尋問，意見を求めまたは議論にわたる尋問，証人が直接経験しなかった事実についての尋問も正当な理由がない限りしてはな

らない（規則199条の13）。

　裁判長は，訴訟指揮として，訴訟関係人のする尋問が既にした尋問と重複するとき，または事件に関係のない事項にわたるときその他相当でないときは，尋問を制限することができる（法295条1項）。なお，2005（平成17）年の規則改正により，訴訟関係人は，立証すべき事項または主尋問もしくは反対尋問に現れた事項に関連する事項について尋問する場合には，尋問自体やその他の方法によって，裁判所にその関連性を明らかにしなければならない旨の規定が追加された（規則199条の14）。これは，関連性の不明確な尋問が延々と続くような不相当な事態を改善し，事実認定者に尋問の意図が分かりやすく伝達されるようにする趣意である。

　また，証人等やその親族の身体・財産に害を加えたり，これらの者を畏怖させ，困惑させる行為がなされるおそれがあって，これらの者の住居，勤務先その他通常所在する場所が特定される事項が明らかにされると証人が十分な供述をすることができないと認めるときは，住居等が特定される事項についての尋問を制限することができる（法295条2項）〔証人等に対する配慮・保護の措置については，5〕。

　(5)　尋問するに当たっては，書面または物や図面などを利用することもできる。ただし，証人に不当な影響を及ぼす危険があり得るので，証人の記憶が明らかでない事項についてその記憶を喚起するため必要があるときに書面または物を提示する場合と，証人の供述を明確にするため必要があるときに図面，写真，模型，装置等を利用する場合には，裁判長の許可が必要である。記憶喚起のためであっても，供述録取書を提示することはできない（規則199条の10・199条の11・199条の12）。

　　　＊　尋問に際しての図面等の利用（規則199条の12）は，供述の明確化・表現伝達の正確性確保のために認められているが，利用されるものには，それ自体独立の証拠とならないものも含まれる。当該事件に関して作成された資料については，証人に不当な影響が及ばないような配慮が必要であり，証人の具体的供述を得て記憶の存在を確認した後，その明確化のために写真等を示す運用が行われている。判例は，被害者の証人尋問において，検察官が証人から被害状況等に関する具体的供述が十分にされた後に，その供述を明確化するため，証拠として採用されていない捜査段階で撮影された被害者による被害再現写真を示すことを求めた場合において，写真

の内容が既にされた供述と同趣旨のものであるときは，規則199条の12に基づきこれを許可した裁判所の措置に違法はないとしている（最決平成23・9・14刑集65巻6号949頁）。
 ＊＊　規則199条の10ないし199条の12に基づいて尋問に際し示された図面・書面等は，規則49条により公判調書に添付することができるが，それによって図面等が直ちに証拠となるわけではない。証言内容と独立の証拠にするには，別途証拠調べ請求，採用決定，証拠調べが必要である。判例は，被告人質問において被告人に示され，公判調書中の被告人供述調書に添付されたが，これとは別に証拠として取り調べられていない電子メールは，その存在及び記載が記載内容の真実性と離れて証拠価値を有するもので，被告人に対してこれを示して質問をした手続に違法はなく，被告人がその同一性や成立の真正を確認したとしても，それが独立の証拠または被告人の供述の一部となるものではないと説示して，この点を明らかにしている（最決平成25・2・26刑集67巻2号143頁）。もっとも，独立した証拠として採用されていなかったとしても，証人が示された書面等の内容を実質的に引用しながら証言した場合には，引用された限度においてその内容が証言の一部となり，そのような証言全体を事実設定の用に供することはできるであろう。前記判例（最決平成23・9・14）は，証人に示された被害再現写真が独立した証拠として採用されていなかったとしても，証人がその写真の内容を実質的に引用しながら証言した場合について，この旨を説示している。

(6)　以上のとおり，証人尋問は両当事者の主導で進行し，裁判官の尋問は交互尋問が行われた後に補充的になされるのが通例である。しかし，当事者の主導に委ねたままでは審理が不正常・不健全な状態に陥ることもあり得るので，訴訟指揮権を有する裁判長が必要と認めるときは，何時でも，訴訟関係人の証人等に対する尋問を中止させ，自らその事項について尋問することができる（規則201条1項）。これを裁判長の介入権と称する。もっとも，この介入権限があることをもって，訴訟関係人が法295条の制限の下で証人等を十分に尋問する権利のあることを否定するものと解釈してはならない（規則201条2項）。

5　証人に対する配慮・保護措置

(1)　証人の公判出頭と証言は，刑事裁判の目的である正確な事実認定にとって極めて重要であり，真実の供述を得るためには，できる限りその心情に配慮し，証言をするに際して不安・懸念が生じないための保護的措置が要請される。

体験した事実が出頭・証言に不安・懸念を生じさせる性質・内容である場合や，証人が犯罪被害者である場合には，その観点からの配慮が必要である。以下では，これらの証人に係る配慮・保護措置について説明する。

(2) 裁判所は，証人を尋問する場合において，証人が被告人の面前（後記遮蔽措置やビデオリンク方式による証人尋問の場合を含む）では圧迫を受け十分な供述をすることができないと認めるときは，弁護人が出頭している場合に限り，検察官及び弁護人の意見を聴き，その証人の供述中被告人を退廷させることができる。この場合には，供述終了後に被告人を入廷させ，証言の要旨を告知し，その証人を尋問する機会を与えなければならない（法304条の2）。

また，裁判長は，証人等が特定の傍聴人の面前で十分な供述をすることができないと思料するときは，その供述をする間，その傍聴人を退廷させることができる（規則202条）。

(3) 証人等やその親族の身体，財産への加害行為等がなされるおそれがあり，これらの者の住居その他通常所在する場所を特定する事項が明らかにされると，証人等が十分な供述をすることができないと認められる場合，裁判長は，当該事項についての尋問を制限することができる（法295条2項本文）。ただし，検察官の尋問を制限することで犯罪の証明に重大な支障を生じるおそれがあるとき，被告人・弁護人の尋問を制限することで被告人の防禦に実質的な不利益を生ずるおそれがあるときは，制限することはできない（法295条2項但書）。

また，これらの加害行為等がなされるおそれがあると認められる場合，検察官または弁護人は，法299条1項の規定により相手方に証人等の氏名及び住居を知る機会を与えるに当たり，相手方に対しその旨を告げて，当該証人等の住居，勤務先その他通常所在する場所を特定する事項が被告人を含む関係者に知られないようにすること，その他これらの者の安全が脅かされることがないように配慮することを求めることができる（法299条の2）。公判前整理手続における氏名・住居の事前告知についても同様である（法316条の23第1項）。

* 2016（平成28）年法改正により証人に対する一層の配慮・保護措置として，次のとおり，公開の法廷における証人の氏名等（証人等特定事項）を秘匿する措置，及び検察官による証人の氏名・住居の事前告知を制限できる措置が導入された。
  裁判所は，次の場合には，証人等から申出があり，相当と認めるときは，証人等

の氏名及び住居その他当該証人等を特定させることになる事項（証人等特定事項）を公開の法廷で明らかにしない旨の決定をすることができる。①証人等特定事項が公開法廷で明らかにされることにより，証人等またはその親族に対し，身体・財産への加害行為または畏怖・困惑させる行為がなされるおそれがあると認められる場合，②証人等特定事項が公開法廷で明らかにされることにより，証人等の名誉または社会生活の平穏が著しく害されるおそれがあると認められる場合（法290条の3）。前記秘匿決定があったときは，①起訴状及び証拠書類の朗読は，証人等の氏名等を明らかにしない方法で行い（法291条3項・305条4項），②証人尋問・被告人質問が証人等の氏名等にわたるときは，犯罪の証明に重大な支障を生じるおそれ，または被告人の防禦に実質的な不利益を生じるおそれがある場合を除き，尋問・陳述等を制限することができる（法295条4項）。

　検察官は，証人等の氏名・住居を知る機会を与えるべき場合において，その証人等またはその親族に対し，身体・財産への加害行為または畏怖・困惑させる行為がなされるおそれがあるときは，被告人の防禦に実質的な不利益を生じるおそれがある場合を除き，条件を付する措置（弁護人には氏名・住居を知る機会を与えた上で，これを被告人には知らせてはならない等の条件を付する措置）をとることができる。また，検察官は，前記条件付与措置では加害行為等が防止できないおそれがあると認めるときは，被告人の防禦に実質的な不利益を生じるおそれがある場合を除き，被告人及び弁護人に対しても，証人等の氏名・住居を知る機会を与えないことができる。この場合には，氏名に代わる呼称，住居に代わる連絡先を知る機会を与えなければならない（法299条の4第1項・3項）。証拠書類・証拠物の閲覧機会を与えるべき場合についても，そこに記載のある検察官請求証人等の氏名・住居について，同様の秘匿措置をとることができる（同条6項・8項）。法299条の4が定める証人等特定事項に係る条件付与措置や呼称等の代替開示措置には，裁判所による裁定を求めることができる（法299条の5）。

　このような制度について最高裁判所は，次のように説示して合憲と判断している。被告人の防禦に実質的不利益が生ずる場合は条件付与等措置・代替開示措置をとることはできないが，被告人・弁護人は代替開示措置がとられても証人等と被告人その他の関係者との利害関係の有無を確かめ，予想される証人等の供述の証明力を事前に検討することができ，被告人の防禦に実質的不利益を生ずるおそれがない場合はある。また，代替開示措置は条件付与等措置では加害行為等を防止できないおそれがあるときに限られる。被告人・弁護人は裁定請求により裁判所に各措置の取消しを求めることができ，その場合，検察官は，法299条の5第1項各号不該当を明らかにしなければならず，裁判所は，必要なときには被告人・弁護人の主張を聴くことができ，裁判所の決定に対し即時抗告も可能である。したがって，法299条の4及び法299条の5は憲法37条の2項前段の証人審問権を侵害しない（最決平成

30・7・3刑集72巻3号299頁)。
＊＊　2023（令5）年の法改正により，証拠開示等における個人特定事項の秘匿措置がさらに付加されることとなった。検察官から「起訴状抄本等」の提出があった事件（法271条の2第2項）〔第2編公訴第2章Ⅱ 1(2)＊＊〕については，検察官が法299条1項により証人の氏名及び住居を知る機会または証拠書類もしくは証拠物を閲覧する機会を与えるべき場合において，次のような措置をとることができる旨が定められた（法299条の4第2項・4項・5項・7項・9項・10項）。①弁護人に対し，当該氏名及び住居を知る機会または証拠書類もしくは証拠物を閲覧する機会を与えた上で，当該氏名もしくは住居または個人特定事項を被告人に知らせてはならない旨の条件を付し，または被告人に知らせる時期もしくは方法を指定すること。②被告人及び弁護人に対し，当該氏名もしくは住居を知る機会を与えず，または証拠書類もしくは証拠物のうち個人特定事項が記載されもしくは記録されている部分について閲覧する機会を与えないこと。ただし，このような措置がとられた場合，裁判所は，被告人の防禦に実質的な不利益を生ずるおそれがあるとき等一定の事由に該当すると認めるときは，被告人または弁護人の請求により，前記措置に係る個人特定事項の全部または一部を被告人に通知する旨の決定または当該個人特定事項を被告人に知らせてはならない旨の条件を付して個人特定事項の全部または一部を弁護人に通知する旨の決定をしなければならないとされている（法299条の5第2項・4項）。

(4)　2000（平成12）年の法改正により，犯罪被害者に対する配慮と保護を図るための諸措置が導入されたが，証人尋問については，犯罪被害者や配慮・保護を要すると考えられるその他の者が証言する場合の不安・緊張を緩和し，精神的負担を軽減して証言できるようにするための措置が盛り込まれている。

第1は，証人への付添いである（法157条の4）。裁判所は，証人の年齢，心身の状態その他の事情を考慮して，証人が著しく不安または緊張を覚えるおそれがあると認めるときは，検察官及び被告人または弁護人の意見を聴き，その不安・緊張を緩和するのに適当であると認める者を，証人の供述中，証人に付き添わせることができる。この証人付添人は，裁判官・訴訟関係人の尋問や証人の供述を妨げたり，供述内容に不当な影響を与える言動をしてはならない。証人の傍らに着席してその様子を見守り安心感を与えられる者（例，証人の心理カウンセラーや証人が年少者である場合の保護者等）が想定されている。

第2は，証人の遮蔽である（法157条の5）。裁判所は，証人を尋問する場合に，犯罪の性質，証人の年齢，心身の状態，被告人との関係その他の事情によ

り，証人が被告人の面前で供述するときは，圧迫を受け精神の平穏を著しく害されるおそれがあると認める場合に，相当と認めるときは，検察官及び被告人または弁護人の意見を聴き，被告人と証人との間で，一方からまたは相互に相手の状態を認識することができないようにするための遮蔽措置を採ることができる。ただし，被告人から証人の状態を認識することができないようにするための措置をとることができるのは，弁護人が出頭している場合に限られる。また，裁判所は，犯罪の性質，証人の名誉に対する影響その他の事情を考慮し，相当と認めるときは，傍聴人と証人との間を遮蔽する措置をとることもできる。性犯罪の被害者などが被告人や傍聴人の面前で証言する際に，他者から見られていること自体により著しい心理的圧迫を受けて心情や名誉が害されるのを防ぐため，法廷内に衝立を設置するなどして証人の姿を遮蔽し，このような圧迫を軽減しようとする趣意である。

　第3は，ビデオリンク方式による証人尋問である（法157条の6）。訴訟関係人の在席する公判廷という場で証言することに伴う心理的圧迫を軽減するため，証人を法廷外の別室に在席させ，別室と法廷を回線で接続して，テレビモニターを介して尋問する方式である。裁判官及び訴訟関係人は法廷に在席し，同一構内の別室にいる証人を，映像と音声の送受信により相手の状態を相互に認識しながら通話をすることができる方法によって尋問する。

　この方式を採ることのできる証人の類型は2つあり，第一は，性犯罪及び児童に対する性的犯罪の被害者である。このような犯罪の被害者は，法廷という場で被害体験を証言すること自体が苦痛・精神的圧迫になるので，裁判所は相当と認めるとき，検察官及び被告人または弁護人の意見を聴き，この措置を採ることができる。第二は，犯罪の性質，証人の年齢，心身の状態，被告人との関係その他の事情により，裁判官及び訴訟関係人が尋問のために在席する場所で供述するときは圧迫を受け精神の平穏を著しく害されるおそれがあると認められる者である（例，組織的犯罪の被害者，年少被害者等）（法157条の6第1項）。

　以上の付添いと，遮蔽及びビデオリンク方式の尋問は組み合わせて実施することができる。

　なお，ビデオリンク方式による尋問が相当な類型の証人に，同一事実（たとえば性犯罪の被害体験）に関する証言を繰り返させるのは酷であるから，裁判所

は，ビデオリンク方式の証人尋問を行う場合に，その証人が後の刑事手続で同一事実につき再び証人として供述を求められる可能性があり，証人の同意があるときは，証人尋問の状況を録画して記録することができる（法157条の6第3項）。この証人尋問の録画（記録媒体）は，公判調書の一部とされ（法157条の6第4項），別の事件等の公判期日にこれを再生し，訴訟関係人に供述者に対する尋問の機会を与えれば，証拠として用いることができる（法321条の2）〔第4編証拠法第5章Ⅳ*1*(2)*〕。当該記録媒体は，証人の名誉・プライヴァシイ等を保護する観点から，検察官及び弁護人がこれを謄写することはできない（法40条2項・270条2項・180条2項）。

遮蔽措置及びビデオリンク方式による証人尋問と憲法上の証人審問権（憲法37条2項前段）との関係について，最高裁判所はこれを合憲と判断している（最判平成17・4・14刑集59巻3号259頁）。憲法上の証人審問権が証人との直接対峙まで要請しているとは解していない〔第4編証拠法第5章Ⅱ(4)*〕。

* 2016（平成28）年法改正により裁判所が相当と認めるとき，証人を裁判官等が尋問のために在席する場所と同一構内以外の場所（例，別の裁判所の庁舎内〔規則107条の3参照〕）に在席させてビデオリンク方式の尋問を行うことができるようにする制度が追加導入された（法157条の6第2項）。対象となる証人は，①犯罪の性質，証人の年齢，心身の状態，被告人との関係その他の事情により，同一構内に出頭すると精神の平穏を著しく害されるおそれがある者，②同一構内への出頭に伴う移動に際し，身体・財産への加害行為または畏怖・困惑させる行為がなされるおそれがある者，③同一構内への出頭後の移動に際し尾行その他の方法で住居，勤務先その他通常所在する場所が特定されることにより，自己またはその親族の身体・財産への加害行為または畏怖・困惑させる行為がなされるおそれがある者，④遠隔地に居住し，年齢，職業，健康状態その他の事情により，同一構内に出頭することが著しく困難である者である。
** 法制審議会は，証人尋問を映像と音声の送受信により実施する制度の拡充を答申している（要綱（骨子）「第2-3」）。その内容は次のとおりである。
　(1) 裁判所は，証人（国内にいる者に限る。以下同じ。）を尋問する場合において，次に掲げる場合（後述ア〜ウ）であって，相当と認めるときは，検察官及び被告人または弁護人の意見を聴き，同一構内（裁判官及び訴訟関係人が証人を尋問するために在席する場所と同一の構内をいう。以下同じ。）以外にある場所であって適当と認めるものに証人を在席させ，映像と音声の送受信により相手の状態を相互に認識しながら通話をすることができる方法によって，尋問することができるものとする。

ア 証人に鑑定に属する供述を求める場合であって，その職業，健康状態その他の事情により証人がその尋問の日時に同一構内に出頭することが著しく困難であり，かつ，証人の重要性，審理の状況その他の事情により当該日時に尋問することが特に必要であると認めるとき。イ 証人が傷病または障害のため同一構内に出頭することが著しく困難であると認めるとき。ウ 証人が刑事施設または少年院に収容中の者であって，次のいずれかに該当するとき。(ア) その年齢，心身の状態，処遇の実施状況その他の事情により，同一構内への出頭に伴う移動により精神の平穏を著しく害され，その処遇の適切な実施に著しい支障を生ずるおそれがあると認めるとき。(イ) 同一構内への出頭に伴う移動に際し，証人を奪取しまたは解放する行為がなされるおそれがあると認めるとき。

(2) 裁判所は，証人を尋問する場合において，裁判官及び訴訟関係人が証人を尋問するために在席する場所以外の場所であって適当と認めるものに証人を在席させ，映像と音声の送受信により相手の状態を相互に認識しながら通話をすることができる方法によって尋問するについて，検察官及び被告人に異議がなく，証人の重要性，当該方法によって尋問をすることの必要性その他の事情を考慮し，相当と認めるときは，当該方法によって，尋問することができるものとする。

この(2)は，検察官及び被告人の双方が証人に対面して尋問する利益を放棄しており，かつ，手続を主宰し，証人尋問の結果に基づいて判断を行う責任を負う裁判所において支障がないと判断する場合であるから，検察官及び被告人に異議がなく，裁判所が相当と認めるときは，証人尋問をビデオリンク方式により実施することができるとされたのである。なお，令和4年法律48号による改正後の民事訴訟法204条においても，裁判所は「当事者に異議がない場合」であって，相当と認めるときは，ビデオリンク方式による証人尋問をすることができるものとしている。

なお，対象を国内にいる証人に限定したのは，証人が偽証をしたとしてもその所在国に存在する証拠の収集を我が国の捜査・訴追機関が行うことが困難であり，偽証の立証に困難を生じる上，仮にそれが可能となったとしても，その者が我が国に入国するか，条約等に基づいて引き渡されるなどしない限り，我が国での公判への出頭や裁判の執行を確保できないので，偽証罪による訴追・処罰は現実的に困難であり，そのことを認識している在外証人には，偽証罪による訴追・処罰の威嚇力が劣るため，類型的に虚偽供述の誘引が強く働きやすく正確な事実認定の確保の観点から適切でないと考えられたからである。

IV　証拠調べの実施（その2）——鑑定・通訳・翻訳

1 鑑　定

(1)　裁判所が，裁判上必要な経験則等に関する知識・経験の不足を補充する目的で，特別の知識・経験を有する者が認識し得る法則または事実，及び事実に法則を当てはめて得られる結論・意見を提供させる一連の手続を鑑定という（法165条）（最判昭和28・2・19刑集7巻2号305頁）。裁判所に鑑定を命じられた者を「鑑定人」という。

鑑定人は，特別の知識・経験に基づき裁判所の判断を補充できる者であれば誰でもよく，この点において，証人が，その人に固有の体験に基づき記憶する事実または推測する事項を供述するのと異なり，代替性がある。召喚に応じない証人について勾引が許されるのに対し（法152条・162条），鑑定人について勾引が許されないのは（法171条），この相違による。

(2)　鑑定は，特別な知識・経験により裁判所の知識・経験の不足を補充するものであるから，特別の知識・経験がなくとも判断できる事項については，裁判所が自ら判断すべきであり，鑑定を命じるのは相当でない。また，法律学という特別の学識経験に基づく法的判断は，本来裁判所の職責であるから，鑑定人に法律上の判断を求めるべきでない。例えば，被告人の犯行時の精神障害の有無やその犯行に及ぼした影響の有無・程度に係わる機序は，特別の知識・経験を有する精神科医からの補充を要する鑑定事項となり得るが，被告人が心神耗弱か心神喪失かといった責任能力に係る判断すなわち法的判断を鑑定人に求めるのは不当である。

実務上，鑑定事項となるのは，被告人の犯行時の精神状態（精神鑑定），被告人に対するアルコールや覚醒剤等の薬物の影響の有無・程度，被害者の死因や創傷の部位・程度等，医学に関するものが多い。ほかに，銃砲や刀剣の性能，火災の原因や燃焼過程，凶器等に付着した血痕のDNA型や血液型の判定，また，交通関係事件では，事故原因の判定のため工学等多様な角度からの鑑定が行われることもある。

鑑定は裁判所の知識・経験の不足を補うものであるから，これによって得られた結果は裁判官の事実認定を補充する一資料に過ぎず，その証明力は裁判官の自由心証に委ねられる（法318条）。最高裁判所は，責任能力判断の前提となる生物学的要素である精神障害の有無及び程度並びにこれが心理学的要素に与えた影響の有無及び程度について，専門家たる精神医学者の意見が鑑定等として証拠となっている場合には，鑑定人の公正さや能力に疑いが生じたり，鑑定の前提条件に問題があったりするなど，これを採用し得ない合理的な事情が認められるのでない限り，裁判所は，その意見を十分に尊重して認定すべきである旨説示している（最判平成20・4・25刑集62巻5号1559頁）。もとより，鑑定人の意見の尊重は，裁判所の自由心証に基づく合理的事実認定を制約するものではない。

(3)　裁判所は当事者の請求または職権で証拠決定としての鑑定決定をした上，裁判所が鑑定人を選定して鑑定を命じる（法165条）。鑑定人には，鑑定をする前に宣誓をさせなければならない（法166条，規則128条）。鑑定は裁判所外でなされるのが通例であり（簡単な筆跡鑑定などは公判廷でなされることがある），この場合には，鑑定に関する物を鑑定人に交付することができる（規則130条）。なお，検察官及び弁護人は，鑑定に立ち会うことができる（法170条）。

鑑定人は，裁判所の補助者としての性格を有することから強い権限が与えられており，鑑定について必要がある場合には，裁判所の許可状により（法168条2項・4項，規則133条），人の住居等に立ち入り，身体を検査し，死体を解剖し，墳墓を発掘し，または物を破壊することができる（法168条1項，規則132条）。また，裁判長の許可を得て，書類及び証拠物を閲覧・謄写したり，被告人質問や証人尋問に立ち会って，自ら直接に問いを発することもできる（規則134条）。なお，裁判員の参加する事件については，公判審理が中断するのを避けるため，鑑定手続のうち，鑑定の経過・結果の報告以外のものを公判前に行うことができるようにする「鑑定手続実施決定」に係る規定が設けられている（裁判員法50条）。

なお，被告人の精神または身体に関する鑑定をさせるについて必要があるときは，裁判所は期間を定め病院その他の相当な場所に被告人を留置することができる。これを「鑑定留置」といい（法167条1項），身体拘束を伴うので鑑定

留置状が必要である（法167条2項，規則130の2）。勾留中の被告人に対し鑑定留置状が執行されたときは，被告人が留置されている間，勾留はその執行を停止される（法167条の2）。起訴前の捜査機関の嘱託による鑑定留置については，既に説明した〔第1編捜査手続第6章Ⅱ*2*〕。

(4) 裁判所外で行われた鑑定の結果の報告には，口頭による方法と書面（鑑定書）による方法がある。口頭の方法による場合は，証人尋問と同様の方式で報告が行われる。これを鑑定人尋問と称する（法304条）。実務では，鑑定書による報告の方法が多く用いられるが，この場合でも鑑定人は鑑定書に記載した事項について公判期日に尋問を受けることがある（法321条4項）。

特別の知識・経験に基づく鑑定結果について正確な報告を期するという観点からは，鑑定書による方法に利点があるものの，詳細な鑑定書の作成には多大の労力と時間を要するので，近時は，口頭による鑑定結果の報告の方法を併用するなどの動きもある。とくに裁判員裁判においては，裁判員に対し鑑定の結果を分かりやすく伝達する方法が重要な課題であり，そのための工夫（例，公判前整理手続段階での鑑定人と裁判所・訴訟関係人との事前カンファレンス）が試みられている〔第6章*3*(4)〕。

* 法制審議会は，鑑定を命ずる手続を映像と音声の送受信により実施する制度の拡充について，次のような要綱（（骨子）「第2-3」）を示している。
   裁判所は，鑑定を命ずる際に鑑定人（国内にいる者に限る。以下同じ。）を尋問し，または鑑定人に宣誓をさせる場合において，相当と認めるときは，検察官及び被告人または弁護人の意見を聴き，同一構内以外にある場所であって適当と認めるものに鑑定人を在席させ，映像と音声の送受信により相手の状態を相互に認識しながら通話をすることができる方法によって，尋問し，または宣誓をさせることができるものとする。

2 通訳・翻訳

裁判所では日本語を用いるので（裁判所法74条），日本語に通じない者に陳述をさせる場合には，通訳人に通訳させたり，外国語を翻訳する必要が生じる（法175条・177条）。また，耳の聞こえない者または口のきけない者に陳述させる場合にも，手話などの通訳をさせることができる（法176条）。

通訳や翻訳は，言葉についての鑑定の性質を有するので，鑑定についての規定が準用される（法178条，規則136条）。
 * 法制審議会は，通訳を映像と音声の送受信により実施する制度の拡充として次のような要綱（（骨子）「第2-3」）を示している。
   (1) 裁判所は，通訳人（国内にいる者に限る。以下同じ。）に通訳をさせる場合において，相当と認めるときは，検察官及び被告人または弁護人の意見を聴き，同一構内以外にある場所であって適当と認めるものに通訳人を在席させ，映像と音声の送受信により相手の状態を相互に認識しながら通話をすることができる方法によって，通訳をさせることができるものとする。
   (2) 裁判所は，通訳人に通訳をさせる場合において，やむを得ない事由があり，かつ，相当と認めるときは，検察官及び被告人または弁護人の意見を聴き，同一構内以外にある場所であって適当と認めるものに通訳人を在席させ，裁判所，検察官並びに被告人及び弁護人が通訳人との間で音声の送受信により同時に通話をすることができる方法によって通訳をさせることができるものとする。
   この要綱（骨子）の趣旨は次のとおり。通訳人の確保をしやすくする観点からは，可能な限り柔軟な通訳方法を認めることが望ましく，音声のみの送受信によっても実施できるとすることが考えられるものの，通訳人が通訳を行う際には発話者の口の動きから発話内容を読み取ったり，表情等を見て通訳を理解しているかどうかを確認したりすることもあるので，正確性の観点からは，同一構内以外にある場所に通訳人を在席させて通訳をさせる方法は，可能な限りビデオリンク方式によるべきであり，音声のみの送受信による方法は，やむを得ないと認めるときに限るのが適切と考えられたので，裁判所は，相当と認めるときは，ビデオリンク方式によって通訳をさせることができるとし，やむを得ない事由があり，かつ，相当と認めるときは，音声の送受信による方法によって通訳をさせることができるとしたのである。

V 証拠調べの実施（その3）
——証拠書類・証拠物の取調べ・検証

1 証拠書類の取調べ

　証拠書類とは，その記載内容が証拠となる書面をいう（例，被害者作成の被害届，医師の作成した診断書，被告人や参考人の司法警察職員や検察官に対する供述調書，

被告人の前科調書等)。

　犯罪事実に争いのない自白事件では，犯罪事実の立証のために必要な証拠は，犯罪の行われた現場の概要を記載した検証・実況見分調書等のほか，被害者などの第三者の供述や被告人の供述も，司法警察職員または検察官に対する供述調書として証拠書類の形で証拠調べ請求されるのが通例である。これらの証拠書類の全部が検察官及び被告人の同意等により証拠能力を認められ（法326条1項），裁判所の証拠決定を経てその取調べが行われると，検察官の立証は原則として終了する。もっとも前記のとおり，近時は，直接主義を重視して，犯罪事実の重要部分の立証を証人尋問により行う動きが生じている〔Ⅲ1(2)〕。

　証拠書類の取調べ方法は，法廷における「朗読」である。裁判長は，証拠書類の取調べを請求した者にこれを朗読させるのが原則であるが，自らこれを朗読し，または陪席裁判官もしくは裁判所書記官にこれを朗読させることもできる（法305条1項）。法290条の2の規定による被害者特定事項の秘匿決定がなされた場合には，朗読は被害者特定事項を明らかにしない方法で行う（法305条3項）。法290条の3の規定による証人等特定事項の秘匿決定がなされた場合も同様である（法305条4項）。なお，裁判長は，訴訟関係人の意見を聴き，相当と認めるときは，朗読に代えて，取調べの請求者，陪席裁判官もしくは裁判所書記官にその要旨を告げさせ，または自らこれを告げることができる（規則203条の2第1項）。これを「要旨の告知」と称する。要旨の告知は，かつて証拠書類の全文朗読が時間等の制約により困難で，しばしば朗読をすべて省略しようとする傾向が認められたため，朗読を実行可能な限度で的確に実現できるよう配慮して，1950（昭和25）年に導入された。しかし，裁判員裁判においては，裁判員に後から証拠書類を読み込んでもらうことはできず，公判廷で直接心証を採ってもらうため，朗読に適した証拠書類を作成し，その全文朗読を原則とする運用が定着しつつある。

　ビデオリンク方式による証人尋問の録画（記録媒体）がその一部とされた調書の取調べは，朗読に代えて，その録画を公判廷で再生する。裁判長は，相当と認めるときは，この再生に代えて，記録された供述内容を告知させる等の方法で取り調べることもできる（法305条5項）。記録媒体を再生する場合に，必要と認めるときは，その映像を被告人または傍聴人またはその双方が見ること

ができないよう遮蔽措置をとることができる（同条6項）。

2 証拠物の取調べ

証拠物とは，物体の存在または状態が証拠となるものをいう（例，犯罪に使用された凶器，血痕の付着した被害者の衣服，被告人が所持していた覚醒剤等）。

証拠物の取調べ方法は，その請求者が法廷でこれを展示する（法306条）。「展示」とは，裁判所及び訴訟関係人に対し，その存在や状態等を示すことをいう。なお，検察官が法廷で犯罪の凶器等を被告人に示し，それが犯罪に使用されたものであることを確認するのは，後記の被告人質問を通じて証拠物の同一性や起訴事実と証拠物との関連性を明らかにする立証活動である。

「証拠物中書面の意義が証拠となるもの」すなわち，書面の存在または状態そのものが証拠となると同時にその記載内容も証拠となる書面（例，脅迫罪に使用した脅迫状，公文書偽造罪を組成した偽造公文書等）を，「証拠物としての書面」と称する。その取調べ方法は，朗読と展示の双方を必要とする（法307条）。

3 検 証

裁判所は，事実発見のため必要があるときは，検証をすることができる（法128条）。裁判所が一定の場所，物や人の身体の状態等を五官の作用で認識する強制処分であるが，裁判所自ら行うので令状は不要である。

検証には，公判廷におけるものと公判廷外におけるものとがある。公判廷における検証は，人の身体の状況（例，傷痕の部位・程度等）の認識や，一定の状況（例，可燃物の燃焼状況等）を把握するための簡易な実験の実施などがその例である。公判廷における検証の結果は，公判調書に記載される（規則44条1項32号）。実務上は，犯行現場の検証などのように公判廷外で行われる場合が多い。これは公判期日外の証拠調べとなる。

なお，前記のとおり，証拠物の取調べについては特別の規定があるので（法306条・307条）検証と称しないが，その法的性質は公判廷における検証であり，したがって展示のほかに，必要な場合には破壊等の処分もできる（法129条）。

Ⅵ 証拠調べの実施（その4）——被告人質問

　法は，被告人に対して，終始沈黙しまたは利益であると不利益であるとを問わず供述をするかどうかの自由（黙秘権）を付与すると共に，旧刑訴法の被告人訊問の制度を廃止し，新たに「被告人質問」の手続を設けた（法311条）。

　被告人質問において，被告人は「終始沈黙し，又は個々の質問に対し，供述を拒むことができる」が（法311条1項），被告人が任意に供述をする場合には，裁判長はいつでも必要とする事項につき被告人の供述を求めることができる（法311条2項）。陪席裁判官，検察官，弁護人，共同被告人またはその弁護人，裁判員も裁判長に告げてその供述を求めることができる（法311条3項，裁判員法59条）。被告人が質問に答えて任意に供述をすれば，その供述は有利・不利を問わず証拠となるので（規則197条1項），被告人質問も証拠調べの性質を有する。他方，被告人質問には，公判期日において，訴訟当事者たる被告人に事件についての弁解・意見を十分尽くさせる機会を与えるという側面もある。このため被告人の供述内容は，供述証拠の側面と，主張ないし意見陳述の側面が混在する上，供述証拠としては，証人と異なり，無宣誓かつ反対尋問による吟味が不可能であるため，信用性の担保の重要部分を欠く〔第4編証拠法第4章Ⅳ2〕。

　被告人質問の内容は，被告人が犯罪事実を争っている否認事件の場合には，検察官の立証に対する反論や弁解が中心となり，犯罪事実を認めている自白事件の場合には，被告人に有利な情状の顕出が中心となるのが通例である。

　被告人質問の時機について特別の定めはないので，証拠調べに入った後は，審理の具体的な状況に応じ，いつでもよい。実務では主な証拠調べが終わった段階で行われるのが通例である。

　なお，被告人の自白調書がある場合に，従前の実務は，自白調書を先に取り調べていたが，裁判員裁判では被告人質問をまず行い，それで足りれば自白調書を採用しないという扱いが一般化しており，裁判員裁判以外でも同様の扱いがなされるようになっている。直接主義・口頭主義の本旨に即した適切な運用といえよう。

質問の方式は，証人尋問の場合と同様に交互に質問するのが通例である。弁護人がまず質問し，これに対し検察官が反対質問をし，さらに必要に応じて裁判官や裁判員が質問をする。

Ⅶ 被害者等による意見陳述及び被害者参加等

1 被害者等による意見の陳述

(1) 犯罪被害者に対する配慮と保護を図るための2000（平成12）年法改正により，被害者等による心情その他の意見の陳述手続が導入された（法292条の2）。被害者は訴訟の当事者ではないが，当該事件の刑事手続の帰趨に深い関心をもつ被害者やその遺族の立場に配慮して，公判手続の場で主体的に意見を陳述する機会を設けたのである。意見陳述ができるのは，被害者またはその法定代理人で，被害者が死亡した場合またはその心身に重大な故障がある場合には，その配偶者，直系親族もしくは兄弟姉妹である（「被害者等」法201条の2第1項1号参照）。

裁判所は，被害者等から被害に関する心情その他の被告事件に関する意見の陳述の申出があるときは，原則として公判期日に意見を陳述させる（法292条の2第1項）。被害者の申出はあらかじめ検察官に対して行い，検察官が，意見を付してこれを裁判所に通知する（法292条の2第2項）。検察官を介する申出の方式は，検察官が裁判所に意見を付した通知をする前提として，被害者等との意思疎通を一層充実させる機能を果たすであろう。また，意見陳述とは別に行い得る検察官による被害者等の証人尋問内容との調整にも資する。裁判所は，審理の状況等諸般の事情を考慮して，意見の陳述に代えて書面を提出させたり，意見の陳述をさせないことができる（法292条の2第7項）。

(2) 被害に関する心情その他の被告事件に関する意見とは，被害者の抱く被害感情や被告人に対する処罰感情，事件に対する評価などをいう。犯罪事実自体は厳格な証明の対象であるから〔第4編証拠法第1章Ⅲ*1*(3)〕，犯罪事実自体に関する被害者の陳述内容を犯罪事実の認定のための証拠とすることはできない

（法292条の2第9項）。もっとも，裁判所は被害者の意見を量刑の資料として考慮することはできる。

(3) 意見陳述は証人尋問ではないから，性質上，その信用性を弾劾する反対尋問はあり得ない。しかし，陳述内容の趣旨を明確にしたり確認する必要性はあるので，裁判官と訴訟関係人は，意見陳述の後に被害者等に質問することができる（法292条の2第3項・4項）。裁判長は，被害者の意見陳述や訴訟関係人の質問が，重複したり事件に関係のない事項にわたるときその他相当でないときは，これを制限することができる（法292条の2第5項）。

なお，意見を陳述する被害者等が心理的圧迫から精神の平穏を害されないようにするため，証人保護に関する，付添い・遮蔽・ビデオリンク方式に関する規定〔Ⅲ5(4)〕が準用される（法292条の2第6項）。

この意見陳述の時機について特別の定めはないが，証拠調べではないから，証拠調べ手続が終了し弁論手続に入る前の段階，すなわち両当事者の立証が終了し，被告人質問が実施された後の時点で行われるのが適切であろう。

2 公判手続における被害者特定事項の秘匿措置

(1) 被害者等の情報を保護するための制度として，既に説明した証拠等事前告知の際における被害者特定事項の秘匿要請（法299条の3・316条の23）のほか〔Ⅲ5(3)〕，公判手続における被害者特定事項の秘匿がある。裁判所は，性犯罪に係る事件や，犯行態様，被害状況その他の事情により，被害者特定事項（氏名及び住所その他の当該事件の被害者を特定させることとなる事項）が公開の法廷で明らかにされることにより被害者等の名誉または社会生活上の平穏が著しく害されるおそれがあると認められる事件を取り扱う場合において，当該事件の被害者等もしくは当該被害者の法定代理人またはこれらの者から委託を受けた弁護士から申出があるときは，被告人または弁護人の意見を聴き，相当と認めるときは，被害者特定事項を公開の法廷で明らかにしない旨の決定をすることができる（法290条の2第1項）。この裁判所に対する申出は，あらかじめ検察官にしなければならず，検察官は，意見を付して，申出を裁判所に通知する（法290条の2第2項）。

(2) また、裁判所は、前記のような事件のほか、事情により被害者特定事項が公開の法廷で明らかにされることにより被害者もしくはその親族の身体・財産に害を加えまたはこれらの者を畏怖・困惑させる行為がなされるおそれがあると認められる事件を取り扱う場合において、検察官及び被告人または弁護人の意見を聴き、相当と認めるときは、被害者特定事項を公開の法廷で明らかにしない旨の決定をすることができる（法290条の2第3項）。

(3) 裁判所による前記の秘匿決定があったときは、起訴状及び証拠書類の朗読は、被害者特定事項を明らかにしない方法で行う（法291条2項・305条3項）。例えば、被害者実名の代わりに仮名を用いたり、単に「被害者」と呼称するなどの方法が用いられる（規則196条の4）。

また、裁判長は、秘匿決定があった場合において、訴訟関係人のする尋問または陳述が被害者特定事項にわたるときは、これを制限することにより、犯罪の証明に重大な支障を生ずるおそれがある場合、または被告人の防禦に実質的な不利益を生ずるおそれがある場合を除き、当該尋問または陳述を制限することができる（法295条3項）。

* このほか、刑事手続に付随する被害者等関連法制には次のようなものがある。
①被害者等の公判手続の傍聴　事件の係属する裁判所の裁判長は、当該事件の被害者等または当該被害者の法定代理人から、当該事件の公判手続の傍聴の申出があるときは、傍聴席及び傍聴を希望する者の数その他の事情を考慮しつつ、申出をした者が傍聴できるよう配慮しなければならない（犯罪被害者保護法2条）。
②係属事件の訴訟記録の閲覧・謄写　事件の係属する裁判所は、第1回公判期日後当該事件の終結までの間において、当該事件の被害者等もしくは当該被害者の法定代理人またはこれらの者から委託を受けた弁護士から、訴訟記録の閲覧または謄写の申出があるときは、検察官及び被告人または弁護人の意見を聴き、閲覧・謄写を求める理由が正当でないと認める場合及び犯罪の性質、審理の状況その他の事情を考慮して閲覧・謄写をさせることが相当でないと認める場合を除き、申出をした者に閲覧または謄写をさせる（犯罪被害者保護法3条1項）。謄写をさせる場合、裁判所は、謄写した訴訟記録の使用目的を制限し、その他適当と認める条件を付することができ（同法3条2項）、また、閲覧・謄写をした者は、これにより知り得た事項を用いるに当たり、不当に関係者の名誉もしくは生活上の平穏を害し、または捜査・公判に支障を生じさせることのないよう注意しなければならない（同法3条3項）。なお、閲覧・謄写に関する裁判所の措置は、司法行政上の措置と位置付けられるので、これに対して刑事訴訟法上の不服申立てをすることはできない。

③刑事和解　　被告人と被害者等は，両者の間の民事上の争い（当該被告事件に係る被害についての争いを含む場合に限る）について合意が成立した場合には，当該被告事件の係属する裁判所に対し，共同して当該合意の公判調書への記載を求める申立てをすることができ，その合意が公判調書に記載されたときは，その記載は裁判上の和解と同一の効力を有するものとする（犯罪被害者保護法19条）。

　④損害賠償命令　　故意の犯罪行為により人を死傷させた罪（例，殺人，傷害致死，傷害）等に係る刑事被告事件の被害者またはその一般承継人は，当該被告事件の係属する裁判所（地方裁判所に限る）に対し，その弁論の終結までに損害賠償命令の申立てをすることができる（犯罪被害者保護法24条1項）。「損害賠償命令」とは，当該被告事件に係る訴因として特定された事実を原因とする不法行為に基づく損害賠償請求（これに附帯する損害賠償請求を含む）について，その民事賠償を刑事被告人に命ずることをいう。刑事被告事件について有罪の言渡しがあった場合（当該言渡しに係る罪が前記の罪に該当する場合に限る）には，裁判所は，原則として，直ちに，前記申立てについての期日を開かなければならない（同法35条1項）。そして，特別の事情がある場合を除き，4回以内の審理期日で審理を終結する（同法35条3項）。裁判所は，最初の審理期日において，刑事被告事件の訴訟記録の取調べをしなければならない（同法35条4項）。当事者は，損害賠償命令の申立てについての裁判に対し，異議の申立てをすることができるが（同法38条1項），適法な異議申立てがない場合は，損害賠償命令の申立てについての裁判は，確定判決と同一の効力を有する（同法38条5項）。他方，適法な異議申立てがあった場合は，通常の民事訴訟の手続に移行する（同法39条1項）。こうして，被告人すなわち加害者側に異議がなければ，被害者は，刑事手続の結果をそのまま利用し，別途損害賠償請求訴訟を提起することなく，民事上の救済を得ることが可能となる。

3　被害者参加制度

(1)　被害者参加制度とは，一定の犯罪の被害者等や被害者の法定代理人が，裁判所の許可を得て，「被害者参加人」として刑事裁判に参加し，公判期日に出席すると共に，証人尋問，被告人質問等の一定の訴訟活動を自ら行うものである。2007（平成19）年法改正により導入された。被害者参加人は，刑事訴訟の当事者ではない。犯罪被害者等の刑事手続への関与に対する適切な要望の実現には，当事者たる検察官との緊密な連携が要請される。

(2)　裁判所は，①故意の犯罪行為により人を死傷させた罪，②不同意わいせつ及び不同意性交等の罪，監護者わいせつ及び監護者性交等の罪，業務上過失

致死傷・重過失致死傷の罪，逮捕及び監禁の罪，略取誘拐及び人身売買等の罪，③その犯罪行為に②の罪を含む罪，④過失運転致死傷罪等，⑤ ①ないし③の罪の未遂罪に係る被告事件の被害者等もしくは当該被害者の法定代理人またはこれらの者から委託を受けた弁護士から，被告事件の手続への参加の申出があるときは，被告人または弁護人の意見を聴き，犯罪の性質，被告人との関係その他の事情を考慮し，相当と認めるときは，決定で，当該被害者等または当該被害者の法定代理人の被告事件の手続への参加を許す（法316条の33第1項）。参加を許された者を「被害者参加人」と称する。

手続参加の申出は，あらかじめ検察官にしなければならず，検察官は，意見を付して，この申出を裁判所に通知する（法316条の33第2項）。

裁判所は，被害者参加人が当該被告事件の被害者等に該当しないことが判明したとき，罰条が撤回・変更されたため当該被告事件が対象事件に該当しなくなったとき，または犯罪の性質，被告人との関係その他の事情を考慮して手続への参加を認めるのが相当でないと認めるに至ったときは，参加の許可を取り消さなければならない（法316条の33第3項）。

* 被害者参加人の委託を受けた弁護士は，被害者参加人と同様の権限を有する。被害者等は，一般に法的知識が十分でないため，公判審理の状況を的確に把握し，有罪立証を目標に活動する検察官と緊密に連携しつつ適切に刑事手続に参加するためには，専門家である弁護士の援助が必要な場合があると考えられたためである。また，参加を希望しながらも，自ら参加することが困難な状況にある被害者等に代わって，その希望に即した活動をする役割が弁護士に期待される場合もある。なお，被害者参加人の資力が乏しい場合であっても弁護士の援助を受けられるようにするため，裁判所が被害者参加弁護士を選定し，国がその報酬及び費用を負担すると共に，日本司法支援センターが被害者参加弁護士の候補者を裁判所に通知する業務等を行うこととされている（犯罪被害者保護法11条〜18条）。

(3) 被害者参加人またはその委託を受けた弁護士（以下「被害者参加人等」という）は，次のような権限を有する。

①公判期日への出席　被害者参加人等は，公判期日に出席することができる（法316条の34第1項）。法廷内の検察官席隣に着席するのが通例である。ただし，裁判所は，審理の状況，被害者参加人等の数その他の事情を考慮して，相当でないと認めるときは，公判期日の全部または一部への出席を許さないこ

とができる（法316条の34第4項）。

②検察官の権限行使に対する意見　被害者参加人等は，検察官に対し，当該被告事件についての刑訴法の規定による検察官の権限の行使（例，控訴，訴因の設定・変更等）に関し，意見を述べることができる。この場合，検察官は，当該権限を行使しまたは行使しないこととしたときは，必要に応じ，当該意見を述べた者に対し，その理由を説明しなければならない（法316条の35）。

③証人の尋問　裁判所は，証人を尋問する場合において，被害者参加人等から，その証人を尋問することの申出があるときは，被告人または弁護人の意見を聴き，審理の状況や申出に係る尋問事項の内容等の諸事情を考慮し，相当と認めるときは，被害者参加人等の尋問を許す。ただし，尋問は，犯罪事実に関するものを除く一般情状に関する事項（例，被告人やその親族による示談や謝罪の状況等）について証人が既にした供述の証明力を争い信用性を減殺するために必要な事項に限られる（法316条の36第1項）。証人尋問の申出は，検察官の尋問が終わった後（検察官の尋問がないときは，被告人または弁護人の尋問が終わった後）直ちに，尋問事項を明らかにして，検察官にしなければならず，検察官は，当該事項について自ら尋問する場合を除き，意見を付して，尋問の申出を裁判所に通知する（法316条の36第2項）。

④被告人に対する質問　裁判所は，被害者参加人等から，その者が被告人に対して質問をすることの申出があるときは，被告人または弁護人の意見を聴き，被害者参加人等が意見の陳述（被害に関する心情その他の意見陳述〔法292条の2〕・事実または法律の適用についての意見陳述〔316条の38〕）をするために必要があると認める場合であって，審理の状況，申出に係る質問事項の内容等の諸事情を考慮し，相当と認めるときは，被害者参加人等の質問を許す（法316条の37第1項）。前記証人尋問と異なり，質問内容は情状に関する事項に限られない。被告人質問の申出は，あらかじめ，質問事項を明らかにして，検察官にしなければならず，検察官は，当該事項について自ら質問する場合を除き，意見を付して，質問の申出を裁判所に通知する（法316条の37第2項）。

⑤事実または法律の適用についての意見の陳述　裁判所は，被害者参加人等から，事実または法律の適用について意見を陳述することの申出がある場合において，審理の状況等の諸事情を考慮し，相当と認めるときは，公判期日に

おいて，検察官の意見の陳述（論告・求刑）の後に，訴因として特定された事実の範囲内で，被害者参加人等の意見の陳述を許す（法316条の38第1項，裁判長による陳述の制限について同条3項参照）。この意見陳述（その意義は，前記1の心情・意見の陳述とは異なり，後記IX論告・弁論と同様である）は，検察官の論告や弁護人の弁論と同様に意見であるから，証拠とはならない（法316条の38第4項）。意見陳述の申出は，あらかじめ，陳述する意見の要旨を明らかにして，検察官にしなければならず，検察官は，意見を付して，意見陳述の申出を裁判所に通知する（法316条の38第2項）。

* 刑事事件に巻き込まれた被害者等が，当該事件の刑事手続の帰趨に深い関心を有するのは当然であり，その心情・意見を公判手続において直接示す機会を設け，また当事者追行主義訴訟の枠内で一定の権限行使を認めるのが，被害者関与の諸制度の趣意である。このような被害者の正当な心情・意見等を適切に考慮勘案した裁判体によって，適正な手続を経て罪責を認定された被告人に対し，その所業に相応しい刑が言い渡されることに何ら不当なところはない。故に，被害者関与が厳罰化に繋がるとの短絡的批判には理由がない。

(4) 裁判所は，被害者参加人が公判期日等に出席する場合において，一定の要件の下，被害者参加人への付添い，被害者参加人と被告人との間の遮蔽及び被害者参加人と傍聴人との間の遮蔽措置をとることができる（法316条の39第1項・4項・5項）。

Ⅷ 公判期日外の証拠調べ

(1) 裁判所が，公判期日外において証人尋問や検証を行う場合がある。その結果は書面に記載されて，公判期日に証拠書類として取り調べなければならない。また，裁判所自らが公判期日外に行った押収及び捜索の結果を記載した書面や押収物も，公判期日において証拠書類または証拠物として取り調べなければならない（法303条）。これら公判期日外の活動は，公判期日における証拠調べの準備行為すなわち公判準備の性質を有する。また，裁判所は，当事者の請求によりまたは職権で公務所等照会をすることができる（法279条）。

このうち，検証，押収，捜索，公務所等照会は，性質上，公判期日外で実施

されるのが当然であるから，必要と認められる限り，裁判所が公判準備として行うことに特段の問題は生じない。これに対して，証人尋問は，直接主義・口頭主義の観点から，本来，公判期日において行うべき性質の活動である。例外的にこれを公判期日外で実施すると，その調書から心証を形成することとなるので，法は，必要最小限度において公判期日外の証人尋問ができる場合を認めている。

　　＊　裁判所は，検証としての身体検査のため，対象者を裁判所または指定の場所に出頭させることができる。被告人については，召喚または出頭命令（法57条・68条），被告人以外の者については召喚（法132条）による。勾引（法58条・68条），再度の召喚（135条），間接強制と制裁（法133条・134条・137条・138条），直接強制（139条）等の手段が定められている。

(2)　公判期日外の証人尋問には，①裁判所外で行う場合（法158条）（例，証人が病気入院中で裁判所への出頭が困難な場合にその証人の現在場所の病院で行う尋問）と，②公判期日外に裁判所において行う場合（法281条）（例，証人が急な海外渡航等のやむを得ない事情で予定の公判期日に出頭することができない場合に，裁判所内で行う尋問）とがある。いずれの場合も，証人の重要性，年齢，職業，健康状態その他の事情と事案の軽重とを考慮した上，検察官及び被告人または弁護人の意見を聴き，必要と認めるときに限らなければならない（法158条・281条）。

　検察官，被告人及び弁護人は，証人を尋問する権利があるから，証人尋問に立ち会うことができる。このため，公判期日外の証人尋問の日時場所は，あらかじめ立会権者であり尋問権者である検察官，被告人及び弁護人に告知しなければならない。ただし，あらかじめ裁判所に立ち会わない意思が明示されたときはこの限りでない（法157条）。公判期日外の尋問をする場合，裁判所は，あらかじめ尋問事項を知る機会を与えなければならず（法158条2項，規則109条1項），検察官，弁護人及び被告人は，尋問事項の付加を請求することができる（法158条3項，規則109条2項）。

　裁判所は，検察官，被告人または弁護人が公判期日外の証人尋問に立ち会わなかったときは，立ち会わなかった者に，証人の供述内容を知る機会を与えなければならない。場合により，新たな追加尋問の請求も認められる（法159条，

規則126条)。

　なお，裁判所外で行う証人尋問は，受命裁判官または受託裁判官によることができる（法163条）。裁判所における期日外尋問の場合は，公判裁判所が行わなければならず，受命裁判官によることはできない（最決昭和29・9・24刑集8巻9号1519頁)。

　前記のとおり，公判期日外の証人尋問の調書は，後の公判期日において職権で取り調べなければならない（法303条）。この調書は，無条件で証拠能力を有する（法321条2項前段)。裁判所または裁判官の検証の結果を記載した書面も同様である（法321条2項後段）〔第4編証拠法第5章Ⅳ5，Ⅵ1〕。

　＊　公判期日外の証人尋問は，公判期日における尋問が不可能か著しく困難な場合のみならず，性犯罪被害者や年少者等脆弱な証人について，被告人・傍聴人から見られることによる圧迫や，公開法廷で証言する心理的圧迫を軽減して証言し易くするために用いられる例があった。しかし，そのような圧迫を軽減し脆弱な証人を保護するための，付添い，遮蔽，ビデオリンク方式の尋問等が整備されたので〔Ⅲ5〕，第1次的には，これらの証人保護措置を検討すべきであろう。期日外尋問は，調書が証拠となり直接主義・口頭主義の例外となるので，原則として公判期日における尋問を行うべきである。

Ⅸ　論告・弁論・結審・判決の宣告

1　論　告

　証拠調べが終わると，検察官は論告を行う。これは，事実及び法律の適用についての検察官の意見の陳述である（法293条1項)。論告において，検察官は，公訴事実の認定及び情状について意見を述べるほか，刑罰法令の適用についても意見を述べ，その際，併せて科すべき具体的な刑罰の種類及びその量についても言及するのが慣行である。これを求刑と称する。論告は，取り調べられた証拠に基づく公訴事実の認定，情状，適条，求刑の順序で行われるのが通例である。

　事実に争いのない事件では，「本件公訴事実は，当公判廷において取調べ済

みの関係各証拠により，その証明は十分である」などと述べられるに留まるが，争いのある場合は，証拠の証明力を明らかにし，事実の証明に至る推論の過程を事案の性質に応じて具体的に述べると共に，被告人側の主張・立証に対する反論も行う。

情状についての陳述は，求刑の根拠を明らかにするため，犯行の動機・目的・手段・方法，被害の程度，社会的影響，被告人の前科・前歴の有無，被告人の性格，犯罪後の事情（改悛の情の有無，被害弁償の有無等），共犯者間の役割など量刑事情と同じ要素について陳述する。

法令の適用は本来裁判所の職責であるから，とくに法令の解釈に争いのある場合のほかは，「相当法条適用のうえ」とだけ述べられるのが通例である。

求刑は，事件に対する検察官の最終的な評価であり，法的には裁判所を拘束するものではないが，裁判所は，求刑意見をも参考に量刑判断を行うことになる。

裁判員裁判においては，裁判員も量刑判断に関与するため（裁判員法6条1項3号・66条1項），求刑意見とその前提となる情状に関する陳述は，引き続く量刑評議の道筋を示すものとして極めて重要な機能を果たす。なお，裁判員裁判の量刑評議は，最高裁判所が整備し検察官及び弁護人も利用可能な量刑検索システムを使用して行われるので，情状及び求刑についての意見もこれを意識して述べられることがある。

論告において，検察官は公益の代表者として被告人に有利な事情も考慮すべきであり，審理の経緯により場合によっては無罪判決を求める論告が行われることもあり得る。

なお，前記のとおり，検察官の意見の陳述の後に，被害者参加人またはその委託を受けた弁護士は，裁判所が相当と認めるとき，事実または法律の適用について意見を陳述することができる（法316条の38第1項）〔Ⅶ3(3)〕。

2 弁護人及び被告人の弁論・陳述

論告に引き続き，被告人及び弁護人も，意見を陳述することができる（法293条2項）。実務では，先に弁護人が陳述し，最後に被告人が陳述する。前者

を弁護人の弁論または最終弁論と称し，後者を被告人の最終陳述と称する。被告人または弁護人の陳述に対して検察官が反論した場合には，その反論に対する意見を述べる機会を被告人側に与える。最終の陳述の機会は被告人側に与えなければならない（規則211条）。

　弁論の内容は，論告の内容に対応して，事実に関する主張，法律上の主張，情状に関する主張を被告人・弁護人の立場から行う。公訴事実に争いがない事件では，防禦側の関心は量刑に集中するのが通例であり，かつては弁論で具体的な量刑意見が述べられることはほとんどなかったものの，裁判員裁判においては，被告人に有利な情状事実を裁判官・裁判員に説得的に示すことが弁護人の弁論の要諦となる。検察官の情状に関する評価・意見に対応しつつ，前記量刑検索システムをも意識した量刑評議における争点が明瞭に呈示されることが望ましい。

　論告及び弁論は，公判廷において口頭で行われるが（口頭主義，法43条1項），複雑な事件や争点の多岐に渉る事件では，陳述の要旨，すなわち論告要旨・弁論要旨を書面に記載して裁判所に提出することも行われている。裁判長は，必要と認めるときは，本質的な権利を害しない限り，論告または弁論に使用する時間を制限することができる（規則212条）。

　なお，2005（平成17）年の規則改正により，検察官，被告人または弁護人が証拠調べの後に意見を陳述するに当たっては，証拠調べ後できる限り速やかに，これを行わなければならない旨が定められた（規則211条の2）。また，論告・弁論において，争いのある事実については，その意見と証拠との関係を具体的に明示しなければならない（規則211条の3）。いずれも裁判員裁判をも想定した迅速・的確な評議・判断の道筋を示す趣旨である。

　論告・弁論において争点と証拠との関係の具体的明示ができるためには，公判前整理手続段階からの十分な争点整理と，これを踏まえた的確な公判審理が当然の前提となろう。

3　結　審

　弁護人の最終弁論が終わると，続いて被告人が最終陳述を行い，審理手続は

終了する。判決の宣告手続だけが残ることになる。これを弁論（審理）の終結または結審と称する。

4 判決の宣告

判決の宣告は，裁判長が公判廷で主文及び理由を朗読し，または主文の朗読と同時に理由の要旨を告げる方法によって行う（法342条，規則35条）。被害者特定事項・証人等特定事項の秘匿決定があったときは，これらを明らかにしない方法で判決宣告を行う（規則35条3項・4項）。有罪の判決を宣告する場合には，被告人に対し，上訴期間及び上訴申立書を差し出すべき裁判所を告知しなければならない（規則220条）。保護観察に付する旨の判決の宣告をする場合には，裁判長は被告人に対し，保護観察の趣旨その他必要と認める事項を説示しなければならない（規則220条の2）。裁判長は，判決の宣告をした後，被告人に対し，その将来について適当な訓戒をすることができる（規則221条）。

X 公判調書

1 公判調書の作成・整理

公判期日における訴訟手続については，公判調書を作成して，その経過及び内容を明らかにしておかなければならない（法48条1項）。作成者は公判に列席した裁判所書記官である（規則37条・46条参照）。調書には，「公判期日における審判に関する重要な事項」が記載される。記載すべき事項は規則により定められている（法48条2項，規則44条）。そこには，証人や被告人の供述等審理の具体的内容に関する事項も含まれる。

調書には，書面，写真その他裁判所が適当と認めるもの，及び供述の速記や録音等を引用し，訴訟記録に添付して，調書の一部とすることができる（規則49条・52条の20）。

公判調書は，各公判期日の後，速やかに整理しなければならない。遅くとも

判決宣告までに整理することが原則とされている（法48条3項。同条同項但書は，連日的開廷が主となり，判決宣告期日も比較的早期に設定される裁判員裁判を想定したものである）。「整理」とは，裁判所書記官が調書を作成して署名押印し，さらに裁判長が認印してその正確性を確認することをいう（規則46条）。整理が次回公判期日に間に合わなかったときは，裁判所書記官は検察官，被告人または弁護人の請求がある場合は，前回の公判期日における証人の供述の要旨を告げなければならない（法50条1項）。また，前回の公判期日が被告人及び弁護人の出頭なしに開廷されたものであるときは，その期日の審理に重要な事項を告げなければならない（法50条2項）

2　正確性に対する異議及び公判調書の証明力

　公判調書の記載の正確性を担保するため，検察官，被告人または弁護人からの異議申立てができる（法51条）。その前提としての公判調書の閲覧について，検察官及び弁護人には，公判調書を含む訴訟記録の全面的な閲覧権が認められているので問題がない（法270条・40条参照）。弁護人がないときは，公判調書に限り被告人に閲覧等の権利が与えられている（法49条）。異議の申立てがあったことは，調書に記載しなければならない。異議申立ての期間は，原則として最終の公判期日後14日以内とされている。なお，調書が未整理で証人の供述の要旨の告知を受けた場合も，その正確性に対する異議申立てができる（法50条）。

　公判期日における訴訟手続で，公判調書に記載されたものは，公判調書のみによって証明することができる（法52条）。上訴審で原審の公判手続が適法に行われたかどうかが問題となった場合に，判断資料を公判調書に限定することにより，争いの拡大を防ぐ趣旨である。公判調書に記載されていないものについては，他の資料によって証明してよい。

　　＊　法制審議会は，電磁的記録による公判調書の作成について，次のような要綱を示している（（骨子）「第1-1・1」）。公判調書は，裁判所の規則の定めるところにより，電磁的記録をもって作成し，裁判所の使用に係る電子計算機（入出力装置を含む）に備えられたファイルに記録しなければならないものとする。公判前整理手続調書

についても同様とされている。

　なお，終結前の事件の電磁的記録である訴訟に関する書類等の閲覧・謄写については，次のような要綱が示されている（（骨子）「第1-1・2」）。

　　ア　弁護人による裁判所における閲覧・謄写　　(ｱ) 法40条1項の訴訟に関する書類または証拠物の全部または一部が電磁的記録であるときは，当該電磁的記録に係る同項の規定による閲覧は，当該電磁的記録の内容を表示したものを閲覧し，またはその内容を再生したものを視聴する方法によるものとし，当該電磁的記録に係る同項の規定による謄写は，当該電磁的記録を複写し，若しくは印刷し，またはその内容を表示し若しくは再生したものを記載し若しくは記録する方法によるものとする。(ｲ) (ｱ)による電磁的記録を複写する方法及びその内容を表示しまたは再生したものを電磁的記録として記録する方法による謄写については，裁判長の許可を受けなければならないものとする。

　　イ　弁護人による電磁的方法による閲覧・謄写　　法40条1項の訴訟に関する書類または証拠物がファイルに記録されたものであるときは，弁護人は，同項の規定によるほか，公訴の提起後は，裁判長の許可を受けて，電磁的方法（電子情報処理組織を使用する方法その他の情報通信の技術を利用する方法をいう。）であって裁判所の規則で定めるものにより，これを閲覧し，または謄写することができるものとする。

　また，被告人が公判調書を閲覧する場合についての要綱は，次のとおりである。

　被告人に弁護人がないときは，公判調書は，裁判所の規則の定めるところにより，被告人も，その内容を表示したものを閲覧し，またはその内容を再生したものを視聴することができるものとし，被告人は，読むことができないとき，または目の見えないときは，公判調書の内容の朗読を求めることができる。

〈第3編第4章　参考文献〉

　司法研修所刑事裁判教官室編・プロシーディングス刑事裁判［平成30年版］（2019年）

　司法研修所刑事裁判教官室編・プラクティス刑事裁判［平成30年版］（法曹会，2019年）第3章　公判手続

　酒巻匡編・Q&A平成19年犯罪被害者のための刑事手続関連法改正（有斐閣，2008年）

第5章

特別の手続

Ⅰ　簡易公判手続

(1) 裁判所は，冒頭手続（法291条）において，被告人が起訴状に記載された訴因について有罪である旨を陳述したときは，検察官，被告人及び弁護人の意見を聴き，その訴因に関して簡易公判手続によって審判をする旨の決定をすることができる。対象事件は，比較的軽微なものに限られ，死刑または無期もしくは短期1年以上の拘禁刑に当たる事件は除かれる（法291条の2）。

この決定により証拠調べ手続が簡易化され，検察官の冒頭陳述（法296条），証拠調べの順序等（法297条），証拠調べ請求（法300条～302条），証拠調べの方式（法304条～307条）の規定は適用せず，「適当と認める方法」で行うことができる（法307条の2）。また，伝聞法則による証拠能力の制限も，当事者が異議を述べない限り適用されない（法320条2項）。

有罪である旨の陳述とは，単に訴因として記載された事実を認める旨の陳述では足りず，違法性阻却事由または責任阻却事由の不存在についても認めることが必要である。裁判長は，被告人に対し簡易公判手続の趣旨を説明し，被告人の陳述が自由な意思に基づくかどうか，及び，法の定める有罪の陳述に当たるかどうかを確かめなければならない。ただし，裁判所が簡易公判手続によることができず，またはこれによることが相当でないと認める事件については，この限りでない（規則197条の2）。

(2) 裁判所は，簡易公判手続による旨の決定をした事件であっても，その事件が簡易公判手続によることができないものと認めるとき（不適法の場合。例，事件が対象事件でないことが判明した場合，訴因変更後の訴因について有罪の陳述がな

い場合，被告人が有罪の陳述を撤回して否認に転じた場合），またはこれによることが相当でないと認めるとき（不相当の場合。例，有罪の陳述の真実性に疑いが生じた場合，訴訟条件の欠如が判明した場合）は，決定を取り消さなければならない（法291条の3）。決定が取り消されたときは，公判手続を更新しなければならない。ただし，検察官及び被告人または弁護人に異議がないときは，この限りでない（法315条の2）。この場合の更新は，その性質上，原則として冒頭陳述以降の手続を通常の手続によりやり直す必要があろう〔V(1)〕。

(3) 現行法の制定過程においては，アングロ＝アメリカ法圏のアレインメント制度（被告人の有罪答弁があれば，罪責認定のための公判手続を省略し直ちに量刑手続に進む制度）の採否が検討されたものの，被告人が有罪であることを自認する場合でも補強証拠を必要とすることで，結局，その導入は封じられた（法319条2項・3項）〔第4編証拠法第4章Ⅲ*1*(2)*〕。このため，被告人が全面的に事実を認めている場合でも，一律に公判手続を実施せざるを得ず，かえって，証拠調べ手続を事実上簡略化する弊が生じたことなどから，1953（昭和28）年の法改正で導入されたのがこの簡易公判手続である。軽微な自白事件の証拠調べを簡略化して，対象外の重大事件の審理を充実させようというのが制度導入の趣意であった。

しかし，現在，その利用頻度は高くない。その理由として，証拠調べ手続に一般事件と大差はなく（一般の自白事件の証拠調べでも証拠書類の取調べが要旨の告知で足りる等の簡略化が進んだ），判決書を書く労力もほとんど同じであり，被告人に「簡易」な手続で処理されているとの悪印象を与えるなどの事情が指摘されていた。

犯罪事実に争いのない自白事件の処理を，どの様な方式で，どの程度まで，特別の手続を設けて簡略化するかは，捜査手続をも含む刑事司法制度全体に課されている負担の省力化や人的資源の効率的配分という観点から，極めて重要な制度設計上の課題である。後記のとおり，自白事件の簡易・迅速処理を目的として，2004（平成16）年には，あらたに「即決裁判手続」が導入された〔Ⅱ〕。もっとも，この手続にも，制度的徹底を欠く点や捜査の省力化には必ずしも直結しない難点があり，立法的課題が残されている〔捜査の省力化を目的とした公訴取消し後の再起訴制限の緩和について，第2編公訴第1章Ⅱ*2*(4)*〕。

第5章 特別の手続

Ⅱ 即決裁判手続

1 制度趣旨

　即決裁判手続は，犯罪事実に争いのない軽微な事件（執行猶予相当または罰金相当の事件）について，公訴提起後できるだけ早期に公判期日を開き，簡易な方法による証拠調べを行った上，原則として即日判決を言い渡す手続である。争いのない事件の裁判を簡易・迅速に終結できるよう裁判手続全体の合理化・効率化を図り，争いのある事件，裁判員裁判対象事件等の捜査・公判手続に人的資源を重点的に投入しようとの趣旨で導入された。簡易公判手続とは異なり，証拠調べ手続の簡略化のみならず，起訴時点の検察官の申立てによる起動から判決や上訴も含む手続全体の簡易化・迅速化が目標とされている。事実関係が単純で，公訴事実に争いがなく，罰金刑相当か，または拘禁刑について実刑に処す必要がなく，ある程度類型的な量刑判断に親しむ事件が対象に想定され，地方裁判所では入管法違反と初犯の覚醒剤取締法違反の罪，簡易裁判所では窃盗罪について用いられる場合が多い。

　なお，立法論としては，類型的量刑判断が可能な拘禁刑の実刑相当事案にも適用範囲を拡大することが考えられよう。捜査省力化のため被告人が否認に転じた場合の公訴取消し・再捜査・再起訴制限緩和については，前記のとおり法改正が行われた（法350条の26）〔第2編公訴第1章Ⅱ2(4)*〕。

2 手続

(1)　検察官は，公訴を提起しようとする事件について，事案が明白かつ軽微であり，公判での証拠調べが速やかに終わると見込まれることなどの事情を考慮し，相当と認めるときは，被疑者の同意を得た上で，公訴の提起と同時に，即決裁判手続の申立てをすることができる。ただし，死刑または無期もしくは短期1年以上の拘禁刑に当たる事件については，申立てをすることができない（法350条の16第1項・2項）。なお，被疑者に弁護人がある場合には，被疑者の

同意のほか，弁護人が同意し，または意見を留保する場合に限る（法350条の16第4項）。

　被疑者が同意をするかどうかを明らかにしようとする場合に，貧困その他の事由により弁護人を選任することができないときは，裁判官は，被疑者の請求により，国選弁護人を選任しなければならない（法350条の17）。

　(2)　裁判所は，即決裁判手続の申立てがあった事件について，弁護人が意見を留保しているとき，または申立てがあった後に弁護人が選任されたときは，弁護人に対し，できる限り速やかに，同手続によることについて同意をするかどうかの確認を求めなければならない。また，申立てがあった場合，できる限り早い時期に公判期日を開かなければならず（できる限り，公訴提起の日から14日以内［規則222条の18］），それが可能となるように，裁判所，検察官は，それぞれ，弁護人の選任，証拠開示等の公判準備をできる限り速やかに行わなければならない（法350条の18～350条の21）。

　裁判所は，公判期日の冒頭手続において，被告人が訴因について有罪である旨の陳述をしたときは，事件が即決裁判手続によることが相当でないと認めるとき等を除き，同手続によって審判をする旨の決定をする（法350条の22）。即決裁判手続では，裁判所は，適当と認める簡易な方法による証拠調べを行った上（法350条の24），原則として即日判決を言い渡さなければならない（法350条の28）。当事者が異議を述べない限り，伝聞法則による証拠能力の制限は適用されない（法350条の27）。

　裁判所は，即決裁判手続によって審判する旨の決定後，判決を言い渡すまでに，被告人または弁護人が同手続によることについての同意を撤回したとき，被告人が有罪である旨の陳述を撤回したときや，同手続によることが相当でないと認めたとき等には，同決定を取り消さなければならない。この場合には，簡易公判手続決定の取消しの場合と同様に，公判手続を更新しなければならない。ただし，検察官及び被告人または弁護人に異議がないときは，この限りでない（法350条の25）。なお，被告人の権利保護のため，弁護人が選任されていないときは，即決裁判手続に係る公判期日を開くことができない（法350条の23）。即決裁判手続の申立てがあった場合において，被告人に弁護人がないときは，裁判長は，できる限り速やかに，職権で弁護人を付さなければならない

（法350条の18）。

(3) 即決裁判手続では，拘禁刑の言渡しをする場合には，刑の全部の執行猶予の言渡しをしなければならないという科刑制限がある（法350条の29）。また，手続の迅速・効率化を図るため，即決裁判手続による判決に対しては，罪となるべき事実の誤認を理由とする上訴はできないとの上訴制限が設けられている（法403条の2・413条の2）。被告人は，弁護人の助言を得つつ執行猶予となることなどを承知の上，即決裁判手続によることについて同意をし，また，判決が言い渡されるまでは，同意を撤回して通常の手続による審判を受けることができたのであるから，このような手続保障と科刑制限を前提に，事実誤認を理由とする上訴を制限しても，被告人の権利の不合理な制約とはいえないであろう。

最高裁判所は，このような理由を説示して，上訴制限が憲法32条に違反するものではないとし，また，被告人に対する手続保障の内容に照らし，即決裁判手続の制度自体が虚偽自白を誘発するものとはいえないから，憲法38条2項に反するものではないと判断している（最判平成21・7・14刑集63巻6号623頁）。

III 弁論の分離・併合・再開

(1) 裁判所は，適当と認めるときは，検察官，被告人もしくは弁護人の請求により，または職権で，決定をもって，弁論を分離し，もしくは併合し，または終結した弁論を再開することができる（法313条1項）。なお，被告人の防禦が互いに相反するなどの事情があって被告人の権利を保護するため必要があると認めるときは，検察官，被告人もしくは弁護人の請求により，または職権で，決定で，弁論を分離しなければならない（法313条2項，規則210条，なお少年法49条2項）。

ここで「弁論」とは，広く審理手続全体を意味する。1人の被告人の1個の事件の審理手続すなわち弁論の個数は1個であり，追起訴のあった事件を併合して審理するには，弁論併合の決定が必要である。また1通の起訴状に数個の事件が記載され同時に起訴された場合であっても，これらの複数の事件を同時

に併合審理するためには,本来,弁論併合の決定が必要である。明示の併合決定を経ずに数個の事件を併合審理している場合は,黙示の併合決定があったものとみるべきである(最判昭和27・11・14刑集6巻10号1199頁参照)。

(2) 証拠調べの予定されている公判期日に併合審理されている共同被告人のうち1人が欠席した場合に,弁護人に異議なきときは,期日の空転を回避するため,欠席した被告人について弁論を仮に分離して,これを公判準備に切り替え,他の被告人の公判期日と欠席した被告人の公判準備期日を併存させて証拠調べを行い(例,公判期日に予定されていた証人尋問を実施),次回期日に弁論を併合するという運用が行われることがある。このような仮の分離は,共同被告人をその地位から離脱させて証人として尋問する場合にも用いられることがある〔第4編証拠法第5章Ⅴ〕。

(3) 弁論の再開は,実務上は,結審後判決前の時点で,被害者との間の示談が成立し,情状に関する証拠として示談書や嘆願書等の取調べが必要になった場合等に行われる例が多い。再開後の手続は,再開前の手続と一体のものとなり,再開後に証拠調べが行われたときは,再び論告・弁論・最終陳述を経て結審する。

Ⅳ 公判手続の停止

次のような事情が生じたとき,裁判所は,公判手続を停止しなければならない。

①被告人が心神喪失の状態にあるときは,検察官及び弁護人の意見を聴き,決定で,その状態の続いている間,公判手続を停止しなければならない(法314条1項本文)。心神喪失の状態とは,訴訟能力,すなわち,被告人としての重要な利害を弁別し,それに従って相当な防禦をすることができる能力を欠く状態をいう(最決平成7・2・28刑集49巻2号481頁,最判平成10・3・12刑集52巻2号17頁)〔なお,回復の見込みが乏しい場合について,第2編公訴第2章Ⅰ1(3)(b)＊＊〕。

②被告人が病気により出頭することができないときは,検察官及び弁護人の

第5章　特別の手続

意見を聴き，決定で，出頭することができるまで公判手続を停止しなければならない。ただし，法284条・285条の規定により代理人を出頭させた場合は，この限りでない（法314条2項）。

③犯罪事実の存否の証明に欠くことができない重要証人が病気のため公判期日に出頭することができないときは，公判期日外においてその取調べをするのを適当と認める場合のほか，決定で，出頭することができるまで，公判手続を停止しなければならない（法314条3項）。

なお，以上の場合に公判手続を停止するには，医師の意見を聴かなければならない（法314条4項）。

④訴因または罰条の追加・変更により，被告人の防禦に実質的な不利益を生じるおそれがあると認めるときは，被告人または弁護人の請求により，決定で，被告人に十分な防禦の準備をさせるため，必要な期間公判手続を停止しなければならない（法312条7項）〔第2編公訴第3章Ⅳ2(1)〕。

Ⅴ　公判手続の更新

(1)　公判手続の更新とは，公判の基本原則である直接主義・口頭主義に反する事情（例，裁判官の途中交替）が生じた場合に，これにより失効した部分（例，交替前の裁判官が公判期日における証人尋問から直接感得した心証）を，公判手続中において補充整備する活動をいう。次の場合，公判手続を更新しなければならない。

①開廷後裁判官が替わったとき。ただし，判決の宣告をする場合はこの限りでない（法315条）。弁論終結後に交替した裁判官は，審理に関与せず判決を代読するのみであるから，更新は必要ない。裁判員裁判において裁判員が替わった場合も更新が必要となる（裁判員法61条1項）。

②開廷後，被告人の心神喪失により，公判手続を停止したとき（規則213条1項）。

③簡易公判手続によって審判をする旨の決定，または即決裁判手続によって審判をする旨の決定が取り消されたとき。ただし，検察官及び被告人または弁

護人に異議がないときは，この限りでない（法315条の2・法350条の25第2項）。なお，このような決定の取消しにより後発的に失効したそれまでの手続を無条件に公判手続に引き継ぐのは適当でないことから，この更新においては，通常の更新とは異なり，原則として，省略されていた冒頭陳述以降の通常手続を実施するべきである〔Ⅰ(2)〕。

　このほか，開廷後長期間にわたり開廷しなかった場合において必要があると認めるときは，公判手続を更新することができる（規則213条2項）。

　(2)　更新の具体的方法は次のとおりである（規則213条の2）。

　裁判長は，まず検察官に公訴事実の要旨を陳述させ，被告人及び弁護人に被告事件について陳述する機会を与える。次いで，更新前の証拠調べの結果（例，証人や被告人の公判供述を録取した公判調書，取調べ済みの供述調書，検証調書等の証拠書類や公判期日に取り調べた証拠物等）については，職権で証拠書類または証拠物として取り調べなければならない。裁判長は，取り調べた各個の証拠について，訴訟関係人の意見及び弁解を聴かなければならない。なお，裁判長が前記の書面または物を取り調べる場合において，訴訟関係人が同意したときは，その全部もしくは一部を朗読し，または示すことに代えて，「相当と認める方法」でこれらを取り調べることができる。

　こうして，更新前の公判廷供述は公判調書（証拠書類）の記載内容の形に転化して証拠となり，更新後の新しい構成の裁判体が心証を再形成してゆくことになる。更新前にされていた証拠決定や当事者の請求・申立ては，そのまま更新後も効力が維持される。

　なお，裁判員裁判において，裁判員が交替した場合の公判手続の更新については，新たに加わった裁判員が，争点及び取り調べた証拠を理解することができ，かつ，その負担が過重にならないようなものとしなければならない旨の規定が設けられている（裁判員法61条2項）。はなはだ困難な要請であるが，関係者の工夫努力が望まれる。裁判員裁判の判決が破棄差戻しとなった場合の差戻し第1審裁判員裁判においても，審理における尋問・口頭陳述とその状況を録音・録画した記録媒体（裁判員法65条）を利用するなど，心証形成のための更新に工夫を要しよう。

第6章
裁判員の参加する公判手続

　2001（平成13）年，司法制度改革審議会意見書は，「刑事訴訟事件の一部を対象に，広く一般の国民が，裁判官と共に，責任を分担しつつ協働し，裁判内容の決定に主体的，実質的に関与することができる新たな制度」（裁判員制度）の導入を提言した。これを受けて2004（平成16）年5月に「裁判員の参加する刑事裁判に関する法律」（法律63号）が制定・公布され［以下「裁判員法」という］，2009（平成21）年5月21日から施行されている。

　かつてわが国では，1928（昭和3）年から陪審制度が実施されていたが，約15年で制度が停止されていた。裁判員制度は，約60年ぶりに刑事裁判の中核部分に国民の司法参加を導入するものである。裁判員法は，制度導入の趣旨として，一般国民の中から選任された裁判員が裁判官と共に刑事訴訟手続に関与することが司法に対する国民の理解の増進と信頼の向上に資することを挙げ，裁判員の参加する刑事裁判に関し，裁判所法及び刑訴法の特則その他の必要な事項を定めている（裁判員法1条）。なお，裁判員制度の合憲性については，最高裁大法廷の詳細な判断が示されている（最大判平成23・11・16刑集65巻8号1285頁）。

　裁判員制度の導入に伴い，一般国民が裁判に参加しやすいようにするため，刑事裁判の充実・迅速化を目標とした刑訴法と刑訴規則の改正が実現した。また，裁判手続を理解しやすいものとするため，一般国民にとって分かりやすい裁判の実現が期待されていた。

　制度施行以降，手続関与者の意識的努力により，特に公判の準備と公判手続の運用に劇的な変化が生じつつあり，両当事者の十分な公判準備と争点整理を踏まえて，人証を中核とした直接主義・口頭主義の審理が集中的・連日的に行われている。それは，現行法制定当初から想定されていた本来の当事者追行主

義訴訟の姿を実現するものである。すべての手続関与者の間に，裁判員裁判の刑事公判こそが，本来の刑事裁判の在り方を顕現するものだとの認識が定着してゆくことが望まれる。

以下では，裁判員法の規定のうち，刑事訴訟手続全般と公判手続に密接に関連する部分を説明する。

1 裁判員制度の基本構造

(1) 裁判員の参加する合議体の構成は，原則として，職業裁判官3人，裁判員6人である（裁判員法2条2項本文）。裁判員裁判対象事件は，後記のとおり法定合議事件の中でも特に重大な事件であるから，現行の法定合議事件と同様に，裁判官3人を含む裁判体による審理・裁判が必要とされたのである。

> ＊ 合議体の構成の例外として，公判前整理手続による争点及び証拠の整理において公訴事実につき争いがないと認められ，検察官，被告人及び弁護人に異議がなく，事件の内容その他の事情を考慮して裁判所が適当と認めるときは，職業裁判官1人，裁判員4人から成る合議体で審理及び裁判をすることができる（裁判員法2条2項但書・3項・4項）。この小合議体で審判を行う決定があった後でも，裁判所が，被告人の主張，審理の状況その他の事情を考慮して，事件を小合議体で取り扱うことが適当でないと認めたときは（例，審理途中で被告人が否認に転じた場合），決定で，小合議体で審判を行う決定を取り消すことができる（同法2条7項）。小合議体で審判する決定が取り消された場合には，裁判官3人，裁判員6人の合議体での審理となるので，新たな裁判員を追加選任し，公判手続の更新（同法61条1項）を行って審理を継続することになる。なお，制度施行以来小合議体を用いた実例は皆無である。法定合議事件のうち特に重大事件を対象とする裁判において，職業裁判官の員数を法定合議事件より減数するのは不合理であり，裁判所法の基本的考え方との整合性に欠ける。法律原案には無く，立法府における政治的妥協の産物である小合議体規定は，現状どおりの死文化が賢明であり，立法論としては削除すべきである。

(2) 裁判所は，審判の期間その他の事情を考慮して必要と認めるときは，「補充裁判員」を置くことができる。その員数は合議体を構成する裁判員の員数を超えることはできない。補充裁判員は，裁判員の関与する判断をするための審理に立ち会い，合議体の裁判員の員数に不足が生じた場合に，不足した裁判員に代わって，裁判員に選任される。補充裁判員は，裁判員に選任される前

であっても，訴訟に関する書類及び証拠物を閲覧することができる（裁判員法10条）。この制度は，裁判所法の定める補充裁判官と同趣旨のもので（裁判所法78条），選任後も，公判手続の更新は不要となる。

(3) 職業裁判官と裁判員の権限については，裁判官と裁判員が基本的に対等の権限を有する事項（裁判員の関与する判断）と，職業裁判官のみが権限を有する事項の区別がある。

実体裁判における事実の認定，法令の適用及び刑の量定は，受訴裁判所の構成員である職業裁判官（以下「構成裁判官」という）及び裁判員の合議による（裁判員法6条1項・66条1項）。

これに対して，法令の解釈に係る判断や訴訟手続に関する判断は，構成裁判官のみの合議による（同法6条2項・68条1項）。これらの事項は，法的学識に基づく専門技術的判断を要すること，迅速な判断を求められる場合もあること，法的安定性が強く要請されることから，法的判断の専門家である職業裁判官に委ねるのが適切とされたものである。もっとも，これらの事項についても，構成裁判官は，その合議により，裁判員に評議の傍聴を許し，意見を聴くことができる（同法68条3項）。審理についても，裁判員の関与する判断をするための審理は構成裁判官及び裁判員で行い，それ以外の審理は構成裁判官のみで行うのが原則であるが（同法6条3項），構成裁判官の合議により，裁判員の立会いを許すことができる（同法60条）。

* 例えば，殺人事件において，殺意の有無が争点の場合に，「殺意があるといえるためには殺害結果の認識・認容を要し，これで足りる」という構成裁判官の法令解釈に関する判断を前提として，裁判員は，構成裁判官と共に，被告人の供述や凶器の形状，加害の部位・程度などに関する証拠に基づき事実を認定し，これを踏まえて，「殺意」が認められるかどうかという法令の適用についても判断することになる。法令解釈等，裁判員に判断権限のない事項につき裁判員の意見を聴くことができるとする規定の立法政策的妥当性は疑問であろう。また，裁判官が量刑評議に際して，刑事政策・行刑・犯罪者の更生保護等について裁判員に正確な説明をすることは重要であるが，例えば，死刑の合憲性のような憲法解釈について裁判員の意見を聴くのは不当である。また，自白の任意性や違法収集証拠の証拠能力に関する判断のための評議に裁判員の傍聴を許すことは，裁判員に不当な予断・偏見を与えるおそれがあろう〔第4編第2章Ⅰ(3)*参照〕。

(4) 公判手続において，裁判員は，裁判員の関与する判断に必要な事項につ

いて，証人を尋問し，被告人に質問するなどの権限を有する。裁判員は，尋問または質問するに当たっては，その旨を裁判長または構成裁判官に告げることを要する（裁判員法56条～59条）。

(5) 裁判員裁判の対象となるのは，次のいずれかに当たる事件である（裁判員法2条1項）。被告人は，裁判員の参加する裁判を辞退することはできない。裁判員裁判は，法定合議事件と同様に，対象事件についてはこの制度による裁判を行うのが適切と法律上設定されたものであり，裁判員裁判を受けることは被告人の権利ではない。故に，被告人の選択権は認められない。

① 死刑または無期拘禁刑に当たる罪に係る事件（刑法犯では，現住建造物等放火，通貨偽造・偽造通貨行使，不同意わいせつ等致死傷，殺人，身代金目的略取等，強盗致死傷，強盗・不同意性交等及び同致死等が該当）

② ①を除き，法定合議事件（裁判所法26条2項2号に掲げる事件）であって，故意の犯罪行為により被害者を死亡させた罪に係るもの（刑法犯では，傷害致死，遺棄等致死，逮捕等致死等が該当）

ただし，例外として，対象事件であっても，裁判員候補者や裁判員，その親族等の生命，身体，財産に危害が加えられるおそれ，あるいはこれらの者の生活の平穏が著しく侵害されるおそれがあるために，裁判員候補者が畏怖し，その出頭確保が困難な状況にあること，あるいは，裁判員が畏怖し，その職務遂行ができずこれに代わる裁判員の選任も困難である場合には，裁判員の負担が過重となりかねないなどの理由から，例外的に裁判官のみの合議体で取り扱うこととされている。この要件は，被告人の言動，被告人がその構成員である団体の主張もしくはその団体の他の構成員の言動，現に裁判員候補者もしくは裁判員に対する加害もしくはその告知が行われたことその他の事情に照らして，個別の事件ごとに，地方裁判所が，合議体で判断する。受訴裁判所を構成する裁判官は，この合議体の構成員となることはできない（裁判員法3条）。

また，対象事件であっても，公判前整理手続による争点及び証拠の整理を経た場合において，審判に要すると見込まれる期間が著しく長期にわたること，または裁判員の出頭すべき公判期日等の回数が著しく多数に上ることを回避することができないとき，裁判所は，他の事件における裁判員の選任または解任の状況，裁判員選任手続の経過その他の事情を考慮し，裁判員の選任が困難で

あり，または審判に要すると見込まれる期間の終了に至るまで裁判員の職務遂行の確保が困難であると認めるとき等には，例外的に裁判官のみの合議体で取り扱う決定をすることができる（同法3条の2）。この例外は，2015（平成27）年法律37号で追加された。著しい長期審理が見込まれ，裁判員・補充裁判員の選任が困難となるようなごく例外的な事件を想定したものである。

なお，裁判所は，対象事件以外の事件でも，その弁論を対象事件の弁論と併合することが適当と認められるものについては，決定で，裁判員の参加する合議体で取り扱うことができる（同法4条1項）。例えば，殺人被告事件とその被害者の死体に係る死体遺棄事件のように，併合審理が適当である場合が想定されるので，対象事件以外の事件でも，裁判員の参加する合議体で取り扱うことができるようにしたものである。裁判所は，対象事件以外の事件を裁判員の参加する合議体で取り扱う決定をした場合には，その事件の弁論を対象事件の弁論と併合しなければならない（同条2項）。

また，対象事件が，罰条の撤回・変更により対象事件に該当しなくなった場合でも，その事件は，引き続き，裁判員の参加する合議体で取り扱うのが原則である。ただし，裁判所が，審理の状況その他の事情を考慮して適当と認めるときは，決定で，その事件が裁判員制度対象事件でない法定合議事件となった場合には裁判官3人の合議体で，単独事件となった場合には裁判官1人で，取り扱うことができる（同法5条）。これは，例えば，訴因の撤回・変更が審理の初期に行われ，その後も相当期間の審理が予定され，引き続き裁判員の関与を求めるのは，主に裁判員の負担等の観点から適切でないと思われる場合を想定したものである。なお，対象事件以外の事件が，審理中に，罰条の変更により対象事件となった場合には，裁判員の参加した合議体でその事件を取り扱うことになるため，新たに裁判員を選任し，公判手続の更新を行い，審理を継続することになる。

2　裁判員の選任

裁判所は，毎年，衆議院議員の選挙権を有する18歳以上の者の中から無作為抽出された者で構成される裁判員候補者名簿を作成する（裁判員法13条・20

条～23条)。

　以下では，裁判員候補者名簿から無作為に選ばれ裁判所に呼び出された裁判員候補者の中から，個別事件の審理判決に参加する裁判員を選任する手続を説明する。

　(1)　裁判所は，裁判員の選任手続に先立ち，裁判員候補者の資格の有無等の判断に必要な質問をするため，質問票を用いることができる（裁判員法30条）。裁判員候補者と事件との関係の有無を確認するなど，当事者が裁判員の選任に関する判断材料を得ることができるようにするため，裁判長は，裁判員等選任手続の2日前までに，呼び出した裁判員候補者の氏名を記載した名簿を検察官及び弁護人に送付すると共に，裁判員等選任手続の日に，選任手続に先立ち，裁判員候補者が提出した質問票の写しを検察官及び弁護人に閲覧させる（同法31条）。

　(2)　選任手続は，裁判官，裁判所書記官，検察官及び弁護人が出席して行う。裁判所は，必要と認めるときは，被告人を出席させることができる（裁判員法32条）。手続は非公開である（同法33条1項）。裁判長は，裁判員候補者に対し，裁判員の資格の有無等を判断するため，必要な質問を行う。陪席裁判官または当事者は，裁判長に対し，必要と思料する質問をするよう求めることができる。裁判長は，相当と認めるときは，求められた質問を行う（同法34条1項・2項）。

　裁判所は，質問の結果，法定の欠格事由（同法14条），就職禁止事由（同法15条），事件に関連する不適格事由（同法17条）に該当し，またはその他裁判所が不公平な裁判をするおそれがあると認めた者（同法18条）について，当事者の請求または職権により，不選任の決定をする（同法34条4項）。また，裁判所は，辞退の申立てをした裁判員候補者について，質問の結果，法定の辞退事由（同法16条）に該当すると認めたときは，不選任の決定をする（同法34条7項）。

　さらに，検察官及び被告人は，それぞれ4人の裁判員候補者（ただし，裁判官1人，裁判員4人の合議体で審判する場合は3人。補充裁判員が置かれる場合には，その員数が1または2人の場合は1人，3または4人の場合は2人，5または6人の場合は3人を加えた員数）につき，理由を示さずに不選任の請求をすることができ，裁判所は，この請求があった裁判員候補者について不選任の決定をする（「理

由なし不選任」と称する）（同法36条）。

　以上の手続を経た後，裁判所は，最高裁判所規則で定めるくじその他作為が加わらない方法に従い，不選任の決定がなされなかった裁判員候補者から，裁判員及び補充裁判員を選任する決定をする（同法37条）。裁判長は，最高裁判所規則で定めるところにより，裁判員及び補充裁判員に対し，その権限，義務その他必要な事項を説明し，裁判員及び補充裁判員は，法令に従い公平誠実に職務を行うことを誓う旨の宣誓をする（同法39条）。

　　＊　2015（平成27）年の法改正により，被害者特定事項の秘匿決定（刑訴法290条の2）のあった事件の裁判員等選任手続においては，裁判官，検察官，被告人及び弁護人は，裁判員候補者に対し，被害者特定事項を正当な理由なく明らかにしてはならず，また，裁判員候補者または候補者であった者は，裁判員等選任手続で知った被害者特定事項を公にしてはならない旨の規定（裁判員法33条の2）が設けられている。

(3)　選任された裁判員及び補充裁判員は，法令に従い公平誠実にその職務を行うこと（裁判員法9条1項・10条4項），裁判の公正さに対する信頼を損なうおそれのある行為や裁判員の品位を害するような行為をしないこと（同法9条3項・4項・10条4項），宣誓（同法39条2項），裁判員の関与する判断をするための審理をすべき公判期日ならびに公判準備において裁判所がする証人その他の者の尋問及び検証への出頭の義務（同法52条）を負うほか，評議に出席し，意見を述べる義務（同法66条2項），構成裁判官の合議による法令の解釈に係る判断・訴訟手続に関する判断に従って職務を行う義務（同法66条4項），判決等の宣告期日に出頭する義務（同法63条1項），評議の秘密その他の職務上知り得た秘密を漏らしてはならない守秘義務を負う（同法9条2項・10条4項・70条1項）。

　　＊　法制審議会は，映像と音声の送受信による裁判員等選任手続期日への出席・出頭について，次のような要綱（（骨子）「第2-2・3」）を示している
　　　(1)　裁判所は，相当と認めるときは，検察官及び被告人または弁護人の意見を聴き，呼び出すべき裁判員候補者の全部または一部を裁判官及び訴訟関係人が裁判員等選任手続を行うために在席する場所以外の場所であって適当と認めるものに在席させ，映像と音声の送受信により相手の状態を相互に認識しながら通話をすることができる方法によって，裁判員等選任手続を行うことができるとし，この場合，その場所に在席した裁判員候補者は，その裁判員等選任手続の期日に出頭したものと

みなす。

　(2)　裁判所は，相当と認めるときは，検察官及び弁護人の意見を聴き，裁判官及び訴訟関係人が裁判員等選任手続を行うために在席する場所以外の場所であって適当と認めるものに被告人を在席させ，映像と音声の送受信により相手の状態を相互に認識しながら通話をすることができる方法によって，裁判員等選任手続を行うことができる。

3　裁判員の参加する裁判の手続

裁判員裁判の手続に関連する法規定・特則は次のとおりである。

(1)　一般国民が裁判に参加するに当たっては，審理に要する見込み期間があらかじめ明らかになっていると共に，争点に集中した迅速かつ充実した審理が必須の前提となる。そこで，裁判員裁判対象事件は，第1回公判期日前に必ず事件を公判前整理手続に付さなければならない（裁判員法49条）。

(2)　従前の実務の通例のように，鑑定実施（例，鑑定留置を伴う被告人の精神鑑定）のために，公判開始後になって審理が相当期間中断すると，それまでの審理で裁判員が得た心証が薄れるおそれがあるほか，裁判員の負担も大きくなる。そこで，結果の報告がなされるまでに相当の期間が見込まれる鑑定については，裁判所の決定により，公判前整理手続において，鑑定の経過及び結果の報告以外の鑑定に関する手続を行うことができる（裁判員法50条）。鑑定の経過及び結果の報告（刑訴規則129条）以外の鑑定の手続とは，鑑定人が鑑定書または口頭で行う鑑定の報告以外の，鑑定のためのすべての手続をいう。例えば，鑑定人に，公判開始前に，精神鑑定のための面接，鑑定書の作成等の作業を行ってもらい，その終了を待って公判を開始するという手続の進め方ができる。

(3)　このほか，接見交通の制限等についての刑訴法の規定の適用に関する特例がある（裁判員法64条）。被告人と弁護人等以外の者との接見禁止等に関し，裁判員，補充裁判員または選任予定裁判員に，面会，文書の送付その他の方法により接触すると疑うに足りる相当な理由があるときにも，接見禁止等の措置を講ずることができる（法81条）。また，必要的保釈の除外事由として，裁判員，補充裁判員または選任予定裁判員に面会，文書の送付その他の方法により接触すると疑うに足りる相当な理由があるときが付加されている（法89条5

号)。保釈等の取消しに関しても,取消事由として,裁判員,補充裁判員または選任予定裁判員に,面会,文書の送付その他の方法により接触したときが付加されている(法96条1項4号)。

これらの特例は,証人等の場合と異なり,被告人による接触が許される正当な理由は考え難いこと,被告人が裁判員等に接触するようなことがあれば裁判の公正及びこれに対する信頼が確保できないことから設けられたものである。

(4) 裁判官,検察官及び弁護人は,裁判員の負担が過重なものとならないようにしつつ,裁判員がその職責を十分に果たすことができるよう,審理を迅速で分かりやすいものとすることに努めなければならない(裁判員法51条)。迅速な審理の実現の観点からは,争点中心の充実した審理を連日的に行うことが求められ(刑訴法281条の6),分かりやすい審理の実現との関係では,例えば,難解な法律用語を裁判員に分かりやすく説明し,証拠の説明に当たっては図面を用いるなどの工夫が行われている。専門家による鑑定が行われた事件では,鑑定人との事前打合せ(カンファレンス)をした上で,鑑定人が口頭で鑑定結果の要点をプレゼンテーション方式で報告し,その後に当事者や裁判所が尋問するという方式を採る事例が多くみられる。分かりやすい審理方式の試みである。

当事者が冒頭陳述を行うに当たっては,裁判員が争点及び証拠を把握しやすくなるように,公判前整理手続における争点及び証拠の整理の結果に基づき,証拠との関係を具体的に明示しなければならない(裁判員法55条)。前記のとおり裁判員裁判対象事件では,公判前整理手続が必要的とされ(同法49条),公判前整理手続に付された事件については,被告人側の冒頭陳述が必要的である(刑訴法316条の30)。したがって,裁判員の参加する合議体で審理される事件については,被告人側の冒頭陳述も必要的となる。当事者双方の冒頭陳述は,裁判員が引き続き実施される証拠調べの意味を的確に理解するための道筋を示すものでなければならない。争点整理の結果,争いのない事実については,捜査段階で作成された書面をそのまま取り調べるのではなく,書面の必要部分のみを1通にまとめた「統合捜査報告書」による立証がなされる例も多い。また,争いのない事件についても,重要な関係者の供述は調書ではなく証人尋問を行い,被告人にも公判の被告人質問で供述を求め,重要で核心的な事実については,公判廷における口頭の供述から裁判体が直接心証形成できる方式すなわち

「直接主義・口頭主義」が採用されるようになっている。

(5) 当初から審理に立ち会っていた補充裁判員が裁判員となる場合を除き,新たな裁判員が加わるときは,公判手続を更新しなければならない〔第5章Ⅴ(2)〕。裁判員が新たに合議体に加わる場合には,職業裁判官の場合と異なる配慮が必要であり,更新の手続は,新たに加わる裁判員が,争点及び取り調べた証拠を理解することができ,かつ,その負担が過重とならないようなものとしなければならない(裁判員法61条)。

(6) 裁判員が権限を有する事項に係る裁判,すなわち実体裁判の宣告期日への出頭は,裁判員の義務である。ただし,現実には,一部の裁判員の出頭が得られない事態も生じないとはいえず,それにより判決等の宣告ができなくなるのは相当でないので,裁判員の不出頭は宣告を妨げるものではない(裁判員法63条1項)。

裁判員の任務は,終局裁判を告知したとき,対象事件からの除外または罰条の撤回・変更により,裁判員の参加する合議体で取り扱っている事件のすべてを裁判官のみが取り扱うこととなったときに終了する(同法48条)。

(7) 控訴審及び差戻し審について,裁判員法は,裁判所法及び刑訴法の特則を規定していない。したがって,現行法どおり,控訴審裁判所は職業裁判官のみで構成すると共に,控訴審における破棄自判も可能である。

差戻し審についても特則はないので,第1審として新たな裁判員を選任して審理及び裁判をすることとなり,その構造は,審理のやり直しではなく,現行法下の運用と同じ続審となる。

* 1人の被告人に対して複数の裁判員裁判対象事件が起訴され,これを併合して審判する要請が強い場合に,参加する裁判員の負担を軽減するため,「区分審理」及び「部分判決」の制度が設けられている(裁判員法71条~89条)。裁判所は,裁判員裁判対象事件を含む複数の事件の弁論が併合された場合には,裁判員の負担等を考慮し,一定の場合に,併合した事件のうち一部の事件を区分して審理する旨の決定をすることができる(区分審理決定)。この場合は,順次,区分した事件ごとに審理を担当する裁判員を選定して審理し,事実認定に関する「部分判決」を行う。これを踏まえて,新たに選任された裁判員の加わる合議体が残りの事件を審理したうえ,併合した事件全体について刑の言渡しを含む終局判決を行う。終局判決をする裁判体に参加する裁判員は,事実関係の審理に関与していない区分事件について

も併せて刑の量定を行うことになるが，部分判決の中で，犯行動機，態様及び結果その他罪となるべき事実に関連する犯情に関する事実が示されるので，これに基づき量刑判断を行う。なお，区分審理・部分判決制度が合憲である旨判断した判例として，最判平成27・3・10刑集69巻2号219頁。

〈第3編第6章　参考文献〉
　最高裁判所事務総局・裁判員制度10年の総括報告書（2019年）

第4編

証拠法

第1章

証拠法・総説

I 証拠法の意義と基本原則

1 証拠法の内容と規律の趣旨

(1) 「序 刑事手続の目的と基本設計図」において説明したとおり，公判手続の核心部分であり，刑罰法令の適用実現（法1条）の前提となるのは，「証拠」に基づく事実の認定に向けられた裁判所と訴訟関係人の活動である。この過程を規律する法の総体を「証拠法」という。刑事手続が，刑罰という峻厳な国家作用の発動を決するものであることから，証拠法には，正確で誤りない事実認定の確保とその過程の適正確保（憲法31条）が要請される。

証拠法の内容は，①証拠調べの方法・手続に関する規律（例，憲法37条2項，法143条～178条・298条～311条），②証拠の許容性（証拠能力）に関する規律（例，憲法38条2項，法319条～328条），及び，③証明活動・証拠による事実認定活動の性質・範囲等に係わる事項（例，法317条・318条）に大別される。本章では，このうち③の総論的・一般的事項について説明する。

(2) 証拠法の規律には，刑事被告人の証人審問権（憲法37条2項）・自白に関する憲法の条項（憲法38条2項・3項）や，伝聞証拠の証拠能力に係る法規定（法320条～328条）のように条文化されているものもあるが，証拠法の任務である正確な事実認定確保と手続の適正確保の観点から形成された不文の準則も含まれる。

例えば，証明の対象や証明の必要に関する準則，証拠の「関連性」に関する準則等は，正確な事実認定確保という証拠法固有の任務に由来するものである。

また，合理的な疑いを超える証明の水準や挙証責任に関する準則は，法の適正な作動過程（due process of law）確保の要請（憲法31条）に基づいた，刑罰権発動に対する安全装置と位置付けることができる。

2 証拠裁判主義

(1)　刑事訴訟法典第二編第三章第四節「証拠」の冒頭規定である法317条は，「事実の認定は，証拠による」と定める。これを「証拠裁判主義」と称する。

その第一の意味は，証拠に依拠しない裁判（例，裁判内容を，占いや神に祈る宣誓・神意等に委ねること）の排斥であり，第二は，法定証拠とくに自白に依らねば有罪認定できない方式の排斥，すなわち自白以外の証拠に基づく断罪の許容である。いずれも，近代以前の弊を廃し，近代的刑事裁判の基本原則を宣命するものである。わが国では，1876（明治9）年の断罪依証律（明治9年太政官布告86号）の条項，「凡ソ罪ヲ断スルハ証ニ依ル」に遡る。現行法の文言は，直接には旧刑事訴訟法の文言「事実ノ認定ハ証拠ニ依ル」をそのまま引き継いだものである。

自白に依拠しなければ有罪認定できないとしていた法定証拠主義からの脱却は，後記「自由心証主義」の採用と相俟って，自白獲得のための制度であった拷問の禁止に途を開いた。

＊　明治9年太政官布告は，維新後最初期の刑罰法令であった改定律例（明治6年太政官布告206号）の条項「凡ソ罪ヲ断スルハ口供結案［自白の意］ニ依ル」を廃するものであった。同じ明治9年の司法省達は，フランス法に学び，「証拠ニ依リ罪ヲ断スルハ専ラ裁判官ノ信認スル所ニアリ」とする自由心証主義を宣命した。こうした自白なしに断罪できる旨の確認が，制度としての拷問廃止（1879年）へと結びついたのである。

(2)　以上の歴史的・沿革的意味のほかに，この条項は，認定すべき「事実」と，「証拠による」の文言解釈を介して，次のような意味内容を有するとされてきた。すなわち，「事実」とは，訴訟手続において証明の対象となる一切の事実を意味するのではなく，刑罰権の存否とその量・範囲に関する事実（「公訴事実」及びこれに準ずる事実）を意味し，また「証拠による」とは，証拠能力のある証拠について適法な証拠調べを行うことを意味すると解されてきた。こ

のような公訴事実ないし犯罪事実等に関する証明方式は，一般に「厳格な証明」と称されている。

　もっとも，刑事手続において証明の対象とされる「事実」の性質や証明活動の行われる手続段階は多様であり，またこれに適用される法規の内容も単純ではないから，事実の証明方法を前記のような最も「厳格な」方式とそれ以外に二分するだけでは足りない。むしろ，証明対象の性質や証明活動の目的に即した個別的な考慮勘案──厳格な証明方式の合理的緩和と当事者に対する手続保障──が検討されるべきである〔Ⅲ〕。

　＊　古典的説明に拠れば，「訴訟法上の事実」や犯罪事実に属さない「情状」については，「厳格な証明」方式によることなく「自由な証明」で足りるとされる。もっとも，その意味内容は，伝聞法則による証拠能力制限の適用がないとされる以外，不分明なところがある。実際には，訴訟手続上の重要な事実等について，その性質に即し，公判廷において法定の証拠調べの方式に準じた扱いをする例もある。そのような個別的勘案が必要かつ適切であろう。

3　自由心証主義

(1)　法318条は，「証拠の証明力は，裁判官の自由な判断に委ねる」と定める。近代刑事裁判の基本原則である「自由心証主義」を表現した条項である。有罪とするには自白を必要とする旨法定されていた前近代の法定証拠主義を廃し，形成された。わが国では，前記〔2(1)＊〕のとおり1876（明治9）年にフランス法の影響下で導入され，事実認定者による証拠の価値や信用性評価の基本指針として現行法の規定に引き継がれた。

　事実の認定を責務とする裁判員（裁判員法6条1項）についても，同旨の規定が設けられている（裁判員法62条「裁判員の関与する判断に関しては，証拠の証明力は，それぞれの裁判官及び裁判員の自由な判断にゆだねる」）。

(2)　「証明力」とは，証拠が一定の事実の存否について判断者に心証を形成させ証明することのできる力（証拠価値）をいう。証拠と証明すべき事実との間の論理的関係（「関連性（relevancy）」）の程度（狭義の「証明力（probative value）」）と，その証拠がどの程度信用できるかという「信用性（credibility）」との二側面を有する。いずれも程度があり，その評価を法定することなく，専ら

事実認定者の自由な評価・判断に委ねるのが，自由心証主義である。

　　＊　狭義の証明力，すなわち（論理的）関連性を全く有しないか，またはその程度が著しく低いものは，性質上証拠とすることができないと考えられる。事実認定の資料にするのが無意味だからである。
　　＊＊　憲法38条3項及び法319条2項の「自白」に関する規律（いわゆる「補強法則」）は，自白のみで有罪としてはならぬとし，必ず他の証拠を必要とする旨法定する点で，自白の証明力・信用性の評価に直接制約を加えているから，自由心証主義の例外と位置付けられる〔第4章Ⅲ*1*〕。

(3)　「自由な判断」とは，「合理的」であり，事後的に検証可能な判断過程であることを当然の前提としている。証拠の証明力評価を総合した誤りない事実の認定こそが，刑罰権発動の可否を決する重大な判断であることから，事実認定者の知識・経験・常識を踏まえた，「論理法則・経験法則」に反することのない「合理的」判断であることが要請されるのである。なお，事実認定者は，特別の知識・経験を必要とする事項については，専門家に「鑑定」を命ずることにより，自己の判断力を補充することができる（法165条以下）〔第3編公判手続第4章Ⅳ*1*〕。

　現行法の当事者追行主義の審理方式は，起訴状一本主義による予断防止（法256条6項），証拠調べの方法，当事者による証拠の証明力を争う機会の付与（法308条，規則204条）等を通じて証明力評価の合理性を担保している。また，判決における理由の記載（法335条1項）は，当事者による事後的検証の素材となり〔第5編裁判第1章Ⅱ〕，さらに，上級審による事実認定過程の事後審査の途が設けられている（法378条4号・382条・397条・411条3号等）〔第6編上訴〕。いずれも，証明力評価の合理性確保と正確な事実の認定に向けられた手続である。

　　＊　第1審の事実認定に対する上級審の審査は，新たに事実認定をやり直すものではない。第1審の証拠評価が論理法則・経験法則に反する不合理なものでないかを，「事後審査」するものである。公判で直接証拠に接していない以上，上級審に第1審同様の立場で証拠の評価ができるはずはないからである。
　　　最高裁判所は，控訴審による第1審の事実認定の審査の在り方について，次のような判断を示している（最判平成24・2・13刑集66巻4号482頁）。結論として，裁判員裁判による第1審の無罪判決を破棄自判した控訴審の有罪判決を，法382条の解釈適用を誤った違法があるとして破棄したものであるが，この説示内容は，第1

第1章　証拠法・総説

審が裁判員裁判であるかどうかにかかわらず，「事後審査審」である控訴審や上告審による事実認定の審査一般に当てはまるというべきである。

「刑訴法は控訴審の性格を原則として事後審としており，控訴審は，第1審と同じ立場で事件そのものを審理するのではなく，当事者の訴訟活動を基礎として形成された第1審判決を対象とし，これに事後的な審査を加えるべきものである。第1審において，直接主義・口頭主義の原則が採られ，争点に関する証人を直接調べ，その際の証言態度等も踏まえて供述の信用性が判断され，それらを総合して事実認定が行われることが予定されていることに鑑みると，控訴審における事実誤認の審査は，第1審判決が行った証拠の信用性評価や証拠の総合判断が論理則，経験則等に照らして不合理といえるかという観点から行うべきものであって，刑訴法382条の事実誤認とは，第1審判決の事実認定が論理則，経験則等に照らして不合理であることをいうものと解するのが相当である。したがって，控訴審が第1審判決に事実誤認があるというためには，第1審判決の事実認定が論理則，経験則等に照らして不合理であることを具体的に示すことが必要であるというべきである。このことは，裁判員制度の導入を契機として，第1審において直接主義・口頭主義が徹底された状況においては，より強く妥当する」〔第6編上訴I4＊参照〕。

4　直 接 主 義

(1)　「直接主義」は，ヨーロッパ大陸法圏の近代的刑事裁判形成過程で創出された証拠に関する原則であり，歴史的・機能的には，前近代の非公開・書面審理による裁判を打破し，公開法廷において直接取り調べられた口頭の供述を裁判の基礎とするという意味で，「口頭主義」と一体として扱われた。もっとも，直接主義の核心は，事実認定者と証拠との関係を規律する点にあり，公判廷における証拠調べや陳述の方式に関する口頭主義とは別個のものである〔第3編公判手続第1章II2〕。

ドイツ刑事訴訟法は，事実の立証が人の知覚に基づくときは，この者を公判において直接尋問しなければならず，すでに行われた尋問の調書または書面による供述の朗読でこれに代えることはできない旨の原則規定を設けている。直接の尋問に代わる書面の朗読は，例外的にのみ許される。機能的には，公判前段階・捜査段階で作成された供述録取書面の証拠としての利用を原則として認めず，公判廷における尋問から直接心証を形成することを要請する。これが直

509

接主義の核心部分である。

　　＊　ドイツ法の規律は，公判期日における供述に代えて書面を証拠とすることを原則として認めない点で，わが国の現行法320条1項やその母法たるアングロ＝アメリカ法圏の伝聞法則と同様の機能を有する。他方，捜査段階で被疑者等の供述内容を聴いた捜査官が，公判で尋問を受け，自らが知覚した捜査段階におけるその者の供述内容を証言することは許されると解されている点で，伝聞証人をも排除する伝聞法則の規律と異なる。

　(2)　わが国の旧刑事訴訟法は，ドイツ法の影響を強く受けたものであったが，ドイツ法の特色である直接主義の原則規定を設けることはなかった（陪審法には直接主義的規定があった）。むしろ，その適用例外として，予審判事による尋問調書のほか，原供述者の尋問不能及び訴訟関係人に異議なきときのすべての供述録取書の利用を認めていた。このため，捜査段階で作成された供述録取書面も公判で事実認定の資料とされる場合があったのである。

　(3)　現行法は，法320条でアングロ＝アメリカ法由来の伝聞法則を導入したものと理解されているが，法321条以下の例外規定が供述録取書面を中心とし，裁判官・検察官面前調書に特別の例外規定を設けるなど，固有の特色がある。また，現行法施行以来，近年の裁判員制度導入までの法運用は，法326条・321条1項2号・322条等の伝聞例外規定を介して，捜査段階で作成された供述録取書面が証拠となる運用が原則化し，公判期日における証人尋問は例外的となる状況が固まっていた。これには，旧法以来の捜査段階で作成された供述録取書面に依拠しようとするわが国の法律家の指向が影響していた可能性があろう。

　もし仮にこのような運用とは異なり，法320条1項の規律が運用上も原則化していれば，ドイツ法の直接主義と機能的に類似した，そしてまた，アングロ＝アメリカ法圏の裁判とも類似した公判期日における証人尋問・口頭供述中心の刑事裁判が実現していた可能性があったように思われる。しかし，裁判員制度の導入を伴う司法制度改革まで，従前の慣行が変化する兆しはなかった。

　(4)　このような状況の下で，法320条以下の証拠法規定には何ら変更を加えないまま，裁判員制度が導入された。捜査段階で作成された多量の供述録取書面を職業裁判官が閲読・分析していた従前のような事実認定が到底不可能と予測される中，「直接主義・口頭主義」という術語が，裁判員裁判を的確に作動

第1章 証拠法・総説

機能させる鍵としてにわかに再認識され，書面の朗読よりも公判廷における直接尋問・口頭供述こそが裁判員に分かりやすい審理方式であるとして積極的に評価されつつあるのが現状である。現行法の下での「直接主義・口頭主義」の理解については，前記のとおりである〔第3編公判手続第1章Ⅱ*2*〕。

また，控訴審の事実認定審査の在り方に関する前記最判平成24・2・13〔*3(3)**〕の説示も，第1審公判の様相が，現行法の当初の想定であったと思われる公判中心主義と直接主義に接近しつつある近時の状況を反映している。

*　第1審が従前の運用のごとく書証に依拠するところが大きければ，書面審査を行う控訴審も第1審とほとんど同じ立場で事件そのものを審理することが可能であったかもしれない（書証に依存した従前の第1審の運用こそが，控訴審が第1審の記録から直接心証を形成し，これと第1審の認定を比較するという審査を可能としてきたのである）。しかし，第1審の直接主義的運用が徹底されれば，事実認定に対する上訴審の審査は，前記のような「合理性」の事後審査にならざるを得ないであろう。このような事後審査審としての控訴審の在り方もまた，現行法が当初から想定していたとみられるものである〔第6編上訴Ⅰ*3*〕。

Ⅱ　証拠の意義と分類

1　証拠の意義

(1)　「証拠」は多義的に用いられる語なので，その意義を整理しておく。旧法以来のドイツ法起源の用語とアングロ＝アメリカ法圏起源の用語が混用されているので注意を要する（民事訴訟で用いられる術語との異同にも留意せよ）。

すべての証拠に共通の性質は，特定の事実に関する情報の媒体であることである。媒体は人か物体である。さらに無形の間接事実（独：indirekte Tatsache）もまた証拠（「情況証拠〔英：circumstantial evidence〕」）であるとみれば，これも含まれる。

なお，公訴事実の存否に関する証拠は，広い意味で「犯罪事実の痕跡」とみることができる場合がほとんどであるが，そうでない場合もある（例，被告人のアリバイを証明する証拠）。

511

(2) 事実の認定（法317条）のために用いる資料・情報，すなわち証明の手段を「証拠資料（独：Beweisstoff）」という。証人の供述，書証の記載，証拠物の形状等がこれに当たる。このような証拠資料の給源・媒体となるものを「証拠方法（独：Beweismittel）」という。証人，書証，証拠物等がこれに当たる。いずれも「証拠」と称される。もっとも，刑事手続の領域でこの区別をする実益はあまりないであろう。

2 証拠の分類

(1) 証拠は，実用的観点から様々に分類することができる。

証明の対象となる事実（「要証事実」という）と証拠との関係に着目し，直接証拠・間接証拠，本証・反証，実質証拠・補助証拠の分類が用いられる。

証拠方法の性質等に着目して，人的証拠・物的証拠，人証・物証・書証の分類がある。

さらに，「供述」（法320条1項）に関する伝聞法則の適用の有無を決する重要な分類として，供述証拠・非供述証拠の区別がある。

(2) 直接証拠・間接証拠　　要証事実を直接に証明するのに用いられる証拠を「直接証拠」という。犯罪事実が要証事実である場合，犯行目撃証人の供述，被告人の自白，犯罪被害者の供述等がその例である。

その他の証拠は「間接証拠」と呼ばれる。要証事実を直接に証明するのではなく，その存否を推認させる事実（「間接事実」という）を証明するのに用いられる証拠をいう。

なお，間接証拠を「情況証拠」と総称する場合が多い。もっとも，前記のとおり，間接証拠から認定される間接事実のことを情況証拠と称して限定的な意味に用いる場合もあるので，留意されたい。

　＊　最高裁判所は有罪の認定と証明について次のような説示をしているが，ここで「情況証拠」の語は「間接証拠」の意で用いられているように読める（最判平成22・4・27刑集64巻3号233頁）。
　　　「刑事裁判における有罪の認定に当たっては，合理的な疑いを差し挟む余地のない程度の立証が必要であるところ，情況証拠によって事実認定をすべき場合であっても，直接証拠によって事実認定をする場合と比べて立証の程度に差があるわけで

はないが（……［最決平成 19・10・16］刑集 61 巻 7 号 677 頁参照），直接証拠がないのであるから，情況証拠によって認められる間接事実中に，被告人が犯人でないとしたならば合理的に説明することができない……事実関係が含まれていることを要するものというべきである」。

(3) **本証・反証**　民事訴訟では，要証事実について挙証責任を負う当事者の提出する証拠を「本証（独：Hauptbeweis）」といい，これに対して挙証責任を負わない当事者がその事実を否定するため提出する証拠を「反証（独：Gegenbeweis）」という。後記のとおり，刑事訴訟では公訴事実について原則として検察官が全面的に挙証責任を負うので，検察官が提出する証拠を本証，被告人側が提出する証拠を反証と称する場合が多い。

もっとも，刑事訴訟規則は，挙証責任の所在とは無関係に，相手方の証拠の証明力を争うために提出される証拠（英：rebutting evidence）を「反証」と呼んでいる（規則 204 条）。

(4) **実質証拠・補助証拠**　要証事実の存否の証明に用いる証拠を「実質証拠（英：substantive evidence）」という。これに対して，実質証拠の証明力や証拠能力等に影響する事実（「補助事実」）を証明するのに用いる証拠を「補助証拠」という。

補助証拠のうち，実質証拠の証明力を減殺する事実を証明する証拠を「弾劾証拠」といい，証明力を強める証拠を「増強証拠」，一旦減殺された証明力を回復する証拠を「回復証拠」と呼ぶことがある。

(5) **人的証拠・物的証拠**　証拠方法すなわち証拠の媒体が生きた人間である場合，これを「人的証拠」といい，それ以外の場合を「物的証拠」という。両者の区別は，その取得手段・方法の差異に対応する。人的証拠は，召喚，勾引（法 132 条・135 条・152 条・153 条・171 条等）に拠る。物的証拠の取得は，押収（法 99 条等）に拠る。

(6) **人証・物証・書証**　証拠調べの方式の差異に対応する分類である。

口頭で証拠を提供する証拠方法を「人証」という。証人，鑑定人，被告人がこれに当たる。その証拠調べの方式は，尋問（法 304 条）または被告人質問（法 311 条）である。

物の存在及び状態が証拠となる物体を「物証」という。犯行に用いられた凶

器，窃盗の被害物品，薬物関連犯罪の薬物，犯行現場等がその例である。その証拠調べの方式は，展示（法306条）または検証（法128条）である。

記載内容が証拠となる書面を「書証」という。証拠調べの方式により「証拠書類」と「書面の意義が証拠となる」証拠物（「証拠物たる書面」と称する）に区別される。証拠書類の証拠調べの方式は朗読である（法305条）。これに対して，証拠物たる書面は，展示と朗読が必要である（法307条）。

証拠書類と証拠物たる書面とは，法定された証拠調べの方式の差異から明らかであるように，書面の記載内容のみが証拠になるか，記載内容のほかに書面そのものの存在や状態等が証拠になるかにより区別される（最判昭和27・5・6刑集6巻5号736頁）。例えば，捜査機関の作成した供述録取書面や私人の作成した被害届は前者，脅迫状や偽造文書は後者に当たる。

(7) 供述証拠・非供述証拠　人の言語的表現であって特定の事実の存否について報告・叙述するものを「供述」という。この言語的表現を，叙述された内容の真実性（すなわち特定の事実の存否）を証明するための証拠として用いる場合，これを「供述証拠」という。「非供述証拠」は，供述証拠以外のすべての証拠をいう。

公判期日外における「供述」証拠については，「伝聞法則」が適用され，原則として証拠とすることができない（法320条1項）。その趣旨については後述する〔第5章Ⅲ〕。

Ⅲ　証明の対象と方法

1　証明の対象となる事実及び証明の方式

(1) 刑事手続においてなされる証明の態様は多様であり，手続段階，裁判の種類，証明対象たる事実の性質により差異がある。指標となるのは，用いることのできる証拠の範囲，証拠を取り調べる方式及び証明の水準である。このうち証明の水準については後述する〔Ⅳ〕。

(2) 手続段階は，大きく公判期日外の手続と公判期日の手続に区分されるが，

後記のとおり,「口頭弁論」を経ることなく行うことのできる裁判,すなわち決定及び命令については,公判手続における証拠調べの方式に関する規定は適用されず,適宜の方法で「事実の取調」(法43条3項)が行われるにとどまる〔第5編裁判第1章Ⅱ〕。

決定・命令の基礎となる事実は,ほぼすべて「訴訟法上の事実」である。令状発付の要件とされている「罪を犯したことを疑うに足りる相当な理由」(法60条等参照)は,犯罪事実の存否に係わるものの,終局的判断ではなく,連鎖する手続の一段階にとどまるので,やはり「訴訟法上の事実」とみられる。

一般に「訴訟法上の事実」については「自由な証明」すなわち,証拠能力の制限及び証拠調べの方式において,緩和され自由化された手続でよいとされている。

* 自由な証明であっても,証拠能力制限が外れて利用可能となるのは,主として伝聞証拠であり,任意性のない自白や違法収集証拠については,これらの証拠能力が否定されている趣旨からして,訴訟法上の事実認定に利用するのは認め難いというべきであろう。例えば,これらを逮捕状請求や捜索差押令状請求の疎明資料にすることは許されない。

(3) 公判期日における実体裁判の前提となる事実については,原則として「厳格な証明」すなわち,証拠能力のある証拠について,法定の規律に従った方式で証拠調べを行わなければならない。厳格な証明の対象となるのは,刑罰権の存否及びその量・範囲の決定に関係する事実である。

公訴事実(犯罪事実,「罪となるべき事実」),すなわち特定の犯罪構成要件に該当し違法かつ有責な具体的事実(処罰条件を必要とする犯罪類型の場合〔例,刑法197条2項〕はこれを含む),及び,刑の加重減免の理由となる事実(例,再犯加重〔刑法56条・57条〕,自首減軽〔刑法42条〕)について,厳格な証明を要することについてほぼ異論はない(最高裁判所は,再犯加重の理由となる前科について,「実質において犯罪構成事実に準ずるものであるから,……これが証拠書類は刑訴305条による取調をなすことを要する」と説示する〔最大決昭和33・2・26刑集12巻2号316頁〕)。刑の減免事由のうち,未遂・従犯は犯罪事実であり,過剰防衛・心神耗弱等は違法性または有責性に関係する事実である。

罪数判断に関係し,刑の決定に影響する事実についても,同様に考えてよい

だろう（例，数個の犯罪事実が併合罪となるのを妨げる確定判決の存在［最判昭和36・11・28刑集15巻10号1774頁参照］）。

＊　簡易公判手続の決定（法291条の2）があった事件については，明文で証明の方式が緩和されている（法307条の2）。また，当事者が異議を述べたものを除き，伝聞証拠も証拠とすることができる（法320条2項）。即決裁判手続の場合も同様である（法350条の24・法350条の27）。

(4)　量刑の基礎となる事実は多様であり，また，量刑判断過程は犯罪事実の認定とは性質を異にする側面もあるため，証明方法についても，その性質に即した考慮勘案が必要である。犯罪事実自体に属する情状（犯行の動機・目的，手段・方法，被害結果等）は，当然，厳格な証明の対象となる。これに対して，その他の情状事実については，多様な資料を得て犯人の特性に応じた総合的な考慮勘案を要するから，伝聞法則には拘束されないとするのが適切であろう。しかし，他方，刑罰の量に直結する点において，また量刑が被告人の重大な関心事項であることからも，当事者による十分な吟味の機会を付与するために，公判期日おいて適式な証拠調べの手続を踏むべきである。

(5)　終局判決である管轄違い・免訴・公訴棄却（法338条に拠るもの）の事由に該当する事実の存否は，訴訟法上の事実ではあるが，その不存在について，公判期日において証拠調べを行うことが適切であろう。

2　証明を要しない事実

(1)　刑事手続において裁判の基礎とされる事実は，原則としてすべて証明が必要である。当事者間で争いのない事実であっても，証拠により証明しなければならない（被告人の自白がある場合に関する憲法38条3項，法319条2項・3項参照。民訴法179条と対比せよ）。もっとも，以下のように，証明を要する事実の範囲が縮小される場合があり得る。

(2)　明文の規定はないが，ある事実が「公知の事実」と認められる場合には，その性質上，証明の必要がないと解されている。通常人が疑いを持たぬ程度に一般に知られている事実は，裁判においてもこれを前提としてよいと考えられるからである。歴史上の事実，一般的情報，確実な資料で容易に確認できる事

項等がその例である。

　「公知」といえるかは，時と場所により異なり得る。時間の経過により公知性が失われる場合もあり得よう。また，裁判の行われるある一地域では公知であっても，他の場所では公知でないという場合もあり得る（被告人が高岡市長選挙に立候補し，当選したことに，同市周辺においては公知の事実に属するとした，最判昭和31・5・17刑集10巻5号685頁，東京都内における自動車の最高速度は，原則として毎時40キロメートルで，道路標識により規制されていることは，公知の事実に属するとした最決昭和41・6・10刑集20巻5号365頁参照）。

　　＊　民事訴訟においては，裁判所に「顕著な事実」は証明することを要しないとされており（民訴法179条参照），例えば，裁判官が職務上知り得た事実が「顕著な事実」となり得るが，刑事訴訟では，このような事実についても証明を要するというべきである。
　　　　なお，裁判官が対象事件について個人的に有する具体的知識（裁判官の「私知」という）の利用は禁止される。当該事実については，証拠による認定が必要である。もっとも，利用が禁止されるのは裁判官の事件に関する個別具体的な知識（例，犯行状況の目撃）であって，一般的な知識・経験は，もとより証拠の証明力評価・総合判断に活用される。

(3)　法律の明文規定により，一定の事実について証明を要しないとされている場合があり得る。これを，「法律上の推定」という。証明対象を法律で別の事実に変更することにより，一方当事者による要証事実自体の証明を不要とするものである（推定規定）。これについては，後述する〔Ⅳ〕。

Ⅳ　証明の水準及び挙証責任

1　証明とその水準

(1)　検察官が主張する公訴事実については，「合理的な疑いを容れない程度の証明（proof beyond a reasonable doubt）」が必要である。最高裁判所も，有罪認定に必要な立証の程度について「合理的な疑いを差し挟む余地のない」という表現を用いている（最決平成19・10・16刑集61巻7号677頁等）。これは，ア

ングロ＝アメリカ法圏の用語に由来するが，ヨーロッパ大陸法圏においても，例えば，「確実性に境を接した蓋然性（独，an Sicherheit grenzende Wahrscheinlichkeit）」，「内的確信（仏，intime conviction）」という用語で，犯罪事実に関する高度の証明の水準を表現しようとしている。

刑事訴訟においてこのように高度な証明の水準が要請されるのは，犯罪事実の証明すなわち有罪認定が峻厳な国家刑罰権の発動に直結するからである（法333条1項参照）。法制度とこれを運用する人知に限界があることを踏まえ，誤った刑罰権の行使という不正義の可能性を極小化するための安全装置として設定された普遍的準則である。刑事訴訟法に明文規定はないが，これは，憲法31条の要請する「法の適正な手続」の重要な構成要素を成す不文の法準則と位置付けることができる。

「合理的な疑いを容れない程度」，「合理的な疑いを差し挟む余地のない」とは，「合理的な疑い（reasonable doubt）」という表現に含意されるとおり，抽象的な可能性としては反対事実が存在するとの疑いを容れる余地（possible doubt）はあっても，訴訟手続という法制度内において反対事実の存在する抽象的可能性を完全に除去することは不可能であるから，健全な社会常識に照らしてその疑いに合理性がないと一般的に判断される場合には，有罪認定を可能とする趣意である（最決平成19・10・16刑集61巻7号677頁参照）。

＊　裁判員裁判の審理に際して，裁判長は裁判員に対し「事実の認定は証拠によること，被告事件について犯罪の証明をすべき者及び事実の認定に必要な証明の程度について説明する」（裁判員法39条，裁判員規則36条）。証明の程度に関する説明は，例えば次のとおりである。

「過去にある事実があったかどうかは直接確認できませんが，普段の生活でも，関係者の話などをもとに，事実があったのかなかったのかを判断している場合があるはずです。ただ，裁判では，不確かなことで人を処罰することは許されませんから，証拠を検討した結果，常識に従って判断し，被告人が起訴状に書かれている罪を犯したことは間違いないと考えられる場合に，有罪とすることになります。逆に，常識に従って判断し，有罪とすることについて疑問があるときは，無罪としなければなりません」。

一般国民の理解に資することを目的としたこの説明は，事実の認定が人を処罰するかどうかに結びつく厳正な判断であることを指摘した上，有罪とする場合と無罪としなければならない場合の双方向からの説明をしている。「合理的な疑い」とい

第1章　証拠法・総説

う表現は敢えて用いられていない。

＊＊　犯罪の証明について，かつて最高裁判所は次のように説示し，「高度な蓋然性」，「確信」というヨーロッパ大陸起源の表現を用いていた（最判昭和23・8・5刑集2巻9号1123頁。なお，最判昭和48・12・13判時725号104頁）。その趣意は，本文に挙げた近時の説示と異なるものではない。

「元来訴訟上の証明は，自然科学者の用ひるような実験に基くいわゆる論理的証明ではなくして，いわゆる歴史的証明である。論理的証明は『真実』そのものを目標とするに反し，歴史的証明は『真実の高度な蓋然性』をもって満足する。言いかえれば，通常人なら誰でも疑を差挟まない程度に真実らしいとの確信を得ることで証明ができたとするものである。だから論理的証明に対しては当時の科学の水準においては反証というものを容れる余地は存在し得ないが，歴史的証明である訴訟上の証明に対しては通常反証の余地が残されている」。

民事訴訟についても最高裁判所は類似の表現をしている（「通常人が疑を差し挟まない程度に真実性の確信を持ちうるものであることを必要とし，かつ，それで足りる」最判昭和50・10・24民集29巻9号1417頁）。しかし，証明の対象となる事実の性質や解明の密度が異なることから，証明の程度は犯罪事実の認定に比して緩やかに解されていると思われる。なお，アメリカ法では，わが国と異なり，民事と刑事の証明水準は明確に区別されており，民事では「証拠の優越による証明（proof by a preponderance of evidence）」（肯定証拠が否定証拠を上回る程度の心証）で足りるとされている。

＊＊＊　検察官が主張する公訴事実が可分である場合に，その一部事実について合理的な疑いを容れない程度の証明ができず，残部について証明があったと認められるときは，証明のあった部分についてだけ有罪認定をすることができる（一部認定。例，殺人→故意が認められず傷害致死，住居侵入窃盗→窃盗の事実が認定できず住居侵入）。これは，後述する利益原則の適用そのものであり，有罪とされた事実は証明されているので問題ない。

証拠調べを尽くしても事実認定の具体化が進展せず概括的心証にとどまる場合，一般に犯行態様等「罪となるべき事実」それ自体の要素や，これに密接に関連する犯行の動機・目的・共犯関係等が概括的ないし択一的にしか認定できず，具体性に乏しければ，公訴事実の存在それ自体について合理的な疑いが生じる場合があろう。もっとも，犯罪の性質や構成要件の特性により，犯行の日時・場所・方法・動機・目的・共犯関係等に不分明なところがあっても，構成要件に該当する具体的事実の存在自体については合理的な疑いを容れない心証に到達する場合もあり得る（概括的認定。例，覚醒剤自己使用罪に関する最決昭和56・4・25刑集35巻3号116頁，致死的加害行為に関する最決平成14・7・18刑集56巻6号307頁，最決昭和58・5・6刑集37巻4号375頁，最決平成13・4・11刑集55巻3号127頁）〔第2編公訴第3章Ⅲ

519

(4)(5)参照〕。

　同一構成要件内で単独犯か共同正犯かが確定できない場合に，択一的認定をすべきか，犯情がより軽いと思われる共同正犯の認定をすべきか，議論があり得るが，単独犯の訴因で起訴された被告人について，被告人1人の行為により犯罪構成要件のすべてが満たされたと認められるときは，他に共謀共同正犯者が存在するとしても，訴因どおりに犯罪事実を認定することが許されるとした判例がある（最決平成21・7・21刑集63巻6号762頁〔第2編公訴第3章Ⅱ(2)(3)＊参照〕）。

　心証が分解して単一の像を結ぶに至らず，それが異なる構成要件の間の択一関係である場合，犯罪の証明があったといえるか（例，保護責任者遺棄か死体遺棄のいずれかであることは確実だがどちらかに特定できない場合，窃盗か盗品譲受けのいずれかであることは確実だがどちらかに特定できない場合）。刑事責任を基礎付ける事実は実体法の定める個別の構成要件により定まっているのであり，刑罰を科すにはその構成要件該当事実について合理的な疑いを容れない証明が要請されている。もし択一的な事実認定をした有罪判決を認めるとすれば，個々の構成要件該当事実について合理的な疑いがあるにもかかわらず有罪とすることになるのみならず，複数の構成要件を合成した新たな構成要件を創出して処罰することになるから，罪刑法定主義に反するというほかなかろう。前記設例について，被告人に有利となる死体遺棄の限度で事実を認定し有罪判決をした裁判例（札幌高判昭和61・3・24高刑集39巻1号8頁）があるが，疑問であろう。

(2)　このような証明の水準は，直接証拠によって事実認定をすべき場合と，間接証拠（情況証拠）の総合評価によって事実認定をすべき場合とで，異なるところはない（前掲最決平成19・10・16）。いずれの場合であっても，前記のとおり，合理的な疑いを差し挟む余地のない程度の立証が必要であり，他方，反対事実存在の抽象的可能性があっても，それが合理的な疑いでなければ有罪認定がなされる。

　最高裁判所は，間接証拠の総合による犯人性の認定をした第1審及びこれを是認した原判決を職権で破棄した事案において（法411条1号・3号〔審理不尽の違法，事実誤認の疑い〕），「情況証拠によって事実認定をすべき場合であっても，直接証拠によって事実認定をする場合と比べて立証の程度に差があるわけではないが，……直接証拠がないのであるから，情況証拠によって認められる間接事実中に，被告人が犯人でないとしたならば合理的に説明することができない（あるいは，少なくとも説明が極めて困難である）事実関係が含まれていることを要するものというべきである」と説示し，当該事案で認定された間接事実

はこの点を満たすものとはいえないと断じた（最判平成22・4・27刑集64巻3号233頁）。

　しかし，この一般的言辞は意味内容が判然としない点で，不適切である。指摘された「事実関係」が証拠上認定できるのであれば，情況証拠による総合判断など行うまでもなく，それだけで「被告人が犯人である」ことは合理的な疑いを差し挟む余地のない程度に推認できるであろう。他方，この言辞の想定に反する場面，すなわち「被告人が犯人でないとしても合理的に説明することができる事実関係しか存在しない」のであれば，「被告人が犯人である」ことに合理的な疑いがあり有罪認定できないのはまた当然であろう。この不明瞭な言辞が，間接証拠の総合評価による事実認定について法的に意味のある固有の一般的準則を述べたものとは思われない。

　前記のとおり，個々の具体的事案における証拠と各間接事実からの推認・総合評価の過程が，論理則・経験則に従った合理的なものであるか，反対事実の存在可能性が単なる抽象的可能性ではなく合理的なものといえるかが，「合理的な疑いを差し挟む余地のない」立証の指標となる核心というべきである。

　(3)　公訴事実の存否と同様に，被告人の処罰の可否や処断刑の範囲を決する事実（処罰条件，刑の加重減免事由）――すなわち「厳格な証明」の対象となる事実〔Ⅲ1(3)〕――については，やはり同様の証明の水準が要求されるべきである。

　これ以外の「訴訟法上の事実」等については，証明の水準が緩和されると解されている。刑罰権の存否と範囲に直結する事実以外の事実の証明には多様な局面があるので〔Ⅰ2(2)〕，一律に合理的な疑いを容れない程度の心証を求めるのは適切と思われない。もっとも，重要な法的効果を生じる訴訟法上の事実について，いわゆる「証拠の優越」の程度で足りるとするのは疑問である。民事訴訟と同程度の「確信」（刑事訴訟よりは緩和された「確信」）を要しよう。

　なお，法が「疎明」と定めている場合には，裁判官に「一応確からしいという推測」を得させれば足りる（例，法206条1項［勾留請求の時間超過事情］，227条2項［第1回公判期日前の証人尋問請求の要件］）。

2 挙証責任

(1) 証拠調べを尽くしても，裁判所が事実の存否について要請される証明の水準・心証に到達しなかった場合，それでも裁判をするためには事実を存否いずれかに認定しなければならない。このように事実の存否が真偽不明である場合に，不利益な認定を受ける当事者の地位を「挙証責任（証明責任・立証責任）」という。これは，証拠調べが終了した段階において，裁判所が事実を認定する場合に機能する準則であるから，手続の進行方式が当事者追行主義であるか職権審理主義であるかとは無関係である。そしてこの準則の性質上，挙証責任の所在は，証明の対象となる事実（要証事実）により予め定まっていなければならない（訴訟の進行過程で当事者間を移動するものではない）。

民事訴訟では，実体法上の権利義務に係わる事実について，原告と被告のどちらに挙証責任があるとすべきかその分配につき多様な議論があるが，刑事訴訟は，国家刑罰権の存否と範囲の決定という人の基本的自由に係わる事実の認定を扱うことから，公訴事実及びこれに準ずる事項〔1(3)〕については，原則としてすべて国家機関である検察官が挙証責任を負う。そして，証明の水準は，前記のとおり合理的な疑いを容れない程度の証明が要請される。このような高度の証明水準故に，「真偽不明」と扱われ，挙証責任によって事実認定が決せられる場合も少なくない。「無罪の推定」ないし「疑わしきは被告人の利益に」という標語（「利益原則」と称する）は，検察官が挙証責任を負うことを表現したものである。

* 裁判員に対する裁判長の説明のうち「被告事件について犯罪の証明をすべき者」（裁判員規則36条）の説明は次のとおりである。

   「裁判は，被告人が起訴状に書かれている犯罪を本当に行ったかどうかを判断するために行われます。その判断を行うために，検察官と弁護人から証拠が提出されますが，被告人が有罪であることは，検察官が証拠に基づいて明らかにすべきこと，つまり証明すべきことになっています。ですから，検察官が有罪であることを証明できない場合には，無罪の判断を行うことになります」。

(2) 被告人の刑事責任を基礎付ける事実は，構成要件該当事実の存在と，違法性阻却事由（例，正当防衛）・責任阻却事由（例，責任無能力）等「法律上犯罪の成立を妨げる理由」（法335条2項）に該当する事実の不存在が確定すること

により定まる。これらすべての要素について，検察官が挙証責任を負い，いずれについてもそれが真偽不明であれば，被告人に利益の方向で事実認定をしなければならない。

例えば，検察官が「XがVを刺殺した」という殺人罪の構成要件に該当する事実を主張する場合には，証拠調べの結果，Xが犯人であるかどうかについて合理的な疑いがあるとき，あるいはまたXが犯行時心神喪失の状態にあったかどうかについて合理的な疑いがあるとき，裁判所は検察官に不利益に，すなわちXは犯人でないものとして，あるいは，Xが心神喪失の状態にあったものとして事実を認定し判決しなければならない。

このように刑事訴訟では，被告人の刑事責任を基礎付ける事実が真偽不明の状態で，被告人に刑罰を科したり，挙証責任を被告人に不利益に定めることは許されないと考えられている。前記の合理的な疑いを容れない程度の証明の水準と同様に，「利益原則」は，憲法31条の要請する「法の適正な手続」の構成要素を成す不文の法準則と位置付けられる。

したがって，実体法・手続法を問わず，特段の合憲的解釈が可能でない限り，刑事責任を基礎付ける事実について被告人側に挙証責任を負わせる機能を有する法規は，憲法31条に違反するものといわなければならない。

(3) 訴訟法上の事実については，一般に，これを主張する側の当事者に挙証責任があるとされている。例えば，検察官が取調べ請求した証拠の証拠能力を肯定する事実（例，自白の任意性に疑いを生じさせる事実の不存在），被告人側が取調べ請求した証拠の証拠能力を肯定する事実（例，被告人側の請求した供述録取書や鑑定書等が伝聞例外要件に該当する事実）については，それぞれ取調べ請求する側の当事者に挙証責任がある。

なお，訴訟法上の事実であっても，公訴提起及び追行の要件に該当する事実（例，告訴の存在，公訴時効未完成に係る事実）については，検察官が挙証責任を負う。これらは実体裁判を求める検察官の主張の前提となる要件だからである。

3 証拠提出責任・争点形成の責任

(1) 前記のとおり，検察官は刑事責任の有無と範囲に係るすべての事実につ

いて挙証責任を負うが，訴訟において常にそのすべてについて立証活動を行わなければならないわけではない。現行法が当事者追行主義の訴訟方式を採用していることから，被告人側に利益に働く犯罪の成立を妨げる事由（違法性阻却事由・責任阻却事由）や刑の減免事由（例，自首）等については，当事者である被告人側にも立証活動上の責任——すなわち当該刑事手続の過程で適時に主張・立証活動を行わなければ不利益な判断を受ける場面——を考えることができる。そして，現に，これらの事由については，被告人側がその存在を疑わせる証拠を提出するか，ある程度具体的・実質的な事実上及び法律上の主張を行い，これを争点として顕在化させる訴訟活動を行う必要があると解されている。これを被告人側の証拠提出責任ないし争点形成の責任という。

　すなわち，実際の刑事訴訟手続においては，検察官は，違法・有責な事実であることを当然の前提として主張している起訴状記載の公訴事実すなわち構成要件に該当する具体的事実の存在について立証すればよく，それ以外の争点とならなかった事実を証明する必要はない。犯罪の成立を妨げる事由や刑の減免事由の「不存在」については，検察官は，それが実際に争点になるまでは証明活動をする必要がない。

　この意味で犯罪の成立を妨げる事由や刑の減免事由は，被告人側からの主張等により争点化されない限り，「証明を要しない事実」と位置付けられる〔Ⅲ2〕。

　(2)　「事件の争点及び証拠を整理するための公判準備」である「公判前整理手続」（法316条の2以下）または「期日間整理手続」（法316条の28）が実施される場合には，被告人または弁護人から公判期日においてすることを予定している事実上及び法律上の主張の明示，及び被告人側の証明予定事実を証明するために用いる証拠の取調べ請求（法316条の17）がなされることにより，前記争点形成の責任ないし証拠提出責任が果たされるとみることができる〔第3編公判手続第3章Ⅱ〕。これらの手続が行われない場合であっても，冒頭手続における被告人側の意見陳述（法291条5項）や冒頭陳述（規則198条），証拠調べ請求（法298条1項）等により争点が形成されるとみることができる。

　こうして争点が形成された場合には，検察官が犯罪の成立を妨げる事由や刑の減免事由等の「不存在」についても，合理的な疑いを容れない程度まで証明

する必要が生じ，証拠調べを尽くしても真偽不明の場合には，前記のとおり検察官が挙証責任を負うことになる〔*2*(2)〕。

4　当事者の証明活動と裁判所の職権証拠調べとの関係

(1)　前記のとおり，挙証責任の所在は，手続の進行方式が当事者追行主義であるか職権審理主義であるかにかかわらず，あらかじめ利益原則に従い定まっている。その上で，純粋の職権審理主義であれば，裁判所に公訴事実の存否について自ら証拠調べを行い解明する権限と責務があるが，純粋の当事者追行主義であれば，もっぱら証拠調べの権限と責務は当事者にあるということになる。

これに対して現行法は，証拠調べ請求権を当事者に付与しているが（法298条1項），補充的に裁判所に職権証拠調べの権限を付与している（同条2項）。このため，両当事者の証明活動が尽くされた状況においてなお，検察官に挙証責任のある公訴事実の存否等につき，職権証拠調べの権限を有する裁判所がその権限を行使すべきかどうかという問題が生じる。訴訟手続上は，第1審裁判所が特に職権証拠調べを行うことなく有罪または無罪の裁判をした場合に，それが審理不尽の違法として控訴理由たる訴訟手続の法令違反（法379条）になる場合があるか，あるとすればそれはどのような場合かという問題として現れる。

(2)　この問題については，現行法の基本的構造が当事者追行主義であること，これに伴い裁判所の責務が積極的事案解明ではなく公平中立の判断者に純化されていることを踏まえて，次のように考えておくのが適切であろう〔序Ⅱ*4*〕，〔第3編公判手続第4章Ⅱ*3*(4)〕。

第一，両当事者の証明活動が尽くされても公訴事実の存否が真偽不明であるとき，すなわちそのままでは無罪判決をすべきとき，裁判所が有罪の立証に向けた積極的事案解明活動をするのは，中立の判断者たる立場に鋭く抵触するので，職権証拠調べ権限の行使が訴訟法上の義務となることはないというべきである。また，職権証拠調べ権限を行使すること自体あるいはまた求釈明権限や立証を促す権限（規則208条）を行使して，検察官側に利益となる方向で職権介入することも原則として避けるべきであろうと思われる。

第二，何らかの事由で被告人・弁護人側の立証活動に不備があり，職権証拠

調べを行うことにより公訴事実の存在について合理的な疑いが生じる可能性があると明らかに認められる場合には，利益原則の趣意及び事案の真相解明・精確な事実の認定という法の目的に鑑み，裁判所には後見的に職権証拠調べを実施する訴訟法上の義務が生じるとみるべきであろう。また，この場合には，求釈明権限等を行使して弁護人に立証を促す訴訟法上の義務もあるというべきである。

5　推定規定及び挙証責任の転換

(1)　現行法には，挙証責任を被告人側に転換しているように読める法規が存在する。

第一の型は，「推定規定」を設けることにより検察官が証明すべき要証事実を法律で変更し，事実の一部について，その不存在の証明を被告人側に要請する形式の規定である（例，公害罪処罰法5条，麻薬特例法14条）。第二の型は，挙証責任を直接的に被告人側に負わせる文言の規定である（例，同時傷害の特例［刑法207条］，名誉毀損罪における真実性証明［刑法230条の2］）。

しかし，前記のとおり，刑事責任を基礎付ける事実の存否が真偽不明であるにもかかわらず被告人に刑罰を科すことは利益原則に反し違憲というほかはないから〔2(2)〕，これらの法規の意味内容を合憲的に解釈することが可能であるかが問題となる。

(2)　推定規定とは，法律により，一定の事実（前提事実）の存在が証明された場合に，別の事実（推定事実）の存在を推定する形式の法規をいう（「法律上の推定」）。元来は検察官が証明すべき事実を推定事実とし，別の前提事実を証明対象に設定する推定規定は，検察官にとって推定事実の証明を不要とし〔Ⅲ2(3)〕，他方，被告人側が推定事実の不存在を証明できなければ，推定事実が認定されるという機能を果たすことになる。これは，被告人側に推定事実不存在の挙証責任を負わせることを意味するようにみえるが，利益原則との関係はどのように説明できるか。

推定事実が構成要件該当事実の一部である場合，もし被告人側がその不存在の立証に失敗したとき推定事実の存在を認定しなければならないとすれば，そ

れは刑事責任の基礎となる事実が真偽不明であるにもかかわらず被告人に刑罰を科すことになるから，そのような解釈をとることはできない。そこで有力な見解は，推定規定は，前提事実が証明され，これに対して被告人側が推定事実について反証できない場合に，裁判所に対し，推定事実を認定してよいとするにとどまり，認定を強制する効果を有するものではないと理解することにより，利益原則との抵触を回避しようとする。

推定規定の効果を，裁判所は，前提事実の存在に加え，被告人が推定事実について反証できなかったという事実を併せ勘案し，推定事実の存在について合理的な疑いを容れない程度の心証を得たとき，推定事実を認定することができるという意味に理解すれば，推定事実の挙証責任は検察官にあり被告人側に転換されているわけではないので，利益原則との抵触はない。

そうすると，このような推定規定を設ける実際上の意義があるとすれば，それは，前提事実の存在からの推認だけでは推定事実の存在について合理的な疑いを容れない程度の心証が得られない場合に，裁判所に対し，被告人側から推定事実に対する合理的反証がないという間接証拠を付加することにより，その総合評価によって合理的な疑いを容れない程度の心証に到達する可能性を設ける法技術と位置付けることができよう。

(3) このような合憲的解釈の前提として，個々の推定規定の内容の合理性が要請される。合理性の具体的指標としては，第一，前提事実の存在から推定事実の存在を推認するのが合理的であること（合理的関連性）。第二，被告人側がそのような推認に反証し，推定事実不存在の証拠を提出するのが困難でないと認められること（反証の容易性），が挙げられている。いずれの要素も利益原則との抵触を回避するための必要条件といえよう。

(4) 挙証責任を直接被告人側に転換している法規については，合憲性の説明が困難である。被告人が挙証責任を負う事項が刑事責任を基礎付ける事実である場合，これを立証できなければ被告人に不利益な方向で事実認定をすることが要請されるので，利益原則とは正面衝突せざるを得ない。

挙証責任転換規定の実例として挙げられる名誉毀損罪における事実の真実性証明規定（刑法230条の2）については，真実性証明の成否が名誉毀損罪という犯罪自体の実体的成否とは無関係であり，処罰阻却事由を定めたものと理解す

ることができる（真実性の誤信の処理を錯誤論に求める必要はないであろう。この点については，理論刑法学の多彩な成果を参照されたい）。そのように理解すれば，行為の可罰性とは無関係な部分について挙証責任が転換されているにとどまり，刑事責任を基礎付ける事実については，すでに合理的な疑いを容れない程度の証明がなされているとみることができる。

これに対して，同時傷害の特例に関する規定（刑法207条）は，傷害結果と各人の行為との個別的な因果関係の存在について被告人側に挙証責任を転換しているとみるほかなく，その立証ができなければ，犯罪を構成する事実について真偽不明であっても刑罰を科すことになる。合憲性の説明は困難である。

なお，挙証責任を転換する規定の妥当性については，大前提として，検察官にとって当該事項が立証困難と認められることに加え，要証事実のうち検察官が証明する部分から被告人側が挙証責任を負う部分への推認が合理的であること，挙証責任を負う事実の証明が被告人側にとって容易と認められること等の指標が挙げられるが，これらの要素がすべて認められても，あるいはまた仮に被告人側に要請される証明の水準を合理的な疑いを容れない程度より緩和するとしても，被告人側にその立証ができず，刑事責任を基礎付ける事実について真偽不明のまま被告人が処罰される可能性が残るであろう。

刑事責任を基礎付ける事実につき正面から利益原則に例外を認める説得的根拠が考えられない限り，違憲の疑いがあるといわざるを得ない。

* 名誉毀損罪において被告人側に要請される真実性証明の程度について，証拠の優越程度の証明で足りるとする見解があるが疑問である。「公訴が提起されるに至っていない人の犯罪行為に関する事実」（刑法230条の2第2項）の真実性証明が行われ，判決で認定され得ることを勘案すれば，厳格な証明により，合理的な疑いを容れない程度の証明が必要と解すべきであろう（最大判昭和44・6・25刑集23巻7号975頁等参照）。

〈第4編第1章　参考文献〉
　松尾浩也編・刑事訴訟法Ⅱ（有斐閣大学双書，1992年）
　　　第7編 証拠　第1章 序説〔松尾浩也〕
　井上正仁「麻薬新法と推定規定」研修523号（1992年）

第2章

証拠能力・総説

I 証拠能力の意義と趣旨

(1) 「証拠能力」とは，事実認定の資料として用いることができる証拠の法的適格をいう。証拠の「許容性（admissibility）」ともいわれる。公訴事実及びこれに準ずる事実を対象とした「厳格な証明」においては，証拠能力のある証拠のみが許容される〔第1章Ⅲ1(3)〕。憲法・刑事訴訟法の条文ならびに不文法的規律として，刑事証拠法上の重要な準則群を形成している〔第1章Ⅰ1(1)〕。明文では，「証拠とすることが［は］できない」「証拠とすることができる」という文言で示されており，強制・拷問等による自白その他任意性に疑いのある自白（憲法38条2項，法319条1項・322条1項）に関する規律や，いわゆる「伝聞証拠」（法320条1項）に関する規律がその例である。不文の準則としては，「関連性」及び「違法収集証拠排除法則」が挙げられる。

(2) 証明力の評価とは異なり，証拠能力は，有無いずれかに定まる法的判断である。証拠能力の有無を判断するのは裁判所の責務であり，判断の誤りは訴訟手続の法令違反となる（法379条）。もとより，証拠調べを主導する両当事者は，相手方の証拠調べ請求に際して証拠能力に関する裁判所の判断を求めることができる（規則190条2項）。裁判所は，証拠能力を欠く証拠の取調べ請求を却下しなければならない。証拠能力に疑いのある証拠の取調べ請求または証拠調べ決定があった場合，当事者は異議を申し立てることができる（法309条1項，規則205条以下）。

既に取り調べた証拠が証拠能力を欠くものであることが判明した場合，裁判所は職権でこれを排除する決定をすることができる（規則207条）。なお，裁判

所は，「取り調べた証拠が証拠とすることができないものであることを理由とする異議の申立を理由があると認めるときは，その証拠の全部又は一部を排除する決定をしなければならない」（規則205条の6第2項）。

(3) 刑事訴訟においてこのような証拠能力の制限が設けられ，事実認定の素材が制約されている趣旨は，次の二つの観点から説明することができる。

第一は，証拠の証明力と関係する観点である。刑事訴訟における事実認定が国家刑罰権の発動に直結することから，できる限り誤りのない認定の前提を確保するため，定型的・類型的に証明力の乏しい証拠，及び証明力の判断を誤らせる強い危険を伴う証拠を除外して，事実認定者を誤判断の危険から遮断することである。

第二は，証拠の証明力とは無関係に（すなわち，高度の証明力・信用性が認められる証拠であっても），刑事手続に関係する価値（例，被疑者・被告人の基本権の保障，法の適正な手続の要請）の顕現や，一定の政策目的（例，将来における違法捜査の抑制，司法府の無瑕性・廉潔性［judicial integrity］の外観の維持）を達成するための手段として，証拠としての適格を剥奪しその利用を禁止する場合である。

この両者の観点は，個別の証拠能力制限の根拠ないし存在理由の説明としていずれかに截然と区分されるものではない。任意性に疑いのある自白排除（法319条1項）はその例である（任意性に疑いのある自白は類型的に信用性が乏しく虚偽であるおそれがあること，供述をするかどうかの基本的自由を確保し，これを侵害する不当な取調べを防止すること）。

また，伝聞証拠のように，公判期日外の「供述」に固有の信用性に関する弱点から原則として証拠能力が否定されるものの（法320条1項），証拠の特性，供述のなされた際の情況や事実認定にとっての必要不可欠性等を理由に明文で例外的に証拠能力が認められる場合があったり（法321条以下），手続や証明対象によっては証拠能力を否定されない場合がある（例，簡易公判手続［法320条2項］，即決裁判手続［法350条の27］，自由な証明）など，証拠能力制限が相対的なものもある。

さらに違法収集証拠排除法則のように，「将来における違法な捜査の抑制の見地」を勘案するなど，証拠能力の有無が裁判所による複雑な政策的考慮の結果として決せられる場合もある（最判昭和53・9・7刑集32巻6号1672頁）。

＊　証拠能力の有無の判断は，証拠能力制限の趣意及び訴訟手続法規の解釈適用（例，伝聞例外規定の解釈及び要件該当事実の認定）を伴う証拠能力要件の性質上，公訴事実の存否とは異なり，法律学の学識のない非専門家の判断になじむものではない。裁判員法が，法令解釈と共に，証拠能力の判定を典型とする「訴訟手続に関する判断」を「構成裁判官」の専属的権限としているのは，このような趣意である（裁判員法6条2項）。

　それにもかかわらず裁判員法は，構成裁判官のみによる判断のための審理に裁判員の立会いを許し（裁判員法60条），また，構成裁判官の専権である法令解釈や訴訟手続上の判断に関する評議の傍聴及び裁判員からの意見聴取の途を認めている（同法68条3項）。その立法趣旨・整合性は必ずしも明瞭でない。例えば，自白の任意性に影響を与える可能性のある事実（例，被疑者の取調状況に係わる事実）や証拠物の証拠能力に影響を与える可能性のある事実（例，証拠物の収集過程の違法性に係わる事実）の認定については，法的専門知識の有無にかかわらず裁判員の判断にもなじむ側面があるから，その意見を聴き構成裁判官の判断の参考に供しようということかもしれない。しかし，審理の立会いはともかく（確かに，公判審理において，その信用性評価とも関連し得る自白の任意性立証や証人の捜査段階における供述の特信性立証が行われる場合には審理の立会いが有用であろう），証拠能力の有無及びその要件に係る事実の認定について判断権のない裁判員の意見を聴くことを法定するのは背理であり，欺瞞的でさえあるように思われる。また，証拠能力制限の中には事実認定者に対する予断・偏見の防止や誤導の危険防止を趣意とするものがあり（例，被告人の悪性格・同種前科），刑事事実認定の経験がない裁判員に対し，取調べ請求が却下されあるいは排除決定される可能性のある証拠の内容に接する機会を生じる評議の傍聴を認めたり意見聴取を求めるのは適切とは思われない。立法論として疑問であろう。

　ちなみに，憲法判断は憲法と法令解釈の専門知識を有する構成裁判官の専権事項である（憲法76条3項参照）。法令の合憲性審査に際し（例，死刑制度の合憲性，裁判員制度の合憲性）職業裁判官が裁判員の意見を聴くのは，専門家として不見識・不適切であるばかりか違憲の疑いがあろう。

II　証拠の関連性

1　関連性の意義

(1)　証拠の「関連性（relevancy）」とは，証拠価値のうち，証拠と証明すべ

き事実との間の論理的関係をいう〔第1章 I 3(2)〕。「論理的関連性」,「自然的関連性」とも称される。その程度すなわち狭義の証明力 (probative value) と, 証拠がどの程度信用できるか (credibility) の評価は, 事実認定者の判断に委ねられる (法318条)。

証明すべき事実の存否について一定の証明力を有する証拠には事実認定の素材とする意味があり得るので関連性が認められ, 関連性のある証拠は, 原則として証拠能力があり, 事実認定の資料として許容される。

　　*　例えば, 被告人の犯人性について, 被告人本人の自白が最高度の関連性を有することは明らかであるから, もっぱらその「信用性」が広義の証明力評価において問題となる。これに対して, 犯行時刻・場所に近接した時間・場所において被告人を目撃したという多数人の一致した供述がある場合, その内容の信用性は高度に認められるが, 被告人の犯人性との関連性の程度はそれほど高いとはいえない。関連性の内容となる証拠と事実との間の結びつき, 証拠から事実を推論する過程も事実認定者の合理的判断に委ねられている。

　**　裁判所は, 関連性のある証拠であっても, 当事者の請求するすべての証拠を取り調べなければならないわけではない。証拠調べの「必要性」・「相当性」という観点から, 裁判所の合理的裁量に基づき, 関連性のある証拠の取調べ請求を却下することができる。訴訟経済の観点や公判の争点明確化・混乱回避の観点から, 重複する証拠や争点との結びつきが乏しい証拠の取調べ請求を却下する場合がその例である。「証拠調べの請求は, 証明すべき事実の立証に必要な証拠を厳選して, これをしなければならない」旨の準則は (規則189条の2), 証拠調べの「必要性」の観点からの規律である。

　　　もっとも, 実際には, 事実認定者を誤導するおそれや事実を推認する力の程度等, 法的観点や証明力評価が証拠調べの「必要性」・「相当性」判断に考慮勘案されていることもあり, 関連性の有無との区分が不明瞭な場合がある。

(2)　事実認定者の心証に影響を及ぼさない情報, すなわち「証明すべき事実」の存否について証明力を全く有しないか, またはその程度が著しく低い情報は, 証拠能力を欠くというべきである。証拠として取り調べることは時間の無駄で訴訟経済に反するのみならず, このような情報が混在することによって, 事実認定者の判断作用を混濁させるおそれなしとしないからである。裁判所は, このような証拠の取調べ請求を関連性なしとして却下すべきである。これは当該資料が供述であれ非供述であれ, 異なるところはない。

なお,「証明すべき事実」が何であるかは, 実体法の定める要件要素の解釈

により導かれる。この「事実」から，その「立証に必要な証拠」（規則189条の2）であるか否かが判定される。特定の具体的「事実」の存否について一定の証明力を有する証拠は，定義上「関連性」があるといえるが，当該「事実」が「証明すべき事実」，すなわち当該訴訟手続において「法的に意味のある事実」に該当しなければ，その証拠は「立証に必要な証拠」ではないから，取調べの「必要性」がないとして却下される。その趣旨と機能は，「関連性」と同様である。

(3) 非供述証拠については，とくに関連性の有無が事実認定の正確性にとって重要な意味を有する。証拠物（例，犯行現場に遺留された物体）については，その取得・保全過程等にその証明力に影響する事情がないかどうか慎重な判断を要する。関連性がなく証拠とするのに適しないと判断されれば，証拠能力が否定される。この場合，証拠物の入手経路等に関する様々な供述証拠（例，捜査機関の作成した差押調書，領置調書等）が判断資料として有用となる（法316条の15第1項9号等にいう「押収手続記録書面」参照）。また，裁判所は，証拠物の関連性等証拠能力の有無を判断するため，証拠物の提示を命ずることができる（規則192条）。

収集・保全経過等から証拠物が偽造・捏造であることが明白であれば関連性が否定されるが，その疑いが残る程度にとどまる場合には，関連性は肯定して証拠採用し，証明力評価の際にその証拠価値が検討されるのが通常であろう。

なお，無罪を主張する被告人が，殺人に使用された凶器である旨を立証趣旨として取調べ請求された証拠物について，被告人は無罪であるから関連性がない旨主張する場合がある。しかし，ここで検討される関連性は当該証拠物と殺害行為との関連性であり，被告人がそれを使用した犯人であるかは別途証明されるべき事項である。したがって，このような主張は失当であり理由がない。

無形的な非供述証拠である間接事実（情況証拠）が立証対象である場合には，取調べ請求された証拠の立証趣旨とされた間接事実とそこから推認される公訴事実（最終的な立証事項・要証事実）との関連性をも検討する必要がある。その関連性の程度が著しく低ければ間接証拠の取調べ請求は却下されよう（例，殺人の公訴事実につき，被告人と殺害された被害者との不和の事実を立証趣旨として，被害者が25年前に被告人に送付した果たし状を証拠調べ請求する場合）。

　＊　最高裁判所は，犯行現場における犯行状況を撮影した写真の法的性質を非供述証

拠であるとしたうえで,「当該写真自体又はその他の証拠により事件との関連性を認めうる限り証拠能力を具備する」と説示している(最決昭和59・12・21刑集38巻12号3071頁)。「事件との関連性」という表現は不分明であるが,証明対象である要証事実との一定程度の論理的関係すなわち一定の証明力が認められることを意味すると解される。被告人の犯人性や犯行状況が要証事実であれば,被告人と同一と明らかに認められる人物の犯行状況が撮影された写真は,当該写真自体により関連性が認められる。これに対して,被告人とは別人であることが明らかな人物の犯行状況が撮影された写真は,被告人の犯人性の立証にとって無意味であろうから関連性はない。もっとも,被告人側が被告人が犯人でないことを立証するために当該現場写真の取調べを請求する場合は,関連性が認められることになろう。

(4) 供述証拠である犯行目撃者の供述を録取した書面は,要証事実がその供述内容(被告人が犯人であるとの事実)の真実性である場合,もとより関連性はあるが,伝聞法則という別の証拠法則が働くため原則として証拠能力を有しない(法320条1項)。これに対して,犯行目撃者が犯人は被告人である旨供述した内容を録取した書面が存在すること自体を要証事実とする場合,形式的には伝聞証拠として証拠能力を否定されることはないが,記載された内容の真実性と無関係にこのような供述録取書面の存在を証明することはおよそ無意味であるから,関連性がなく証拠能力が否定される。他方,書面の存在と内容を証明することによりそこから被告人の犯人性を推認しようとするのであれば,関連性が認められるが,それは「供述」としての使用であるから伝聞法則により原則として証拠能力は否定されることになろう。

(5) 一般に,当該事件に関する関係者の意思表示や主張・意見を内容とする書面等は何ら特定の事実を証明するものではないから,証拠としての関連性はなく証拠能力は認められない。検察官の主張内容を記載した起訴状,冒頭手続における被告事件についての被告人の陳述内容,当事者の論告・弁論等がその例である。

また,事実に基づく根拠がない単なる意見,想像,噂・風評を内容とする証拠は,特定の事実に対する証明力が微弱であるから,関連性がなく証拠能力が認められない。なお,証人には,その直接体験すなわち実験した事実により「推測した事項」を供述させることができる(法156条1項)。これは直接体験事実に基づくものであるから,推測事項にも一定の証明力すなわち関連性を認

第2章　証拠能力・総説

* 　犯罪被害者の「被害に関する心情その他の被告事件に関する意見の陳述」は，「犯罪事実の認定のための証拠とすることができない」（法292条の2第9項）。また，「被害者参加人」による「事実又は法律の適用について」の意見陳述も，論告・弁論と同様，もとより証拠とはならない（法316条の38第4項）。これらの規定は，意見陳述には関連性がなく証拠能力が認められない旨を注意的に明文化したものである。もっとも，「被害に関する心情その他の被告事件に関する意見の陳述」は，証拠能力制限の及ばない量刑判断の資料にはなり得る（量刑要素たる犯罪の結果ないしその影響，処罰感情等として考慮され得る）。

2　悪性格・類似行為の立証

(1)　一般に被告人の悪性格，とくに同種前科（余罪）や類似した犯罪行為を被告人と犯人の同一性等犯罪の成否に関する要証事実の証拠とすることは原則として許されないとされている。

被告人が起訴された特定の具体的な公訴事実の犯人であること（要証事実）と，当該被告人が悪性格すなわち犯罪性向を有していること（間接事実）との間の結びつきは，一般に極めて微弱というほかないから，関連性がなく，証拠能力が否定されるのは当然というべきであろう。

悪性格は，被告人の過去の行動から推認できるので，被告人の同種前科（余罪）や被告人が過去に実行した類似の犯罪行為から被告人の悪性格・犯罪性向を推認し，これを介して公訴事実を推認する場合も同様である。

このように，悪性格の立証が許されないとされている実質的理由の主要部分は論理的関連性すなわち証明力の欠如によって説明可能である。被告人が悪辣な性格の前科のある人間である故に当該公訴事実の犯人であろうとの推認は，それ自体が必ずしも合理的でない。さらに，悪性格や過去の類似犯罪行為が事実認定者に対して予断・偏見を生じさせ，合理的な推論や他の証拠の的確な評価の途を阻害して，事実認定を誤らせる危険は考えられるので，このような観点からも証拠能力が否定されると説明できるであろう。

* 　刑事事実認定の経験がない裁判員に対する予断・偏見の危険は一層大きいとの見方もあり得ようが，裁判員裁判における事実の認定は職業裁判官との協働による点

にも留意すべきである。裁判員裁判対象事件とそれ以外の事件とで関連性の判断基準を異にするのは疑問であろう。

＊＊　最高裁判所は，被告人の同種前科に係る証拠を被告人と犯人の同一性の証明に用いる場合の証拠能力について，次のように説示をしている。「前科も一つの事実であり，前科証拠は，一般的には犯罪事実について，様々な面で証拠としての価値（自然的関連性）を有している。反面，前科，特に同種前科については，被告人の犯罪性向といった実証的根拠の乏しい人格評価につながりやすく，そのために事実認定を誤らせるおそれがあり，また，これを回避し，同種前科の証明力を合理的な推論の範囲に限定するため，当事者が前科の内容に立ち入った攻撃防御を行う必要が生じるなど，その取調べに付随して争点が拡散するおそれもある。したがって，前科証拠は，単に証拠としての価値があるかどうか，言い換えれば自然的関連性があるかどうかのみによって証拠能力の有無が決せられるものではなく，前科証拠によって証明しようとする事実について，実証的根拠の乏しい人格評価によって誤った事実認定に至るおそれがないと認められるときに初めて証拠とすることが許されると解すべきである」（最判平成24・9・7刑集66巻9号907頁。前科に係る犯罪事実及び前科以外の他の犯罪事実について同旨の判断を示したものとして最決平成25・2・20刑集67巻2号1頁がある）。

(2)　悪性格立証が許されない根拠が前記のとおりであるとすれば，そのような悪性格を介さない推論過程を経て公訴事実を認定する場合には，被告人の同種前科（余罪）や類似した犯罪行為の存在を立証することが許される場合もあり得よう。

第一，前科や常習性が構成要件の一部となっている犯罪類型については，同種前科（余罪）との関連性が認められる。これは被告人の悪性格を介在させずに犯罪事実を認定する場合であるから当然である。

第二，犯行態様・手口や犯行動機に強い個性や特殊性がある場合の同種前科（余罪）や類似行為について，これらの顕著な特徴を有する類似事実から被告人の犯行であることを直接推認する場合は，被告人の悪性格を推論過程に介在させていないので，関連性を認めることができよう。

もっとも，「被告人は過去にも同じような状況で同じ方法で放火していることが認められる者であるから，今回も同様の状況で，同様の方法で放火したのは被告人であろう」という程度の抽象的な推認にとどまる場合であると，悪性格が介在する推認同様に事実認定を誤導する危険が高いので，このような立証は許容すべきではない。これに対して過去の類似行為に高度の特殊性・個性が

認められる場合には，悪性格の介在しない具体的推認が可能であろう（例，通常人では侵入不可能な高所に特殊な身体能力を用いて到達し侵入するという手口。特定の訓練を受けた軍事関係者でなければ修得し得ない特殊な殺害方法等）。

　第三，犯罪の主観的要素（故意，知情）と同種前科（余罪）との関連性が認められる場合があり得る。最高裁判所は，詐欺罪の故意ないし行為の違法性の認識を否認している被告人について，「犯罪の客観的要素が他の証拠によって認められる本件事案の下において，被告人の詐欺の故意の如き犯罪の主観的要素を，被告人の同種前科の内容〔起訴された事実と類似の行為態様による寄附金詐欺の前科〕によって認定した原判決に所論の違法は認められない」旨説示している（最決昭和41・11・22刑集20巻9号1035頁）。

　この場合も，「被告人は過去に似たような方法の犯罪を犯した者であるから，今回も詐欺の意図を有していたのであろう」という程度の抽象的推認を認めるのでは，悪性格立証に近似する。そうではなく，「被告人は同種類似行為が詐欺として処罰対象となることは前回の裁判結果で分かっていたはずであるから，起訴された事実についても詐欺として違法な行為であることを認識していたであろう」との具体的推認が許容された事例とみるべきであろう。そのように理解すれば，推論過程に被告人の悪性格の介在はないので，関連性を認めることができよう。

　　＊　前記最判平成24・9・7は，「前科証拠を被告人と犯人の同一性の証明に用いる場合……，前科に係る犯罪事実が顕著な特徴を有し，かつ，それが起訴に係る犯罪事実と相当程度類似することから，それ自体で両者の犯人が同一であることを合理的に推認させるようなものであって，初めて証拠として採用できるものというべきである」と説示して，被告人の現住建造物等放火等の前科証拠を被告人の犯人性の証明に用いた事案について，前科に係る犯罪事実に顕著な特徴があるとはいえず，同事実と起訴に係る犯罪事実との類似点が持つ両者の犯人が同一であることを推認させる力がさほど強いものではないので，被告人に対し放火を行う犯罪性向があるという人格的評価を加え，これをもとに犯人が被告人であるという合理性に乏しい推論をするに等しく，許されないと断じている。また，前記最決平成25・2・20は，前科に係る住居侵入，窃盗，現住建造物等放火等の犯罪事実及び前科以外の他の住居侵入，窃盗等の犯罪事実を，証明対象の住居侵入，窃盗，窃盗未遂，現住建造物等放火の犯人と被告人の同一性の間接事実とした事案について，これらの犯罪事実に顕著な特徴があるとはいえず，被告人に対して実証的根拠の乏しい人格的評価を

加え，これをもとに犯人が被告人であるという合理性に乏しい推論をすることにほかならず，許されないと説示している。

3 科学的証拠

(1) 「科学的証拠」と総称される証拠については，従前から個々の検査・鑑定の基礎とされた原理や経験則等の一般的信頼性，及び当該具体的事案における検査・鑑定手法の信頼性・正確性を点検して，証拠能力の有無及び証明力を判定・評価するという手法が採られてきた（裁判例として，DNA型鑑定［最決平成12・7・17刑集54巻6号550頁］，警察犬による臭気選別結果［最決昭和62・3・3刑集41巻2号60頁］，声紋鑑定［東京高判昭和55・2・1判時960号8頁］，ポリグラフ検査［最決昭和43・2・8刑集22巻2号55頁及びその原審（東京高判昭和42・7・26高刑集20巻4号471頁）］，伝統的筆跡鑑定［最決昭和41・2・21判時450号60頁］等参照）。このうち，警察犬による臭気選別や伝統的筆跡鑑定は，いわゆる「科学」の成果を利用したものとは言い難いが，これらの事例に現れた証拠には，以下のような共通の特色が認められる。

第一，いずれも当該証拠がこれに関する専門的知見や技能を有する者によって提供されたものであること，すなわち，事実認定者の知識・経験を補充するため特別の専門的知識・経験（鑑定）が利用されていること。

第二，第一の一側面であるが，事実認定者には，証拠の内容を直接認識・把握し，その正確性を実質的に評価することに困難が伴うであろうこと。

第三，このため「専門家」の判定であること，とりわけそれが「科学」の成果である場合には，事実認定者に専門性に対する過度の信頼や客観的に確実であるとの誤信を生じさせやすい側面があること。

* このような特色が，いわゆる「科学的証拠」に固有なものなのか，むしろ専門的知識の補充として「鑑定」を要する他の専門的事項（例，責任能力に関する精神鑑定，死因に関する法医学鑑定等）についても共通する問題領域とみるべきかは，検討を要する問題である。

(2) このような特色を有する証拠について，前記「関連性」以外に固有の証拠能力の要件を想定すべきか。最高裁判所は，科学的証拠の典型例である

DNA 型鑑定の証拠としての許容性について，次のように説示している（前掲最決平成12・7・17）。

「本件で証拠の一つとして採用されたいわゆる MCT118DNA 型鑑定は，その科学的原理が理論的正確性を有し，具体的な実施の方法も，その技術を習得した者により，科学的に信頼される方法で行われたと認められる。したがって，右鑑定の証拠価値については，その後の科学技術の発展により新たに解明された事項等も加味して慎重に検討されるべきであるが，なお，これを証拠として用いることが許されるとした原判断は相当である」。

この説示に現れた証拠能力に関係する事柄を，証拠の関連性の枠組で整理すれば，次のようになろう。

第一，検査・鑑定の基礎となる科学的原理が理論的正確性を欠いたり，学問的に発展途上でいまだ確立していないことが明らかであれば，これに基づく検査・鑑定が正確で信頼するに足りる結論を導くとは考えられず，その証明力がおよそ認められないか，微弱であるから，「関連性」がないとして証拠能力が否定されるであろう。なお，わが国では将来も実例は乏しいと思われるが，「科学」の衣を纏ってはいるものの，およそ「科学的原理」の基礎が認められない「似非科学（junk science）」は，証明力欠如すなわち関連性なしとして証拠能力が否定される。

第二，検査・鑑定の基礎とされた科学的原理が理論的正確性を有し一般的に信頼性が認められる場合であっても，当該事案における具体的な実施方法・検査実施者の技能・検査対象とされた検体の保全管理等，具体的実施過程に欠陥が認められる場合には，同様に，正確で信頼するに足りる結論に至るとは考えられず，やはり関連性が認められないことになろう。

以上のように，いわゆる「科学的証拠」の許容性の要件として抽出される要素は，一般的な「関連性」の有無で決せられるように思われる。そうであるとすれば，科学的証拠の証拠能力について，別途固有の要件を検討する必要性は乏しいように思われる。

(3) それでは，従前「関連性」の枠組で考慮勘案されてきた，いまひとつの要素，すなわち，事実認定者に予断・偏見を与え，合理的な推認を妨げ誤導する危険の観点からはどうか。

前記のとおり，「科学」という高度の専門性故に事実認定者が直接その内容を把握・理解してその正確性を実質的に評価するのが困難であることから，過度の信頼や客観的に確実であるとの誤信を生じさせやすい側面は否定できないように思われる。

証拠能力制限におけるこの観点は，確かに，刑事事実認定の経験がない一般人のみで構成される陪審を前提として発祥した側面があるので，わが国の職業裁判官による事実認定や職業裁判官と一般国民が協働する裁判員裁判対象事件における事実認定に直ちにそのまま当てはまるかについては，議論の余地があろう。しかし，職業裁判官であれ，刑事事実認定の経験のない一般国民であれ，「科学」という高度に専門的な領域について直接的理解・把握が困難な非専門家であるという点においては共通するのであり，それ故に職業裁判官であっても，専門性に対する過度の信頼や誤信の危険に曝される点には常に留意しておく必要がある。

もっとも，そこから何らか固有の証拠能力判断要件を具体的に導くことができるかは疑問であろう。いわゆる「科学的証拠」については，論理的関連性と事実認定誤導の危険の両側面を勘案して証拠能力を決するという意味で，従前の関連性の一般的判断枠組によって処理することができると思われる。

〈第4編第2章　参考文献〉
　　笹倉宏紀「証拠の関連性」法学教室364号（2011年）
　　井上正仁「科学的証拠の証拠能力(1)(2)」研修560号，562号（1995年）
　　司法研修所編・科学的証拠とこれを用いた裁判の在り方（司法研究報告書64輯
　　　　2号，法曹会，2013年）
　　成瀬剛「科学的証拠の許容性」刑法雑誌53巻2号（2014年）

第3章
違法収集証拠排除法則

I 意義と趣旨

1 違法収集証拠排除法則の意義

(1) 「違法収集証拠排除法則」(「証拠排除法則」,「排除法則」とも称する)とは,違法な捜査手続によって収集・獲得された証拠の証拠能力を否定する法準則をいう。証拠能力が否定されると,法317条にいう「証拠」に該当せず,これを事実認定に供することはできないこととなる(後述する排除法則の趣旨から,原則として,自由な証明の資料や,逮捕状等令状請求の際の疎明資料としても用いられるべきでないとするのが一貫する)。

現行法にこれを明記した規定はなく,最高裁判所が法解釈の形式で創出した証拠法則である。任意性に疑いのある自白の証拠能力を否定する「自白法則」(法319条1項)が捜査――被疑者の取調べ――に向けられた規律であるのと同様に,捜査手続に向けられた証拠法的規律として機能する。

最高裁は,違法な所持品検査の結果,発見・押収された覚醒剤の証拠能力が争点とされた事案において,次のように説示し,違法収集証拠の証拠能力が否定される場合があり得るとの判断を示している(最判昭和53・9・7刑集32巻6号1672頁。結論として証拠能力は肯定)。現在の実務は,ここに示された法解釈を基点として運用されている。

「違法に収集された証拠物の証拠能力については,憲法及び刑訴法になんらの規定もおかれていないので,この問題は,刑訴法の解釈に委ねられているものと解するのが相当である[。]……刑罰法令を適正に適用実現し,公の秩序

を維持することは，刑事訴訟の重要な任務であり，そのためには事案の真相をできる限り明らかにすることが必要であることはいうまでもないところ，証拠物は押収手続が違法であっても，物それ自体の性質・形状に変異をきたすことはなく，その存在・形状等に関する価値に変りのないことなど証拠物の証拠としての性格にかんがみると，その押収手続に違法があるとして直ちにその証拠能力を否定することは，事案の真相の究明に資するゆえんではなく，相当でないというべきである」。

　最高裁は，このように法1条の定める刑事手続の目的に言及しつつ，捜査手続の違法と証拠排除は直結しないとする。それでは，どのような場合に違法収集証拠の証拠能力は否定されるのか。次の説示が証拠排除の要件と根拠の一端を述べる。

　「しかし，他面において，事案の真相の究明も，個人の基本的人権の保障を全うしつつ，適正な手続のもとでされなければならないものであり，ことに憲法35条が，憲法33条の場合及び令状による場合を除き，住居の不可侵，捜索及び押収を受けることのない権利を保障し，これを受けて刑訴法が捜索及び押収等につき厳格な規定を設けていること，また，憲法31条が法の適正な手続を保障していること等にかんがみると，証拠物の押収等の手続に，憲法35条及びこれを受けた刑訴法218条1項等の所期する令状主義の精神を没却するような重大な違法があり，これを証拠として許容することが，将来における違法な捜査の抑制の見地からして相当でないと認められる場合においては，その証拠能力は否定されるものと解すべきである」。

　なお，最高裁は，「重大な違法」の有無と，証拠として許容することが「相当でない」と認められるかどうかの具体的判断において，次のような評価・説示をしている。手続違反がなされた際の状況，手続違背の程度，捜査機関による法規定潜脱の意図，違法行為の態様等に言及されている。

　「［捜査官］の行為は，職務質問の要件が存在し，かつ，所持品検査の必要性と緊急性が認められる状況のもとで，……所持品検査として許容される限度をわずかに超えて行われたに過ぎないのであって，もとより……令状主義に関する諸規定を潜脱しようとの意図があったものではなく，また，他に右所持品検査に際し強制等のされた事跡も認められないので，本件証拠物の押収手続の違

法は必ずしも重大であるとはいえないのであり，これを被告人の罪証に供することが，違法な捜査の抑制の見地に立ってみても相当でないとは認めがたいから，本件証拠物の証拠能力はこれを肯定すべきである」。

　＊　最高裁は，憲法 35 条の要請である令状主義や憲法 31 条の要請する「法の適正な手続」の保障に言及するものの，違法収集証拠の証拠能力について「この問題は，刑訴法の解釈に委ねられているものと解するのが相当である」と説示する。もっとも，これは，憲法 31 条の趣意である「法の適正な手続」すなわち，基本的な正義の観念や，その刑事手続における具体化と位置付けられる「自己負罪拒否特権」（憲法 38 条 1 項），身体拘束を受けた者が弁護人の援助を受ける基本権（憲法 34 条）や刑事被告人の証人審問権（憲法 37 条 2 項）等の基本権条項から，別途，直接に証拠排除の帰結を導出する憲法解釈を封じたものではないと思われる。

　　基本権侵害に対する救済として証拠排除を導く憲法解釈には，例えば，身体拘束中に弁護人の援助を受ける権利（例，接見交通権）を直接侵害する捜査機関の行為があった場合に，その間の取調べにより得られた任意性に疑いのない自白を排除すること，自己負罪拒否特権を侵害して法的に強制された不利益供述に基づいて当人を有罪とすることを許さないこと，等が考えられる。このような証拠使用の禁止が，判例の創出した証拠法則としての排除法則とは異なり，憲法の直接の要請であると位置付ければ，その帰結に利益衡量を容れる余地はないであろう。

(2)　明文の証拠法則である伝聞法則（法 320 条 1 項）・自白法則（法 319 条 1 項）や，関連性のない証拠の証拠能力が否定される趣意の中核は，証明力・信用性に弱点があり類型的に証拠価値の乏しい証拠を事実認定の素材から排除することにより，正確な事実の認定に資することを目標とするものである〔第 2 章 I (3)〕。これに対して違法収集証拠排除法則は，当該証拠の証明力とは無関係に，すなわち高度の証明力の認められる関連性ある証拠物（例，薬物所持犯罪立証の要となる被告人の所持していた薬物）であっても，証拠としての許容性を否定しようとするものである。それは，前記判例の説示にもあるとおり，正確な事実の認定・刑罰法令の適用実現の基礎となる「事案の真相」の解明（法 1 条）という刑事手続の基本目的に真っ向から衝突する帰結を導く（例，薬物所持犯罪の被告人が当該薬物の証拠能力が否定される結果無罪となる場合）。それ故，その要件と適用範囲については，このような証拠法則が認められるべき趣旨・根拠〔2〕からの，できる限り明晰な論理構成と説得的説明が要請される。

(3)　証拠排除法則は，既に行われ，また将来における違法捜査を標的とした

証拠法則ではあるが，個別具体的事案における適用については，当該証拠の発見・収集に結びついた一連の捜査手続に違法があることを前提とする。捜査機関による違法行為があったとしても，それとは無関係に発見・収集された証拠に排除法則を適用することはできない。

例えば，適法に発付された令状に基づき実施された捜索の結果，発見・押収された薬物について，当該薬物発見後に被疑者に対して加えられた警察官の暴行を理由に，その証拠能力を否定することはできない。捜査機関による暴行は許し難い重大な違法行為であるが，証拠物の発見・押収との因果関係がない以上，当該薬物は違法行為の結果収集された証拠とは言い難いので，排除法則適用の余地はない。

このような事案を扱った判例は，次のように説示して，排除法則の適用について違法行為と証拠物発見との因果関係を前提としている（最決平成8・10・29刑集50巻9号683頁）。

「警察官が捜索の過程において関係者に暴力を振るうことは許されないことであって，本件における右警察官らの行為は違法なものというほかはない。しかしながら，……捜索の経緯に照らし本件覚せい剤の証拠能力について考えてみると，右警察官の違法行為は捜索の現場においてなされているが，その暴行の時点は証拠物発見の後であり，被告人の発言に触発されて行われたものであって，証拠物の発見を目的とし捜索に利用するために行われたものとは認められないから，右証拠物を警察官の違法行為の結果収集された証拠として，証拠能力を否定することはできない」。

* もとより，捜査機関の違法行為ないし犯罪行為に対しては，刑罰，懲戒処分，国家賠償請求等の様々な法的制裁が可能である。捜査の法的統制・規律手段は証拠排除や公訴棄却だけではない〔第1編捜査手続第9章Ⅴ(3)〕。
** 排除法則適用の前提となる証拠収集手続に係る事実の存否は明確に確定される必要がある。証拠能力を認めた原審の判断過程について，必要な事実の存否を確定し，その存否を前提に各証拠の収集手続に重大な違法があるかどうかを判断したものとはいえないとしてこれを破棄した最高裁判例がある（最判令和3・7・30刑集75巻7号930頁）。警察官が，被告人運転の自動車内にビニール袋束があることを確認した旨の捜査報告書を作成し，これを疎明資料として令状発付を受け，車内から覚せい剤等の薬物を差し押さえ，被告人から尿の任意提出を受けたという事案にお

いて，ビニール袋はもともと車内になかったものだとして争われた場合に，各証拠の証拠能力を判断するためには，警察官がビニール袋は車内になかったにもかかわらず前記疎明資料を作成して令状を請求した事実の存否を確定し，その存否を前提に証拠収集手続に重大な違法があるかどうかを判断する必要があるとされた。

(4) これに対して，当該証拠が，違法な捜査手続の結果として発見・収集された場合には，排除法則の適用があり得る。事後的にみて，仮に違法な捜査が行われなかったとしても，適法な手段を通じて当該証拠が発見・収集された可能性が認められる場合でも，排除法則の適用が直ちに否定されることはない。このような場合には排除法則の適用がないと説明するのは誤りである。

例えば，適法に発付された令状に基づく捜索の過程で，捜索に立ち会っている被疑者に暴行・脅迫を加えて証拠物の所在を指示させ，これを発見・押収したが，このような違法行為に拠らずとも適法な捜索活動によって早晩当該証拠物が発見されたであろうと認められる場合であっても，現に違法行為の結果当該証拠物が発見・押収されたのであるから，排除法則の適用が検討されなければならない。非現実の仮定は，排除法則の適用自体を妨げるものではなく，最終的に証拠排除するか否かの結論に影響し得る一考慮要素にとどまるというべきである。

2 違法収集証拠排除法則の根拠・趣旨

(1) 前掲最判昭和53・9・7は，憲法31条の要請する「法の適正な手続」及び憲法35条に言及しつつ，「証拠物の押収等の手続に，憲法35条及びこれを受けた刑訴法218条1項等の所期する令状主義の精神を没却するような重大な違法があり，これを証拠として許容することが，将来における違法な捜査の抑制の見地からして相当でないと認められる場合においては，その証拠能力は否定されるものと解すべきである」と説示する。前記〔*1*(1)*〕のとおり，最高裁判所はこれを刑訴法の解釈として示しているので，憲法の定める基本権侵害から直ちに排除法則を導出しているのではなく，訴訟手続上の証拠法則を創出したものである。

(2) 最高裁の説示から伺われるこの証拠法則の根拠の中核は，「将来におけ

る違法な捜査の抑制」という政策目的とみられる。前記のとおり排除法則の適用は刑事手続の基本目標の一つである事案の真相解明に正面衝突するので，その発動は，当該証拠収集の手続過程に捜査機関による「重大な違法」が認められる場合に限られる旨が示されている。したがって，裁判所による捜査手続の違法判断と証拠排除の結論は直結しない。

　このような構造から，証拠排除の申立てを受けた裁判所は，事案の真相解明の前提となる正確な事実認定への直接的影響を顧慮することなく，捜査手続の適否を判断することができ，捜査の違法を認めればこれを裁判（証拠決定や判決）において明確に宣言することができる。仮に違法判断と証拠排除が直結するとすれば，事実認定にとって証拠排除の帰結の影響が甚大であるだけに，おそらく裁判所の違法判断は弛緩するであろう。それは公権的司法判断を通じた捜査機関に対する規律の途を狭め，将来における違法な捜査の抑制という政策目的の達成にとってもかえって望ましくないであろう。

　前記のとおり，捜査機関の違法行為に対する個別的法的制裁が他にも存在することに加え，司法権による違法判断が捜査機関に伝達されることを通じて，これに則した組織的制度的対応が行われて将来の違法捜査が事前抑制されるという想定は，わが国においては必ずしも非現実的なものとは思われない。個別事案において証拠排除の帰結に至らなくとも，前提となる捜査の違法宣言それ自体が，抑止効を発揮し得る場合もあり得よう。

　(3)　判例において直接明言されていないが，違法捜査の抑制と並んでしばしば排除法則の根拠として挙げられるのが，「司法の無瑕性・廉潔性（judicial integrity）」の維持・顕現という説明である。これは違法な捜査手続により発見・収集された証拠が，正義を実現し廉潔であるべき裁判の場で用いられることは，司法・裁判所に対する国民の信頼を害することになるから，そのような証拠は司法手続から排除されるべきであるとの考え方である。

　もっとも，司法・裁判所に対する信頼は，刑事手続の本来的目的達成とも深く関係するから，軽微な違法手続により収集された証拠であっても，違法の程度・態様を問題とせず一律にこれを排除する結果，事案解明が害されるとすれば，かえって司法への信頼を害することにもなろう。ここからは，排除法則を用いるについて捜査手続の違法の程度を考慮勘案し，それが「重大な違法」で

ある場合に排除を検討すべきであるとの判例の説示に結びつく考え方が導かれよう。

(4) 証拠排除は，以上のような司法の廉潔性に由来すると思われる「違法の重大性」を前提に，「違法な捜査の抑制」という政策目的達成の観点からの排除「相当性」判断によって決せられる。司法の廉潔性も違法捜査の抑制も，前記のとおり，証拠排除による重大な帰結ないしコストを勘案した利益衡量を本体とする要件要素である。裁判所は個別事案の証拠排除判断に際して，このような複雑な衡量を行わなければならない。そして個別事案における捜査手続の違法の態様は多様であり得るから，証拠排除の結論について裁判例の集積により明瞭な判断基準や細目的準則が形成される見通しは必ずしも明るくないであろう。

司法過程を含む統治機構全体を通じ，証拠排除法則が捜査機関に対する規律・統制の手法として必ずしも最善・最適の法的手段でないことは，明瞭であろう。仮に，証拠排除が「将来における違法な捜査の抑制」という政策目的達成にほとんど有効でないことが明らかであり，他方で証拠排除によるコストが甚大であること（例．事案の真相に反する無罪判決）に加え，より直接的かつ有効な違法捜査の統制手段が存在するような場面において，証拠排除の帰結が「相当」でないとされるのは合理的な判断といえよう。

(5) 証拠排除法則が憲法の直接の要請ではなく，刑訴法の解釈として司法的に創出された証拠法則である以上，立法府が政策的決断に基づきこれを制約・廃棄する立法をすることは妨げられない。他方で，立法府が，特定の捜査活動を規律・統制するという政策目的で捜査機関の手続違反に証拠排除の効果を新設・法定する場合に，その効用とコストの両面に目配りした慎重な立法政策的衡量が要請されるのは，また当然であろう。

* 排除法則の根拠・趣旨の中核が司法の廉潔性確保と将来における違法捜査の抑制にあり，違法捜査により権利・自由を侵害された者に対する救済を直接の目的とするのではないとみれば，証拠排除の申立てをする適格（standing）の問題は生じないことになろう。これに対し，憲法上の基本権侵害により得られた証拠で当の被告人を訴追・処罰すること自体が基本的な正義の観念に反し適正手続違反とみられる場合には〔*1*(1)*〕，権利侵害を受けた者に対する救済の観点から，その者との関係でだけ証拠排除すべきことになろう。

II 証拠排除の基準

(1) 排除法則が政策目的達成のための証拠法則であることから，どのような場合に証拠の許容性が否定されるか一義的に明瞭な理論的基準を設定することはできない。相当数蓄積された裁判例からの帰納的分析も必ずしも実り多いとは思われない。

ここでは，要件要素とされた「令状主義の精神を没却するような重大な違法があり」（以下「違法の重大性」という）と，「これを証拠として許容することが，将来における違法な捜査の抑制の見地からして相当でないと認められる場合」（以下「排除の相当性」という）について，これを判断するための細目的考慮要素について，整理・記述する。裁判所は，この証拠法則の趣旨から論理的に導出可能な細目的考慮要素に即して証拠排除の当否を厳密に勘案し，その判断過程をできる限り明晰に説明することが望ましい。

(2) 違法の重大性の判定に際しては，次のような基準ないし考慮要素が検討されるべきである。前掲最判昭和53・9・7で考慮されていたのは，手続違反がなされた際の状況，手続違背の程度，手続違反の有意性（捜査機関の法規定潜脱の意図の有無），違法行為の態様であった。これらが手続の違法の程度に直接影響することは明らかであろう。

このほか，違法性の程度に影響する要素として，当該違法捜査が実行された場面において，適法な手続によっても当該証拠を収集可能な場合であったかという観点が挙げられる。これを最高裁判所の判例（最決昭和63・9・16刑集42巻7号1051頁）は，捜査機関が「法の執行方法の選択ないし捜査の手順を誤ったものにすぎず，法規からの逸脱の程度が実質的に大きいとはいえない」という表現で指摘している。事後的にみて対象者に対する捜査上の権利侵害を正当化し得る実体要件はあったが，それに即した適法な手続を履践しなかったという場合である。判例は，これを，現に実行された不適法な手続の違法性の程度を軽減する要素と位置付けているとみられる。

* 前記最決昭和63・9・16は，職務質問しようとしたら逃走した被告人をパトカーで警察署に同行し，承諾のない所持品検査で覚醒剤を発見し，その後任意の採尿を

第3章　違法収集証拠排除法則

実施したという事案について，警察署への同行と所持品検査はいずれも承諾なく違法と判断したものの，所持品検査の違法の程度について「未だ重大であるとはいえ［ない］」とした。その理由の一つとして次のように説示している。

「巡査部長は，その捜査経験から被告人が落とした紙包みの中味が覚せい剤であると判断したのであり，被告人のそれまでの行動，態度等の具体的な状況からすれば，実質的には，この時点で被告人を右覚せい剤所持の現行犯人として逮捕するか，少なくとも緊急逮捕することが許されたといえるのであるから，警察官において，法の執行方法の選択ないし捜査の手順を誤ったものにすぎず，法規からの逸脱の程度が実質的に大きいとはいえない」。

＊＊　最高裁判例のみをみると，最判平成15・2・14刑集57巻2号121頁を除き，証拠排除の結論に至ったものはない（前掲最判昭和53・9・7，最判昭和61・4・25刑集40巻3号215頁，前掲最決昭和63・9・16，最決平成6・9・16刑集48巻6号420頁，最決平成7・5・30刑集49巻5号703頁）。もっとも，下級審段階で証拠排除の判断が確定した裁判例，すなわち，検察官が証拠排除の判断に対して上訴しなかった事案も少なくない点には留意すべきである。

証拠排除しなかった最高裁判例は，いずれもまず違法の重大性要件を検討して重大性を否定し，排除の相当性については具体的に立ち入った判断を示すことなく証拠を許容する結論に至っているようにみえる。これに対して，前掲最判平成15・2・14は，被疑者の違法逮捕当日に採取された被疑者の尿に関する鑑定書の証拠能力を否定したものであるが，最高裁は，逮捕手続の違法の程度について次のように説示し，これを重大と評価している。

「本件逮捕には，逮捕時に逮捕状の呈示がなく，逮捕状の緊急執行もされていない……という手続的な違法があるが，それにとどまらず，警察官は，その手続的な違法を糊塗するため，……逮捕状へ虚偽事項を記入し，内容虚偽の捜査報告書を作成し，更には，公判廷において事実と反する証言をしているのであって，本件の経緯全体を通して表れたこのような警察官の態度を総合的に考慮すれば，本件逮捕手続の違法の程度は，令状主義の精神を潜脱し，没却するような重大なものであると評価されてもやむを得ないものといわざるを得ない」。

前記＊のとおり，発端の逮捕手続の違法は，令状の緊急執行が可能であったのにその手続を履践せず身体拘束したという点で，法規からの逸脱の程度が実質的に大きいとはいえないと評価する余地があるようにみえる。それにもかかわらず，違法が重大と評価されたのは，その後に行われた警察官の手続的違法を糊塗する活動から伺われる捜査機関の法規定潜脱の意図・法軽視的態度が決定的に重要な判断因子になったものと解される。

(3)　違法捜査抑制の見地からの排除の相当性について，従前の下級審裁判例においては，違法の重大性が認められることにより，それが排除の相当性判断

に直結しているようにみえる例が多い。最高裁判例で唯一証拠を排除した前掲最判平成15・2・14も、排除の相当性については具体的な説示をすることなく、「このような［令状主義の精神を潜脱し、没却するような重大な違法のある］逮捕に密接に関連する証拠を許容することは、将来における違法捜査抑制の見地からも相当でないと認められるから、その証拠能力を否定すべきである……」としている。

しかし、前記のとおり、違法の重大性は、司法の無瑕性・廉潔性根拠に結びつくものであるのに対し、排除の相当性は、将来の違法捜査の抑制という政策目的に結びつく、論理的には独立の要件要素とみるべきである。

将来の違法捜査抑制という政策目的と排除によるコストとの利益衡量に即した考慮要素としては、次のような事項が考えられる。

当該手続違反が一過性のものか、将来においても頻発しがちな態様のものかどうかという点、違法の重大性においても要素とされた捜査機関の法規定潜脱の意図の有無に加え、当該証拠と手続違反との間の因果関係の程度が重要な要素となろう。因果関係があってもそれが稀薄であれば、それは捜査機関が手続違反によって当該証拠を獲得できると予見するのが困難であったことを意味するだろうから、当該事案で証拠排除しても、将来の違法捜査の抑制には役に立たないであろう。

また、抑止効とコストとの衡量という観点からは、当該証拠の重要性及び当該事案の重大性も相当性判断の要素になると考えられる。もとより、当該証拠が有罪の事実認定にとって重要な要となる証拠であること、あるいは、極めて重大な事案であることから直ちに証拠能力を認めるという短絡的判断を行うべきではなく、あくまで、重大な違法を前提とした上で、抑止の見地からの利益衡量の一要素になるというにとどまる。

＊　違法行為による侵害があり、その結果証拠が発見・収集されたが、そのような侵害を正当化する実体的要件があったわけではない場合に、仮に適法行為があれば早晩当該証拠がやはり発見・収集された可能性が高いと認められるときはどう考えるべきか（いわゆる「不可避的発見」）。非現実の仮定が当該権利侵害自体を正当化して現に行われた違法行為による侵害の程度を軽減することはあり得ないから、このような事情が排除の如何に考慮されるとすれば、むしろ、排除の相当性の判断において検討されるべきであろう。そのような事案で当該証拠を排除しても、それが将

来の違法捜査の抑制に結びつくかが検討されるべきである。

　なお，前掲最判平成15・2・14では，違法収集証拠として証拠能力が否定された尿鑑定書を疎明資料として発付された覚醒剤取締法違反による捜索差押許可状に基づく捜索で発見・押収された覚醒剤の収集手続には重大な違法があるとまではいえないと判断されているが，最高裁は，その理由の一つとして，その差押えが，逮捕前に適法に発付されていた被告人の窃盗事件についての捜索差押許可状の執行と併せて行われたものであることを挙げている。しかし，この事情が違法の程度を軽減する理由となるかは必ずしも明瞭ではない。窃盗事実による適法な捜索で別件の証拠物たる覚醒剤が早晩発見されていた可能性があるという趣意であれば，それは，違法性の程度の問題とは異なるように思われる。

＊＊　捜査機関が捜索差押許可状に基づき証拠物を発見・押収したが，事後的にみて令状発付の判断に瑕疵があり令状自体が違法と認められた場合はどうか。この場合手続的違法を犯したのは令状裁判官であって，捜査機関ではない。捜査機関にはおよそ令状主義を潜脱する意図はなく，むしろ裁判官による令状発付の判断を適法と信じて結果的に違法捜査を実行してしまったのであるから，この場合に証拠を排除しても，将来における捜査機関の違法行為の抑制には結びつき得ないとみれば，証拠能力を否定するのは相当でないとの帰結になろう（いわゆる「善意の例外」）。

　裁判官の令状発付の判断に瑕疵があった事案について，次のような諸事情を挙げて総合判断を行い証拠能力を認めた最高裁判例がある（最判令和4・4・28刑集76巻4号380頁）。強制採尿を実施することが「犯罪の捜査上真にやむを得ない」場合であるとは認められないにもかかわらず令状が発付された場合，その発付は違法であり，警察官らがその令状に基づき強制採尿を実施した行為も違法であるが，警察官らは，犯罪の嫌疑があり強制採尿の実施が必要不可欠であると判断した根拠等についてありのままを記載した疎明資料を提出して令状を請求し，令状裁判官の審査を経て発付された適式な令状に基づき，強制採尿を実施したものであり，令状の執行手続自体に違法な点はないこと，疎明資料において合理的根拠の欠如が客観的に明らかであったというものではないこと，令状の執行に際して警察官らは，尿の任意提出を拒否する被告人に対して，直ちに強制採尿を実施することなく繰り返し任意提出を促すなどしており，身体の安全や人格の保護に対する一定の配慮をしていたものといえること，警察官らに令状主義に関する諸規定を潜脱する意図があったともいえないことの各事情が認められ，これらを総合すると，強制採尿手続の違法の程度はいまだ令状主義の精神を没却するような重大なものとはいえず，尿鑑定書等を証拠として許容することが，違法捜査抑制の見地から相当でないとも認められない。

＊＊＊　前掲最判平成15・2・14は，違法収集証拠として証拠能力が否定された尿鑑定書を疎明資料として発付された覚醒剤取締法違反による捜索差押許可状に基づく

捜索で発見・押収された覚醒剤等の証拠能力を肯定するに際し,「その他,これらの証拠の重要性等諸般の事情を総合すると,その証拠能力を否定することはできない」と説示している。「証拠の重要性」が考慮要素とされていることは,排除の相当性判断の衡量枠組から合理的に説明可能である。当該「事案の重大性」には触れられていないが,これを考慮要素から除外する趣意とは思われない。なお,事案の重大性と証拠の重要性を証拠排除の考慮要素として明示したものとして,最判昭和58・7・12刑集37巻6号791頁における伊藤正己裁判官の補足意見がある。

＊＊＊＊　私人が捜査機関の指示を受けその道具として行動した場合には捜査機関の行為と同様に扱われるのが相当であろう（例,おとり捜査において,私人が捜査機関の指示に従い対象者に犯行の働き掛けを行った場合）。しかし,捜査機関が,不法行為を構成するような私人の違法行為により取得された資料（例,私人による会話等の秘密録音）を入手してこれを証拠とする場合には,その証拠能力を否定しても,将来における違法な捜査の抑制にはなり得ないから,通常は証拠排除が相当とはいえない。もっとも,司法の廉潔性の観点から,私人の行為の違法の程度・態様等が著しい場合に,ごく例外的に排除が検討されることになろう。

(4) 前記〔Ⅰ1(3)〕のとおり,排除が問題とされる証拠とその発見・収集に至る過程における違法手続との間には因果関係が必要である。違法手続と当該証拠の発見・収集との連鎖過程に適法手続が介在する場合（例,違法な任意同行や身体の留め置きの間に実施された適法な採尿手続による尿の収集,採取された尿についての適法な鑑定の実施）もあり得るが,問題とされるべきは,違法手続に由来して発見・収集された当該証拠の証拠能力の有無であるから,証拠排除法則の趣旨・目的に即して,違法手続の「結果」発見・収集されたいわゆる派生証拠についてその排除の当否を端的に検討すれば足りるというべきである。

最高裁判所は,一時期,先行する手続の違法が後続する証拠発見・収集の手続に承継されるかどうかという判断枠組の下で,先行手続と後続の手続との「同一目的・直接利用」の関係を指標にしているかに読める説示をしていた（例,前掲最判昭和61・4・25,最決昭和63・9・16,最決平成7・5・30）。しかし,この判断枠組の機能の実質は,事案に即して,違法手続と発見・収集された証拠との間の因果関係の存否を確認しその程度を点検する一手法とみられるものであり,現に近時の判例（前掲最判平成15・2・14）では,先行する違法手続（窃盗事件についての違法逮捕）と後行の証拠収集手続（覚醒剤使用嫌疑による採尿手続）とは同一目的とはいえず,また,利用関係の直接性も乏しい事案であっ

たことから，最高裁は，違法逮捕と採取された尿及びその鑑定書とが「密接な関連を有する証拠」と説示するにとどめており，その上で，当該証拠を排除する判断をしているのである。

　こうして，違法手続と因果関係のある手続により発見・収集された派生証拠の証拠能力を端的に検討する場合には，前記違法の重大性と排除の相当性に関する判断基準をそのまま適用すればよいことになる。そして証拠排除の可否が前記のとおり利益衡量で決まる以上，違法手続と因果関係のある派生証拠がすべて排除されることになるのではなく，個別具体的事案において，例えば，違法手続の影響を稀釈させる適法な司法手続の介在などにより，違法手続と証拠との因果関係の程度が稀薄であるものは排除されないという帰結になろう。

* 　前掲最判平成15・2・14は，違法収集証拠として証拠能力が否定された尿鑑定書を疎明資料として発付された覚醒剤取締法違反による捜索差押許可状に基づく捜索で発見・押収された覚醒剤等の証拠能力を肯定するに際し，当該覚醒剤が「［違法収集証拠と判断され］証拠能力のない証拠と関連性を有する証拠というべきである」として違法手続との因果関係を認めた上で，「本件覚せい剤の差押えは，司法審査を経て発付された捜索差押許可状によってされたものであること，逮捕前に適法に発付されていた被告人に対する窃盗事件についての捜索差押許可状の執行と併せて行われたものであることなど，……にかんがみると，本件覚せい剤の差押えと……［違法収集証拠として証拠能力が否定された尿］鑑定書との関連性は密接なものではないというべきである」と説示している。
　このうち，とくに司法審査を経た令状の介在は，違法手続と証拠発見・収集との間の因果関係を稀釈させる要因とみられよう。もっとも，司法審査を経た令状発付手続の介在が直ちに違法手続と証拠との因果関係を遮断するわけではない。令状発付の基礎とされた疎明資料に違法収集証拠が含まれている以上，司法審査がその影響を受けるから因果関係はあり，その程度がさらに検討されるべきである。
** 　本文で説明したような場合を違法性の承継の問題と称するのに対し，例えば*の事例のように違法収集証拠としての証拠能力が否定される証拠に基づいて獲得された証拠の証拠能力について検討する場合を毒樹の果実論と称することがある。いずれも当初の違法手続から派生する証拠の証拠能力を検討するものであり，共通の判断枠組で扱うのが適切であろう。

〈第4編第3章　参考文献〉
　井上正仁・刑事訴訟における証拠排除（弘文堂，1985年）

第 4 編　証　拠　法

　　大澤裕＝杉田宗久「違法収集証拠の排除」法学教室 328 号（2008 年）

第4章

被告人の供述

I 被告人の供述に関する法規定と自白の意義

(1) 被告人の供述に関する法規定は多岐にわたるが，公判期日における供述に関するもの（法311条等），公判期日外の供述に関するもの（法320条1項・322条・324条1項等），及び両者に共通する規律とに分かれる。自白の証拠能力に関する規律（「自白法則」憲法38条2項，法319条1項）及び自白の証明力に関する規律（「補強法則」憲法38条3項，法319条2項）は，両者に共通するものである。

「自白」は，歴史的には犯罪事実認定のための主要な証拠とされ，近代法形成以前の西洋では「自白は証拠の女王（Confessio est regina probationum）」とも称されていた。

現代の刑事手続においても被告人の自白があれば，それが依然として極めて有力な証拠であることは変わらず，その証明力が過大評価される危険も大きい。法が「自白」に対する規律にとくに関心を示すのはこのような事情による。被疑者の取調べ等その獲得過程に向けられた事後規律が自白法則であり，証明力評価に対する規律が補強法則である。

自白法則の適用は，「自白」を中心としつつ，法によりそれ以外の被告人の供述にも及ぶ場合があるのに対し，補強法則の適用は自白に限られる。このため，「自白」の意義を確定する必要がある。

(2) 「自白」（法319条）とは，被疑者・被告人が自己の犯罪事実ないし公訴事実の全部または主要部分を認める供述をいう。法は自白とは別に「有罪である旨の陳述」「有罪であることを自認する場合」（「有罪の自認」と称する［法291

条の2, 法319条3項等])の語を用いているので, 自白との区別が問題となるが, 有罪の自認は, 構成要件に該当する事実を認めるのみならず違法阻却事由・責任阻却事由の主張もない場合をいうと解される。有罪の自認には, 自白に対する規律が及ぶ (法319条3項)。

公訴事実はすべて認めるが責任無能力を主張する場合は, 有罪の自認には当たらないが, これを「自白」に含めてもよいであろう。これに対し, 正当防衛・緊急避難を主張する場合は, 刑法理論上の位置付けに係わらず, 犯罪事実の主要部分を認める供述には当たらないとみるべきであろう。

(3) 自白は, 定義により自己に不利益な事実を承認する供述の一種である。「被告人に不利益な事実の承認を内容とする[供述]」の語は, 被告人の公判期日外の供述が証拠能力を認められる場合を定めた条文 (法322条1項) で用いられている。このうち, 自白には当たらない「不利益事実の承認 (admission)」には, 例えば, 犯罪事実の一部のみ認める供述 (例, 強盗罪の主張に対して財物を盗ったことは認めるが被害者に強度の暴行は加えていないとの供述。被害者を殴ったことは認めるが防衛のためやむを得なかったとの供述), 間接事実のみ認める供述 (例, 犯行日時頃に犯行現場に行ったことがあるとの供述) 等が挙げられる。

「被告人に不利益な事実の承認を内容とする書面は, その承認が自白でない場合においても, ……任意にされたものでない疑があると認めるときは」, 自白と同様に証拠能力が否定される (法322条1項但書)。これに対し, 単なる「承認」は自白に当たらないから, 補強法則の適用はない。

II 自白の証拠能力

1 自白法則

(1) 憲法は, 「強制, 拷問若しくは脅迫による自白又は不当に長く抑留若しくは拘禁された後の自白は, これを証拠とすることができない」と定め (憲法38条2項), 法は, 憲法同様の文言に加えて「その他任意にされたものでない疑のある自白は, これを証拠とすることができない」と規定している (法319

条1項)。このような自白の証拠能力を否定する準則を「自白法則」という。自白を内容とする被告人の公判期日外の供述（供述書・供述録取書等）のみならず，自白でない不利益事実の承認を内容とする供述（法322条1項但書）についても，同様である。

(2) このうち，憲法38条2項が直接要請する自白排除は，拷問の禁止（憲法36条）とも相俟って人身に対する違法不当な圧迫・侵害を防止し，供述の自由を確保する趣旨である。強制等により獲得された真実の自白であってもこのような趣旨から排除される。

これに加えて，法319条1項の定める「任意にされたものでない疑のある自白」とは，供述過程に虚偽の自白を誘発するおそれのある状況，すなわち供述に際して被疑者・被告人の自由な意思決定を妨げる事情が認められる場合をいう。これは，虚偽自白による誤った事実認定の危険を排する趣意である。

このような強制・拷問等による自白及び任意性に疑いのある自白は，犯罪事実の認定（法317条）に用いることができない。証拠とすることの同意（法326条）があっても，また，即決裁判手続等において証拠とすることに異議がないときでも（法320条2項但書，350条の27但書参照），同様である。法328条の弾劾証拠として用いることも許されないと解される。

* 憲法及び法が明文で証拠能力を否定する自白の多くは，公判期日外，とくに捜査段階の取調べ過程でなされることが想定されるが，「不当に長く抑留又は拘禁された後の自白」（憲法38条2項，法319条1項）については，公判期日における自白がこれに当たるとされる場合もあり得る。「不当に長く」とは，法定の制限期間を超過した違法な拘束の場合に限られない。最高裁判所がこれに当たる自白と認めた事案として，単純な窃盗の事件で109日間拘禁された後にした公判廷の自白（最大判昭和23・7・19刑集2巻8号944頁），単純な窃盗の事件で6か月余拘禁された被告人が，発病し病舎から出廷してした公判廷の自白（最大判昭和24・11・2刑集3巻11号1732頁），16歳未満の少年が7か月余拘禁された後，否認していた別件放火についてした自白（最大判昭和27・5・14刑集6巻5号769頁）等がある。
** 「任意にされたものでない疑のある自白」には，捜査機関の不当な取調べ方法や取調べを受ける被疑者側の事情により，供述に際して被疑者の自由な意思決定が妨げられて虚偽の自白を誘発するおそれがあったと疑われる様々な場合がこれに当たる。利益誘導・約束による自白（起訴猶予を考慮する旨の検察官の示唆［最判昭和41・7・1刑集20巻6号537頁］，早期釈放に関する捜査機関の約束［大阪高判昭和

41・11・28判時476号63頁］），偽計による自白（妻が共謀を認めた旨の虚偽の告知［最大判昭和45・11・25刑集24巻12号1670頁］），圧迫による自白（手錠を施したままの取調べ［最判昭和38・9・13刑集17巻8号1703頁等］，精神的肉体的に疲労困憊した状態における圧迫的取調べによる自白［東京高判昭和53・3・29刑月10巻3号233頁］）等はその例である。このほか，身体拘束の有無を問わず，不相当に長時間継続した取調べや徹夜の取調べ，ポリグラフ検査やDNA鑑定等いわゆる科学的鑑定の結果を過度に強調して心理的圧迫を加える取調べ等も，被疑者の自由な意思決定を妨げ虚偽自白を誘発する危険が疑われよう。

　弁護人の立会いのない被疑者取調べにより供述獲得を目指す手法（法198条）は，わが国の捜査手続の顕著な特色であり，これが行き過ぎて任意性に疑いのある供述調書が作成されるに至るという病弊が跡を絶たない。取調べの方法・態様等に関する捜査機関内部の規律（例，警察について，「犯罪捜査規範［昭和32年国家公安委員会規則2号］」第8章 取調べ，「被疑者取調べ適正化のための監督に関する規則［平成20年国家公安委員会規則4号］」等）のみでは，もはや捜査機関の被疑者取調べに対する国民の信頼が維持できない瀬戸際にあるのが現状である。被疑者取調べ過程の適正を同時的に担保すると共に，事後の任意性立証に資する目的で，警察・検察において試行されていた被疑者取調べ過程の録音・録画を一定範囲で実定制度化する必要性は高かった。2016（平成28）年の法改正により後記〔＊＊＊＊〕のとおり，取調べの録音・録画を義務付ける法制度が導入されることになったのである。今後は，取調べにより作成される供述調書すなわち公判期日外の供述に過度に依存するきらいのあったわが国の刑事裁判の在り方自体にも修正変更を加え，取調べ以外の方法による供述証拠ないし公判供述の確保を通じた公訴事実の立証手法を創出することが併せ検討されるべきであろう。

＊＊＊　「任意にされたものでない疑のある自白」の証拠能力が否定されるという法の文言から，任意性の立証責任は検察官にある。すなわち，任意性の有無が争点となった場合，自白の証拠調べを請求する側の検察官が，当該自白について「任意にされたものでない疑」を払拭できない限り，証拠能力は否定される。任意性が争われるのは，捜査段階で作成された自白調書に関する場合がほとんどである。この際，取調べの具体的状況が問題とされるので，通常，被告人側から任意性を争う具体的事実の主張・立証がなされて（例，取調べ状況に関する被告人質問）争点が形成されれば，検察官側から，任意性に係る具体的事実について立証がなされる（例，調書の署名・押印の確認，取調官の証人尋問等）。

　従前から，取調べ状況に関する関係者の供述のみでは水掛け論となって事実関係が判然とせず，任意性判断が困難を極めたこともあり，任意性に関する検察官の立証は，できる限り，取調べの状況を記録した書面（法316条の15第1項8号参照）その他の取調べ状況に関する資料を用いるなどして，迅速かつ的確な立証に努めな

けなければならないとされている（規則198条の4）。前記，取調べ過程の録音・録画は，このような取調べ状況に関する立証の資料として有用であろう。後記〔＊＊＊＊〕のとおり，新たに導入された取調べの録音・録画制度においては，供述調書が作成された取調べの状況を録音・録画した記録媒体が，任意性立証のための必要的証拠とされている。

＊＊＊＊　2016（平成28）年の法改正により，裁判員制度対象事件及び検察官独自捜査事件（司法警察員が送致または送付した事件以外の事件）について，次のような被疑者取調べの録音・録画制度が導入された。

　捜査機関は，逮捕・勾留されている被疑者を前記対象事件について取り調べるときは，一定の例外事由に該当する場合（機器の故障その他のやむを得ない事情により記録が困難であると認めるとき，被疑者による拒否その他の被疑者の言動により記録をすると被疑者が十分に供述できないと認めるとき，供述状況が明らかにされると被疑者またはその親族に対し身体・財産への加害行為または畏怖・困惑行為がなされるおそれがあることにより記録をすると被疑者が十分に供述できないと認めるとき，当該事件が指定暴力団の構成員によるものであると認めるとき）を除き，その状況を録音・録画しておかなければならない。

　そして，検察官は，逮捕・勾留中に前記対象事件について被疑者調書として作成された被告人の供述調書の任意性が争われたときは，前記例外事由等により記録媒体が存在しないときを除き，当該供述調書が作成された取調べの状況を録音・録画した記録媒体の証拠調べを請求しなければならない。この記録媒体の取調べ請求がないときは，裁判所は，決定で，被告人の供述調書の証拠調べ請求を却下しなければならない（法301条の2）。

2　違法収集証拠排除法則の適用

(1)　以上の憲法38条2項及び法319条1項の明文規定が適用される場合のほか，違法な手続によって収集・獲得されたと認められる自白は，それが任意にされたものであっても，「違法収集証拠排除法則」〔第3章〕の適用により，証拠から排除される場合があると解される。最高裁判所が創出した不文の証拠排除法則の適用を供述証拠一般に及ぼすのを否定する理由はない。

　違法な身体拘束中の取調べにより得られた自白は，身体拘束に関する令状主義（憲法33条）の精神を没却するような重大な違法があり，これを証拠として許容することが将来における違法捜査を抑制する見地から相当でないと認められる場合，強制・拷問等がなく，また任意性に問題がないときでも，違法収集

証拠として排除されるべきである。違法な別件逮捕・勾留と評価される身体拘束や，違法な実質逮捕と評価される任意同行・警察署等への留め置きの間に行われた取調べにより得られた自白がその例である。

(2) また，最高裁判所は，身体拘束の有無にかかわらず，取調べそれ自体が任意捜査として違法と評価される場合があり得るとしているから（宿泊を伴う取調べに関する最決昭和59・2・29刑集38巻3号479頁，徹夜の長時間に及ぶ取調べに関する最決平成元・7・4刑集43巻7号581頁〔第2編捜査手続第4章Ⅲ2〕），社会通念上不相当と評価された取調べの違法の程度が重大であれば，そのような違法な取調べにより得られた自白に対して排除法則を適用することができるはずである。

> ＊ 違法収集証拠排除法則の適用であることを明示して，宿泊を伴う違法な取調べの結果得られた自白の証拠能力を否定した裁判例として，東京高判平成14・9・4判時1808号144頁がある。この裁判例は，「自白を内容とする供述証拠についても，証拠物の場合と同様，違法収集証拠排除法則を採用できない理由はないから，手続の違法が重大であり，これを証拠とすることが違法捜査抑制の見地から相当でない場合には，証拠能力を否定すべきであると考える。また，本件においては，憲法38条2項，刑訴法319条1項にいう自白法則の適用の問題（任意性の判断）もあるが，本件のように手続過程の違法が問題とされる場合には，強制，拷問の有無等の取調方法自体における違法の有無，程度等を個別，具体的に判断（相当な困難を伴う）するのに先行して，違法収集証拠排除法則の適用の可否を検討し，違法の有無・程度，排除の是非を考える方が，判断基準として明確で妥当であると思われる」と説示したうえで，「事実上の身柄拘束にも近い9泊の宿泊を伴った連続10日間の取調べは明らかに行き過ぎであって，違法は重大であり，違法捜査抑制の見地からしても証拠能力を付与するのは相当ではない」と判断している。

3　基本権侵害による自白の使用禁止

さらに，刑事手続の適正を担保する憲法上の基本権を直接侵害して得られた自白は，基本権を侵害された当の被告人に対する救済と法の適正な手続（憲法31条）維持の観点から，当人に対する刑事手続においては使用できないと解すべきである。これは，憲法の直接の要請に基づくものであり，刑訴法上の証拠法則である違法収集証拠排除法則の適用とは異なる。

例えば，身体拘束中の者の弁護人選任権の行使を妨害するなどしてこれを侵害して得られた自白（憲法34条違反）や，真実供述義務があると誤信させて得られた自白（憲法38条1項違反）は，当の被告人に対して使用することはできないというべきである。

4　派生証拠の証拠能力

証拠とすることができない自白に基づいて発見・収集された証拠の証拠能力をどのように考えるべきか。

憲法38条2項により証拠能力が否定される自白及びその他の憲法上の基本権侵害に対する救済として使用が禁止される自白〔3〕に基づいて発見・収集された証拠については，これも証拠から排除しなければ憲法38条2項の目的と解される基本権保護及び基本権侵害を被った当の被告人に対する救済の目的を達することができないので，証拠能力が否定されるべきである。例えば，強制・拷問により殺人・死体遺棄に関する真実の自白を得てこれに基づき殺害された被害者の死体を発見した場合，真実の自白も証拠として用いることができない以上，これに基づき発見された派生証拠も排除されなければならないであろう。

これに対して，違法収集証拠排除法則の適用によって証拠能力が否定される自白〔2〕に基づいて発見・収集された証拠については，排除法則が政策目的達成の手段であることから，必ずしも一律に排除との結論にはならない。前記〔第3章Ⅱ(4)〕のとおり，自白に基づいて発見された証拠それ自体について，自白獲得を可能とした手続の違法の重大性，将来の違法捜査抑制の観点から導かれる，自白とこれに基づく証拠発見との間の因果関係の程度・当該派生証拠の重要性・事案の重大性を考慮・勘案して，その証拠能力が決せられると解すべきである。

任意性に疑いがあるとの理由（法319条1項）で証拠能力が否定される自白〔1〕に基づき発見された証拠については，その主たる趣意が虚偽のおそれのある自白排除であることから，自白を排除すれば足り，それ自体に虚偽の要素が伴わない派生証拠の発見により自白の真実性が確認されるような場合には，当

該派生証拠を一律に排除することはできないであろう。

＊ 違法な身体拘束中になされた自白を疎明資料として行われた身体拘束処分の過程でなされた供述（裁判官による勾留質問における供述）について，その証拠能力を肯定した判例（最判昭和58・7・12刑集37巻6号791頁）は，次のように説示して当初の違法収集自白との間の因果関係が稀釈されるとの考えを示している。

「勾留質問は，捜査官とは別個独立の機関である裁判官によって行われ，しかも，右手続は，勾留の理由及び必要の有無の審査に慎重を期する目的で，被疑者に対し被疑事件を告げこれに対する自由な弁解の機会を与え，もって被疑者の権利保護に資するものであるから，違法な別件逮捕中における自白を資料として本件について逮捕状が発付され，これによる逮捕中に本件についての勾留請求が行われるなど，勾留請求に先き立つ捜査手続に違法のある場合でも，被疑者に対する勾留質問を違法とすべき理由はなく，他に特段の事情のない限り，右質問に対する被疑者の陳述を録取した調書の証拠能力を否定すべきものではない」。

III　自白の証明力

1　補強法則の意義と趣旨

(1)　憲法は，「自己に不利益な唯一の証拠が本人の自白である場合」，その者を有罪とすることはできない旨定めている（憲法38条3項）。したがって，自白以外の他の証拠がなければ被告人を有罪とすることができない。有罪認定に自白以外の他の証拠，すなわち「補強証拠」を要請するこの法準則を「補強法則」という。

自白は，公訴事実の主要部分を全面的に認める供述であるから，任意性に問題がなくそれが信用できる場合には，それだけで完全な有罪の心証を形成することができる場合もあり得る。そのような場合であっても有罪認定を許さず，補強証拠を要求するこの法準則は，証拠（自白）の証明力評価に関する自由心証主義（法318条）を制約する例外と位置付けられる（最大判昭和33・5・28刑集12巻8号1718頁参照）。

(2)　法は，この憲法の要請を受けて，「被告人は，公判廷における自白であると否とを問わず，その自白が自己に不利益な唯一の証拠である場合には，有

罪とされない」と定めている（法319条2項）。有罪の自認も同様に扱われる（法319条3項）。法が明記する「公判廷における自白」が憲法にいう「本人の自白」に含まれ，この法規定も憲法上の要請かどうかについては議論があったが，最高裁判所は，公判廷の自白は憲法にいう「本人の自白」に含まれず，補強証拠を要しないとの見解を採り，法の定めは「さらに憲法の趣旨を一歩前進」させたものと位置付けている（最大判昭和23・7・29刑集2巻9号1012頁，最大判昭和24・6・29刑集3巻7号1150頁）。

 ＊ 最高裁判所の憲法解釈を前提とすれば，公判廷における自白のみで有罪を認定した場合，憲法違反ではなく訴訟手続の法令違反にとどまるから，適法な上告理由（法405条1号）には当たらない。また，法改正により公判廷の自白または有罪の自認のみで有罪認定を可能とする法制度を設計導入しても，違憲の問題は生じないことになる。最高裁判所の憲法解釈には，現行法319条2項・3項によって封じられている，有罪の自認のみに基づく有罪判決で事件を迅速処理する制度（いわゆる「アレインメントの制度」）導入の可能性を残しておく配慮があったものとみられる。
  アングロ＝アメリカ法圏における「有罪の答弁（guilty plea）」は，裁判所が被告人に認否を求める手続段階である「アレインメント（arraignment）」に際して被告人側からなされる応答のひとつであり，有罪の答弁があれば，犯罪事実認定のための公判審理（trial）は省略され，刑の量定手続（sentencing）の段階に進むことができる。これは，当事者たる被告人に刑事訴訟手続の核心部分である犯罪事実の存否確定についても処分権限を付与するものであり，有罪の自認や自白を証拠として犯罪事実を認定しているものではない。わが国の刑事司法においては，法1条の定める「事案の真相を明らかにし」という法目的との関係から，証拠に基づく罪責認定自体を省略する当事者処分権主義的発想をそのまま導入することは困難と思われるが，適切な証拠の事前開示と弁護人の援助を踏まえた被告人側の自己決定を尊重しつつ，真に争いのある重大事件の審理に資源を集中させるという観点から，有罪の自認を契機とした簡易な裁判手続を設計導入する余地はあろう。現行の即決裁判手続（法350条の16〜350条の29）はその例である〔第3編公判手続第5章Ⅱ〕。

(3)　憲法が，このような自由心証主義の例外を定め，自白の証明力評価に慎重な態度をとる趣意は，歴史上，自白が有力な証拠として扱われてきたが故に事実認定を誤る危険のあることを踏まえ，自白偏重を防止すること，及び，その証明力（信用性）が過大評価されるおそれを防止することにある。自白以外の他の証拠による補強が必要な事実の範囲や，補強証拠自体の証明力の程度等，明文のない事項についての解釈はこのような法準則の趣旨から検討されなけれ

(4)　自白偏重防止の趣旨は，公判期日における証拠調べの順序に関する規律にも現れている。法は，公判期日外の被告人の自白を内容とする供述調書等について，「犯罪事実に関する他の証拠」すなわち補強証拠が取り調べられた後でなければ，取調べ請求できない旨を定めて（法301条），自白以外の証拠調べが先行するよう配慮している〔第3編公判手続第4章Ⅱ2〕。

　公判期日における被告人の供述時機について明文の規制はないが，被告人の自白を内容とする供述がなされる可能性のある「被告人質問」（法311条）は，「犯罪事実に関する他の証拠」が取り調べられた後に実施されるのが通例である。

(5)　補強証拠は犯罪事実の認定（法317条）に用いられるものであるから，証拠能力のある証拠でなければならないのは当然である。また，補強証拠が要請される趣旨から，それは自白以外の独立した「他の証拠」でなければならない（これを「補強証拠としての適格」と称することがある）。

　被告人の自白が複数あっても，それらが相互に補強証拠になることはあり得ない。被告人の供述のうち自白に当たらない不利益事実の承認も，自白との独立性が認められない場合，補強証拠とはなり得ない。

　これに対して，被告人の発言ないし供述を内容とする証拠ではあっても，補強を要する自白を獲得した捜査とは独立・無関係になされた被告人の供述や，被告人の作成した書面等については，自白から独立した「他の証拠」と認めることができる場合もあろう（例，自白後に発見され，捜査とは無関係に記述されていた被告人作成の日記やメモの記載）。なお，被告人の行為・挙動は，それが供述・自白と同視できる場合を除き，補強証拠とすることができるであろう（例，逃走行為，証拠の湮滅・破壊，身体検査の拒否等）。自白とは独立・無関係の行為態様を証拠とする場合だからである。

　自白からの独立性を要するという観点からは，形式的に自白には該当しない第三者の供述であっても，実質的に被告人の自白に基づくもの（例，捜査機関から自白内容を告げられ，それに即して作成された被害届）は，補強証拠になり得ないというべきである。

　　＊　最高裁判所は，食糧管理法違反事件（米の闇売り）で被告人が作成していた未収

金控帳を被告人の自白の補強証拠にすることを認めた事案で，次のように説示している（最決昭和 32・11・2 刑集 11 巻 12 号 3047 頁）。

「未収金控帳は……被告人が犯罪の嫌疑を受ける前にこれと関係なく，自らその販売未収金関係を備忘のため，闇米と配給米とを問わず，その都度記入したものと認められ，その記載内容は被告人の自白と目すべきものではなく，右帳面はこれを刑訴 323 条 2 号の書面として証拠能力を有し，被告人の第一審公判廷の自白に対する補強証拠たりうるものと認めるべきである」。

＊＊　共犯者または共同被告人の供述は，被告人の自白とは別個独立の第三者の供述であるから，もとより補強証拠になり得る。

2　補強の範囲及び程度

(1)　自白のみで犯罪事実を認定するのを許さず，捜査・公判を通じた自白偏重を防止するという観点から要請される補強は，犯罪を構成する事実のうち客観的に裏付け可能で，自白の内容である犯罪事実の存在を確認し得る範囲の事実について必要と考えるのが合理的である。なお，公判廷の自白は事実認定者の面前でなされるから，公判期日外とくに捜査段階の取調べによりなされた自白に比して，信用性の評価が比較的容易である。それ故，自白内容の補強の範囲及び程度は緩和・低減すると考えることができよう。

　犯罪事実のうち，被告人の内心の状態である主観的要素（例，故意，目的，知情等）については，これを常に自白と独立の証拠で証明することができるとはいえないので，ここまで補強証拠を要求するのは不合理である。また，被告人と犯罪との結びつき（被告人が当該犯罪の犯人であること。「犯人性」と称する）について，一律に自白以外の他の証拠を要求するのも不合理である。したがって，犯罪を構成する事実から自白のみによる認定が必要である場合の多い主観的要素及び主体的要素を除いた客観的事実（「罪体」と称される）の主要部分について，自白以外の「他の証拠」が必要とみるのが適切である。

　自白偏重により架空の犯罪事実が認定されてしまう危険防止の観点からは，客観的事実のうち犯罪構成要素の主要部分に補強が必要というべきである。例えば，犯罪結果に該当する客観的事実（例，家屋の焼損）が何人かの犯罪行為により生じたという前提的事実についても補強証拠が必要と解すべきであろう。

＊　最高裁判所は，無免許運転の罪について，「運転行為のみならず，運転免許を受けていなかったという事実についても，被告人の自白のほかに，補強証拠の存在することを要する」と説示している（最判昭和42・12・21刑集21巻10号1476頁）。運転行為それ自体は犯罪事実の客観的要素であるが，それが無免許で実行された事実こそが無免許運転罪の違法性を基礎付けその成立を決定する主要部分とみられるので，無免許の事実にも補強証拠を要求するのは合理的な判断といえよう。

　　窃盗罪について，判例は，盗難被害届のみで補強証拠として十分であるとする（最判昭和26・3・9刑集5巻4号509頁）。被害結果の存在は窃盗罪の客観的事実の主要部分といえるからその結論は妥当と思われる。これに対し，盗品関与罪について，盗品であることの認識は主観的要素であるから補強証拠は不要であるが（最判昭和24・4・7刑集3巻4号489頁，最大判昭和25・11・29刑集4巻11号2402頁），盗品関与罪の主要部分は，関与行為であるから，譲受けや運搬等の関与行為についても補強証拠を要すると解すべきである。判例は，盗難被害届のみで足りるとするが（盗品運搬罪について最決昭和26・1・26刑集5巻1号101頁，盗品有償譲受罪について最決昭和29・5・4刑集8巻5号627頁［公判廷の自白］），公判期日外の自白については疑問であろう。また，判例は強盗傷人罪について致傷の事実について補強証拠があれば足り，犯罪事実の全部には必ずしも必要ないとしている（最判昭和24・4・30刑集3巻5号691頁）。これらの判例は，自白が虚偽でなく，自白に偏してそれだけで架空の空中楼閣の事実が認定されてしまうのを防ぐためには，自白内容のうち客観的事実の一部が裏付けられれば足り，客観的事実の全部についてまでは補強を要しないとの考えに立っているとみられる。

(2)　補強の程度すなわち補強証拠の証明力の程度については，自白の証拠価値が過大評価されることを防ぎその信用性を慎重に吟味する契機とする補強法則の趣旨から，補強証拠が，自白と相俟って，犯罪事実につき合理的な疑いを容れない程度の確信に到達させる証明力を必要とする。補強証拠だけで合理的疑いを容れない程度の証明が可能である必要はないが，自白偏重防止の観点からは，前記のとおり補強証拠で犯罪事実の存在について一応の証明がなされていることは必要であろう。

＊　前記のとおり被告人が犯人であること（犯人性）について，補強証拠は不要であり，自白のみで認定してよいと解されている（例，最大判昭和30・6・22刑集9巻8号1189頁）。もっとも，犯人性について全く補強証拠がないのに自白のみで合理的な疑いを容れない心証が得られる場合は稀であろう。必ずしも任意性を欠くとはいえない虚偽自白や公判廷における虚偽自白が現に存在することから，自白の信用性の慎重な吟味は極めて重要であり，この点については，補強証拠の要否の問題とは

別に，自白内容の信用性評価の手法や自白以外の間接事実による推認の合理性に関する実例知見の不断の検証が不可欠である。

Ⅳ　公判期日における被告人の供述

1　供述の機会及び内容

(1)　被告人は刑事訴訟の当事者として，公判期日において発言する様々な機会を与えられている。他方で，被告人の公判期日における発言内容は，それが公訴事実等の審理対象に関連性を有する限り，原則としてすべて証拠になり得ることを前提とした規定がある。すなわち規則は，冒頭手続における黙秘権・供述拒否権（法311条1項）の告知に際して（法291条5項），被告人に対し，陳述をすることもできるが，「陳述をすれば自己に不利益な証拠ともなり又利益な証拠ともなるべき旨を告げなければならない」と定めている（規則197条1項）。なお，事件に関係のない事項にわたる発言や不相当な発言は，裁判長により制限される（法295条1項）。

(2)　被告人の公判期日における発言のうち，冒頭手続における被告事件についての陳述（法291条5項）や冒頭陳述（規則198条，法316条の30），及び，最終弁論の際の意見陳述（法293条2項）は，当事者としての主張・意見の表明であるから「証拠」とすることはできないとみるべきである（主張・意見には一定の事実を証明する「関連性」がない。〔第2章Ⅱ1(5)〕）。

冒頭手続において，被告人がいわゆる「認否」を求められ，「起訴状のとおり間違いありません」との陳述をする例は多いが，これを，証拠としての「自白」とみることはできない。認否は，検察官の主張である起訴状記載の公訴事実に対応した，公判審理の争点に関する当事者の概括的意見・態度表明に過ぎないからである（公判廷における自白とみる判例があるが［最判昭和26・7・26刑集5巻8号1652頁］，妥当とに思われない）。

冒頭手続の段階で，裁判所や訴訟関係人が，被告人に対し，被告事件について意見表明を超える詳細な供述を求めるのは適切でなく，また，他方で，被告

人が望んでも，裁判所は事実の細部にわたる供述をすることを許すべきでない。このような証拠となり得る被告人の任意の供述は，それをするのにふさわしい手続段階である「被告人質問」（法311条2項・3項）の機会になされるべきである。

2 被告人質問における供述

(1) 現行法は，公判期日において被告人に包括的な黙秘権・供述拒否権を認める（法311条1項）一方で，被告人が任意に供述をする場合には，裁判長，陪席裁判官，弁護人等が，必要とする事項について被告人の供述を求めることができるとしている（法311条2項・3項，法316条の37，裁判員法59条）。これを行う手続を「被告人質問」という。犯罪事実に関する他の証拠が取り調べられた後の証拠調べ手続の終盤段階で実施されるのが通例である。弁護人からの質問に続き検察官からの質問が行われる形で，証人に対する交互尋問類似の方式がとられる場合も多い。

質問に対する被告人の応答その他の供述は，関連性ある限り，すべて証拠となる。

(2) 法311条1項が被告人の包括的黙秘権・供述拒否権を定めていることから，被告人を証人の地位に置き供述を法的に強制することはできないと解されている。また，被告人自身が証人となることを希望する場合も，黙秘権と供述の権利を併記する法規定から，現行法制は，被告人がその地位のまま宣誓して証言することは認めない趣旨と理解されている〔第3編公判手続第4章Ⅲ2〕。

このような理解に基づいた現在の刑事公判においては，公判期日における被告人の供述は，宣誓なしになされ偽証罪の制裁を受けることのないものであり，証人の場合と異なり虚偽供述に対する制裁措置が存在しない。また，被告人はつねに供述拒否権を行使できるから，弁護人の質問に応じて自己に利益な供述をしたとしても検察官の反対質問に応ずる義務はない。この結果，公判廷における被告人の供述は，前記のとおりすべて証拠となるものの，供述内容が被告人に利益なものであれ不利益なものであれ，証人の証言とは異なり，虚偽供述を抑止したり，供述の信用性を吟味する的確な手段が制約されていることは否

定できない。
  ＊　被告人に黙秘権があることとこれを証人として尋問することとは，制度上必ずしも相容れないわけではない。黙秘権は放棄することが可能である。当事者としての被告人の主体性を強調し　また当事者としての主張と証拠としての供述の顕出とを明確に区別する法制を採用するアングロ＝アメリカ法圏では，被告人にも証人と同じく宣誓をさせ，黙秘権を放棄して検察官の反対尋問にも服するという前提でのみ公判供述を許すという方式を採用している。被告人が自己に利益な内容の供述を証拠として提供するにはみずからが証人となることが要請されるのである。これに対して，ヨーロッパ大陸法圏では訴訟主体たる被告人に証人適格を認めないが，裁判長の職権による被告人訊問の制度があり，公判廷における被告人の不合理な弁解等に対する吟味が事実認定者の面前で厳格に行われている。
  わが国の法制はいずれの法圏とも異なる微温的なものであり，それ故，被告人については公判廷に真実性・信用性の担保がある口頭供述を顕出する法的手段が欠落している。このような状況の下で，犯罪事実の認定について捜査段階の取調べによる供述調書に依存しないよう要請するのは，いささか無理な注文のきらいがある。被告人が望めばつねに無宣誓供述を許す現行法を改正して被告人に証人適格を認める途も，立法論として検討の余地があろう。また，公判廷における虚偽供述抑止の方策としては，被告人の虚偽供述を刑事司法作用を阻害する法益侵害類型として犯罪化する途もあり得よう（共犯者たる共同被告人の手続を分離して当人の犯罪事実に関する証人とすることを認める以上，期待可能性に係わる理論刑法学上の議論は説得的とは思われない）。

Ⅴ　公判期日外における被告人の供述

1　供述の機会及び内容

　公判期日外における被告人の供述は，その時期と態様において多様であり，機会は無制限にある。これらを証拠に関する法規定との関係で分類するとすれば，犯罪実行または捜査開始の前後という観点，相手方の有無（並びに相手が捜査機関かそうでないか）という観点，及び供述の内容が被告人に利益か不利益かという観点等が有用であろう。
　供述の態様については，相手方がある場合（例，友人に対する供述，捜査機関

の取調べに対する供述）も，相手方のない場合（例，日記，メモ書）も，口頭による方法と書面その他の記録媒体（例，自筆の書簡，供述録音）による方法があり得る。

　公判期日外における供述が公判廷に顕出される方法は，原供述の態様に拠って様々である。口頭供述であれば，その供述を聴いた相手方を証人にする方法がある。相手方が口頭供述を記録媒体に記録していれば（例，供述を録取した書面，録音・録画等），その媒体を証拠とする方法があり得る。また，原供述自体が記録されたものであるときは，これを証拠とする途があり得る。

　　＊　供述の記録媒体として最も典型的な「書面」が証拠とされる場合については，法文上，被告人がみずから作成した「供述書」と，被告人の口頭供述を聴いた者がこれを「録取した書面」との区分がある。被告人の「供述を録取した書面」については，それが原供述を聴いた第三者により正しく録取・記録されていることを担保するために，原供述者である被告人の「署名若しくは押印のあるもの」でなければならない。被告人がみずから作成する「供述書」には，もとより署名・押印は不要である（法322条1項。なお，被告人以外の者の供述に関する法321条1項柱書も同様の区分を定める）。口頭の供述や，供述と認められる挙動を機械的に録音・録画・撮影した記録媒体は，形式的には供述を録取した書面と同価値である。もっとも，口頭供述等を録音・録画・撮影する録取の過程が機械的正確性を有すると認められる場合には，そのような録取過程の性質上，原供述者の署名・押印は不要と解される。

2　証　拠　能　力

(1)　被告人の公判期日外における供述を証拠とするためには，何らかの方法でこれを公判廷に顕出しなければならない。前記のとおり，被告人の供述の機会は多様であるが，顕出される媒体を，そこに記録された被告人の発言等により表現・叙述された内容（例，自分が被害者を殺害した旨の発言。例，被害者を実際にナイフで刺したのは自分ではなく，犯行を主導した共犯者である旨の発言。例，犯行日時とされる時間帯に自分は犯行場所の東京都内ではなく京都市内に居た旨の発言）が真実であることを証明するために用いる場合には，公判期日における供述とは異なり，証拠能力について明文の制約がある（「伝聞法則」）。

　公判期日外における供述の証拠能力を規律する法320条1項は，「公判期日における供述に代えて書面を証拠とし，又は公判期日外における他の者の供述

を内容とする供述を証拠とすることはできない」と定めて，原則として公判期日外における供述を証拠とすることを許容していないので，被告人の供述内容を記録した書面またはこれと機能的に同価値の記録媒体や，公判期日外に被告人以外の者に対してなされその者に記憶された被告人の供述は，後記の法定の伝聞例外要件に該当する場合にのみ，証拠とすることができる。

さらに，被告人の供述内容が自白である場合，不利益事実の承認である場合には，自白法則の適用がある〔前記Ⅱ〕。

(2) 両当事者が証拠とすることに同意した書面または供述は，裁判所が相当と認めるときは，その供述内容が被告人に利益であれ不利益であれ証拠とすることができる（法326条1項）。捜査段階において作成され，任意性や信用性に争いのない被告人の供述を録取した書面等は，証拠とすることの「同意」により証拠能力が認められるのが通例である〔第5章Ⅳ9〕。

* 証拠とすることができる被告人の供述調書の取調べ方法は原則として書面の朗読であるが（法305条，規則203条の2），被告人が公判廷において調書と同内容をみずから口頭で供述する場合〔前記Ⅳ〕には，重ねて調書の取調べをする必要性は失われるであろう。裁判員制度施行後には，公判廷における口頭供述の利用が進展して，被告人供述についても被告人質問を先行する方式が一般化するようになってきている。

(3) 法326条の同意がない場合については，供述内容が被告人に利益か不利益かという観点から二種類の例外要件（伝聞例外）が法定されている。

第一，供述の内容が「被告人に不利益な事実の承認」に該当しない場合，すなわち被告人に利益な内容の供述（例，自己のアリバイを示す供述）については，それが「特に信用すべき情況の下にされたものであるときに限り」これを証拠とすることができる（法322条1項）。被告人の公判期日外の供述を内容とする被告人以外の者の公判証言についても同様である（法324条1項）。

このように被告人側に利益な内容の公判期日外供述については，法廷で検察官がこれについて被告人に質問をしてみても信用性の吟味に実効性は乏しいので，原供述がなされた際の外部的情況から供述内容の信用性が保障されている場合（「信用性の情況的保障」または「特信情況」という）に限って証拠能力を付与したものである。もっとも，信用性の情況的保障が認められる被告人に利益な内容の供述調書については，前記法326条に基づく同意書面として証拠能力が

認められるのが通常であろうから，この例外規定が働く場面は少ないであろう。

　第二，供述の内容が，自白その他「被告人に不利益な事実の承認」に該当する場合には，つねに証拠能力が認められる（法322条1項）（任意性は前提である〔法319条1項・322条1項但書〕）。被告人の公判期日外の供述を内容とする被告人以外の者の公判証言についても同様である（法324条1項）。

　これは，犯罪事実について訴追された当の被告人が，任意に自己に不利益な事実を認める以上，通常その供述の信用性は高いであろうとのアメリカ法に由来する理由から認められた伝聞例外である。なお，その前提として，わが国とは異なり，訴訟手続（trial）は被告人が有罪であることを自認している場合には実施されず，刑事訴訟は無罪を主張する被告人についてのみ行われている〔Ⅲ1(2)＊〕。現行法のこのような例外要件のため，被告人側の同意がなくとも，捜査段階の取調べにより作成された供述調書は，その内容が被告人に不利益であれば，任意性がある限り，また，録取者が司法警察職員であれ，検察官であれ，すべて伝聞例外として証拠能力が肯定される。

　ここには，捜査段階において作成される調書の証拠化を一般的に遮断して公判期日における口頭の報告を重視する直接主義的観点が欠落している。事実の認定について，公判廷における供述よりも捜査段階の調書に過度に依存する一方，その「任意性」や調書の内容の「信用性」をめぐり争うという，わが国の刑事公判特有の事象が生じる一因といえよう。

　　＊　前記2016（平成28）年法改正を準備した法制審議会において検討された，被疑者取調べと調書に過度に依存しない「新時代の刑事司法制度」が，果たしてどのようなものであり得るかについては，様々な考えがあり得ようが，取調べ過程の同時的適正担保と供述の任意性の事後的検証を目的として主唱されていた取調べ全過程の録音・録画を制度化すべきとの提言は，取調べと調書に依存する従前の刑事司法の基本枠組を前提とするものであり，すこしも新しいものではなかった。ちなみに，本文で述べるとおり，法322条1項には直接主義的観点が欠落していることから，捜査段階の供述を録取した書面と機能的に同価値と認められる取調べの録音・録画内容は，「被告人の供述」として，法322条1項に基づき犯罪事実を認定する実質証拠としても証拠能力が肯定されることになる。

　　　もっとも，裁判所が，必要性・相当性の観点から，録音・録画を公判廷で再生する証拠調べの要否をさらに検討すること〔第2章Ⅱ1(1)＊＊〕はあり得よう（取調べ状況の録音・録画記録媒体を実質証拠として用いることには慎重な検討が必要であると

して，その取調べ請求を却下した第1審の証拠決定を是認した高裁裁判例として，東京高判平成28・8・10高刑集69巻1号4頁。また，記録媒体を自白調書の信用性の補助証拠として採用しながら，再現された被告人の供述態度等から直接犯人性に関する事実認定を行った原判決を法317条違反とした裁判例として，東京高判平成30・8・3判タ1456号75頁がある）。

(4) 現に審理中の当該事件の「公判準備または公判期日における」被告人の供述を録取した書面については，任意性を前提として，その内容が被告人に利益であると不利益であるとにかかわらず，証拠とすることができる（法322条2項）。

* 「公判準備」における被告人の供述を録取した書面が証拠化される例はあまり想定できない。公判準備としての裁判所の検証に立ち会った被告人の発言内容が検証調書に記載されこれを供述証拠として用いる場合や，公判準備の証人尋問において対質した被告人の発言を録取した書面などが考えられようか。これに対して，被告人の「公判期日における供述」は，通常は法廷での口頭供述がそのまま証拠になるのであり〔Ⅳ〕，これを録取した書面（公判期日における被告人の供述は「公判調書」に録取される）の方を証拠とする必要が生じるのは，公判期日における供述を直接聴いた裁判官とは別の裁判官が裁判するときなど，特別な場合に限られる（例，公判手続の更新の後や，破棄差戻後に新たな裁判所が審理を行うとき）。

〈第4編第4章　参考文献〉
　大澤裕「自白の証拠能力といわゆる違法排除説」研修694号（2006年）
　大澤裕＝朝山芳史「約束による自白の証拠能力」法学教室340号（2009年）
　司法研修所編・自白の信用性（法曹会，1991年）
　大澤裕「自白の証拠能力といわゆる違法排除説」研修694号（2006年）
　川島享祐・自白法則の理論的構造（有斐閣，2022年）

第5章

被告人以外の者の供述

I 被告人以外の者の供述に関する法規定と証拠能力

(1) 「被告人以外の者の供述」に直接言及する法規定は、公判期日外の供述の証拠能力を定める法321条及び法324条である。刑事裁判において事実認定の資料となる供述の主体は多岐にわたり、通常の証人となり得る者（例、犯罪の被害者、目撃者、被告人の親族・知人等）、共犯者（同一の手続で審理される「共同被告人」である場合もそうでない場合もある）、裁判官、検察官、司法警察職員、鑑定人等が挙げられる。

(2) 人の供述をその供述内容たる事実の真実性を証明するための証拠として用いる場合について、現行法は、公判期日における供述に代わる「書面」及び「公判期日外における他の者の供述」の証拠能力を原則として否定しているので（「伝聞法則」法320条1項）、法適用にあたっては、供述のなされる場面が、公判期日であるか、それとも公判期日外における供述を法廷で証拠として用いようとする場合（供述に代わる書面または伝聞供述）であるかの区別が最も重要である。

前者については、原則として証拠能力が認められる。後者については、それが伝聞法則によって証拠とすることができない「供述」に該当するか、また該当するとして、それが法定の例外（「伝聞例外」と称する。法321条・321条の2・321条の3・323条・324条2項・326条・327条）の要件に照らし証拠とすることができるかどうかの点検を要する。

II　証人及び証人となり得る者の供述（その1）
——公判期日における供述

(1)　事実を認定する裁判体が，証明の対象となる事実を見聞した被告人以外の者から「供述証拠」の提供を受ける原則的方法は，公判期日における証人尋問である（法304条）。証人は原則として宣誓し（法154条），一定の規律に従い尋問を受け口頭で証言する（法143条以下，証人尋問に関する規律は規則199条の2以下参照）〔第3編公判手続第4章Ⅲ〕。事実認定者である裁判体は，直接，公判廷において，尋問内容と当人の口頭供述を聴き，その供述態度等を観察するほか供述内容について問い質すことができる（直接主義・口頭主義）。

(2)　証人は証言すべき事項について直接知覚・体験した者でなければならない。証人はみずからが知覚・体験した特定の事実を供述するのであり，単なる意見や推測を供述することは許されない（単なる意見・推測には関連性がない）。ただし，直接体験した事実を基礎としてそこから推測した事項を供述させることは許される（法156条1項。正当・合理的な範囲に限られる〔規則199条の13第2項3号・4号参照〕）〔第2章Ⅰ1(5)〕。

(3)　人が知覚・観察・体験した特定の事実について言語的表現を用いて報告・供述する場合，典型的には，次のような過程をたどる。すなわち，特定の事実の知覚（perception），知覚した内容の記憶（memory），記憶に基づく内容の叙述（narration）である。このような「供述証拠」の提供に至る各過程には，いずれも人の精神活動が介在するため，証明の対象となる特定の事実との間に齟齬が生じる誤謬の危険性がある（例．見間違い［faulty perception］，記憶の減退・混乱［erroneous memory］，言い間違い等言語使用の不適切［ambiguity］・不誠実な虚言［insincerity］）。そこで，叙述された内容を特定の事実の真実性（特定の事象の存在）の証明に用いようとする場合（叙述された供述内容から特定の事象の存在を推認する場合）には，このような誤謬の危険性すなわち事実が真実でない可能性があることを踏まえた慎重な吟味を要する。供述内容の真実性を吟味するための最も有効な法的手段は，供述者に対する相手方当事者の反対尋問である。

反対尋問は,「主尋問に現われた事項及びこれに関連する事項並びに証人の供述の証明力を争うために必要な事項」について行われる（規則199条の4第1項）。証人の供述の証明力を争うために必要な事項の尋問は,「証人の観察, 記憶又は表現の正確性等証言の信用性に関する事項及び証人の利害関係, 偏見, 予断等証人の信用性に関する事項について行う」こととされている（規則199条の6）。

このような相手方当事者による反対尋問の機会が与えられた証人の公判期日における供述には証拠能力があり, その証明力・信用性の評価は, 尋問と供述に直に接した事実認定者の自由心証に委ねられる（法318条, 裁判員法62条）。

(4) 供述内容の真実性・証人の信用性の吟味, ひいては証拠法の基本目標である正確な事実認定の確保にとって有用な反対尋問を行う刑事手続法上の権利は, もとより両当事者に対等に付与されているが, 被告人側の反対尋問権は, 憲法上の基本権としても保障されている。「刑事被告人は, すべての証人に対して審問する機会を充分に与へられ」る権利を有するとの憲法規定（憲法37条2項前段）の中核的意味は, 被告人側の不利益証人に対する反対尋問の機会を保障したものと理解されている（これを刑事被告人の「証人審問権」と称する）。

検察官側の証人が, 主尋問に応じて被告人に不利益な内容の供述をしたが, 被告人側の反対尋問には応じようとしない場合, あるいは, 証人が主尋問終了後に死亡もしくは失踪し, または心身の故障によって反対尋問に応ずることができなくなった場合, 当該証人の公判期日における供述の証拠能力をどのように考えるべきか。

これらの場合, 供述内容の真実性吟味の手段が事実上制約されたのみならず, 被告人の憲法上の基本権行使が妨げられているので, 裁判所は, 端的に主尋問における供述の証拠能力自体を否定すべきであるとの議論が考えられる。他方, 供述内容の真実性担保という観点からは, 公判証言は, 伝聞法則によって証拠能力が否定される公判期日外の供述とは異なり, 宣誓して偽証罪の警告を受けた上でなされた供述であること, また, 事実認定者による供述態度等の直接観察が可能であったことから, 一律に証拠能力を否定するのは適切でないとの議論もあり得よう。後者の考えに立つと, 反対尋問の機会がなかったことを勘案して主尋問における供述の証明力評価に慎重を期すのを原則とし, 証人審問権

行使の機会が失われた事由，とりわけ検察官側の責に帰すべき事由の有無や主尋問に対する供述内容等をも勘案して，例外的に証拠能力を否定するとの帰結になろう。

　被告人側に利益な内容の供述をした証人について同様の事態が生じた場合（例，被告人のアリバイを証言した証人が，検察官の反対尋問前に死亡した場合）には，被告人の証人審問権に触れる問題はないが，被告人の「自己のために強制的手続により証人を求める権利」（憲法37条2項後段）との関係が問題となり得るであろう。

　いずれの局面においても，反対尋問の機会が失われているというだけの理由で主尋問における供述の証拠能力を一律に否定するのは適切でないように思われる。

　　＊　憲法37条2項前段の定める被告人の証人審問権の中核的意味は，不利益証人に対してその供述の証明力を争う反対尋問の機会を保障することにあると解されるが，母法であるアメリカ合衆国憲法規定の解釈においては，反対尋問による供述内容の真実性吟味を通じた正確な事実認定確保の要請にとどまらず，法廷の場で，被告人が自己に不利益な敵対的供述者と直接対峙・対決する機会を持つこと自体を基本権として保障したものとの理解がある（right to confrontation）。証人との直接対峙を強調すれば，証人保護のための法制度である証人の遮蔽措置（法157条の5）やビデオリンク方式による証人尋問（法157条の6）の合憲性が問題となり得るが，わが国の最高裁判所は，次のように説示して，その合憲性を確認している。証人審問権が証人との直接対峙まで要請するとの解釈には立っていない（最判平成17・4・14刑集59巻3号259頁）。

　　　「刑訴法157条の3［現157条の5］は，証人尋問の際に，証人が被告人から見られていることによって圧迫を受け精神の平穏が著しく害される場合があることから，その負担を軽減するために，そのようなおそれがあって相当と認められるときには，裁判所が，被告人と証人との間で，一方から又は相互に相手の状態を認識することができないようにするための措置を……採ることができる（……「遮へい措置」……）とするものである。また，同法157条の4［現157条の6］は，いわゆる性犯罪の被害者等の証人尋問について，裁判官及び訴訟関係人の在席する場所において証言を求められることによって証人が受ける精神的圧迫を回避するために，同一構内の別の場所に証人を在席させ，映像と音声の送受信により相手の状態を相互に認識しながら通話することができる方法によって尋問することができる（……「ビデオリンク方式」……）とするものである。……証人尋問の際，被告人から証人の状態を認識できなくする遮へい措置が採られた場合，被告人は，証人の姿を見るこ

とはできないけれども，供述を聞くことはでき，自ら尋問することもでき，さらに，この措置は，弁護人が出頭している場合に限り採ることができるのであって，弁護人による証人の供述態度等の観察は妨げられないのであるから，前記のとおりの制度の趣旨にかんがみ，被告人の証人審問権は侵害されていないというべきである。ビデオリンク方式によることとされた場合には，被告人は，映像と音声の送受信を通じてであれ，証人の姿を見ながら供述を聞き，自ら尋問することができるのであるから，被告人の証人審問権は侵害されていないというべきである。さらには，ビデオリンク方式によった上で被告人から証人の状態を認識できなくする遮へい措置が採られても，映像と音声の送受信を通じてであれ，被告人は，証人の供述を聞くことはでき，自ら尋問することもでき，弁護人による証人の供述態度等の観察は妨げられないのであるから，やはり被告人の証人審問権は侵害されていないというべきことは同様である。したがって，刑訴法157条の3［現157条の5］，157条の4［現157条の6］は，憲法37条2項前段に違反するもので［は］ない」。

III 証人及び証人となり得る者の供述（その2）
——公判期日外における供述と伝聞法則

1 伝聞法則

(1) 被告人以外の者の公判期日外における供述の機会・時期・態様は，被告人の場合と同様多岐にわたるが，それ（以下「原供述」という）が公判期日に証拠として提供・顕出される場合には，前記公判期日における供述の場合と，次の3点で事情を異にする。第一，証人は，真実を述べる旨を宣誓し，偽証罪による処罰の警告を受けているが，公判期日外の原供述にはそれがない。第二，公判期日における供述は，事実認定者である裁判体が供述態度等を直接観察することができるが，公判期日外の原供述については，そのような機会がない。第三，証人は，不利益を受ける当事者からの反対尋問に服し，供述内容の真実性を吟味する機会があるが，公判期日外の原供述に対しては供述がなされる時点で反対尋問を行う機会がない。

以上のとおり，公判期日外の供述には，公判期日の証人尋問におけるような供述内容の真実性を吟味・確保する手段がすべて欠落していることから，法は，

公判期日外の原供述をその内容の真実性を証明するための証拠として使用することを原則として禁じているのである（法320条1項）。このような証拠法則を「伝聞法則」と称する。

　法が証拠能力を否定する第一の型は「公判期日における供述に代えて書面」を証拠とする場合であり、第二の型は「公判期日外における他の者の供述〔原供述〕を内容とする供述」を証拠とする場合である。いずれも、原供述が公判期日外でなされていることから前記3点の真実性吟味・確保の手段が欠如する点において異ならない。

　もっとも、法は、このように真実性・信用性吟味の機会がない「伝聞証拠」についても、例外的に証拠能力を認める要件を個別的に定めている。これを、「伝聞例外」と称する（法321条・321条の2・321条の3・322条・323条・324条・326条・327条）。各種の伝聞例外規定の趣旨については後述するが、わが国の伝聞例外規定は、前記第一の型、すなわち供述に代わる書面（「供述代用書面」という）に関するものがほとんどであり、いわゆる「伝聞証人」に関する例外規定は法324条のみにとどまる。

　このため、例外要件の解釈適用の在り方によっては、捜査段階で作成された供述代用書面が公判にも多量に流入し証拠として取り調べられるという事象が生じ得る。また、それ故に捜査段階で作成された書面に過度に依存した事実認定への誘因が働きがちである。供述代用書面を証拠とする必要性をもとより否定することはできないが、刑事事実認定が過剰な書面依存に陥らないためには、伝聞例外規定の解釈適用においても、「直接主義」の要請を常に意識する必要があろう。

　(2)　法320条1項の趣意が、原供述内容の真実性吟味・確保手段の欠如を理由とするものであるとすれば、証明の対象となる事項（これを「立証事項」または「要証事実」と称する。以下、原則として「立証事項」の語を用いる）が、当該供述内容たる事象の真実性と無関係である場合（例、発言が存在したこと自体を立証する場合）には、公判期日外の発言を証拠とすることができる（このように人の発言をその内容の真実性とは別の事項の証明に用いる場合を一般に言語の「非供述的用法」という）。すなわち、公判期日外の発言をその内容の真実性を証明するための証拠として用いるのでない場合には、その発言は法320条1項にいう「供

述」には当たらず，伝聞法則の適用はないと考えることができる（これを「非伝聞」と称する）。

2 非 伝 聞

(1) 公判期日外における発言の「非供述的用法」として，次のような場合が挙げられる。

第一，発言自体が犯罪事実を構成する場合。例えば，名誉毀損罪や脅迫罪の実行行為に該当するXの発言を聞いた旨を証人Wが証言する場合，Xの発言は非伝聞である。証明の対象である立証事項は犯罪事実であるX発言の存在自体であって，Xの発言内容が真実であるかどうかとは無関係である。この場合，犯行目撃者であるWがそのようなX発言（例，名誉毀損行為，脅迫行為）を聞いたとおりに証言しているかどうかが問題であり，これについては，Wの知覚・記憶・叙述の正確性等について直接反対尋問等が可能である。

第二，Xの公判期日外における発言をそれと矛盾するXの公判期日における供述の信用性を弾劾するために用いる場合。立証事項は同一人物が別の機会に公判供述とは矛盾する発言をしていたという事実であり，Xが前後矛盾する発言をする人物であることを示すことで当人の公判供述の信用性を減殺しようという用法である。これも公判期日外の発言内容の真偽を問うものではないので非伝聞である。

第三，以上のほか，発言を，その内容の真実性とは無関係の別の事実を推認する間接事実（情況証拠）として用いる場合。例えば，XY間の会話・発言の意味内容から，XYが以前から面識があるということ，あるいは初対面であることを推認する場合は，発言の意味内容に基づく証明ではあるが，その内容の真実性とは無関係の推認であるから非伝聞である。

同様に，発言の意味内容から，その真偽とは関わらない発言者の精神状態を推認する場合。例えば，公判期日外におけるX女の発言「昨日小舟に乗ってやって来た白鳥の騎士ローエングリンは，私と2月14日に結婚式を挙げる約束をしてくれた」から，X女がヴァーグナーの作品に関する若干の知識を有しているものの，発言当時精神に異常をきたしていたことを推認する場合であ

る。

　あるいは，客観的事実と合致する内容の発言があったこと自体を証明して，発言者がその事実を認識していたことを推認する場合。例えば，ブレーキの故障が原因で発生した自動車事故について，Xが運転前に述べた「この車はブレーキの調子が良くない」との発言を，発言内容の真実性すなわちブレーキが故障している事実を証明するのではなく，その点は別の証拠で証明し，Xが運転前にブレーキの不具合に気付いていた事実を証明するために用いる場合も非伝聞である。

　また，公判期日外の発言や書面がその聞き手・読者に与えた効果・影響（犯行の動機・目的等何らかの認識を生じさせたことなど）を証明しようとする場合。例えば，公職選挙法違反の饗応の立証に際し，新聞記事を証拠とした原判決について，「その日附当時新聞紙上において，近く国会解散が行われると予想されていたこと，甲が一般人から立候補を予想される人としてその氏名が発表されたこと自体を証明し，これを間接証拠として，被告人等及び同人等から饗応を受けた関係者の認識を推理しようとしたものであると解すべきであるから，……違法とは言えない」とした裁判例（大阪高判昭和30・7・15高刑特2巻15号782頁）は，このような用法の一例といえよう。

　(2)　以上のとおり，公判期日外における発言が伝聞証拠に該当するかどうか，すなわち法320条1項が証拠能力を原則否定している「供述」に当たるかどうかは，立証事項が何であるかによって相対的に決まる。発言内容の真実性とは無関係の事項を証明する場合，それは伝聞証拠ではない。

　もっとも，形式的にある発言の「存在」自体を「立証趣旨」（規則189条1項）に記載し設定しさえすれば，それだけで常に伝聞法則の適用がなくなるわけではない。訴訟当事者の設定する立証趣旨は，もとより証拠により証明しようとする立証事項が何であるかの主たる判断資料ではあるものの，公判期日外における発言の「存在」が証明されることからさらに推認される事項が，実質的に見て，当該発言内容の真実性であるとしか考えられない場合には，その実質に即して伝聞証拠とみるべきである（この場合は，伝聞例外の要件を満たさなければ証拠能力が否定される）。他方，立証趣旨どおり発言の存在自体を証明することに何らの証拠価値が認められず無意味とすれば，そのような証拠は事実認

定にとって最低限度の証明力すらなく,「関連性」がないというべきであるから,証拠能力は否定される〔第2章Ⅱ1(4)〕。

* 最高裁判所は,被害者や被疑者による犯行に係る「再現状況」を写真撮影・記録した実況見分調書の証拠能力を検討するに際し,次のように説示して,検察官の「立証趣旨」とは異なる立証事項（要証事実）を想定した上で伝聞証拠である旨の判断をしている（最決平成17・9・27刑集59巻7号753頁）。
  「本件両書証は,捜査官が,被害者や被疑者の供述内容を明確にすることを主たる目的にして,これらの者に被害・犯行状況について再現させた結果を記録したものと認められ,立証趣旨が『被害再現状況』,『犯行再現状況』とされていても,実質においては,再現されたとおりの犯罪事実の存在が要証事実になるものと解される。このような内容の実況見分調書や写真撮影報告書等の証拠能力については,刑訴法326条の同意が得られない場合には,同法321条3項所定の[伝聞例外]要件を満たす必要があることはもとより,再現者の供述の録取部分及び写真については,再現者が被告人以外の者である場合には同法321条1項2号ないし3号所定の,被告人である場合には同法322条1項所定の[伝聞例外]要件を満たす必要があるというべきである。」
  なお,この判例の事案とは異なり,例えば犯行態様が供述どおりの方法で実際に可能であったかどうかを再現で確認することを目的とした再現実験の結果を記録した場合であれば,立証事項は犯罪事実自体ではないと理解することができるから,この部分は非伝聞とみることができよう（例,極めて狭い窓の隙間から被告人が実際にそこを摺り抜けて住居に侵入することができたことを立証事項として,当人による犯行再現状況を立証趣旨とする実況見分調書を証拠調べ請求する場合）。

3　心理状態を述べる発言その他

(1)　人の発言には,典型的な供述のように外界の特定の事象を知覚・観察し,これを記憶に留めた後に,報告・叙述するのとは異なった態様のものがある。発言当時に抱いていた感情・心理状態を言葉にする場合がその一例である。例えば,伝聞の形式となっている証人Wの供述「Aは『Xは恐ろしい。何をするかわからんから怖い』と言っていた」を,Aが発言の時点においてXに対し恐怖感を抱いていたという事実を証明するために用いる場合である。

「恐ろしい」,「怖い」というAの言葉を,発言当時AがXに対してそのような感情を抱いていたことを証明するために用いるのは,発言の存在・内容か

ら発言内容の真実性とは無関係の事項（例，Ａの精神異常や，ＡがＸを知っていたこと）を推認するのではなく，発言の内容をなす感情・心理状態の真実性が証明の対象である点においては，典型的な伝聞証拠と異なるところはない。しかし他方，この発言を，発言時点におけるＡの感情・心理状態の表出とみる限り，通常の供述証拠のような過去の特定の事象の知覚とその記憶保持の要素が欠落しているから，その部分の正確性吟味は不要であり，そこが通常の供述過程とは異なっている。もっとも，Ａが発言の際に用いた言語表現の正確性，及びＡが本心から自己の心理・感情を正直に述べていたかどうか（誠実性）について誤謬の介在する危険がある点では，典型的な伝聞証拠と異ならない側面もある。

このような特色を有する発言を内容とする供述を「伝聞証拠」と考えるべきかどうか，また，このような公判期日外における発言の証拠能力を現行法の下でどのように扱うのが適切かが問題となる。

(2) 伝聞法則は，正確な事実認定に資する目的の証拠法則であるから，その適用に際して，公判期日における証人尋問により供述内容の正確性・真実性を吟味する要請の程度（誤謬介在の危険の程度）と，当該公判期日外供述の事実認定にとっての重要性・証拠としての必要性の程度との比較衡量を踏まえた実質的解釈を行う余地がある。

仮に前記のような公判期日外における心理状態の発言を伝聞証拠とみれば，現行法には極めて厳格な伝聞例外規定しかないので（法324条2項・321条1項3号），証拠としての利用可能性は乏しくなる。他方，当人が公判期日に供述可能であるときでも，公判期日外のある時点における発言内容を当時の心理状態を示す最良の証拠としてその重要性・必要性が認められる場合は想定できるので，実質論としては，これを厳格な伝聞法則の規律から外す途を検討するのが適切であろう。現在のところ支配的な見解は，これを非伝聞とみる立場である。理由は次のとおり。

第一，心理状態を述べる発言は，反対尋問等による吟味が強く要請される知覚と記憶の誤謬の危険がない。第二，叙述の正確性と誠実性については，発言から内容の真実性に関わらない事項（例，精神異常）を推認する場合にも問題となり得るところ，それは反対尋問等による吟味が不可欠な供述証拠固有の問

題ではなく，事実認定者が誠実性等について一般的な関連性の問題として検討すれば足りると考えられること。第三，叙述の正確性については，直接発言に接した証人を尋問し，発言時点の状況を問い質すことにより確認できる場合が多いこと。第四，現行法には，これを伝聞例外として許容する明文規定がなく，他方，実質的に妥当な結論を導くために不文の伝聞例外を解釈で創出するのは適切でないこと。

　裁判例の中にも，書面について，「人の意思，計画を記載したメモについては，その意思，計画を立証するためには，伝聞禁止の法則の適用はないと解することが可能である」と述べ，「それは，知覚，記憶，表現，叙述を前提とする供述証拠と異なり，知覚，記憶を欠落するのであるから，その作成が真摯になされたことが証明されれば，必ずしも原供述者を証人として尋問し，反対尋問によりその信用性をテストする必要はないと解されるからである」と説示して，心理状態の記載とみることのできる犯行計画が記載されたメモを非伝聞と扱ったものがある（東京高判昭和58・1・27判時1097号146頁）。

　この非伝聞とみる見解を徹底させれば，伝聞供述の形式ではなくこのような心理状態を記載したとみられる書面や，心理状態を述べた発言を録取した捜査書類も法320条にいう「供述」に当たらず非伝聞となるはずであろうから，法321条以下の供述代用書面に関する伝聞例外規定に該当しなくとも，証拠として許容される余地があることになろう。

　＊　いまひとつの見解は，伝聞法則の母法であるアングロ＝アメリカ法圏の定式に従い，心理状態の供述を伝聞証拠とみたうえで，不文の「伝聞例外」を解釈上認めようとするものである。アメリカ法では，公判期日外の供述であって，供述時点における供述者の精神状態，情緒，感覚または身体的状態（例，意図，計画，動機，構想，精神的感覚，苦痛，肉体的健康状態など）についての供述を，その内容の真実性を証明するための証拠として用いる場合には，これを伝聞証拠に該当するとした上で，伝聞例外として許容できると整理・把握している。この見解はこれに倣った整理に基づき，不文の伝聞例外として，誤謬の危険が残る言語使用の正確性と誠実性について発言時の具体的事情から「特に信用すべき情況」が認められるときは伝聞例外として許容すべきであるとする（口頭供述に関する法324条2項で準用されている法321条1項3号のうち供述不能の要件は準用しないという解釈である）。

　　裁判例の中には，犯行計画が記載されたメモ紙について，要証事実は，その記載に相応する事前共謀の存在とメモ中に掲記されている被告人が犯行に関与した事実

であるから、伝聞証拠というべきであるが、「本件の事前共謀に関するメモは、[メモ作成者が]その時点における本件犯行に関する計画という形で有していた一定の意図を具体化した精神的状態に関する供述と考えられる」ので、「その伝聞証拠としての正確性のテストとして、その性質上必ずしも反対尋問の方法による必要はなく、その表現、叙述に真し性が認められる限り、伝聞法則の適用例外として、その証拠能力を認めるのが相当である」旨述べたものがある（大阪高判昭和57・3・16判時1046号146頁）。必ずしも明瞭でないところがあるが、心理状態を述べる発言が伝聞証拠であることを前提として、解釈により不文の例外を許容する考え方を示したものであるようにも読める。

　もっとも、伝聞例外説が主唱された背景には現行法の伝聞例外規定が供述代用書面に偏しているとの問題意識から、「伝聞供述」の形態に限り解釈上の例外を認めるものと思われるので、捜査段階で作成された供述録取書や供述書については、より厳格な明文の伝聞例外規定の規律が及ぶものと思われる。

(3)　最高裁判所の判例には、心理状態を述べた発言の証拠能力が扱われているようにみえるものがある。しかし、いずれも、立証事項（要証事実）との関係において当該発言が伝聞証拠すなわち供述証拠であるかどうかが真の問題点であったように思われる。

　ひとつは、次のような事案である。被告人Xが犯人性を争っている（旧）強制性交致死事件において、一審判決は、Xがかねてから被害者Aと情を通じたいとの野心を持っていたことを犯行動機として掲げ、その証拠としてAの知人Wの証言「Aは私に対し『Xにつけられていけない……それで自分はおそろしくて飛んで帰った』、『あの人はすかんわ、いやらしいことばかりする人だ』と言っていた」旨の供述を用いた。原判決は、このW証言について、「Aが、同女に対する被告人の……野心に基く異常なる言動に対し、嫌悪の感情を有する旨告白した事実に関するものであり、これを目して伝聞証拠であるとするのは当らない」とした。これに対し最高裁は、「同証言が……要証事実（犯行自体の間接事実たる動機の認定）との関係において伝聞証拠であることは明らかである」旨判示している（最判昭和30・12・9刑集9巻13号2699頁）。

　「あの人はすかんわ」という発言は、AのXに対する嫌悪感情を述べたものであるから、心理状態を述べた発言が非伝聞または伝聞例外として証拠能力が認められるかという問題であるようにみえる。しかし、この事案において、発言時点においてAがXに対して嫌悪感情を抱いていた事実自体を証明するこ

との意味が問題である。本件は，否認する被告人の犯人性が争点とされた（旧）強制性交致死事件であり，原判決のように立証事項をＡの嫌悪感情自体とみることは，それがＸの犯行に関する証明にとっていかなる意味をもつか必ずしも判然としない。ここでは，Ｘに犯行動機があったこと，すなわちＸがかねてからＡと情を通じたいとの野心を持っていた事実が実質的な立証事項とされ，これを推認する証拠としてＡ発言が用いられているとみられる。Ａ発言の全体すなわちＡの嫌悪感情が，過去にＸにつけられたことがあること，Ｘがいやらしいことばかりすることに起因しているという事実が証明されてはじめて，Ｘに犯行動機があったことが推認できるという関係にある。このように整理すると，Ｗ証言は，単にＡが発言時にＸに対し嫌悪感情を抱いていたという心理状態を証明するのではなく，Ａが知覚・記憶・叙述したＸの過去の言動の存在をも証明して，そこから犯行動機の存在を推認するのであるから，最高裁の結論どおり伝聞証拠に当たるというべきである（したがって，Ａ発言の内容が伝聞例外として許容されるためには，法324条2項で準用される法321条1項3号によりＡ発言に特信情況が認められることが要件となる）。

　いまひとつは，いわゆる白鳥事件に関する最高裁判決である（最判昭和38・10・17刑集17巻10号1795頁）。この判例で最高裁は，被告人の一連の発言「白鳥はもう殺してもいいやつだな」，「白鳥課長に対する攻撃は拳銃をもってやるが，相手が警察官であるだけに慎重に計画をし，まず白鳥課長の行動を出勤退庁の時間とか乗物だとかを調査し慎重に計画を立てチャンスをねらう」，「共産党を名乗って堂々と白鳥を襲撃しようか」を内容とする各供述について，「被告人が右のような内容の発言をしたこと自体を要証事実としている」から伝聞ではない旨説示している。

　これらの発言内容は，被告人の敵意，殺害意図・計画を述べたものであるから，「発言をしたこと自体」ではなく，その内容となっている当人の発言当時の心理状態・意図を立証事項とみて，その観点から証拠能力を検討することもできた事案であろうと思われる。しかし，別の観点からみれば，これら一連の発言は，被告人と他の関与者との間で行われた殺人の共謀行為そのもの，すなわち犯罪事実の一部とみることもできる。この観点からは，謀議行為に該当する「発言をしたこと自体」が犯行内容として立証事項とされているから，発言

の非供述的用法として非伝聞とされたと理解することができるであろう。

(4) 立証事項が発言時点における心理状態の場合は非伝聞とする見解をとれば，前記のとおり，口頭発言のみならず犯行計画や犯罪意図を当人が記載したメモのような書面についても，その記載内容をメモ作成時点における作成者の抱いていた犯行の計画・意図・動機等を証明するために用いる場合には非伝聞と解されることになろう。この場合，法320条以下の「書面」に関する規律は及ばず，証拠能力が認められることになる。口頭発言の場合と同様に，犯行計画・意図を記載している時点において，当人の知覚・記憶の要素は欠落しているとみられるからである。

これに対して，当人が過去に共犯者等と打ち合わせた犯行計画を知覚・記憶し，後にその内容を叙述・記載したメモや日記は，その内容たる犯行計画の存在・内容を立証事項とする場合には，典型的伝聞証拠というほかはない。この場合は，当人の「供述書」として法定の伝聞例外の要件に則して証拠能力が検討されることになろう。

なお，犯行計画等を記載したメモが存在すること自体を立証趣旨とすることに意味がある場合もあり得る。例えば，現に発生した事件の客観的事実が当該メモの記載内容とほぼ一致している場合に，そのような一致を立証事項と考え，それを事前に記載していた当人が真犯人であることを推認する間接事実を証明しようとするものとみれば，それは犯行計画が記載されたメモの非供述的用法ないし証拠物としての使用と位置付けることができるであろう。

IV　証人及び証人となり得る者の供述（その3）
──伝聞例外

1　伝聞例外・総説

(1) 法が伝聞証拠を原則として許容していないのは（法320条1項），供述内容の真実性・信用性についての十分な吟味・点検の機会を欠いていることを理由とする。この伝聞法則は，できる限り正確な事実の認定を目標とするもので

あるが，刑事事実認定にとって必要な供述証拠が常に公判供述（証人尋問）の形式で得られるとは限らず，伝聞法則を徹底すれば事実認定の素材が制約される結果，かえって事案の真相解明（法1条）が困難となる場合もあり得る。そこで，法は，一定の合理的理由があるときは，伝聞証拠であっても事実認定の素材として許容する例外要件を詳細に定めている。これを「伝聞例外」という（被告人以外の者の供述について法321条・321条の2・321条の3・323条・324条2項・326条・327条）。

伝聞例外が認められる趣意としてほぼ共通しているのは，証拠として用いる「必要性」と，反対尋問等による供述の真実性・信用性の吟味に代替し得る「信用性の情況的保障」（「特に信用すべき情況＝特信情況」，「特信性」ともいう）の存在である（例，法321条1項の供述書・供述録取書，法323条3号の特に信用すべき情況の下に作成された書面）。このほか，両当事者が証拠とすることに同意ないし合意している場合（例，法326条の同意書面・法327条の合意書面），書面作成過程の性質上，一般的な正確性の保障があり，口頭による報告や反対尋問等による吟味が最適とはいえない類型の書面（例，法321条3項の捜査機関の検証調書・同条4項の鑑定書），既に公判供述と同様の真実性・信用性吟味の機会があった供述等を内容とする書面で，公判廷における直接主義の要請を満たしていないにとどまる場合（例，法321条2項の公判準備・公判期日における供述を録取した書面等）が挙げられる。

(2)　前記のとおり，現行法の伝聞例外規定は明らかに書面を中心としており，口頭の伝聞供述については法324条が書面に関する伝聞例外要件を準用しているにとどまる。これに対して，伝聞法則の母法と認められるアングロ＝アメリカ法圏においては，前記の「必要性（necessity）」と「信用性の情況的保障（circumstantial guarantee of trustworthiness）」の要素が認められる伝聞例外が，書面・口頭供述を問わず，的確な事実認定に資する証拠法則として判例により創出され準則・規範化されている。

そこで，母法のように，伝聞法則の基本趣旨に反しない限りで，不文の伝聞例外を法解釈として導出し判例法理として発展させてゆくという途が考えられないではない。前記「心理状態の供述」に関する伝聞例外説〔Ⅲ3(2)＊〕は，そのような試みの一端である。

第5章　被告人以外の者の供述

　しかし，最高裁判所が事実認定に資する証拠法則の創出に相応しい立場にあることを前提にし，また，憲法上の規則制定権限の存在（憲法77条1項）を踏まえても，判例法理による不文の伝聞例外導出は，適切でないように思われる。その理由は次のとおり。第一，伝聞法則は両当事者に対等に機能する証拠法則ではあるが，その趣意の中核をなす反対尋問権保障のうち，被告人側のそれは憲法上の基本権たる証人審問権（憲法37条2項）に由来すると解されるので，その保障を縮減する方向に働く伝聞例外準則を国会制定法律に拠らずに創出するのは憲法上の疑義があること。第二，憲法上の証人審問権と刑事手続上の証拠法則たる伝聞法則との相互関係については，母法たるアメリカ法においても明瞭な整理が形成されておらず，わが国における判例ないし刑事訴訟規則による伝聞例外準則の創出は，伝聞法則と証人審問権との関係について一層の混濁・疑義を生じさせかねないこと。第三，伝聞証人については直接主義との抵触はないと考えられるものの，供述代用書面が多用される誘因が強い現行法の運用状況のもとで，書面について不文の伝聞例外を創出する契機を認めるのは政策的に妥当とは思われないこと。

　そこで，新たな伝聞例外の法的必要が認められる場合には，母法において確立した準則の根拠や導入の必要性・合理性を十分検討した上，国会制定法律すなわち刑事訴訟法の証拠法規定を改正することで対処するのが適切と思われる。

＊　現行法制定以降，新たな伝聞例外規定が立法化された実例として，ビデオリンク方式による証人尋問が行われた場合の記録媒体を添付した調書についての規定がある（法321条の2）。性犯罪の被害者等の証人尋問について，裁判官及び訴訟関係人の在席する公判廷において証言を求められることによって証人が受ける精神的圧迫を回避する等のため，公判廷とは別の場所に証人を在席させ，映像と音声の送受信により相手の状態を相互に認識しながら通話することができる方法によって尋問することができる（法157条の6）〔第3編公判手続第4章Ⅲ5(4)〕。その際，裁判所は，その証人が後の刑事手続において同一の事実につき再び証人として供述を求められることがあると思料する場合で，証人の同意があるときは，その証人の尋問及び供述ならびにその状況を記録媒体（映像及び音声を同時に記録することができる物）に記録することができる（法157条の6第3項）。この記録媒体は，訴訟記録に添付され「調書」の一部となる（法157条の6第4項）。すなわちこの調書は，尋問及び供述の内容を記載した書面部分と記録媒体部分から成る。後記のとおり，他の事件における証人尋問の調書等は，法326条の同意がないときは，法321条1項1号によ

589

らなければ伝聞例外として証拠能力が認められない伝聞証拠であるが〔4, 5〕, 調書にこのような記録媒体が添付されたものであるときは, 平成12年法律74号により新設された法321条の2の定める要件で, 伝聞例外として証拠能力が付与される。この場合, 裁判所は, 必ず証人尋問の状況等の音声・映像が記録された記録媒体を再生する方法で取り調べ, その後, 訴訟関係人に対し, 供述者を証人として尋問する機会を与えなければならない。なお, 記録媒体付き証人尋問調書中の証人の供述は, 当該公判で証言されたのと同様に扱われるので(法321条の2第3項), 被害状況等既にビデオリンクによる証人尋問で尋問されている事項について重ねて尋問が繰り返され証人に負担となる事態を避けることができる(法295条1項参照)。

主尋問部分等での重複尋問を回避する制度趣旨から, 別事件の裁判官が公判期日に認識したのと同様の映像と音声による尋問の記録について, 当該事件の事実認定者による尋問及び供述態度の認識を, 映像・音声の記録媒体の再生でこれに代え, 加えて当該事件の訴訟関係人に反対尋問の機会を保障することで, 当該公判期日における証人尋問の場合と同様の真実性・信用性吟味の機会を確保しようとするものである。新たな合理的伝聞例外として適切な立法というべきであろう。

**　性犯罪関連の規定が改正・整備された2023(令和5)年改正により, 新たな伝聞例外(法321条の3)が定められた。被害者等の聴取結果を記録した録音・録画記録媒体の証拠能力に関する特則である(令和5年法律66号, 施行は2023(令和5)年12月15日)。年少の性犯罪被害者の供述内容を的確に保全するとともにその脆弱性に配慮して精神的負担を軽減する方法として「司法面接」という聴取手法が開発・実践されてきた。聴取の全過程は録音・録画されているので, その供述記録媒体を犯罪事実の証明に用いる場合には現行法の伝聞例外要件を満たす必要がある。しかし, 被害者が公判証言することで更に精神的外傷を被るおそれがあることを「供述不能」(法321条1項各号)と解することはできず, 他方, 証人尋問を実施すれば供述の反復等による被害者の精神的負担を増加させることになってしまう。そこで, 司法面接手法の特性を踏まえた伝聞例外規定が新たに設けられたのである。立法形式としては, 既存の法321条の2第1項(前記*ビデオリンク方式による証人尋問の録音・録画記録媒体)と同様に, 反対尋問の機会を付与した上で, 公判期日外供述の録音・録画記録媒体を主尋問における証言に代えて証拠とする方式が採用されている。もっとも, ビデオリンク方式による尋問の録音・録画が公判期日における証言の記録であるのに対して, 司法面接の供述は捜査段階における参考人取調べの記録である点に留意すべきである。

規定は, 一定の性犯罪被害者(法321条の3第1項1号イ・ロ)及び, 犯罪の性質, 供述者の年齢, 心身の状態, 被告人との関係その他の事情により, 更に公判準備または公判期日において供述するときは精神の平穏を著しく害されるおそれがあると認められる者(同号ハ)の供述及びその状況を録音及び録画を同時に行う方法によ

り記録した記録媒体を対象とする。なお，前記ハの対象者は，当初立法理由とされたはずの年少性犯罪被害者の範囲を超え規定の文言上限定が無い上，捜査段階の供述内容の録音・録画を取り調べることになる点に対し批判があり得よう。

　これらの供述について，①下記法定の措置が特に採られた情況の下にされたものであると認める場合であり，②聴取に到るまでの情況その他の事情を考慮し相当と認めるとき，③記録媒体取調べ後に訴訟関係人に対し，その供述者を証人として尋問する機会を与えることを条件として証拠能力が認められる。①の特別の措置としては，1)供述者の年齢，心身の状態その他の特性に応じ，供述者の不安または緊張を緩和することその他の供述者が十分な供述をするために必要な措置（同条1項2号イ）と2)供述者の年齢，心身の状態その他の特性に応じ，誘導をできる限り避けることその他の供述の内容に不当な影響を与えないようにするために必要な措置（同号ロ）が明文化されている。これは司法面接の中核的要素であり，事後の反対尋問の機会付与と合わせて，このような聴取方法による公判期日外供述録音・録画記録媒体を伝聞例外とする信用性の情況的保障の基礎と見られる。②の相当性要件では，聴取に到るまでに供述の信用性を害する事情（例．対象者の記憶に対する不適切な影響）がないかの点検がなされることになろう。

　(3)　伝聞法則が原則として供述代用「書面」を事実認定の素材として許容しない点は，ドイツ証拠法の特色である「直接主義」の効果と重なる。ドイツ刑事訴訟法は，「事実の認定が人の知覚に基づくときは，その者を公判において尋問しなければならない。すでに行われた尋問の調書または供述の朗読によってこれに代えることはできない」という直接主義の原則規定を置き，例外的に書面の朗読を許容することとしており，運用においても公判証言による事実認定を中核としている。

　これに対して，わが国の供述代用書面とくに捜査段階で作成された供述調書に関する伝聞例外規定は，母法たるアメリカ法とは異なり，後記のように裁判官及び検察官面前調書について特別の緩和された許容要件を定めていることもあって〔3．4〕，とくに検察官面前調書が，また，法326条の同意を介してそれ以外の捜査段階で作成された調書等についても，これらが実質証拠として公判期日に取り調べられる例が多い。すなわち，事実認定者の面前での直接尋問ではなく，原供述の内容を録取・記載した書面の朗読ないし要旨告知（法305条，規則203条の2）が証拠調べの中心をなす状況が続いていた。

　近時は，裁判員制度の導入に伴い，裁判員に「分かりやすい」立証という目

標設定の影響もあって（裁判員法51条），書証より人証，調書の朗読より証人尋問を中心とした審理へという裁判所・訴訟関係人の運用努力が行われているが，現行伝聞例外規定の構成の下で，「分かりやすさ」以外に，このような運用を推進する明瞭な解釈論的支えは提示されていない。仮にこれを支持する原理的視点があるとすれば，公判審理と公判前手続との関係を証拠の側面から規律する普遍的原理として形成された「直接主義」が，公判期日に原供述者が居る場合（「供述不能」でない場合）については，伝聞例外規定の要件解釈・適用に際し，公判期日における尋問を主とし，公判前に作成された供述代用書面の証拠化を運用上も「例外」とする審理形態の支えになるであろう。

2 供述書及び供述録取書一般

(1) 法321条1項は，被告人以外の者が作成した「供述書」及び被告人以外の者の「供述を録取した書面で供述者の署名若しくは押印のあるもの」（「供述録取書」「供述調書」）の証拠能力について規定する。供述書とは，原供述者がみずから内容を記載して作成した書面をいう（例．日記，被害届，捜査報告書・各種報告書等，書面の体裁や表題を問わない）。供述録取書とは，原供述者の供述を聴取した第三者が，その供述内容を記録して作成した書面をいう（例．司法警察職員が供述を録取し作成した参考人の供述調書［法223条］，弁護人が関係者に面接しその応答内容を記載した書面等）。供述録取書については，録取過程に書面作成者の知覚・記憶・叙述が介在するので，原供述者の署名または押印が要求される（その趣旨は，被告人の供述を録取した書面等の記録媒体について説明したとおり。また，書面以外の記録媒体の扱いについても同様である〔第4章Ⅵ〕。なお，別事件における公判調書等は，書面の性質上，署名・押印がないことが当然視される場合である）。

これらの供述代用「書面」は，いずれも供述時点において原供述者に対する反対尋問の機会がなく，供述態度等の直接認識や宣誓もないので，供述内容の真実性を立証事項とする場合には典型的な伝聞証拠であり，原則として証拠能力はない（法320条1項）。

(2) 法321条1項3号は，以下の三要件が満たされたときに限り，例外的に証拠能力を認めている（「3号書面」と称する）。第一，原供述者について，「死

亡，精神若しくは身体の故障，所在不明又は国外にいるため公判準備又は公判期日において［証人として］供述することができ［ない］」こと。この要件は，後述する他の類型の書面（法321条1項1号・2号）とも共通し，アメリカ法の，証人として「供述不能（unavailability as a witness）」の要件に相当する。法定の列挙事由は，公判証言を不可能ないし著しく困難にするものであり，このような事情があるときは代わりに原供述内容を記録した書面を証拠として利用する「必要性」が高い場面である。

これらの列挙事由は，限定列挙ではなく，例示であって，これらの事由に匹敵する公判供述の利用不能と認められる場合も含まれると解されている。もっとも，伝聞例外を許容する根拠は「必要性」のみではないから，各例外規定の趣旨と要件構成（例，信用性の情況的保障の要否等）を勘案し慎重な判断を要しよう。

最高裁判所は，列挙事由は，供述者を裁判所において証人として尋問することを妨げるべき障害事由を示したもので，これと同様またはそれ以上の事由の存する場合においても適用が可能である旨述べており，原供述者が証人として尋問を受けたが，証言拒絶権を行使した場合（最大判昭和27・4・9刑集6巻4号584頁［2号書面］），証人が記憶喪失を理由に証言しない場合（最決昭和29・7・29刑集8巻7号1217頁［3号書面］）等について，供述不能要件に該当する旨判断している。

しかし，記憶喪失についてはその態様・原因は多様であろうから，証人が記憶喪失を理由に証言しない場合でも，一律に供述不能と即断するのは適切とは思われない。時の経過による記憶の減退については，記憶喚起のための誘導尋問を活用すべきである（規則199条の11・199条の3第3項3号）。死亡等の列挙事由や証言拒絶権行使に匹敵し全く供述が得られない程度の明白な記憶喪失の場合に限定すべきであろう。

第二，書面に記載されている原供述が，「犯罪事実の存否の証明に欠くことができない」と認められること（「不可欠性」と称する）。単に犯罪事実の存否に関連する程度では足りない。当該供述を証拠とするか否かにより事実認定（犯罪事実及び重要量刑事実の認定）に著しい差異・影響を生じさせる可能性があると外形的に認められる趣旨に解すべきであろう。第一の「供述不能」と，第二

の「不可欠性」が，前記「必要性」の要素である〔1(2)〕。

　第三，原供述が「特に信用すべき情況の下にされたものであるとき」に限る。この「特信情況」は，証拠能力の要件であるから，供述内容の信用性・証明力それ自体ではなく，供述のなされた際の事情，供述の動機・態様等の外部的事情を考慮勘案して判断される。動機・態様がごく自然な場合や逆に異常な事態の場合（例，臨終の発言，衝動的発言）故に特信情況が認められることもあり得る。事件とは無関係に作成された私人の日記，手紙，メモ等は，その作成時点の外部的情況が，一般に真実を記載することが通常期待されるものであるかで判断される。例えば，真実を記載しなければ当人の事後の行動に支障をきたす事情がある，相手に真意を伝達する必要がある，他人には知られないという意識で記載されたものと認められる等の事情は特信情況を示す素材となろう。

　以上は伝聞例外を許容する要件として典型的であるものの，それだけにこれをすべて満たし本号に基づいて証拠能力を認められる実例は少ない（前記例示の各種書面が証拠とされるのは本号ではなく法326条の同意による場合が多い）。判例には，取引の都度書き留められた備忘メモ（最判昭和31・3・27刑集10巻3号387頁），国際捜査共助によりアメリカ合衆国内において，黙秘権の告知，偽証の制裁，公証人の面前等の条件下で作成された供述書（最決平成12・10・31刑集54巻8号735頁），大韓民国の裁判所に起訴された者の法廷における供述を記載した同国の公判調書（最決平成15・11・26刑集57巻10号1057頁），国際捜査共助により中華人民共和国の捜査機関が黙秘権を実質的に告知するなどして行った取調べにおける供述を録取した書面（最判平成23・10・20刑集65巻7号999頁）等について，本号に拠り，証拠能力を認めた例がある。

3　検察官面前調書

(1)　法321条1項2号は，「検察官の面前における供述を録取した書面」（「検察官面前調書」「検察官調書」「検面調書」「2号書面」などと略称される）について，前記2の場合より緩和された要件で証拠能力を認めている。捜査段階における検察官による取調べ（目撃者や被害者等参考人の取調べのほか，「被告人以外の者」に当たる共犯者や共同被告人が被疑者として取り調べられた場合もあり得る）の

結果を録取した調書がこれに当たる。本号は，第一，原供述者が供述不能の場合（2号前段）か，第二，証人として自己矛盾供述（相反・不一致供述）をした場合で特信情況が認められるとき（2号後段）に，検察官面前調書に証拠能力を認めている。

* 検察官面前調書について，一般の供述代用書面〔2〕より緩和された要件が規定されている理由は明瞭に理解しにくいところである。とくに被告人・弁護人側からみて中立的ではない対立当事者が作成し，その時点で反対尋問の機会がなく，宣誓もない供述代用書面の優遇は，憲法上の証人審問権との整合性という観点からも疑問とされる余地がある。もっとも，裁判官面前調書〔4〕よりは要件が厳格になっている（法321条1項1号参照）。この規定立案の際には，捜査書類の徹底排除に対する危惧があったこと，警察官に比して検察官により多くの信頼があったこと，旧法の予審を廃止した結果，司法官であった予審判事の権限を検察官が相当程度実質的に受け継いだ側面があり，かつ検察官も司法官に準ずるとの当時の理解が作用したと思われること，等の背景事情があった。

(2) 第一の場合，2号前段の文言上は，供述不能の要件があれば，それだけで検察官面前調書の証拠能力が認められることになっている。前記のとおり，公判廷に証人として在廷しているものの証言を拒否する場合も供述不能に当たるとされた例があるが，当人が証人として在廷しているのであるから，直接主義の観点からは証言拒否だけで直ちにこれを認めるのは疑問であろう。記憶喪失についても同様である。裁判所としては，当事者に証言を求める努力を促し，できる限り公判供述による立証を目標とすべきであろう。なお，証人が一部証言を拒否したり，記憶喪失を理由に一部証言しない場合は，供述不能ではなく，2号後段の相反・不一致供述の場合とみるべきである。

* 本号前段は供述不能のみで証拠能力を認めているので，証人審問権（憲法37条2項）・反対尋問権行使の余地がない。それ故憲法違反の主張があり得るが，判例は合憲としている（最判昭和36・3・9刑集15巻3号500頁）。これに対して，違憲の疑いを免れるためには，前段にも「特に信用すべき情況」の要件を補充して運用すべきであるとの有力な見解があり，その趣旨の裁判例もある（大阪高判昭和42・9・28高刑集20巻5号611頁）。
** 最高裁判所は，次のとおり，出入国管理法に基づく退去強制によって原供述者が出国し供述不能の状態にあった事案を扱った際に，そこに至る事情等により，「手続的正義の観点から公正さを欠く」ときは検察官面前調書の証拠能力が否定さ

れることがあり得る旨説示している（最判平成7・6・20刑集49巻6号741頁［当該事案では証拠能力を肯定］）。この説示が，法321条1項2号前段の供述不能要件の法解釈なのか，憲法解釈（憲法37条2項・31条［手続的正義・公正］の適用）なのかは必ずしも明瞭でない。

「［法321条1項2号前段の］規定が同法320条の伝聞証拠禁止の例外を定めたものであり，憲法37条2項が被告人に証人審問権を保障している趣旨にもかんがみると，検察官面前調書が作成され証拠請求されるに至った事情や，供述者が国外にいることになった事由のいかんによっては，その検察官面前調書を常に右規定により証拠能力があるものとして事実認定の証拠とすることができるとすることには疑問の余地がある。……退去強制は，出入国の公正な管理という行政目的を達成するために，入国管理当局が……［法律］に基づき一定の要件の下に外国人を強制的に国外に退去させる行政処分であるが，同じく国家機関である検察官において当該外国人がいずれ国外に退去させられ公判準備又は公判期日に供述することができなくなることを認識しながら殊更そのような事態を利用しようとした場合はもちろん，裁判官又は裁判所が当該外国人について証人尋問の決定をしているにもかかわらず強制送還が行われた場合など，当該外国人の検察官面前調書を証拠請求することが手続的正義の観点から公正さを欠くと認められるときは，これを事実認定の証拠とすることが許容されないこともあり得るといわなければならない」。

(3) 第二の場合，2号後段は，供述者が公判準備または公判期日において，検察官の面前における供述と「相反するか若しくは実質的に異なった供述をしたとき」で，「公判準備又は公判期日における供述よりも前の供述［検察官の面前における供述］を信用すべき特別の情況の存するときに」，検察官面前調書の証拠能力を認めている。

この規定が適用されると，原供述者の公判証言と当人の相反する内容の原供述を記載した検察官面前調書のいずれもが実質証拠として許容されて事実認定の資料となり，いずれを信用するかは事実認定者の自由心証に委ねられることになる。同一人が検察官の面前と法廷等裁判体の面前とで異なった自己矛盾供述をしたとき，前の自己矛盾供述の存在自体を証人の供述の証明力を争う証拠（「弾劾証拠」）として用いるのは，前記のとおり非伝聞としての使用であるが〔Ⅲ2〕，本号後段は，そうではなく，前の供述である検察官面前調書に実質証拠としての証拠能力を付与するものである。

要件要素である，公判期日等における供述よりも前の供述を信用すべき特別の情況（両者を対比するので「相対的特信情況」という）は，証拠能力の要件であ

ることから検察官面前調書に記載された原供述内容の信用性・証明力自体とは別の事柄であるはずだが，この要件を充足するとして証拠採用された検察官面前調書と公判証言とのいずれが信用できるかという証明力評価の局面において，調書の方が信用できないとの認定に至ることは想定しにくいので，従前，犯罪事実の認定にとって参考人や共犯者の供述が決定的に重要な事件類型において検察官請求証人が公判廷で予期に反する供述をした場合には，本号後段による検察官面前調書の採否が有罪・無罪の判断に重要な影響を及ぼす例も認められた。またそのような事案では，検察官請求証人が主尋問において検察官面前調書の内容と異なった供述をすると，検察官は直ちに本号後段による調書の証拠化に努めるといった運用も認められた。

　しかし，裁判員裁判において「分かりやすい」立証という観点が導入され，また，捜査段階の調書に過度に依存しない事実認定，書証より人証中心の立証という標語の影響もあって，本号後段の解釈適用に厳格化の兆しが生じているのが現状である。実定法の要件要素の文言に何ら変化がないにもかかわらずこのような運用の変化が生じること自体奇妙なことであるが，本号後段が伝聞例外の一つでありかつ母法に例がない固有の規定であることから，その本来的意味内容を解釈論として明瞭にしておくことは重要であろう。

　その際，基本的な視角として次の点を挙げることができよう。第一，現行法は捜査段階で作成された供述代用書面の証拠能力を原則として否定していること（法320条1項）。その決定的理由は，原供述時点における反対尋問の機会の欠如，宣誓の欠如，供述態度等の観察機会の欠如により供述内容の真実性・信用性吟味の機会がない点であること。第二，刑事事実認定における普遍的原理としての「直接主義」，すなわち供述代用書面の朗読ではなく原供述者の直接尋問・供述に基づく事実認定を原則とすべきこと。第三，本号後段は，供述不能ではなく原供述者が公判期日等で直接供述することができる場合の規定であること。したがって，供述代用書面を使用する「必要性」の程度は供述不能の場合よりは小さいこと。他方で，できるだけ正確な事案解明の要請から，自己矛盾供述を実質証拠として用いる「必要性」を一切無視し去ることはできないこと。

　これらの視角から，二つの要件要素は厳格に解されるべきもの，すなわち，

調書の証拠化は本来的に必要やむを得ない事情が認められる場面に限られるのを本則とすべきであり，また，現に公判廷に居る証人のした原供述（検察官面前調書の内容）に対する反対尋問の機会を付与することは当然というべきである。

　　＊　アメリカ法において，現在の証言内容と相反する前の供述（prior inconsistent statement）は，かつては証人の信用性を争う弾劾証拠としてのみ許容されていた。現在は，前の供述が公判証言と同様に宣誓してなされたものであり，かつ前の供述についても反対尋問に服することを条件に実質証拠として許容されるとの準則が形成されている。これは日本法の裁判官面前調書（法321条1項1号後段）に相応するものである。これに対して，宣誓供述ではなく，また前の供述に対する反対尋問の機会の明記がない検察官面前調書の実質証拠化は，母法と異なる日本法固有の規定である。

(4)　第一の要件である「前の供述と相反するか若しくは実質的に異なった」供述とは，立証事項との関係で，両者が表現上明らかに矛盾しているか，表現自体明確に矛盾してはいないものの，文脈や趣旨において，異なった結論を導く内容の供述をいう。これは，公判準備または公判期日においては得られない相反・実質的不一致供述をも事実認定の素材にする「必要性」がある場合を意味している。この必要性は，相反・不一致部分が公判期日に顕出されれば満たされるはずであるから，調書の可分的な一部のみに不一致があるときは，その部分だけが証拠能力を有することにすれば足りる。

　また，例えば，検察官面前調書の記載の方が詳細，理路整然としているというだけで実質的不一致を認めることはできない。立証事項の認定に異なった結論を導くものでない限り実質的不一致はないというべきである。尋問に応じた口頭供述より検察官によって作文・構成された調書の記載の方が詳細・理路整然と見えるのは当然であろう。これだけで安易に不一致を認めるのであれば，公判立会検察官の尋問の仕方が稚拙であればあるほど実質的不一致が認められやすくなってしまう（なお，検察官面前調書が原供述の要約的録取であり理路整然と作文・構成されている点は，後記，相対的特信情況の判定に際しても留意すべきである）。要点は，供述内容による事実認定に差異を生ずる可能性が認められるかにある。

　　＊　公判期日に証人として供述した後に作成された検察官面前調書は，「前の供述」

には当たらない。もっとも，この場合にさらに再度の証人尋問を行い，そこで調書と相反する供述があったとき，本号の適用があるかどうかについて，最高裁判所はその調書も「前の供述」に当たるとの判断を示している（最決昭和58・6・30刑集37巻5号592頁）。しかし，ここで最高裁が警告・説示するとおり，「すでに公判期日において証人として尋問された者に対し，捜査機関が，その作成する供述調書をのちの公判期日に提出することを予定して，同一事項につき取調を行うことは，現行刑訴法の趣旨とする公判中心主義の見地から好ましいことではなく」，原則として許されないというべきである。また，例外的に本号を適用する場合は，調書の作成経緯に鑑みて，特信情況につき慎重な吟味を要するのは当然である。

(5) 第二の要件である「公判準備又は公判期日における供述よりも前の供述を信用すべき特別の情況の存するとき」（相対的特信情況）とは，伝聞例外として反対尋問に代わり得る信用性の情況的保障を要求するものである。証拠能力付与の要件であるから，もとより供述内容の信用性それ自体の比較を求めるものではあり得ない。したがって，両供述のなされた外部的事情を比較し，どちらが信用すべき内容の供述がなされる情況であったかを判断することになる。従前の裁判実務では，この要件を「供述のなされた際の外部的附随事情」と解し，その判断資料として供述内容をも使用し得るとの考えが支配的であった。「必ずしも外部的な特別の事情でなくても，その供述の内容自体によってそれが信用性ある情況の存在を推知せしめる事由となると解すべきものである」旨説示した最高裁判例（最判昭和30・1・11刑集9巻1号14頁）がこれを支えていた。

外部的情況の判断資料として供述内容を副次的に勘案するのを誤りと断じることはできないが，問題は勘案の仕方であり，例えば，検察官面前調書の記載内容の具体性と公判証言を外形的に比較して公判証言までに記憶の著しい減退が生じているかどうかを知るという用法や，調書の記載内容の具体性から推知される原供述そのものの相対的特信性判断であれば，この要件の趣意に反するものではなかろう。しかし，供述内容そのものの信用性比較に陥る危険が伴う点に慎重な留意を要しよう。なお，裁判所が証拠能力要件を判定する資料として検察官面前調書の記載内容を知るには，規則192条の提示命令に拠る。

本号の特信性については，前記3号書面の特信性とは異なり，両供述のなされた外部的情況の比較においてどちらがより信用すべき情況であるかが判定さ

れる。したがって，検察官面前調書作成の際の情況に一般の場合に比して特段の変化がなくとも，例えば，公判期日における供述の際の情況にその信用性を減退させる事情（例，供述者が被告人と特別な関係［親子，暴力団組織の兄弟関係等］にありその面前で被告人に不利益な供述をすることが困難と想定される場合，供述者が被告人に対して恐怖感を抱いていると認められる場合［恐喝の被害者等］，傍聴席に供述者を畏怖させ心理的圧迫を生じさせるような人物［例，暴力団構成員］が多数居た場合等）が認められるときは，前の供述である検察官面前調書の相対的特信性が肯定される可能性が生じよう。

* 　相反・実質的不一致供述に証拠能力を認めるためには，前記のとおり，検察官面前調書に記載された前の供述内容についても，被告人側に反対尋問の機会が与えられなければならない。原供述時点ではないが，原供述者が公判廷に居るのであるから，前の供述内容について十分な反対尋問の機会とその前提となる調書の被告人側への事前開示がなされている必要がある。

　　検察官請求証人が調書と異なる供述をしたときの典型的な尋問の進行は，次のような経過となる。この場合，主尋問においても例外的に誘導尋問が許されるので（規則199条の3第3項6号），検察官は調書の内容に基づき誘導し，もし尋問の過程で証人が調書の内容をすべて認めれば相反性は失われるから，法321条1項2号を用いる必要性はなくなる。検察官が誘導尋問等を試みても証人が相反・不一致供述を維持する場合は，検察官は相反・不一致供述の存在を示すため前に検察官の面前で異なった供述をしたことの確認を求め，さらに特信情況を立証するため，検察官の面前と現在とでなぜ供述が異なるのか説明を求めたり，前の供述時の情況・現在の供述時の情況などについて尋問する。次いで，被告人側が反対尋問において，現在の公判廷における供述内容及び前の検察官の面前における供述内容についても尋問し，さらに食い違いの理由や検察官が触れた供述の外部的情況等についても尋問を行うのが通常である。裁判所は，これら両当事者の尋問を通じて，2号後段の要件の存否を判断するのである。

　　なお，特信性の立証に際し，検察官が，当該供述者の取調べ状況を立証しようとするときは（証人が被告人の共犯者等であり捜査段階では被疑者として取調べを受けた場合が想定される），できる限り，取調べの状況を記録した書面その他の取調べ状況に関する資料（被疑者としての取調べの録音・録画等が想定される）を用いるなどして，迅速かつ的確な立証に努めなければならない（規則198条の4）。

** 　前記のとおり，2号後段の採否が問題となるのは，原供述者が証人として公判期日に出頭し供述可能の場合であるから，直接主義の観点に鑑み，この伝聞例外に依拠するのは必要やむを得ない場面に限るべきである。運用として，検察官は，主

尋問の過程で相反・不一致供述がなされたからといって安易に特信性立証のための尋問に移行するのではなく，誘導尋問等を活用して検察官想定の公判供述を顕出すべく尽力するのが適切といえよう。

(6) なお，2号後段の規定により証拠とすることができる書面については，検察官に取調べ請求義務が定められているが（法300条），被告人に不利益な内容の検察官面前調書について検察官は取調べ請求を検討するであろうから，これは，書面の記載内容が被告人に利益な場合を想定した規定である。

4　裁判官面前調書

(1) 法321条1項1号は，「裁判官の面前（第157条の6第1項及び第2項に規定する方法［ビデオリンク方式］による場合を含む。）における供述を録取した書面」（「裁判官面前調書」「裁面調書」「1号書面」などと略称される）について，検察官面前調書よりも一層緩和された要件のもとで，証拠能力を認めている。すなわち，1号前段「供述することができないとき」に該当する場合は，それだけで，また，1号後段では，「供述者が公判準備若しくは公判期日において前の供述［裁判官面前調書］と異なった供述をしたとき」，調書の証拠能力が認められる。

　本号は，伝聞例外を許容する要素のうち供述不能または相反供述という「必要性」のみを定め，特信性の要素は要求していない。中立的な立場にある裁判官に対して，原則として宣誓の上なされた供述を対象とするものであるから，類型的に高度の信用性を認めた趣意である。

(2) 本号の書面に該当するのは，第1回公判期日前に検察官の請求により行われる証人尋問（法226条～228条），被告人側の証拠保全請求による証人尋問（法179条）の調書などである。このほか，別事件の公判準備または公判期日における証人または被告人としての供述を録取した書面（例，別事件の公判調書で原供述を録取した部分）も本号の書面に含まれると解されている（最決昭和29・11・11刑集8巻11号1834頁［別事件の証人尋問を録取した調書］，最決昭和57・12・17刑集36巻12号1022頁［別事件の被告人供述を録取した公判調書］）。

　なお，相反供述の場合，前記検察官面前調書の場合と同様に，前の供述内容

についても反対尋問の機会が与えられる必要があると解すべきである。

5　公判準備または公判期日の供述録取書

　法321条2項前段は，「被告人以外の者の公判準備若しくは公判期日における供述を録取した書面」について，無条件で証拠能力を認めている。

　「公判準備における供述を録取した書面」としては，当該事件で公判期日外の証人尋問（法281条・158条）が行われた場合の証人尋問調書（規則38条）がある。この証人尋問については，当事者に立会・尋問の権利が認められており（法157条・158条・159条），反対尋問による吟味の機会と宣誓供述である点は公判供述と異ならない。法は公判準備においてした証人尋問等の結果を記載した書面について，これを公判期日において証拠書類として取り調べることを義務づけているので（法303条），書面化された証人尋問調書の方が証拠とされるのである。

　「公判期日における供述を録取した書面」とは，当該事件の公判調書の供述記載部分である。公判期日における直接供述ではなく書面化された公判調書の記載部分を証拠とする必要が生じるのは，公判手続の更新や破棄差戻し後の手続において直接供述を聴いた裁判官とは別の裁判官が裁判をする場合である（被告人の供述について，同様の場合を想定した規定が法322条2項である〔第4章Ⅴ2(4)〕）。

　いずれの場合についても，供述内容が書面化されている以外は，その真実性・信用性の吟味の機会があるので，無条件で証拠能力が認められている。したがって，この条項にいう「公判準備若しくは公判期日」とは，当該被告事件のものを意味すると解される。立会権・尋問権のない別事件の公判準備や公判期日に関するものは，本条項ではなく前記法321条1項1号の書面として扱われる〔4(2)〕。

6　「特に信用すべき情況」のもとに作成された書面

(1)　法323条は，書面自体の性質上，高度の客観性・信頼性が認められ，ま

た，書面作成者を証人尋問する方法よりも書面の記載内容を証拠とする方が証明方法として合理的でむしろ証明力が高い類型の書面について，無条件で証拠能力を認めている。伝聞例外の趣意である「信用性の情況的保障」と「必要性」が類型的に高度に認められるからである。

なお，条文の文言は「第321条から前条までに掲げる書面以外の書面は，次に掲げるものに限り，これを証拠とすることができる」であるが，合理的に解すれば「次に掲げる書面は，第321条から前条までの規定にかかわらず，これを証拠とすることができる」の意味と理解すべきである。形式的には321条から前条までに掲げられた供述代用書面であっても，本条に該当するもの（例，被告人作成の書面で本条に当たると認められるもの）であれば，321条から前条までの規定（例，法322条）の適用はないとみるべきであろう（後掲最決昭和32・11・2参照）。

このような類型の書面に当たるかは，通常は書面の表題・形式・内容等書面自体から明白であろうから，別途，作成の真正や個別的特信情況の証明は不要である。もっとも，判例は，本条該当性判断に際し，当該書面自体の形状，内容だけでなく，その作成者の証言等も資料とすることができる旨説示している（最決昭和61・3・3刑集40巻2号175頁［2号該当・漁船の操業位置に関する無線受信記録］）。

(2) 法定された第一は，公務員が職務上証明することができる事実について作成した書面である。例示されているのは，戸籍謄本，公正証書謄本である（本条1号）。公務員が職務上取り扱う事項のうち，類型的に高度の客観性・信頼性の保障があるもの，すなわち所定の公的な客観的資料（例，戸籍簿，公正証書原簿）に基づき，その職務に関与する公務員であれば誰でもその存否に疑いの余地なく証明できる客観的事実にかかわる書面に限られる。行政庁・公務員の作成した文書であっても，特定事項に関し個別的に資料を収集し調査した事実を内容とするもの（例，警察官の作成した捜査報告書等の捜査書類，税務職員の作成した調査対象の収入額や財産内容に関する調査報告書等）は，本号の書面には当たらない。

例示以外で，本号に該当する書面としては，戸籍抄本，各種登記簿謄本・抄本，居住証明書，印鑑証明書等のほか，刑事裁判の証拠として用いられること

が多いのは，公的記録に基づき作成される前科調書，指紋照会回答書，身上照会回答書等が挙げられる。

　なお，「公務員」は，わが国の公務員に限られず，前記と同様の性質を有する書面であれば，外国や国際機関の公務員が作成したものでもよい。

　　＊　前科調書は，法務省で一元管理されている前科記録から，公務員である検察事務官が個別の被告人の前科について各検察庁の端末からプリントアウトしたものであり，被告人の前科の内容たる事実を証明する文書とみることができる。前科調書と前科記録との関係は，戸籍謄本と戸籍簿との関係に相当する。身上照会回答書は，被告人の氏名，本籍，生年月日等を市町村役場に照会してその回答を得た書面であり，公務員である市町村長の証明文書として本号に該当する。

(3)　第二は，業務の通常の過程において作成された書面で，商業帳簿，航海日誌が例示されている（本条2号）。これらは，一定の業務遂行の過程で，規則的かつ継続的に記載されるのが通常であることから，事実に反する内容が混入するおそれが乏しいと考えられる故に，特信情況が認められるものである。同様の性質を有する書面として，航空機に備え置かれる航空日誌，タクシーの運転日報，各種作業現場における作業日報や，医師が診療業務の遂行に際し順序をおい継続的に作成する診療録（カルテ）等が挙げられる。これに対して，業務の遂行過程で作成される書面であっても，規則性・継続性のないもの（例，契約書，領収証等）は本号の書面には当たらない。

　判例は，被告人が犯罪の嫌疑を受ける前に，これと無関係に米の販売未収金関係を備忘のため，その都度記入したものと認められる「未収金控帳」について，被告人の供述書（自白）ではなく法323条2号の書面として証拠能力を認め，自白の補強証拠になり得るとしている（最判昭和32・11・2刑集11巻12号3047頁）。また，漁船団の取決めに基づき船団所属の各漁船の乗組員から定時に発せられる操業位置等についての無線通信を，船団所属の一漁船の通信業務担当者がその都度機械的に記録した書面について，本号の書面に該当すると判断している（前掲最決昭和61・3・3）。

(4)　第三は，前記各号書面に準ずる「特に信用すべき情況の下に作成された書面」である（本条3号）。1号・2号の書面と同程度に高度の特信性が認められなければならない。最高裁判所は3号の書面について，前2号の書面すなわち戸籍謄本，商業帳簿等に準ずる書面を意味するのであるから，これらの書面

と同程度にその作成ならびに内容の正確性について信頼できる書面をいう旨説示し、形体からみて単に心覚えのため書き留めたメモは本条3号の書面と認めることはできないとしている（最判昭和31・3・27刑集10巻3号387頁）。これに当たるものとしては、広く使用されている人名簿、市場価格表、統計表、年表、学術論文等が挙げられる（これらは母法たるアングロ＝アメリカ証拠法でも伝聞例外とされているものである）。

　通常の日記や手紙は、本条1号・2号に準ずるような類型的信用性があるとはいえないので、本条3号の書面とはいえない。法321条1項3号（被告人以外の者が作成したもの）または322条1項（被告人が作成したもの）により証拠能力が検討されるべきである。これに対して、定型的・非個性的な取引過程で継続的に作成される記録を内容とする書面（例、預貯金通帳、レジスター発行のレシート等）は本条3号に当たり得るであろう。

　契約書や領収証は、前記のとおり書面の類型として規則性・継続性が認められないので2号の書面には該当しないが、社会慣習上高度の信頼性が認められている本人の署名・実印の押印があるものについて、記載された内容の契約成立の事実、一定日時に記載金額の金員授受があった事実を証明する証拠とすることができるか。取引慣行の実情から高度の信用性を認めて本条3号の適用を肯定する考えもあり得ようが、1号・2号の書面に準じた類型的性質を欠く書面に3号の適用を拡張するのは妥当とは思われない。

　なお、領収証については、供述証拠としてではなく、そのような記載内容の書面（証拠物）が授受され特定人に所持されているという事実を立証事項として、その事実から記載内容に対応する金員授受の事実があったことを推認するという用法が可能な場合もあり得よう。

　　＊　かつて本号に該当し得る書面として、「メモの理論」と称される考え方が主張されたことがある。これは、伝聞例外としてアメリカ法で一般的に承認されているもので、「過去の記憶の記録（records of past recollection; recorded recollection）」と称されている。そこで、メモ・覚書き自体が証拠として許容される要件は、証人が証言対象である事実について直接知覚した者であること、書面は、その事実発生後間もない時点で、明瞭・正確な記憶が保持されていた間に証人が作成したメモ・覚書きであること、現在では証人が当該事実を想起できないこと、証人がそのメモ・覚書きの正確性を保証することである。しかし、本条3号書面の解釈としては、原則

として作成者を証人として尋問するまでもなく，書面自体から類型的に特信性が認められる書面に限定されるべきであろうから，直ちに本号の適用を考えるのは相当でないというべきである。

なお，通常の証人尋問において，証人の記憶が明瞭でない事項については，記憶喚起のために書面（供述録取書は不可）または物を示して尋問することができる（規則199条の11第1項）。この場合は，「喚起された記憶（回復された現在の記憶）」に基づく供述が証拠になるのであり，記憶喚起のために示されたメモ自体が証拠になるわけではない（最決平成25・2・26刑集67巻2号143頁参照）。

7 伝聞証人

(1) 法324条2項は，被告人以外の者である証人の供述（「被告人以外の者の公判準備又は公判期日における供述」）に別の「被告人以外の者の供述」内容が含まれていた場合において，その伝聞部分（原供述）を例外的に証拠として許容できる要件を定めている（いわゆる「伝聞証人」）。事件の被害者Vから，被害状況についての話を聞いた証人Wが公判期日に出頭し，Vの供述を内容とする証言をする場合がその例である。原供述であるVの供述の真実性（被害状況）を立証事項とする場合には，Vに対する反対尋問の機会，供述態度等の直接観察，宣誓がいずれも欠如した「公判期日外における他の者（V）の供述を内容とする供述」に当たり，典型的な伝聞証拠であるから原則として証拠能力は認められない（法320条1項後段）。

このような供述について，法324条2項は，供述書及び供述録取書一般の場合の規定を準用して，法321条1項3号の定める厳格な要件で，例外的に原供述の証拠能力を認めている。すなわち，原供述者（例，被害者V）が供述不能であり，その供述が犯罪事実の存否の証明に不可欠であり，その供述が特に信用すべき情況のもとにされたものであるときに限る。なお，伝聞証人が裁判官，検察官等であっても，証拠能力の点で特別の扱いを受けることはない。

(2) このうち原供述のされた「特信情況」は，供述代用書面の場合に比して，様々な態様・形態の外部的情況が想定される。裁判例に現れた特信情況の実例として，事件発生直後の自然発生的供述（自動車事故発生当時，被害者の同伴者である証人が事故現場で，事故を起こした自動車に後続し自転車で通りかかった者から自

動車の所有者の名前を告げられたという証言に関するもの。証言内容となった自動車所有者の名前を述べた点が伝聞［福岡高判昭和28・8・21高刑集6巻8号1070頁］，幼児が性犯罪の被害直後に母親にした被害状況の供述を内容とする母親の証言［東京地判昭和48・11・14刑月5巻11号1458頁］）等がある。このほかアメリカ法で伝聞例外とされている原供述者の臨終の供述，原供述者にとって不利益な事実の承認に当たる供述，系譜及び家族史（pedigree and family history）（例，自己や兄弟姉妹の生年月日に関する知識）に関する供述なども特信性が認められるであろう。

　(3)　公判期日または当事者が立ち会った公判準備において，証人が伝聞供述に及んだ場合，不利益を受ける当事者側から異議があり，裁判所がこれに理由があると判断したときは，証言中の伝聞部分について排除決定をしなければならない。本条項の定める要件の立証がない限り，原則として伝聞部分をそれ以上証言させるべきではない。他方，関係当事者から異議の申立て（法309条1項）がなく尋問が終了し，反対尋問でも伝聞供述の点が問題とされなかった場合には，その証拠能力について当事者による黙示的「同意」（法326条）があったとみられるので，証拠能力を肯定することができよう。

　　＊　最高裁判所は，異議申立てがなかった事案について，次のように説示し，黙示の同意があったものと解している。「［第1審判決及びこれを是認した原判決が有罪認定の証拠とした証言］は伝聞ないし再伝聞を内容とするものであるが，右証言の際，被告人及び弁護人らは，その機会がありながら異議の申立てをすることなく，右証人に対する反対尋問をし，証人尋問を終えていることが認められる。このように，いわゆる伝聞ないし再伝聞証言について，異議の申立てがされることなく当該証人に対する尋問が終了した場合には，直ちに異議の申立てができないなどの特段の事情がない限り，黙示の同意があったものとしてその証拠能力を認めるのが相当である」（最決昭和59・2・29刑集38巻3号479頁）。

　(4)　法が定めているのは，伝聞供述が「公判準備又は公判期日」においてなされた場合である。それでは，伝聞供述が「公判期日外における供述」であった場合，すなわち伝聞証拠に伝聞が含まれている「再伝聞」の証拠能力については，どのように考えるべきか。前記設例のWが，公判期日に証言するのではなく，参考人として検察官の取調べを受け，被害者Vから聞いた話を内容とする供述をし，その供述録取書が作成された場合や，WがVから聞いた話をさらにW_2にした場合に，Wの検察官面前調書や証人W_2の供述を証拠とし

ようとするのがその例である。このような再伝聞の扱いについて直接定めた規定はない。

　有力な見解は，伝聞の各過程に，法定の伝聞例外要件（法321条～324条）が備わっていれば，原供述を証拠とすることができるとする。確かに，形式的条文操作としては，法320条が伝聞証拠を「公判期日における供述に代えて」証拠とすることはできないと定めていることから，前記Wの供述が伝聞例外要件を充足するときは（Wの検察官面前調書が法321条1項2号要件充足，またはWの供述を内容とするW_2証言が法324条2項要件充足），それが「公判期日における供述」と同視され，Wの供述がVの供述を内容としている点について法324条2項をさらに適用することで，前記結論が導かれる。

　もっとも，法320条の否定的表現を「公判期日における供述」に代える文言上の根拠にできるか形式的にも疑問があるばかりでなく，常にこのような形式的条文操作だけで事案処理をしてよいわけではない。伝聞法則の趣意から，原供述内容の真実性・信用性について再伝聞が一層危険であることは明らかである。各伝聞過程の例外要件の適用について厳格に検討すべきことは当然であり，また，証拠能力が問題とされる原供述（例，被害者Vの供述）の存在それ自体について，原供述を内容とする供述をした者（Vの供述を聞いたW）に直接確かめることができない点に留意する必要がある。形式的条文操作のみで一律に証拠能力を認めるのは安直に過ぎるであろう。

　　＊　再伝聞証拠を許容した原審判断を是認した最高裁判例（最判昭和32・1・22刑集11巻1号103頁）の事案は，被告人による不利益事実の承認を内容とする相被告人の検察官面前調書について，法324条・322条1項及び法321条1項2号の組み合わせで証拠能力を認めたものであるが，法322条1項は，被告人の供述内容が不利益事実の承認要件のみで伝聞例外を許容するものであることから，被告人が相被告人にそのような供述をしたこと自体についての確認を必要とすべきであったと思われる。なお，最高裁の是認した原審は次のような法解釈を述べている（東京高判昭和30・4・2高刑集8巻4号449頁）。事案は，検察官面前調書中に，供述者Aが「Bから，B，C，D，Eの4人で，被害者方へ火焔瓶を投げつけてきたという話を聞いた」旨の供述記載部分があったものである。

　　　「供述者本人［に］……法第321条第1項各号所定の事由があるとき，その供述調書に証拠能力を認めたのは，公判準備又は公判期日に於ける供述にかえて書類を証拠とすることを許したものに外ならないから，……法第321条第1項第2号によ

り証拠能力を認むべき供述調書中の伝聞に亘る供述は公判準備又は公判期日における供述と同等の証拠能力を有するものと解するのが相当である。換言すれば，検察官供述調書中の……［再］伝聞の部分については同条［法321条1項2号］の外同法第324条が類推適用され，従って同条により更に同法第322条又は第321条第1項第3号が準用されて証拠能力の有無を判断すべきであり，伝聞を内容とする供述はそうでない供述よりも証拠能力が一層厳重な制約を受けるわけであるが，検察官に対する供述調書中の伝聞に亘る供述なるが故に証拠能力が絶無とはいえない」。

(5) 被告人の公判準備または公判期日における供述で，「被告人以外の者の供述」をその内容とするものについては明文規定がない。被告人の供述であるから，原供述の内容が当の被告人に不利益な事実の承認に相当する場合には，法322条1項を準用し，伝聞事項を任意に供述した場合には証拠能力を認めてよいであろう。これに対して，原供述の内容が被告人に利益なものであるときは，検察官の反対尋問権行使の機会に相応する必要性と特信性を確保するため，法324条2項の場合と同様に法321条1項3号を準用して，「被告人以外の者」が供述不能で，その供述内容に不可欠性があり，特信性が認められる場合に限り許容されると解するのが適切であろう。

8 供述の任意性の調査

(1) 法325条は，法321条から324条までの規定により証拠とすることができる書面または供述について，裁判所は「あらかじめ，その書面に記載された供述又は公判準備若しくは公判期日における供述の内容となった他の者の供述が任意にされたものかどうかを調査した後でなければ」，これを証拠とすることができないと定めている。調査の対象となる書面または供述は，いずれも公判期日外の供述を内容とするものであるから，その伝聞例外要件及び供述内容の証明力を判断する裁判所が，当該供述のなされたときの情況に留意しなければならないのは当然である。この条文はそのような趣旨・裁判所の責務を，供述の任意性の調査という形で規定したものと考えられる。

もっとも，法321条から法324条までの適用を受ける供述には多様な類型が含まれているから，本条にいう「調査」の意義，時期，方法も，それぞれの供述によって異なり得る。一律画一的に解することはできない。

(2) 被告人の供述のうち，不利益事実の承認を内容とするもの，及び公判準備・公判期日の供述録取書は，任意性が証拠能力の要件であるから（法322条1項但書・同条2項・324条1項），供述の任意性は，裁判所が証拠能力を判断する際の直接の対象である。また，被告人の供述または被告人以外の者の供述のうち「特信情況」が証拠能力の要件とされている供述（被告人の供述について法322条1項，被告人以外の者の供述について法321条1項2号但書・同項3号但書・323条3号・324条2項）については，当該供述の任意性は供述のなされた際の「特信情況」の有無に係る重要な一要素として，間接的に裁判所の判断対象となる。

このように供述の任意性が，直接または間接的に証拠能力の要件になっている場合には，法325条の文言どおり，供述内容の証拠調べに先立って「あらかじめ」任意性の調査を行うべきである。もっとも，調査の方法について明示の規律はないので，裁判所が適当と判断する方法でよい。当事者が証拠調べ請求された供述の任意性を特段争わない場合には，任意性があるとの一応の心証のもとに証拠調べを実施し，その結果を勘案して最終的な判断をすることも許されよう。これに対して，当事者が任意性を争う場合には，証拠能力要件たる任意性や特信性判断に際して，慎重な調査が必要であろう。

(3) このような場合と異なり，前記法323条1号・2号書面や後述する裁判官・捜査機関による検証調書，鑑定人の作成した鑑定書等については，供述の任意性は一般に証拠能力の問題にはかかわらず，証明力判断・評価の資料にとどまるであろうから，その調査時期が証拠調べの前である必要はないと考えられる。

* 最高裁判所は法325条の調査の趣旨について，次のように説示している。「法325条の規定は，裁判所が，同法321条ないし324条の規定により証拠能力の認められる書面又は供述についても，さらにその……供述の任意性を適当と認める方法によって調査することにより（最高裁昭和……28年2月12日……判決・刑集7巻2号204頁，……同28年10月9日……判決・刑集7巻10号1904頁参照），任意性の程度が低いため証明力が乏しいか若しくは任意性がないため証拠能力あるいは証明力を欠く書面又は供述を証拠として取り調べて不当な心証を形成することをできる限り防止しようとする趣旨のものと解される。したがって，……任意性の調査は，任意性が証拠能力にも関係することがあるところから，通常当該書面又は供述の証拠調べに先立って同法321条ないし324条による証拠能力の要件を調査するに

際しあわせて行われることが多いと考えられるが，必ずしも右の場合のようにその証拠調べの前にされなければならないわけのものではなく，裁判所が右書面又は供述の証拠調後にその証明力を評価するにあたってその調査をしたとしても差し支えないものと解すべきであ［る］」（最決昭和54・10・16刑集33巻6号633頁）。この説示の趣旨は必ずしも明瞭でない。調査の時期について，証拠調べ後で差し支えない場合があり得るという意味であれば了解可能であろう。

9 当事者の同意

(1) 法326条1項は，検察官及び被告人が「証拠とすることに同意」すれば，法320条1項により排除され，伝聞例外要件を満たさない書面または供述であっても，これを証拠とすることができると定めている。なお，供述代用書面で両当事者の同意があったものを「同意書面」と称することがある。

この規定が働くことにより，前記法321条1項・322条・323条や後記法321条3項・4項の定める伝聞例外要件を満たさなくても，捜査段階で作成された多様な供述代用書面が，実質証拠として公判期日に取り調べられることになる。争いのない事件においては，法326条の同意により捜査機関の作成した供述録取書や検証・実況見分調書等の書証が証拠とされ，原供述者の証人尋問を行うことなく証拠調べが完了する場合も多い。また，否認事件であっても，争いのない事実関係の立証には同意書面や一部同意が活用され，真に争いのある事実関係について証人尋問が実施されるのが一般である。

(2) 同意の法的性質は，原供述者に対する反対尋問権の放棄である。機能的には法320条1項により証拠として許容されない証拠に証拠能力を付与する当事者の訴訟行為とみられる。

法文上，同意は当事者たる検察官及び被告人が行うものとされているが，弁護人も被告人の意思に反しない限り包括的代理権に基づき同意することができる。証拠能力に関する法的判断であるから，裁判所は，被告人自身よりも弁護人に直接同意の有無を確認するのが通例である。もっとも，弁護人の同意が，被告人の意思に反する疑いがあるときは，裁判所は被告人の意思を確認すべきである。

同意は裁判所に対する訴訟行為であり，単に相手方当事者に対して同意して

も法326条の同意には当たらない。一般に，同意は，公判前整理手続または期日間整理手続においてなされる場合のほか（法316条の5第7号，法316条の16，法316条の19，法316条の28），公判廷でなされる。前記のとおり，反対尋問権を放棄し，伝聞証拠に証拠能力を付与する機能を果たす重要な訴訟行為であることから，原則として，明示的な意思表示を要する。公判期日において，通常は，証拠調べ請求に対して相手方の意見を聴く際に（規則190条2項），同意の有無が明らかにされる。

両当事者が証拠とすることに同意した書面または供述は，裁判所が「その書面が作成され又は供述のされたときの情況を考慮し相当と認めるときに限り」証拠能力が認められると規定されているが，証明力の著しく低い証拠や供述の任意性に疑いがある証拠が当事者により同意されることは想定しにくいので，相当性を欠くとして証拠能力が否定される場面は稀であろう。なお，当該証拠の作成過程に除去し難い重大な瑕疵ないし違法が付着しているときは，同意があっても，証拠能力を認めるのは不相当である。

* 同意の法的性質は被告人以外の原供述者に対する反対尋問権の放棄であり，被告人側の反対尋問が想定できない被告人の供述代用書面については，直接主義の要請に基づく裁判官による点検を求めないという消極的意思表示とみることができよう。
  同意が反対尋問権の放棄であるとすれば，同意の効果として，対象となった書面または供述は，反対尋問なしで証拠能力を認められることになる。それでは，証拠能力を認められた当該供述の証明力を争うために同意した当事者が原供述者の尋問を請求することは認められるか。同意が反対尋問権の放棄であるとすれば，その論理的帰結として，原供述者を尋問する権利はないということになるはずである。これに対し，実務では，供述代用書面に同意した側が，書証の証明力を争うため原供述者の尋問を請求する権利を失ったとはみておらず，そのような尋問請求を許している。これは，実務が，同意の法的性質を権利放棄ではなく，伝聞証拠である書証であってもこの点については問わず証拠能力を付与してよいとする意思表示とみているからであろう。このような運用の背景には，供述証拠からの心証形成は直接証人尋問の方法によることを，運用上は原則とせず，まずは書証に依拠しようとするわが国の法律家の強い指向性があるとみられる。
** 裁判所は，立証事項とこれを証明する供述の重要性や立証方法としての相当性等を考慮勘案して，同意書面の朗読ではなく原供述者の尋問が適切と認めるときは，両当事者が書証に同意する見込みであっても，事案に則した的確な証拠調べを実施すべき責務と，直接主義の観点から，書証の取調べ請求の必要性・相当性を慎重に

第5章　被告人以外の者の供述

検討すべきであろう。例えば，犯罪被害者の被害状況に関する供述調書について両当事者が同意する見込みであっても，被害者に過度の負担がなく，被害状況が犯罪事実と重要な量刑事実の立証の中核と認められる場合には，書証ではなく被害者本人の証人尋問により直接その供述を聴くのが相当であろう。

　なお，裁判員に分かりやすい審理の実現という観点から 2005（平成 17）年の規則改正で追加された規則 198 条の 2 は，同意書証・合意書面の活用を例示しているが，自白事件であっても裁判員裁判では，犯罪事実の重要部分など審理の中核となる事実については，被害者，目撃者等の人証が取り調べられる例も多くなってきている。
* * *　同意の効力は，同意した両当事者にのみ及び，その他の当事者には及ばないから，複数の被告人がある事件において，特定の証拠につき同意しなかった被告人には，同意の効力は及ばない。
* * * *　証拠の内容と書面の記載等の外形との両面からみて，書面や供述内容が可分的であるならば，その一部について同意し，残部について不同意との意思表示をすることができる。

10　合 意 書 面

(1)　法 327 条は，検察官及び被告人・弁護人が「合意の上」，ある文書の内容を書面に記載して証拠として提出した場合，または証人等として公判期日に出頭すれば供述することが予想される供述の内容を書面に記載して証拠として提出した場合には，裁判所はその書面を証拠とすることができると定めている。このような書面を「合意書面」という。アメリカ法を参考にした制度であるが，従前，あまり利用されていない。

　その理由としては，前記法 326 条の同意書面が活用・多用されていることから，両当事者が合意の上新たに書面を作成する必要性が乏しかったことが挙げられよう。

(2)　両当事者に争いのない事実関係について，規則は，同意書面・供述（法 326 条 1 項）や合意書面の活用を検討するなどして，当該事実及び証拠の内容及び性質に応じた適切な証拠調べが行われるよう努めなければならない旨の規定を設けて（規則 198 条の 2），迅速・効率的な審理を促している。例えば，複雑な計算関係を伴う財政経済事犯で，大量の帳簿類の内容に点在する関係ある記載を集約統合した一覧表等を作成してこれを合意書面とするなど，活用の余

地はあろう。裁判員裁判対象事件の審理においては，必要かつ十分で分かりやすい証拠調べの実施という観点から，客観的事実や争いのない事実を記載した合意書面を取り調べた上で，これを前提として争点に関する証人尋問等を実施する工夫も行われている。

> ＊　前記規則が想定していた裁判員裁判においては，現在，争いのない立証事項について，捜査機関側が「統合捜査報告書」を作成し，この書面について両当事者が法326条の同意をして証拠とする方法がしばしば用いられている。これは，多数の捜査報告書や実況見分調書等の書証の内容やその添付図面・写真等を，必要な範囲で整理・統合して作成されたものである。もとよりその内容は原証拠たる捜査報告書等の内容を正確に要約・抽出したものでなければならない。新たな証拠を「作出する」ことは許されない。

(3)　合意書面の法的性質は，証拠である供述書ではなく，当事者間で争いのない文書または供述の内容を記載した書面とみられる。「証拠とすることができる」とは，合意書面を証拠能力のある証拠と擬制する趣旨であり，書面に記載された文書または供述の内容が実質的に証拠となるのである。

合意書面の記載内容が証拠となることと，その内容の真否は別の事柄であるから，法が注意的に明記するとおり，当事者がその証明力を争うことはできる。

11 証明力を争う証拠

(1)　法328条は，法321条から法324条までの伝聞例外規定により証拠とすることができない書面または供述であっても，「公判準備又は公判期日における被告人，証人その他の者の供述の証明力を争うためには，これを証拠とすることができる」と定めている。「供述の証明力を争う」とは，供述内容の真実性及び供述者の信用性に疑問を投げかけてその証明力を減殺することをいう。供述者の「弾劾（impeachment）」とも称し，証明力を争う目的で用いられる証拠を「弾劾証拠」という。

(2)　弾劾の方法としては，第一，供述者の性格，能力，利害関係，偏見等，供述者の信用性一般を批判する方法，第二，供述者が前に矛盾する供述をしたこと（prior inconsistent statement）自体を示す方法とがある。これらは，証人に対する反対尋問においても行われ得るが（規則199条の6参照），別途証拠を

提出して弾劾することもできる。法328条の文言は，このような弾劾証拠について証拠能力の制限を緩和しているようにみえる。

第一の方法すなわち証人等供述者の信用性を揺るがせる補助的な事実を証明するための証拠（補助証拠）について本条が適用され，その場合には，伝聞供述及び書面を証拠とすることができるとの理解があり得るところであるが，証人等の信用性一般にかかわる補助事実は犯罪事実ではないから，自由な証明で足り，したがって証拠能力に関し元来伝聞法則の適用はないとの理解もあり得るので，後者の考え方に立てば，補助証拠について本条の適用は問題にならないとみられよう。

他方，第二の方法すなわち証人等供述者の前の矛盾・不一致供述の存在自体を立証して当人の供述の真実性・信用性に疑いを生じさせその証明力を減殺するのは，前の供述内容の真実性を立証するのではなく，発言の存在自体を立証するものであるから非伝聞である〔Ⅲ2(1)〕。したがって，このような自己矛盾供述の使用には元来伝聞法則は働かず，法328条の規定に基づくまでもなく証拠にできるはずである。このような整理に立てば，本条は確認規定であると理解される。

(3) 従前は，法328条に基づき，当の供述者の自己矛盾供述に限られることなく，証明力を争うためであれば第三者の矛盾供述等を用いて証人等の供述内容と異なる事実を積極的に立証する場合も伝聞証拠を使うことができるとの考え方もあった。しかしそれは，「弾劾」の本来的意味・範囲を超えるばかりでなく，実質的には，本来許容されないはずの伝聞証拠をその供述内容の真実性の証明に用いることになり，伝聞法則を潜脱・形骸化させる危険が大きいので，このような場合にまで本条の適用を認める解釈は妥当とは思われない。

最高裁判所も次のように説示して，本条の適用は，供述者の自己矛盾供述に限られる旨を明らかにしている（最判平成18・11・7刑集60巻9号561頁）。

「刑訴法328条は，公判準備又は公判期日における被告人，証人その他の者の供述が，別の機会にしたその者の供述と矛盾する場合に，矛盾する供述をしたこと自体の立証を許すことにより，公判準備又は公判期日におけるその者の供述の信用性の減殺を図ることを許容する趣旨のものであり，……刑訴法328条により許容される証拠は，信用性を争う供述をした者のそれと矛盾する内容

の供述が，同人の供述書，供述を録取した書面（刑訴法が定める要件を満たすものに限る。），同人の供述を聞いたとする者の公判期日の供述又はこれらと同視し得る証拠の中に現れている部分に限られるというべきである。」

　＊　証人の信用性を減殺する不一致供述が提出されたとき，その信用性を回復する目的で，当人が別の機会に証言と内容的に同一の供述（一致供述）をしていたこと自体を立証して，減殺された証明力を回復することは許される場合があると解される。これに対して，当人の公判供述の信用性を増強する目的で別の機会になされた一致供述を用いることは，結局供述内容の真実性を証明することにほかならず，伝聞法則を潜脱することになろうから，許されないと解される。
　＊＊　法文は弾劾の対象を公判準備または公判期日における供述に限定しているが，実質証拠として取り調べられた書証（例，被告人作成の上申書，捜査機関の作成した参考人の供述録取書等の供述代用書面）の証明力を争う場合にも本条を準用するのが実務である。しかし，伝聞証拠を伝聞証拠で弾劾する形は異様であろう。

(4)　本条の証拠は，書証の場合，刑訴法に定める要件を満たした適式なものでなければならない。供述代用書面のうち供述を録取した書面については，原供述を聴いた別人がこれを録取・書面化する部分も伝聞過程であるから，この点について原供述者の署名押印が必要である〔第4章Ⅴ1，本章Ⅳ2(1)〕。また，実質証拠の場合と同様に，当事者の一方から証拠調べ請求を行い，相手方が意見を述べ，証拠調べの決定が行われ，取り調べられるという適式の証拠調べ手続によることを要する。

前記判例（最判平成18・11・7）が，「刑訴法328条により許容される証拠は，信用性を争う供述をした者のそれと矛盾する内容の供述が，同人の供述書，供述を録取した書面（刑訴法が定める要件を満たすものに限る。），同人の供述を聞いたとする者の公判期日の供述又はこれらと同視し得る証拠の中に現れている部分に限られるというべきである」と述べ，「［公判準備または公判期日において供述をした者が］別の機会に矛盾する供述をしたという事実の立証については，刑訴法が定める厳格な証明を要する趣旨であると解するのが相当である」と説示しているのは，このような趣意と解される。

　＊　前記判例は具体的事案の処理において，被告人側が弾劾証拠として取調べ請求した書証は，証人の前の「供述を録取した書面であるが，同書面には同人の署名押印がないから［刑訴法が定める要件を満たす］供述を録取した書面に当たらず，これ

と同視し得る事情もないから，刑訴法328条が許容する証拠には当たらないというべきであ[る]」としている。なお，「同視し得る」証拠としては，署名押印を欠く供述録取書であるが，録取過程について法326条の同意がある場合や，録取の正確性を担保する外部的情況が認められる場合等があり得よう。

なお，判例が「刑訴法が定める厳格な証明を要する趣旨である」と言及した実質的理由は，法328条の対象を供述者の自己矛盾供述に限定するだけでなく，それを適式の書面に限ることで，その範囲の拡散を防ぐという政策的目的であろう。

V 共同被告人及び共犯者の供述

1 総　説

共同審理を受けている複数の被告人のことを「共同被告人」という。また，そのうちのひとりから他の被告人を指して共同被告人（または相被告人）と称することもある。これは手続法上の概念である。実際上，複数の被告人が共同の審理を受ける場合は相当数あるが，法には共同被告人の存在を想定した若干の規定が設けられているにとどまる（証言拒絶権［法148条］，求供述［法311条3項］，弁論の分離併合［法313条］，共通破棄［法401条］，死刑執行までの期間［法475条2項］）。その供述の証拠法上の扱いについては特段の規定がない。

他方，共犯者は，実体法上の概念であるが，共犯関係の存在は，手続法にもこれを想定した規定が若干設けられている（証言拒絶権［法148条］，訴訟費用［法182条］，告訴［法238条］，公訴時効［法253条2項・254条2項］）。

このように「共同被告人」と「共犯者」は別個の概念であるから，併合されて共同審理を受けている共同被告人が皆共犯者である場合，一部が共犯者である場合，あるいは全員に共犯関係がない場合もあり得る（法9条参照）。また，共犯者の一部のみが共同被告人として併合審理されており，他の共犯者は別の裁判所で審理されている場合や起訴されていない場合もあり得る。このように共同被告人と共犯者との間には，「共犯者である共同被告人」，「共犯者でない共同被告人」，「共同審理を受けていない共犯者」という3類型があり得る。

ここでは，とくに共犯者である共同被告人の場合を中心にその供述の証拠能

力及び証明力の問題と，共同被告人がある場合の証拠調べに係る問題を扱う。

2 共同被告人・共犯者の供述の証拠能力

(1) 共同被告人の供述が公判期日に顕出される第一の場合は，被告人の地位のまま，公判期日における「被告人質問」の場面で，任意に供述をする場合である（法311条）。現行法は被告人をその地位のまま証人として尋問することを認めていないと解されているので〔第4章Ⅳ*2*(2)〕，このような共同被告人の供述は，無宣誓でなされ，「個々の質問に対し，供述を拒む」権利が保障されている（法311条1項）。すなわち，相被告人に不利益な供述をしても，相被告人からの反対質問には応答しなくてもよい。このため，共犯者であるX・Yが共同審理されている場合に，検察官が被告人Xの犯罪事実を立証するため，共同被告人Yに質問してXに不利益な内容の供述がなされたとき，Xの反対質問による供述の信用性の吟味が十分にできない可能性がある。

Yが反対質問に応じず，黙秘ないし供述を拒否した場合には，Yの公判期日における供述に証拠能力を認めることはできないというべきである。証人と異なり無宣誓供述であるうえ，反対質問による信用性吟味の機会が妨げられているからである。公判期日における供述態度の直接認識のみから供述の証明力・信用性評価が可能とみるのは，判断能力の過信というべきである。これに対してYが反対質問にも任意に応答した場合には，その供述に証拠能力を認めることができよう。しかし，無宣誓供述であることから，その証明力評価には慎重を要する。

(2) 前記Yが，検察官の主質問にも任意に供述しない場合や，Xの反対質問に応答せず被告人質問における供述の証拠能力を認め難い場合には，Yを被告人の地位から離脱させて「証人」として尋問するほかはない。すなわち，検察官は裁判所に審判の分離を請求し，その旨の決定を経て，Yを証人として取調べ請求するのが，Yの公判供述を得るためのいまひとつの方法である。この場合は証人として宣誓供述をし，供述した事項について法的には反対尋問に応答する義務を負うことになるので，供述の証明力は高められる。

もっとも，X・Yが共犯者であり，かつ，両者の犯行が一体化しておりX

の犯罪事実に関する供述が同時に証人Y自身の犯罪に関する供述にもなり得る場合には，通常の証人と全く同様に扱うことはできない。これは，Yが共同審理を受けていない共犯者である場合も同様である。Yは自己の犯罪に直結する事項については証言拒絶権を行使することができる（法146条）。他方，拒絶しないで主尋問に応じて供述したときは，その事項について黙秘権を放棄したと認められるから，Xの反対尋問に応答しなければならない。しかし，事実上反対尋問に応答しないとき，とくに分離前は共同被告人であった者に応答を強要することは適切ではない。このような点を考慮勘案すると，通常の証人の場合とは異なり，事実上反対尋問の機会が妨げられたYの主尋問における供述の証拠能力を認めることはできないというべきであろう。

(3) 以上は共同被告人及び共犯者の公判期日における供述の扱いであるが，公判期日外の供述（例．共同被告人・共犯者の供述調書）を証拠とすることができるのはどのような場合か。共同被告人Yの公判期日外の供述は伝聞証拠であり，被告人Xの同意（法326条）がなければ，証拠能力がないのが原則である（法320条1項）。Yは相被告人Xからみれば「被告人以外の者」に該当するので，伝聞例外のうち法321条1項の適用があり得る。

検察官が，被告人Xの犯罪事実を立証するため，共同被告人Yの公判期日外の供述を利用できるのは，Yが公判期日において捜査段階の供述と異なる供述をした場合で，法321条1項1号または2号各後段の要件を満たす供述調書があるときである（例．Yが，公判期日外では裁判官または検察官に対してXの犯罪事実を認める供述をしたが，公判期日でこれと異なる供述をした場合。なお，Yは共同被告人として在廷しているから，321条1項各号前段の供述不能は問題にならないであろう。もっとも黙秘や記憶喪失の場合1号または2号前段書面の利用可能性があり得る）。2号書面の場合は，特信性が示されなければならない。また，Xに不利益なYの調書の内容について，Xに反対質問の機会を与え，Yの応答を促すべきである〔Ⅳ2，3，4〕。

Yが共同審理を受けている共犯者であり，かつXと一体的な犯罪事実を供述している場合（例．Yの自白調書）には，Yに対する関係で供述の任意性が認められなければならない（法322条1項・319条）。そして，任意性に疑いのあるYの調書は，虚偽のおそれが類型的に認められて排除されるのであるから，X

に対する関係でも証拠とすることはできないというべきである〔第4章Ⅱ*1*〕。共同審理を受けていない共犯者の公判期日外の供述については，証人一般の場合に準ずる。共同被告人ではないので，死亡その他供述不能の伝聞例外が適用される場合もあり得よう。また，それが，当人の自白にも当たる場合は，前記共同被告人Yの場合と同様に任意性が要求される。

3 共同被告人・共犯者の供述の証明力

(1) 共犯者の供述の証明力・信用性については，その者が共同被告人であるかどうかを問わず，証人一般の供述に比して，警戒すべき点が指摘されている。共犯者は自己の罪責・量刑を軽くしようとして他人の罪責を誇張し重く述べているかもしれず，また，全く犯行に関与していない他人を共犯者に仕立てる供述をする可能性さえあるといわれる。被告人に対し敵対的利害関係を有する証人についても同様の危険はあるが，共犯者である場合にはその危険が類型的に高度であるといえよう。それ故，共犯者の供述の証明力評価に際しては慎重を要する。

(2) 共犯者ないし共同被告人の供述（自白）のみが存在し，それが他の共犯者たる被告人の犯行を証明する唯一の証拠である場合，他の証拠がないまま当該被告人の有罪とくに犯人性について確信が得られることは稀であろうと思われる。しかし，共犯者の供述のみで事実認定者が被告人の有罪を確信できる心証に到達している場合に，憲法38条3項，法319条2項の解釈としてなお，共犯者の供述（自白）以外の他の証拠を必要とするかについては，争いがあった〔第4章Ⅲ〕。

最高裁判所は，有力な反対意見を伴っていたものの，「共犯者は……被告人本人との関係においては，被告人以外の者であって，被害者その他の純然たる証人とその本質を異にするものではない」と説示して，共犯者の供述（自白）は被告人本人との関係においてこれを憲法にいう「本人の自白」と同一視しまたはこれに準ずるものとすべきではなく，憲法38条3項及び法319条2項の適用はなく，補強証拠を要しないとしている（最大判昭和33・5・28刑集12巻8号1718頁〔練馬事件〕，最判昭和51・2・19刑集30巻1号25頁）。

これに対し，共犯者の供述に補強証拠を要するとする見解は，補強法則の趣旨が自白偏重とこれに伴う誤判防止であることから憲法解釈上共犯者の自白も本人の自白と同様に扱うべきとする。そして，補強証拠を要しないとすれば，共犯者の一人が自白し，他の一人が否認した場合，他に補強証拠がなければ自白した者は無罪となり，否認した者は共犯者の自白のみで有罪となるという非常識な結論となること，また，共犯者間における法律関係の合一的確定の要請が損なわれると批判する（前記最判昭和51・2・19における團藤重光裁判官の反対意見参照）。

確かに共同審理を受けている共犯者間の合一的確定の要請はあるが，それは絶対的なものではなく，手続が分離され，あるいは当初から共同審理されていない場合に判断が分かれることはやむを得ない。また，自白した者が無罪になるのは，補強法則の結果であって，自白をしたためではない。否認した者が有罪となるのは，共犯者供述が信用できるとされた結果であって，否認したためではない。これは必ずしも非常識な結論とは思われない。

なお，共犯者の自白にも本人の自白同様補強証拠を要するとしても，犯人性について補強証拠は不要（罪体についてだけ必要と解される）なのであるから〔第4章Ⅲ2〕，共犯供述の危険のうち，犯行に関与していない者を引き込む危険を防止することができず，意味があるかどうか疑わしい。

4 共同被告人と証拠調べ

(1) 共同被告人に対する訴訟手続は，複数の被告人に対して同一の手続が同時に進行する形となる。このため，当事者の訴訟行為は，通常，共通の効果を生ずる。検察官の訴訟追行の負担は軽減され，他方，利害が共通する被告人間では防禦上の相互協力が可能となる。証拠調べ請求と事実認定について，証拠が共同被告人に共通である限り，その取調べ請求は被告人の数に関わらず1回で足り訴訟経済に資する上，証拠が共通であることから事実認定の合一的確定にも資するのである。

他方で，各共同被告人と検察官との間の訴訟法上の法律関係は別個・個別に成立しているから，一部の被告人についてのみ限定して，証拠調べ請求等の訴

訟行為が行われることもあり得る（例，相被告人の公訴事実とは無関係の証拠の取調べ）。また，共同被告人のひとりについてのみ生じた事由は，原則として他の共同被告人には影響を及ぼさない。前記共通破棄（法401条）や，死刑執行までの期間（法475条2項）に関する規定は，これを前提としている。

　また，審判併合の前に各被告人について取り調べた証拠は，それが他の被告人にとって関連性・証拠能力のある証拠であっても，併合によって当然に他の共同被告人について証拠になるということはない。

　(2)　このように，共同被告人と検察官との間の法律関係は別個・個別に成立しているから，手続の明確化のため，検察官は，証拠調べ請求に際して，共同被告人全員に共通する場合でも，請求の相手方を特定・明示しなければならない。相手方が不明瞭である場合には，裁判所は求釈明を要する（規則208条）。相手方の明示がないまま証拠調べが実施された場合，前記併合審理の趣意・利点に鑑み，特段の事情がない限りは，共同被告人全員の関係で証拠調べ請求がなされたものと解するのが訴訟関係人の黙示の意思に即し，適切であろう。

　なお，検察官が共同被告人の全員に対して証拠調べ請求した場合，その後の手続は，全員に共通のものとして進行し，異議申立てや反対尋問の効果等も全員に及ぶ。重複陳述の制限（法295条），重複異議の禁止（規則206条）等も全員共通に扱われる。また，異議申立てに関する決定の際には，ひとりの被告人からの異議申立てであっても，決定の効果が他の共同被告人にも影響を及ぼすと認められるから，相被告人からの意見陳述を許すべきであろう。

　他方，共同被告人の一部から証拠調べ請求があった場合，明示がなければ，当該被告人の関係でのみ請求があったと解されるから（情状証人の場合等は単独請求が普通であろう），その場合，証拠調べの効果は他の被告人には及ばない。しかし，共同被告人間に防禦上の共通性が認められる場合や一体的な犯罪事実の認定に直接影響するような証拠である場合には，事実認定の合一的確定の要請に鑑み，裁判所は他の被告人の請求意思の有無を確認し，必要あれば，他の被告人に対しても証拠調べをする旨決定し，証拠調べの効果が共同被告人全員に及び得るよう配慮するのが望ましい。

　(3)　検察官が共同被告人の一部のみについて証拠調べを請求し，それに応じた証拠決定がなされ，証拠調べが実施される場合について，以下，X・Yが共

同審理されているのを想定して説明する。

　検察官がXについてのみ証拠調べ請求した場合，前記のとおり，証拠調べの効果は，請求の相手方とされた被告人Xについてのみ生じ，他の共同被告人Yには及ばないことから，Yには，当該証拠調べに関して，意見陳述や異議申立て，反対尋問の権利はない。検察官請求証拠が，Xについてのみ関連性ある証拠である場合には特段の問題はない。

　(4)　X・Yの公訴事実に共通して関連性を有する伝聞証拠について，Xは法326条の同意をし，Yは不同意であるとき，証拠調べの実施方法について考慮を要する。同意の有無により，伝聞証拠（例，X・Yに一体的な犯罪事実の被害者の検察官調書）の証拠能力は相対化されるから，Xとの関係で検察官調書を取り調べ，Yとの関係では，原供述者を証人尋問することになる。しかし，調書の取調べを先行させると，事実上Yに対して不利益な心証が形成されるおそれがあろう。他方，調書からの心証形成を遮断すれば，X・Y間の事実認定が不整合となり合一的確定が妨げられる可能性が生じる。Xが公訴事実を争わず，検察官請求の書証のほとんどすべてに同意し，Yは公訴事実を全面否認して，書証すべてを不同意とするような，共同被告人間の利害が相反する場合には，裁判所は，X・Yの審判を分離してそれぞれ別個に手続を進めるほかはないであろう（Yが請求したときは，分離すべきである［法313条2項，規則210条］）。

　共同審理のまま前記書証と証人の証拠調べを実施する方法として，実務上用いられるのは，次のような手法である。まず，X・Y両者の関係で調書の原供述者を証人として取り調べる（検察官が不同意のYに対してのみ証人尋問請求しているときは，検察官にXに対する関係でも証人尋問請求を促すか，裁判所が職権でXについても証人として採用する）。証人尋問の結果，調書と同内容の公判供述がなされたときは，調書の取調べは不必要となる（検察官の調書取調べ請求は撤回）。他方，証人尋問の過程で相反供述がなされ，特信性が示されれば，調書はYとの関係で伝聞例外要件を満たすので，同意したXと不同意のY両者について調書を取り調べる。これにより，共同被告人に共通する事実について心証が分裂することを回避し，Yの原供述者に対する反対尋問権の行使を確保できよう。もっとも，原供述者の証人尋問が先行実施されている以上，直接主義・

公判中心主義の観点から，調書の取調べに至る場面は乏しくなるであろう。

(5) Xの自白調書について，Xは同意または法322条により証拠能力があり，Yは不同意で伝聞例外要件不充足の場合，Xとの関係で自白調書の取調べを先行するのはYにとって不利益となるから，むしろ被告人質問を通じたXの公判供述を求めるべきであろう。Xがこれに応じない場合やYからの反対質問に応じない場合には，Xとの関係でのみ調書を取り調べることとなるが，Yにも影響が及び得ることからその内容につきYの反対質問を許すのが適切であろう。

* 共同被告人全員に対して関連性・証拠能力のある証拠であるにもかかわらず，審判の分離・併合等により，共同被告人の一部についてだけそれが取り調べられることがあり得る。X・Yの犯罪事実認定に共通する証人WをXについて取り調べる旨の決定後に，Yの審判が併合されたが，Yに対する関係の証拠調べ請求と証拠決定なしにWの証人尋問が実施された場合，前記のとおり，その内容をYに対する証拠とすることはできない。併合決定だけで証拠が共通にできるわけではない。

  共同被告人X・Yを併合審理中，Wの証人尋問期日にYが不出頭であったため，一時的に審判を分離してXの公判期日としてWの証人尋問を実施し，再度審判を併合するような場合は，本来共通に実施されたはずの証拠調べを意図的に分けた形となる。なお，このような場合，Yとの関係で再度Wの尋問を実施するのを回避するため，実務上，一時的に分離されたXの公判期日に，不出頭であったYの公判準備（Yの関係で公判期日外の証人尋問〔法281条〕）を行うこととし，併合後の期日においてWの証人尋問調書をYに対する関係で証拠として取り調べる（法321条2項・303条）という措置がとられることがある〔第3編公判手続第5章Ⅲ(2)〕。

Ⅵ 検証した裁判官等

1 裁判所・裁判官の検証調書

(1) 裁判所は，事実発見のため——すなわち場所・物・人体等の状態を感知するため——必要があるときは，「検証」することができる（法128条）。合議体の構成員たる裁判官（受命裁判官）または別の裁判所の裁判官（受託裁判官）によって行うこともできる（法142条・125条）。検証には，裁判所書記官が立

ち会い（規則105条），検証の結果を記載した「検証調書」が作成される（規則37条・41条）。

この「検証の結果を記載した書面」は，裁判所・裁判官を原供述者とし，その知覚・記憶した内容を叙述・書面化した伝聞証拠であるが（法320条1項），法はこれを無条件で証拠として許容している（法321条2項後段）。その理由として次の点が挙げられよう。第一，検証という採証活動の性質が，場所・物等の状態に対する意識的・客観的認識であること。第二，このような検証の結果の記載・書面化は，業務としての正確性をもってなされること。第三，検証の結果は，口頭による報告・供述より書面による報告の方が一般に正確性が確保される性質を有すること。第四，当事者の立会いがある程度保障されており（法142条・113条），検証の際に裁判所・裁判官に対して必要な説明を行い，注意喚起することにより，その知覚・観察の正確性に資することができることから，反対尋問に相応する正確性担保の機会があるとみることができること。なお，第五，裁判官が検証結果を証人的地位で報告するのは適当でないことも併せ考慮されているであろう。

前記第四の理由を強調すれば，立会権の保障のない別事件における検証調書には，本条項の適用はないとの考えもあり得るが（この立場からは，法321条3項の準用によることになろう），検証という採証活動の性質，調書作成過程の性質，さらに中立的な裁判所・裁判官が主体であることに鑑み，別事件において作成された検証調書にも適用されると解される。

なお，裁判官の検証調書には，公判準備として行われた検証のほか，証拠保全としての検証によるものもあり得る（法179条）。また，裁判員裁判対象事件においては，合議体の構成裁判官が裁判員の立会のもとに実施した検証（裁判員法57条2項）の結果を記載した検証調書も含まれる（同法64条）。

(2)　検証に際しては，現場に目撃者等の第三者や被告人等を立ち会わせてその指示説明を求め，検証活動の参考にするのが通常である。立会人が指示説明した発言の内容は，それが検証調書に記載されていても，独立の「供述」としては扱われない。記載された指示説明を手がかりにして検証が実施されたことが記録され明確にされていることを意味するにとどまる。したがってそれは，検証結果記載部分と一体のものとして扱われ，証拠能力を別途考える必要はな

い。これは，検証調書の記載内容を明らかにするため調書に添付された図面・写真等についても同様である。

 * 立会人の指示説明記載部分の扱いについては，後記 *2* (4)を参照。
 ** 裁判所・裁判官の検証調書に記載されている立会人の指示・説明部分を独立の「供述証拠」として使用する場合，すなわちその内容の真実性を立証事項とする場合があり得るとすれば，それは，当該事件の「公判準備における供述」または「裁判官の面前における供述」に当たるから，立会人が被告人以外の者であるときは，法 321 条 2 項前段（当該事件の検証の場合），または法 321 条 1 項 1 号（別事件の検証，証拠保全における検証の場合）により，立会人が被告人であるときは，法 322 条 2 項（当該事件の検証の場合），または法 322 条 1 項（別事件の検証，証拠保全における検証の場合）により，証拠能力の有無を判定するということになろう。しかし，被告人以外の者の「供述」を証拠にするのであれば，本来はあらためて当人を証人として尋問すべきであろう。

2　捜査機関の検証調書

(1)　検察官，検察事務官または司法警察職員は，捜査上必要があるときは検証をすることができる（法 218 条・220 条）。前記裁判所・裁判官の検証と採証活動の性質は共通し，五官の作用で場所・物・人体等の状態を感知してこれを証拠化し保全する目的で実施される。内容の正確性確保という観点から検証をした者の記憶に頼るより書面による報告に適しており，検証の結果を記載した書面作成の要領等，検証調書作成過程の性質も共通する。しかし，検証の主体が捜査機関であること，また，捜査段階においては，被疑者側の立会権が保障されていないので，法は伝聞例外としての一定の条件を設け，これを満たしたときに限り，調書の証拠能力を認めている。

すなわち，その供述者（検証をし，調書を作成した者）が，公判期日に出頭して「証人として尋問を受け」，調書が「真正に作成されたものであることを供述したときは」，証拠とすることができる（法 321 条 3 項）。

 * 捜査機関の作成した検証調書や実質的に同一の活動を任意処分として実施した結果を記載した実況見分調書について，当事者の同意（法 326 条）があるときは，もとより，作成者の証人尋問は不要である。争いのない記載部分について一部同意が行われる場合もあり得よう。

(2) 法が作成者を証人として尋問することを要件としたのは，伝聞証拠である検証調書の内容について十分な反対尋問の機会を与える趣意であるから，「真正に作成されたものであることを供述」するとは，単に作成名義の真正や正確に記載した旨の形式的な供述を得るだけではなく，調書の内容にわたり実質的な反対尋問を受けることを意味すると解され，そのように運用されている。

　＊　作成者が死亡等のため証人として供述不能の場合は，法321条1項3号の書面として証拠能力が検討されることになる。「公判期日において証人として尋問を受け」ることができない事情（病気等）があり，公判準備であれば供述できるという場合であれば，その場で尋問し，十分な尋問ができたと認められるときは，法321条3項を準用して，検証調書自体を証拠とすることができると解してよいであろう。

　＊＊　別事件において作成された検証調書・実況見分調書については，それがいまだ被疑事実等が流動的な捜査段階に実施されたものであることに鑑みると，本項を適用するのは疑問であろう。

(3) 捜査機関が任意処分として実施する実況見分の結果を記載した「実況見分調書」について，最高裁判所は法321条3項が適用されると解している（「捜査機関が任意処分として行う検証の結果を記載したいわゆる実況見分調書も刑訴321条3項所定の書面に包含されるものと解するを相当とする」[最判昭和36・5・26刑集15巻5号893頁，最判昭和35・9・8刑集14巻11号1437頁]）。検証も実況見分も，捜査の過程において捜査機関の手により実施され，その態様と調書作成の業務的性格に異なるところはなく，強制捜査かどうか，令状の有無が正確性に違いを生じさせることはないから，両者の証拠能力要件に差をつける実質的理由はない。実況見分調書が本項の書面に該当するとした判例の結論は合理的と思われる。

それでは，本項に法定・明記されている捜査機関には該当しない者が実施した実況見分の性質を有する活動の結果を記載した書面について，本項を準用することはできるか。法が，本項書面の作成主体を捜査を職務とする公務員に限定したものと理解すれば，私人（例，弁護人やその依頼を受けた測量士，建築士など）が実施・作成した実況見分調書の性質を有する書面にまで適用範囲を拡張するのは法の趣意に反するとの考え方が成り立つであろう。他方，採証活動の性質自体に由来する内容の正確性の側面に着目すれば，特定の専門的仕事を業とする者が実施し，捜査機関による場合に準ずる業務性・客観性が認められる

場合，本項の準用を肯定する見解も成り立ち得るであろう。

　最高裁判所は，本項「所定の書面の作成主体は，『検察官，検察事務官又は司法警察職員』とされているのであり，かかる規定の文言及びその趣旨に照らすならば，本件報告書抄本［元消防士で火災原因の調査・判定に関し特別の学識経験を有する私人が燃焼実験を行ってその考察結果を報告した書面］のような私人作成の書面に同項を準用することはできないと解するのが相当である」と説示して，前者の考え方を採っている（最決平成20・8・27刑集62巻7号2702頁）。

　この判例に拠れば，被告人・弁護人側の依頼で私人が実施した実況見分調書の性質を有する書面に本項が準用される可能性は封じられたとみられる。もっとも，それが特別の学識経験を有する私人により実施された「鑑定」の性質を有するのであれば，後記法321条4項の「鑑定書」に関する規定の準用が可能であろう。前記最高裁判例も，当該事案における私人作成の書面について，「学識経験に基づいて燃焼実験を行い，その考察結果を報告したもの」と位置づけ，法321条4項の書面に準ずるものとして同項により証拠能力を有すると説示している。

　　＊　前記判例は私人作成の書面について判断した事案であるから，捜査機関ではないが，私人ではなく，捜査機関と同様に法令に基づき違法行為等に関する調査を行う公的機関（例，消防吏員，税務職員等）がその業務として作成した検証調書・実況見分調書の性質を有する書面について，法321条3項の準用可能性は否定されていないであろう。税関職員が犯則事件の調査において作成し，実況見分の結果を記載した書面に本項を適用した裁判例として，東京高判平成26・3・13高刑集67巻1号1頁。

（4）　捜査機関の検証・実況見分においても被疑者や被害者，目撃者等を立会人としてその指示説明を求めつつ実施する場合が多い。前記のとおり，調書に記載されている検証・実況見分の対象を確定する必要からなされた立会人の指示説明は，「供述証拠」として用いられるのではなく検証実施の手段に過ぎないから，調書と一体のものとして扱われる。最高裁判所が調書に記載された立会人の指示説明部分について次のように説示しているのは，このような趣意である。

　「立会人の指示，説明を求めるのは，要するに，実況見分の一つの手段であるに過ぎず，被疑者及び被疑者以外の者を取り調べ，その供述を求めるのとは

性質を異にし、従って、右立会人の指示、説明を実況見分調書に記載するのは結局実況見分の結果を記載するに外ならず、被疑者及び被疑者以外の者の供述としてこれを録取するのとは異なるのである。……従って、たとえ立会人として被疑者又は被疑者以外の者の指示説明を聴き、その供述［発言内容］を記載した実況見分調書を一体として、即ち右供述部分をも含めて証拠に引用する場合においても、右は該指示説明に基く見分の結果を記載した実況見分調書を刑訴321条3項所定の書面として採証するに外ならず、立会人たる被疑者又は被疑者以外の者の供述記載自体を採証するわけではない」（前掲最判昭和36・5・26）。

これに対して、このような指示ではなく「現場供述」であれば、その部分は立会人の供述録取書の性格を有するから、本項のみでは証拠能力を認められないと説明されることがある。しかし、この説明は不明瞭無内容であり、適切でない。立会人の指示説明の性質に「現場指示」と「現場供述」の2種類があるというわけではない。記載されている発言内容の証拠としての使用の仕方、すなわち立証事項が何であるかの問題、すなわち「伝聞」に該当するかどうかの問題であることに留意すべきである。

調書に記載されている立会人の指示説明発言を、検証の手がかり・手段たる指示としてではなく、発言内容の真実性の証明に用いようとする場合、すなわち「供述証拠」として用いようとする場合には、それが伝聞証拠であることは明らかであるから、その発言部分についてさらに伝聞例外の要件を充足しなければならないのは当然である（被告人の供述であれば法322条1項、被告人以外の者の供述であれば、法321条1項2号ないし3号の要件を満たす必要があると共に、供述録取書面とみられることから、供述者たる立会人の署名押印が必要である。もっとも、検証・実況見分立会の際の発言記載には署名押印を欠くのが通例であろうから、その点で要件を欠くことになろう）。

　　＊　殺人現場の検証に犯行目撃者の立会を求め、立会人から「この場所で被害者が刺されました」との指示説明があり、これに基づき検証者がその地点を観察したところ血痕の存在を認めたので、計測の結果その位置は基点から10mの地点であることを確認した旨、検証調書に記載がある場合を例とする。記載されている立会人の発言内容から「この場所で被害者が刺された」という事実を認定すれば、立会人の指示説明発言を供述証拠として使用したことになる。これに対して、当該検証調書

の本来の立証事項は，指示説明に基づき特定された地点・位置に血痕が存在していたという検証者に感知された事実であり，被害者がそこで刺された事実ではないから，指示説明の内容が直接犯行の証明になるのではない。後者のような立証事項である限り，立会人の指示説明発言は実施された検証の手がかり・手段にとどまり，供述としての意味は持たない。

(5) 被疑者や被害者に犯行状況（例，被疑者が被害者に加害行為をした際の両者の位置関係と行為態様等）を動作で再現させ，捜査官がこれを観察した経過と結果を記載した犯行（被害）再現状況報告書（実況見分調書や写真を添付した写真撮影報告書）が証拠調べ請求される場合がある。その立証事項が，一定の犯行態様が犯行現場の状況から可能であること（例，電車内の被疑者と被害者との位置関係から被疑者が被害者の身体の特定部位を触ることが物理的に可能であることを立証事項とする場合，被疑者が狭い窓から室内に侵入することが物理的に可能であることを立証事項とする場合，被疑者の供述どおりの方法で自動車を崖から谷底に落下させることが可能であることを立証事項とする場合等）であるならば，通常の検証・実況見分調書と同様，捜査官が感知した状態としての再現状況を報告するにとどまり，再現された犯行自体の真実性を直接証明するものではない。

しかし，犯行再現状況を，再現どおりの態様・方法で犯行が行われた事実を直接立証する証拠として用いる場合には，被疑者または被疑者以外の者の動作・挙動の形式で提供された「供述」を，その内容の真実性を証明するために用いることにほかならない。再現状況を撮影した写真や付記された再現者による説明も，撮影されている動作・挙動による供述と機能的に同価値である。この場合，すなわち立証事項（要証事実）が再現どおりの態様・方法で犯行が行われた事実であるとしかみられない場合には，最高裁判所が判示するとおり（最決平成17・9・27刑集59巻7号753頁，Ⅲ2(2)），そのような書面が証拠能力を認められるためには，法326条の同意がある場合は別として，実況見分調書につき法321条3項の要件を満たすことに加えて，被疑者については法322条1項の，被疑者以外の者については法321条1項2号または3号の要件を満たす必要がある。また，「供述」とみられる写真に付記される再現者による説明部分は，供述録取書として，再現者である被疑者または被疑者以外の者の署名押印が必要である（写真自体については撮影，現像等の記録の過程が機械的操作によっ

第5章　被告人以外の者の供述

てなされていることから，再現者の署名押印は不要である〔第4章Ⅵ*1* ＊参照〕）。

Ⅶ　鑑　定　人

1　鑑　定　書

(1)　裁判所は，立証事項の性質上，特別の知識・経験を有する者の判断を求めて裁判官の論理則・経験則や判断力を補充する必要があるときは，「学識経験のある者」に鑑定を命ずることができる（法165条）。これを「鑑定人」という。当事者の請求に基づく場合と裁判所の職権による場合があるが，裁判所が鑑定を命じ，鑑定人は，召喚を受けて公判期日に出頭し，宣誓をした後（虚偽鑑定罪〔刑法171条〕参照），鑑定を実施し，その経過及び結果を報告する（法166条，規則128条以下）〔第3編公判手続第4章Ⅳ*1*〕。

報告は，口頭または書面（鑑定書）による（規則129条1項）。公判期日において口頭による報告が行われる場合には伝聞の問題は生じない（なお，公判準備期日において口頭報告があればその内容を記載した鑑定人尋問調書が作成され，その調書を証拠とする場合，法321条2項前段が適用される）。これに対して，「鑑定書」による報告が行われる場合には，この書面は伝聞証拠であるから（法320条1項），法定の例外要件（法321条4項・326条）を満たした場合に限り証拠とすることができる。

(2)　法321条4項は，「鑑定の経過及び結果を記載した書面で鑑定人の作成したもの」について，前記法321条3項と同様の要件で証拠能力を認めている。すなわち，鑑定人が公判期日に出頭して証人として尋問を受け，鑑定書が真正に作成されたものであることを供述したときは，鑑定書自体を証拠とすることができる。捜査機関の検証調書の場合と同様，真正に作成されたものであることの供述とは，反対尋問を保障する趣旨から，単に作成名義の真正や正確な記載をした旨の形式的供述ではなく，鑑定書の記載内容について実質的な尋問の機会を与えるものでなければならないと解されており，そのように運用されている。

631

＊　特別の知識・経験・学識なしには判断できない事項が立証事項となっており，かつ鑑定による補充がなされれば裁判所による判断が可能となる見込みがあるとき，裁判所は鑑定を命ずるべきである。なお，鑑定は，定義により，事実認定者の論理則・経験則を，通常人では知り得ない分野・事項についての専門的学識に基づき補充するものであるという性質を有し，他方で，専門的知識・経験については職業裁判官であれ裁判員であれ，直接的理解・把握が困難であることから，別途，証拠としての「関連性」の有無について慎重な前提的考慮を要する。この点は，鑑定書の形式によるか鑑定人が公判期日に口頭で報告するかを問わず証拠能力の要件として裁判官による点検が必要である。裁判官は，鑑定人の鑑定事項に対する適格性，鑑定の基礎となった特別の知識・経験の原理的妥当性，具体的な鑑定の経過からみた資料・鑑定手法等を勘案して，関連性の有無を判断すべきである〔第2章Ⅱ*3*参照〕。

2　嘱託に基づく鑑定書等

(1)　鑑定書が前記の要件で証拠能力を認められる趣意は，それが鑑定事項について特別の知識経験を有する学識者によって作成されるという意味で信頼性があり，また，多くの場合，口頭による報告よりも書面による報告の方が正確性が高いと考えられたからである。それ故，鑑定人が作成した鑑定書には当たらなくとも，実質的にこれと同様の性質を有する書面，すなわち特別の知識経験・学識に基づき知ることのできる法則またはその法則を具体的事実に適用して得られる判断の報告を内容とする書面については，広く法321条4項の準用が認められている。その典型例は，捜査機関が専門家に鑑定を嘱託し（法223条），これを受けた「鑑定受託者」が作成した鑑定書である〔第1編捜査手続第6章Ⅱ*1*〕。

最高裁判所は，「捜査機関の嘱託に基く鑑定書（刑訴223条）には，裁判所が命じた鑑定人の作成した書面に関する刑訴321条4項を準用すべきものである」と説示している（最判昭和28・10・15刑集7巻10号1934頁）。鑑定受託者による鑑定は，鑑定人による場合と異なり，宣誓をすることはなく，弁護人の立会権等も認められていないが，鑑定活動の内容と書面作成の態様は，裁判所の命令に基づく鑑定人の場合と実質において異ならないので，その結論は妥当と思われる。

(2)　特別の学識経験に基づく判断を報告することにより事実認定者の論理

則・経験則を補充するという以上のような鑑定活動の性質が本項準用の実質的理由であるとすれば，書面の標題・名称にかかわらず，また，作成者が捜査機関側の嘱託による場合に限られず，同様の性質を有する書面には，本項の準用を認めることができるであろう。私人による燃焼実験の経過と結果を報告した書面について，「学識経験に基づいて燃焼実験を行い，その考察結果を報告したもの」と位置づけ，法321条4項の書面に準ずるものとして同項により証拠能力を有すると説示した前記最高裁判例（最決平成20・8・27）は，このような考え方に立つものとみられる〔Ⅵ2(3)〕。

　もっともかつて最高裁判所は，医師の診断書についても本項の準用を認めているが（最判昭和32・7・25刑集11巻7号2025頁），通常の診断書は，診断の結論（病名，病状，加療期間等）を簡潔に記載するのみで，「鑑定の経過」に相当する部分がないし，作成の実態も比較的簡便な形で作成交付されているので，これを鑑定人の「鑑定書」と実質的に同視することは疑問であろう。

　〈第4編第5章　参考文献〉
　　　酒巻匡「伝聞証拠をめぐる諸問題(1)〜(3)」法学教室304号，305号，306号
　　　　（2006年）
　　　大澤裕「刑訴法326条の同意について」法曹時報56巻11号（2004年）
　　　長沼範良＝井上宏「再現実況見分調書の証拠能力」法学教室326号（2007年）
　　　大谷祐毅・公判外供述の証拠使用と証人審問権の役割（有斐閣，2022年）
　　　堀江慎司「伝聞証拠の意義」刑事法ジャーナル31号（2012年）

第5編
裁　判

第1章

裁判の意義と種類

I 裁判の意義

(1) 「裁判」とは，裁判所または裁判官の判断を内容とする意思表示的な訴訟行為をいう。このうち，裁判所が，検察官の公訴提起により起動された公判手続を終局させる裁判を，「公判の裁判」と称する。これには，「有罪」，「無罪」，「管轄違い」，「公訴棄却」，「免訴」がある。

(2) 検察官は，起訴状に訴因として明示・記載して主張した「罪となるべき事実」（以下，「犯罪事実」ともいう）を公判手続において証明し，被告人に的確な刑を科する有罪の裁判を目標として活動する。これに対し被告人側は，犯罪事実を争う場合には無罪の裁判を目標とし，犯罪事実を争わない場合は，自己に有利な刑を科する裁判を目標として活動する（量刑にとって重要な事実――犯行の動機・目的・犯行態様・共犯関係など――を争う場合はあり得る）。大多数の事件において公判手続を終局させるのは，このような有罪または無罪の裁判である。

このように，公訴提起という検察官の訴訟行為に対してその理由の有無を判断する裁判，すなわち検察官の主張する刑罰権を基礎付ける事実の存否について審理・判断する裁判のことを「実体裁判」という。

(3) これに対して，検察官の本来的目標とは異なり，公訴提起・追行の要件〔第2編公訴第2章I，II4〕が欠如していることが判明したり，審理の途中で訴訟追行の要件が失われたときは，裁判所は，そのような事由の存否を確定して公判手続を打ち切らなければならない。公訴時効が完成していること（法337条4号），親告罪について告訴が欠如していること（法338条4号）が判明した場合や，被告人が公判手続の途中で死亡した場合（法339条1項4号）等がその

例である。

　このような公訴自体の有効・無効についての裁判，すなわち検察官主張の理由の有無の判断に立ち入らずに手続を打ち切る裁判のことを「形式裁判」という。管轄違い，公訴棄却，免責の裁判がこれに当たる。

II　裁判の形式・種類及び裁判の理由

　(1)　以上のような「公判の裁判」を含め，刑事手続において行われる「裁判」は，その主体や成立手続により形式的に分類される。裁判の形式には，「判決」，「決定」，「命令」の区別がある（法43条）。

　「判決」は「裁判所」のする裁判であり，原則として口頭弁論に基づくことを要する（法43条1項）。ここで「口頭弁論」とは，公判期日において両当事者を含む関係人が陳述する場である公判手続のことをいう。前記有罪・無罪の実体裁判は，判決であり，公判手続を経てなされ，必ず理由を附さなければならない（法44条1項）。判決に対する不服申立ての方法は，控訴・上告である（法372条・405条）〔第6編上訴Ｉ，Ⅱ〕。

　「決定」は「裁判所」のする裁判であるが，口頭弁論に基づく必要はない（法43条2項）。また，上訴を許さない決定には理由を附することを要しない（法44条2項）。上訴の許される決定に対する不服申立ての方法は，抗告である（法419条・420条）〔第6編上訴Ⅲ〕。

　「命令」は「裁判官」のする裁判であり，口頭弁論に基づく必要はなく，上訴を許さないものには理由を附することを要しない（法43条2項・44条2項）。命令に対する不服申立ての方法は，準抗告と称される（法429条）〔第6編上訴Ｖ〕。

　(2)　このように決定・命令は必ずしも口頭弁論に基づくことを要しないが，決定については，申立てにより公判廷でするとき，または公判廷における申立てによりするときは，訴訟関係人の陳述を聴かなければならない（規則33条1項）。

　決定または命令をするには，「事実の取調」をすることができる（法43条3

項)。「事実の取調」とは，裁判の基礎とするために行われる裁判官の認識活動一般を指し，適宜な方法で証拠（伝聞法則の制約はない）を調べることである。記録・書面の閲読，関係人との面接・電話による供述聴取，証拠物・記録の取寄せなどのほか，証人尋問や鑑定をすることもできる（規則33条3項）。

(3) 裁判所または裁判官が意思表示的判断を行うためには，必ずその理由となる事由が存在しなければならない。これを「裁判の理由」という。裁判に理由を附することは，不服申立てを許さない決定・命令を除き，必須とされている（法44条）。有罪判決において示すべき理由については，とくに定めがある（「有罪の言渡をするには，罪となるべき事実，証拠の標目及び法令の適用を示さなければならない。」「法律上犯罪の成立を妨げる理由又は刑の加重減免の理由となる事実が主張されたときは，これに対する判断を示さなければならない。」［法335条］）。もっとも，有罪判決に限らず，前記「公判の裁判」は，いずれも司法的判断，すなわち一定の事実の認定とこれに対する法の適用及びその帰結としての法的関係の存否の判断であるから，その判断過程を記述する「理由」が示されることになる。すなわち，認定された事実とその証拠，これに対する法令の適用とその法的帰結が示されるのが「裁判の理由」の基本型である。

裁判の理由の直接の名宛人は当事者であり，当事者に不服申立てのきっかけを提供するものであることは，上訴を許さない裁判には理由を附することを要しないことからも明瞭である。こうして，裁判の理由は，当事者に対する説明とその納得に資し，不服申立てがあれば上訴審が原審の判断過程の当否を審査する基礎となる。さらには，公権的司法判断の過程が，当事者のみならず，一般国民に対し公にされることにより，その公正と正統性が確保されることも重要な機能である（憲法82条，法53条参照）。合議体による裁判の場合には，評議の秘密に触れない限度で，判断過程を明晰に表示した理由が望まれる。「司法に対する国民の理解の増進とその信頼の向上に資する」趣旨で導入された裁判員の参加する刑事裁判においては（裁判員法1条参照），この点がとりわけ重要となろう。

第5編　裁　判

Ⅲ　裁判の成立

　(1)　裁判は，「告知」により外部に表示されたときに成立する。裁判の「告知」は，公判廷においては宣告によって行い，その他の場合は原則として裁判書の謄本を送達して行わなければならない（規則34条）。なお，個人特定事項の秘匿措置がとられた事件については特則が設けられている（規34条の2）。

　判決の宣告（法342条）については特別の定があり，裁判長が必ず主文を朗読し，理由を朗読またはその要旨を告げなければならない（規則35条）。判決を宣告する場合には，公開の停止は許されず，審理を非公開で行ったときでも，公開の状態に復しなければならない（憲法82条，裁判所法70条）。また，拘留に当たる事件や長期3年以下の拘禁刑等に当たる比較的軽微な事件であっても，被告人の出頭義務は免除されず，被告人が出頭しないときは判決の宣告をすることはできない（法285条）。

　裁判の宣告の際に裁判書が作成されている必要はないが（民事訴訟と異なる。民訴法252条参照），判決について裁判書の作成は必要的である（規則53条本文）。判決書には，被告人の氏名・年齢・職業・住居，公判期日に出席した検察官の官氏名が記載されるほか（規則56条），作成年月日，作成者の所属官公署も表示され（規則58条1項），判決をした裁判官が署名押印する（規則55条）。

　訴訟関係人は，裁判書（または裁判を記載した調書）の謄本または抄本の交付を請求することができる（法46条。判決書等が当事者に送達される民事訴訟と異なる。民訴法255条参照）。なお，2023（令和5）年法改正により，個人特定事項を秘匿した起訴状抄本等の提出があった事件については，弁護人や被告人その他訴訟関係人から法46条の規定による請求があった場合について，個人特定事項の記載のないものを交付し，または弁護人に謄本・抄本を交付するに当たり，これらに記載された個人特定事項を被告人に知らせてはならない旨の条件を付し，もしくは被告人に知らせる時期・方法を指定することができるとされた（法271条の6第4項・5項）。

　　＊　合議体で裁判をする場合には，合議体を構成する裁判官全員で外部に告知すべき裁判内容を決定する。この過程を評議（合議）という。評議は非公開である（裁判

所法75条1項)。評議は，裁判長が開き，整理する。評議の経過，各裁判官の意見及びその多少の数については，守秘義務がある（同法75条2項）。各裁判官は評議において意見を述べなければならない（同法76条）。意見が一致しないときは，裁判内容は，評決で過半数の意見により決せられる（同法77条。例外憲法82条2項）。

(2) 決定・命令を宣告する場合には，裁判書を作成せず，これを調書に記載させることができる（規則53条但書）。なお，判決についても，宣告後，上訴の申立てがなく判決が確定した場合で，判決書謄本の請求もないときは，宣告期日の公判調書の末尾に，判決主文，罪となるべき事実の要旨，適用した罰条を記載して判決書に代えることができる。これを調書判決という（規則219条1項）。

　＊　法制審議会は，訴訟に関する書類の電子化の一環として，電磁的記録である訴訟に関する書類等の閲覧・謄写に係る要綱を示しており（要綱（骨子）「第1-1・2」)，そこで，電磁的記録である裁判書等の内容を証明したものの提供に関し，被告人その他訴訟関係人は，自己の費用で，電磁的記録をもって作成された裁判書若しくは裁判を記録した調書に記録されている事項の全部若しくは一部を記載した書面であってその内容が当該裁判書若しくは当該調書に記録されている事項と同一であることの証明がされたものの交付または当該事項の全部若しくは一部を記録した電磁的記録であってその内容が当該裁判書若しくは当該調書に記録されている事項と同一であることの証明がされたものの提供を請求することができるとしている。また，裁判書を含む終結後の事件の電磁的記録である訴訟記録の閲覧については，法53条1項の訴訟記録の全部または一部が電磁的記録であるとき，当該電磁的記録に係る同項の規定による閲覧は当該電磁的記録の内容を表示したものを閲覧し，またはその内容を再生したものを視聴する方法によるとしている。

(3) 判決書は，宣告により成立した判決そのものではないから，誤読等により判決書（草稿）の記載と異なる内容が告知された場合は，口頭で告知され外部に表示されたものが判決の内容として成立することになる。他方，宣告により告知されるまでは裁判は成立していないので，それまでは，告知すべき裁判内容を変更することができる。

　なお，公判手続を更新すべきかどうかは宣告により告知される裁判内容が弁論終結時点の裁判官の判断かどうかで定まる。判決宣告時点で裁判官が交代していたときでも，宣告すべき内容が前の裁判官の判断として一応の成立（これを「内部的成立」と称する）が認められるのであれば公判手続の更新を要しない

第 5 編　裁　　判

（法 315 条但書）〔第 3 編公判手続第 5 章 V (1)〕。判決書にはその裁判官が署名押印する。

　　＊　本文のとおり，判決主文の誤読や言い間違いにより判決書（草稿）の記載と口頭の宣告内容が一致しない場合には，口頭の宣告内容が判決として成立するので，問題は，誤りに気付いた裁判所がどこまでこれを修正できるかである。誤読であることが明瞭な場合，判決宣告手続の期日が終了するまでは，訂正（読み直し・言い直し）を認めるのが適切であろう（最判昭和 51・11・4 刑集 30 巻 10 号 1887 頁）。期日終了後は，当事者からの上訴により修正するほかはない。

第2章 実体裁判

Ⅰ 有罪判決

1 有罪判決の構成

　被告事件について「犯罪の証明があった」ときは，裁判所は，有罪の判決をしなければならない（法333条1項）〔「犯罪の証明」について第4編証拠法第1章Ⅳ*1*〕。有罪判決には，刑の言渡しの判決（法333条1項）と，刑の免除の判決（法334条）がある。

　有罪判決の構成は，主文と理由からなり，理由には，罪となるべき事実，証拠の標目及び法令の適用が示される。法律上犯罪の成立を妨げる理由または刑の加重減免の理由となる事実が主張されたときは，これに対する判断も示される（法335条）。なお，量刑の理由は法律上の記載事項ではないが，記載されるのが通例である。後記〔*2*(3)〕のとおり量刑の事情は多様な因子から成るが，量刑は被告人にとって関心の強い事項であり，当人への説明と納得という観点，また量刑不当を理由とする上訴（法381条・411条2号）の手掛かりを示すという観点からも，判決において宣告刑の決定に至る筋道をできるだけ明瞭に説明することが望ましいといえよう。

2 主　文

　(1)　裁判の意思表示内容部分を主文という。刑の免除の判決の場合は，主文において「被告人に対し刑を免除する」旨を言い渡す（法334条）。刑の言渡し

をする判決の主文には，後記のとおり，主刑と刑の執行猶予等裁判の執行に係る事項等が記載される。

* 刑の免除ができる場合・免除すべき場合は，刑法等の刑罰法令に規定されている。内乱予備等の自首（刑法80条），親族間の犯人蔵匿等（刑法105条），放火予備（刑法113条）等がその例である。「刑を減軽し，又は免除する（ことができる）」という形で，刑の免除を裁判所の選択に委ねている場合もある。過剰防衛（刑法36条2項），中止未遂（刑法43条），偽証の自白（刑法170条）等がその例である。

(2) 主文の中心は，具体的な宣告刑の表示である。これを主刑と称し，刑の種類とその量（刑期・罰金額）とが示される（刑法9条。例，「被告人を拘禁刑10年に処する」，「被告人を罰金50万円に処する」）。

宣告刑の決定すなわち刑の量定（量刑とも称する）は次のように行われる。刑罰法令の法定刑として二種以上の刑が選択的に規定されている場合には，まず刑の種類の選択が必要となる（例，拘禁刑と罰金［刑法235条］，無期刑と有期刑［刑法240条前段］）。次いで加重減軽は，その順序が法定されており，再犯加重，法律上減軽，併合罪加重，酌量減軽の順による（刑法72条）。再犯加重は，有期拘禁刑の場合に，再犯の要件を満たすとき（刑法56条），長期が2倍以下となる（刑法57条。加重の限度は30年［刑法14条2項］）。併合罪加重は，有期の拘禁刑及び罰金について，それぞれ長期を1.5倍（刑法47条。刑の長期の合計を超えることはできない），または上限を多額の合計とする（刑法48条）。減軽は，すべての刑種について行われ得る（刑法68条〜71条）。

加重減軽後の刑を処断刑という。処断刑が死刑または無期拘禁刑であれば，それが宣告刑となる。それ以外の場合は，処断刑の範囲内で，宣告刑を決定する。有期の拘禁刑の刑期は原則として定期刑（例外，少年法52条），罰金・科料は定額を特定する。刑の全部または一部の執行を猶予することができるかどうかは，宣告刑によって判断される（刑法25条・27条の2）。

刑の全部または一部の執行を猶予する場合は，刑の言渡しと同時に，判決でその言渡しをしなければならない。その旨が主文に記載される（例，「この裁判が確定した日から3年間その刑の執行を猶予する」，「その刑の一部である拘禁刑6月の執行を2年間猶予する」）。猶予の期間中，保護観察に付する場合も同様である（法333条2項）。

第2章　実体裁判

(3)　刑の量定には裁判所による裁量の余地が極めて大きい（刑種の選択，任意的法律上減軽，酌量減軽，処断刑の範囲内での宣告刑の決定，執行猶予の許否と保護観察の有無等）。わが国の法定刑の幅は諸外国の刑法に比して広く，その結果処断刑の範囲も広い。他方で，明瞭な量刑の基準は実定法化されてはいない。

それにもかかわらず，わが国では，同種類似事犯の間でのあるいは地域間での量刑のばらつきが頻繁に生じて深刻な疑念が呈されるといった事象はほとんど認められず，全国的に斉一な量刑が実現されてきた。この点は，かつて裁判官の裁量による量刑のばらつきが耐え難い不信感を生み，遂にはその裁量の余地を限局化し詳細な準則で統制しているアメリカ法の状況とは著しく異なる。これは，全国統一的に実行されている検察官の求刑意見や，検察・裁判所において集積されてきた同種類似事犯についての膨大豊富な求刑・量刑基準に係るデータ，同種類似事犯との比較的小さなずれに対しても実行されてきた検察官による量刑不当上訴，及び点の審査に近い控訴審の量刑不当破棄等が相俟って作用した結果と思われる。近時は，裁判員制度の導入に伴い，量刑にも関与する裁判員との評議に資するべく，量刑についての基本的な考え方や基準についてあらためて意識的な検討が進められ，これを踏まえた明晰な説明・言語化が，裁判員との量刑評議においても，また判決の量刑理由の説明においても要請されている。他方，裁判員裁判においては，検察官による量刑不当上訴の減少と控訴審による量刑の審査がある程度の幅を許容する傾向への変化も認められ，今後の動向が注目される。

量刑の最も基本的な枠組は行為責任に応じた刑であり，一般予防と犯人の改善更生の観点であるが，その上で考慮勘案すべき要素は多岐にわたる（なお，改正刑法草案48条は，「刑の適用にあたっては，犯人の年齢，性格，経歴及び環境，犯罪の動機，方法，結果及び社会的影響，犯罪後における犯人の態度その他の事情を考慮し，犯罪の抑制及び犯人の改善更生に役立つことを目的としなければならない」との一般基準を記述していた。現行刑訴法に明文化されている起訴猶予の基準［法248条］は，量刑の基準とある程度共通する）。

量刑の基礎となる事実を広義の「情状」と称する。これには，犯罪事実及びこれに密接に関連する事実（「犯情」という）と，犯罪事実に属しないもの（狭義の情状）が含まれる。

第5編　裁　　判

　犯情には，犯行の手段・方法・態様，結果の程度・重大性，共犯関係等犯罪事実自体のほか，密接関連事実として，犯行の動機・目的，犯行準備の状況，被害者側の行動等の事情，犯人の事後の行動・心情，犯罪の社会的影響等があげられる。また，狭義の情状（「一般情状」ともいう）には，犯人の年齢，前科前歴・経歴，健康状態，生育・家庭環境，生活状況等の犯人の属性に係る因子と，被害弁償の有無，謝罪反省の有無，示談の成否，被害者の心情・被害感情の程度，社会事情の推移等，被害者及び社会一般の側の事情に係る因子とがある。量刑の基本幅は前記「犯情」により定まり，狭義の情状を考慮勘案した微調整が行われるというのが，責任刑の趣意に即したあるべき量刑決定過程といえよう。

　＊　　最高裁判所は，「我が国の刑法は，一つの構成要件の中に種々の犯罪類型が含まれることを前提に幅広い法定刑を定めている。その上で，裁判においては，行為責任の原則を基礎としつつ，当該犯罪行為にふさわしいと考えられる刑が言い渡されることとなるが，裁判例が集積されることによって，犯罪類型ごとに一定の量刑傾向が示されることとなる。」，「裁判員裁判といえども，他の裁判の結果との公平性が保持された適正なものでなければならないことはいうまでもなく，評議に当たっては，これまでのおおまかな量刑の傾向を裁判体の共通認識とした上で，これを出発点として当該事案にふさわしい評議を深めていくことが求められているというべきである。」と判示して，量刑評議の枠組を示している（最判平成26・7・24刑集68巻6号925頁）。

　＊＊　　被告人の「余罪」すなわち，当人の起訴されていない犯罪事実を，刑の量定の一資料として証明・認定することにはいくつかの難点があり，できる限り避けるのが望ましいというべきである。確かに，被告人の余罪は，狭義の情状たる被告人の性格・経歴や，犯情に当たる犯行の動機・目的・方法等に関連する事実になり得るので，その限度で余罪を考慮し量刑の一資料と位置付けることは不可能ではない。しかし，それと，判例の禁ずる「起訴されていない犯罪事実を……余罪として認定し，実質上これを処罰する趣旨で量刑の資料に考慮し，これがため被告人を重く処罰すること」（判例は，情状推知の資料としての余罪考慮を認め，他方，実質処罰は許されないとする。最判昭和41・7・13刑集20巻6号609頁，最判昭和42・7・5刑集21巻6号748頁）との区別は明瞭ではなく，量刑理由の説明ないし判決書の体裁から事後的判定をするのは困難であろう。余罪を情状と位置付ければ本来厳格な証明の対象たるべき犯罪事実の証明が緩和され得ることになる。また自白のみの余罪認定で補強法則が機能しない可能性や，後に当該余罪が起訴された場合，実質上一事不再理の趣旨を潜脱するのではないかとの疑義が生じ得る。検察官は，捜査段階で知

り得た余罪を起訴しない決断をした以上，量刑事情としての余罪の立証も断念するのが筋であろう。

***　公判期日における被告人の態度・行動は情状として量刑の資料になり得る。もっとも，黙秘は被告人の基本的権利であるから（憲法38条1項，法311条1項），それ自体を被告人の有利不利に考慮することは許されない。これに対し，自白は自己の犯行に対する悔悟・反省の念ひいては被害者に対する慰謝や再犯可能性の程度等を推知する有利な情状として考慮することができよう。逆に認定された犯罪事実に対する不合理な否認や明白な虚偽弁解は，謝罪・反省の念等の欠如として不利な情状となり得よう〔第1編捜査手続第9章Ⅱ*3*(5)〕。

(4)　有罪判決の主文には，前記主刑と刑の執行猶予・保護観察のほか，以下の付随処分に関する事項が記載される。

（i）　未決勾留日数の算入　　起訴前も含めて未決勾留の日数は，その全部または一部を裁量により本刑に算入することができる（刑法21条）。算入する際には，これを主文に表示する（例，「未決勾留日数のうち30日をその刑に算入する」）。罰金・科料にも算入できるが，この場合は換算の金額を定めて示す（例，「未決勾留日数中10日を1日5000円に換算してその罰金刑に算入する」）。なお，この裁定算入ではなく法定通算（法495条）は当然に本刑に算入され，主文には表示されない。

（ii）　労役場留置　　罰金または科料を言い渡すときは，被告人が少年［特定少年を除く］（少年法54条・67条参照）または法人である場合を除き，必ずその言渡しと同時に主文で罰金または科料を完納することができないときは労役場に留置する旨を言い渡さなければならない（刑法18条4項）。留置の期間は換算の金額で示す（例，「この罰金を完納することができないときは，金5000円を1日に換算した期間被告人を労役場に留置する」）。なお，留置期間の限度は，罰金について2年，科料について30日である（刑法18条1項～3項）。

（iii）　没収・追徴，被害者還付　　附加刑としての没収・追徴も主刑と同時に主文で言い渡される。没収・追徴の要件は，裁量の没収について刑法（刑法19条・19条の2）に，必要的没収・追徴については刑法各本条（例，刑法197条の5）または特別法（例，覚醒剤取締法41条の8，公職選挙法224条，麻薬特例法11条1項等）に規定されている。裁判所で押収中の物のほか，検察庁等で保管中の物も没収できる。没収物は検察官が処分する（法496条）。追徴は，裁判時に没

収対象となる物が処分されるなどして没収することができないとき，没収に代えてその物に相当する価額を徴収する裁判である。

　裁判所で押収した物のうち，被害者に還付すべき理由の明らかな贓物等については，主文で，これを被害者に還付する旨の言渡しをしなければならない（法347条）。

　(iv) 仮納付　　罰金，科料または追徴を言い渡す場合において，判決の確定を待っていてはその執行をすることができず，またはその執行をするのに著しい困難を生じるおそれがあると認めるときは，検察官の請求によりまたは職権で，被告人に対し刑の言渡しと同時に，判決（略式命令を含む[法461条]）で仮に罰金，科料または追徴に相当する金額を納付すべきことを命ずることができる（法348条）。この仮納付の裁判は，直ちに執行することができ，執行後に罰金，科料または追徴の裁判が確定すると直ちに刑の執行を終わったとみなされる（法494条）。なお，実務上，道路交通法違反事件についての略式命令のほとんどに仮納付の裁判が付されている。

　(v) 訴訟費用の負担　　刑の言渡しをしたときは，訴訟費用の全部または一部について，主文で被告人に負担させなければならない（法181条1項）。「訴訟費用」とされるのは，証人の旅費・日当・宿泊料，鑑定人・通訳人・翻訳人の旅費・日当・宿泊料及び鑑定料・通訳料・翻訳料・必要費用，及び国選弁護人に支給すべき旅費・日当・宿泊料と報酬である（刑事訴訟費用等に関する法律2条）。共犯者が共同被告人として審理を受け刑を言い渡される場合には，訴訟費用を連帯負担とすることができる（法182条）。被告人が貧困のため訴訟費用を納付できないことが明らかであるときは，裁判所の裁量で負担を免除することができる（法181条1項但書。この場合は，主文に表示されず，理由中に前記条文の適用を示す）。なお，訴訟費用を負担させる旨の裁判が確定しても，貧困の場合は，被告人であった者は，訴訟費用負担の裁判の執行免除を申し立てることができる（法500条）。

3　理　　由

(1)　有罪判決の理由としてまず記載を要するのは「罪となるべき事実」であ

る（法335条1項）。これは，検察官が，公訴提起に際して起訴状に訴因として明示・記載し特定して主張した「罪となるべき事実」（法256条3項）に対応する，裁判所が審理し認定した刑罰権発動の要件となる事実である。これにより，主文の根拠となる犯罪が明示されることになる。訴因の記載と同様に，刑罰法令の構成要件に該当する具体的事実が，できる限り日時，場所，方法をもって記載されるのが通例である〔第2編公訴第3章Ⅰ(1)，Ⅲ〕。

　判決の「罪となるべき事実」は，後記のとおり，一事不再理の効力範囲を画定する基礎となるから，審理・判決の対象とされた特定の構成要件に該当する具体的事実が他の具体的事実から区別され特定していることが最低限度必要であり，この識別の要請さえ満たさない記載は不適法である。なお，犯罪の日時，場所，方法，共同正犯の実行行為者等が「罪となるべき事実」そのものではなく，審判対象の画定の見地からは不可欠の記載事項でない場合，これらの要素が概括的ないし不明であってもなお，構成要件の特性や結審時点の証拠に基づき，特定の構成要件に該当する「罪となるべき事実」が立証され，他の具体的事実から区別されて特定できることはあり得る（判例に現れた実例として，最決昭和58・5・6刑集37巻4号375頁，最決平成13・4・11刑集55巻3号127頁〔第2編公訴第3章Ⅲ(4)(5)〕）。なお，択一的事実認定の限界について，第4編証拠法第1章Ⅳ1(1)＊＊＊。

　もっとも，判決の「罪となるべき事実」においては，構成要件該当事実に加えて審理の結果認定された量刑にとって重要な犯情に当たる事実についても記載されるのが通例である。このような事実は，当該犯罪行為の違法性・有責性（行為責任）の程度を示し，主文の量刑を基礎付ける意味を有する。例えば殺人や放火等の動機犯と称される犯罪類型については，犯行動機が記述され，また被告人の「犯行に至る経緯」が，比較的詳しく叙述される例もある。「事案の真相」解明は刑事裁判の重要な目的であるから（法1条），犯罪類型によっては構成要件該当事実を超えた事実関係（行為責任の観点からの事案の特徴・社会的実体を示す事実）を判決において明らかにすることが対社会的に意味を有することがあり得る。もっとも，刑罰法令の具体的実現すなわち構成要件該当事実と量刑にとって意味のある重要事実の認定という刑事手続の本来的目的に必要な範囲を過度に逸脱して，事案解明それ自体が自己目的化するのは妥当とは思わ

れない〔序Ⅱ*1*〕。

(2) 「証拠の標目」の「証拠」とは，罪となるべき事実を認定する基礎とされた証拠で，「標目」とは，その証拠の同一性を表示するに足りる表題・種目をいう。理由中にこれを表示することで，事実認定の合理的基礎を示す趣旨である（法317条）。もっとも現行法は旧法と異なり，証拠の標目を列記すれば足り，証拠の採否に関する判断や証拠から事実を認定するに至った心証形成の過程等についての説明（「証拠説明」旧法360条1項）を要請していない。

他方で，事実認定に対する控訴審の審査は，第1審の認定が論理則・経験則等に反する不合理なものであったかを事後審査するものと解されているので，このような「事実の誤認」（法382条）の有無判断を実効的に可能とするためには，当事者間に争いのあった事実について，第1審の判決書に証拠に基づく推認の過程が具体的に記載・説明されていることが要請されるであろう〔第6編上訴Ⅰ*4*(2)*〕。このため，被告人側が犯人性を争う場合や，間接事実による犯罪事実認定の推論過程等については，証拠の標目を列記した後，「争点についての判断」「事実認定の補足説明」等の項目を設けて，事実認定の経過や証拠の信用性についての評価・判断が具体的に記述されるのが通例である。

「標目」として挙示すべき証拠は，証拠能力があり，適法な証拠調べを経たものでなければならない。「罪となるべき事実」の認定に必要かつ十分なもので足りるが，自白の補強証拠として必要とされるもの（法319条2項）は，挙示する必要がある。他方，自白の任意性の判断資料や法328条の弾劾証拠として取り調べた証拠など，罪となるべき事実認定の資料としては証拠能力を欠く証拠は，その点の明示なく挙示してはならない。

(3) 「法令の適用」は，罪となるべき事実に記載された被告人の犯罪行為が，どの刑罰法令の法条に当たるか，また，どのようにして処断刑が導かれたかを示す。前記未決勾留日数の裁定算入，刑の執行猶予等の付随処分がある場合も，その適用法条が表示される。

(4) 「法律上犯罪の成立を妨げる理由又は刑の加重減免の理由となる事実が主張されたとき」（法335条2項）は，必ずこれに対する判断を示さなければならない。弁護人からの主張がほとんどであるから，「弁護人の主張に対する判断」との項目で記述されるのが通例である。

第2章　実体裁判

正当防衛（刑法36条），心神喪失・心神耗弱（刑法39条），中止未遂（刑法43条）の主張等がこれに当たる。

4　有罪判決の宣告とその効果

(1)　前記のとおり，判決は，公判期日において，公判廷で宣告することによって告知される〔第1章Ⅲ(1)〕。

宣告は，合議体の場合は，裁判長が，判決の主文及び理由を朗読し，または主文の朗読とともに理由の要旨を告げる（規則35条）。そのほか，被告人に，控訴期間及び控訴申立書を差し出すべき裁判所を告知しなければならない（規則220条）。また，保護観察に付する場合は，保護観察の趣旨その他必要と認める事項を説示しなければならない（規則220条の2）。なお，裁判長は，判決の宣告をした後，被告人に対し，その将来について適当な訓戒をすることができる（規則221条）。

(2)　保釈されている被告人について拘禁刑以上の刑に処する判決（刑の一部執行猶予の言渡しを含む）の宣告があると，保釈は失効し，刑事施設に収容する手続がとられる。勾留執行停止中の場合も同様である（法343条）。被告人が刑事施設に収容されていないときは，検察官は，被告人に対し，指定する日時・場所に出頭することを命ずることができ（法343条の2），この出頭命令を受けた被告人が正当な理由なく出頭しないときは不出頭罪として処罰される（法343条の3）〔第3編公判手続第2章Ⅲ*3*(5)〕。

あらたに保釈または勾留執行停止の決定をすることはできるが，拘禁刑以上の刑に処する判決の宣告があった後は，いわゆる無罪推定は失われ，将来の実刑執行確保の要請が生じるから，勾留期間更新の制限（法60条2項但書）及び権利保釈（法89条）の規定は適用されなくなる。職権保釈を許すには，法90条に規定する不利益その他の不利益の程度が著しく高い場合でなければならない。逃亡のおそれの程度が高くないと認めるに足りる相当な理由があるときは，この限りでない（法344条）。

刑の免除，刑の全部の執行猶予，罰金または科料の裁判が言い渡されたときは，勾留状は失効する（法345条）。

第5編 裁　判

Ⅱ　無 罪 判 決

(1)　被告事件すなわち検察官が起訴状に記載して主張した訴因が「罪とならないとき」または被告事件について「犯罪の証明がないとき」は，無罪の判決をしなければならない（法336条）。「罪とならないとき」とは，証明された事実が犯罪を構成しない場合（例．訴因の事実が証明されたものの，法令解釈上構成要件に該当しないと認められる場合，適用罰条が憲法に違反し無効と判断される場合），及び「法律上犯罪の成立を妨げる理由」が認められる場合（法335条2項参照。例．正当防衛等の違法性阻却事由，責任無能力等の責任阻却事由が認められる場合）をいう。

　「犯罪の証明がないとき」とは，訴因記載の罪となるべき事実が合理的な疑いを超える程度に証明されなかった場合をいう。有罪判決の「犯罪の証明があったとき」（法333条1項）に対応する。検察官の有罪立証が不十分であった場合と積極的に被告人の無罪が証明された場合（例．真犯人の存在，アリバイ成立）とに法的な区別はない。検察官が挙証責任を負う犯罪成立阻却事由の存否が不明の場合も，犯罪の証明がないときに当たる。

(2)　判決は「被告事件」を対象として言い渡されるので，訴因記載の事実の一部が無罪に相当しても，判決主文で一部無罪を宣告することはない。理由中で一部に犯罪の証明がない旨の判断が示される。訴因の記載が科刑上一罪（観念的競合，牽連犯，常習一罪その他の包括一罪）である場合も同様である。

　これに対して，併合罪の関係にある複数の訴因があり，手続が複数存在する場合において，その一部が無罪であるときは，訴因ごとに有罪，無罪を言い渡すことになる。

(3)　審理・判決の対象は訴因であるから，一定の事実が証明されても訴因に記載された事実と異なる事実については，原則として有罪の認定をすることはできない（審判対象を異にするとまではいえない認定事実のずれの場合——すなわち訴因変更が不要の場合——は別論である）。この場合は，訴因について犯罪の証明がないときに当たる。もっとも，公訴事実すなわち審判対象の同一性を害しない限度において検察官の訴因変更は可能であるから（法312条），認定された事

実に対応する訴因変更があれば，変更後の訴因について有罪判決をすることができる。

(4) 無罪判決の主文は，「被告人は無罪」とするのが通例である。有罪判決とは異なり理由の記載事項は法定されていないが，「裁判には，理由を附しなければならない」という一般原則（法44条）に従い，無罪の主文が導かれる判断過程に沿って具体的理由が示されることになる〔第1章Ⅱ(3)〕。

通常，理由の冒頭に審判対象とされた訴因すなわち公訴事実の要旨が掲げられ，次いで，罪とならないと判断した理由，または犯罪の証明がないと判断した理由が説明される。有罪判決同様，証拠の証明力評価や心証形成過程を常に逐一示す必要はないが，事案の争点に即応して，とくに控訴審による論理則・経験則等違反の審査が可能である程度に具体的説明が記述される必要があろう。

(5) 無罪判決の宣告があったときは，勾留状は失効する（法345条）。

なお，第1審裁判所が犯罪の証明がないことを理由として無罪判決を言い渡した場合であっても，控訴審裁判所は，記録等の調査により，無罪判決の理由の検討を経た上でもなお「罪を犯したことを疑うに足りる相当な理由がある」と認めるときは，勾留理由があり，かつ，控訴審における適正，迅速な審理のためにも勾留の必要性があると認める限り，審理の段階を問わず，被告人を再度勾留することができる（最決平成12・6・27刑集54巻5号461頁）。もっとも，犯罪の嫌疑の有無について既に第1審の審理を経て無罪判決が宣告された後の手続段階であるから，再勾留における嫌疑の程度を第1審段階と同程度で良いとすることはできない。無罪判決に至る手続過程の存在とその時点における訴訟状態を踏まえ，より強い嫌疑の程度が要求されると解される（最決平成19・12・13刑集61巻9号843頁）。また，勾留の必要性・相当性についても慎重な検討・判断を要しよう（最決平成23・10・5刑集65巻7号977頁）〔第3編公判手続第2章Ⅲ2(4)(a)〕。

第3章

形 式 裁 判

I 管 轄 違 い

(1) 公訴の提起を受けた裁判所が，自己の管轄に属しない事件と認めたときは，管轄違いの判決で，手続を打ち切らなければならない（法329条）。第1審の裁判における事物管轄及び土地管轄の所在については，既に述べたとおりである〔第2編公訴第2章Ⅱ4〕。

土地管轄は，被告人の出頭や防禦の便宜を考慮して定められたものであるから，被告人側に異存なければそのまま手続を進めても支障はない。そこで，土地管轄については被告人の申立てがなければ，管轄違いの言渡しをすることができない（法331条1項）。また，適時の申立てがないと手続が不安定化するので，管轄違いの申立ては証拠調べ開始後は認められない（法331条2項）。

なお，例外として，付審判決定により地方裁判所の審判に付された事件については，裁判所は管轄違いの言渡しをすることができず，事件を審判しなければならない（法329条但書）。

(2) 民事訴訟と異なり，管轄違いに基づく移送は原則として認められない（法19条及び法332条にいう「移送」は，管轄のある裁判所間の移送である）。例外は，特別権限事件としての起訴を受けた高等裁判所が，その事件が下級の裁判所の管轄に属するものと認めるときである。高等裁判所は，決定で管轄裁判所に事件を移送しなければならない（法330条）。

(3) 管轄違いの判決は，公判廷において，宣告により告知する。主文は「本件は管轄違い」と記載するのが例である。理由においては，公訴事実の要旨を記載し，次いで管轄違いとなる理由を簡明に説明する。

なお，管轄違いの判決が宣告されても，勾留状は失効しない（法345条参照）。検察官が直ちに管轄裁判所に再起訴することが見込まれるからである。

II　公訴棄却（その1）──判決による場合

(1)　判決で公訴を棄却すべき場合は，①裁判権の欠如，②公訴取消後の再起訴条件違背，③同一裁判所への二重起訴，④公訴提起の手続の無効（法338条）である。判決によるものであるから，口頭弁論に基づかなければならない（法43条1項）。各事由については，検察官が公訴提起をする際の障碍，すなわち「消極要件」という観点から既に説明した〔第2編公訴第2章 I I〕。これらの公訴棄却事由が明瞭であれば，通常，検察官は起訴しない。以下，各事由について，何らかの理由で公訴提起があり，裁判所が審理の途中でこれらの事由を認識した場合の措置について，補充的な説明を加える。

(2)　裁判権の存否が公判で争われ，検察官が裁判権の存在を十分立証できなければ，公訴棄却判決の宣告で手続を終了する。被告人が裁判権無しと主張して公判期日に出頭せず，裁判所が裁判権欠如と判断した場合には，判決できないので，決定で公訴を棄却するほかない。検察官が裁判権欠如を認め，公訴を取り消すことを考えるべきであろう。

(3)　再起訴条件違反は，起訴状の記載からは判明しない。冒頭手続において，当事者の指摘により争点化することがあり得よう。裁判所は「あらたに重要な証拠を発見した場合」（法340条）であるかどうか，また「同一事件」すなわち前訴の訴因と公訴事実の同一性があるかどうかの判定を要する。重要証拠の発見かどうかを判定するために証拠調べが必要であり，その結果，裁判所が公訴事実について無罪の心証を得た場合には，無罪判決を宣告する方が適切であろう。

(4)　同一裁判所への二重起訴も，起訴状の記載だけでは判明しない場合があり得る。例えば，検察官が，前訴とは異なる訴因を同一事件でないと判断して追起訴した場合には，これを公訴事実の同一性の関係にある同一事件と判断した裁判所の示唆で，検察官による前訴の訴因変更と後訴の公訴棄却となるか，

(5) 公訴提起手続の無効については，既に説明したとおり，様々な場合があり得る。公訴提起の条件を欠くときは，他の明文規定によるべき場合を除き，すべて法338条4号の包括条項に依拠して公訴棄却となる（公訴提起の手続に関する明文「規定」があれば同号の適用，規定がなくこれに準ずる場合は準用）〔第2編公訴第2章Ⅰ〕。

公訴提起手続自体に瑕疵がある場合，とくに起訴状の記載に不備があり，被告人の防禦に実質的不利益を生じる場合（例，罪となるべき事実の不特定［法256条3項違反］）や起訴状一本主義に反する場合（例，証拠書類の引用・添付等［法256条6項違反］）には，同号の適用で処理されることになる。

(6) 公訴棄却の判決は，有罪・無罪，管轄違いの場合と同様，公判廷において，宣告により告知される（法342条）。主文は，「本件公訴を棄却する」が通例である。理由においては，公訴事実の要旨を掲げ，次いで，これについて認められる法338条各号の事由が簡明に開示される。

なお，判決の宣告に伴う勾留状の効力については，1号ないし3号による場合には失効し，4号による場合には失効しないと法定されている（法345条）。4号該当のときには，管轄違いの場合と同様，被告人の身体拘束を継続して直ちに再起訴する必要が生じ得るからである。

(7) 検察官は公訴棄却の判決に対して，その誤りを主張して控訴することができる。また，公訴棄却の裁判には一事不再理の効力がないので，検察官は，判決の確定を待って，再度の公訴提起を検討することができる（公訴棄却の事由が解消可能な場合）。なお，公訴棄却の裁判が確定すると，公訴提起によって停止していた公訴時効が再び進行を始める（法254条1項）。

  ＊ 公訴が棄却された事由が性質上解消不能の場合には，再度の起訴は不可能である（例，交通反則行為について所定の反則金納付済み，重大違法なおとり捜査に基づく起訴，迅速裁判違反状態等）。また，解消可能であっても未だ解消していないときには，直ちに再起訴することはできない（例，新証拠未発見，親告罪について告訴が得られない）。

   なお，後記のとおり，公訴棄却の裁判にもその判断内容に「拘束力」が生るので，再起訴に際して，公訴棄却裁判の判断内容と基本的に矛盾する主張をすること

第3章　形式裁判

は許されない〔第4章 I〕。

III　公訴棄却（その2）——決定による場合

(1)　決定で公訴を棄却すべき場合は，①起訴状謄本不送達による公訴提起の失効，②起訴状における「罪となるべき事実」の欠落，③公訴の取消し，④被告人の消滅（自然人の死亡・法人の不存続），⑤異なる裁判所への二重起訴（法339条1項）である。①，③，④については既に説明したとおりである〔①について第3編公判手続第3章 I *1*，③について第2編公訴第1章 II *2*(4)，④について第2編公訴第2章 I *1*〕。

(2)　「起訴状に記載された事実が真実であっても，何らの罪となるべき事実を包含していないとき」の規定（法339条1項2号）は，非法律家が訴追文書を起案することのあるアングロ＝アメリカ法圏に類似例があるが，このような事態は，法律専門家である検察官が公訴提起を行うわが国の法制のもとでは，ほとんど生じないであろう。

(3)　「第十条又は第十一条の規定により審判してはならないとき」（法339条1項5号）は，「同一事件」が，数個の管轄裁判所に重複して起訴された場合のことである。裁判所間に事物管轄の違いがあれば，原則として，上級の裁判所が審判する（法10条）。事物管轄が同じであれば，原則として，最初に公訴を受けた裁判所が審判する（法11条）。この結果，審判しないこととなる裁判所が，決定で公訴を棄却しなければならない。

(4)　公訴棄却決定の告知は，決定書の謄本を検察官・被告人に送達して行う（公判廷で行うときは宣告〔規則34条，例外は規則219条の2〕）。勾留状は決定の告知により失効する（法345条）。

(5)　公訴棄却決定に対して，検察官は，その誤りを主張して，即時抗告をすることができる（法339条2項）。提起期間の3日（法422条）を経過すれば，公訴棄却の決定が確定する。

確定後，公訴時効が再び進行を始めること，検察官は，——決定の事由により——再度の公訴提起が可能であることは，判決による公訴棄却の場合と同じ

657

である。

　確定した公訴棄却決定の判断内容と矛盾する主張（例，公訴は取り消されていなかった，被告人たる法人は存続していた）ができないこと（拘束力）については，後に説明を加える〔第4章Ⅰ〕。

Ⅳ　免　　訴

　(1)　法定されている免訴事由は，①確定判決を経た，②刑の廃止，③大赦，④公訴時効の完成（法337条）である。これらに共通するのは，国家による訴追・処罰の禁止ないし訴追・処罰意思の放棄の表明である。検察官が公訴提起の段階で免訴事由を認める場合は，起訴すべきではない。何らかの事情で起訴され，裁判所が免訴事由の存在を認めた場合は，訴追手続の続行を許さず，免訴判決でこれを打ち切る。裁判所は訴因を基準として免訴事由の有無を判定する〔第2編公訴第3章Ⅶ〕。

　各事由のうち，確定判決の一事不再理の効力については後述する〔第4章Ⅱ〕。その他の事由については，既に説明したとおりである〔第2編公訴第2章Ⅰ*1*(4)〕。

　(2)　起訴後に免訴事由が生ずるという場面は，確定判決，刑の廃止，大赦について想定し得る。公訴提起により時効の進行は停止するから，起訴後に時効が完成するという事態はあり得ない。他方，免訴事由の後発的消滅は，訴因変更による場合のほかは想定し難い。ひとたび生じた免訴すべき事情は消滅することがない。なお，後記のとおり，免訴判決にも一事不再理の効力が生じると解されるので，検察官が免訴事由を伴わない訴因への変更を請求したときは，その訴追意思実現を可能とするため，裁判所はこれを許可すべきである〔第4章Ⅱ*2*(2)＊＊〕。

　(3)　免訴判決の宣告方法，宣告による勾留状の失効は，無罪判決等について述べたのと同じである。主文は，「被告人を免訴する」と表記されるのが通例である。

第4章

裁判の確定とその効力

　裁判が告知により成立すると，裁判をした裁判所自らがそれを取り消したり，内容を変更することはできなくなる。しかし，この段階では，上訴審による取消し・変更があり得る。

　上訴期間の経過，上訴の取下げ・放棄により上訴が不可能となった場合，または上訴審の手続を経て上訴棄却の裁判が確定し不服申立手段が尽きると，裁判内容を取消し・変更する通常の途はなくなる（再審及び非常上告という「非常救済手続」の対象になる）。このような状態を「裁判の確定」という。以下では，裁判の確定に伴う効果とその根拠について説明する。

I　裁判の確定に伴う効果（その1）──拘束力

1　拘束力の意義と根拠

　(1)　裁判が確定し上訴により争うことができなくなると，その判断内容も確定する。当該手続については，実体裁判の内容を執行することができる効果（執行力）が生じる。さらに，後続する同一当事者間の刑事手続との関係で，当該裁判内容と基本的に矛盾する内容の主張・判断をしてはならないという効果が生じると解されている。これを「拘束力」（裁判の「内容的確定力」の対外的効果）という。もっとも，後続する別の訴訟手続に対してなぜこのような拘束力が生じると解すべきなのか，その根拠については，合理的な説明が必要である。

　(2)　仮に後続する別の刑事手続において，既に確定した裁判と矛盾する内容の主張と裁判ができるとすれば，確定裁判があっても，同一の事件について何

度も裁判が繰り返されるという事態が生じるおそれがあろう。刑事裁判制度による事件の1回的解決という制度目的を維持・達成するためには，一つの事件は，上訴審手続を含めた裁判手続の確定をもって公権的に解決されることにしなければならない。このような政策目的，裁判制度による事件の1回的・最終的解決の要請が，拘束力の実質的根拠であるとみられる。

　　＊　実体裁判の拘束力に関する古典学説の説明は，裁判を通じて，抽象的実体法が具体的事件に適用され，裁判の確定により具体的法規範が形成されるため，後続する別の裁判においてもそのような具体的法規範の内容と異なる判断が許されなくなるというものであった。しかし，なぜ後の訴訟を拘束する具体的法規範が形成されると考えるべきなのか，さらにその実質的根拠を説明するとすれば，本文のとおり，制度的・政策的な要請という理解になろう。

(3)　このように，確定した裁判の判断内容そのものではなく，裁判が所定の手続を経て確定したということ自体が拘束力の実質的根拠であるとすれば，そのような効果は，実体裁判のみならず形式裁判にも生じることになるはずである。

　最高裁判所は，訴因不特定を理由に公訴を棄却した確定判決後に再起訴があった事案について，形式裁判であっても，同一と認められる事実に対する後続の刑事裁判に対して拘束力を及ぼし得ることを前提とした，次のような説示をしている。

　「前記確定判決［公訴棄却の判決］の理由中本件の受訴裁判所を拘束するのは，旧起訴は実体審理を継続するのに十分な程度に訴因が特定されていないという判断……であ［る］」（最決昭和56・7・14刑集35巻5号497頁）。

　　＊　さらに判例は，公判の裁判以外の裁判についても後続の裁判に対して拘束力が生じることを前提とした判断を示している。勾留裁判に対する異議申立てを棄却した裁判の確定後に勾留取消請求が行われ，その理由として前記確定裁判で否定された事項が主張された事案について，最高裁は，「所論には，本件勾留の裁判自体が違法であるから本件勾留は取り消されるべきであると主張する部分があるが，右の所論と同一の論拠を主張してされた本件勾留の裁判に対する異議申立てが先に棄却され，右棄却決定がこれに対する特別抗告も棄却されて確定しているのであるから，再び右論拠に基づいて本件勾留を違法ということはできない」と説示している（最決平成12・9・27刑集54巻7号710頁）。

(4)　もっとも，拘束力が生じる判断内容の範囲については議論があり得る。

第4章　裁判の確定とその効力

　前記最高裁昭和56年決定は，公訴棄却の確定判決において「［訴因が特定されていないという］判断を導くための根拠の一つとして挙げられた，旧起訴状の公訴事実によっては併合罪関係に立つ建物の表示登記と保存登記に関する各公正証書原本不実記載・同行使罪のいずれについて起訴がなされたのか一見明らかでない，という趣旨に解し得る部分は，本件の受訴裁判所を拘束しないと解すべきである」と説示し，旧起訴が一方の事実を起訴する趣旨であったとしてこれに時効停止の効果を認めることができるとしたものである。しかし，これに対しては，いずれの事実について起訴がなされたのか不明であるという判断内容にも拘束力を認めるべきであるとの反対意見がある。

　　＊　前記最決昭和56・7・14における伊藤正己裁判官の反対意見は，拘束力（確定判決の「内容的確定力」という術語が用いられている）の及ぶ範囲について，次のような議論を展開している。「しかしながら，もともと，確定判決の理由中の判断に内容的確定力を認めるという考え方の根本には，一定の事項について示された裁判所の判断が形式的に確定した以上，その後の同一当事者間の訴訟においては，右と異る主張・判断をすることを許さないこととして，被告人の地位の安定を図るという配慮があるものと考えられるのであって，そうであるとすれば，右内容的確定力の生ずる範囲を，主文を導くための直接の理由となる判断だけに限定すべき合理的な根拠はなく，少なくとも，確定判決の主文を導くうえで必要不可欠な理由となる重要な判断については，右確定力が生ずると考えるべきである。」
　　　この事案は，旧起訴ではA・B両罪のいずれに対する起訴か明らかでないという理由で訴因が不特定とされたのであるから，後の裁判所が，旧起訴はA罪を起訴する趣旨であったと判断して時効停止の効果を認めることは，先行する公訴棄却判決の判断内容と基本的に矛盾する主張を許し，拘束力の根拠である事件の1回的解決という趣意に反するように思われる。

2　拘束力の及ぶ範囲

(1)　拘束力の根拠が，同一事件の1回的解決という要請に由来するとすれば，同じ争点を扱うものであっても，被告人を異にする別の事件に対してはもとより拘束力は及ばない。また，事件そのものが別であれば，確定判決が判断した事項と同じ争点を扱う事件で，被告人が同一人であっても，拘束力は及ばない。例えば，被告人が販売した文書がわいせつ物に該当するとした確定判決の後

661

に，当該被告人が再度同じ文書を販売した事件で起訴された場合，後の裁判所は前の確定判決のわいせつ物該当性判断に拘束されることはない。事件が別だからである。

* 被告人の法的地位の安定という観点から，被告人に利益な方向については，確定判決の拘束力を同一被告人の別事件にも拡張すべきとする見解があるが，裁判制度の維持・事件の1回的解決という拘束力の根拠付けの一部を片面的に拡張する合理的理由は見出し難い。確定判決の拘束力は，裁判内容が事後的に誤っていたことが判明した場合であっても後の裁判所に及ぶものであるから，これを被告人の法的地位安定の観点から別事件にまで及ぼすのは行き過ぎであろう。

(2) 同一の事実を対象とした事件であっても，確定判決の基礎とされた事実自体に変化（事情変更）があった場合には，もはや同一事件といえないから，拘束力は及ばない。しかし，確定判決の判断内容が事後的に誤っていたと判明した場合は事情変更には当たらないので，拘束力が及ぶ。拘束力とはそのような場合でも，裁判が確定した以上は，同一事件の1回的解決という政策目的のため異なる判断を許さないとするものである。

例えば，親告罪について告訴がないとの理由で公訴が棄却されこの判決が確定した場合，訴因が親告罪で告訴がなかったという判断内容が拘束力を有するので，告訴があったことを主張して再度起訴しても，告訴なしと判断されることになる。このことは，公訴棄却判決の確定後に前の裁判所の告訴の有無に関する事実認定が誤りであったことが判明した場合でも同様である。

しかし，検察官が訴因を非親告罪として起訴した場合や，親告罪について新たに告訴がなされた後に起訴した場合は，確定判決の基礎とされた事実が変化し事情の変更があったのであるから，前の公訴棄却判決の拘束力は及ばない。後の起訴を受けた裁判所は，適法な起訴として実体審理をしなければならない。

* 被告人の死亡を理由とした公訴棄却の裁判が確定した後，それが被告人による偽装であったことが判明した場合，公訴棄却の裁判の拘束力は及ぶか。確定裁判の拘束力は，その判断内容が誤っていた場合でも生じ，事後的事情変更があった場合にのみ拘束力が及ばなくなるという前記の論理を徹底すれば，偽装死亡が発覚したのは前の裁判の判断内容の誤りの判明であって事情変更とはいえず（事情変更とは，いったん死んだ被告人が生き返ることである。そんなことはイエズス以外あり得ない），確定裁判の拘束力が及んで，後の裁判においても現に生きている被告人を死亡していることとして公訴を棄却しなければならないという常軌を逸した帰結になる。

このような事案を扱った下級審裁判例は，結論として再起訴は許されるとした（大阪地判昭和49・5・2刑月6巻5号583頁）。公訴棄却の裁判確定後の再起訴の可否は，拘束力の一般理論の機械的適用のみではなく，公訴棄却事由の特性に応じて個別的に考慮勘案する必要があろう。被告人が現に生きていることが明瞭なこの事案において再起訴を許したとしても，事件の1回的解決という制度趣意には反しない。なお，被告人側の偽装による誤判断の場合ではなく，裁判所または検察官の過誤で被告人を死亡したものとして扱い，公訴棄却決定の確定後かなりの期間を経て過誤に気付いたような事案では，再起訴の可能性を否定することができる場合もあろう。

＊＊　管轄違いの判決が確定した事件について，実はその裁判所のみに管轄があり他に管轄裁判所がないという場合（法15条2号参照），管轄違いを言い渡した裁判所に再起訴することを認めると，確定した管轄違いの判決の内容に触れ適切でないので，管轄指定という方法が定められている。

II　裁判の確定に伴う効果（その2）
──一事不再理の効力

1　一事不再理の効力の意義

(1)　有罪判決が確定した事件は，刑事訴追が完了し刑事手続がその目的を完遂したことになるから，再度の公訴提起は許されない。憲法が，「同一の犯罪について，重ねて刑事上の責任を問はれない」と規定して二重の処罰を禁止しているのは，この趣意である（憲法39条後段）。また，無罪判決が確定した場合について，憲法は，「既に無罪とされた行為については，刑事上の責任を問はれない」と規定しており（憲法39条前段），同様に再度の公訴提起は許されない。こちらも，刑事手続が正常に作動した結果として被告人の罪責の不存在が確定し，その目的が完遂されているからである。

　いずれの場合も，国家からの刑事責任追及について，国民に対する手続上の二重負担，すなわち「二重の危険（double jeopardy）」を課すことの防止を基本権として保障したものである。アングロ＝アメリカ法に由来する。このように，判決の確定に伴い生じる，同一事件に対する再度の公訴提起を許さない効

果のことを,「一事不再理の効力」という（以下,「一事不再理効」ともいう）。「同一」の事件の意義については, 2 で説明する。

　確定判決を経た事件について再び公訴の提起がなされた場合には，免訴の判決で手続が打ち切られる（法337条1号）。

　(2)　管轄違いの判決には一事不再理の効力は生じない。検察官は，判決確定後，管轄のある裁判所にあらためて同一の事件を起訴することができる。

　(3)　公訴棄却の判決ないし決定（法338条・339条）は，有罪・無罪の実体裁判のように刑事訴追の理由の有無の判断に立ち入るものではなく，公訴の提起・追行の要件が欠如して手続が打ち切られる場合，すなわち刑事手続の完遂が妨げられた場合であるから，一事不再理の効力は生じない。検察官は，あらたに公訴提起・追行の要件を整えれば，同一の事件を再度起訴することができる。

　もっとも，公訴棄却事由の個別的性質により，訴追の要件の充足が不可能である場合はあり得る。また，前記Iの拘束力により，確定した公訴棄却の裁判の判断内容と基本的に矛盾する主張・判断をすることは許されない。

　(4)　免訴の判決は，公訴棄却の裁判と同様に，事件の実体審理に立ち入ることなく手続を打ち切る形式裁判であるが，これが確定した場合には一事不再理の効力が生じると解されている。

　法が免訴事由として掲げている確定判決・刑の廃止・大赦・公訴時効の完成は（法337条），いずれも国家による刑事訴追及び処罰の禁止ないし放棄という場面を想定するものであり，純粋に手続的な障碍である公訴棄却事由とは異なる共通の特性がある〔第3章Ⅳ(1)〕。このような事由でひとたび手続が打ち切られた以上，同一事件について，実体審理・国家刑罰権の発動を求める再度の訴追・審理を許さないことが適切だからである。

2　一事不再理の効力の根拠と範囲

　(1)　一事不再理の効力は，旧法以来，確定判決の対象とされた事実と全く同じでなくとも，これと「公訴事実の同一性」のある事実に及ぶと解されてきた。訴因制度を採用した現行法とは異なり，旧法のもとでは，検察官が起訴状に記

載した犯罪事実にとどまらず，裁判所には，これと同一性のある公訴犯罪事実全体について職権審理を及ぼす権限と責務があり（「職権審理主義」），また，起訴状記載の犯罪事実を含む実体法上一罪の全体が審理・判決の対象になると解されていた（公訴不可分の原則）〔第2編公訴第3章Ⅰ，Ⅱ〕。

　このような理解と運用を前提とすれば，有罪・無罪の裁判の判断内容が確定した場合，その拘束力も当初から審判対象であった同一の公訴事実の範囲に及び，後の裁判所はこれと異なる判断ができないことになる。このため，同一の事実についてそのような判断を求める再度の起訴自体も許すべきでないと解されたのである。すなわち，確定実体判決の内容的確定力（拘束力）が再度の起訴を禁止する機能として発現するのが，一事不再理の効力であるとの説明となる。

　(2)　このような説明に拠れば，現行法における裁判所の審理・判決の対象は，検察官が起訴状に明示・記載した訴因であるから，一事不再理の効力が，前記のような実体裁判の拘束力すなわち確定判決の判断事項とその内容に基づくものであるとすれば，それは，訴因として記載され，現に裁判所の審判対象とされた事実についてのみ及ぶということになるはずである。

　これに対して，現行法のもとにおける通説的説明は，前記のとおり，一事不再理の効力を，「二重の危険の禁止」すなわち刑事手続の二重負担を回避するという手続上の根拠に求めるものである。一事不再理の効力を裁判の判断内容に伴う拘束力ではなく，刑事訴追と実体審理・判決を受ける可能性という手続上の負担の観点から根拠付けることになる。

　既に説明したとおり，検察官は，「公訴事実の同一性を害しない限度において」，一つの刑事手続の追行過程において，起訴状に当初記載した訴因を別の訴因に変更することが可能なのであるから（法312条1項），被告人は，当該刑事手続において，起訴状記載の訴因のみならず，これと公訴事実の同一性の範囲内の別の事実についても訴追・処罰される危険にさらされていたとみることができる。それ故，実体裁判が確定した場合には，当該刑事手続において検察官が訴追意思を実現可能であったはずの事実の範囲，すなわち公訴事実の同一性の範囲で，再度の起訴が許されなくなるのである〔第2編公訴第3章Ⅳ*1*〕。

　＊　法は一方当事者たる検察官に対して，公訴事実の同一性の範囲で，訴因変更とい

う有罪判決に向けた訴追意思実現のための強力な権限を付与し，他方で，被告人に同じ範囲の一事不再理効を保障して，両当事者の均衡をはかったものとみられる〔第2編公訴第3章Ⅳ4(4)〕。

＊＊　前記のとおり，免訴判決は形式裁判であるが，一事不再理の効力が認められ，その効力範囲も，免訴事由の趣意から，実体裁判の場合と同様に公訴事実の同一性の範囲に及ぶと解される。したがって，当初の訴追手続において，免訴判決とこれによる一事不再理効の発生を回避するための訴因変更請求は制約されるべきではなく，検察官の請求は，常に許容されなければならない。被告人側の異議は許されない。例えば，単純横領罪の訴因で起訴したが，公訴時効が完成しているため，検察官が時効未完成の業務上横領罪の訴因への変更許可を請求したときは，被告人側が異議を述べても，裁判所は訴因変更を許可すべきである。

＊＊＊　実体裁判の判断内容の拘束力（内容的確定力）は，当該手続で現に審理・判断された訴因について生じる。後の手続でこれと基本的に矛盾する主張・判断は許されない。もっともこのような効力は，一事不再理効が認められる限りこれに内包されるので，独自の意味はなくなる。これに対して，前記のとおり，管轄違いと公訴棄却の裁判には一事不再理効が生じないので，Ⅰのとおり，拘束力の効果を検討する意味がある。

(3)　一事不再理は，一般に，裁判「確定」の効力と位置付けられている。憲法39条にいう「既に無罪とされた行為」とは，無罪判決が確定した場合をいうと解され，法はこのような憲法解釈を前提として，検察官に未確定の無罪判決に対する上訴権を付与している（法351条1項）。

　もっとも，憲法39条の規定に表現されている一事不再理が，確定判決の判断内容自体の効力ではなく，被告人に対する手続的負担を根拠とするのであれば，刑事手続により訴追・処罰される「危険」がどの時点で生じるとみるかについては，異なった考え方もあり得る。第1審の手続が実施され無罪判決があった段階で危険が発生したとみることも可能であり，この見解に拠れば，無罪判決に対する検察官の上訴を許すのは違憲であるとの主張も成り立ち得る。

　これに対して，憲法39条の規定が二重の危険の禁止の趣意である旨を説示した最高裁判所は，同一の事件においては，裁判の確定まで一つの危険が継続するという理由で，無罪判決に対する検察官上訴は違憲であるとの主張を斥けており，現行法の立法政策を支持している（最大判昭和25・9・27刑集4巻9号1805頁）。

　この問題は，憲法39条の文言や基本権としての二重の危険禁止の趣意から

論理必然的に結論が得られる事柄ではない。刑事上訴制度として，原審の判断に誤りの可能性があっても，被告人側に不利益な方向での是正の途をおよそ認めない立法政策を採るかがここでの問題である。ヨーロッパ大陸法圏では検察官上訴を認めるのに対し，有罪・無罪のいずれの事実認定に対しても事実誤認を理由とする上訴を認めないアングロ＝アメリカ法圏では，陪審裁判の無罪評決に対し，検察官は上訴することができない立法政策を採用している。

　(4)　前記のとおり，一事不再理の効力は，検察官が当該刑事手続において訴追意思を実現可能であった，起訴状記載の訴因と公訴事実の同一性が認められる事実に及ぶ。この範囲で被告人側は刑事訴追と処罰の「危険」にさらされていたとみられるからである。このような根拠付けに拠るとき，確定裁判に至った手続においては，検察官が訴因変更により起訴状記載の事実とは別の事実に対する訴追意思を実現することが事実上不可能ないし著しく困難な特段の事情があった場合をどう考えるべきか。

　例えば，実体的には科刑上一罪を構成する事実の一部が起訴されて確定判決を経た後，他の一部の事実が判明した場合において，前の手続ではそれを探知して同時に訴追することが事実上不可能ないし著しく困難であった事情が認められるような場面である。

　一事不再理の効力の根拠が二重の危険の禁止であり，両当事者の負担を実質的に考えると，検察官側に同時処理が困難なやむを得ない事情があり，その結果，被告人側は当該手続においては一部事実について訴追・処罰される危険を負っていなかったのであるから，確定判決の事実と一罪を構成する事実であっても，例外的に一事不再理の効力は及ばないとする議論も可能であるようにみえる（検察官が一部事実を探知し同一手続で訴追することが著しく困難な事情があったことを理由に例外を認めた裁判例として，東京地判昭和49・4・2判時739号131頁がある）。

　しかし，このような例外を認める前提として，後訴を受けた裁判所が，前訴における一部事実の同時訴追可能性について訴追側・被告人側の個別的事情を考慮勘案し，訴追意思実現の事実上の困難の有無という事項に立ち入ることは，再度の起訴を禁止する範囲を著しく不明確にし，不安定化させるので妥当とは思われない。科刑上一罪の一部事実に確定判決があれば，一事不再理の効力は

一罪の全部に及び，他の事実を訴因として再度起訴することは許されないとする画一的基準が適切であろう。

(5) 他方，検察官は訴追裁量権限と訴因設定・構成権限に基づき，実体的には一罪を構成する事実の一部を訴因として設定し訴追することができる〔第2編公訴第3章Ⅱ〕。このような起訴による判決が確定した場合，後訴を受けた裁判所は，確定判決を経た訴因と後の起訴状の訴因の罪となるべき事実の記載とを比較対照し，それが実体的に一罪を構成する関係にあることが明瞭であれば，前訴の確定判決の一事不再理効により後訴は許されないと判断すること（免訴判決）が可能であろう。

これに対して，確定判決を経た訴因と後訴の訴因の罪となるべき事実の記載がそれぞれ単純一罪（例えば，単純窃盗罪の訴因）であり，両者が一罪を構成するとみられる明瞭な手掛りがない場合には，裁判所が，訴因に表示されていない可能性のある実体上の事実関係（例えば，常習窃盗罪における「常習性」）にまで立ち入って，両者の罪数関係に係る事項に審理を及ぼすのは適切でない。確定判決の事実と後訴の訴因が記載上同一性（単一性）を欠く以上，一事不再理効は及ばず，後訴は適法と判断すべきことになろう。

最高裁判所は，検察官が，実体的には常習窃盗罪一罪を構成する各窃盗行為をそれぞれ単純窃盗罪として起訴した事案について，次のように説示し，一事不再理の効力範囲の画定について，訴因の記載を指標とする旨を明らかにしている（最判平成15・10・7刑集57巻9号1002頁）。

「訴因制度を採用した現行刑訴法の下においては，少なくとも第1次的には訴因が審判の対象であると解されること，犯罪の証明なしとする無罪の確定判決も一事不再理効を有することに加え，〔常習特殊窃盗罪は，異なる機会に犯された別個の各窃盗行為を常習性の発露という面に着目して一罪としてとらえた上，刑罰を加重する趣旨の罪であって，常習性の発露という面を除けば，その余の面においては，同罪を構成する各窃盗行為相互間に本来的な結び付きはないという〕常習特殊窃盗罪の性質や一罪を構成する行為の一部起訴も適法になし得ることなどにかんがみると，前訴の訴因と後訴の訴因との間の公訴事実の単一性についての判断は，基本的には，前訴及び後訴の各訴因のみを基準としてこれらを比較対照することにより行うのが相当である。本件においては，前訴及び後訴の訴因が共に単

純窃盗罪であって，両訴因を通じて常習性の発露という面は全く訴因として訴訟手続に上程されておらず，両訴因の相互関係を検討するに当たり，常習性の発露という要素を考慮すべき契機は存在しないのであるから，ここに常習特殊窃盗罪による一罪という観点を持ち込むことは，相当でないというべきである。そうすると，別個の機会に犯された単純窃盗罪に係る両訴因が公訴事実の単一性を欠くことは明らかであるから，前訴の確定判決による一事不再理効は，後訴には及ばないものといわざるを得ない。」

* なお，最高裁判所は，前記平成15・10・7判例において，当該事案とは異なり，前訴または後訴が常習窃盗罪の訴因であった場合を想定して次のように説示し，異なった帰結が導かれ得ることを示唆している。

 「前訴の訴因が……常習窃盗罪……であり，後訴の訴因が余罪の単純窃盗罪である場合や，逆に，前訴の訴因は単純窃盗罪であるが，後訴の訴因が余罪の常習窃盗罪である場合には，両訴因の単純窃盗罪と常習窃盗罪とは一罪を構成するものではないけれども，両訴因の記載の比較のみからでも，両訴因の単純窃盗罪と常習窃盗罪が実体的には常習窃盗罪の一罪ではないかと強くうかがわれるのであるから，訴因自体において一方の単純窃盗罪が他方の常習窃盗罪と実体的に一罪を構成するかどうかにつき検討すべき契機が存在する場合であるとして，単純窃盗罪が常習性の発露として行われたか否かについて付随的に心証形成をし，両訴因間の公訴事実の単一性の有無を判断すべきである」。

 ここにいう付随的心証形成は，後訴が公訴提起の要件を満たすかどうかの職権判断に必要な限度で，かつ一方の訴因自体に「常習性の発露」という判断の手掛りが記載されていることから正当化されるであろう。また，一事不再理効の範囲と一致すべき二重起訴禁止の範囲画定の観点からも，本来常習窃盗罪一罪で処罰されるべきところを，常習窃盗罪と単純窃盗罪の併合罪として分割起訴するのが不当であるのと同様に，その一方で確定判決を経た後，他方で起訴することも許されないとみるべきであろう。

(6) 確定判決前に実行された犯罪行為に対する確定判決の一事不再理の効力は，判決の対象として記載された訴因に限定されず，当該手続において訴因変更が可能であった公訴事実の同一性を害しない範囲に及ぶ。常習一罪を構成する個々の犯罪行為については，前訴と後訴における検察官の訴因構成の如何によりその範囲すなわち公訴事実の単一性の判定方法を異にすることとなるのは，前記のとおりである。

 このような個別の行為が反復される形態の常習犯類型においては，起訴後に

保釈された被告人が新たに常習一罪を構成し得る犯行に及ぶことが考えられ，その場合に，その行為にも確定した前訴の一事不再理の効力が及ぶか，問題となり得る。

これまでの説明のとおり，一事不再理の効力範囲が訴因に限られない根拠が，前訴における訴因変更可能性であるとすれば，確定した判決後に実行されて，訴因変更により手続に取り込むことが不可能であった行為にまで前訴の一事不再理の効力が及ぶことは論理的にあり得ないということになろう。

最高裁判所は，前訴で住居侵入・窃盗の訴因につき有罪の第1審判決が確定した場合において，後訴の訴因である常習特殊窃盗を構成する住居侵入・窃盗の各行為が前訴の第1審判決後にされたものであるときは，前訴の訴因が常習性の発露として行われたか否かについて検討するまでもなく，前訴の確定判決による一時不再理効は，後訴に及ばないと説示している（最決令和3・6・28刑集75巻7号909頁）。この判例の事案は前訴の訴因が単純窃盗で後訴の訴因が常習窃盗であったから，平成15・10・7判例〔(5)＊〕の示唆する公訴事実単一性の有無，すなわち一事不再理効の範囲に関する判断手法に依れば，「常習性の発露として行われたか否か」についての付随的心証形成を要するはずであった。それにもかかわらず，最高裁が，その検討をするまでもなく一事不再理効は及ばないと説示しているのは，後訴の犯行が前訴の第1審有罪判決後であり，かつ控訴が棄却されておよそ訴因変更により当該犯行が前訴の手続に取り込まれて処理される可能性がなかった事案であった点が考慮されているものと見られる。

第5編　裁　　判

〈第5編　参考文献〉

司法研修所編・裁判員裁判における量刑評議の在り方について（司法研究報告書63輯3号）（法曹会，2012年）

川出敏裕「裁判の確定と一事不再理の効力」法学教室245号（2001年）

長沼範良＝秋吉淳一郎「一事不再理効の範囲」法学教室330号（2008年）

大澤裕「常習一罪と一事不再理の効力」研修685号（2005年）

第6編

上　訴

上訴の意義

確定前の裁判に対し，上級裁判所の審判によるその取消し・変更を求める不服申立ての制度を上訴という。判決に対する上訴として「控訴」及び「上告」がある。また判決以外の裁判に対する上訴として「抗告」がある。

再審及び非常上告は，裁判確定後に，例外的にその是正を認めるもので，上訴ではない〔第7編非常救済手続〕。また，上訴は，上級裁判所への不服申立制度であるから，同一審級の裁判所への不服申立てである準抗告（法429条），異議申立て（高等裁判所）（法385条2項），判決訂正の申立て（最高裁判所）（法415条1項）は定義により上訴ではない。もっとも，実質は上訴に準ずる性質を有する。

I 控訴

1 控訴の意義

第1審の判決に対してその取消し・変更を求める不服申立てを控訴という。刑事の第1審判決には，地方裁判所による場合と簡易裁判所による場合があるが（法372条），いずれも控訴審は高等裁判所が管轄する（裁判所法16条1号）。これを「控訴裁判所」と称する（法376条1項・385条1項・386条・392条等）。民事では，第1審が簡易裁判所である場合，控訴審は地方裁判所が管轄する点で刑事手続と異なる（裁判所法24条3号）。

2 手続

(1) 控訴をすることができるのは，第1審判決を言い渡した手続の当事者であった検察官及び被告人である（法351条1項）。無罪判決に対して検察官控訴を認めるわが国の法制はヨーロッパ大陸法圏と同様であり，控訴審は被告人側の救済のみを目的とした制度ではない（検察官上訴は憲法39条に違反しない。〔最

大判昭和25・9・27刑集4巻9号1805頁]〔第5編裁判第4章Ⅱ2(3)〕)。被告人の法定代理人，保佐人及び原審（第1審）における弁護人または代理人も，被告人のために控訴の申立てができる（法353条・355条）。ただし，被告人の明示の意思に反した申立ては許されない（法356条）。

判例は，原判決宣告後，控訴申立て前に選任された弁護人は，第1審における弁護人には当たらないものの，被告人を代理して控訴を申し立てることができるとし（最大判昭和24・1・12刑集3巻1号20頁），さらに，これを上訴権を有しない被告人以外の選任権者が選任した弁護人にも認めている（最大決昭和63・2・17刑集42巻2号299頁）。

(2) 控訴には提起期間があり，第1審の判決の宣告のあった日から14日（初日は算入されないので［法55条1項］，判決宣告当日を含めると15日）以内である。期間内に高等裁判所宛ての控訴申立書を第1審裁判所に提出しなければならない（法373条・358条・374条）。

期間の延長は認められていない。被告人が不利益を受けぬよう，身体を拘束されている被告人については期間内に刑事施設の長またはその代理者に控訴申立書を提出すれば（被収容者からの書面の受領を担当する刑事施設職員に対し上訴取下書等の書面を交付し，同職員がこれを受領したときは，これに当たるとした判例として，最決平成26・11・28刑集68巻9号1069頁。法367条参照），第1審裁判所に到着するのが遅れても期間内に控訴したものとみなされる（法366条1項）。また，被告人の責めに帰すことのできない事由（例，大災害による郵便の遅延）により，期間内に上訴をすることができなかった場合に備えて上訴権回復の請求制度が設けられている（法362条～365条）。

(3) 被告人側の控訴提起を萎縮させない趣意の制度的手当がある。

その第一は，不利益変更禁止の原則である。被告人側が控訴した事件については，第1審判決の刑より重い刑を言い渡すことはできない（法402条）。被告人が不利益な結果を懸念して控訴を差し控えることのないようにする趣旨である。被告人側だけが控訴した場合には，実質的に刑が重くなる結果は生じない（判例は，懲役1年の実刑に処した第1審判決を破棄して懲役1年6月，3年間の保護観察付き執行猶予を言い渡した第2審判決は実質上被告人に不利益とはいえないとする［最決昭和55・12・4刑集34巻7号499頁]）。もっとも，被告人だけでなく検察官

も控訴した場合にはこの原則の適用がないので，第1審判決より刑が重くなる可能性はある。

　第二に，勾留中の被告人が控訴を申し立てた場合には，控訴提起期間中申立てまでに考慮時間を要したとしても，第1審判決宣告の当日から控訴申立ての日の前日までの未決勾留日数は全部刑に法定通算される。また，検察官が控訴し，または被告人が控訴して第1審判決が破棄された場合には，さらに，控訴申立ての日以降控訴審判決の宣告の日の前日までのすべての未決勾留日数が法定通算される（法495条）。控訴したことによる事実上の不利益を最小限度にとどめる趣意である。

　(4)　被告人側の控訴については，事実認定や量刑等に関する瑕疵の主張を審査し，理由があれば原判決を破棄して当該事件における被告人の具体的救済を主眼とするので，被告人に実益のない控訴は許されない。明文はないが，無罪判決に対しては，「控訴の利益」がないので被告人から控訴を申し立てることはできないと解されている。また，免訴や公訴棄却の形式裁判があった場合も，被告人からの控訴は許されないというのが判例である（最決昭和53・10・31刑集32巻7号1793頁）。

　これに対し，検察官は「法の正当な適用」を求める地位にあるので（検察庁法4条），被告人の利益のためにも控訴することができ，控訴の利益の存在は要求されない。

　(5)　控訴の範囲及び効果については，第1審判決の内容及び訴訟当事者たる控訴申立権者の意思との関係で留意すべき点がある。

　主文で2個以上の刑の言渡しがあった場合等，裁判が可分である場合には，その一部に対して控訴することができる（盗品等の有償譲受罪のように，1個の罪について拘禁刑と罰金刑が併科された場合［刑法256条2項］は可分ではない）。しかし，控訴申立権者が部分を限らず控訴を申し立てた場合には，判決の全部について控訴したものとみなされる（法357条）。罪となるべき事実が複数の場合でも，併合罪として主文で1個の刑が言い渡された場合には，不可分となり，一部上訴は許されない。

　包括一罪，科刑上一罪は一罪であるから不可分であり，仮にその一部について控訴しても，全部について控訴したものとみなされる。ただし，最高裁判所

第6編　上　訴

の判例は，科刑上一罪の一部を無罪とし，他を有罪と認定する第1審判決があり，これに対して被告人のみが控訴した事案について，一罪の全部が控訴審に係属するものの，無罪部分に不服のなかった両当事者の意思を尊重し，当事者間の攻防対象からはずれた無罪部分に控訴審が職権調査を及ぼしてこれを変更することは許されないとする（最大決昭和46・3・24刑集25巻2号293頁［新島ミサイル事件］）。さらに，判例は，単純一罪の訴因についても攻防対象の考え方を及ぼし，本位的訴因とされた賭博開張図利の共同正犯は認定できないが，予備的訴因とされた賭博開張図利の幇助犯は認定できるとした第1審判決に検察官が控訴の申立てをしなかった事案について，検察官が重い本位的訴因の訴訟追行を断念したと解されるときは，控訴審が職権により本位的訴因について調査を加えて有罪の自判をすることは，職権発動として許される限度を超え違法であるとしている（最決平成25・3・5刑集67巻3号267頁）。

　控訴の効果として，期間内に適法な控訴の申立てがあると，判決の確定が阻止され，事件が控訴審に係属すると共に，判決内容について執行停止の効果が生じる（法471条）。

　(6)　第1審判決に不服がない当事者は，控訴期間内に控訴権を放棄することができる（法359条）。これを「控訴の放棄」と称する。被告人及び検察官の双方が控訴の放棄をした時点で直ちに第1審判決は確定する。ただし，放棄は必ず書面によらなければならない（法360条の3）。被告人のための控訴権者は被告人から書面による同意を得なければ控訴の放棄はできない（法360条）。また，死刑・無期刑という極めて重い刑の判決については控訴の放棄が許されない（法360条の2）。

　控訴を申し立てた後に，何らかの事情で第1審判決に服することを決めた当事者は，いつでも控訴を取り下げることができる（法359条）。これを「控訴の取下げ」と称する。取下げは書面のみならず，控訴審の公判廷において口頭で行うこともできる（規則224条）。控訴提起期間経過後に控訴の取下げがあり，かつ他方の当事者が控訴していなければ，第1審判決は直ちに確定する。

　控訴の放棄・取下げをした者は，その事件について再び上訴することはできない（法361条）。

3 控訴審の法的性質と運用の実際

(1) 旧刑訴法の控訴審は，事件の審理を全面的にやり直す覆審制度を採用していた（旧法401条1項）。また，現行民訴法の控訴審は，控訴申立てにより事件を第1審口頭弁論終結直前の状態に戻し，控訴審で提出された証拠を加えて審理・判決する続審制度を採用している（民訴法296条2項・298条1項・297条）。現行刑訴法の控訴審はこれらと異なり，原則として，第1審判決当時の証拠のみに基づき原判決のした判断の当否を審査する事後審（事後審査審）制度を採ると理解されている。このような法的構造を徹底すれば，控訴審において，第1審で提出されなかった証拠を提出して第1審判決の内容を争うことは，原則としてできない建前になる。これは，第1審の訴訟手続と判決を重視し，第1審審理への集中とその充実を期するとともに，濫上訴を抑制しようとする趣意であった。特に事実認定については，書証ではなく人証中心の直接主義・口頭主義の第1審審理を前提とすれば，証拠に直接接しない控訴裁判所が事件そのものについて判断し第1審を破棄することはできないはずであるとの考え方に基づくといえよう。

控訴審は，原判決の瑕疵の有無を審査・判断するが，瑕疵の具体的指摘は当事者が行う。すなわち，控訴を申し立てた当事者は，高等裁判所の定めた期間内に（実務では，控訴趣意書差出期間の通知が到着した後，およそ30日ないし40日），原判決の瑕疵を具体的に指摘し，かつその理由を原判決当時の証拠に基づき「控訴趣意書」に簡潔に記載し，控訴申立書と別個に高等裁判所に提出することが義務づけられている（法376条，規則236条・240条）。期間内に控訴趣意書が提出されなければ，決定によって控訴が棄却される（法386条1項1号）。控訴の相手方は，控訴趣意書に対する意見を記載した答弁書を提出することができる。被告人側控訴の場合，検察官は，重要と認める控訴の理由について，答弁書を提出する義務がある（規則237条・243条）。

(2) このように，控訴審における争点の設定は申立当事者の義務であり，控訴裁判所は，控訴趣意書に挙げられた事項について調査し判断を示す義務を負う（法392条1項）。控訴趣意書に記載されていない事項については，必要と認めたときにのみ，職権で調査し，判断すれば足りる（同条2項）。

しかし，他方で，現行法の控訴審は，法定の控訴理由（事実誤認と量刑不当）との関係で，法令解釈のみを審査する純粋法律審ではない。事実認定と量刑判断については，最後の事実審という側面があり，新たな事実の主張やそのための新証拠の提出を一切許さない設計には徹底されていない。事実誤認または量刑不当を主張する場合に限り，例外として，①やむを得ない事由によって第1審の弁論終結前に取調べを請求することができなかった証拠（例，第1審当時海外に滞在していた証人）によって証明することのできる事実や，②第1審の弁論終結後判決前に生じた事実を控訴趣意書に援用することが許されている（法382条の2）。また，量刑不当については，控訴審が必要と認めれば職権によって第1審判決後に発生した情状事実（例，第1審判決後の示談成立の事実）について取り調べることができるとされている（法393条2項）。

このような制度設計の下で，従前は，書証中心となっていた第1審の訴訟記録と控訴趣意書を対比検討した結果，控訴審が職権によって事実を取り調べる必要があると認めた場合には，原審において取調べを請求することができなかった「やむを得ない事由」を緩やかに解し，当事者の申請する書証や証人を採用して取り調べる実情があった（法382条の2第1項・393条）。その結果，事実認定については，事後審査を行っているという建前の下で，実質的には控訴裁判所が事件そのものについて心証を形成し，これと第1審の認定を比較して原判決破棄の判断をする覆審的な運用が行われてきたのである。しかし，近年には，裁判員裁判の導入とこれに伴う第1審における直接主義・口頭主義徹底の動きや，公判前整理手続における争点及び証拠の整理・厳選を経た第1審の審理方式の変化に対応して，控訴裁判所による事実の取調べ（法393条1項本文）を抑制し，事後審査を本旨とする方向への変化が生じている〔第4編証拠法第1章Ⅰ4(4)〕。それは，制度の目的にかなう望ましい運用といえよう（ただし，後記 *6*(3)＊も参照）。

4 控 訴 理 由

(1) 控訴趣意書に記載することのできる原判決の瑕疵，すなわち控訴理由は，瑕疵のうち特に重要なものに限られ，法に列挙されている。

法定の控訴理由は，①第1審における訴訟手続の法令違反（法377条〜379条），②事実の誤認（法382条），③法令の解釈適用の誤り（法380条），④量刑の不当である（法381条）。このほか，⑤再審請求事由の存在，判決後の刑の廃止・変更または大赦が挙げられている（法383条）。

　(2)　訴訟手続の法令違反のうち特に重大な事由，すなわち，(i) 法律に従って判決裁判所を構成しなかった，(ii) 判決に関与できない裁判官が判決に関与した，(iii) 審判の公開に関する規定に違反した，(iv) 不法に管轄または管轄違いを認めた，(v) 不法に公訴を受理・棄却した，(vi) 審判の請求を受けた事件について判決せず（審判遺脱），または審判の請求を受けない事件について判決した（不告不理の原則違反），(vii) 判決理由に不備やくいちがいがあった場合は，その違法が判決に影響を及ぼすか否かにかかわらず，このような違法が存在することのみを控訴理由として主張することができる。これらを「絶対的控訴理由」と称する（法377条・378条）。

　その他の訴訟手続の法令違反（例，証拠能力のない証拠を採用して取り調べた，訴因変更に係る裁判所の求釈明義務違反等）（法379条），法令の解釈適用の誤り（法380条），事実誤認（法382条）を主張する場合には，その誤りが判決に影響を及ぼすことが明らかでなければ，控訴理由とすることができない。これらを「相対的控訴理由」と称する。

　　＊　最高裁判所は，刑訴法は控訴審の性格を原則として事後審としており，控訴審は，第1審と同じ立場で事件そのものを審理するのではなく，当事者の訴訟活動を基礎として形成された第1審判決を対象とし，これに事後的な審査を加えるべきもので，第1審において，直接主義・口頭主義の原則が採られ，争点に関する証人を直接調べ，その際の証言態度等も踏まえて供述の信用性が判断され，それらを総合して事実認定が行われることが予定されていることに鑑みると，控訴審における事実誤認の審査は，第1審判決が行った証拠の信用性評価や証拠の総合判断が「論理則，経験則等に照らして不合理といえるかという観点」から行うべきものであると述べて控訴審の事実誤認審査が事後審査であることを確認し，法382条の「事実誤認とは，第1審判決の事実認定が論理則，経験則等に照らして不合理であることをいう」との法解釈を説示し，控訴審が第1審判決に事実誤認があるというためには，第1審判決の事実認定が論理則，経験則等に照らして不合理であることを具体的に示すことが必要であるとする（最判平成24・2・13刑集66巻4号482頁）。なお，この法解釈の適用は，第1審判決が有罪判決か無罪判決かにより異なるものではない。事実

誤認審査に関する判例は多数集積されつつある。第1審無罪判決を破棄した控訴審判決を破棄したものとして，前記最判平成24・2・13，最判平成30・3・19刑集72巻1号1頁，同様の控訴審判決を是認したものとして，最決平成25・4・16刑集67巻4号549頁，最決平成25・10・21刑集67巻7号755頁，最決平成26・3・10刑集68巻3号87頁，第1審有罪判決を破棄した控訴審判決を破棄したものとして，最判平成26・3・20刑集68巻3号499頁，最判平成30・7・13刑集72巻3号324頁，最判令和3・1・29刑集75巻1号1頁，最判令和4・4・21刑集76巻4号268頁，最判令和4・5・20刑集76巻4号452頁，最判令和5・9・11刑集77巻6号181頁，同様の控訴審判決を是認したものとして，最決平成26・7・8判時2237号141頁参照。

＊＊ 「刑の量定が不当である」（量刑不当）とは，第1審の刑が合理的な裁量の範囲外にあることをいう。「不当」かどうかは，一定の幅が想定される量刑の具体的基準に照らし，その幅からははずれているかどうか，ずれの程度はどのくらいか，そのような量刑が合理的に説明可能かどうかという観点から審査される。最高裁判所は，親の幼児に対する傷害致死事案において，従前の量刑傾向から踏み出し，公益の代表者である検察官の懲役10年の求刑を大幅に超えた第1審判決の懲役15年の量刑について，具体的，説得的な根拠を示しているとはいい難いとし，これを是認した原判決は，量刑不当により破棄を免れないと判示している（最判平成26・7・24刑集68巻6号925頁）。

5　控訴審における審理

(1)　事後審査審としての控訴裁判所は，原判決当時の証拠によって原判決の当否を判断するのであるから，控訴趣意書において控訴理由とされている事項についての調査は原則として原判決当時の証拠に基づき行えば足りる（法392条1項）。第1審と異なり予断防止原則の適用はないので，控訴裁判所は，控訴審の第1回公判期日前に，控訴趣意書と原判決とを対比検討し，併せて原審の訴訟記録と証拠のすべてを点検し，控訴理由または職権調査を及ぼすべき事項の有無，その判断のため控訴審における事実の取調べが不可欠か否かの検討（法392条2項・393条）を行うことが可能である。控訴審実務ではこれを事前合議と称する。

(2)　控訴審の職責が第1審判決の審査という重要事項であるため，高等裁判所の審理・判決はすべて合議体（職業裁判官3人）で行われる（裁判所法18条）。

なお，裁判員裁判の事実認定や量刑について，裁判員の関与した第1審の判断を，論理則・経験則や刑罰法令の解釈適用として確立している量刑の具体的基準に即して，合理性の観点から審査し，それが不合理であることを具体的に指摘して破棄することは，第1審判決が裁判員裁判であるか否かに係わらず，事後審査審たる控訴審の本来的責務であり，何ら裁判員制度の趣旨に反するものではない。

　　＊　量刑に関して，前記判例（最判平成26・7・24）は，量刑判断が行為責任の原則を基礎に当該犯罪行為にふさわしい刑が言い渡されるものであり，それが是認されるためには量刑要素が客観的に適切に評価され，結果が公平性を失わないことが求められ，この点は裁判員裁判においても等しく妥当するとした上で，裁判員裁判の量刑がそれ以前の量刑傾向に従うことまで求められているわけではないが，他の裁判結果との公平性が保持された適正なものでなければならず，それまでの量刑傾向から踏み出して検察官の求刑を大幅に超える量刑をするについては，具体的，説得的な根拠が示されなければならないと判示している。
　　　　この点は，死刑についても同様であり，死刑の科刑が是認されるためには死刑選択をやむを得ないと認めた裁判体の判断の具体的，説得的な根拠が示される必要があるとされている（第1審の死刑判決を破棄し無期懲役に処した原判決を維持した最決平成27・2・3刑集69巻1号1頁，最決平成27・2・3刑集69巻1号99頁参照）。

(3)　控訴審の公判手続には，原則として第1審の公判手続の規定が準用される（法404条）。もっとも，第1審判決の瑕疵の有無を審査・判断するという手続の性質上，次のような特色がある。

　当事者は，控訴理由を適切に指摘し，相手方の主張に十分反論する必要があるので，法的弁論の専門家である弁護士以外の弁護人（特別弁護人）の選任は許されない（法387条）。また公判への被告人の出頭は，権利であるものの義務ではなく，公判開廷の要件ではない（法390条本文）。被告人自身による弁論は認められておらず（法388条），被告人作成の控訴趣意書が提出されている場合でも，弁護人がその必要を認めたときのみ被告人の控訴趣意書に基づく弁論が弁護人によって行われる（法389条）。このため控訴審では，第1審で弁護人が選任されていない場合でも，職権で国選弁護人を選任するのが通例である。

　　＊　裁判所は，被告人の出頭が権利保護のため重要と認めるときは，被告人の出頭を命ずることができる（法390但書）。さらに被告人の逃亡防止の観点から2023（令和5）年法改正により，拘禁刑以上の刑に当たる罪で起訴されている被告人で，保

釈等をされているものについては，控訴裁判所は原則として判決宣告期日への出頭を命じなければならないとし（法390条の2），被告人が公判期日に出頭しないとき等においては，原則として無罪の原判決に対する控訴を棄却する判決等以外の判決を宣告することができないものとされた（法402条の2）。

(4) 控訴裁判所が事前合議により直ちに原判決の当否につき判断できると考えている場合には，第1審とは異なる審理形態となる。この場合は，一方当事者による控訴趣意書の陳述（不明確な控訴趣意書に対しては，いずれの控訴理由を主張するか等につき裁判長から求釈明があろう）と，相手方の答弁の後，事実の取調べを行わずに結審し，次回公判期日に判決を宣告することになる。もっとも，被告人が出廷していれば被告人質問を許してその言い分を聴いたり，在廷している情状証人を取り調べることはあり得る。これに対して，特に事実誤認の主張につき控訴裁判所が原判決の当否を判断するため事実の取調べの必要を認めるときには，当事者から申請のあった証拠のうち必要と認めるものを採用し，期日を重ねて，これを取り調べることになる。

　＊　控訴審において訴因の追加・変更が許されるかについて，最高裁判所は，控訴審において原判決を破棄して自判する場合に備え，被告人の実質的利益（反対尋問権や審級の利益）を害することがない場合には，検察官の訴因の追加・変更の請求を許可すべきであるとしている（最判昭和30・12・26刑集9巻14号3011頁）。第1審判決に事実誤認や法令違反がない場合や破棄理由が量刑不当である場合には，審級の利益の観点から，控訴審における訴因の追加・変更は許されない。

6　控訴審における裁判

(1) 控訴裁判所は，控訴申立ての手続に違法がある場合（例，控訴申立権者でない者の控訴申立て，控訴権消滅後の控訴申立て，控訴趣意書提出期間の徒過，控訴趣意書に理由が記載されていない場合等）には，その事実が明らかであれば弁論を経ることなく，決定で控訴を棄却する（法385条1項・386条1項）。

適法な控訴の申立てがあった場合には，控訴理由の有無について判決で判断を示す義務があり，控訴理由に該当する事由がないと判断した場合には，その理由を明らかにした判決で控訴を棄却する（法396条）。

相対的控訴理由については，その事由が認められても，判決に影響を及ぼす

ことが明らかでない場合には控訴が棄却される。判決への影響とは，主文に影響する場合に限らず，理由中の判断を含め，犯罪の構成要件的評価に直接・間接に影響を及ぼす場合すべてを含む。有罪・無罪に関係する場合や量刑に変更を生じる場合はもとより，法定刑が同一で，同一刑を言い渡すべき場合でも，例えば，横領罪に当たる事実を背任罪と認定したような法令解釈適用の誤りは，判決に影響がある。これに対し，例えば，窃盗罪における被害金額，数量の微細な事実誤認は判決に影響を及ぼすことが明らかではないとされている。

(2) 控訴理由に該当する事由が認められる（相対的控訴理由については，判決への影響が認められる）場合，その理由がそのまま原判決の破棄理由となり，控訴裁判所は，判決で原判決を破棄する（法397条1項）。なお，原裁判所が即決裁判手続によって判決をした事件については，罪となるべき事実の誤認を理由として原判決を破棄することはできない（法403条の2第2項）。

このほか，原判決後の情状について職権調査した結果，原判決を破棄しなければ明らかに正義に反すると認めるとき（例，原判決後の示談成立の事実の立証があったとき）にも，原判決を破棄することができる（法397条2項・393条2項）。これは原判決自体に瑕疵が認められないにもかかわらず破棄する場合であり，本来の事後審査による破棄判断とは全く異質のものである。前者を1項破棄，後者を2項破棄と称する（法397条1項・2項）。

(3) 控訴裁判所が原判決を破棄した場合には，原則として，事件を原裁判所に差し戻すか，原裁判所と同等の他の裁判所に移送する必要がある（法398条・399条・400条本文）。これは，控訴審の任務が第1審判決のした判断の当否の審査であり，事件そのものについて事実を認定し，法令を適用し，量刑するのは本務でないという事後審査審の構造から導かれる帰結である。

しかし，実務上は，破棄した場合に控訴審自らが直ちに判決をすることができるものと認めて，新たに判決（自判）するのが通例であり（法400条但書），破棄差戻し・移送はごく稀である。これは次のような事情による。第一に，第1審に差戻し・移送すれば，破棄理由の大半を占める量刑不当の場合に，訴訟経済上好ましくない結果を招くこと，第二に，事実誤認を理由として破棄する場合には，第1審の訴訟記録と控訴審において取り調べた証拠により控訴裁判所の心証が新たな事実の認定をすることができる程度に達しており，自判が適

当と認められやすかったからである。

　自判ができるのは，控訴裁判所が，訴訟記録及び原裁判所・控訴裁判所において取り調べた証拠によって直ちに判決をすることができるものと認める場合である（法400条但書）。例えば，第1審判決の事実認定を変えず，法令の解釈適用や量刑についてのみ変更する場合，控訴審において新たに取り調べた証拠により新たな事実を認定するが，その核心部分については控訴審において厳格な証拠調べを行い，かつ当事者に十分な反証の機会を与えているので，当事者の審級の利益は奪われていないと認められるときなどがこれに当たる。

　破棄自判する場合の控訴審は，本来の事後審査審の性格を離れ，第1審の審理に控訴審の審理を加えて判断する続審となる。

　＊　第1審が被告人の犯罪事実の存在を確定せず無罪を言い渡した場合に，控訴裁判所が第1審判決を破棄し，訴訟記録並びに第1審において取り調べた証拠のみによって，直ちに犯罪事実の存在を確定し有罪の判決をすることは，被告人の憲法31条，37条等の保障する公開法廷において，その面前で適法な証拠調べの手続が行われ，被告人が意見弁解を述べる機会を与えられる権利を害し，直接主義，口頭主義の原則を害するから，何ら事実の取調べをせずに法400条但書により有罪の自判をすることは許されないとするのが判例・実務であった（最大判昭和31・7・18刑集10巻7号1147頁，最大判昭和31・9・26刑集10巻9号1391頁）。

　　　これに対し，近年の刑訴法の制度及び運用の変化を理由として従前の判例の正当性を疑問視し，直接事実の取調べをせずに自判しても，被告人の権利，利益の保護において問題は生じないとし判例変更を促した原審について，最判令和2・1・23刑集74巻1号1頁は，判例の変更を認めず，次のように説示してこれを破棄している。「原判決が挙げる刑訴法の制度及び運用の変化は，裁判員制度の導入等を契機として，より適正な刑事裁判を実現するため，殊に第1審において，犯罪事実の存否及び量刑を決する上で必要な範囲で充実した審理・判断を行い，公判中心主義の理念に基づき，刑事裁判の基本原則である直接主義・口頭主義を実質化しようとするものであって，同じく直接主義・口頭主義の理念から導かれる……［従前の］判例の正当性を失わせるものとはいえ［ず，］……いまなおこれを変更すべきものとは認められない。」

　　　自判の限界について，その後も被告人を心神耗弱とした第1審判決について，論理則・経験則違反を理由に事実誤認として破棄し，何ら事実の取調べをすることなく訴訟記録と第1審で取り調べた証拠のみによって，直ちに完全責任能力を認めて自判することは400条但書に違反するとした判例がある（最判令和3・9・7刑集75巻8号1074頁）。これに対して，（旧）準強姦罪の被告人の認識に合理的疑いが残る

として無罪とされた事件の控訴審が，被告人の認識について実施された被告人質問で被告人が黙秘し，他に事実取調べを行うことなく訴訟記録と第1審で取り調べた証拠に基づき被告人の認識があったことは明らかであるとして無罪判決を破棄し有罪の自判をした事案について，控訴審は，争点の核心部分について事実の取調べをしたということができ，400条但書には反しないとした判例がある（最決令和3・5・12刑集75巻6号583頁）。また，法令の解釈適用の誤りを理由に破棄自判する場合に事実の取調べを不要とした事例として，最決令和5・6・20刑集77巻5号155頁がある。

(4) 上級審の裁判所の裁判における判断は，その事件について下級審の判断を拘束するので（裁判所法4条），破棄差戻しがあった場合，差戻し後の審理を行う第1審裁判所は，法律問題，事実問題を問わず，控訴審が破棄の直接の理由とした判断には従わなければならない（最判昭和43・10・25刑集22巻11号961頁）。これを破棄判決の拘束力と称する。もっとも，事実問題に関しては，差戻し後の第1審で新たな証拠調べをした場合には，別の認定をすることも可能となる。

なお，裁判員裁判の第1審判決が事実誤認を理由に破棄差戻しとなると，差戻し後の第1審は再び裁判員裁判となるが，破棄判決の拘束力の範囲や続審の前提となる部分についての公判手続の更新等について，差戻し審に参加する裁判員が理解しやすい工夫が要請される〔第3編公判手続第5章Ⅴ(2)〕。

＊ 破棄判決の拘束力について，最高裁判所は，「裁判所法4条……の趣旨は，審級制度の存在を前提に，事件が上級審の裁判所と下級審の裁判所とをいたずらに往復することを防止しようとするものである」とし，被告人の犯人性の認定に事実誤認はないとした上で，量刑不当を理由に原判決を破棄した控訴審判決の拘束力の内容について，刑の量定は，犯人性の認定を当然の前提とするものであり，前記拘束力の趣旨及び控訴審判決の判断内容を踏まえると，「事件を第1審裁判所に差し戻した控訴審判決は，第1審判決を破棄すべき理由となった量刑不当の点のみならず，刑の量定の前提として……犯人性を認定した同判決に事実誤認はないとした点においても，その事件について下級審の裁判所を拘束するというべきである」と説示している（最決令和5・10・11刑集77巻7号379頁）。

第6編　上　訴

II　上　告

1　上告の意義及び上告理由

(1)　高等裁判所の判決（通常は控訴審判決）に対して，憲法違反・憲法解釈の誤りまたは判例違反があることを理由に，最高裁判所にその取消し・変更を求める不服申立ての制度を上告という（法405条，裁判所法7条1号）。第1審が高等裁判所である場合（裁判所法16条4号），これに対する不服申立ても上告である。

　＊　最高裁判所は憲法判断と法令解釈の統一を任務としているので，控訴審とは異なり，事実誤認や量刑不当は適法な上告理由とはされていない。この趣旨から，①憲法違反・憲法解釈の誤り，判例違反以外の場合でも法令解釈に関する重要な事項を含む事件については，判決の確定前に職権発動を促す旨の申立てがあれば最高裁判所の裁量的判断によって上告事件として特別に受理する事件受理の申立制度（法406条，規則257条〜264条），②簡易裁判所または地方裁判所が言い渡した第1審判決において法律・命令等が憲法に違反すると判断したり，地方公共団体の条例・規則が法律に違反すると判断した場合に，控訴審を経由せず直接最高裁判所に上告することを認めた跳躍（飛躍）上告の制度（規則254条・255条），③控訴審において憲法違反または憲法解釈の誤りのみが控訴理由となっている場合に，最高裁判所の許可を受けて事件を最高裁判所に移送することを認めた事件移送の制度（規則247条・248条）が設けられている。

　＊＊　法405条にいう「判例」の意義については，様々な考え方があり得るものの，最高裁判所の役割のひとつである法令解釈の統一を通じた法的安定性の確保という観点から定義すれば，具体的法律問題に関する有権的法解釈，すなわち，同種類型の事実関係にも妥当すると予測され，事実上の拘束力を有する法的見解を含んだ判断内容であると考えられる。裁判の結論部分に限られず，結論を導いた重要な前提判断部分も，このような意味で「判例」といえよう。なお，判断の前提となった重要事実が多数あり，判断の個別性が高い場合の判例を事例判例と呼ぶことがある。
　　「判例と相反する判断をした」とは，原判決の法的判断内容が「判例」の法的見解と相反することをいう。判例の前提とする重要事実が異なれば，比較の前提が欠けるので，このような判例違反の主張は引用判例が「事案を異にし」適切でないとして不適法とされる。

(2)　法は，上告審においても控訴理由と同様の理由，すなわち①判決に影響

を及ぼすべき訴訟手続・実体法上の法令違反，②甚だしい量刑の不当，③判決に影響を及ぼすべき重大な事実誤認，④再審事由の存在，⑤判決後の刑の廃止・変更，大赦の存在の各事由があって，原判決を破棄しなければ「著しく正義に反する」と認める場合には，判決で原判決を破棄できると定めている（法411条）。これらは上告理由でないものの，最高裁判所の職権判断の対象となり破棄の事由となり得る。実際の上告申立てには，実質上，これらの事由に基づく職権破棄を求めてなされる例も多い。

2 上告申立手続及び上告審における審理

(1) 上告審の手続は原則として控訴審と同様である（法414条）。上告申立権者の範囲，申立期間，上告の利益の要件，上告の範囲と効果，上告の放棄・取下げは控訴審に準ずる。また，審理の法的性質が事後審査審であること，必要と認めれば事実の調査ができること，弁護士のみが弁護人となることができかつ弁論能力を有すること等についても，控訴審と同様である。

他方，最高裁判所の任務が憲法判断と法令解釈の統一にあることから，公判期日に被告人の召喚を要しない点（法409条，規則265条），判例違反を主張する場合には，上告趣意書にその判例を具体的に摘示する義務があること（規則253条），最高裁判所は原判決が違憲判断をしている場合には他のすべての事件に優先して判断しなければならないとされている点（規則256条）等に特色が認められる。

(2) 最高裁判所は15人の裁判官で構成されるが，上告事件は5人ずつの裁判官で構成された第一ないし第三小法廷に係属する。

初めての論点について憲法判断を下す場合，違憲判断を下す場合，最高裁判所の判例を変更する場合，小法廷における意見が二説に分かれ同数の場合，その他重要な論点を含むため大法廷で裁判するのが相当と小法廷において認めた場合には，15人の裁判官で構成する大法廷で審理し，判決をする（裁判所法10条，最高裁判所裁判事務処理規則9条）。

3 上告審の裁判

(1) 上告申立てが方式に違反している場合，上告権消滅後に上告が申し立てられたり，上告趣意書が提出されなかったり，上告趣意書に憲法違反，判例違反の主張が含まれていないなど不適法な上告申立てに対しては，控訴審と同様，弁論を経ないで，決定により上告が棄却される（法414条・385条・386条）。憲法違反や判例違反の主張が形式上は記載されていても，実質上は量刑不当，事実誤認，訴訟手続の法令違反，法令適用の誤りの主張であると認められる場合も同様である。決定による上告棄却については，3日以内に異議申立てができる（法414条・385条2項・422条）。

また，上告裁判所は，上告趣意書その他の書類によって上告理由は適法であるが上告申立ての理由がないことが明らかであると認めるときは，例外的に弁論を経ない判決で上告を棄却することができる（法408条，法43条1項参照）。判決による上告棄却については10日以内に判決訂正の申立てができる（法415条）。

(2) 上告理由があると認められるとき（判決に影響しないことが明白なとき，及び判例変更を相当とするときは上告棄却となる）（法410条），及び上告理由がない場合でも，前記職権発動を促す事由があり，破棄しなければ著しく正義に反すると認められるとき（法411条）は，判決で原判決を破棄する。その際は，原則として事件を原裁判所または第1審裁判所に差し戻すか，これらと同等の他の裁判所に移送しなければならない。しかし，最高裁判所は，控訴審と同様，訴訟記録ならびに原裁判所及び第1審裁判所において取り調べた証拠によって，直ちに判決をすることができるものと認めるときは，自判することもできる（法413条）。なお，上告審において事実誤認の主張がされた場合，その審査方法につき最高裁判所は，「当審が法律審であることを原則としていることにかんがみ，原判決の認定が論理則，経験則等に照らして不合理といえるかどうかの観点から行うべきである」と説示している（最判平成21・4・14刑集63巻4号331頁）。

第1審裁判所が即決裁判手続によって判決をした事件については，罪となるべき事実について重大な誤認があることを理由として原判決を破棄することは

できない（法413条の2）。

　＊　最終審である最高裁判所の「判決」については，宣告により直ちに確定させる制度も考え得るが，判決に誤りがないとはいえないので，法は，判決宣告の日から10日以内に検察官，被告人または弁護人は判決の訂正を申し立てることができると定めている（法415条）。最高裁判所の判決は，①宣告日から10日間が経過したとき，②判決訂正の申立てがあった場合には訂正の判決または申立てを棄却する決定があったときに確定する（法418条）。

　　最高裁判所の上告棄却「決定」に対しては，高等裁判所の決定に対する異議申立ての規定が準用され，前記のとおり3日以内に最高裁判所に対し異議申立てができる（法414条・385条2項・422条）。上告棄却決定は，①決定の告知から3日間が経過したとき，②異議申立てに対する裁判があったときに確定する。

　＊＊　上告裁判所が原判決を破棄して事件を原裁判所に差し戻す旨の「判決」をするに当たり，原判決を破棄すべき事由の性質，被告事件の内容，審理経過等に鑑み，法408条の趣旨に照らし，必ずしも「口頭弁論」を経ることを要しないとされた事例がある（最判平成19・7・10刑集61巻5号436頁，最判令和2・1・31刑集74巻1号257頁［原判決の宣告手続に法律に従って判決裁判所を構成しなかったという明白な法令違反の認められる事例］）。

III　抗　　告

1　抗告の意義及び手続

(1)　裁判所の決定に対する上訴を広義の抗告という。これには通常抗告，即時抗告，特別抗告がある。このうち通常抗告を狭義の抗告と称する。抗告一般に共通する事項は次のとおりである。これは後記の抗告に代わる異議申立てや準抗告にも準用される。

(2)　抗告は，検察官，被告人やその代理人等のほか決定を受けた者（例，保釈保証金没取決定を受けた旧保釈保証金納付者［最大決昭和43・6・12刑集22巻6号462頁］，自ら申し立てた保釈請求を却下された被告人の配偶者・直系親族・兄弟姉妹［最決平成17・3・25刑集59巻2号49頁］）もすることができる（法352条）。

　抗告をするには，抗告申立書を原裁判所，すなわち抗告の対象となる決定を

した裁判所に提出しなければならない。原裁判所は申立書を抗告裁判所に送付する前に，自ら抗告の理由があると認めるときは決定を更正しなければならない。これを再度の考案と称する。原裁判所が抗告に理由がないと認めるときは，その旨の意見書を添えて申立書を受け取った日から3日以内に抗告申立書を抗告裁判所に送付する（法423条）。

(3) 抗告裁判所は，記録を調査するほか，必要があれば事実の取調べをした上（法43条3項），抗告が手続に違反しているとき（例，明文の規定のない即時抗告）や抗告に理由がないときは決定で抗告を棄却し，抗告に理由のあるときは，決定で原決定を取り消し，必要がある場合には，さらに裁判をしなければならない（法426条）。明文はないが，原裁判所で判断をすることが相当と認めるときは差戻しもできると解されている。なお，抗告裁判所の決定に対しては，再度抗告することはできない（法427条）。

> ＊　抗告審も控訴審と同様に原決定のした判断の当否を審査する事後審と考えられるので〔Ⅰ3参照〕，原決定の判断が不合理でないかどうかを審査する。そして，原決定を覆す場合には，その判断が不合理であることを具体的に示す必要がある。最高裁判所は，受訴裁判所によってされた法90条による保釈の判断に対して，抗告審は受訴裁判所の判断が裁量の範囲を逸脱していないかどうか，すなわち不合理でないかどうかを審査すべきであり，受訴裁判所の判断を覆す場合には，その判断が不合理であることを具体的に示す必要があると説示している（最決平成26・11・18刑集68巻9号1020頁）。

2　通常抗告

通常抗告は，裁判所の決定のうち，①抗告禁止の規定がある決定，②即時抗告ができる旨の規定がある決定，③管轄または訴訟手続に関し判決前にした決定（ただし，勾留，保釈，押収，鑑定留置に関する決定に対しては抗告ができる）を除く，それ以外の決定全般に対し高等裁判所に不服申立てをする制度である（法419条・420条1項・2項，裁判所法16条2号）。

後記の即時抗告と異なるのは，提起期間の制限がなく抗告の実益が認められる限りいつでも申立てができる点（法421条），及び原決定の執行停止の効果が認められない点（法424条1項本文）である。

実務上は，保釈の許可，保釈請求の却下または保釈の取消し決定に対する抗告申立ての例が多い。

3 即時抗告

即時抗告は，裁判所の決定のうち，特に即時抗告ができる旨法定された決定について高等裁判所に不服申立てをする制度である。対象とされる決定には，重大な影響を及ぼしかつ迅速な解決を要するものが多いため，提起期間を3日間と短期に制限している反面（法422条），即時抗告の申立てにより原裁判の執行は停止される（法425条）。

実務上は，刑の執行猶予取消決定に対する即時抗告（法349条の2第5項），再審請求棄却決定に対する即時抗告（法447条1項・450条）等の例が多い。

4 特別抗告

特別抗告は，法によって不服申立てができないとされている決定または命令（例，抗告裁判所による決定，準抗告裁判所による決定等）について，憲法違反・憲法解釈の誤り，判例違反を理由として最高裁判所に不服申立てをする制度である（法433条1項）。提起期間は5日間（法433条2項）。

なお，最高裁判所は特別抗告について，上告に関する法411条の準用を認めている（最大決昭和37・2・14刑集16巻2号85頁）。抗告が許されない「訴訟手続に関し判決前にした決定」（法420条1項）については，憲法違反，判例違反，法411条を準用するに足りる重大な法令違反に係る重要問題があり，直ちに最高裁判所の判断が必要と認められるものについて，特別抗告が許されるべきである（実例，証拠開示命令につき最決昭和44・4・25刑集23巻4号248頁，最決昭和44・4・25刑集23巻4号275頁，付審判請求事件の審理手続につき最決昭和49・3・13刑集28巻2号1頁等参照）。

Ⅳ　高等裁判所のした決定に対する異議申立て

　法は，高等裁判所のした決定に対しては抗告申立てを全面的に禁じている（法428条1項）。代わりに（特別抗告は除く），高等裁判所が第1審として行った決定に対して，同じ高等裁判所に不服申立てができる旨を定めている（法428条2項）。これを高等裁判所のした決定に対する抗告に代わる異議の申立てと称する。上訴ではないが，実質的に同様の性質を有する。

　第1審裁判所が行った場合に通常抗告が許される決定に対する異議申立てについては通常抗告の，即時抗告が許される決定については即時抗告の，各規定が準用される（法428条3項）。後者の異議申立期間は3日であり（法422条），執行停止の効力が認められる（法425条）。

　実務上は，高等裁判所のした保釈請求却下決定に対する異議申立ての例が多い。

　この制度が最高裁判所の上告棄却決定に対しても準用されるのは，前記のとおり〔Ⅱ3(2)〕。

Ⅴ　準　抗　告

　(1)　裁判官の行う一定の裁判（命令），及び捜査機関による一定の処分に対する不服申立ての制度を準抗告と総称する。これは条文上の用語ではない。

　(2)　法429条の対象には，法律で受命・受託裁判官，起訴前または第1回公判前の処分をする裁判官が行うこととされている裁判が列記されており，その法的性質は「命令」である。単独体の受訴裁判所による裁判は決定であるから，これに対する準抗告は原則として許されない（①は例外）。対象は，①忌避申立てを却下する裁判，②勾留，保釈，押収，押収物の還付に関する裁判，③鑑定留置命令，④証人等に対する過料・費用賠償の命令，⑤身体検査を受ける者に対する過料・費用賠償の命令である（法429条1項）。

　(3)　法430条の対象となる処分は，検察官，検察事務官または司法警察職員

が行った，①被疑者と弁護人との接見交通の指定処分（法39条3項）〔第1編捜査手続第9章Ⅲ*3*〕，②押収または押収物の還付に関する処分である（法430条）〔第1編捜査手続第9章Ⅴ(2)〕。

(4)　対象裁判についてはその裁判官の所属する裁判所に対して（法429条1項），対象処分についてはその処分について対応する裁判所に対して（法430条1項・2項），命令や処分の取消し，変更の請求を行う。裁判に対する準抗告は，地方裁判所，家庭裁判所の合議体で審判され（法429条4項），捜査機関の処分に対する準抗告は，地方裁判所，簡易裁判所の単独体で審判される（法430条）。

(5)　裁判に対する準抗告は，簡易裁判所の裁判官の場合を除き，同一審級裁判所に対する不服申立てとなるから，上訴ではないが，実質的には上訴と同様の性質を有する。これに対して，捜査機関の処分に対するものは，行政処分に対する不服申立てとして本来行政事件訴訟で扱うべきものを，迅速・適正に処理するためとくに刑事手続内に組み込み，その法形式として準抗告を利用したものである（したがって行政事件訴訟に関する法令の規定は適用されない〔法430条3項〕）。その法的性質は全く異なる。

第6編　上　訴

〈第6編　参考文献〉

松尾浩也編・刑事訴訟法Ⅱ（有斐閣大学双書，1992年）
　　第9編 上訴　第1章 通則　Ⅰ上訴制度〔松尾浩也〕
司法研修所編・裁判員裁判における第一審の判決書及び控訴審の在り方（司法研究報告書61輯2号，法曹会，2009年）

第 7 編

非常救済手続

非常救済手続の意義

非常救済手続とは，裁判確定後に事実認定の不当または法令違反が判明した場合に，これを是正する手続をいう。確定後救済手続とも称する。裁判が確定した後に，事実認定や法令解釈の不当を理由にさらに争訟を続けることは，訴訟制度自体の機能と法的安定性を著しく害し，裁判確定の意義を没却するので，原則として許されない。他方，重大な誤りを放置することは具体的正義に反し，ひいては司法に対する信頼を根底から揺るがすことになりかねない。そこで，法は，再審と非常上告という2種の非常救済手続を設けている。

I 再　審

1 再審の意義及び再審請求

(1) 再審とは，有罪の確定判決について，その言渡しを受けた者の利益のために，事実認定の不当を救済する手続である（法435条・436条）。現行法には，有罪方向への是正すなわち不利益再審の制度はない（旧刑訴法486条は不利益再審も認めていたが，廃止された）。再審は，請求権者，すなわち，①言渡しを受けた本人，②本人の法定代理人，保佐人，③本人が死亡した場合や心神喪失の状態にある場合にはその配偶者・直系親族及び兄弟姉妹，④検察官から，原判決をした裁判所に申し立てる（法438条・439条）。この申立てに法定の再審事由が認められると再審の開始が決定され，この決定が確定した場合には，原判決をした裁判所が裁判のやり直しを行う（法451条～453条）。

(2) 実務上，検察官の請求は相当数あり，再審開始決定に至るのが通例である（例，道路交通法違反の罪・過失運転致傷の罪等，交通事犯に関する確定した略式命令につき，犯人の身代わり，保険金目あての事故偽装，氏名冒用などが発覚したため，それを理由として検察官が再審請求）。

他方，再審は，刑事補償の実益とは別に，不当な有罪判決を受けた者の名誉回復をも趣意とするので，裁判の執行終了後でも，また本人の死亡後でも請求

でき，請求に期間の制限がない。再審が開始され，無罪の判決が言い渡され確定した場合には，その旨を官報と新聞紙上に公示することとなっている（法453条）。

2　再審事由

(1)　再審事由は法に限定列挙されており（法435条・436条），法435条6号の事由以外は，有罪判決の証拠が偽造や偽証によるものであったこと等が確定判決により証明された場合であるため，ほぼ一義的である。

　これに対して，法435条6号の，無罪，免訴，刑の免除を言い渡すべき，または原判決より軽い罪を認めるべき「明らかな証拠」（証拠の明白性）を「あらたに発見した」（証拠の新規性）ときという再審事由には解釈の余地がある。すなわち，証拠の明白性は，事実についての裁判所の心証に基づき判断される事項であり（最決昭和29・10・19刑集8巻10号1610頁），他の再審事由のような確定判決による証明という一義的・形式的要件と異なり，裁判所の裁量的判断の余地がある。実務上6号による再審請求が多数であることから，本号の解釈・適用のあり方が，再審制度の機能に決定的影響を及ぼし得るのである。

(2)　かつての実務は，裁判の確定による法的安定性を重視し，6号事由における証拠の明白性・新規性を厳格に解釈してきた。しかし，1975（昭和50）年，最高裁判所は，「無罪を言い渡すべき明らかな証拠」とは，確定判決の事実認定に合理的な疑いを抱かせ，その認定を覆すに足りる蓋然性ある証拠をいうとし，当の証拠と他の全証拠との総合評価・判断に際して，「再審開始のためには確定判決における事実認定につき合理的な疑いを生ぜしめれば足りるという意味において，『疑わしいときは被告人の利益に』という刑事裁判における鉄則が適用される」と説示した（最決昭和50・5・20刑集29巻5号177頁［白鳥事件］）。この判例は，明白性の要件解釈を緩和したものと一般に理解されている。判例は，明白性の判断にあたっては，確定判決が認定した犯罪事実の不存在が確実であるとの心証を得る必要はなく，確定判決における事実認定の正当性についての疑いが合理的理由に基づくものかどうかを判断すれば足りる旨説示している（最決昭和51・10・12刑集30巻9号1673頁［財田川事件］）。

3　再審請求事件の審理等

(1)　再審請求を受理した裁判所は，決定手続で再審事由の有無を判断する。必要であれば職権で事実の取調べを行うこともできるが（法43条3項・445条），再審請求者から証拠調べの申出があっても，それは職権発動を促す意味にとどまる。事実の取調べの要否・範囲・方法等について，再審請求審に固有の明文規定はなく，すべて裁判所の適切かつ合理的な裁量に委ねられている（最決昭和28・11・24刑集7巻11号2283頁，最決昭和29・11・22刑集8巻11号1857頁）。

　事実の取調べの前提として，再審請求者から検察官手持ちの公判未提出記録（証拠物を含む）の開示が求められる例が少なくない。再審請求審が，事案の内容を踏まえ，その合理的裁量判断として，当該資料開示の必要性と弊害等を考慮勘案して検察官に開示を促しあるいは勧告するというのが現状の運用である。

＊　2016（平成28）年法改正の附則9条3項には，「政府は，この法律の公布後，必要に応じ，速やかに，再審請求審における証拠の開示……等について検討を行うものとする」との文言がある。法制審議会部会の議論において指摘されていたとおり，当事者追行主義の公判審理を始めようとする場面における現行法の「証拠開示」制度と再審請求審における公判未提出記録の点検とはまったく別の事柄であるから，「証拠の開示」という用語は不適切である。現行法の公判前整理手続における「証拠開示制度」の準則が，直ちに規範的意味を有するとは思われない。もっとも，再審請求審が公判前整理手続施行以前に確定した事件を審理するに際し，現行の証拠開示制度の背後にある考え方を考慮要素とした裁量的判断を行うのは，不合理とまではいえまい。

(2)　裁判所は，再審の請求について決定をする場合には，請求者とその相手方の意見を聴く義務がある（規則286条）。検討の結果，再審の請求が法令上の方式に違反し，または請求権の消滅後（例，再審請求を取り下げた場合［法443条2項］や以前に同一理由で請求を棄却する決定があった場合［法447条2項］）であったり，再審事由がないときは，再審請求を棄却する（法446条・447条1項）。再審の請求に理由があるときは，再審開始の決定をしなければならない（法448条1項）。いずれの決定に対しても即時抗告ができる（法450条）。再審開始決定が確定すると，その審級に従って再審の裁判が行われる（法451条）。なお，再審開始決定が確定しても，確定判決の「執行力」は失われないが，その事実認

定が覆える蓋然性が高まり，将来失効することもあり得るため，裁判所は裁量により決定で刑の執行を停止することができる（法448条2項）。この刑の執行停止決定に対しては法419条による抗告ができる（最決平成24・9・18刑集66巻9号963頁）。再審裁判においては不利益変更禁止の原則が適用され，原判決より重い刑を言い渡すことはできない（法452条）。

(3)　検察官以外の再審請求権者は，弁護人を選任することができ，その選任は，再審の判決があるまで効力を有する（法440条）。再審請求手続は当事者追行主義の公判手続とは性質を異にするから，弁護に関する総則の諸規定がすべて当然に適用されるとはいえない。しかし，弁護士である弁護人の法的援助（法31条1項参照）は，請求審において事実上極めて重要であるから，特に規定が設けられている。そして総則の書類・証拠物閲覧・謄写の権利（法40条）は，適用されると解される。

　弁護人の接見交通権（法39条）については，再審開始決定確定後の再審公判に適用されるのは当然として（刑事収容施設法145条参照），請求審段階においても請求者に対する法的援助の前提として，これを尊重すべきことは疑いない。刑事収容施設法は，とくに死刑確定者につき，「訴訟の準備その他の正当な利益の保護のためその立会い又は録音若しくは録画をさせないことを適当とする事情がある」ときは，刑事施設の長が施設職員の立会い，録音もしくは録画なしに再審請求の代理人である弁護士と面会させることができる旨定めて（同法121条），立会いのない秘密面会をする利益を一定範囲で認めており，これ以外の受刑者についても同様と考えられる（同法112条参照）。最高裁判所は，刑事施設の長が再審請求弁護人と死刑確定者の秘密面会の申出を拒否したことの当否が争われた事案について，秘密面会により刑事施設の規律・秩序を害するおそれがあると認められ，または死刑確定者の面会についての意向を踏まえてその心情の安定を把握する必要性が高いと認められるなど特段の事情がない限り，申出は許可されるべき旨判示している（最判平成25・12・10民集67巻9号1761頁）。

Ⅱ 非常上告

　非常上告とは，判決確定後，その審判の法令違反を理由として認められる非常救済手続である。

　再審と同様，裁判確定後にその不当を主張することを例外的に許す救済手続であるが，再審のように事実認定を是正し有罪の言渡しを受けた者を救済するのではなく，法令解釈の統一のため，抽象的に法規適用の誤りを是正することを目的とする。

　検事総長が，確定判決の審判が法令に違反したことを発見したときに，最高裁判所に申し立てる（法454条）。確定判決には，控訴棄却決定や略式命令も含まれる。法令違反には，手続法・実体法双方の違反が含まれる。

　この制度は，法令解釈の統一を図ることが目的であるから，原判決が破棄されても被告人の利益のため最高裁判所が新たな裁判をしたとき以外は，被告人に何らの効果も及ぼさない。すなわち，①原判決が法令に違反したときは，その違反した部分を破棄する。②その場合，原判決が被告人のために不利益であるときは，原判決を破棄し，被告事件について更に判決する。③訴訟手続が法令に違反したときは，その違反した手続を破棄する。②の場合を除き，判決の効力は被告人に及ばない（法458条・459条）。

事項索引

ア行

相被告人……………………………617
悪性格の立証………………………535
新たな主張の制限…………422, 429
アレインメント制度………484, 563
医師の診断書………………………633
移　送………………77, 285, 654, 685
　——の同意………………………383
一罪一逮捕一勾留の原則（分割禁止の原則）…89
一罪の一部起訴……………241, 294
一事不再理の効力…261, 292, 322, 656, 658, 664
一訴因一罪の原則…………294, 336
一部同意……………………………613
一部認定……………………………519
一部無罪……………………………652
一覧表の提示命令…………………425
一件記録……………………………280
一般的指揮権…………………………25
一般的指示権…………………………25
違法収集証拠排除法則…9, 103, 106, 231, 541, 559
違法な捜査の抑制…………545, 549
医療観察法…………………………238
エックス線検査……36, 118, 149, 171
押　収………………………………112
押収拒絶権…………………………127
押収手続記録書面…………………533
押収品目録…………………………131
　電磁的記録を提供することによりする——
　………………………………………135
押収物………………………………129
乙号証………………………………442
おとり捜査……………………23, 189
オンライン接見……………………227

カ行

開示証拠の目的外使用……………426
回　避………………………………366
会話傍受………………28, 181, 182
科学的証拠…………………………538
隠し撮り………………………173, 177
確　信…………………………8, 519
覚醒剤自己使用行為の訴因………305
確定判決……………………………261
科刑制限……………………………487
家庭裁判所送致……………………238
仮納付………………………………648
仮の分離……………………………488
簡易公判手続………………………483
管　轄………………………………285
管轄移転の請求……………………288
管轄指定の請求……………………288
管轄違い……………285, 340, 342, 654
監視付き移転………………126, 190
間接事実……………………512, 533
間接証拠……………………………512
鑑　定……………155, 462, 498, 538
鑑定受託者…………………156, 157, 632
鑑定書………………………464, 628, 631
鑑定証人……………………………445
鑑定嘱託……………………………155
鑑定処分……………………………157
　——としての身体検査…115, 152, 158, 165
鑑定処分許可状……………157, 163
　電磁的記録による——の発布・執行…135
鑑定手続実施決定…………………463
鑑定人……………155, 462, 499, 631
鑑定人尋問…………………………464
鑑定の経過及び結果を記載した書面…156
鑑定留置……………………156, 463
鑑定留置状…………………………156
　——に代わるもの………………156
監督者制度…………………………390
監督保証金…………………………391
関連事件……………………………287
関連性………………507, 531, 582, 632
期間の計算……………………79, 266
期日間整理手続……………………431
期日指定……………………………347
起訴議決……………………………249
規則制定権……………………………1
起訴状………………………………273
　——の抄本………275, 434, 458
　——の謄本………………………274
　——の謄本の送達………………408
　——の余事記載…………………283

起訴状一本主義	280
起訴状朗読	433
起訴独占主義	239, 250
起訴便宜主義	240, 243
起訴法定主義	240
起訴猶予	241, 243, 252
忌 避	365
基本的事実関係の同一	325
基本的な正義の観念	4, 162, 192, 254
求 刑	477
求釈明	13, 299, 300, 315, 331, 369, 416, 434
供 述	205
——内容を記録した電磁的記録	100
——の任意性	103, 107, 108
——の任意性の調査	609
——の録音・録画	97
供述拒否権の告知	96, 98
供述書	96, 570
供述証拠	91, 514, 575, 592
供述代用書面	579, 589, 592
供述不能	592, 595
供述を録取した書面（供述録取書）	96, 570, 592
行政警察	44, 46
行政検視	58
強制採尿	161
強制採尿令状	116, 165
強制処分法定主義	26, 27, 38, 121, 183
強制捜査	27, 33, 37
——の適否	37
強制の処分	26, 33, 37, 65, 118, 148, 171
共同被告人	376, 617
——の供述	618
——の公判期日外の供述	619
共 犯	271, 287, 300, 317, 318
共犯者	268, 617
——の供述	620
共 謀	300, 305
協力義務	186
協力要請	145
挙証責任	522
——の転換	527
記録媒体	142
——からの複写	142
記録命令付差押え	114, 116, 142
緊急差押え	121
緊急逮捕	66
緊急逮捕制度の合憲性	67

緊急傍受	187
具体的指揮権	25
区分審理	500
訓 戒	480, 651
経験法則	681, 508
警察官	24
——の調査	24
——の武器使用	65
警察官職務執行法	44
警察法	46, 55
形式裁判	251, 257, 638
刑事裁判権	259
刑事施設	77
刑事収容施設	77
刑事訴訟規則	1
刑事訴訟法	1
——の基本的構造	291, 332
刑事手続	1
——のIT化	17
刑事被疑者弁護援助事業	216
刑事免責	195, 204, 210
刑事和解	472
刑の時効	393
刑の時効の停止	393
刑の執行のために呼出を受けた者の不出頭罪	391
刑の執行猶予	644
刑の廃止	260
刑の免除	644
刑の量定	644
刑罰法令	1
結 審	479
決 定	638
厳格な証明	507, 515
嫌 疑	256
権限を有する司法官憲	30
権衡原則	32, 40, 175, 179
現行犯逮捕	67
現行犯人	58, 68, 69
検察官	25, 372
——が保管する証拠の一覧表	418
——の事件処理	14
——の訴因設定・構成権限	294, 668
——の冒頭陳述	435
検察官上訴	666, 675
検察官請求証拠の開示	417
検察官面前調書	99, 591, 594

事項索引

検察事務官 …………………………… 25
検察審査会 ………………………… 240, 248
検察庁 ……………………………… 373
検察庁法 …………………………… 371
検察の理念 ………………………… 374
検 視 ………………………………… 58
検 証 ……………………… 133, 148, 467, 624
　——としての身体検査 ………… 115, 151
検証調書 …………………………… 151, 625
検証に必要な処分 ………………… 149
現場写真 …………………………… 533
検 問 ………………………………… 55
権利保釈 …………………………… 386
　——の除外事由 ………………… 386
合意書面 …………………………… 613
行為責任 …………………… 646, 649, 683
合一的確定 ………………………… 621, 623
勾 引 ……………………………… 168, 379
公益の代表者 …………………… 252, 375
公開主義 …………………………… 352
公開停止 …………………………… 353
合議体 ……………… 261, 492, 682, 695
甲号証 ……………………………… 442
抗 告 ……………………………… 691
交互尋問 …………………………… 451
構成裁判官 ………………………… 493
控 訴 ……………………………… 675
公訴棄却 …………………………… 232
公訴棄却決定 ……………………… 657
公訴棄却判決 ……………………… 655
拘束力 ………………… 656, 658, 659, 666
公訴権の濫用 …………………… 251, 273
控訴裁判所 ………………………… 675
公訴時効 …………………………… 260, 262
公訴時効期間 ……………………… 263
公訴事実 …………………………… 275, 290
公訴事実の単一性 ………… 310, 324, 669
公訴事実の同一性 …… 268, 291, 309, 310, 322, 323, 664
　狭義の—— ……………………… 324
控訴審における職権調査 ………… 679
控訴審における訴因の追加・変更 …… 684
控訴審判決宣言期日への出頭義務 …… 392
公訴提起の要件 …………………… 251, 256
　——と訴因 ……………………… 340
公訴取消し後の再起訴 …………… 261
控訴の提起期間 …………………… 676

公訴の取消し ……………………… 242, 258
控訴の取下げ ……………………… 678
控訴の放棄 ………………………… 678
控訴の申立権者 …………………… 675
控訴の利益 ………………………… 677
公訴不可分の原則 ………………… 294, 665
控訴理由 …………………………… 680
公知の事実 ………………………… 516
交通反則金 ………………………… 261
高等裁判所のした決定に対する抗告に代わる
　異議の申立て …………………… 694
口頭主義 …… 354, 355, 446, 476, 479, 491, 500, 509, 510, 575, 680, 681
口頭弁論 …………………………… 638
公判期日 …………………………… 347
　——の指定 ……………………… 430
　——の変更 ……………………… 347
　——への不出頭罪 ……………… 391
公判期日外における供述 ………… 578
公判期日外における被告人の供述 …… 569
公判期日外における証拠調べ …… 430, 475
公判期日外における証人尋問 …… 476, 624
公判準備 …………………… 407, 475, 573
　——における供述 ……………… 602
公判請求 …………………………… 238
公判前整理手続 …… 13, 14, 207, 285, 301, 311, 314, 402, 412, 498, 524, 680
　——の開始・方法・内容 ……… 415
　——の関与者 …………………… 413
　——の結果の検出 ……………… 429, 436
公判調書 …………………………… 573, 602
公判廷 ……………………………… 348
公判手続 …………………………… 347
　——の更新 ……………… 489, 493, 602, 641
　——の停止 ……………………… 312
公判の裁判 ………………………… 637
公平な裁判所 ……………… 11, 280, 363
公務所照会 ………………………… 113, 431
合理的な疑いを容れない程度の証明 …… 8, 517
勾 留 ……………………………… 60, 380
　——に関する準抗告 …………… 80
　——に関する処分の権限 ……… 393
　——の執行停止 ………………… 82, 157, 388
　——の執行停止の取消し ……… 389
　——の通知 ……………………… 78, 382
　——の取消し …………………… 82, 86, 384
　——の必要性・相当性 ……… 73, 381, 653

707

——の理由	73
勾留期間	79, 384
——の延長	80, 86
勾留更新	384
勾留執行停止期間満了後の不出頭罪	391
勾留質問	75, 219, 382
映像と音声の送受信による——・弁解録取	75
勾留状	77, 384
——に代わるもの	64
——の失効	384, 651, 653, 655, 656
電磁的記録による——等の発付	78
勾留請求	71, 74
勾留請求却下	80, 104
勾留請求書	74
勾留理由開示	81, 385
国選弁護	399
国選弁護人	217
——の解任	404
——の選任	408
国選弁護人契約弁護士	399
国選弁護人選任請求権	70
——の教示	70, 71
——の告知	75
国選弁護人選任請求の手続に関する教示	75
告訴	56, 269
——の客観的不可分	272
——の主観的不可分	271
——の追完	273
——の取消し	272
告訴期間	270
告訴権者	272
告知・聴聞	3, 118, 299
告発	57, 270
国法上の意味の裁判所	361
個人特定事項	63, 71, 258, 274
——の秘匿措置	71, 81, 156, 298, 313, 408, 458, 640
国家訴追主義	239
国家賠償	251, 256

サ 行

再起	242
再勾留	88
最終陳述	479
最終弁論	479
再審	699
再審開始の決定	701
再審事由	700
再審請求権者	699
罪数判断の変化と訴因	336
罪体	565
再逮捕	87
在宅被疑者	94
裁定合議事件	362
再伝聞	607
再度の考案	692
採尿のための強制連行	167
サイバー犯罪に関する条約	142
裁判	637
——の執行に関する調査	393
裁判員	492, 531
——の選任手続	496
裁判員裁判	15, 362, 415, 436, 478, 479, 490, 492, 518, 597, 645, 683, 687
——の対象事件	494
裁判員制度	15, 491
裁判員の参加する刑事裁判に関する法律	16, 491
裁判書	640
裁判官の検証調書	625
裁判官面前調書	601
裁判権	655
裁判所	360
裁判上の準起訴手続	240, 246
裁判所書記官	366
裁判所に顕著な事実	517
裁判長	362, 368
——の処分に対する異議	444
裁判の告知	640
裁判の執行に関する調査	393
裁判の迅速化に関する法律	357
裁判の理由	639
罪名	124, 277
差押え	113
——の必要性	122
差し押さえるべき物	132
「差し押さえるべき物」及び「捜索すべき場所,身体若しくは物」の「明示」	124
差戻し	685
参考人の取調べ	98
事案の真相	4, 6, 12, 244, 543
事件	290, 293
事件移送	688

事項索引

事件受理の申立て……………………688
事件処理………………………………237
事件送致………………………………196
事件（被疑事実）単位の原則………86
時　効…………………………………341
　　──の停止………………………268, 274
時効期間の起算点……………………266
事後審（事後審査審）…………679, 681
事後審査………………………………508
自己負罪拒否特権…44, 95, 146, 200, 201, 422, 448, 449
自己矛盾供述…………………………615
事実誤認…………………………6, 680, 681
事実の取調…………………77, 515, 638
自　首……………………………………57
事前準備………………………………409
自然的関連性…………………………532
私選弁護…………………………215, 398
実況見分………………………………155
実況見分調書……………………155, 627
実質証拠………………………………513
実質的逮捕……………………………101
実体裁判………………………………637
実体的真実主義…………………………4
指定弁護士………………………247, 250
自動車検問………………………………55
自　白……………………………437, 555
　　──の証拠能力…………………103
　　──の証明力……………………562
　　偽計による──…………………558
　　基本権侵害による──…………560
　　公判廷における──……………563
　　任意性に疑いのある──………557
　　約束による──…………………557
自白事件………………………………484
自白法則……………………7, 204, 556, 571
自　判……………………………685, 690
GPS捜査…………………28, 29, 39, 173, 183
GPS端末の装着……………………392
事物管轄………………………………285
司法警察…………………………………46
司法警察員………………………………24
司法警察職員……………………………24
司法検視…………………………………58
司法巡査…………………………………24
司法的抑制…………………………30, 119
司法の無瑕性・廉潔性（judicial integrity）…546

事務引取・移転権……………………373
釈　明　→求釈明
写真・ビデオ撮影…………36, 38, 153, 170
終局処分………………………………237
自由心証主義………………………7, 507, 563
自由な証明………………………507, 515
縮小認定………………………………320
主　刑…………………………………644
主尋問…………………………………452
受訴裁判所……………………………285
受託裁判官……………………………363
主張関連証拠の開示…………………423
主張明示義務…………………………207
出国制限制度…………………………392
出頭拒否・退去の自由………93, 95, 101, 107
出頭命令………………………………390
出頭命令違反の罪……………………391
主任弁護人……………………………399
主　文…………………………………643
受命裁判官……………………………363
準現行犯…………………………………68
準抗告………………………134, 232, 694
召　喚…………………………………378
情況証拠……………………512, 521, 533
証　言…………………………………445
証言拒絶権……………………………448
証　拠……………………………23, 511
　　──の許容性（admissibility）…529
　　──の厳選………………………437
　　──の証明力を争う機会………443
　　──の提示命令…………………425
　　──の標目………………………650
　　──の優越………………………519
証拠開示…………………………………13
　　──に関する裁定………………424
証拠価値………………………………507
上　告…………………………………688
上告理由………………………………688
証拠決定………………………………439
証拠裁判主義…………………………506
証拠収集等への協力…………………193
証拠書類………………………………465
証拠調べ…………………………………10
　　──に関する異議………………443
　　──の順序………………………441
　　──の請求………………………436
　　──の必要性……………………532

709

証拠調べ請求の制限	314, 428
証拠調べ手続	435
証拠資料	512
証拠提出責任	523
証拠等関係カード	439
証拠とすることの同意	571, 611
証拠能力	529
証拠物	115, 165, 467
——たる書面	467, 514
証拠法	7, 505
証拠法則	7, 8
証拠方法	512
証拠保全請求	231
情　状	478, 645
上　訴	675
上訴制限	487
証　人	202, 445
——に対する配慮・保護措置	455
——の義務	450
——の供述の証明力を争うために必要な事項	452
——の遮蔽	458, 577
——への付添い	458
証人尋問	212, 575
——の請求	93, 99
証人審問権	460, 576, 589, 596
証人尋問調書	100, 602
証人適格	447
証人等特定事項	434, 456
少年被疑者	254, 259
証　明	517
証明すべき事実	532
証明責任	522
証明予定事実	417
証明予定事実記載書面	417
証明力	7, 507, 530, 532
——を争う証拠	513, 614
嘱託に基づく鑑定書	632
触法少年	24, 259
職務質問	44, 45
——の付随行為	49, 51, 54
所持品検査	50
書　証	514
除　斥	364
処断刑	644
職権証拠調べ	13, 525
——の義務	441
職権審理主義	10, 11, 282, 291, 331, 665
職権による国選弁護	220
職権による選任	400
職権による保釈	385, 387
職権破棄	689
処分の通知	244
署名・押印	96, 570, 592, 616
資力申告書	218, 400
審級代理の原則	404
親告罪	56, 261, 269
——の告訴	269, 270, 341
審査補助員	249
人　証	513
心神喪失	258, 377, 488
迅速な裁判	313, 356
身体及び所持品	139
身体検査	114
——の直接強制	152, 159
女子の——	151
身体検査令状	115, 151, 163, 166
身体拘束	60
身体拘束処分の効力	86
身体拘束中の被疑者の取調べ	93, 107
身体の捜索	114, 129, 130, 152
女子の——	130
人定質問	279, 433
人的証拠	513
侵　入	118, 149, 173
審判対象の画定	298, 303, 316
審判の分離	623
審判の併合	622
尋問・陳述の制限	369, 454, 457
信用性	507, 532
——の情況的保障	571, 588
心理状態を述べる発言	582
審理・判決の対象	10, 14, 290
推定規定	526
図面の利用	454
請　求	57, 270
請求による選任	401
制限住居離脱罪	391
性犯罪	263
接見交通権	221
接見指定	222, 223
絶対的控訴理由	681
善意の例外	551
前科証拠	537

事項索引

前科調書……604	訴訟条件……257
宣　告……651	訴訟上の信義則……310, 313
宣告刑……644	訴訟手続の法令違反……681
宣　誓……450, 463, 497	訴訟能力……258, 377
訴　因……276, 290	訴訟の主体……360
──に関する求釈明……312	訴訟費用……648
──に関する適法性維持の原則……310, 341	訴訟法上の意味の裁判所……361
──の追加……310	訴訟法上の事実……515, 521, 523
──の撤回……310	訴追裁量権の濫用……252
──の変更……309, 489	訴追に関する合意……193
──の補正……299	訴追免除……204, 210
──の明示……282, 297, 307	即決裁判手続……239, 242, 403, 409, 485, 685, 690
──の予備的・択一的記載……277	疎　明……521
──の予備的追加……278	疎明資料……62, 74, 119, 122
訴因変更の可否……322	損害賠償命令……472
訴因変更の時機……313	
訴因変更の手続……312	タ　行
訴因変更の要否……315	第1回公判期日の指定……411
訴因変更命令……13, 331	退去強制……595
──の形成力……332	大　赦……260
──の義務……332	逮　捕……60, 61
捜　査……8, 23	──の現場……137, 140
公訴提起後における──……197	──の必要……62, 63, 69
捜査・公判協力型の協議・合意制度……193	──の理由……62
捜査機関……23, 24	逮捕後の手続……69
──の検証調書……626	逮捕状……61, 63
捜　索……112	──に代わるもの……64
捜索・差押え処分実行時の写真撮影……133	──の緊急執行……63
捜索証明書……131	──の抄本……64
電磁的記録による──……135	逮捕前置（逮捕先行）主義……83
捜索すべき場所……131	他管送致……237
捜査の端緒……44	択一的認定……519, 649
捜査報告書……420	立会い……130, 186, 188, 625
相対的控訴理由……681	立会人の指示説明……626, 628
相対的特信状況……599	弾劾証拠……513, 614
争点形成の責任……523	単独体……361
争点の顕在化……301, 319	中間処分……237
相反・実質的不一致供述……598	調書判決……641
送　付……57	跳躍（飛躍）上告……688
即時抗告……425, 693	直接主義……282, 354, 355, 446, 476, 491, 500, 509, 510, 575, 592, 612, 680, 681
続　審……500, 679	直接証拠……512
訴訟関係人……360	追起訴……339
訴訟記録の閲覧・謄写……471, 641	追　徴……647
訴訟係属……260, 274	通常抗告……692
訴訟指揮……351	通常逮捕……61
訴訟指揮権……367	通信・会話の傍受……178
──に基づく証拠開示命令……425	

通信の秘密‥‥‥‥‥‥‥‥‥‥‥‥‥178
通信傍受‥‥‥‥‥‥‥‥‥‥‥‥35, 38
通信傍受法‥‥‥‥‥‥‥‥‥‥180, 184
通信履歴の保全要請‥‥‥‥‥‥‥‥145
通　訳‥‥‥‥‥‥‥‥‥‥‥‥‥‥464
通話内容の検証‥‥‥‥‥‥‥‥‥‥181
罪となるべき事実‥‥‥‥‥‥‥275, 649
　　──の特定‥‥‥‥276, 297, 299, 302, 307, 316
ディヴァージョン‥‥‥‥‥‥‥‥‥241
DNA型鑑定‥‥‥‥‥‥‥‥‥‥‥‥539
停　止‥‥‥‥‥‥‥‥‥‥‥‥‥47, 48
提示命令‥‥‥‥‥‥‥‥‥‥‥‥‥439
提出命令‥‥‥‥‥‥‥‥‥‥‥‥‥112
適正手続‥‥‥‥‥‥‥‥‥2, 8, 187, 200
電気通信‥‥‥‥‥‥‥‥‥‥‥‥‥184
　　──の傍受‥‥‥‥‥‥‥‥‥‥180
電磁的記録‥‥‥‥‥‥‥‥‥‥116, 142
　　──による鑑定処分許可状の発付・執行‥135
　　──による勾留状等の発付・執行‥‥78
　　──による差押状等の発付・執行‥‥134
　　──による捜索証明書‥‥‥‥‥135
　　──による令状の発付・執行‥‥30, 134
　　──を提供することによりする押収品目録
　　‥‥‥‥‥‥‥‥‥‥‥‥‥‥‥135
　　供述内容を記録した──‥‥‥‥100
電磁的記録提供命令‥‥‥‥‥‥114, 146
電磁的記録に係る記録媒体‥‥113, 116, 150
　　──の差押えの執行方法‥‥‥‥144
伝聞証拠‥‥‥‥‥‥‥‥‥‥‥‥‥579
伝聞証人‥‥‥‥‥‥‥‥‥‥‥579, 606
伝聞法則‥‥‥7, 8, 91, 282, 483, 486, 534, 570, 578
伝聞例外‥‥‥‥‥‥‥‥‥‥151, 579, 587
電話傍受‥‥‥‥‥‥‥‥‥‥‥‥‥118
同意書面‥‥‥‥‥‥‥‥‥‥‥‥‥611
同　行‥‥‥‥‥‥‥‥‥‥‥‥‥‥50
統合捜査報告書‥‥‥‥‥‥‥‥499, 614
当事者追行主義‥‥‥9, 280, 291, 332, 374, 407, 413, 436, 441, 525
当事者能力‥‥‥‥‥‥‥‥‥‥‥‥376
同時傷害の特例‥‥‥‥‥‥‥‥‥‥528
同種前科‥‥‥‥‥‥‥‥‥‥‥‥‥536
当番弁護士制度‥‥‥‥‥‥‥‥‥‥216
逃亡・罪証隠滅‥‥‥‥‥‥‥‥‥‥229
　　──の防止‥‥‥‥‥‥‥‥61, 63, 72
特信情況‥‥‥‥‥‥‥‥571, 588, 594, 606
特定少年‥‥‥‥‥‥‥‥‥‥‥‥‥259
特定電子計算機‥‥‥‥‥‥‥‥‥‥188

特定犯罪‥‥‥‥‥‥‥‥‥‥‥‥‥193
特別抗告‥‥‥‥‥‥‥‥‥‥‥‥‥693
特別弁護人‥‥‥‥‥‥‥‥‥‥‥‥396
土地管轄‥‥‥‥‥‥‥‥‥‥‥285, 287
取調べ‥‥‥‥‥‥‥‥‥‥‥‥‥91, 92
　　──の録音・録画‥‥‥‥98, 108, 572
取調べ受忍義務‥‥‥‥‥‥‥107, 207, 208
取調べの状況を記録した書面‥‥‥97, 442, 600

ナ　行

2項破棄‥‥‥‥‥‥‥‥‥‥‥‥‥685
二重起訴‥‥‥‥‥‥‥‥‥‥260, 322, 339, 655
二重の危険‥‥‥‥‥‥‥‥‥‥‥‥663
日本司法支援センター（法テラス）‥‥216, 218, 220, 399
任意開示‥‥‥‥‥‥‥‥‥‥‥421, 425
任意手段‥‥‥‥‥‥‥‥‥‥‥‥‥47
任意性‥‥‥‥‥‥‥‥‥‥‥‥‥‥92
　　──の立証‥‥‥‥‥‥‥‥‥‥558
任意捜査‥‥‥‥‥‥27, 31, 33, 40, 92, 104, 175, 190
　　──の原則‥‥‥‥‥‥‥‥‥‥32
　　──の適否‥‥‥‥‥‥‥‥‥‥40
任意同行‥‥‥‥‥‥‥‥‥‥45, 94, 101
任意取調べの適否‥‥‥‥‥‥‥‥‥104
認　否‥‥‥‥‥‥‥‥‥‥‥‥434, 567

ハ　行

破棄判決の拘束力‥‥‥‥‥‥‥‥‥687
派生証拠‥‥‥‥‥‥‥‥‥‥‥552, 561
罰　条‥‥‥‥‥‥‥‥‥‥‥‥‥‥277
　　──の変更‥‥‥‥‥‥‥‥‥‥335
判　決‥‥‥‥‥‥‥‥‥‥‥‥‥‥638
　　──の確定‥‥‥‥‥‥‥‥‥‥659
　　──の宣告‥‥‥‥‥‥‥‥‥‥480
　　拘禁刑以上の刑に処する──の宣告‥651
判決書‥‥‥‥‥‥‥‥‥‥‥‥‥‥641
判決宣告期日への出頭義務付け‥‥‥392
判決訂正の申立て‥‥‥‥‥‥‥‥‥691
犯行計画メモ‥‥‥‥‥‥‥‥‥‥‥587
犯行再現実況見分調書‥‥‥‥‥‥‥582
犯行（被害）再現状況‥‥‥‥‥‥‥630
犯罪関連通信‥‥‥‥‥‥‥‥‥‥‥185
犯罪捜査のための通信傍受に関する法律
　→通信傍受法
犯罪地‥‥‥‥‥‥‥‥‥‥‥‥‥‥287
犯罪の証明‥‥‥‥‥‥‥‥‥‥‥‥652
犯罪被害者等の権利利益の保護を図るための

事項索引

刑事手続に付随する措置に関する法律……405
反 証……………………………………513
犯 情………………………………6, 645
反則行為………………………………261, 342
反対尋問………………………453, 470, 575, 600
　　――権の放棄………………………611
犯 人………………………………23, 24
被害者………………………………56, 248, 405
被害者還付……………………………647
被害者参加制度……………………405, 472
被害者参加人………………………406, 472
　　――の委託を受けた弁護士…………473
被害者等………………………………469
　　――による意見の陳述…………469, 535
被害者等通知制度……………………245
被害者特定事項……………………64, 434
　　――の秘匿決定……………………497
　　――の秘匿措置……………………64, 470
被疑事実………………77, 85, 124, 186, 221
　　――との関連性………………131, 133, 140
被疑者………………………………47, 200
　　――の勾留………………………………72
　　――の死亡…………………………257
　　――の請求による国選弁護…………218
　　――の捜索…………………………136
　　――の立会い………………………140
　　――の取調べ………………93, 94, 226, 558
　　――の取調べの録音・録画……558, 559
被疑者以外の者………………………98
被疑者及び弁護人の立会権……………130
被疑者国選弁護制度……………………217
被疑者国選弁護人選任請求権……………75
非供述証拠……………………………533
被告事件についての陳述………………434
被告人…………………………………376
　　――に不利益な事実の承認…………571
　　――の死亡……………………257, 662
　　――の出頭確保……………………378
　　――の出頭義務……………………348
　　――の召喚…………………………411
　　――の証人適格…………………447, 569
　　――の退廷…………………………456
　　――の態度・行動…………………647
　　――の特定…………………………278
　　――の取調べ………………………198
被告人側の主張明示……………………422
被告人側の防禦上の利益………………318

被告人側の冒頭陳述……………………429
被告人質問………………………468, 567, 568
被告人または弁護人の冒頭陳述………436
微罪処分………………………………197
非常救済手続…………………………699
非常上告………………………………703
必要的弁護事件…………………401, 409
必要な処分……………128, 133, 139, 145, 168
ビデオ撮影………………………170, 171, 177
ビデオリンク方式による証人尋問…459, 577, 589
非伝聞…………………………………580
秘密保持命令…………………………146
秘密録音………………………………188
評 議…………………………………640
非両立性の基準………………………326
比例原則………………………32, 40, 48, 175, 179
不意打ち防止……………………319, 336
不起訴裁定書…………………………245
不起訴処分の通知……………………245
覆 審…………………………………679
不告不理の原則………………………274
不出頭罪…………………………391, 651
付審判請求手続……………………234, 246
物 証…………………………………513
物的証拠………………………………513
部分判決………………………………500
不利益事実の承認……………………556
不利益推認の禁止……………………209
不利益変更禁止の原則………………676, 702
別件捜索・差押え……………………133
別件逮捕・勾留………………………110
弁解の機会……………………………70, 71
弁解録取書……………………………70
弁護士……………………………215, 396
弁護士会…………………………215, 219, 398
弁護人……………………………201, 213, 395
　　――の援助を受ける権利…………200, 213
　　――の責務………………………396
　　――の選任………………………398
　　――の訴訟法上の権限…………397
弁護人選任権…………………………213
　　――の告知………………………408
弁護人選任書……………………215, 274, 398
弁護人選任申出に関する教示………70, 71
弁護人等以外の者との接見……………230
変死体…………………………………58
弁 論……………………………479, 487

713

——の再開	488
——の分離	487
——の併合	487
包括的代理権	397
報告義務	44
報告命令	389
報告命令制度	390
傍　受	178, 183, 184, 186
傍受令状	185
法人の消滅	257
法廷警察権	369
法定合議事件	362
法定手続の保障	1
法廷等の秩序維持に関する法律	371
冒頭陳述	499
冒頭手続	433, 567
法の適正な手続	3, 518, 523, 542, 543
法律上の推定	517
法令違反	703
法令の適用	650
補強証拠	437, 562, 621
——としての適格	564
——の証明力	566
補強法則	508, 562
保護観察	651
補佐人	398
保　釈	385
——の失効	651
——の取消し	389
——中の被告人へのGPS端末の装着	392
裁量——	392
職権——	651
保釈保証金	387
補充裁判員	492
補充裁判官	362, 363
補助証拠	513, 615
没　取	387, 389
没　収	647
没収すべき物	115
ポリグラフ検査	206
本　証	513
翻　訳	464

マ　行

麻酔分析	206
身柄送致	71, 196
未決勾留日数の算入	647
未決勾留日数の法定通算	677
未成年者	259
無罪の推定	522
無罪判決	652
無罪判決宣告後の再勾留	653
名誉毀損罪における事実の真実性証明	527
命　令	77, 638
メモの理論	605
面会接見	230
免責決定	212, 449
免　訴	658
免訴事由	658
免訴判決	666
黙秘権	95, 200, 201, 468, 567, 568

ヤ　行

有形力の行使	34
有罪である旨の陳述	435, 483, 486
有罪判決	303, 643
——の理由	648
——を得られる高度の見込み	243, 251
誘導尋問	452
郵便物等の差押え	123
要旨の告知	466
要証事実	579
容貌・姿態の撮影	173
余　罪	646
余罪捜査と接見指定	229
余罪取調べ	108
予断の防止	274, 280, 284, 414

ラ　行

利益原則	522
立証趣旨	438, 581
——の拘束力	438
立証責任	522
略式手続	238
略式命令請求	238, 282
留置施設	69, 77
留置の必要	70, 71
量　刑	6, 292, 516, 644
量刑不当	680, 682
領　置	40, 113, 119
類型証拠の開示	419
令　状	
——によらない検証	154
——によらない捜索・差押え	136

──の呈示……………………118, 127, 173
　　電磁的記録による──の発付 ……………30
　　電磁的記録による──の発付・執行………134
令状主義 ……26, 30, 60, 62, 111, 117, 126, 186, 542
　　──の例外 ………………………30, 120, 136
連日的開廷……………………………347, 411
労役場留置……………………………………647

朗　読……………………………………466
論　告……………………………………477
論理的関連性…………………………508, 532
論理法則………………………………508, 681

ワ　行

ワークプロダクト………………………424

判例索引

大 正
大判大正 15・3・27 刑集 5 巻 3 号 125 頁……364
昭 和
最判昭和 23・4・17 刑集 2 巻 4 号 364 頁……448
最大判昭和 23・5・5 刑集 2 巻 5 号 447 頁 …363
最大判昭和 23・6・30 刑集 2 巻 7 号 773 頁…363
最大判昭和 23・7・19 刑集 2 巻 8 号 944 頁…557
最大判昭和 23・7・29 刑集 2 巻 9 号 1012 頁
　　　　……………………………………563
最判昭和 23・8・5 刑集 2 巻 9 号 1123 頁……519
最判昭和 23・12・24 刑集 2 巻 14 号 1883 頁
　　　　……………………………………448
最大判昭和 24・1・12 刑集 3 巻 1 号 20 頁 …676
最判昭和 24・2・17 刑集 3 巻 2 号 184 頁……388
最大判昭和 24・4・7 刑集 3 巻 4 号 489 頁…566
最判昭和 24・4・30 刑集 3 巻 5 号 691 頁…566
最大判昭和 24・6・1 刑集 3 巻 7 号 901 頁…270
最大判昭和 24・6・29 刑集 3 巻 7 号 1150 頁
　　　　……………………………………563
最大判昭和 24・11・2 刑集 3 巻 11 号 1732 頁
　　　　……………………………………557
最決昭和 25・3・30 刑集 4 巻 3 号 457 頁……380
最大判昭和 25・4・12 刑集 4 巻 4 号 535 頁…364
最決昭和 25・6・8 刑集 4 巻 6 号 972 頁 ……290
最大判昭和 25・9・27 刑集 4 巻 9 号 1805 頁
　　　　…………………………………666, 675
最大判昭和 25・11・29 刑集 4 巻 11 号 2402 頁
　　　　……………………………………566
最判昭和 26・1・26 刑集 5 巻 1 号 101 頁……566
最判昭和 26・3・9 刑集 5 巻 4 号 509 頁 ……566
最判昭和 26・6・15 刑集 5 巻 7 号 1277 頁 …321
最判昭和 26・7・26 刑集 5 巻 8 号 1652 頁…434, 567
最大判昭和 27・3・5 刑集 6 巻 3 号 351 頁…283, 284
東京高判昭和 27・3・5 高刑集 5 巻 4 号 467 頁
　　　　……………………………………337
最大判昭和 27・4・9 刑集 6 巻 4 号 584 頁 …593
最判昭和 27・5・6 刑集 6 巻 5 号 736 頁 ……514
最判昭和 27・5・14 刑集 6 巻 5 号 769 頁…557
最判昭和 27・8・6 刑集 6 巻 8 号 974 頁 ……449
最判昭和 27・11・14 刑集 6 巻 10 号 1199 頁
　　　　……………………………………488

最判昭和 28・2・12 刑集 7 巻 2 号 204 頁……610
最判昭和 28・2・19 刑集 7 巻 2 号 305 頁……462
最決昭和 28・3・5 刑集 7 巻 3 号 482 頁 …193
最判昭和 28・5・8 刑集 7 巻 5 号 965 頁……316
最判昭和 28・5・14 刑集 7 巻 5 号 1026 頁……267
福岡高判昭和 28・8・21 高刑集 6 巻 8 号 1070 頁
　　　　……………………………………607
最判昭和 28・9・29 刑集 7 巻 9 号 1848 頁 …348
最判昭和 28・10・6 刑集 7 巻 10 号 1888 頁…364
最判昭和 28・10・9 刑集 7 巻 10 号 1904 頁…610
最判昭和 28・10・15 刑集 7 巻 10 号 1934 頁
　　　　…………………………………156, 632
最決昭和 28・11・24 刑集 7 巻 11 号 2283 頁
　　　　……………………………………701
最決昭和 28・11・27 刑集 7 巻 11 号 2294 頁
　　　　……………………………………364
最判昭和 29・2・25 刑集 8 巻 2 号 189 頁 …350
最判昭和 29・2・26 刑集 8 巻 2 号 198 頁 …364
最判昭和 29・3・2 刑集 8 巻 3 号 217 頁 …337
最判昭和 29・5・4 刑集 8 巻 5 号 627 頁 …566
最判昭和 29・5・14 刑集 8 巻 5 号 676 頁 …327
最判昭和 29・7・29 刑集 8 巻 7 号 1217 頁 …593
最判昭和 29・8・20 刑集 8 巻 8 号 1249 頁 …290
最判昭和 29・8・24 刑集 8 巻 8 号 1392 頁 …321
最判昭和 29・9・8 刑集 8 巻 9 号 1471 頁……341
最判昭和 29・9・24 刑集 8 巻 9 号 1519 頁 …477
最決昭和 29・10・19 刑集 8 巻 10 号 1610 頁
　　　　……………………………………700
最決昭和 29・11・11 刑集 8 巻 11 号 1834 頁
　　　　……………………………………601
最決昭和 29・11・22 刑集 8 巻 11 号 1857 頁
　　　　……………………………………701
最判昭和 30・1・11 刑集 9 巻 1 号 8 頁………402
最判昭和 30・1・11 刑集 9 巻 1 号 14 頁……599
最決昭和 30・3・17 刑集 9 巻 3 号 500 頁……402
最判昭和 30・3・25 刑集 9 巻 3 号 519 頁……364
東京高判昭和 30・4・2 高刑集 8 巻 4 号 449 頁
　　　　……………………………………608
最大判昭和 30・6・22 刑集 9 巻 8 号 1189 頁
　　　　……………………………………566
大阪高判昭和 30・7・15 高刑特 2 巻 15 号 782 頁
　　　　……………………………………581
最判昭和 30・12・9 刑集 9 巻 13 号 2699 頁…585

最大判昭和 30・12・14 刑集 9 巻 13 号 2760 頁
………………………………………………66
最判昭和 30・12・26 刑集 9 巻 14 号 2996 頁…87
最判昭和 30・12・26 刑集 9 巻 14 号 3011 頁
………………………………………………684
最判昭和 31・3・27 刑集 10 巻 3 号 387 頁…594,
605
最判昭和 31・4・12 刑集 10 巻 4 号 540 頁 …341
最判昭和 31・5・17 刑集 10 巻 5 号 685 頁 …517
最判昭和 31・7・17 刑集 10 巻 7 号 1127 頁…370
最大判昭和 31・7・18 刑集 10 巻 7 号 1147 頁
………………………………………………686
最判昭和 31・8・3 刑集 10 巻 8 号 1202 頁 …267
最大判昭和 31・9・26 刑集 10 巻 9 号 1391 頁
………………………………………………686
最決昭和 31・12・13 刑集 10 巻 12 号 1629 頁
………………………………………………448
最大決昭和 31・12・24 刑集 10 巻 12 号 1692 頁
………………………………………………87
最判昭和 32・1・22 刑集 11 巻 1 号 103 頁 …608
最大判昭和 32・2・20 刑集 11 巻 2 号 802 頁
………………………………………………205
最決昭和 32・4・30 刑集 11 巻 4 号 1502 頁…287
最決昭和 32・5・29 刑集 11 巻 5 号 1576 頁…425
最判昭和 32・7・25 刑集 11 巻 7 号 2025 頁…633
最決昭和 32・10・8 刑集 11 巻 10 号 2487 頁
………………………………………………338
最決昭和 32・11・2 刑集 11 巻 12 号 3047 頁
…………………………………………565, 603, 604
最判昭和 33・1・23 刑集 12 巻 1 号 34 頁……299
最判昭和 33・2・13 刑集 12 巻 2 号 218 頁 …440
最判昭和 33・2・21 刑集 12 巻 2 号 288 頁…310,
324
最大決昭和 33・2・26 刑集 12 巻 2 号 316 頁
………………………………………………515
最判昭和 33・5・20 刑集 12 巻 7 号 1398 頁…283
最判昭和 33・5・20 刑集 12 巻 7 号 1416 頁…326,
333
最大判昭和 33・5・28 刑集 12 巻 8 号 1718 頁
………………………………………300, 562, 620
最大決昭和 33・7・29 刑集 12 巻 2 号 2776 頁
………………………………………………125
最判昭和 34・12・11 刑集 13 巻 13 号 3195 頁
………………………………………………326
最判昭和 35・9・8 刑集 14 巻 11 号 1437 頁…155,
627
最決昭和 35・11・15 刑集 14 巻 13 号 1677 頁

………………………………………………339
最大判昭和 35・12・21 刑集 14 巻 14 号 2162 頁
………………………………………………264
最判昭和 36・3・9 刑集 15 巻 3 号 500 頁……595
最判昭和 36・5・26 刑集 15 巻 5 号 893 頁…155,
627, 629
最大判昭和 36・6・7 刑集 15 巻 6 号 915 頁…138
最判昭和 36・11・21 刑集 15 巻 10 号 1764 頁
………………………………………………199
最判昭和 36・11・28 刑集 15 巻 10 号 1774 頁
………………………………………………516
最大決昭和 37・2・14 刑集 16 巻 2 号 85 頁…693
最大判昭和 37・5・2 刑集 16 巻 5 号 495 頁…45
最大判昭和 37・9・18 刑集 16 巻 9 号 1386 頁…269
最大判昭和 37・11・28 刑集 16 巻 11 号 1633 頁
………………………………298, 302, 303, 304, 306
最判昭和 38・9・13 刑集 17 巻 8 号 1703 頁…558
最判昭和 38・10・17 刑集 17 巻 10 号 1795 頁
………………………………………………586
最決昭和 39・11・10 刑集 18 巻 9 号 547 頁…270
大森簡判昭和 40・4・5 下刑集 7 巻 4 号 596 頁
………………………………………………254
最大判昭和 40・4・28 刑集 19 巻 3 号 270 頁…9,
291, 294, 332
最決昭和 40・12・24 刑集 19 巻 9 号 827 頁…316
最決昭和 41・2・21 判時 450 号 60 頁 ………538
最判昭和 41・4・21 刑集 20 巻 4 号 275 頁 …264
最判昭和 41・6・10 刑集 20 巻 5 号 365 頁 …517
東京高決昭和 41・6・30 高刑集 19 巻 4 号 447 頁
………………………………………………206
最判昭和 41・7・1 刑集 20 巻 6 号 537 頁……557
最判昭和 41・7・13 刑集 20 巻 6 号 609 頁 …646
最大判昭和 41・7・20 刑集 20 巻 6 号 677 頁
………………………………………………365
最判昭和 41・7・21 刑集 20 巻 6 号 696 頁 …254
最決昭和 41・7・26 刑集 20 巻 6 号 728 頁 …228
最決昭和 41・10・19 刑集 20 巻 8 号 864 頁…395
最決昭和 41・11・22 刑集 20 巻 9 号 1035 頁
………………………………………………537
大阪高判昭和 41・11・28 判時 476 号 63 頁…557
最決昭和 42・5・19 刑集 21 巻 4 号 494 頁 …266
最判昭和 42・6・8 判時 487 号 38 頁…………132
最判昭和 42・7・5 刑集 21 巻 6 号 748 頁……646
東京高判昭和 42・7・26 高刑集 20 巻 4 号 471 頁
………………………………………………538
最判昭和 42・8・31 刑集 21 巻 7 号 879 頁 …334
大阪高判昭和 42・9・28 高刑集 20 巻 5 号 611 頁

最判昭和 42・12・21 刑集 21 巻 10 号 1476 頁
....595
最決昭和 43・2・8 刑集 22 巻 2 号 55 頁 ……538
東京高判昭和 43・4・30 高刑集 21 巻 2 号 222 頁
....264
最大決昭和 43・6・12 刑集 22 巻 6 号 462 頁
....691
最判昭和 43・6・19 刑集 22 巻 6 号 483 頁 …425
最判昭和 43・10・25 刑集 22 巻 11 号 961 頁
....687
最決昭和 43・11・26 刑集 22 巻 12 号 1352 頁
....291, 294, 333
仙台高判昭和 44・2・18 判時 561 号 87 頁 …254
最決昭和 44・3・18 刑集 23 巻 3 号 153 頁 …123
最決昭和 44・4・25 刑集 23 巻 4 号 248 頁…367,
425, 693
最決昭和 44・4・25 刑集 23 巻 4 号 275 頁 …693
金沢地七尾支判昭和 44・6・3 刑月 1 巻 6 号 657
頁 110
最決昭和 44・6・11 刑集 23 巻 7 号 941 頁…205,
399
最大判昭和 44・6・25 刑集 23 巻 7 号 975 頁
....528
最決昭和 44・7・14 刑集 23 巻 8 号 1057 頁 …387
最決昭和 44・10・2 刑集 23 巻 10 号 1199 頁
....283
最大決昭和 44・11・26 刑集 23 巻 11 号 1490 頁
....123, 449
最判昭和 44・12・5 刑集 23 巻 12 号 1583 頁
....254
最大判昭和 44・12・24 刑集 23 巻 12 号 1625 頁
..................................37, 172, 173, 174, 175, 177
最判昭和 45・5・29 刑集 24 巻 5 号 223 頁 …254
最大判昭和 45・11・25 刑集 24 巻 12 号 1670 頁
....558
最決昭和 45・12・17 刑集 24 巻 13 号 1765 頁
....270
最大決昭和 46・3・24 刑集 25 巻 2 号 293 頁
....678
最判昭和 46・6・22 刑集 25 巻 4 号 588 頁 …318
最決昭和 47・7・1 刑集 26 巻 6 号 355 頁……365
最大判昭和 47・11・22 刑集 26 巻 9 号 554 頁
....202, 207
最大判昭和 47・12・20 刑集 26 巻 10 号 631 頁
....358
最判昭和 48・3・15 刑集 27 巻 2 号 128 頁 …342

....595
最判昭和 48・7・20 刑集 27 巻 7 号 1322 頁…358
最決昭和 48・9・20 刑集 27 巻 8 号 1395 頁…365
最判昭和 48・10・8 刑集 27 巻 9 号 1415 頁…365
東京地判昭和 48・11・14 刑月 5 巻 11 号 1458 頁
....607
最判昭和 48・12・13 刑時 725 号 104 頁 ……519
最決昭和 49・3・13 刑集 28 巻 2 号 1 頁……247,
693
最判昭和 49・4・1 刑集 28 巻 3 号 17 頁 ……248
東京地判昭和 49・4・2 判時 739 号 131 頁 …667
大阪地判昭和 49・5・2 刑月 6 巻 5 号 583 頁
....663
最決昭和 50・5・20 刑集 29 巻 5 号 177 頁 …700
最決昭和 50・5・30 刑集 29 巻 5 号 360 頁 …280
最判昭和 50・8・6 刑集 29 巻 7 号 393 頁……358
最判昭和 50・10・24 民集 29 巻 9 号 1417 頁
....519
最判昭和 51・2・19 刑集 30 巻 1 号 25 頁……620,
621
最決昭和 51・3・16 刑集 30 巻 2 号 187 頁……27,
32, 35, 39, 40, 101, 104, 105, 175, 178
福岡高那覇支判昭和 51・4・5 判タ 345 号 321 頁
....313
最決昭和 51・10・12 刑集 30 巻 9 号 1673 頁
....700
最判昭和 51・11・4 刑集 30 巻 10 号 1887 頁
....642
最判昭和 51・11・18 判時 837 号 104 頁 ……132
最決昭和 52・8・9 刑集 31 巻 5 号 821 頁……110
東京高判昭和 52・12・20 高刑集 30 巻 4 号 423
頁..338
最決昭和 53・2・16 刑集 32 巻 1 号 47 頁……335
最決昭和 53・3・6 刑集 32 巻 2 号 218 頁……327,
330
東京高判昭和 53・3・29 刑月 10 巻 3 号 233 頁
....558
最判昭和 53・6・20 刑集 32 巻 4 号 670 頁……46,
49, 51, 52, 149
最決昭和 53・6・28 刑集 32 巻 4 号 724 頁 …350
最判昭和 53・7・10 民集 32 巻 5 号 820 頁 …221
最判昭和 53・9・4 刑集 32 巻 6 号 1652 頁 …358
最判昭和 53・9・7 刑集 32 巻 6 号 1672 頁…3, 27,
49, 51, 52, 53, 103, 118, 211, 530, 541, 545, 548
最決昭和 53・9・22 刑集 32 巻 6 号 1774 頁 …49
最決昭和 53・10・20 民集 32 巻 7 号 1367 頁
....256
最決昭和 53・10・31 刑集 32 巻 7 号 1793 頁

　　　　　　　　　　　　　　　　　判例索引

………………………………………676
名古屋高判昭和54・2・14判時939号128頁
　………………………………………162
最判昭和54・7・24刑集33巻5号416頁 …404
最決昭和54・10・16刑集33巻6号633頁…611
東京高判昭和55・2・1判時960号8頁 ……538
最判昭和55・2・7刑集34巻2号15頁 ……358
最決昭和55・4・28刑集34巻3号178頁 …228
最決昭和55・5・12刑集34巻3号185頁 …267
最決昭和55・9・22刑集34巻5号272頁……56
最決昭和55・10・23刑集34巻5号300頁…115,
　161, 163, 167, 206
最決昭和55・12・4刑集34巻7号499頁 …676
最決昭和55・12・17刑集34巻7号672頁…252,
　253
最決昭和56・4・25刑集35巻3号116頁…306,
　519
最判昭和56・6・26刑集35巻4号426号…253,
　254
最決昭和56・7・14刑集35巻5号497頁…268,
　660, 661
大阪高判昭和57・3・16判時1046号146頁
　………………………………………585
最決昭和57・8・27刑集36巻6号726頁……86,
　232
最決昭和57・12・17刑集36巻12号1022頁
　………………………………………601
東京高判昭和58・1・27判時1097号146頁
　………………………………………584
最決昭和58・2・24判時1070号5頁 ………314
最決昭和58・5・6刑集37巻4号375頁……305,
　519, 649
最決昭和58・5・27刑集37巻4号474頁 …358
最決昭和58・6・30刑集37巻5号592頁 …599
最判昭和58・7・12刑集37巻6号791頁…552,
　562
最決昭和58・9・6刑集37巻7号930頁……334
最決昭和58・12・13刑集37巻10号1581頁
　……………………………………301, 319
最決昭和59・1・27刑集38巻1号136頁 …295
最決昭和59・2・29刑集38巻3号479頁…105,
　560, 607
最決昭和59・3・27刑集38巻5号2037頁…207
大阪高判昭和59・4・19高刑集37巻1号98頁
　………………………………………111
最決昭和59・12・21刑集38巻12号3071頁
　………………………………………534

最判昭和61・2・14刑集40巻1号48頁……174
最決昭和61・3・3刑集40巻2号175頁……603,
　604
札幌高裁昭和61・3・24高刑集39巻1号8頁
　………………………………………520
最判昭和61・4・25刑集40巻3号215頁…549,
　552
最決昭和62・3・3刑集41巻2号60頁 ……538
最大決昭和63・2・17刑集42巻2号299頁
　……………………………………397, 676
最決昭和63・2・29刑集42巻2号314頁…266,
　267
東京高判昭和63・4・1判時1278号152頁…176
最決昭和63・9・16刑集42巻7号1051頁…548,
　552
最決昭和63・10・24刑集42巻8号1079頁
　………………………………………318
最決昭和63・10・25刑集42巻8号1100頁
　………………………………………328

平　成

最決平成元・1・30刑集43巻1号19頁…123,
　449
最大判平成元・3・8民集43巻2号89頁 …370
最決平成元・7・4刑集43巻7号581頁…105,
　560
最決平成2・6・27刑集44巻4号385頁……134
最決平成2・7・9刑集44巻5号421頁…123,
　449
浦和地判平成2・10・12判時1376号24頁…111
最判平成3・5・10民集45巻5号919頁…225
最判平成3・5・31判時1390号33頁 ………223
最決平成3・7・16刑集45巻6号201頁 …163
最決平成4・12・14刑集46巻9号675頁 …404
最決平成5・10・19刑集47巻8号67頁…215,
　396
大阪高判平成6・4・20高刑集47巻1号1頁
　………………………………………128
最決平成6・9・8刑集48巻6号263頁 ……126
最決平成6・9・16刑集48巻6号420頁…48, 49,
　139, 152, 167, 168, 169, 549
最大判平成7・2・22刑集49巻2号1頁……210,
　211, 448
最決平成7・2・28刑集49巻2号481頁…258,
　377, 488
最決平成7・3・27刑集49巻3号525頁 …402
最決平成7・4・12刑集49巻4号609頁……77,
　383

最決平成7・5・30 刑集49巻5号703頁……53, 549, 552
最判平成7・6・20 刑集49巻6号741頁……596
最決平成8・1・29 刑集50巻1号1頁…69, 139, 152
最決平成8・10・29 刑集50巻9号683頁 …544
最判平成9・1・30 刑集51巻1号335頁……205
最判平成10・3・12 刑集52巻2号17頁……488
大阪地判平成10・4・16 判タ992号283頁…313
最決平成10・5・1 刑集52巻4号275頁……133
東京高判平成10・6・25 判タ992号281頁…131
最大判平成11・3・24 民集53巻3号514頁
………107, 123, 208, 213, 214, 217, 222, 223, 224
最決平成11・12・16 刑集53巻9号1327頁…29, 118, 148, 166, 178, 179, 181, 182
最判平成12・3・17 集民197号397頁………223
最判平成12・6・13 民集54巻5号1635頁……226
最決平成12・6・27 刑集54巻5号461頁…381, 653
最決平成12・7・17 刑集54巻6号550頁…538, 539
最決平成12・9・27 刑集54巻7号710頁 …660
最決平成12・10・31 刑集54巻8号735頁……594
最決平成13・2・7 判時1737号148頁………229
最決平成13・4・11 刑集55巻3号127頁…298, 301, 303, 305, 317, 319, 320, 519, 649
最決平成14・7・18 刑集56巻6号307頁…305, 519
東京高判平成14・9・4 判時1808号144頁…106, 560
最決平成14・10・4 刑集56巻8号507頁…127, 128
最判平成15・2・14 刑集57巻2号121頁…549, 550, 551, 552, 553
最大判平成15・4・23 刑集57巻4号467頁
……………296
最判平成15・5・26 刑集57巻5号620頁……49
最判平成15・10・7 刑集57巻9号1002頁…296, 310, 324, 668, 669, 670
最決平成15・11・26 刑集57巻10号1057頁
……………594
最判平成16・4・13 刑集58巻4号247頁……45
大阪高判平成16・4・22 高刑集57巻2号1頁
……………271
最決平成16・7・12 刑集58巻5号333頁……23, 189, 190, 191, 192
最決平成17・3・25 刑集59巻2号49頁……691

最判平成17・4・14 刑集59巻3号259頁…460, 577
最判平成17・4・19 民集59巻3号563頁 …230
最判平成17・8・30 刑集59巻6号726頁 …364
最決平成17・9・27 刑集59巻7号753頁…582, 630
最決平成17・10・12 刑集59巻8号1425頁
……………309
最決平成17・11・25 刑集59巻9号1831頁
……………231
大阪高決平成18・10・6 判時1945号166頁
……………421
東京高決平成18・10・16 判時1945号166頁
……………421
最判平成18・11・7 刑集60巻9号561頁…615, 616
最決平成18・11・20 刑集60巻9号696頁…268
最決平成18・12・13 刑集60巻10号857頁
……………267
最決平成19・2・8 刑集61巻1号1頁………126
最決平成19・7・10 刑集61巻5号436頁 …691
最決平成19・10・16 刑集61巻7号677頁…513, 517, 518, 520
最決平成19・12・13 刑集61巻9号843頁…381, 653
最決平成19・12・25 刑集61巻9号895頁…423
最決平成20・4・15 刑集62巻5号1398頁…37, 113, 119, 172, 173, 174, 176, 177, 178
最決平成20・4・25 刑集62巻5号1559頁…463
最決平成20・6・25 刑集62巻6号1886頁…424
最決平成20・8・27 刑集62巻7号2702頁…628, 633
最決平成20・9・30 刑集62巻8号2753頁…424
東京高判平成20・11・18 高刑集61巻4号6頁
……………314
最判平成21・4・14 刑集63巻4号331頁 …690
最判平成21・7・14 刑集63巻6号623頁…487
最決平成21・7・21 刑集63巻6号762頁…297, 520
東京高判平成21・8・6 東高刑時報60巻1～12号119頁……………314
最判平成21・9・28 刑集63巻7号868頁……36, 51, 118, 149, 171
最判平成21・10・16 刑集63巻8号937頁…440, 441
最決平成21・10・20 刑集63巻8号1052頁
……………269

最決平成 22・3・17 刑集 64 巻 2 号 111 頁 …309
最判平成 22・4・27 刑集 64 巻 3 号 233 頁…512, 521
最決平成 23・8・31 刑集 65 巻 5 号 935 頁 …425
最決平成 23・9・14 刑集 65 巻 6 号 949 頁 …455
最決平成 23・10・5 刑集 65 巻 7 号 977 頁…381, 653
最判平成 23・10・20 刑集 65 巻 7 号 999 頁…594
最大判平成 23・11・16 刑集 65 巻 8 号 1285 頁 ……………………………………………491
最決平成 24・2・13 刑集 66 巻 4 号 482 頁…356, 508, 511, 681, 682
最決平成 24・2・29 刑集 66 巻 4 号 589 頁 …320
最判平成 24・9・7 刑集 66 巻 9 号 907 頁……536, 537
最決平成 24・9・18 刑集 66 巻 9 号 963 頁 …702
最決平成 25・2・20 刑集 67 巻 2 号 1 頁……536, 537
最決平成 25・2・26 刑集 67 巻 2 号 143 頁…455, 606
最決平成 25・3・5 刑集 67 巻 3 号 267 頁…678
最決平成 25・3・18 刑集 67 巻 3 号 325 頁…208, 422
最決平成 25・4・16 刑集 67 巻 4 号 549 頁…682
最決平成 25・6・18 刑集 67 巻 5 号 653 頁…255
最決平成 25・10・21 刑集 67 巻 7 号 755 頁…682
最判平成 25・12・10 民集 67 巻 9 号 1761 頁 ……………………………………………702
最決平成 26・3・10 刑集 68 巻 3 号 87 頁…682
東京高判平成 26・3・13 高刑集 67 巻 1 号 1 頁 ……………………………………………628
最決平成 26・3・17 刑集 68 巻 3 号 368 頁 …309
最判平成 26・3・20 刑集 68 巻 3 号 499 頁…682
最決平成 26・7・8 判時 2237 号 141 頁…682
最決平成 26・7・24 刑集 68 巻 6 号 925 頁…646, 682, 683
最決平成 26・11・17 判時 2245 号 129 頁 …73
最決平成 26・11・18 刑集 68 巻 9 号 1020 頁 ……………………………………387, 692
最決平成 26・11・28 刑集 68 巻 9 号 1069 頁 ……………………………………………676
最決平成 27・2・3 刑集 69 巻 1 号 1 頁………683
最決平成 27・2・3 刑集 69 巻 1 号 99 頁……683
最決平成 27・3・10 刑集 69 巻 2 号 219 頁 …501
最決平成 27・4・15 判時 2260 号 129 頁 ……387
最決平成 27・5・18 刑集 69 巻 4 号 573 頁 …351

最決平成 27・5・25 刑集 69 巻 4 号 636 頁 …422
最刑平成 27・10・22 集刑 318 号 11 頁 ………73
最決平成 27・11・19 刑集 69 巻 7 号 797 頁…128
最決平成 27・12・3 刑集 69 巻 8 号 815 頁…262, 265
最決平成 28・7・12 刑集 70 巻 6 号 411 頁 …250
最決平成 28・8・1 刑集 70 巻 6 号 581 頁……288
東京高判平成 28・8・10 高刑集 69 巻 1 号 4 頁 ……………………………………………573
東京高判平成 28・12・7 高刑集 69 巻 2 号 5 頁 ……………………………………………150
最判平成 28・12・19 刑集 70 巻 8 号 865 頁…259
最大判平成 29・3・15 刑集 71 巻 3 号 13 頁…29, 37, 39, 166, 172, 183
最決平成 29・6・12 刑集 71 巻 5 号 315 頁 …250
東京高判平成 30・2・23 高刑集 71 巻 1 号 1 頁 ……………………………………………130
最判平成 30・3・19 刑集 72 巻 1 号 1 頁……334, 682
最決平成 30・7・3 刑集 72 巻 3 号 299 頁…457
最決平成 30・7・13 刑集 72 巻 3 号 324 頁 …682
東京高判平成 30・8・3 判タ 1456 号 75 頁 …573

令　和

最判令和 2・1・23 刑集 74 巻 1 号 1 頁………686
最判令和 2・1・31 刑集 74 巻 1 号 257 頁……691
富山地決令和 2・5・30 判時 2523 号 131 頁…106
最判令和 3・1・29 刑集 75 巻 1 号 1 頁……682
最決令和 3・2・1 刑集 75 巻 2 号 123 頁……133, 143
最決令和 3・5・12 刑集 75 巻 6 号 583 頁……687
最決令和 3・6・28 刑集 75 巻 7 号 909 頁……670
最決令和 3・7・30 刑集 75 巻 7 号 930 頁……544
最決令和 3・9・7 刑集 75 巻 8 号 1074 頁……686
東京高判令和 3・10・29 判タ 1505 号 85 頁…159
最判令和 3・12・10 刑集 75 巻 9 号 1119 頁…289
最判令和 4・4・21 刑集 76 巻 4 号 268 頁……682
最判令和 4・4・28 刑集 76 巻 4 号 380 頁……163, 551
最判令和 4・5・20 刑集 76 巻 4 号 452 頁……682
最判令和 4・6・9 刑集 76 巻 5 号 613 頁……262, 264
最決令和 5・6・20 刑集 77 巻 5 号 155 頁……687
最判令和 5・9・11 刑集 77 巻 6 号 181 頁……682
最決令和 5・10・11 刑集 77 巻 7 号 379 頁…687
最決令和 5・10・16 刑集 77 巻 7 号 467 頁…326

著者紹介　酒巻 匡（さかまき ただし）
　　　　　1957 年　横浜市に生まれる
　　　　　1981 年　東京大学法学部卒業
　　　　　現　在　早稲田大学大学院法務研究科教授

主要著書
刑事証拠開示の研究（弘文堂，1988 年）
演習刑事訴訟法〔共著〕（有斐閣，2005 年）
裁判の法と手続〔改訂版〕〔共著〕（放送大学教育振興会，2008 年）
刑事証拠開示の理論と実務〔編著〕（判例タイムズ社，2009 年）
現代の裁判〔第 8 版〕〔共著〕（有斐閣，2022 年）
ケースブック刑事訴訟法〔第 5 版〕〔共著〕（有斐閣，2018 年）
入門刑事手続法〔第 9 版〕〔共著〕（有斐閣，2023 年）

刑事訴訟法〔第 3 版〕
Criminal Procedure, 3rd edition

2015 年 11 月 30 日　初　版第 1 刷発行　　2024 年 9 月 20 日　第 3 版第 1 刷発行
2020 年 7 月 10 日　第 2 版第 1 刷発行

著　者　酒巻 匡
発行者　江草貞治
発行所　株式会社有斐閣
　　　　〒101-0051 東京都千代田区神田神保町 2-17
　　　　https://www.yuhikaku.co.jp/
装　丁　島田拓史
印　刷　株式会社理想社
製　本　牧製本印刷株式会社
装丁印刷　株式会社亨有堂印刷所

落丁・乱丁本はお取替えいたします。定価はカバーに表示してあります。
©2024, Tadashi Sakamaki.
Printed in Japan　ISBN 978-4-641-13968-8

本書のコピー，スキャン，デジタル化等の無断複製は著作権法上での例外を除き禁じられています。本書を代行業者等の第三者に依頼してスキャンやデジタル化することは，たとえ個人や家庭内の利用でも著作権法違反です。

[JCOPY]　本書の無断複写（コピー）は，著作権法上での例外を除き，禁じられています。複写される場合は，そのつど事前に，(一社)出版者著作権管理機構（電話03-5244-5088，FAX03-5244-5089, e-mail:info@jcopy.or.jp）の許諾を得てください。